阅读开启孩子天赋

我有一个梦想

天赋亲职教育读本

张天罡◎主编

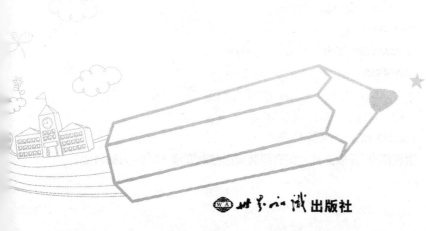

世界知识出版社

图书在版编目（CIP）数据

我有一个梦想：阅读开启孩子的天赋 / 张天罡主编．
－－ 北京：世界知识出版社，2018.2
（天赋亲职教育读本）
ISBN 978－7－5012－5673－0

Ⅰ．①我… Ⅱ．①张… Ⅲ．①家庭教育 Ⅳ．① G78

中国版本图书馆 CIP 数据核字（2018）第 007349 号

书　　名	**我有一个梦想：阅读开启孩子的天赋**
作　　者	张天罡 / 主编
责任编辑	王瑞晴　蔡金娣
责任出版	王勇刚
策　　划	董保军　张天罡
出版发行	世界知识出版社
地址邮编	北京市东城区干面胡同 51 号（100010）
电　　话	010－85112689（编辑部） 010－65265923（发行部）　010－85119023（邮购电话）
网　　址	www.ishizhi.cn
印　　刷	三河市祥达印刷包装有限公司
经　　销	新华书店
开本印张	787×1092 毫米　1/16　16 印张
字　　数	200 千字
版次印次	2018 年 3 月第一版　2019 年 3 月第二次印刷
标准书号	ISBN 978－7－5012－5673－0
定　　价	180.00 元（全四册）

目 录 Contents

第一章　我是谁

我是谁

古希腊一座神庙里刻着一句名言：认识你自己。人类从很早开始就不断地思考自己、研究自己：我是谁？我从哪里来？我往哪里去……

小朋友，你问过自己"我是谁"了吗？

斯芬克司之谜

古时候有一头怪兽，叫斯芬克司，长着人的头、狮子的身体。它总是让人猜它的谜语，如果猜不中，就把人给吃掉。它的谜语是：

"什么动物早晨用四条腿走路，中午用两条腿走路，晚上用三条腿走路？"

小朋友，你知道这头怪兽是什么吗？

答案：人

葡萄园的故事

有一天，一只狐狸走到一个葡萄园外，看见里面水灵灵的葡萄馋涎欲滴。可是外面有栅栏挡住，无法进入。于是狐狸一狠心绝食三日，减肥之后，终于钻进葡萄园内饱餐一顿。当它心满意足地想离开葡萄园时，发觉自己吃得太饱，怎么也钻不出栅栏。无奈，只好再饿肚三天，才钻了出来。此时狐狸不禁感叹："饿着肚子进去，又饿着肚子出来，终究还是一场空！"

儿子眼中的父亲

7岁："爸爸真了不起，什么都懂！"

14岁："爸爸好像有时候说得也不对……"

20岁："爸爸有点落伍了，他的理论和时代格格不入。"

25岁："'老头子'一无所知。毫无疑问地陈腐不堪。"

35岁："如果爸爸当年像我这样老练，他今天肯定是个百万富翁了……"

45岁："我不知道是否该和'老头'商量商量，或许他能帮我出出主意……"

55岁："真可惜，爸爸去世了。说实在话，他的看法相当高明！"

60岁："可怜的爸爸！您简直是位无所不知的学者！遗憾的是我了解您太晚了！"

酒的来源

犹太人认为，当魔鬼要造访某人而又抽不出空的时候，便会派酒作自己的代表。

当年挪亚种第一棵葡萄树时，魔鬼撒旦跑来问："你在干什么？"

挪亚说："我在种一种非常好的

植物。"

撒旦表示他从来没见过这种植物长的样子。

挪亚便告诉他："它会结一种非常甜而可口的果实，喝了这种果实的汁后，人就会觉得非常幸福。"

撒旦一听，很高兴，非得加入这种幸福行列来。于是，他跑去抓来羊、狮子、猪和猴子，把它们一只只杀死，拿它们的血作肥料浇下去，葡萄长出来了，最后酿成了葡萄酒。

因而，人们刚开始喝酒的时候，温顺得像只羊；再喝一点，就会有狮子那样的强大；再喝下去就会像猪一样肮脏；喝得实在是太多了，就会像猴子一样唱啊跳啊，全无一点自制力。这就是撒旦送给人类的"幸福"。

赫尔姆的雪

赫尔姆村是个傻瓜村，村里老老少少都是傻瓜。一天晚上，有个人看到水桶里的月亮影子，赫尔姆村的人便以为月亮掉进了水桶里。他们把水桶盖起来，以为这样月亮就跑不出去了。第二天早晨，他们打开水桶一看，月亮不见了。村里的人便认为月亮被人偷走了。他们叫来了警察，可是找不到小偷，赫尔姆村的傻瓜们便痛哭流涕。

在赫尔姆村的所有傻瓜中，最有名气的是村里的七个长老。因为他们是赫尔姆村年纪最大的，也是最蠢的，所以他们统治着赫尔姆村。他们蓄着白胡子，由于用脑过度，各个脑门儿都向前突出。

有一次，在光明节之夜，整晚大雪纷飞。银白色的雪覆盖了整个赫尔姆村，晶莹发亮，熠熠生光。

那天晚上，七位长老坐着沉思，不时地皱眉头。村里生活困难，可是他们不知道去哪里弄钱。忽然，他们中间最老的一个——大傻瓜格罗纳姆——大声说："雪就是白花花的银子嘛！"

"我在雪里看到了珍珠！"另一位大声喊道。

"我看到了宝石！"第三位叫喊着说。

赫尔姆村的长老们这才看清，财宝从天而降。

不一会儿，他们又犯起愁来。赫尔姆村的人喜欢走动，准会把财宝踩坏。怎么办呢？傻子杜德拉斯想出了一个主意。

"咱们派个送信儿的去挨家挨户敲窗户，告诉大家：人人都必须待在家里，等把所有的银子、所有的珍珠和所有的宝石都收好以后才许出门。"

有那么一会儿工夫，长老们很满意。他们搓着手，表示同意这个聪明的主张。但是笨伯莱基什不以为然："送信儿的人自己就会把财宝踩坏的。"

莱基什说得对呀！于是长老们又皱起高高突起的脑门儿，绞尽脑汁来解决这个新难题。

"有了，有了！"蠢牛谢默雷尔大声说。

"请讲，请讲。"长老们急切地说道。

"别让送信儿的人在地上走，把他放在一张桌子上抬着走，这样他的脚就不会踩到宝雪了。"长老们对蠢牛谢默雷尔的解决办法拍手叫好，也为自己的智慧洋洋得意。

他们立即派人到厨房把使童吉姆佩尔叫来，让他站在一张桌子上。可是谁来抬桌子呢？凑巧，厨师特莱托尔、削土豆皮的贝雷尔、拌沙拉的尤凯尔以及照看村里公有山羊的杨泰尔都在厨房。长老们命令他们四人抬桌子，每人抬一根桌腿。吉姆佩尔站在桌子上，手里拿着一个木槌，准备用来敲各家的窗户。一切准备就绪，他们便出发了。

每到一家窗户前，吉姆佩尔便用木槌敲几下，并大声喊道："今晚不许出门。天上下了财宝，严禁踩踏。"

赫尔姆村的人对长老们唯命是从，他们整晚未出家门一步。与此同时，长老们坐下来合计财宝收起来后如何充分利用。

傻子杜德拉斯建议把财宝卖掉，买一只能下金蛋的鹅。这样村里人就不愁吃不愁穿了。

笨伯莱基什另有主张。他建议为全体赫尔姆村民买一批放大镜。这样，房屋、街道、商店看起来就都变大了，当然了，如果赫尔姆村看着大，那就一定是大。赫尔姆村就不再是一个小村子了，而是一个大城市了。

还有其他一些同样聪明的主张。但是当长老们正在权衡各种计划的利弊时，天已大亮，太阳升起来了。他们向窗外望去，天哪，他们发现地上的珠玉财宝已经被人踩坏了。抬
桌子人的大靴子毁坏了所有财宝。

　　赫尔姆村的长老们捻着白胡子，
彼此承认他们犯了一个错误。他们争
辩说，也许再有四个人抬着抬桌子的
四个人，情况就不至于如此了。

　　经过长时间的讨论，长老们决定：下一个光明节时，要是天上再下
财宝，他们就照这个办法办。

　　虽然村民们没有得到财宝，但是他们对来年满怀希望。他们继续赞
扬他们的长老，他们深信，不管什么难题，总是可以指望村里的长老们
找到解决办法的。

这是我吗？

　　赫尔姆的一个人认为，人们只能
通过衣服才能互相区分，于是就很担
心在浴室会丢了自己，因为在那儿的
人都是裸着的，就没法区分了。为了
保险，他就在自己的大腿上系了根线。

　　不幸的是，线很快松了，不久就
脱落了。而另一个赫尔姆的人看见
了，也许是出于同样的恐惧，就把线系在自己的大腿上了。

　　在出来穿衣服的时候，第一个人看见了第二个人。"我的天，"他叫
了起来，"如果这个家伙是我，那我是谁？"

赫尔姆的公正

　　一场大灾难降临到赫尔姆。镇上的补鞋匠谋杀了他的一个顾客。于
是他被带到法官面前，判决他绞刑。

当正在宣读判决书的时候，镇上的一个人站起来叫道，"请等一等——如果你判决补鞋匠死刑，他是我们镇上唯一的补鞋匠。你绞死他，谁给我们补鞋？"

"谁？谁？"赫尔姆的人异口同声地喊。

法官同意地点点头，重新考虑判决。

"赫尔姆的好人民，"他说，"你们说得对。既然我们只有一个补鞋匠，那如果让他死了，对我们很不方便。所以就把我们镇上修屋顶的两个人绞死一个吧！"

真正的科学

赫尔姆的两个圣人陷入复杂的哲学争论。

"既然你那么聪明，"一个面带讥讽地说，"请回答下面的问题：为什么当一片涂着黄油的面包落地时，总是带黄油的那面朝下？"

但另一位圣人是一位所谓的科学家，他决定做一个实验来推翻那一个理论。于是他给一片面包涂上黄油，然后往下扔。

"你看！"他胜利地叫起来，"正如你看到的，根本不是带黄油的那面着地。所以你的理论怎么解释？"

"嘘！嘘！"那一个不屑地笑起来，"你还认为自己挺聪明！你把黄油都涂错了！"

赫尔姆的掘土人

赫尔姆的居民在为新教堂掘一口井，忽然其中的一个停了下来，靠在他的铁锹上，摸着他的胡子。"我们该怎么处理，"他像是自言自语地问，"这些掘出来的土呢？"

"我还真没想过，"另一个说，"真的，我们该怎么处理呢？"

"啊，我知道了，"第一个人接着说，"我们挖一个坑，把我们掘井挖出来的土填进去。"

"但是等等，"第二个说，"还是不能解决问题！我们挖坑挖出来的土怎么办？"

"我来告诉你，"第一个说道，"我们再挖一个坑，是第一个的两倍大，这样就可以填下我们掘井和挖第一个坑所有的土了！"

于是，他们接着掘井。

驴子和狼

驴子在草地上吃草，发现狼从后方悄悄地靠近，它立刻装出脚受伤的模样，一边跛着脚一边呻吟着。

狼好奇地问："你怎么啦？"

驴子回答："我刚刚跳过篱笆的时候，后脚跟不小心给荆棘扎到了。你要吃我之前，最好先帮我把刺拔掉，以免刺伤自己的喉咙。"

狼觉得有道理，于是打算先帮驴子把脚上的刺拔掉。当它一弯下身，驴子便抬起后腿来，狠狠地踹出一脚，把狼给踢昏了。

驴子和神像

驴子走在街道上，朝神庙走去，背上驮着一尊神像。路人纷纷趴下朝神像膜拜。驴子瞧见了，心想："我是多么尊贵呀！所有的人都朝着我膜拜哩。"它骄傲地停下脚步，不肯再往前走。

驴夫拿起鞭子来挥向它，厉声说道："你这愚蠢的家伙，人类尊敬的是神像，可不是驮着神像的驴子呀！"

盐贩和驴子

卖盐的商人赶着驴子到海边去买盐。回程经过一条小河，驴子不小心跌了一跤，背上的盐溶解在河水里，重量顿时减轻了许多。

驴子吃了一次甜头，第二次便如法炮制，故意摔倒在河里。盐贩看穿驴子的伎俩，于是不再买盐，改买一大包棉花让驴子驮着。

这一回，驴子可是吃着苦头了。因为棉花吸饱河水，重量比先前要重上好几倍哩！

山羊和驴子

山羊看见驴子有很多食物可以吃，心里非常嫉妒，于是对驴子说："主人待你真是苛刻呀！你每天不但要在磨坊里推磨，还要运载沉重的货物。你怎么不故意摔倒，让自己休息一阵子呢？"

驴子觉得有道理，于是在运货的途中让自己摔伤。主人请兽医来家里医治驴子，兽医说："找副山羊的胃敷在伤口，很快就会好的。"

山羊即将成为刀下魂，后悔地流下眼泪，但已经来不及了。

驴子、狐狸和狮子

驴子和狐狸为了降低风险、确保自身的安全，于是结伴到森林里去。半途遇见狮子，狐狸爬向前轻声哀求说："狮子大王，求求你放了我，我愿意帮你把驴子抓起来。"狮子点点头。

狐狸用计把驴子骗到坑洞里。狮子见驴子已经跑不掉了，于是转头抓住狐狸，先把它吃下肚里。

狐狸和葡萄

饥饿的狐狸经过葡萄园，看见一串串熟得发黑的葡萄从架上悬垂下来。它非常想吃，于是拼命往上跳，想要把葡萄摘下来。

试了好一阵子，它连一颗葡萄也没摸着，于是生气地说："这葡萄根本还没有成熟，就算摘到了，也是自费力气。"

蚊子和狮子

蚊子狂妄地对狮子说:"你虽然是百兽之王,但我并不怕你。"说着便朝狮子的鼻头叮去。狮子伸出爪子想把蚊子拍下来,反而把自己的鼻子抓伤了。

蚊子哈哈大笑,得意地飞来飞去、横冲直撞,它没瞧见眼前有张蜘蛛网,一头便撞了上去。这下蚊子可笑不出来了,因为它成了蜘蛛的食物。

隐士和熊

[俄国]克雷洛夫

紧急的时候得到帮助是宝贵的,然而并不是人人都会给予及时的帮助;但愿老天爷让我们别交上愚蠢的朋友,因为殷勤过分的蠢材比任何敌人还要危险。

有一个没有亲属孑然一身的人,他住在远离城市的荒僻的森林里。虽然隐士的生活在故事里描摹得天花乱坠,适宜于离群索居的,可绝不是寻常的人们。无论是处在安乐或是忧患之中,人类的同情总是甜蜜的。

穿过美丽的草原和茂盛的树林,越过山冈和溪流,躺在软绵绵的青草上,的确是赏心悦目!我完全同意。然而,如果没有人共同享受这些快乐,也还是十分寂寞无聊的。我们的隐士,不久也承认离群索居是并不愉快的。他到森林中的草地上去散步,到熟悉的邻居家去走动,要想找个人谈谈话儿。然而,除了也许有一只狼或熊以外,谁还到这种地方去溜达呢?

他看见几尺以外有一只壮健的大熊,他脱下帽子(现在他只好这样客气了),向他漂亮的新朋友恭恭敬敬地鞠了一躬。他的漂亮的新朋友伸出一只毛脚爪来,他们就稍微攀谈一下,谈到了天气如何如何。他们不久就友好起来了,谁都觉得不能分离,所以整天待在一起。两个朋友怎样谈话，他们谈些什么，说些什么笑话，玩些什么把戏，以及怎样的互相取乐助兴，总而言之，我直到现在还不知道。隐士守口如瓶，米舒卡天性不爱说话，所以局外人一点儿风声也听不到。不论他们谈的是什么吧，隐士找到这样一个宝贝做他的伴儿，心里十分高兴。他整天和米舒卡形影不离，没有了它心里就要不痛快；他对米舒卡的称赞，接连几个钟头也说不完。

有一次，在一个明朗的夏天，他们定了一个小小的计划，要到森林里草原上去溜达，还要翻山越岭地去远足。可是，因为人的力气总比不上熊，我们的隐士在正午的炎热下跑得累了，米舒卡回头看到它的朋友远远地落在后面，心里充满了关切，它停下步来喊道：

"躺下来歇一歇吧，老朋友，如果你想睡，何不打个瞌睡呢！我坐下来给你看守，以防有什么意外。"

隐士感到有睡觉的必要，他躺下来，深深地打了个呵欠，很快就睡熟了。米舒卡就来守望，这一点，不久就有事实证明。

一只苍蝇歇在隐士的鼻子上，米舒卡就把苍蝇赶掉，不，不，苍蝇歇到面颊上去了！"滚开，坏东西！"真荒唐！苍蝇又歇到鼻子上去了，而且越发坚持要留在鼻子上了。你瞧米舒卡！它一声不响，捧起一块笨重的石头，屏住气蹲在那儿。

"别吭气儿，别吭气儿！"它心里想着，"你这淘气的畜生，我这回可要收拾你！"它等着苍蝇歇在隐士的额角上，就使劲儿哗啦一声把石头向隐士的脑袋捧过去，这一下捧得好准，把脑袋砸成两个半片，米舒卡的朋友就永远长眠不醒了。

老婆婆和医生

老婆婆的眼睛模模糊糊的，越来越看不清楚。她请医生到家里来看病，说："如果你能够治好我的眼睛，我愿意付一大笔酬劳给你。"

医生每天来帮老婆婆的眼睛涂药，并趁机拿走一样家具和值钱的东西。等老婆婆的眼睛复原时，家里的贵重物品也几乎被搬得差不多了。

医生对老婆婆说："依当初的约定，你应该付一笔医疗费给我。"老婆婆摇起头来拒绝给付。她说："你并没有治好我的眼睛呀！而且反而更严重了。之前我还看得清楚家里的摆设，而现在我只看得见两三样家具了。"

父亲和两个女儿

老先生有两个女儿，大女儿嫁给园丁，二女儿嫁给砖瓦匠。有一天，老先生到大女儿家去看她，问道："你最近过得如何，有没有什么烦恼？"

大女儿说："我过得很好，没什么烦恼。只不过希望天空能够下点雨，帮花草滋润一下。这样我们才不用花那么多的力气去浇水。"

老先生又来到二女儿家，同样问道："你最近过得如何，有没有什么烦恼？"二女儿微笑着说："最近天气很晴朗，砖头和瓦片很快就晒干了。我希望天气能够一直这么好。"

老先生听了苦笑一声说："你的姐姐需要雨天，而你却需要晴天。我不知该帮谁祈祷才好呢！"

身教言传

[苏联]勃罗多夫

一家三口儿围坐在一张铺有天蓝色桌布的圆桌旁。爸爸在翻阅报纸，妈妈在绣坐垫，八岁的维佳在看书。

"爸爸，我有个问题弄不清楚，"维佳突然向父亲发问，"请您给我解释一下：怎么有些人会吵嘴的？"

"这不难，"爸爸把报纸放置在一旁说了起来，"打个比方，我们的房屋管理员与庭院清扫工之间有了意见……"

"没有那回事！"妈妈打断了爸爸的话，"房屋管理员与庭院清扫工相处得很好。"

"这是我举个例子嘛。"爸爸辩解道。

"你不应该凭空瞎举这样的例子！"妈妈提高嗓门喊了起来。

"那就有劳你向孩子解释解释……"

"你总是把责任推到我的身上！"

"不是我推卸责任……是你爱找碴儿……"

"是我爱找碴儿？！"

"是的，是你……"

"不对，是你……"

"别吵了，"维佳插嘴说，"我明白了。"

一个小偷和失主的通信

[德国]奥·纳尔毕

第一封信　小偷致失主

法兰克福，1964 年 4 月 3 日

尊敬的布劳先生：

想必您已获悉，您停在歌德路的汽车已经失窃。我就是小偷。鉴于我这个小偷向来和失主关系良好，谨提出如下友好的建议：您的车子里有一只放信函和文件的皮包，它们对我虽然无用，可我认为对您却尤为重要。现将这些东西放在歌德路 40 号的房子后面还给您。作为交换，请将有关汽车证件放在同一地方。您给我的信，也放在那里。顺致亲切的问候。

您的汽车小偷

失主的复信

法兰克福，1964 年 4 月 5 日

尊敬的汽车小偷先生：

我不得不同意您的建议，因为我正急需那些文件。我的，亦即您的蓝色四座车证件，请于今天夜里二十四点钟到歌德路 40 号房子后面去拿。

马克斯·布劳谨上

第二封信　小偷致失主

法兰克福，1964 年 4 月 7 日

尊敬的布劳先生：

下一期的汽车税（计 2469 马克），要在本周内付清，是吗？

您忠实的汽车小偷

失主的复信

法兰克福，1964 年 4 月 9 日

尊敬的汽车小偷先生：

我谨遗憾地通知您，下一期的汽车税，您须在本周内付给财政局。拖延付款是要付高额罚金的。

顺致

敬意

您的马克斯·布劳

请不要忘记把汽车保险费付给色柯里塔保险公司。又及。

第三封信　小偷致失主

法兰克福，1964 年 4 月 10 日

尊敬的布劳先生：

请原谅我又写信给您。请问，车子耗油量是否需要 12—14 升？再则，左后轮漏气。

您的汽车小偷谨上

失主的复信

法兰克福，1964 年 4 月 12 日

尊敬的汽车小偷先生：

我忘了告诉您，我的，或者说您的车子亟待换只新胎，同您说的一样，汽油消耗的确很大。不说您也明白，车子已经很旧了。干您这一行的老是要在路上奔波，为您着想，我劝您把阀门换掉。

您的马克斯·布劳

第四封信　小偷致失主

法兰克福，1964 年 4 月 18 日

尊敬的布劳先生：

财政局要求我补交税款 698.57 马克，十日内付清，此外，坐垫已坏，右方向指示灯不亮。您能否给我介绍个便宜的车房，当然要有暖气的，因为汽车很难发动。现在我为车房要付 50 马克。

顺致

崇高的敬意

您的汽车小偷

失主的复信

法兰克福，1964 年 4 月 23 日

亲爱的小偷：

对您说来，除了付清车税以外，别无办法。顺便提一句，昨天夜里我突然想起，刹车已经不灵，请立即检查一下。此外，天气不好的时候——近来天公老是不作美——得修理车篷。

至于车房，我爱莫能助。过去，我的车子也经常露天停放。

您忠实的马克斯·布劳

第五封信　小偷致失主

法兰克福，1964 年 4 月 25 日

尊敬的布劳先生：

我从您那里偷来的汽车，使我大伤脑筋。在一连串的故障中，昨天差点传动装置又坏了。如此之高的费用，我这个诚实的小偷实在承担不起。我想贴一笔小额的赔偿费，把车子还给您，望能同意为盼。

顺致

崇高的敬意

您的汽车小偷

失主的复信

法兰克福，1964 年 4 月 28 日

最要好的朋友：

十分遗憾，由于您的严酷决定，我不得不结束我们之间美妙的通信联系。您偷走了我的汽车，而我懂得了上帝为什么给我两只脚。我重新开始步行。过多的脂肪已经掉了好几磅，心脏跳动恢复正常，我完全忘记了心血管病是怎么回事。我不再看病，经济状况也大有好转。我还得取回我的车子吗？想都没有想过！故此，我决定拒绝您的建议，即使您上法院控告我。我决不接受被偷走的东西。

顺致

敬意

您的马克斯·布劳

本领高强的小偷

[德国]赫贝尔

从前，在德国的一个小镇上住着弗利达和海奈兄弟俩。

他们的父亲偷东西的本领很是高强。兄弟两人商量着如何才能让爸爸洗手不干这类坏事。

"喂，海奈，我们和爸爸打个赌怎么样？"

"打赌？什么赌？"

"如果我们能三次偷到爸爸的东西，就叫他别偷人家的东西。"

"好主意，就这么办。"

办法想好后，两个人就把这事向爸爸说了。因为他俩起劲得很，父亲就接受了他们的条件。

"那好啊，你们能够拿到鸡生下的蛋而又不让母鸡发现吗？"父亲很自信地说。

可想不到海奈一下就成功了。他在鸡窝底部开了个洞，鸡蛋从洞里掉了出来。

"好吧，你们去牵走拴着铃铛的山羊。"

父亲说完，骑到了驴背上，身后用绳子牵着一只系了铃铛的山羊。他心中暗笑：这一下，他们没法把羊牵走了吧。

"好，我去！"

说这话的是弗利达。

弗利达悄悄地走近爸爸，摘下铃铛，再把它系到驴子尾巴上，然后割断了牵山羊的绳子。

他牵走了山羊，却没有发出声响。

"这两个鬼儿子！"

父亲发现后，心里挺懊恼。他想，再输一次，就不能偷东西了。

父亲晚上连觉也不睡，考虑着下一次的比赛。最

后，他终于想到了一个好主意。

"我要你们在我睡觉时拿走床上的被单！"

父亲神气活现地说。他相信这一次他不会输了。

"这件事，两个人不合作，就成功不了。"

两个人悄悄地做起了准备工作。

晚上到了。

手拿稻草人的海奈躲在窗边，弗利达则躲在门旁。

"开始啦……"

海奈开始把稻草人在窗口伸上伸下。

那是什么？父亲感到奇怪，便下了床，去看窗外。

"机会来了！"

弗利达迅速蹿了过去。

"糟了！"

父亲发现的时候，床单已经到了弗利达手中了。

"赢啰，赢啰！"两个孩子高兴极了。

这样，父亲三次都输给了孩子。

"哼，我竟输给了小孩子，不干了，不干了！"

父亲说完，就按自己答应的那样，不再去偷东西了。

他和孩子们一起，每天去种地，辛勤地干活。

第二章　孝顺的儿子

孝顺的儿子

曾经有一个珠宝商，他以具有许多优秀的品质而著称。有一天几个犹太老人来找他，他们想买一些宝石，准备镶在他们职位最高的教士的袍子上。

他们说出了自己想要的宝石，并给出了一个合理的价格，但是这位珠宝商回答说不能给他们看那些宝石，并让他们过些时候再来。

但是这些老人不想再耽搁时间，他们认为这个珠宝商的目的是为了提高价格，于是老人们给出了双倍的价钱，之后又给出了三倍的价钱，但这个珠宝商还是拒绝了，于是这些老人们怒气冲冲地离开了。

几小时后，珠宝商找到他们，把宝石摆在他们面前，他们于是给出了他们刚刚给出的最高价，但是珠宝商说："我只要你们今天早晨给出的那个合理的价格。"

老人们觉得很奇怪："为什么你那时候不和我们做这一笔生意呢？"

"你们来的时候，我的父亲正拿着保存宝石的柜子的钥匙，当时他正在睡觉，我要给你们看宝石的话就不得不叫醒他。"珠宝商说。

"在他这样的年龄，睡上一小时对他很有好处。所以即使给我全世界的金钱，我也要先考虑我的父亲，我不能打扰他休息。"

这些老人被他的话感动了，他们轻拍着珠宝商的头说道："爱你的父亲和母亲，有一天你的孩子也会像你爱你的父亲一样爱你、尊敬你。主会保佑你的。"

壁炉旁

冬天的一个晚上，劳德夫人和她的两个小女儿坐在自己温馨的家的壁炉旁。两个女孩在缝东西，妈妈则在忙着织毛衣。

凯蒂完成了自己手上的活儿。她抬头看了看说："妈妈，我觉得今天的火比平时的大。我真爱听火在燃烧时发出的噼噼啪啪的声音。"

"我也正准备这么说呢，"玛丽也叫起来，"今晚的灯确实比昨晚的亮。"

"亲爱的孩子们，"妈妈说，"那一定是因为你们今天晚上感觉比平时快乐的缘故。也许这就是你们认为火比平时更大，灯比往日更亮的原因吧！"

"但是妈妈，"玛丽说，"我不明白我们现在为什么会比往日感到快乐。昨晚简表姐还在这里与我们玩'推人进墙角'和'盲人'游戏的，一直玩到我们都累了才结束呢。"

"我知道，我知道为什么！"凯蒂说，"这是因为今天晚上我们在干一些有意义的活儿。我们之所以感到幸福，是因为我们成了有用之人。"

"说得很对，亲爱的，"妈妈说，"我很高兴你们两个都认识到，做些事情要比单纯玩耍更令人愉快，更让人受益。"

新年

新年的第一天早晨，天气很好，爱德华迅速穿好衣服，起了床，洗了脸。他想第一个去给人们拜年。他先是跑到各个房间，对家人说了新年好，然后又跑到街上对每一个他见到的人道新年好。

回家后，他父亲给了他两美元的新币。

爱德华高兴极了。他在书店曾看到过一些非常精美的书，他早就

想买了。于是，他便兴高采烈地离开了家去买书。

来到街上，他碰到一家德国人——父亲、母亲，还有三个冻得发抖的孩子。

"新年快乐！"爱德华喜气洋洋地说。那人却对他摇了摇头。

"你不是这里的人吗？"爱德华问。那人又摇了摇头，很显然他是听不懂爱德华的话。

接着，这个人拍了拍他的嘴，又指了指他的孩子，好像在说，这几个孩子已经有好几天没有吃东西了。爱德华很快就明白了是怎么回事。他毫不犹豫地取出了手中的钱，一枚给了那个男人，另一枚给了他的妻子。

他们感动得热泪盈眶，用自己的语言说着什么。毫无疑问他们是在说："我们太感激你了，我们会永远记得你是我们的恩人。"

爱德华回到家。父亲问他买了什么书，爱德华不好意思地低下了头，说："我没有买书。"接着解释说："我把钱给了几个穷人。他们又饥又饿，太可怜了。"

"我可以等到下一年再买书。对了，你知道他们接到钱时有多高兴吗？"

"孩子，"父亲说，"这里有许多书，我把它们送给你，作为对你做好事的奖励。"

"我知道你把钱给了那些可怜的人，一个小男孩能这样给予别人，真的是很可贵的。"

"如果你能时刻准备帮助那些穷人以及那些无助的人们，你以后每年都会很幸福的。"

和蔼地说话

和蔼地说话，让人感到爱比让人感到恐惧好多了。和蔼地说话，不要让尖利的话语淹没我们原来的好意。

对小孩要轻声地说话，给他播种爱的种子。大声地叱责，不

会有长久的效果。

对老人要轻声地说话，不要让这颗饱经风霜的心再感到悲伤，而使他丧失生活的勇气。我们不能再让这悲惨的事情，发生在我们这和平的年代里。

对穷人要友善地讲话，不要用粗鲁的话语。他们已经承受了太多的不幸，请不要再对他们粗鲁地讲话。

对犯了错的人要和蔼地说话，我们知道他们曾在背后讲别人的坏话，但也许那正是我们不友善的态度使他们这样做的。哦，让我们帮助他们吧，让他们重返我们的身边。

和蔼地讲话，它是我们心灵深处的一件小事，但它会给我们带来欢乐，这是一条永恒不变的真理。

母亲的墓地

我母亲去世离今已有 13 个年头了。我回到久违的家乡，站在了母亲的墓前。从那悲哀的时期以后，我已经发生了巨大的变化。童稚的岁月早已消逝，随之而去的是我那活泼的性格。

世界也已改变，当我站在母亲墓前时，我几乎想不起从前我曾是一个无忧无虑的小女孩，而那时母亲常常无限温柔地亲吻我的脸颊。

但是这 13 年的沧桑变幻依然没有从我的记忆里抹去母亲的笑容。仿佛我是在昨天见到了她，仿佛她那熟悉的声音还在我的耳畔。儿时那些欢乐的旧梦又一次回到了我的脑海里，是那样的清晰。若不是我还想起了一件痛苦的往事，我留下的眼泪就一定是幸福的眼泪，而不是现在这般苦涩了。

那件往事也许看起来是件小事，但是它却让我的心隐隐作痛。我之所以要说出来，是让所有有父母疼爱的孩子学会珍视自己的父母。我的母亲去世前病了很久，我都习惯了她那苍白的脸色和微弱的嗓音，不会像一般的孩子会被吓着。起初，确实我哭得十分伤心，但当我每天放学回家，看到母亲依然如旧，我便开始相信上天会把母亲留给我，可是他们却告诉我母亲活不长了。

有一天，我在学校受了点委屈，带着沮丧而烦躁的心情，我回到了家，走进了母亲的卧室，她比平常更加苍白，但还是以她那充满深情的笑容迎接我的回家。哎！当我回顾这逝去的13个年头时，我想我的心若是还没有被溶化的话就定然是石头了。母亲要我上楼端一杯水给她。我怒气冲冲地问她为什么不叫佣人端呢。母亲脸上露出了微含责备的神情，对我说："难道我的女儿就不能为她可怜的、生病的母亲端杯水吗？"她说话时的这种神情我即使活到一百岁也不会忘记。

我去给她端了一杯水，然而却很不乐意。我没有像往常一样冲着她笑，并且吻她，而是绷着脸，把杯子很快放下，然后离开了她的卧室。玩了一会儿后，我就回我自己的房间里睡觉了，也没有跟母亲道晚安；但当我独自一人待在黑暗和寂静中时，我想起了母亲的脸是多么的惨白，她对我说那句"难道我的女儿就不能为她可怜的、生病的母亲端杯水吗？"时声音是多么地颤抖。我怎么也睡不着，我溜进了她的卧室，想求得她的原谅。母亲已经沉沉睡去，而他们叫我不能吵醒她。

我没有告诉任何人我的心事，而是溜回了床上。我决心明天一大早就起床告诉妈妈我多么懊悔。当我睁开眼时，外面已是阳光灿烂。我赶紧披上衣服，急急跑到母亲房里。她死了！她再也不能说话，再也不能对我微笑。当我摸她那常亲抚我的头的手时，手冰得我都吓了一跳。

我跪在她身边，哭得悲恸欲绝。那时我真希望我也死去，和母亲同葬在一起。如今已长大的我情愿用世间的一切来交换母亲亲口说出的原谅，如果我可以交换的话。但我却永远唤不回我的母亲了。当我站在她的墓前，一想到她对我的无限疼爱，她那微含责备的表情就像毒蛇一样咬噬着我的心。

七根木棍儿

一个人有七个儿子，但他们经常吵架，他们因为彼此争吵而耽误了学业和工作。一些坏人希望他们的父亲早点死去，然后通过挑拨七兄弟的关系，来骗取他们的财产。

一天，善良的老人把他们叫到一起，他在儿子们面前放了那捆在一起的七根木棍，然后说："谁要能把这捆木棍折断，我就给他们100美元。"

每个人都使出了全身的力气去折那捆木棍，但最终都是徒劳，他们谁也无法将木棍折断。

"其实这很简单，我的孩子们。"父亲说。然后他将木棍捆儿打开，很轻松地将它们一根一根地折断了。

"啊哈，这样做太容易了，任何人都能做到的。"儿子们说。

他们的父亲这样回应道："我的孩子们，其实你们就像这些木棍，只要你们团结在一起，互相帮助，你们就会很强大，任何人都不能够伤害你们。"

"但如果团结的关系遭到破坏，那么等待你们的下场就像地上这些折断的木棍一样。"

同此道理，只要我们团结起来，不管家庭、城市还是国家都会强大起来。

熊和过路人的故事

[古希腊]伊索

两位行人正走在路上，突然闯出一头熊。当熊还未发现这两个人时，其中一位就奔向路边的一棵树，爬上去，藏在枝叶间。另一位不如他的同伴敏捷，已无法逃脱，只好躺在地上装死。熊走上前，嗅遍他的全身，而他一动不动，屏住了呼吸，因为据说熊从不吃死人。果然，这只熊以为他是一具死尸，就走开了。危险过去之后，躲在树上的那位下来，问他的同伴，熊把大嘴凑到你耳边，跟你小声说了些什么。这位同伴答道："他告诉我，以后再也不要和一遇到危险就抛弃你的朋友同行。"

为什么青蛙和蛇从不在一起玩

一次，青蛙的孩子在灌木丛中跳跃，看到前面有什么陌生的东西横躺在路上。这东西又细又长，皮肤五颜六色、闪闪发光。

"嘿，你好，"青蛙的孩子叫道，"你躺在路上干什么？"

"我在晒太阳呢！"这陌生的东西回答，翻转着身子，又把自己盘成一团的身体慢慢展开。"我是蛇的孩子，你是谁呀？"

"我是青蛙的孩子。你愿意跟我一起玩吗？"

青蛙的孩子便与蛇的孩子在林子里玩了一整个早上。

"看看我的能耐，"青蛙的孩子说，高高地向空中跳了跳，"如果你愿意，我可以教给你。"他主动说。

于是他把如何跳跃的本领教给了蛇的孩子，他们一起跳着，沿林中小路往灌木丛中走去。

"现在看看我的能耐，"蛇的孩子说，他把自己的肚子紧紧地贴在一棵大树的树干上，"如果你想学，我可以教你。"

于是，他教会了青蛙的孩子如何把肚子贴在树干上往上爬。

过了一会儿，他们两个都饿了，决定回家去吃午饭，但两个都答应明天再见。

"谢谢你教会了我怎样跳跃。"蛇的孩子说。

"谢谢你教会了我怎样爬树。"青蛙的孩子说。

说完，两人便各自回家。

"妈妈，你看看我学会什么了！"青蛙的孩子说着，用肚子爬了起来。

"你从哪儿学来这一手的？"他妈妈问。

"是蛇的孩子教给我的，"青蛙的孩子回答，"今天上午，我们一起在林子里玩。他是我新交的朋友。"

"你不知道蛇一家都是坏蛋吗？"他妈妈问，"他们的牙齿里都有毒。

不要再让我见到你与他们中的谁在一起玩了。也不要再让我见到你用肚子爬动。那是不体面的事。"

同时，蛇的孩子也回到了家里，一蹦一跳地，让妈妈看。

"谁教你这一手的？"他妈妈问。

"是青蛙的孩子，"他回答，"他是我新交的朋友。"

"你真蠢，"他妈妈说，"你不知道自古以来我们就与青蛙一家交恶吗？下次你看到青蛙的孩子，抓住他，把他吃了。别再一跳一跳的了，那不是我们的习惯。"

因此，第二天早上，青蛙的孩子在林中见到蛇的孩子时，远远地站在一边。

"恐怕我今天不能与你一起爬了。"他说着，往后跳了一两跳。

蛇的孩子冷眼看着他，记起了母亲说过的话。"如果他走近，我就弹出去，把他吃了。"他想。但随后，他又想起了他们一起玩耍的快乐时光，而且，青蛙的孩子还教会了他如何跳跃呢！于是，他悲伤地叹了口气，游进灌木丛中去了。

从那以后，青蛙的孩子和蛇的孩子就再也没有在一起玩过。但他们常常独自坐在太阳下，怀念那一天的友谊带来的快乐时光。

悬崖上的杀手

[英国]毛姆

"出什么事了，爸爸？"男孩被什么声音弄醒了，问道。他跑出屋去，看见他爸爸手握步枪正站在台阶上。

"孩子，是的，一定是它一直在杀我们的羊。"

夜晚的寂静被一种澳大利亚野狗又长又尖的嚎叫声划破了。嚎叫声是从离屋子大约四分之一英里远的悬崖上传来的。

孩子的父亲举起步枪，朝悬崖的方向开了几枪。"这应该把它吓跑了。"他说。

第二天早晨，孩子骑马出去，沿着旧石崖慢慢骑着，一边寻找着野狗的足迹。突然，他发现了它——它正平躺在从峭壁上伸长出去的一棵树的分枝上。它一定是在夜晚的追逐中从悬崖边跌下来的。当它摔下来时一定掉在分枝上，树下是 60 英尺深的悬崖。这只野狗被逮住了，男孩跑回去告诉他的父亲。

"爸爸，你打算开枪打死它吗？"当他们返回悬崖时男孩问道。

"我想如此，它在那儿只会饿死。"他举起步枪瞄准，男孩等待着射击声——但枪声没有响起来，他爸爸已把枪放下了。

"你打算打死它吗？"男孩问道。

"现在不，儿子。"

"你打算放了他吗？"

"儿子，如果我可以帮助它的话，我不会放弃的。"

"那你干吗不开枪打死它？"

"只是似乎不公平。"

第二天，他们骑马外出，野狗还在那儿。它似乎在测算树和悬崖顶的距离——也许它会跳上去。男孩的爸爸仍没有开枪。

到第三天，野狗开始看上去又瘦又弱。男孩的爸爸几乎伤感地慢慢举起步枪，他射击了。男孩首先看看地面，期待着看到野狗的尸体。当他发现地上什么也没有后，他抬头朝树上望去。

野狗还在那儿。他爸爸以前从未在这么容易的射击中失手过。

受到惊吓的野狗望着地面，然后挪回了它的两条腿。

"爸爸，看，它要跳了，快，开枪！"

突然，野狗一跃而起。男孩看着，等着它摔到地上。相反，他看到它停在悬崖外墙上，并在滑动的岩石上疯狂地挣扎着，它的后腿在往上踢。

"爸爸，快，"男孩催促道，"否则它要跑了。"

他爸爸并没有动。

野狗虚弱地爬上悬崖顶。他爸爸仍没有举起枪。野狗沿着悬崖边跑远了——慢慢地跑出了视线。

"你放了它。"男孩叫道。

"是的，我放了它。"他爸爸回答道。

"为什么？"

"我猜想我心肠变软了。"

"但让一只野狗跑了！在它吃了所有的羊之后！"

他爸爸望着在微风中摇动的空荡荡的树感慨道："儿子，有些事人们似乎就是不能那么做。"

猎人之歌

[苏联]艾特玛托夫

很久很久以前，有一位老人，他有个儿子，是个年轻勇敢的猎手。父亲把猎人的一套高超本领都教给了他的儿子，于是，儿子便超过了父亲。

儿子百发百中，没有一头野兽能逃过他的准确而致命的子弹。他把山山岭岭的野兽都打光了。大肚子的母羊，他不怜惜；小小的崽畜，从不手软。他见着灰山羊就打——灰山羊可是羊的祖先哩。只剩下一只母羊和一只公羊了。母羊向年轻的猎手苦苦哀求，让他可怜可怜公羊，不要射死它，让它们能传宗接代，子孙繁衍。但是猎人充耳不闻，"砰"一枪又把这只硕大的灰公羊打死了，公羊一跤摔下峭壁。母羊哀哀哭诉着，转过身子，对猎人说："你朝我的胸口开枪吧，我绝不动一动。你要是打不中我——往后你就别想再开枪了！"年轻的猎手听完这只发了疯的母羊的话，不禁哈哈大笑。他瞄准了。"砰"一声枪响了。但灰山羊没有倒下，子弹只碰伤它的一条前腿。猎人慌张起来：这种情况可从未发生过。"得了，"灰山羊对他说，"现在你想办法来捉住我吧！"年轻的猎人又是一阵狂笑："行，你快跑吧。要是我追上你，你可别想我开恩。老不死的，我要把你这个可恶的牛皮大王一刀给宰了！"

灰山羊瘸着一条腿跑开了，猎人在后面追着。多少个白天，多少个黑夜，在山岩、在峭壁、在雪地、在石滩，猎人和山羊就那么一直跑着、追着。不，灰山羊是绝不会屈服的。猎人早已扔了自己的枪，身上的衣服也都撕破了。猎人不知不觉被灰山羊引上一处高不可攀的绝壁——那地方，上不能上，下不能下，爬不能爬，跳不能跳，简直就动弹不得。灰山羊把他扔在那里，咒骂着他："你一辈子也别想离开这里：谁也救不了你。让你的父亲来哭你吧——就像我哭我死去的孩子，哭我那绝灭的家族那样；让你的父亲在这荒山野岭里哀号吧——就像我这老灰羊，羊类的祖先，哀号那样。我诅咒你，卡拉古尔，我诅咒你……"灰山羊哭着跑开了——从这块岩石跳到那块岩石，从这座山窜到那座山。

剩下年轻的猎人，站在高得令人眩晕的峭壁上。他向隅而立，脚下只有一小块窄窄的凸出的山岩。他都害怕回过头来：上下左右，他都无法挪动一步。上不见青天，下不见大地。

这时候，他的父亲到处在找他。他爬遍了山山岭岭。当他在一处小道上找到儿子扔下的猎枪时，他明白：他的儿子遭到了不幸。他跑遍了陡峭的峡谷，找遍了阴森的沟壑。"卡拉古尔，你在哪儿？卡拉古尔，你答应一声呀！"回答他的是怪石嶙峋的群山发出的轰隆隆的空谷回音："……你在哪儿？卡拉古尔，你答应一声呀！……"

"我在这里，父亲！"蓦地他听到远处传来的声音。父亲抬头一看，他看到了自己的儿子，好比一只小雏鸦落在高不可攀的悬崖绝壁上。他正向隅而立，连身子都转不过来。

"你怎么落到那里去了，我的不幸的儿子？"父亲吓坏了。

"别问了，父亲，"那人回答道，"我这是罪有应得。是灰山羊把我引到这里的。它还恶狠狠地咒骂我。我在这里已经站了好几天了。见不着阳光，见不着青天，见不着大地。就是你的脸，父亲，我也见不着。可怜可怜我吧，父亲。开枪把我打死吧，免了我的痛苦吧，我求求你！把我打死吧，把我埋了吧！"

父亲能有什么办法呢？他痛哭流涕，急得团团转。而儿子却一再苦苦哀求："快点把我打死，你开枪吧，父亲！你可怜可怜我吧，开枪吧！"直到黄昏，父亲都下不了决心。太阳快落山的时候，他瞄准了，开枪了。他把猎枪朝岩石上狠劲一摔，砸个粉碎。他扑到儿子的尸体上，唱起诀别的歌：

是我杀害了你，我的儿子卡拉古尔。

只落得我孤苦伶仃，我的儿子卡拉古尔。

命运惩罚了我，我的儿子卡拉古尔。

命运报复了我，我的儿子卡拉古尔。

为什么我教给了你，我的儿子卡拉古尔。

那猎人的本领，我的儿子卡拉古尔。

为什么你杀光了，我的儿子卡拉古尔。

所有的飞禽走兽，我的儿子卡拉古尔。

为什么你消灭了，我的儿子卡拉古尔。

有生命、能繁殖的众生，我的儿子卡拉古尔。

只落得我孤苦伶仃，我的儿子卡拉古尔。

没有人同情我的眼泪，我的儿子卡拉古尔。

只有我悲痛欲绝，我的儿子卡拉古尔。

是我杀害了你，我的儿子卡拉古尔。

是我亲手杀害了你，我的儿子卡拉古尔。

……

在柏林

[美国]奥莱尔

一列火车缓慢地驶出柏林，车厢里尽是妇女和孩子，几乎看不到一个健壮的男子。在一节车厢里，坐着一位头发灰白的战时后备役老兵，坐在他身旁的是个身体虚弱而多病的老妇人。显然她在独自沉思，旅客们听到她在数着："一，二，三，"声音盖过了车轮的"咔嚓、咔嚓"声。停顿了一会儿，她又不时重复起来。两个小姑娘看到这种奇特的举动，指手画脚，不假思虑地嗤笑起来。一个老头狠狠扫了她们一眼，随即车厢里平静了。

"一，二，三，"这个神志不清的老妇人又重复数着。两个小姑娘再次傻笑起来。这时那位灰白头发的战时后备役老兵挺了挺身板，

开口了。

　　"小姐，"他说，"当我告诉你们这位可怜的夫人就是我的妻子时，你们大概不会再笑了。我们刚刚失去了三个儿子，他们是在战争中死去的。现在轮到我自己上前线了。在我走之前，我总得把他们的母亲送往疯人院啊。"

　　车厢里一片寂静，静得可怕。

蓝色的树叶

[俄国]瓦连京娜·奥谢耶娃

　　卡佳有两枝绿颜色的铅笔，可是莲娜一枝也没有。莲娜向卡佳请求说："给我一枝绿铅笔吧。"

　　但是卡佳回答说："我得问一问妈妈。"

　　第二天，两个小姑娘都到学校里去了。

　　莲娜问："妈妈允许了吗？"

　　卡佳停了一下才说："妈妈倒是允许了，可是我还没有问过哥哥呢。"

　　莲娜说："那有什么关系，再问问哥哥吧。"

　　第二天卡佳来的时候，莲娜问道："怎么样，哥哥答应了吗？"

　　"哥哥倒是答应了，可是我怕你把铅笔弄断了。"

　　莲娜说："我会小心些用的。"

　　卡佳说："小心些，不要削，不要太用劲儿使，不要放到嘴里去，不要用得太多啊！"

　　莲娜说："我只要把那图画纸上的树叶，画成绿颜色的就够了。"

　　"这可多啦！"卡佳说着，紧紧地皱着眉头，脸上还做出不乐意的样子来。

　　莲娜看了看她就走开了，也没有拿铅笔。

　　卡佳奇怪了，跑着去追她。

　　"喂，你怎么啦？拿去用吧！"

莲娜回答说："不要啦。"

上课的时候，老师问道："莲娜，为什么你的树叶是蓝色的呢？"

"我没有绿颜色的铅笔。"

"那你为什么不跟自己的女伴去拿呢？"

莲娜默默地不说一句话。

但是卡佳羞红了脸，像只大红虾似的，说道："我给她啦，可是她没拿去。"

老师看了看两个人说："要好好地给，别人才肯接受呢。"

狗鼻子

[苏联]左琴科

商人叶列麦伊·巴勃金有件貂皮大衣给人偷走了。

商人叶列麦伊·巴勃金嚎了起来。他真心疼这件皮大衣呀。

他说："诸位，我那件皮大衣可是好货啊。太可惜了。钱我舍得花，我非把这个贼抓到不可。我要啐他一脸唾沫。"

于是，叶列麦伊·巴勃金叫来警犬搜查。来了一个戴鸭舌帽、打裹腿的便衣，领着一只狗。狗还是个大个头，毛是褐色的；嘴脸尖尖的，一副尊容很不雅观。

便衣把那条狗推到门旁去闻脚印，自己"嘘"了一声就退到一边。警犬嗅了嗅，朝人群扫了一眼（自然四周有许多围观的人），突然跑到住在五号的一个叫费奥克拉的女人跟前，一个劲儿地闻她的裙子下摆。女人往人群里躲，狗一口咬住裙子。女人往一旁跑，它也跟着。一句话，它咬住女人的裙角就是不放。

女人扑通一声跪倒在便衣面前。

"完了，"她说，"我犯案啦。我不抵赖。"她说："有五桶酒曲，这不假。还有酿酒用的全套家什。这也是真的，都藏在浴室里。把我送公安局好了。"

人们自然惊得叫出了声。

"那件皮大衣呢？"有人问。

她说："皮大衣我可不知道，听都没听说过。别的都是实话。抓走我好了，随你们吧。"

这女人就给带走了。

便衣牵过那只大狗，又推它去闻脚印，说了声"嘘"又退到一旁。

狗转了转眼珠，鼻子嗅了嗅，忽地冲着房产管理员跑过去。

管理员吓得脸色煞白，摔了个仰面朝天。

他说："诸位好人呀，你们的觉悟高，把我捆了吧。我收了大伙的水费，全让我给乱花了。"

住户们当然一拥而上，把管理员捆绑起来。这当儿警犬又转到七号房客的跟前，一口咬住他的裤腿。

这位公民一下子面如土色，瘫倒在人群前面。

他说："我有罪，我有罪。是我涂改了劳动履历表，瞒了一年。照理，我身强力壮，该去服兵役，保卫国家。可我反倒躲在七号房里，用着电，享受各种公共福利。你们把我逮起来吧！"

人们发慌了，心想：

"这是条什么狗，这么吓人呀？"

那个商人叶列麦伊·巴勃金，一个劲儿眨巴着眼睛。他朝四周看了看，掏出钱递给便衣。

"快把这条狗牵走吧，真见它的鬼。丢了貂皮大衣，我认倒霉了。丢就丢了吧……"

他正说着，狗已经过来了，站到商人面前不停地摇尾巴。

商人叶列麦伊·巴勃金慌了手脚，掉头就走，狗追着不放，跑到他跟前就闻他那双套鞋。

商人吓得脸色刷地就白了。

他说："老天有眼，我实说了吧。我自己就是个混账小偷。那件皮大衣，说实话也不是我的，是我哥哥的，我赖着没还。我真该死，我真后悔啊！"

这下子人群哄地四散而逃。狗也顾不得闻了，就近咬住了两三个人，咬住就不放。

这几位也一一坦白了：一个打牌把公款给输了。一个抄起熨斗砸了自己的太太。还有一个，说的那事简直叫人没法言传。

人一跑光，院子便空空如也，只剩下那条狗和便衣。

这时警犬忽然走到便衣跟前，大摇其尾巴。便衣脸色陡地变了，一下子跪倒在狗跟前。

他说："老弟，要咬你就咬吧。你的狗食费，我领的是三十卢布，可自己私吞了二十卢布……"

第三章　好孩子与坏孩子

好孩子与坏孩子

罗伯特·路易斯·斯蒂文森

孩子们，你们个头不高，
骨架脆弱，身体瘦小。
如果你们想以后长得英俊高大，
走路时切莫急躁。
你们还需头脑伶俐，安静乖巧，
吃饭不要太挑。
尽管要经历太多的困苦迷惑，
一定要保持天真与诚实。
心情愉快，脸上挂满微笑，
绿草地上尽情玩耍——
古代的帝王与圣贤，
都是这样成长壮大。
但是那些为人刻薄，蛮横无理，
饮食无度的孩子。
永远都不会获得成功——
他们的未来不堪设想！
心狠手辣的孩子，喜欢吵闹的
孩子，
长大后会变成傻瓜与笨鹅。
年老后，会成为孩子们
讨厌的对象。

致乱扭身子的小女孩

劳拉·E.里查兹

不要扭来扭去了，亲爱的孩子！
相信你的关节一定已经酸疼，亲爱的孩子！
你扭来扭去，总是不老实，
像一条鳗鱼在满是石子的海滨，亲爱的孩子，
像一条鳗鱼在满是石子的海滨。
噢！如果你变成一条鳗鱼，亲爱的宝贝，
你感觉如何？
没有胳膊来保护自己不受侵害，
没有脚跟，也没有脚趾，亲爱的宝贝，没有脚跟，也没有脚趾。
如果你待在海水深处，亲爱的孩子，
你会怎么想？
那里有各种虾长着长须，
它们会用鼻子来碰你，亲爱的孩子，
它们会用鼻子来碰你。
螃蟹会用铁钳似的腿来夹你，亲爱的孩子，
龙虾也会来袭击你，亲爱的孩子。
黑夜里也许会有鲨鱼来侵扰，
你一不小心就会被它吃掉，亲爱的孩子，
你一不小心就会被它吃掉，亲爱的孩子。
坐在椅子上，不要乱动，亲爱的宝贝！
对父母来说，这不只是个举止是否优雅的问题，
我们的确不喜欢让一条鳗鱼，
与我们同吃同住，亲爱的宝贝。
与我们同吃同住。

吉姆

[法国]希拉里·贝洛克

我们有时会遇到这样的孩子，他们从母亲身边偷偷溜走，然后一个人上街，或者在拥挤的棒球场中，从父亲身旁逃走，然后喊叫着沿着杂货店的走廊奔跑。你想让他们在一个地方老老实实

待着，根本不可能。这首诗就讲述了这种孩子的悲惨遭遇。

从前有个男孩叫吉姆，朋友们对他都很好。

他们给他吃茶点、蛋糕、果酱，

好吃的火腿，

还有粉红色的巧克力。

把小三轮车借给他骑，

向他讲一个又一个的故事，

甚至还带他去动物园——

但是现在我要讲的是，

降临到他头上的厄运。

大家知道——至少你应该知道，

因为我经常这样对你讲——

小孩子不应该在人群中，

离开保姆。

可是吉姆就有这个缺点，

只要有机会，他就要跑开。

那是一个不祥的日子，

他挣脱出保姆的手，撒腿逃走！

他跑了还没有一码的距离——突然

一头张着血盆大口的狮子向他猛扑过来，

饥饿的狮子一口咬住了孩子的双脚。

那头野兽慢慢吞噬他的脚趾、脚跟，
然后一点一点地，
吃到他的胫骨、脚腕、小腿与膝盖，
我们可以想象那是一种什么感觉。
难怪吉姆讨厌那种感觉！
难怪他开始大声喊："救命！"
诚实的驯兽员听到喊声，
尽管自己身体肥胖，行动吃力，
还是跑过来救我们的小绅士。
"庞图！"他一边向这边靠近，一边大声喊道：
(庞图是那狮子的名字)
"走开，先生！放下，先生！把他放下！"
狮子突然停了下来，
把嘴中吃剩的东西扔到地上，
然后不情愿地向笼子走去。
因为没有尽兴一边走一边怒吼。
当驯兽员弯腰看吉姆，
双眼一下子被泪水模糊。
那狮子已经吃到他的头部，
可怜的孩子已经停止了呼吸。
当保姆把噩耗告知男孩的父母，
他们的悲伤之情难以形容。
男孩的母亲，一边擦泪，
一边说道："唉——我并不感到奇怪，
他总是不听大人的话！"
他的父亲比较镇静，
把住在附近的孩子们叫来，
参加吉姆的葬礼。
孩子们自始至终紧紧抓住保姆的手，
唯恐遇到任何不测。

国王与猎鹰

从前有一个勇猛的国王，他领军队打了很多胜仗。很多国家的人都在讲述他的英勇战绩。人们说，自亚里山大大帝以来，还没有像他这样英勇强大的帝王。

一天上午，打完仗回家后，他骑马到林中打猎。他的许多朋友和他在一起。他们手拿弓箭，欢快地驱马奔腾。仆人与猎狗跟在后面。

这次狩猎非常愉快。森林里荡漾着他们的欢声笑语。他们打算在傍晚时满载猎物而归。

国王的手腕上站着他心爱的猎鹰。在那个时代，人们训练鹰，用来狩猎。听到主人一声命令，它们就会立即飞向高空，四处寻找猎物，一旦发现一只野鹿或兔子，就会像离弦之箭向猎物俯冲而去。国王与同伴们整整一天都在树林中驰骋，但发现的猎物却没有他们预想的那么多。

接近傍晚时，他们打算回家。国王经常在树林中穿行，对各条路都很熟悉。其他人抄近路往回赶，而他却选了一条穿越山谷、路途较远的路。

天气很热，国王非常渴。他心爱的猎鹰已经从他的手腕上飞走。猎鹰一定能够找到回家的路。

国王沿路信马由缰。他以前在这条路附近看到过一股清澈的泉水。要是现在能找到它，该多好啊！但是夏日炎炎，山涧的许多小溪已经干涸了。

让他喜出望外的是，他终于在一块岩石底下发现了一丝细流。他知道远处一定有泉水。在湿润的季节，这里总有一股溪水在流淌，但是现在却只有水滴在渗出。

国王下马，从打猎用的袋子中取出一个很小的银杯。然后双手捧着杯子去接水。

要把水杯接满，需要很长一段时间。国王渴得要命，简直再也等不下去了。水杯终于快接满了，他赶紧把杯子端到嘴边，正要喝，突然天空中传来一阵呼啸声，他手中的水杯被打落在地。杯中的水洒在地上。

国王抬头，看是什么东西干的。却发现是自己心爱的猎鹰。

猎鹰围着国王飞了几圈，然后落到泉水旁的岩石丛中。

国王捡起水杯，又去接水。

这次他再也等不了刚才那么长的时间了。刚接了半杯水，他就迫不及待地端到唇边。然而还没等他喝进口，那猎鹰又俯冲下来，将水杯从他的手中打落。

国王开始生气了。他又试了一次，但那猎鹰还是没有让他成功。

国王这次真的生气了。

"你怎么胆敢这样做？"他喊道，"如果我抓住你，一定要把你的脖子拧断。"然后，他又开始接水。但是这次在喝水之前，他抽出了腰间的宝剑。

"嘿，猎鹰先生，"他说道，"这可是最后一次了。"

他还没有说完，那猎鹰就俯冲下来，把他的水杯打翻在地。然而国王也做好了准备，他手中的宝剑一挥，正好砍在那猎鹰的身上。

可怜的猎鹰跌落在地，血如泉涌，不一会儿就死在了主人的脚下。

"这是你罪有应得。"国王说道。

他转身开始找水杯，却发现水杯已经滚到两块石头之间，无法取出了。

"不管怎样，我必须喝点泉水。"他自言自语道。

想到这里，他开始沿着陡峭的石壁向泉水的源头爬去。路很不好走，他越往上爬，越是感到干渴难忍。

最后他终于来到了目的地。那里确实有一个小水潭。但水潭中躺着一个什么东西，差不多把水潭都填满了。原来是一条带有剧毒的死蛇。

国王停住脚步。他忘记了干渴，想起了死去的猎鹰。

"原来是猎鹰救了我一命！"他大声喊道，"而我刚才却那样回报它！它是我最好的朋友，我却把它杀死了。"

他爬下石壁，轻轻将猎鹰捡起，放到行李袋中。然后上马，疾驰而归。他对自己说："今天我汲取了一条惨痛的教训，那就是，无论干什么，千万不要意气用事！"

发怒

[英国]查尔斯·兰姆与玛丽·兰姆

适时适地发怒，
自有一种庄重。

怒气要发得有理，
持续时间不能超过一分钟。
如果时间再长，就会演化为恨怨。
两者的区别就如同
毒蛇与蜜蜂。
如果你把后者招惹，
立即会遭到还击，
给你带来些许的疼痛，
但是它再也不会蜇人。
在灌木丛或矮树林中
有毒蛇在出没，
它精心培养自己的怒气。
只要在它的活动范围内，
无论是寒冬，还是炎夏，
无论你是恶意相加，还是善意相待，
只要你走到那个地方，
邪恶的毒蛇都会毫不留情地向你袭来。

不讲卫生的吉姆

[英国]简·泰勒

从前有一个小吉姆，
说起来，
真为他感到惭愧。
人们从未见到他
有干净的双手，
他的脸也总是脏兮兮。
朋友们看到他这样，
非常难过，
经常帮他收拾干净。

但这一切努力都无济于事，
他很快又会把自己弄脏，
那样子实在难以入目。
听到别人埋怨，
他一点也不痛苦，
也从不正眼看一下自己的脏衣服。
他懒惰的头脑
根本不会从干净整洁的衣着上
获得一点乐趣。
性情懒惰、品质恶劣的孩子
喜欢这个小孩，
他们肯定都喜欢脏兮兮的样子。
然而好孩子总是
穿得干净而整齐，
尽管他们的家庭并不富裕。

清洗

亲爱的主，有时我的头发
乱七八糟，肮脏兮兮；
妈妈要给我梳理，
我总是嫌她多管闲事。
我到处乱摸，双手黑乎乎，
如果没人在我身边，
我根本不洗手；别人认为洗洗手
心情会变得愉快起来，我可不这样想。
请让我觉得整洁
是一种美德，
凉水给你带来福音，
而非痛苦。

请指示我如何做好
各种日常小事，
长大后成为一名绅士，
对，要洗手洗脸，因为我必须这样做。

小孩的餐桌礼仪

我坐下来，安静地，
在用餐前感谢上帝。
我必须耐心地等待我的食物，
直至大人们将食物端出。
我不可以骂人、哭闹或噘嘴，
不可随便移动椅子和盘碟；
也不可把刀叉或餐巾环，
随便拿着玩。
我不可以唱歌或乱说话，
因为小孩不该张大嘴巴。
如果食物不好，
我也不可以哭闹。
我不可以说，“面包太硬”，
“饭太烫”，“咖啡太凉”；
吃饭时，我不能狼吞虎咽，
也不能大声叫喊。
要咳嗽或打喷嚏，必须转过头，
如果有所请求，应先说声“请”。
桌布不要弄脏，
也不能两手沾菜饭。
吃完饭后还要坐好，
不能绕着桌子游戏奔跑。
如果大人告诉可以站起，

我得轻轻把椅子推开。

小绅士

小男孩，进餐时
要像一名绅士。
认真洗手洗脸，
坚持换鞋，梳理头发，
然后一身整洁
来到餐桌旁就座。
不要四处游荡，吃饭迟到，
让别人把你等待。
不要指指点点，乱摸乱碰。
切忌饮食过度。
吃完面前的饭菜，
如果不饱，可以再添。
切莫捣碎或毁掉
别人也许喜欢的食物。
那些随意捣碎食物的人太不节省，
而他们吃饱后还要拿一块面包尝尝！
千万不要把牛奶或茶水洒在地上，
举止切忌粗鲁，说话时切莫大喊大叫。
不要只挑好吃的食物，
吃好就应满足。
要从日常点滴小事做起，
努力成为一名小绅士。

小弗雷德

当父母叫

小弗雷德上床休息时，

他表现得非常出色。

他吻了妈妈，

然后吻爸爸，

祝他们晚安。

爸爸妈妈让他休息时，

他不像淘气的孩子那样

大吵大嚷，

而是脚步轻轻，

直接上楼，

而且入睡前坚持做晚祷。

给父母的十诫

我的手很小。请不要期待我会将铺床、画画或打球这些事做得完美无瑕。我的腿很短，请慢下脚步，这样我才赶得上。

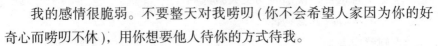

我眼中所看到的世界与你看到的不同。让我安全地探索这个世界。

家事永远也做不完。我当小孩的时间非常短暂，请心甘情愿地利用时间告诉我这个美好世界的一切。

我的感情很脆弱。不要整天对我唠叨（你不会希望人家因为你的好奇心而唠叨不休），用你想要他人待你的方式待我。

我需要在你的鼓励（但不是空洞的奖励）下成长。不要吹毛求疵。你可以挑剔我做的事，而不挑剔我。

给我自己做决定的自由。容许我失败，这样我才可以在自己的错误中学习。然后，有一天我可以做好准备，做出生命要我做出的决定。

不要过度照顾我，那让我觉得自己的努力达不到你的期望。我知道要这样做很难，但不要拿我与我的兄弟姊妹相比。

不要害怕我离家一周。孩子需要自父母处得到休假，父母亦需要自子女处获得休假。除此之外，那是告诉我们这些孩子，你们的婚姻是一件特别事物的方法。

学会说"不"

虽然"不"是一个微不足道的字，但它总是不容易被说出口，但是不去说"不"，却经常会给自己带来麻烦。

当有人让我们离开学校，在应该学习的时间里去闲逛或者胡闹时，我们应该马上说"不"。

当有人劝说我们在上学的路上玩耍，以致上学迟到，或是打扰老师时，我们应该说"不"。

当有些同学希望我们在教室里玩耍或吹口哨时，我们应该说"不"。

当我们试图使用不礼貌或恶毒的语言时，我们应当时刻牢记上帝一直在注视着我们，我们应当说"不"。

当我们犯了错误之后，想试图用撒谎来隐瞒时，我们应当说"不"，我们不能说谎，那样做不道德，而且懦弱。

如果有人让我们做一些我本来就知道是错误的事情，我们不要怕说"不"。

如果我们学会说"不"，我们就会避免不少的麻烦，而且永保安全。

粗鲁的男孩

詹姆斯·塞尔顿是村上最没有教养的孩子。由于说话很粗鲁，他在路上很少不被人指责的。

如果碰到衣着讲究的人，他就会说"花花公子"；如果碰到穿着破烂的人，他就会用石块砸他，或其他方法骚扰他。

　　一天下午，他和他的同伴放学回家。刚好碰到一个陌生人从村子里经过。那人衣着朴素，略显旧但却不失干净和整洁。他手里拿着一根细木棍，棍的另一端还有一些行李，头上戴着一顶大遮阳的帽子。

　　很快，詹姆斯打上了这个陌生人的主意。他给同伴挤了一下眼睛，说："看我怎么戏弄他。"他偷偷地走到那人背后，打掉他的大帽子，就跑掉了。

　　那人转过身看了一下，还不等他开口说什么，詹姆斯就已经跑远了。那人戴上帽子，继续走他的路。詹姆斯用和上次一样的方法想耍那个人，可是这次他被抓住了胳膊，很快被那人逮住了。

　　陌生人怔怔地看着詹姆斯的脸时，詹姆斯却趁机挣脱了。一会儿他发现自己又安全了，就开始用脏兮兮的石块砸那陌生人。

　　可是，当他用石块把那个他称作好斗士的人的头砸破后，他真的害怕了。别的孩子都跑了，他也偷偷摸摸地绕过田野，跑回了家。

　　当他快到家时，妹妹卡罗琳刚好出来碰到他。卡罗琳的手里拿着一条漂亮的金项链，还给他拿来了一些新书。

　　卡罗琳语无伦次地告诉詹姆斯，几年前离开他们的叔叔回来了，现在就住在他们的房子里。他还给家里买了许多漂亮的礼物。为了给哥哥和父亲一个惊喜，他把他的车停在了一里外的一家客栈。

　　卡罗琳还说，叔叔经过村庄时被几个坏孩子用石块砸伤了眼睛，不过母亲已经给他包扎上了。"可你的脸看起来怎么这么苍白？"卡罗琳改变语气问詹姆斯。

　　詹姆斯告诉她没有什么事的，就跑回家了，爬到自己楼上的房间。不一会儿，他的父亲就叫他下来见他的叔叔。詹姆斯站在客厅门口，不敢进来。

　　他母亲问："詹姆斯，你怎么不进来呢？你平常可没有这么害羞的呀！看看这块表多漂亮，是你叔叔给你买的。"

詹姆斯现在羞愧极了。卡罗琳抓住他的手，把他拉到客厅。詹姆斯低着头，还用双手捂着脸。

他叔叔来到他的身旁，亲切地把他的手拿开，说："詹姆斯，你不欢迎叔叔吗？"可是他很快退了回来，说："哥哥，他是你的儿子吗？！他就是在街上砸我的那个坏小孩。"

善良的父亲和母亲知道了事情的原委，既惊讶又难过。他叔叔慢慢地忘记了疼痛，可是他父亲却怎么也不让詹姆斯要那块金表，也不给他那些好看的书，虽然那些都是他叔叔买给他的。

其余的孩子们分了那些礼物，詹姆斯只得看着他们快乐。他永远也不会忘记这次教训，终于改掉了粗鲁无礼的陋习。

鸟与人

[埃及]陶菲格·哈基姆

小鸟问它父亲："世上最高级的生灵是什么？是我们鸟类吗？"

老鸟答道："不，是人类。"

小鸟又问："人类是什么样的生灵？"

"人类……就是那些常向我们巢中投掷石块的生灵。"

小鸟恍然大悟："啊，我知道啦！……可是，人类优于我们吗？他们比我们生活得幸福吗？"

"他们或许优于我们，却远不如我们生活得幸福！"

"为什么他们不如我们幸福？"小鸟不解地问父亲。

老鸟答道："因为在人类心

中生长着一根刺，这根刺无时不在刺痛和折磨着他们，他们自己为这根刺起了个名字，管它叫作贪婪。"

小鸟又问："贪婪？贪婪是什么意思？爸爸，您知道吗？"

"不错，因为我了解人类，也见识过他们内心那根贪婪之刺，你也想亲眼见识见识吗？"

"是的，爸爸，我想亲眼见识见识。"

"这很容易，若看见有人走过来，赶快告诉我，我让你见识一下人类内心那根贪婪之刺。"

少顷小鸟便叫了起来：

"爸爸，有个人走过来啦！"

老鸟对小鸟说："听我说，孩子。待会儿我要自投罗网，主动落到他手中，你可以看到一场好戏。"

小鸟不由得十分担心说："如果您受到什么伤害……"

老鸟安慰它说："莫担心，孩子，我了解人类的贪婪，我晓得怎样从他们手中逃脱。"

说罢，老鸟飞离小鸟，落在来人身边，那人伸手便抓住了它，乐不可支地叫道："我要把你宰掉，吃你的肉！"

老鸟说道："我的肉这么少，够填饱你的肚子吗？"

那人说："肉虽然少，却鲜美可口！"

老鸟说："我可以送你远比我的肉更有用的东西，那是三句至理名言，假如你学到手，便会发大财！"

那人急不可耐："快告诉我，这三句名言是什么？"

老鸟眼中闪过一丝狡黠的目光，款款说道："我可以告诉你，但是有条件：我在你手中先告诉你第一句名言；待你放开我，我便告诉你第二句名言；待我飞到树上之后，才会告诉你第三句名言。"

那人一心想尽快得到三句名言，好去发大财，便马上答道："我接受你的条件，快告诉我第一句名言吧！"

老鸟不疾不徐地说道："这第一句名言便是：莫惋惜已经失去的东西！根据我们的条件，现在请你放开我。"于是那人便松手放开了它。老鸟落到离他不远的地面继续说道：

"这第二句名言便是：莫相信不可能存在的事情！"说罢，它边叫着边振翅飞上树梢："你真是个大傻瓜，如果刚才把我宰掉，你便会从我腹中取出一颗重达 30 米斯卡勒价值连城的大宝石。"

那人闻听，懊悔不已，把嘴唇都咬出了血。他望着树上的鸟儿，仍惦记着他们方才谈妥的条件，便又说道："请你快把第三句名言告诉我！"

狡猾的老鸟讥笑他说："贪婪的人啊，你的贪婪之心遮住了你的双眼。既然你忘记了前两句名言，告诉你第三句又有何益？！难道我没告诉你'莫惋惜已经失去的东西，莫相信不可能存在的事情'吗？你想想看，我浑身的骨肉羽翅加起来不足 20 米斯卡勒，腹中怎会有一颗重量超过 20 米斯卡勒的大宝石呢？！"

那人闻听此言，顿时目瞪口呆，好不尴尬，脸上的表情煞是可笑……

一只鸟儿就这样耍弄了一个人。老鸟回望着小鸟说："孩子，你现在可亲眼见识过？！"

小鸟答道："是的，我真的见识过了，可这个人怎会相信在您腹中有一颗超过您体重的宝石，怎会相信这种根本不可能存在的事情呢？"

老鸟回答说："贪婪所致，孩子，这就是人类的贪婪本性！"

人性的光辉

[美国] J. 埃尔达

我很容易动情。有一次，基罗夫芭蕾舞团的"天鹅舞"落幕时，我泪如雨下。在纪录片里看到罗查·班尼斯达创出"不可能打破"的纪录，不到 4 分钟跑完 1 英里时，我就激动得说不出话来。我想，我一看到人们表现人性光辉的一面，便会深深感动，而他们不必是伟大的人物，做的不必是伟大的事。

就拿几年前我和妻子去纽约市朋友家吃饭那个晚上来说吧。当时雨雪交加，我们赶紧朝朋友家的院子走去。我看到一辆汽车从路边开出，前面有一辆车等着倒进那辆车原来的停车位置——这在拥挤的曼哈顿区是千金难求的。可是，他还未及倒车，另一辆车已从后面抢上去，抢占了他想占据的位置。"真缺德！"我心想。

妻子进了朋友的家，我又回到街上，准备教训那个抢车位的人，正好，那人还没走。

"嗨！"我说，"这车位是那个人的。"我打手势指着前面那辆车。抢车位的人满面怒容，对我虎视眈眈。我感到自己是在路见不平，拔刀相助，对他那副凶相也就不以为然。

"别管闲事！"那人说。"不，"我说，"你知道吗，那人早就拿着那个车位了。"话不投机，我们很快吵了起来。不料，抢车位的人自恃体格魁伟，突施冷拳，把我打倒在他的车头上，接着便是两下巴掌。我自知不是他的对手，心想前面那个司机一定会来助我一臂之力。令我心碎的却是，他目睹此情此景后，开着汽车一溜烟地跑了。

抢车位的人"教训"了我一顿以后，扬长而去。我擦净了脸上的血迹，悻悻地走回朋友家。自己以前是个海军陆战队员，身为男子汉，我觉得非常丢脸。妻子和朋友见我脸色阴沉，忙问我发生了什么事．我只能编造说是为车位和别人发生了争吵。他们自然知道里面定有蹊跷，也就不再多问。

不久，门铃又响了起来，我以为那个家伙又找上门来了。他是知道我朝这里走来的，而且他也扬言过，还要"收拾"我。我怕他大闹朋友家，于是抢在别人之前去开门。果然，他站在门外，我的心一阵哆嗦。

"我是来道歉的，"他低声说，"我回到家，对自己说，我有什么权利做出这种事来？我很羞愧。我所能告诉你的是，布鲁克林海军船坞将要关闭，我在那里工作了多年，今天被解雇，我心乱如麻，失去理性，希望你能接受我的道歉。"

事过多年，我仍记住那个抢车位的人。我相信，他专程来向我道歉，需要多大的力量和勇气，在他身上，我又一次看到了人性的光辉。

至今我还清楚地记得，那天在他向我告辞时，我又一次情不自禁地泪流满颊。

一棵大树

[美国]谢尔·西弗斯汀

从前有一棵树，她很爱一个男孩。每天，男孩都会到树下来，把树的落叶拾起来，做成一个树冠，装成森林之王。有时候，他爬上树去，抓住树枝荡秋千，或者吃树上结的果子。有时，他们还在一块玩捉迷藏。要是他累了，就在树荫里休息，所以，男孩也很爱这棵大树。树感到很幸福。

日子一天天过去，男孩长大了。树常常变得孤独，因为男孩不来玩了。

有一天，男孩又来到树下。树说："来呀，孩子，爬到我的树干上来，在树枝上荡秋千，来吃果子，到我的树荫下来玩，来快活快活。"

"我长大了，不想再这么玩。"男孩说："我要娱乐，要钱买东西，我需要钱，你能给我钱吗？""很抱歉，"树说，"我没钱。我只有树叶和果子，你采些果子去卖吧，卖到城里去，就有钱了，这样你就会高兴的。"

男孩爬上去，采下果子来，把果子拿走了。树感到很幸福。

此后，男孩很久很久没有来。树又感到悲伤了。

终于有一天，那男孩又来到树下，他已经长大了。树高兴地颤抖起来。她说："来啊，男孩，爬到我的树干上来荡秋千，来快活快活吧。"

"我忙得没空玩这个，"男孩说："我要成家立业，我要间屋取暖。你能给我间屋吗？""我没有屋，"树说："森林是我的屋。我想，你可以把我的树枝砍下来做间屋，这样你会满意的。"

于是，男孩砍下了树枝，背去造屋。树心里很高兴。

但男孩又有好久好久没有来了。有一天，他又回到了树下，树是那样的兴奋，连话都说不出来了，过了一会儿，她才轻轻地说："来啊，男孩，来玩。"

"我又老又伤心，没心思玩。"男孩说，"我想要条船，远远地离开这儿。你给我条船好吗？""把我的树干锯下来做船吧，"树说："这样你就能离开这里，你就会高兴了。"

男孩就把树干砍下来背走，他真的做了条船，离开了这里。

树很欣慰，但心底里却更难过。

又过了好久，男孩重又回到了树下。树轻轻地说："我真抱歉，孩子，我什么也没有剩，什么也不能给你了。"

她说："我没有果子了。"

他说："我的牙咬不动果子了。"

她说："我没有树枝了，你没法荡秋千。"

他说："我老了，荡不动秋千了。"

她说："我的树干也没了，你不能爬树。"

他说："我太累，不想爬树。"

树低语说："我很抱歉。我很想再给你一些东西，但什么也没剩下。我只是个老树墩，我真抱歉。"男孩说："现在我不要很多，只需要一个安静地方坐一会儿，歇一会儿，我太累了。"

树说："好吧，"说着，她尽力直起她的最后二截身体，"好吧，一个老树墩正好能坐下歇歇脚，来吧，孩子，坐下，坐下休息吧。"

放慢生活的舞步

诗的作者是位未署名的美国女孩，她身患绝症，来日无多，但对生命的渴望与对生活的留恋使她谱就了这首动人的诗篇。

你曾注意过旋转木马上嬉戏的小孩吗？

你曾聆听细雨落到地上溅起的声音吗？

你曾追逐过飞来飞去的蝴蝶吗？

你曾凝视着落日渐黄昏吗？

你最好慢下来，

步子不要这么快，

因为时光短暂，

生命之乐不会持久。

你是否每天忙忙碌碌，慌慌张张？

当你问声"你好吗？"

你是否听到了回答？

当忙碌了一天后，

你是否躺在床上还想着明天的种种

烦琐事呢？

你最好慢下来，

步子不要这么快，

因为时光短暂，

生命之乐不会持久。

你是否曾告诉过你的孩子明天将要

做的事儿？

而匆忙之中没有留意到孩子的伤心？

你是否曾因失去联系

而使一段珍贵的友谊无奈凋零？

你最好慢下来，

步子不要这么快，

因为时光短暂，

生命之乐不会持久。

当你急匆匆往某处赶时，

你就错过了在路上的乐趣，

当你生活中满是焦虑和急促时，

日子便像未开封的礼物

这样被你丢掉……

生活不是速度的竞赛，

让我们放慢生活的舞步，

在曲终人散前，

仔细聆听这生命之乐。

喝酒的老人

[埃及]穆·阿里

酒店快关门的时候，一个衣衫褴褛的老汉迈进门来，酒店伙计惊奇地望着这位陌生客人。看上去，他是位饱经风霜的老人，满面皱纹，走起路来甚至跌跌撞撞，鼻梁上架着一副老花镜，右手拄着一根看上去已伴随他二十多年的拐棍。

老人一屁股坐在门口的凳子上，打了个手势，请酒店伙计过来，声音颤抖地问："有人问起过我吗？"

伙计懵了，忙说："没有啊！"

老人抬起右手，用手指揩了一下脸上的汗水，伤感地说："那么，请给我倒一杯酒来，先生。"

老人叹着气，两只眼睛忧愁地望着门口，慢慢饮完了酒。随后，他用拐棍支着地，哈着腰，低着头，好像寻找坟地似的步出酒店。伙计目送着他，觉得他既可怜又古怪。

十多天过去了。顾客不断光临酒店，酒店伙计几乎忘记了那可怜的老人。但一天夜里，当酒店最后一个顾客走出门时，老人的面孔又出现在门口，他一声不吭地挪进屋内，又坐在门口的凳子上，悲哀地问："有人问起过我吗？"

伙计不安地答道："没有！"

老人抬起右手，用手指揩了一下脸上的汗水，像受了伤似的喃喃说："那么，请给我倒两杯酒来，先生。"

老人一口一口地呷着酒，两只眼呆呆地凝视着门口，酒杯空了，老人用拐棍拄着地，慢慢站起身，缓缓地挪动着步子，磨蹭着出了酒店大门。

几个月过去了，老人一直未再"光临"酒店，一天夜里……

"有人问起过我吗？"

几年过去了，酒店伙计的答复仍是那两个字："没有！"

老人凄惨地说："那么，请给我拿一瓶酒来，先生！"

伙计同情地问："一瓶酒？"

老人点点头，抬眼看了看他，好像明白他正在故意找话说。

酒拿来了，老人喝着，喝着，喝光了一瓶，伙计的眼睛始终注视着他的脸。

老人用拐棍吃力地撑起身，向酒店大门方向挪动着步子，但一个趔趄，拐棍滑出手，他一下跌在地上。

他的两腿神经质地勾住一张桌子，颤颤巍巍地伸出右手，抓住桌子腿，挣扎着想站起来，但桌子倒了……

伙计赶忙奔过去，两眼涌着泪水，哭着说："最近好像有人问起过你，爸爸！"

一个七美元的梦

[美国]玛丽·路·克林勒

我向来很少看广告，我今天怎么会注意到这张广告的呢！

"征求廉价小提琴，有意者请打电话给……"把报纸平铺在膝盖上，闭上眼睛，往事历历在目。

那是在三十年代大萧条时期，我们全家在一个农场艰难度日。那时的我，也想有一把小提琴，而我们家却没有钱买。

当我的两个双胞胎姐姐表现出对音乐的喜爱时，安娜开始练祖母的钢琴，而苏珊开始使用爸爸的小提琴。这两位双胞胎姐姐天天都练琴，从简单的乐调，逐渐变成了一首首优美的乐曲。伴随着美妙的音乐，我的小弟翩翩起舞，爸爸轻声吟唱，妈妈吹着口哨，而我，只是静静地听着。

当我的手臂长到足以能拉开琴弦时，我开始练苏珊的提琴了。我爱琴弦发出的低沉的回音。啊！我多希望能有一把自己的提琴，然而我知道那几乎是不可能的。

一天晚上，当双胞胎姐姐坐在学校乐队中开始演奏时，我紧紧地闭上了双眼，把这一幕深深地铭记在脑中。我暗暗地发誓，总有一天我也要参加乐队。

那年收成很糟，我们只收到了很少的粮食。尽管岁月艰难，我还是忍不住问爸爸："我能否有一把自己的提琴？"

"你不能用苏珊的吗？"

"我想参加乐队，我们两人不能同时用一把呀。"

爸爸的脸色阴沉了，那天夜晚，以及在随后的好几个夜晚，我听到他在向上帝祈祷："主啊，让小玛丽得到一把小提琴吧！"

一天晚上，我们全家人围坐桌旁，双胞胎和我在做作业，妈妈在做针线，爸爸给他的住在哥伦布的老朋友乔治·弗林克写信。据爸爸说，弗林克先生是个优秀的提琴手。

爸爸边写信，边把他写的内容大声地念给妈妈听。但几周以后我才发现，信中有一段话他当时没有读出来："你能为我的小女儿留心一下小提琴吗？我没有许多钱买琴，但她却这么喜爱音乐！我们多么希望她有一样自己的乐器！"

几周后当爸爸收到了一封哥伦布的来信后，他立即宣布："我一旦找到一个可以为我们照料牲畜的人，我们全家就一起坐车到哥伦布艾丽丝姨妈家度周末。"

这一天终于来到了。当我们到达艾丽丝姨妈家后，我听到爸爸在打电话，之后他说："玛丽，你愿和我一起去看望弗林克先生吗？"

"当然愿意。"我答道。

他驱车开往一片居民区，随后把车停在道旁的一座古老的住宅前。我们走上台阶，拉响了门铃。一个高个的、比父亲年老的人打开了门："请进！"

他们俩热烈地握手，立刻交谈起来。

"玛丽，我听到了一些有关你的事。你的父亲想给你一个惊喜呢！"

弗林克先生把我们引到客厅。他拿过一个盒子，打开，举起一把小提琴，开始演奏。乐声如淙淙流水，如泣如诉。我暗暗下决心："啊，我一定要拉得像他这么好！"

一曲终了，他转身向着爸爸："卡尔，这是我在寄售商店用七美元买来的。这是一把好琴。玛丽用它一定能学好音乐。"

当我终于清醒过来时，我看到了爸爸眼中滚动的泪水。这是我的琴！我轻轻地抱起了小提琴，琴身是金黄色的。"多美！"我说，几乎喘不过气来。

当我们回到艾丽丝姨妈家时，我们一跨进门，所有的人一齐把目光转过来了。我看到爸爸在向妈妈挤眼。直到这时我才明白，所有的人，只有我除外，早就知道这事了。爸爸为我的祈祷终于应验了。

没有人能想象我第一次带着琴上学时心中澎湃的感情。连续几个月，我天天练琴。抵着我下颌的金黄色的琴似乎成了我身体的一部分。

当我准备参加学校乐队时，我激动得浑身颤抖。我坐在小提琴手的第三排，穿着白色的乐队服装，如同穿着神圣的礼服。

当我参加首次学校音乐会的演奏时，我的心狂跳起来。大礼堂座无虚席。我们轻轻拿起乐器时，听众发出了嗡嗡的议论声。随后聚光灯对准了我们。当我们开始演奏时，会场一片寂静。我感到听众中每一个人都在注视着我，爸爸妈妈骄傲地微笑着，因为他们的小女儿正演奏着她的心爱的提琴，全场都在向她投以羡慕的目光！

那几年的岁月似乎过得特别快。等到我两个姐姐毕业时，我已坐上了首席提琴手的位置。

两年后我毕业了，我盖上了琴盒，进入成年人的世界。岁月倥偬，我毕业于护理专业，在医院工作，又生养了四个孩子。

许多年过去了，我的提琴已放进了储藏室。但每当我打开琴盒时，我就发现自己依然这么喜爱这把琴。我希望有朝一日再来练琴。

我的孩子中没有一个喜爱琴。后来，他们一个个地结婚离家了。

现在，我手中拿着这张登有征求小提琴广告的报纸，我重读了一遍广告。它把我的思想从遥远的童年时代拉回到眼前的现实中。我放下报纸，喃喃自语："我一定得找出我的小提琴。"我打开琴盒，捧出了小提琴，抚摩着那金黄色的琴身。我拨动琴弦，音色依然悦耳，我拉紧了琴弓，提琴又奏出了我记忆深处的美妙的乐曲。乐声中我想起了我亲爱的爸爸，我奇怪我竟然没有对他说过一声谢谢！

我终于又把小提琴放回到琴盒中。我拿起报纸走向电话机，拨响了电话。

那天傍晚，一辆旧车停在我的门前。一个三十岁模样的人前来打门。他说："我一直在祈祷有人会回答我登的广告。我的女儿这么渴望着有一把提琴。"他检查了我的乐器，然后问道："多少钱？"

虽然我知道任何一家乐器商店都会为我这琴出一个好价钱，但我仍然回答："七美元。"

"你是当真？"那男人问道，急切的神情使我回忆起我当年的父亲。

"七美元！"我重复一遍，然后又补充说，"我希望你的小女儿会像我一样爱这琴！"

我在他身后关上了门，从窗帘的隙缝中我瞧见他的妻子和孩子们正等在车上。当他双手举起提琴时，车门突然打开，一个小女孩向他冲来。她紧紧地抱着提琴，然后双膝跪地，急急忙忙打开了琴盒。她轻轻地摸着提琴，如同摸着一朵夕阳映照下的彩云。然后她转过身来猛地抱住了正在微笑着的父亲。

第四章　母亲的眼泪

春天来了

河边的树摇动着它卷边的叶子，柳树也发芽了，小孩子们也都出来玩耍。

小鸟从天空飞过，听！它们叫得多么甜美呀，好像在告诉那些快乐的孩子们，春天来了，我们又回来了。

当你用脚踩上绿油油的草地时，会发现它又滑又软。青蛙也开始在水里跳来跳去，听起来像动人的音乐。

毛茛开着黄花，阳光照耀的草地上，蒲公英到处飞舞。

这里还有许多菊花，小孩子们用柔软的小手摘个不停。

一阵暖风吹过，这边有红色的小草，那边可以看到紫罗兰，哦，那边还有，几个快乐的小孩子在嬉戏！多么美妙的画卷，一定是上帝送给人们的。

风儿和树叶

"过来吧，小树叶。"一天，风儿对树叶说，"到草地上来，和我一起玩吧。不过，要穿上你们那红色或金色的衣服，因为夏天已经过去，天气开始变凉了。"

一听到风儿的大声呼唤，树叶们便轻飘飘地飞了下来。一片，又一片，所有的叶子都飞下来了。在棕色的大地上，它们哼着温柔的曲子，轻舞飞扬。

"再见了，小蟋蟀，我们已经做了这么久的朋友。再见了，小溪，请你唱支送别的歌儿吧，倾诉一下我们的离别之情。啊，我知道你们一定会想念我们的。"

"亲爱的小羊羔，羊妈妈会保护你不受伤害和寒冷的侵袭的。我们也会在山谷和林中的空地上温情地注视着你。告诉我们，你会梦见我们充满爱的凉阴吗？"

树叶一边飞舞着，一边旋转着，就这样离开了。冬天在召唤它们，它们感到了一种满足，很快就在泥土的温床上睡熟了，白雪为它们盖上了一件厚厚的大衣。

小星星

一闪，一闪，小星星，
我想知道你是谁。
在那遥远的地方，
像一颗钻石镶嵌在天空。
当耀眼的太阳落下，
带有露珠的草儿潮湿。
你闪着微弱的光芒，
闪烁，整夜都在闪烁。
如果我身处黑暗，
我多么感激你的光亮。
没有你那闪烁的星光，
我不知道该走哪条路。
当我正睡得很香时，
你透过我的窗口偷偷看我。
你从来都不会闭上眼睛，
直到太阳升上天空。

树叶之语

有那么一两次，有人听到一片小树叶在尖叫、叹气，就像柔风吹过时树叶经常所说的那样。

细枝说："小叶子，你怎么了？"

小叶子回答："风儿刚才告诉我，有一天它会把我拽下来，扔到地上，让我等死。"

细枝把这些话儿告诉了树枝，树枝又将它们转告给了大树。大树听到这些话，吓得浑身沙沙作响，又传话给正在瑟瑟发抖的小叶子。

"不要害怕。"它说，"紧紧地抓牢，直到你准备好了后再离开吧。"

于是，小叶子停止了叹息，又继续开心地唱起歌来。整个夏天它都在成长，一直到 10 月份。当秋天来临时，叶子看到周围所有的树叶都长得非常漂亮，一些呈黄色，还有一些呈绿色，还有许多带着不同颜色的条纹。于是，叶子便问大树这是怎么回事儿。

大树说："所有这些树叶都已做好了要飞的准备。它们因为高兴而穿上了五颜六色的盛装。"

听了大树的话，小叶子也想要飞走了。当它这样想时，自己也开始变得漂亮起来。但当它为自己穿上彩衣而高兴时，发现树枝并没有穿上鲜艳的衣服。于是叶子问："哦，树枝，为什么我们都呈漂亮的金黄色，而你还是铅色的呢？"

"我们必须继续穿着自己的工作服。"大树说，"因为我们的工作还没有做完。你们之所以穿上节日礼服，因为你们的任务现在已经完成了。"

就在这时，一阵微风吹来，还没等叶子想什么就离开了。风儿托着它，在空中飞舞起来。慢慢地，它又轻轻飘落下来，落在篱笆边的草地上，落在成百上千片的叶子当中。它再也没有醒过来，再也没能告诉我们它梦到了什么。

春天

在大雪和寒风里，

在严酷的雨丝里，
在我们的脚下，
小小的花儿开始成长。

春天的脚步越来越近，
她满怀喜悦地说：
"亲爱的，你们在这儿吗？"
他们回答：
"我们就要做好准备了，亲爱的。"

"飘雪的冬天又在哪儿呢？
告诉我们，春天。"他们说。
她回答说："他要走了，
他就要上路了。"

"可怜的老冬天不爱你，
但他横行的日子已成为过去；
很快我的鸟会在你上面歌唱，
让你最终获得自由。"

一场风暴

[英国]本杰明·迪斯累利

他们朝四周张望，希望找到一条退路，离开这荒野之地。高大的树木上粗壮的树枝颤动起来，小树叶都被吹了下来，然后被刮得无影无踪。地上的草被吹得伏在地上，小溪里的浅水被吹得一个漩涡又一个漩涡。鸟儿离开了它们被捣毁的家，在岩石深处寻找藏身之处，风儿吹打着它们，使它们艰难地飞行，最终被吹打在地上。受到惊吓、难以呼吸的动物忍受着痛苦，寻找着安全的地方，然而寻找到的却是暴风雨无情的打击。一些大树被连根拔起，横倒在地，然后被撕裂成碎片。山洪呼啸，咆哮着从山上倾流而下，填满了以前空荡荡的山谷和河床。天像开了口似的，大雨狂泻不止，风助雨势，雨借风威，雷电也不甘寂寞，与风儿一同发作，更加助长了人们的恐惧。

霎时，一切都又恢复了平静，死一般的寂静。雷不再咆哮，风不再呼啸，水不再奔流，动物也不再痛苦，鸟儿也不再鸣叫。除了湖水不停地拍打着湖边黑石之外，一切声音都似乎中了魔术师的咒语一般，不再作响。

黑暗暂时又成了颤动的宇宙主宰者。不久以后，电光又成了上天的主宰，它巡视了所有山川与河流，大地犹如白昼一样一片苍白。有那么一段时间，不安的马狂奔着向前冲去。动物与骑手被闪电刺目的光逼得迷失了方向，暴雨使人与动物难以呼吸视听。四处没有可以躲避风雨的地方。颤动的动物暴跳着，打着响亮的鼻息，跪下了它们的前膝，企图把它们背上的骑手掀翻在地。

他还没有来得及说话，就传来了一阵惊天动地的可怕声音，他们不知道声音是怎么发出来的，声音的冲撞也是他们所不能理解的。声音的震颤把马背上的他们摇动了几下。在这么巨大的声响面前，一切的恐怖都消失得无影无踪了，就好像整个山峰也承受不了雨水的重压似的，连它的根基也随着声音颤动起来。远处的一个水库被冲垮，就如同决堤的海洋一样，湖水狂泻下来，淹没了古城堡的遗迹，淹没了远处的村庄，淹没了前边的小桥，一切尽在一片汪洋之中！

熊和孩子们

在小镇的一个旅馆的休息室里，坐着一位刚才还一直带着一头熊来回走动的男子，他在等着吃晚饭，而他的那头熊则被拴在了院子里。

在上面的阳台上，几个孩子正在一块儿玩耍。最大的孩子大概有 6 岁，最小的孩子还不到 2 岁。

咚！咚！咚！这声音听起来好像有人在上楼梯。

门突然被撞开了。门口立着一头高大的熊，看来它是等得不耐烦了，于是就一步步摸着路上楼来了。

孩子们这下可被吓坏了，都赶快爬到了角落里。但熊把他们都一一找了出来，还闻了闻他们的衣服，但没有伤害他们。

"这一定是一只大狼狗。"他们说着就开始轻轻地拍它。

于是，大熊便躺在地板上，最小的男孩爬到了它的背上，把自己的脑袋埋在它乱蓬蓬的皮毛里面，他们玩起了"捉迷藏"的游戏。

最大的男孩还拿出他的鼓敲了起来，大熊则将它的后腿直立跳起舞来。孩子们见此状便兴高采烈地叫了起来。

还有两个年龄稍大的男孩拿出他们的木头枪，并递给大熊一支。他们一起迈着整齐的步伐，在房间里来来回回地行进着。

孩子们的妈妈正好来到门口，一看此情景，吓得目瞪口呆。最小的那个男孩反而高兴地叫喊着："瞧，我们现在正玩着士兵游戏呢！"

这时熊的主人赶紧跑了进来，把熊带走了。

宠物小鹿

有一只美丽的小鹿，从小被一位村妇从森林中抱回家。因为受到了精心的照料，所以像其他小宠物们一样，变得非常的优雅。它时而温驯，时而顽皮，家人都喜欢带着它到处跑，左邻右舍也宠爱它，真是人见人爱，处处受欢迎。

一天早晨，它像往常一样到处玩耍，玩累了，就在商店台阶上，偎依在一个朋友的脚边，懒洋洋地晒着太阳。这时，走来了一个乡下人，他打猎多年了，养了好多只猎狗，现在身后就跟着一只。

这只猎狗走到小鹿躺的地方时突然停住了，小鹿看见它也站了起来。

它一生的大部分时间都与村子里的狗一起生活，早已不怕它们了，可是这次它好像知道敌人就在眼前。一刹那间，它的天性好像发生了变化，它忘记了以前的习惯，野性的本能复苏了。它脑袋直立，鼻孔张开，眼睛闪闪发光。

还未等人们意识到危险，还未等它的朋友们去保护它，它就一溜烟儿地穿过街道，跳跃着跑开了，猎狗全速追了上去。人们急切地想保护它，于是几个人追了上去。养育了多年的朋友们，徒然地呼唤着它熟悉的名字。

猎人吹起了口哨，想唤回猎狗，但也徒劳。不到半分钟，小鹿已转过了第一个街角，向湖边冲去，接着就跳到了湖中。受惊的小鹿以为在冰凉的湖心就安全了，但是它很快就意识到自己错了。猎狗仍旧疯狂地追逐着，而且有12只村狗也盲目地加入到追逐的行列中。

一大群人聚集到了岸边，有大人，也有孩子，为小鹿的命运担忧。一些人跳上了船，希望在猎狗还没有追上小鹿之前拦住它。人们摇桨的声音，男人和男孩子们急切的呼喊声，以及狗儿们的叫声一定把它吓坏了，因为那阵势就像一直疼爱它的人们突然变成了它的死敌。

不久人们就发现，小鹿在向最靠近森林的河边游去。猎人迅速地穿过桥，全力奔跑着，希望他的猎狗一上岸就截住它。小鹿笨拙地游着，毕竟它从来没有游过。它很少将脑袋露出水面，但它在水中游过的歪歪斜斜的痕迹却暴露了游动的方向。

小鹿即将到达岸边，敌人的追逐也随之变得激烈。猎人早已跑到了湖对岸，大声地、愤怒地冲着猎狗叫喊着，但猎狗仍无视地追逐着，好像完全没有听到主人的声音。小鹿游上了岸，一下子就跳过了窄窄的沙滩，眼看就要到达树林的隐蔽处了。

猎狗循着小鹿的气味紧追不舍，而它的主人急于拦住它，奋力奔跑着，猎狗会听从主人的命令吗？猎人会及时赶到并抓住它吗？岸上传来了欢呼声，小鹿终于消失在森林深处。这时，猎狗一上岸，就被主人抓住了脖子，最坏的事情终于没有发生。小鹿逃到了山的那一边，猎狗被制服了。其他的狗儿们没有了领头的，也就乖乖地放弃了追逐。

人们在树林里四处寻找小鹿，却没有找到，最后他们都失望地回到了村子里，一些人以为战斗都结束了，小鹿自己会回来的。它戴着美丽的项圈，项圈上刻有主人的名字，因此很容易将它与在树林里迷路的其他小鹿区分开来。

许多个小时过去了，一个猎人来到了小鹿的主人家里，将刻有村妇名字的项圈交给了她。他说早晨出去打猎时，看到远处有一只小鹿，非但没有跳跃着逃跑，而且出人意料地向他靠近。于是，他瞄准，射击，结果子弹穿过了它的心脏。

大象

大象是一种最大的四脚动物，高 8-14 英尺，长 10-15 英尺。他长得像大型机车，眼睛小小的却很灵活，垂着两个蒲扇般的大耳朵，长着两颗长长的牙齿，它还有一个长长的鼻子，可以用来取食物，还可以用来进攻或防卫，而且它皮肤呈深灰褐色。

大象经常成群活动，当他们出去觅食时，脚下的大地好像都颤动起来了。它们不仅吃树叶、青草，而且也吃谷物、水果，但它们却不吃鱼，也不吃肉。它们天性安静、温和、勇敢。只有在保护自己或同类时，它们才会显示它们的威力。

亚非两洲都有大象，但它们属于不同种类。亚洲象有五个脚趾，而非洲象却只有 3 个。大象一旦被捉住，受到驯化，它们将会是四足动物中最温驯、最顺从、最有耐性、最聪明的动物。它们既可用来负重，也可用来旅行。它们非常依恋主人，生来好像就是服务于主人、听从主人似的。它们总是跪下来让人坐上去或者等着把货物放在它们的背上。

有关大象性格的轶事真是多得不胜枚举。例如，在伦敦参加展览的大象，人们要求它用长长的鼻子将扔在地上的钱捡起来。有一次，一个人丢过去了六个便士，但这六个便士却滚到了离墙不远的地方，这样，它就有点够不着了。为了捡起来，它不得不几次伸长鼻子，结果不幸失败了，它就几秒钟地站在那里一动不动，显然在那里思考怎样才能捡起来。

于是，它将鼻子笔直地展开，尽可能地伸长，伸到硬币上面稍稍远一点的地方，然后用力地对着墙吹气。结果，正如它所希望的，气流遇到墙的阻碍，反作用于硬币，于是人们惊奇地看着硬币朝它滚过去，被它捡了起来。

有一个印度士兵，经常给大象亚力酒喝。有一天，士兵喝醉了，突然发现一个卫兵在追着他打算将他关进监狱，于是士兵躲在大象身下寻求保护。卫兵发现要将士兵从大象身边带走是不可能的，因为大象奋力地用鼻子护卫着他，于是只好放弃了。

当士兵从醉酒中醒过来，突然发现自己处于一个如此庞然大物的身底下，不禁吓得手脚都不敢动。而大象只是用鼻子轻轻地拍着他，好像在说，"不要怕，走吧。"果然士兵的恐惧消失了。

还有一则令人称道的故事，与勒克瑙王子的大象有关。一次，勒克瑙城瘟疫横行，民不聊生。通往宫殿的路上躺了许许多多的病倒和垂死的人，这时，王子正好从此地经过。

而王子只管走他的路，也不管他的大象会不会踩到脚底下那些可怜无助的人们。而大象却比主人善良多了，它左躲右闪，越过那些可怜的人们。它有时用鼻子将他们托起，放在路边，有时将他们的脚往旁边挪一挪，有时小心翼翼地挪动着步子，唯恐伤着每一个人。

地震中的父与子

[美国]马克·汉林

1989年发生在美国洛杉矶一带的大地震，在不到4分钟的时间里，使30万人受到伤害。

在混乱中，一个年轻的父亲安顿好受伤的妻子，便冲向他7岁的儿子上学的学校。他眼前，那个昔日充满孩子们欢声笑语的漂亮的三层教学楼，已变成一片废墟。

他顿时感到眼前一片漆黑，大喊："阿曼达，我的儿子！"跪在地上大哭了一阵后，他猛地想起自己常对儿子说的一句话："不论发生什么，我总会跟你在一起！"他坚定地站起身，向那片废墟走去。

他知道儿子的教室在楼的一层左后角处，他疾步走到那里，开始动手。

在他清理挖掘时，不断地有孩子的父母急匆匆地赶来，看到这片废墟，他们痛哭并大喊："我的儿子！""我的女儿！"哭喊过后，他们绝望地离开了。有些人上来拉住这位父亲说："太晚了，他们已经死了。"这位父亲双眼直直地看着这些好心人，问道："谁愿意来帮助我？"没人给他肯定的回答，他便埋头接着挖。

救火队长挡住他："太危险了，随时可能发生起火爆炸，请你离开。"

这位父亲问："你是来帮助我的吗？"

警察走过来："你很难过，难以控制自己，可这样不但不利于你自己，对他人也有危险，马上回家去吧。"

"你是来帮助我的吗？"

人们都摇头叹息着走开了，都认为这位父亲因失去孩子而精神失常了。

这位父亲心中只有一个念头："儿子在等着我。"

他挖了 8 小时、12 小时、24 小时、36 小时，没人再来阻挡他。他满脸灰尘，双眼布满血丝，浑身上下破烂不堪，到处是血迹。到第 38 小时，他突然听见底下传出孩子的声音："爸爸，是你吗？"

是儿子的声音！父亲大喊："阿曼达！我的儿子！"

"爸爸，真的是你吗？"

"是我，是爸爸！我的儿子！"

"我告诉同学们不要害怕，说只要我爸爸活着就一定来救我，也就能救出大家。因为你说过，不论发生什么，你总会跟我在一起！"

"你现在怎么样？有几个孩子活着？"

"我们这里有 14 个同学，都活着，我们都在教室的墙角，房顶塌下来架了个大三角形，我们没被砸着。"

父亲大声向四周呼喊："这里有 14 个孩子，都活着！快来人！"

过路的几个人赶紧上前来帮忙。

50 分钟后，一个安全的小出口开辟出来。

父亲声音颤抖地说："出来吧！阿曼达。"

"不！爸爸。先让别的同学出去吧！我知道你会跟我在一起，我不怕。不论发生了什么，我知道你总会跟我在一起。"

这对了不起的父子在经过巨大的磨难后，无比幸福地紧紧拥抱在一起。

母亲的眼泪

[保加利亚]卡拉利切夫

一场细雨，淅淅沥沥。院子里，黄树叶儿熠熠发光。藤上的大葡萄膨胀了，肉鼓鼓地简直要绽裂的样子。紫色的花朵把紫菀压得低低的。紫菀花下，一只破坛子在落叶中滚动。栖息在坛底的一只雏燕，又是寒冷又是伤心，缩做一团，瑟瑟发抖。她孤苦伶仃，两个姐妹已经南飞，妈妈，亲爱的妈妈，也已经远走高飞，飞向温暖的地方。又湿又冷的夜晚，谁能给她以温暖呢？她在坛底孑然一身。她们离开了她，因为她身残，飞不动。那年夏天，她们栖息在屋檐下，房子突然失火。母亲赶回来抢救，但为时已晚。一颗红红的火星飞进巢穴，烧伤了她的翅膀。那时她刚呱呱落地来到世上，全身赤条条一丝不挂，顿时感到阵阵剧痛，晕了过去。一觉醒来，已在一个新的巢穴，母亲低垂着头坐在边上，心情十分悲痛。她想抖动一下翅膀，但不能够，因为左面的翅膀已经因烧伤而萎缩了。

夏天过去了。葡萄的颜色变深了。院子里，紫菀上的蓓蕾绽开。电线上站满了燕子，看起来像一串串黑色的念珠。她们准备远走高飞。

一天，母亲把残废了的雏燕带到院子里，说："亲爱的孩子，我们今天要南飞了。你飞不了，只得留下。那儿的坛子里，我用羽毛做了一个柔软的床铺。这就是你的窝。饿时你可以出去吃点东西。院子里水果比比皆是。待到春天来临，我们再回来找你。"

"谢谢，妈妈，谢谢你的安排！"小燕子凄然地说。为了掩盖眼泪，她把头扎进了母亲的翼下，沉默……

她们飞走了！

忧郁苦闷的日子一天一天挨了过去。湿透的紫菀，顶梢更加下垂了。一滴雨水，从最低的那一片花瓣上滚了下来，正要滚下来时，雏燕听到雨水叹了一声："噢，累死我了！"

"您从哪儿来？"雏燕好奇心旺盛。

"噢，亲爱的，亲爱的，我远道而来。我从大洋来。我生在那儿。我不是一滴雨水，而是一滴眼泪。"

"一滴眼泪？谁的眼泪？"雏燕急切地问。

"一位母亲的眼泪。我生命的故事十分简短。九天以前一只巨大的远洋轮船的桅杆上，栖息着一只燕子，它疲惫不堪，眼泪汪汪。我就诞生在悲伤忧愁的燕子的右眼里。狂风大作。大洋怒吼。燕子用微弱的声音对风说：'风兄弟！你周游世界，去保加利亚时，请停留一下，看望我那孤苦伶仃的孩子，告诉她，黑雄猫就在院子里徘徊，躲远一点。我走时忘了告诉她这件事。告诉她我悲痛欲绝……''你孩子在哪里？'风问。'我把她留在院子里一只破旧的坛子里，那儿种有紫色的紫菀花。燕子话未说完，我就从她的眼里滚了出来。风逮住了我，带着我环游世界。我已旅行了九天。片刻之前我落到了这朵花上。真是累死了！我现在什么都不想，我想滚下去睡一觉。"

雏燕听痴了。她迅速站了起来，张开嘴，吞下了那滴昏厥过去的母亲的泪水。"谢谢，亲爱的妈妈！"她低声说道，躺到羽毛床上。睡着了。眼泪给了她温暖，她似乎又蜷缩在母亲的翅膀下。

背影

朱自清

我与父亲不相见已二十年余了，我最不能忘记的是他的背影。那年冬天，祖母死了，父亲的差使也交卸下，正是祸不单行的日子，我从北京到徐州，打算跟着父亲奔丧回家。到徐州见着父亲，看见满院狼藉的东西，又想起祖母，不禁簌簌地流下眼泪。父亲说，"事已如此，不必难过，好在天无绝人之路！"

回家变卖典质，父亲还了亏空；又借钱办了丧事。这些日子，家中光景很是惨淡，一半为了丧事，一半为了父亲赋闲。丧事完毕，父亲要到南京谋事，我也要回到北京念书，我们便同行。

到南京时，有朋友约去游逛，勾留了一日；第二日上午便须渡江到浦口，下午上车北去。父亲因为事忙，本已说定不送我，叫旅馆里一个熟识的茶房陪我同去。他再三嘱咐茶房，甚是仔细。但他终于不放心，怕茶房不妥帖；颇踌躇了一会儿。其实我那年已二十岁，北京已来往过两三次，是没有甚么要紧的了。他踌躇了一会儿，终于决定还是自己送我去。我两三回劝他不必去；他只说，"不要紧，他们去不好！"

我们过了江，进了车站。我买票，他忙着照看行李。行李太多了，得向脚夫行些小费，才可过去。他便又忙着和他们讲价钱。我那时真是聪明过分，总觉他说话不大漂亮，非自己插嘴不可。但他终于讲定了价钱；就送我上车。他给我拣定了靠车门的一张椅子；我将他给我做的紫毛大衣铺好座位。他嘱我路上小心，夜里要警醒些，不要受凉。又嘱托茶房好好照应我。我心里暗笑他的迂。他们只认得钱，托他们真是白托！而且我这样大年纪的人，难道还不能料理自己么？唉，我现在想想，那时真是太聪明了！

我说道，"爸爸，你走吧。"他望车外看了看，说，"我买几个橘子去。你就在此地，不要走动。"我看那边月台的栅栏外有几个卖东西的等着顾客。走到那边月台，须穿过铁道，须跳下去又爬上去。父亲是一个胖子，走过去自然要费事些。我本来要去的，他不肯，只好让他去。我看见他戴着黑布小帽，穿着黑布大马褂，深青布棉袍，蹒跚地走到铁道边，慢慢探身下去，尚不大难。可是他穿过铁道，要爬上那边月台，就不容易了。他用两手攀着上面，两脚再向上缩；他肥胖的身子向左微倾，显出努力的样子。这时我看见他的背影，我的泪很快地流下来了。我赶紧拭干了泪，怕他看见，也怕别人看见。我再向外看时，他已抱了朱红的橘子往回走了。过铁道时，他先将橘子散放在地上，自己慢慢爬下，再抱起橘子走。到这边时，我赶紧去搀他。他和我走到车上，将橘子一股脑儿放在我的皮大衣上。于是扑扑衣上的泥土，心里很轻松似的，过一会说，"我走了；到那边来信！"我望着他走出去。他走了几步，回过头看见我，说，"进去吧，里边没人。"等他的背影混入来来往往的人里，再找不着了，我便进来坐下，我的眼泪又来了。

近几年来，父亲和我都是东奔西走，家中光景是一日不如一日。他少年出外谋生，独立支持，做了许多大事。哪知老境却如此颓唐！他触目伤怀，自然情不能自已。情郁于中，自然要发之于外；家庭琐屑便往往触他之怒。他待我渐渐不同往日。但最近两年的不见，他终于忘却我的不好，只是惦记着我，惦记着他的儿子。我北来后，他写了一信给我，信中说道，"我身体平安，唯膀子疼痛利害，举箸提笔，诸多不便，大约大去之期不远矣。"我读到此处，在晶莹的泪光中，又看见那肥胖的，青布棉袍，黑布马褂的背影。唉！我不知何时再能与他相见！

好兄弟

一次，一个男孩被家人派去给他的奶奶送一篮子东西。

篮子装得很满，所以非常重。小弟弟决定和他一起去，帮他提篮子。

他们用一根棍子从篮子提手下面穿过，然后一人抬着棍子的一端。这样他们就能很轻松地抬起篮子了。

在路上，年龄稍大的哥哥心里在想，我弟弟汤姆可能并不知道这根棍子是起什么作用的。

如果篮子处于棍子中间，我这边就会和他那边一样重。如果我把篮子向他那边移近一点，他那边就会变重一些，而我这边就会轻一些了。

如果我把篮子往他那边移的

话，他肯定不知道。但是我不能那样做，因为这样是不对的，我不会做明知是错误的事情。

然后他把篮子移到了自己这边，几乎到了这边的尽头。现在他承担的分量比他弟弟承担的要重许多。

尽管如此，他仍然很高兴，因为他觉得自己做的是正确的。假如他欺骗了自己的弟弟，他是不会这样高兴的。

小鸟的歌唱

一只美丽的小鸟，有着一身褐色的羽毛。它在树上唱着歌谣，歌声很低很缓，听起来却如此美妙。

从那里经过的人们，总会抬起头来看小鸟，他们都听过小鸟美妙动人的歌声，他们竭力想把小鸟找到。

可是再锐利的眼睛也是徒劳的，因为那只美丽的小鸟实在是太小了，当它穿上深褐色的外衣后，谁也无法找到它。

"为什么会这样呢？爸爸。"小女孩不解地问，"小鸟在哪里呀？如果我唱出的歌儿也那样美妙，我是一定要让人知道的。"

"小鸟却很满足，尽管它栖身于不被人发现的地方，它却从早到晚，甜美地唱着赞歌。"

"如果你能做到像那只小鸟一样，我亲爱的孩子，不论你的生命有多长，尽管人们会忘记你的容颜，却不会忘记你甜美的歌谣。"

寡妇与商人

一个寡妇向一位非常喜爱音乐的商人求助。她的丈夫是个音乐家，但已经去世了，抛下了她，她只得过着穷困的生活。

　　商人看了看这个寡妇，又看了看跟着她的那个充满忧伤的女儿。他怜悯地看着她们那苍白的面孔。从她们的举止，他相信她们讲的事情是真的。

　　"你想要多少钱，我尊敬的女士？"商人说。

　　"5美元就足以拯救我们了。"穷寡妇忧郁地说。

　　商人在他的桌子旁边坐下，取出一张纸，在上面写下了几行字，然后交给了寡妇，并告诉她："拿着它去路对面的银行吧。"

　　寡妇和她的女儿高兴得都没顾得上看看字条上写的是什么，就匆匆忙忙地去了银行。银行职员取出50美元而不是5美元，交给了寡妇。

　　看到这么多钱时，她惊呆了。"先生，是不是弄错了？"她说，"你给了我50美元，而我只要了5美元啊！"

　　银行职员看了看支票，然后说："支票上写的就是50美元啊。"

　　"这的确是搞错了。"寡妇说。

　　银行职员要寡妇在这儿等几分钟，然后去见了给她支票的商人。

　　"是的，"商人听了银行职员的话后说，"我的确是犯了个错误，我写的是50美元，而不是5美元，请给这个寡妇500美元吧。如此诚实的人得到这些钱的奖励难道算多吗？"

第五章　家，甜蜜的家

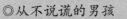

从不说谎的男孩

从前有一个小男孩，
一头卷发，一双眼睛真可爱，
他总是说实话，
从来不说谎。
他上学时，
周围的孩子们会说：
"这就是那个卷发男孩，
那个从不说谎的男孩。"
人们都那么喜欢他，
因为他总是说实话，
在他成长的过程中，
每天都有人说："这就是那个诚实的青年。"
当旁边的人转身
问个究竟，
人们总是这样回答：
"因为他从来不说谎。"

有人看到你了

从前，一个人打算悄悄跑到邻居家的麦田中偷一些麦子。"如果我从每块田中偷一点儿，谁也不会察觉到，"他心想，"但是加起来数目就非常可观了。"于是他等到一个伸手不见五指的夜晚，黑云遮盖了明月，他偷偷带着女儿离开家。

"孩子，"他压低声音说道，"你得给我站岗，如果有人来就大声喊我。"

然后这人溜进第一块麦地，开始收割，不一会儿，女儿就喊道："爸爸，有人看到你了！"

这人向四周看了看，但是一个人也没有看到，于是他把割下的麦子收拾起来，走进第二块麦地。

"爸爸，有人看到你了！"女儿又大声喊道。

这人停下来，向四周张望，但还是什么人也没看到。他又收了些麦子，然后来到第三块麦地。

过了一会儿，女儿大声叫道："爸爸，有人看到你了！"

这人又一次停下手中的活，向四周望了一下，但还是什么人也没有看到，于是他把割下的麦子捆好，然后溜进最后一块麦地。

"爸爸，有人看到你了！"女儿又叫了起来。

这人停止收割，向四下看去，还是没有看到人。"你为什么总是说有人看到我了？"他生气地问女儿，"我四处看了看，什么人也没看到。"

"爸爸，"那孩子低声说道，"有人从天上看到你了。"

乔治·华盛顿与樱桃树

乔治·华盛顿小时候住在弗吉尼亚的一个农场上。他的父亲教他骑马，经常带着年轻的乔治到农场上干活，以便儿子长大后能学会种田，放牛养马。

华盛顿先生有一个果园，里面种着苹果树、桃树、梨树、李子树与樱桃树。有一次，华盛顿先生从大洋对岸买了一棵品种上佳的樱桃树。他把树种在果园边上，并告诉农场上的所有人要对它严加看护，不能让任何人碰它。

樱桃树长势很好。春天来了，树上开满了白花。想到用不了多长时间就可以吃到樱桃树结的果子，华盛顿先生心里非常高兴。

大约就在此时，有人送给乔治一把明亮的斧子。他拿着它砍树枝，砍篱笆，可以说是见什么砍什么。一天，他一边想着自己的斧子有多么锋利，一边来到果园边儿，举起斧子砍向那棵樱桃树。树皮很软，乔治没费多大力气就把树砍倒了。接着他又去别的地方玩了。

那天傍晚，华盛顿先生忙完农事，把马牵回马棚，然后来果园看他的樱桃树。看到自己心爱的树被砍倒在地，他站在那里惊呆了。是谁胆敢这样做？他问了所有人，但谁都说不知道。

就在这时，乔治恰巧从旁边经过。

"乔治，"父亲用生气的口吻喊道，"你知道是谁把我的樱桃树砍死了吗？"

这个问题可把乔治给难住了，他哼哼叽叽了一会儿，但很快恢复了神志。"我不能说谎，爸爸，"他说，"是我用斧子砍的。"

华盛顿先生看了看乔治。那孩子脸色煞白，但直视着父亲的眼睛。

"回家去，儿子。"华盛顿先生严厉地说道。

乔治走进书房，等父亲。他心里很难过，同时也感到非常惭愧。他知道自己太轻率，干了件傻事，也难怪父亲不高兴。

一会儿之后，华盛顿先生走进书房。"到这里来，孩子。"他说道。

乔治走到父亲身边。华盛顿先生静静地看了他很长时间。

"告诉我，儿子，你为什么要砍那棵树？"

"当时我正在玩，没想到……"乔治结结巴巴地说道。

"现在树就要死了，我们永远也不会吃到樱桃了。但比这更糟的是，我嘱咐你要看护好这棵树，你却没有做到。"

乔治羞愧难当，脸一红，低下头。

"对不起，爸爸。"他说。

华盛顿先生把手放在孩子肩头。"看着我，"他说道，"失去了一棵树，我当然很难过，但我同时也很高兴，因为你鼓足勇气向我说了实话。我宁愿要一个勇敢诚实的孩子，也不愿拥有一个种满枝叶繁茂樱桃树的果园。一定要记住这一点，儿子。"

乔治·华盛顿从未忘记这一点。他一直像小时候那样勇敢，受人尊敬，直至生命结束。

青蛙王子

从前有一位国王，他有好几个女儿，她们长得都很漂亮，但是小公主最漂亮，连见多识广的太阳都对她的美貌感到惊奇。在皇宫附近有一片幽深的树林，树林中有一棵古老的菩提树。天热时，国王的小女儿经常到树林中，坐在一口凉气袭人的水井旁。如果待的时间长了，她会拿出一个金球，抛起来，然后用手去接。这是她最喜欢玩的游戏。

一天，公主抛起的金球没有落到她的手中，而是落到井边，滚进井中。公主眼巴巴地看着金球沉入水中，但是井太深，根本看不到底。于是她开始哭个不停，似乎谁也不能安抚她。就在她痛哭之际，突然听到有个声音对她说道：

"是谁欺负你了，小公主？你的眼泪可以熔化一颗石头般的心。"

她抬头看声音是从哪里传来的，却看到一只丑陋的青蛙从水中探出头来。

"噢，原来是你呀，老癞子。"她说道，"我的金球落到水里去了。"

"不要担心，不要哭，"青蛙说道，"我可以帮助你。但是如果我帮你把球捞上来，你怎样报答我呢？"

"要什么给你什么，亲爱的青蛙，"她说道，"我的衣服、珠宝，还有我戴的这顶金冠任凭你挑。"

"你的衣服、珠宝和金冠，我都不要。"青蛙回答说，"但是如果你爱我，让我和你做伴，一起玩，吃饭时让我坐在身边，和你用同一个盘子，同一只杯子，在同一张床上睡觉——如果你答应我这些，我就会潜入水中，把你的金球取回来。"

"噢，那好吧，"她回答说，"我答应你，只要你能把我的球拿回来，什么要求我都答应你。"

但是她暗自却想："它简直是一派胡言！好像除了与其他青蛙待在水中，呱呱乱叫之外，它还会干些别的事情似的。而且还想成为别人的伙伴，呸！"

但是那青蛙听她答应后，便把头向水下面一缩，沉入水中。一会儿之后，他就口衔金球浮上水面，把球扔到草地上。

公主看到自己的心爱之物重又回到自己手中，甚为高兴，抓起球就跑了。

"停下，停下，"青蛙喊道，"把我带上，我跑得没有你快！"

但是尽管他在后面呱呱叫个不停，她就是不听，而且加快脚步，跑回家。很快就把那只可怜的青蛙忘掉了。青蛙只好又回到水井中。

第二天，当公主与国王及群臣在一块进餐时，大理石楼梯上传来一阵啪哒啪哒的声音，接着传来敲门声，然后传来一阵喊声："小公主，让我进来！"

于是她站起身，跑过去，看看是谁在敲门。她打开门，看到门外坐着的是那只青蛙。于是她赶紧把门关上，慌慌张张地回到座位上。国王发现她满脸紧张，于是问道："我的孩子，你为什么这样害怕？是外面站着一位巨人想把你带走吗？"

"噢，不是，"她说道，"不是巨人，而是一只令人讨厌的青蛙。"

"那只青蛙来干什么？"国王问道。

"噢，亲爱的父亲，"她回答说，"昨天我在井边玩球时，球掉进水中。我正在痛哭，那只青蛙走了过来，答应帮我把球弄回来，但有一个条件，那就是我必须让他做我的伙伴。但是我从未想到他会离开水井来找我。现在他就在门外，他想进来找我。"

这时所有人又听到青蛙一边敲门一边大声喊道：

国王的小女儿，

把门给我打开！

在水井旁边，

你都答应过我些什么？

国王的小女儿，

赶快把门打开！

"你答应别人的事情就应该做到。"国王说道，"快过去，让他进来。"

于是小公主过去，把门打开，青蛙跳进来，跟在她后面，来到餐桌旁。她刚想就座，青蛙却拦住了她："把我抬上去，坐在你身边。"

但是她犹豫不决，直到国王命令她那样做。青蛙来到椅子上后，又要到桌子上面去。他坐在桌子上，说道："把你的金盘子拿到离我近一点的地方，我们好一起进餐。"

她按照青蛙的意思做了，但是非常不情愿，所有在场的人都能觉察到这一点。青蛙却吃得很开心，尽管吞进口中的每一点食物似乎都卡在他的脖腔中。

"我吃饱了，"青蛙最后说道，"我现在很累，你必须把我带到你的卧室，把用绸缎做的床铺铺好，然后我们一起躺下休息。"

想到要和一只冰凉的青蛙在一起睡觉，公主禁不住哭泣起来。看来不让青蛙在她洁净的床上休息是不行了。国王开始对她生气了，说道："你在落难时答应别人的事情必须做到。"于是她拿着青蛙，上楼，把它放在墙角。她上床准备睡觉时，青蛙爬到床边说："我很累，和你一样想睡觉。把我拿到床上，也让我休息吧。"

他看上去那么可怜，公主突然感到了不好意思。"父亲是对的，"她想，"我必须遵守诺言。"她把他拿起来，轻轻地放在了枕头上。

但是，就在青蛙落到枕头上的一瞬间，他突然变成了一位英俊漂亮的王子。最后经过国王的批准，公主与王子结为伉俪。王子向她讲述了自己的经历：一个可恶的巫师如何用咒语将他困住，只有公主一个人能够解救她。然后王子说他们两个人要一起去他父亲的王国。这时，门口来了一辆马车，拉车的是八匹白马，而赶车的则是年轻王子的忠实仆人亨利。忠实的亨利在主人被魔法变成一只青蛙后痛苦万分，为避免自己因过度忧伤而心碎，他用三根铁条把自己的心脏罩住。忠实的亨利将王子与公主扶上马车，然后坐到后面，驾着马车踏上了重返故国的旅程。亨利为主人的得救而欣喜万分。在他们走了一段路程之后，王子听到马车后面传来一阵响声，仿佛有什么东西折断了，于是转过身，大声问道："亨利，一定是车轮快断了！"但是亨利却回答说：

车轮不会断，

断裂的是罩在我心口的铁条。

失去你后，我万分悲伤，

为减轻我的痛苦，

才在我的心脏上缠了几根铁条。

接着又传来同样一声响。王子想一定是车轮快断了，但实际上那是缠在亨利心头的另一根铁条断裂发出的响声。现在，王子得救了，亨利一身轻松，高兴异常，那些铁条已经没有用了。

哈默尔恩的花衣吹笛手

根据约瑟夫·雅可布原著改写

在很久很久以前，毫无生气的小镇哈默尔恩遭到了老鼠的袭击，以前人们从未见过这种老鼠。这些可怕的老鼠在大街上到处乱窜，拥挤在房子周围。它们与狗展开搏斗，把自己的天敌——猫追得四处乱跑。它们将摇篮中的婴儿吃掉，在口袋中隐蔽，在帽子中做巢。老鼠多得要命，无论你把脚往什么地方一放，脚下就会发出吱吱的叫声。

对此，镇长与镇议会也是不知所措，无计可施。一天，他们正在镇政厅一边绞尽脑汁想办法，一边悲叹自己命运不济，突然跑来了警察局长。

"镇长阁下，"他说，"一位举止非常古怪的小伙子要求见您。他刚来到本镇，我还不清楚他的来历。"

"把他带进来。"镇长说道。那小伙子便走了进来。他的确是一个相貌古怪的陌生人。他长得又高又笨，身体干瘦，皮肤呈黄铜色，鹰钩鼻，留着长长的山羊胡，一双眼睛炯炯有神。如果仔细看，你会发现他的夹克衫与裤子的颜色与彩虹非常相似。

"人们叫我花衣吹笛手。"他说道，"如果我把哈默尔恩的所有老鼠都消灭，你们怎样报答我？"

正如害怕老鼠一样，镇政府也不敢轻易花那些善良的纳税人向政府交纳的钱（那时和现在有所不同），于是他们开始讨价还价。但是花衣吹笛人不相信任何胡言乱语，最后镇政府允诺，只要在哈默尔恩听不到一声鼠叫，看不到老鼠在跑，就给吹笛人50元钱（在那时，这是一个不小的数目，即使对那些当官的人来说也是如此）。

花衣吹笛人走出镇政厅。他边走边把笛子放在嘴边，一支刺耳的曲子响彻每一条街道与每一座房子。如果那天你在哈默尔恩，一定会发现，随着音符在空中飘荡，一种奇怪的景象发生了——一只只老鼠从四面八方的洞穴中跌跌撞撞地爬了出来。这些老鼠不分老少大小，都聚集在花衣吹笛人的周围。然后他开始沿街走去，而那些老鼠则争先恐后地仰着脸，撅着鼻子，紧随其后。花衣吹笛人对那些走路缓慢的小老鼠也非常照顾，每走 50 米，他都会停一下，在笛子上另吹一曲，以便让它们有时间赶上那些年龄大、身体壮的老鼠。

他走过银街，来到金街，金街的尽头是一条河。当他步履谨慎地缓步向前走去时，镇上的人们纷纷来到门口与窗口，向他送去许多祝福。

花衣吹笛人来到河边后，跳上一只小船。他一边向水中划，一边大声吹着笛子，所有的老鼠都跳进水中，兴高采烈地划着水，摇着尾巴跟随他继续前行。他吹个不停，直到小船来到下游，那里的水流突然变得湍急起来，所有的老鼠都被大水冲走了，一只也没有剩下。

花衣吹笛人把小船靠岸，然后步行返回上游的哈默尔恩。你可以想象镇上的人们有多么高兴，他们高喊着万岁把帽子抛向空中，他们堵老鼠洞，把教堂的钟敲响。花衣吹笛人回来后，大街上连一声老鼠的叫声都听不到了。镇长与议员们以及广大镇民开始小声议论起来，而且还不停地点头赞叹。

非常不幸的是，最近镇上的金库已经用光。那 50 元钱可从哪里来呢？此外，花衣吹笛人所做的一切太容易了。不就是跳到船上，吹吹笛子吗！只要能想出这个主意，镇长自己也可以做到。

于是镇长哈哈一笑，哼哼叽叽地说道："唉，我们的恩人，你知道我们有多么贫穷。我们怎么能支付得起 50 元？给你 20 元，可以吗？既然你已经做了，我觉得这些钱就已经非常丰厚了。"

"我们讲好的是 50 元，"花衣吹笛人立即说道，"如果我是你，我会履行自己的诺言。我可以吹许多曲子，只要乡亲们乐意付钱。"

"你想威胁我们吗，流浪汉？"镇长大声喊道，与此同时他向议员们使了使眼色。"那些老鼠已经被水淹死了，你想干什么就干什么吧，恩人。"说完这句话，他就转身溜走了。

"很好，"花衣吹笛人说着微微一笑，"我这已经不是第一次遇到别人说话不算数了，我相信这也不是最后一次。"

他又把笛子放在唇边，但这次从笛子中流淌出来的不是刺耳的音符而是欢快悦耳的曲调，充满了笑声与打闹声。他走在大街上时，年长者嘲笑他，但是孩子们听到花衣吹笛人的召唤后，纷纷从学校、游乐室、幼儿园和庭院中满怀希望、兴高采烈地跑了出来。孩子们跳着，笑着，手拉着手从金街走到银街。在银街的远处是一片凉爽宜人的绿林，那里长满了树龄很长的大橡树与枝丫宽广的山毛榉。在树林那边是沸腾的群山。兴奋的孩子们排着队来到最高的那座山的山脚下后，地上突然出现了一扇门，花衣吹笛人吹着笛子走了进去。孩子们也都跟着他走了进去，然后门就关上了。

只有一个腿瘸的小男孩由于走得不如其他孩子快而没能在关门之前走到山脚下。当镇长和议员们跑来后，发现他正在哭。

"发生了什么事？"他们大声问道。

"我本想和其他的孩子们一起走，"那孩子抽泣着说道，"吹笛人用笛声告诉我们：有这样一个地方，那里终日阳光明媚，鸟儿不停欢唱，孩子们从来都不得病，也不腿瘸。我竭尽全力跑，但还是赶不上他们，现在他们失踪了。"

他们确实失踪了。镇上的人们山上山下找了个遍，镇长派人四处寻找花衣吹笛人。"告诉他，只要他把孩子们带回来，我会把镇上的所有金子送给他。"他吩咐道。但到那时谁还会相信他的鬼话呢？

孩子们的父母在哈默尔恩等啊等啊，但是他们的孩子一直没有回来。据说，直到今天，哈默尔恩的人们非常注重说话算数这一点，尤其是对那些陌生的吹笛人。

对兄弟的忠诚

沃尔特·麦克匹克

在法军的同一支部队里有一对兄弟，其中一人被德军的子弹击中，幸免于难的另一人请求长官允许他去把他的兄弟背回来。

长官说："他可能已经死了，你冒着生命危险去把他的尸体背回来是没有意义的。”

但在他的一再恳求下，长官同
意了。就在那名士兵刚把他的兄弟
背回到营地时，他那身负重伤的兄
弟死去了。

长官说：“看看，你冒死把他背
回来真是毫无意义。”

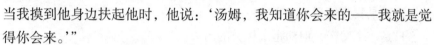

但这名士兵回答道：“不，我做
了他所期望的事。我得到了回报。
当我摸到他身边扶起他时，他说：‘汤姆，我知道你会来的——我就是觉
得你会来。’”

这就是这个故事的主旨：有人期望我们做出高尚、出色而无私的举
动，有人期望我们忠诚。

只是一位父亲

艾德加·盖斯特

只是一个带着一脸疲倦的父亲，
在一天的劳碌奔波后回到家中；
带回了微薄的收入和名声，
表明他的劳作是多么成功；
但他满怀喜悦
孩子们听见他的声音，欢迎他归来。
只是一个有四个孩子的父亲，
是千千万万男人中的普通一个。
日复一日地辛勤打拼，
承受着生活的种种艰辛和嘲弄。
但为了家中翘首期盼的亲人，
却从未有一丝痛苦或憎恨的抱怨。
只是一个父亲，既不富裕也不骄傲，

只是芸芸众生中平凡一人。

日复一日地辛劳奋斗，

直面前路任何坎坷。

沉默对待任何责难，

为着对他们的爱，将这些全部承受。

只是一个父亲，但却奉献出所有，

为他年幼的孩子铺平前路，

坚忍顽强、勇敢无畏地做着。

他父亲曾为他所做的一切。

这就是我为他写下的文字：

只是一个父亲，但却是最优秀的男人。

家，甜蜜的家

约翰·霍华德·佩恩

我们可能漫游过许多游乐场与宫殿，

但却没有一处比得上家，尽管它如此平凡；

家里似乎笼罩着一种来自上天的魔力，

寻遍世界任何一个角落，也找不到这样的魔力。

家，家，甜蜜、甜蜜的家！

哪里也比不上家！哪里也比不上家！

若是离乡背井，辉煌的光芒也只是徒劳；

哦，还给我低矮的草棚！

鸟儿欢快地鸣啭，它们应我的召唤而来——给我——心灵的宁静，比一切都更可贵！

家，家，甜蜜、甜蜜的家！

哪里也比不上家！哪里也比不上家！

在母亲的怀抱中得到安宁与抚慰，

在慈父的微笑下安坐，那是多么幸福！

让别人在新的游乐场里尽情欢乐吧，

但给我，哦，给我家的快乐！

家，家，甜蜜、甜蜜的家！

哪里也比不上家！哪里也比不上家！

背负着过于沉重的拖累，我将回到你的怀中，

心灵最珍贵的安慰将在那里冲我微笑，

我将再不会离开我的草棚四处流浪；

尽管它如此简陋，但哪里也比不上它。

家，家，甜蜜、甜蜜的家！

哪里也比不上家！哪里也比不上家！

蚂蚁和蚱蜢

[古希腊]伊索

冬日一个阳光灿烂的日子，一些蚂蚁正忙着弄干它们的粮仓，由于下了很长时间的雨，粮仓里已经非常潮湿了。这时来了一只蚱蜢，向他们乞讨一点粮食。"可怜可怜我吧，"她说，"我饿坏了。"蚂蚁们停下了手头的工作，虽然这与他们的原则是相违背的。"我们能问你一下吗？"他们说，"一整个夏天你都在做些什么呢？为什么你不为冬天储存一些粮食呢？""实际上，"蚱蜢回答，"我忙着唱歌，没有时间存储粮食。""如果你一整个夏天都在唱歌，"蚂蚁们回答，"那么，你就在冬天跳舞吧。"他们笑着，又忙开了自己的工作。

做家务的丈夫

很久很久以前，有一个男人，脾气不好，非常粗暴，从来没有觉得自己的妻子在家里做对过一件事。一天傍晚，正值翻晒干草的时候，他回到了家里，对妻子抱怨，晚饭怎么还没有摆到桌子上，孩子怎么在哭，牛怎么还没有牵进牛圈。

"我整天地干啊干，"他大声咆哮着，"你待在家里，不就是照顾照顾家吗？要我来干，肯定轻松极了。我会准时把晚饭准备好的，你不相信吗？"

"亲爱的，不要这么生气，"他的妻子说，"明天我们就换换工作好了。我出门去，带上割草机，去割草，你就待在家里，照顾照顾家。"

丈夫想，这好极了。"我这一天可以过得很轻松，"他说，"我将在一两个小时内把你的家务活干完，然后整个下午都睡觉。"

于是，第二天早上，妻子把长柄大镰刀往肩上一扛，带着割草机深一脚浅一脚地往草场上走去。丈夫就留在家里，准备做家务。

开始，他洗了一些衣服，接着就开始搅拌奶酪。但搅了一些，他又想起了衣服还没有晾起来晒呢！他走到院子里，刚把他的衬衣晾上，就看到猪跑进了厨房。

他便急忙跑到厨房赶猪，不然，它会把奶酪弄脏的。但他一进门，就看到猪早已把奶酪拱翻了。奶酪洒了一地，猪就在奶酪上打着滚，哼哼地拱着。他一看，马上气坏了，也忘记了晾衣竿上还晾着他的衬衣，用尽力气朝猪跑去。

他确实抓到了猪，但猪身上涂满了奶酪，变得很滑，一下就挣脱了他的手，飞快地跑出门去了。他也跟着跑进了院子，但一看到他的山羊，他就呆住了。只见山羊正站在晾衣竿的正下方，仰着头，一边拱，一边啃着他的衬衣呢！他赶走了山羊，关好了猪，把被咬得破破烂烂的衬衣从晾衣杆上拿了下来。

然后他又找来了足够的牛奶，放进了搅拌器里，重新开始搅拌，因为奶酪是他们晚饭的必备之物。搅好了一点，他又记起了他们的牛还关在牛圈里呢！一整个早上都还没喝过一口水，没吃过一点东西，而此刻太阳已升得老高老高了。

他想，把牛牵到草地上去是太远了，所以他决定把牛牵到屋顶上去，因为你知道，屋顶上堆满了草。房就建在山边，他想，如果他在山和屋顶之间搭一块宽木板，就很容易把牛牵到屋顶。

但他还不能离开奶酪搅拌器，因为还有一个小孩在屋子里满地爬呢！"如果我离开，"他想，"孩子肯定会把奶酪打翻的。"

所以他背上搅拌器，出了门。然后他又想起把奶牛牵到屋顶前，应该给它喝够水，于是他拿起一只水桶，从井里往上吊水。但当他在井沿上俯下身子时，奶酪却从搅拌器里倒了出来，沿着背和肩膀，倒到了井里。

已经快到吃中午饭的时间了，可他连一点奶酪也没有做好。所以他把奶牛一把牵到屋顶，就想最好先煮一点燕麦粥。他在锅里放满了水，然后把锅放在了火上。

做完了这些，他又想，奶牛可不要从屋顶上掉下来，摔断脖子。于是便又爬上屋顶，去把牛拴住。他把绳子的一头系在牛的脖子上，另一头沿着烟囱伸了下去。然后他下到屋里，把绳子系在自己的腰上。他得快点了，因为锅里的水现在已经开了，而他还得去磨燕麦呢！

他开始磨起了燕麦。但正当他磨得起劲的时候，奶牛从屋顶上掉了下来，牛一掉下来，便把这个可怜的人也拉进了烟囱里！他紧紧地卡在了烟囱里。奶牛呢，由于只掉下了一半，挂在了半空中，上也上不去，下也下不来。

这时候，他在田里干活的妻子正等着丈夫来叫自己吃晚饭。等啊等，最后，她实在等够了，便回到了家里。

一走进家门，她就见到了吊在半空中的牛，她跑过去，用镰刀割断了绳子。绳子一割断，她的丈夫就从烟囱里掉了出来。所以她走进厨房时，看到他头在下，脚在上，倒栽在了煮粥的锅里。

"欢迎你回来，"等她帮他整理好了一切，他说，"我有话对你说。"

他对她说了对不起，并吻了她，而且从此以后再也不抱怨了。

生活之歌

[美国]亨利·沃兹沃斯·朗费罗

不要用悲伤的语调告诉我，

生活只是一场空洞的梦！——

灵魂睡着了，就等于死了，

事物的真相就与外表迥然不同。

人生实实在在，人生需要真诚！

它的归宿绝不是荒坟；

你本是尘土，必将归于尘土，

这里指躯壳，不是指灵魂。

享乐或是悲伤，

不是我们命定的目标和道路；

我们要行动，让每个明天

都比今天有所进步。

艺海无涯，时光易逝，

我们的心，纵然坚强勇敢，

也只如无声的鼙鼓（注：古代军队中有的小鼓。）

催动送葬的队伍走向坟墓。

在世界这个辽阔的战场，

在人生的露营场，

不要像听任驱策的哑畜，

要做个英雄奋力征战！

别指望将来，不管它多么可爱！

把已逝的过去永久掩埋！

行动——趁着活生生的现在！

心在胸中跳动，上帝在上天主宰！

伟人的生平启示我们，

我们能够生活得高尚，

当告别人世，

脚印留在了时间的沙滩上。

也许我们有一个兄弟，

航行在庄严的人生大海，

遇险沉了船，绝望的时刻，

这些脚印会使他振作起来。

那么，让我们起来干，
对任何命运要敢于担待；
不断成功，不断追求，
学会吃苦，善于等待。

黑暗并不可怕

"威利，你能到楼上，从壁橱里把我的插针垫拿来吗？"
威利没有动。
"威利！"妈妈又喊了一声，她想他可能没有听见。
"我怕"。威利说。
"怕什么？"
"那儿黑。"
"黑是什么呀？"妈妈问，"看！它只是一个影子而已。"她把手伸向灯与桌子上的针线篮之间。
"现在篮子里是黑的，但只要我把手移开，它就亮了。"
"来，威利，站在灯与墙之间。看！你的影子在墙上了。你的影子会伤害你吗？"
"哦，是的，妈妈！我相信它不会伤害我的。"
"对呀，黑暗只是笼罩万事万物的大影子。"
"是什么制造的大阴影，妈妈？"
"当你再长大一点后，我会告诉你的，威利，不过不是现在。我希望你成为一个不再害怕影子的勇敢男孩。你敢到楼上把我的插针垫拿来了吧。"
"我敢，妈妈。我这就去拿给你。"
"谢谢，我勇敢的小男子汉。你看黑暗并没有伤害你。"

勇敢的老鼠

[古希腊]伊索

一只老猫理所当然地要抓住粮仓里的所有老鼠。

有一天老鼠们开会讨论这只猫给他们带来的危害。每只老鼠都说自己避开猫的方案。

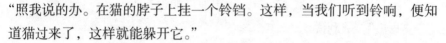

"照我说的办，"一只大家公认非常聪明的年老的灰色老鼠说道，"照我说的办。在猫的脖子上挂一个铃铛。这样，当我们听到铃响，便知道猫过来了，这样就能躲开它。"

"好主意！好主意！"所有的老鼠都这么说。于是一只老鼠跑去拿来了铃铛。

"现在，你们谁来把铃铛挂在猫的脖子上？"年老的灰色老鼠问道。

"我不干！我不干！"所有的老鼠异口同声，然后纷纷跑回自己的洞里。

有志者事竟成

父亲去世时，亨利·邦德大概只有十岁，支撑一个大家庭的重担全部落在了妈妈身上。这对她来说是一件非常困难的事，但她却做到了，她还把最大的孩子亨利送去了学校，尽可能给他提供他所需要的书。

但是有一次亨利需要一本语法书，以便辅助那门课的学习，但妈妈却没有钱给他买。为此他十分苦恼，带着一颗沉重的心上床睡觉了，在床上一直想着怎么办。

第二天醒来的时候，他发现昨夜下了一场大雪，寒风还在猛烈地吹着。"啊，"他说，"这大风可不会给任何人带来好处。"

他起了床，跑到邻居家，提出帮他们家在房子周围清出一条小路来。

他们接受了。完成这项工作之后，他得到了应有的报酬，于是他又跑到另外一家做同样的工作，然后是另一家，最后他终于挣到了足够的钱去买那本他急需的语法书。

当学校开始上课的时候，亨利很开心地坐在座位上，他肯定是所有孩子里最开心的一个，因为他可以开始上这门课了。

从那时开始，亨利一直都是所有功课学得最好的学生。他不知道有失败这个词，他总是能成功。只要有坚定的意志，就一定能找到通向成功的路。

第六章　在自由和力量中飞翔

在自由和力量中飞翔

[美国]惠特曼

我，不愿跟爱唱的小鸟争一个长短；
我，渴望去那寥廓的天宇高高飞翔。
是雄鹰和海鸥深深地打动了我的心，
那金丝雀和学舌鸟绝不是我的理想。
我，不习惯用甜美的颤音柔声啼啭，
我要去自由、欢乐、力量和意志的
蓝天展翅翱翔。

小鸟

[俄国]普希金

在遥远的他乡我恪守着
故乡古老的风俗；
在明媚的春天，
我放生了一只小鸟。
我心中感到无限欣慰，
为什么还要对上帝唠叨？
当我能把自由当礼物，
哪怕只送给一个动物也好。

像自由一样的字眼

[美国]兰斯顿·休斯

有像自由一样的字眼，
讲起来甜蜜而又舒坦。
日日夜夜，岁岁年年，
自由在拨动我的心弦。
有像自由一样的字眼，
几乎使得我大声呐喊。
你如果知道我的经历，
你就会明白我的情感。

小狗

[苏联]索尔仁尼琴

在我们的后院里，一个小男孩把他那名叫夏里克的小狗拴了起来；自从是小雏狗它便是一团被枷铐着的绒毛球。

有一天，我带给它几根鸡骨头，还是热的，而且很香。那小男孩刚刚解开皮链，放开那条可怜的小狗，让它在院子里奔跑。雪很深，像羽毛。夏里克跃踏得像一只兔子，先是用后脚跳，接着用前脚跳，从院子这头跳到那头，一来一回，把嘴巴插进雪里。

它向我奔来，全身毛茸，对我跳起来，嗅嗅骨头，走了，肚皮拖在雪地里。

我不要你的骨头，它说，只要还我自由……

金翅雀

[意大利]达·芬奇

金翅雀叼着小虫子飞来了，它回到自己窝里，窝里静悄悄的。就在它们出去打食这个功夫，小鸟不知让哪个恶棍掏走。

金翅雀哭叫着寻找失踪的孩子，森林里充满了它的悲哀的啼叫声和呼唤声，可是什么回音也没有。

金翅雀爸爸伤透了心，第二天清晨，苍头燕雀碰见它说，昨天在一个农夫家里看见过它的孩子们。

金翅雀喜出望外，它奋力向村子飞去，很快飞到了苍头燕雀说的那家农舍。

它敛翅歇在房顶马头形的檐角上，举目张望，不见小鸟的动静；它掠翅飞向打谷场，场地上空空荡荡。可怜的父亲一仰头看见了悬挂在屋檐小窗口的鸟笼，里边蜷伏着成了俘虏的幼儿。金翅雀猛冲过去。

小鸟也认出了父亲，它们隔着笼子，一齐叽叽喳喳诉起苦来，小鸟央求父亲快些把它们解救出去。金翅雀爸爸用它的脚爪，用它的尖喙，狠命地扯啄着鸟笼上的铁丝，它泣血挣扎，想把铁丝拉开，却是枉然。

极度哀伤的金翅雀挨过了一个夜晚。第二天，它飞回到自己孩子在里面受苦的鸟笼边。它用温柔的目光久久地注视着孩子们，然后在每只小鸟张开的嘴巴里都轻轻啄了一下。金翅雀是把一种毒草送进幼鸟的嘴里，笼里的小鸟死去了……

"不自由，宁愿死！"高傲的金翅雀伤心地说完这句话，飞回森林里去了。

小鸭

[苏联]索尔仁尼琴

一只黄色小鸭子，滑稽地鼓动着翅膀，腹部压在潮湿的草上，细而软的腿，几乎站不起来。它蹒跚地摇到我的面前，嘎嘎叫着："我的妈妈在哪里？我的家人哪里？"

它没有妈妈，因为是一只母鸡把它养育出来——鸭蛋放在鸡窝里，母鸡坐在上面，把小鸭和小鸡一同孵出来。为了不让恶劣气候伤害它们，它们的家——一个无底而倒置的篮子——已经被移到棚子下面，盖上麻布袋。它们都在那儿，但是这一只迷失了。来吧，小东西，让我用手握着你。

是什么使它活着？它几乎没有重量；它的小黑眼睛像珠子，它的脚像麻雀，只要轻轻地一捏，它就完了。然而，它却充满生命的温暖。它的小喙白里泛红，稍稍扁平，像一片修剪过的指甲。它的脚长了蹼，羽毛泛出黄色，绒羽的翅开始突长出来。它的体态已经把它与不同父亲的兄弟区别开来。

人类很快会飞上金星；假如人类集中全体的力量，在二十分钟里可以把全球翻耕一遍。

然而，虽则我们掌握如许的核子力量，我们不会，也永远不能够在试管里制造这么丁点儿脆弱的乳黄色小鸭雏；就算我们有了羽毛和骨架，我们也不可能拼凑成这样的生命。

废弃的防空洞

[苏联]格·斯克列比茨基

一年春天，我到森林里去散步。在那个时候到森林里去，特别有意思：飞禽走兽的孩子都出世了。

比方说，如果在丛林的茂密树枝间找到一个鸟窝，观察操劳的鸟妈妈怎样喂它的雏鸟，就很有趣。观察森林里的四条腿小娃娃——小兔子或小狐狸，就更有趣了。不过，要找到它们，可也不容易。

我在森林里遛了一个早晨，云杉林、小桦树林，简直哪儿都去过了。我心想："我现在歇一会儿就回家吧！"

我走到林边草地上。这儿多美呀！

草地上野花遍开，真是五彩缤纷：有红的，有黄的，有淡蓝色的……活像是无数五颜六色的蝴蝶落在草地上，在明亮的春天的阳光下取暖。

我喜欢林中的野花——不喜欢采它们，而是喜欢躺在它们当中，仔细欣赏每一朵花。每一种花都有其特殊的模样，甚至还有其独特的香味。

还是有大眼睛的母菊。它们快活地张开白花瓣，仿佛在定定地望着你的脸。粉红色三叶草的花就完全不同了：它把头发短短的小脑袋藏在高茂的草丛里。旁边是浅紫色风铃草的大铃铛般的花，它弯着腰，好像在沉思着。

记得我小时候，老保姆给我讲过："等森林里的野草到了该割的时候，风铃草的铃铛就会响起来，向人们说：拿起镰刀，快到森林里草地上来割草吧！把清香扑鼻的新鲜干草贮存起来，留着冬天用。"

我想起老保姆讲的这些童话，便希望像童年时那样，躲在草丛里，听听夏日寂静里的那种铃铛声。

我穿过林边空地，走到老桦树的树荫下去躲藏，这时，出乎意料地发现在空地边上的灌木丛里，有个黑黝黝好像洞穴入口的地方。那上面，用一些长满了青苔的粗圆木头覆盖着。有些木头已经烂了，陷了进去。

"这不是个旧防空洞嘛！"我走到跟前去，往洞里面瞧瞧。里面潮乎乎的，发出一股霉味儿。

我不由得想起了可怕的战争年代，那时，人们不得不挖这种阴森森的避难的土洞穴。

我走到桦树的阴凉里去，躺在草地上，又瞧了瞧那个废弃的旧防空洞。

忽然，我觉得好像那里面有什么在动弹。

我吓了一哆嗦，心想："那是什么呀？"

一只獾的有条纹的嘴脸，从碎木头之间伸了出来。

这只小兽东张西望了半天，还用鼻子闻着。但是我躺在它的下风头，因此这只嗅觉敏感的獾没有发现我。

最后，它确定周围没有什么危险，就从圆木间爬了出来，忙忙叨叨地在空地上跑来跑去，好像在寻找什么东西。后来，它又钻进洞里去了。

"奇怪！"我想道，"獾，是一种夜里出来活动的动物。夜里，它在树林里走来走去；白天，它在洞里睡觉。它为什么现在从洞里出来了呢？"

就好像要回答我的问题似的，这只獾又从旧防空洞里出来了，嘴里还拖着一件东西。

我定睛仔细地瞧，想看清楚它嘴里衔着的是什么东西。嘿！那不是一只小獾嘛！

獾把孩子从圆木下拖了出来，放在洞口，自己匆匆忙忙回到洞里去，又衔出了一只小獾。它像这样一只
一只地往外衔，一共衔出了四只小
獾。这四只小獾小极了，胖乎乎
的，活像四只小狗。

我看到这么晚才出世的一窝小
獾，感到非常奇怪。平时，小獾总
是在初春出世。

四只小獾笨头笨脑、东倒西歪
地迈着小短腿，在草上走来走去。
老獾（大概是它们的妈妈）机警地
照看着自己的孩子。只要有一只小家伙走远了些，老獾立刻跑过去，小
心翼翼地用牙咬住它的毛皮，衔起拖回来。

四只小獾在阳光下玩了一会儿后，一只跟着一只走到母亲身旁，把
小黑鼻子戳到母亲的肚皮底下。

老獾便侧身躺下去了，小獾像小猪崽子似的趴在它旁边，吃起奶来。

我从高茂的草丛里观察它们，很不方便，便稍微抬起一点身子，哪
知不当心将树枝压得噼啪一响，这下子可坏了事儿啦！

母獾跳起身子，我还没来得及回醒过来，它已经用嘴和两只前爪，
霎时间就把四个孩子推回到圆木下去了。然后，自己也钻进去不见了。

于是林间草地上一下子又没有动静了。只有一只漂亮的大凤蝶从容
不迫地飞到这朵花上停留一会儿，又飞到那朵花上停留一会儿。

我从桦树下走了出来，活动活动发麻的两脚，又瞧了旧防空洞一眼。
但是现在，我已不再觉得它是阴森森、令人不愉快的了。

是的，现在这根本不是什么防空洞，是个獾洞，一个林中小兽的小
家庭，安安静静地居住在那里面。

大眼睛母菊也攀登到烂圆木头的最上面去了，从那儿望着我，跟我
在童年时看见的母菊一样。几棵有淡紫色铃铛花的风铃草挤在洞口，摇
着小脑袋，好像发出了微弱的丁丁声，告诉人们：时候到了，该到草地
上来收割清香茂盛的青草了；晚上可以点起火堆，在火堆旁欢笑，唱快
乐的歌曲。

我环视一下周围，感到心情十分美好，十分愉快！我觉得，开在烂

圆木头上的每一朵花里，每一根翠绿的树枝里，都蕴藏着无限新鲜而健康的青春活力……它们都伸向太阳，它们热爱生活，它们用自己的整个外貌强调生命的胜利，它们的生命能经受住最严酷的考验，坚持到胜利。

国王阿尔福雷德和蛋糕

[美国]詹姆斯·鲍德温

很多年前，英格兰有个国王叫阿尔福雷德，他是一个精明而又有正义感的人，是英国历史上最了不起的国王之一。直到几个世纪后的今天，他还被称作阿尔福雷德大帝而广为人知。

阿尔福雷德统治时期的英格兰形势复杂，国家受到凶猛的丹麦人的入侵。丹麦人跨过海洋前来进犯。丹麦入侵者如潮涌袭来，他们个个剽悍勇猛，在很长时间里几乎百战百胜。如果他们继续势不可挡，将会征服整个国家。

最终，经过数次战役，阿尔福雷德王的英格兰军队溃不成军。每个人，包括阿尔福雷德，都只能设法逃生。阿尔福雷德乔装打扮为一个牧羊人，只身逃走，穿过森林和沼泽。经过几天漫无目的的游荡，他来到一个伐木工的小屋。饥寒交迫的他敲开房门，乞求伐木工的妻子给点儿吃的东西并借宿一宿。

女人同情地看着这位衣衫褴褛的男人，她不知道他是谁。"请进，"她说，"你给我看着炉子上的蛋糕，我会供你晚餐的。我现在出去挤牛奶，你好好看着，等我回来，可别让蛋糕糊了。"

阿尔福雷德礼貌地道了谢。坐在火炉旁边。他努力把精力集中到蛋糕上，可是不一会儿他的烦心事就充满了脑子。怎样重整军队？重整旗鼓后又怎样去迎战丹麦人？他越想越觉得前途渺茫，开始认为继续战斗也将无济于事，阿尔福雷德只顾想自己的问题，他忘了自己是在伐木工的屋子里，忘了饥饿，忘了炉上的蛋糕。

过了一会儿，女人回来了，她发现小屋里烟熏火燎，蛋糕已经烤成焦炭。阿尔福雷德坐在炉边，目光虽盯着炉火，却根本就没注意到蛋糕已经烤焦。

"你这个懒鬼，窝囊废！"女人叫道，"看看你干的好事。你想吃东西，可你袖手旁观！好了，现在谁也别想吃晚餐了！"阿尔福雷德只是羞愧地低着头。

这时，伐木工回来了。他一进家门就注意到这个坐在炉边的陌生人。"住嘴！"他告诉妻子，"你知道你在责骂谁吗？他就是我们伟大的国王阿尔福雷德！"

女人惊呆了，她跑到国王面前急忙跪下，请示国王原谅她如此粗鲁。

但是明智的国王请女人站了起来。"你责怪我是应该的，"他说，"我答应你看着蛋糕，可蛋糕还是烤煳了，我该受惩罚。任何人做事，无论大小都应该认真负责。这次我没做好，但此类事情不会再有了，我的职责是做好国王。"

这个故事没告诉我们那天晚上阿尔福雷德是否吃了晚饭，但没过多久，他就重整自己的军队，把丹麦人赶出了英格兰。

盛满碎玻璃的箱子

曾经有位老人，妻子已经过世，他一人独居。老人曾是个裁缝，一生辛辛苦苦，但时运不佳，没有积攒下一分钱，而今上了年岁无法再做活计。他的双手颤抖不止，捏不住一根针，老眼昏花，缝不直一个针脚。他有三个儿子，全都已经长大成人，结婚成了家，忙着谋生度日，只是每周回来一次，看看老父亲，吃顿便饭。

老人越来越老了，他的儿子们来得也越来越少。"他们根本不想待在我身边了，"他自言自语，"他们都怕我成为累赘。"他彻夜无眠，担忧自己如何度日，终于他想出了个计划。

第二天，他去见那个做木匠的老朋友，请他给自己做个盒子。然后他又去见做锁匠的朋友，跟他要了把旧锁。最后他又去见一个吹玻璃的朋友，要来了他所有的碎玻璃片。

老人拿回盒子，装满碎玻璃，用锁锁紧，放在了饭桌底下。他的儿子们过些时候来吃晚饭时，脚碰到了盒子上。

"这个盒子里装的什么呀？"他们看着桌子下边发问。

"噢，什么也不是，"老人回答，"只是我攒下的东西。"

他的儿子碰了碰那盒子，看看有多沉。他们踢了一脚，听见里面发出哗啦啦的声响。"里面肯定装满了老头子这些年积攒的金子。"他们彼此嘀咕着。

于是他们讨论起来，意识到他们得保住这笔财产。他们决定轮番同老人住在一起，照顾他。第一周，最小的儿子搬了进来，照料父亲，为他做饭。第二周二儿子值班，第三周大儿子值班，他们这样坚持了一段时间。

最后，老人生病死了。儿子们给他办了一个很体面的葬礼，因为他们知道桌子底下有一笔财产，现在他们可以稍微挥霍一些老头子的积蓄。

丧事过后，他们满屋子搜寻，找到了盒子的钥匙，打开了盒子。当然，他们发现里面全是碎玻璃。

"多讨厌的把戏！"大儿子喊道，"对你儿子做这样卑劣的事！"

"他不这么做又能怎么样呢？"二儿子伤心地问道，"我们必须对自己诚实，要不是因为这个盒子，我们可能直到他死也不会关心他。"

"我真感到羞愧，"小儿子哭泣着，"我们逼着自己的父亲欺骗，因为我们完全忘了小时候他对我们的教育。"

但是大儿子还是把盒子翻了个遍，检查了一下，确实什么值钱的东西也没有。他倒出了所有的碎玻璃，此时三个儿子望着盒子里面惊呆了，盒子底下刻着一行字：孝敬你们的父母吧。

一对沉默的夫妻

曾经有个年轻人，据说是全镇上最愚蠢的小伙子，还有个姑娘，据说是全镇最呆笨的姑娘。不知怎么的，他们竟然恋爱结婚了。结婚仪式结束之后，他们在新房里举办了盛大的宴会，一直持续了一整天。

最后，亲戚朋友们个个酒足饭饱，各自回家了。新郎新娘都疲惫不堪，准备脱鞋上床休息。这时，丈夫发现最后一个客人离开时没有关好门。

"亲爱的，你起来把门关上好吗？有穿堂风吹进来。"新郎说。

"干吗我去关门。"新娘打了个呵欠，"我站了整整一天，刚刚坐下，你去关。"

"我知道结果就得如此！"丈夫发火道，"你一戴上戒指，就成了个懒婆娘！"

"你怎么敢这么说！"新娘叫道，"结婚还没一天，你就支使得我团团转，我早就该知道你会是这种丈夫！"

"唠唠叨叨没个完。"丈夫咕哝道，"我一辈子都得听你抱怨吗？"

"我就得听你挑三拣四牢骚满腹吗？"妻子问。

他们怒目而视足足有五分钟，突然，新娘脑子里冒出个想法。

"亲爱的，"她说，"咱俩谁都不想去关门，咱俩听对方说话都烦心，这样，咱俩打个赌，谁先说话谁就起来去关门。"

"这是我一整天听见的最妙的主意，"丈夫回答，"让我们现在就开始。"

他们舒舒服服地一人坐一把椅子，面面相觑，一句话也不说。

他们这样坐着大约有两个小时了，这时有两个小偷推着手推车从这里经过，看见这家的房门开着，小偷溜进房子，里面似乎空无一人。小偷开始偷东西，碰到什么就拿什么。他们搬桌子、椅子，扯下墙上的画，卷起地毯，可是，这对新婚夫妇一言不发，

一动不动。

"真是难以置信，"丈夫想到，"他们把什么都拿走了，她竟然一声也不吭。"

"他干吗不喊人？"妻子心中发问，"他就这么坐在那儿，看着小偷想拿什么就拿什么？"

终于，两个贼注意到这对默不作声、面无表情的夫妇，以为他们是一对蜡像，就取下他们身上的珠宝、手表、钱包。但夫妻二人仍一言不发。

小偷带着战利品急忙溜走了，新婚夫妇坐了个通宵。第二天天明，有个警察打此路过，看见了这扇开着的房门，探进头来问有没有出什么事。当然，他没从这对夫妻那儿得到一句回答。

"嘿！听着！"警察喊道，"我是警官！你们俩是干什么的？这是你们的家吗？你的家具呢？"还听不见回答，警察抬手打了那丈夫一个耳光。

"你敢！"妻子跳起脚喊，"他是我的新婚丈夫，你敢动他一手指，我就饶不了你！"

"我赢了！"丈夫拍手叫道，"好了，去关门吧。"

致加西亚的一封信

[美国]阿尔伯特·哈伯德

在一切有关古巴的事情中，有一个人常常从我记忆中冒出来，让我难以忘怀。

美西战争爆发时，美国总统必须立即与古巴的起义军首领加西亚取得联系。加西亚在古巴广阔的山脉里——没有人确切地知道他在哪里，也没有任何邮件或电报能够送到他手上。而美国总统麦金莱又必须尽快地得到他的合作。

怎么办呢？

有人对总统说："如果有人能够找到加西亚的话，那么这个人只会是罗文。"

于是总统把罗文找来，交给他一封写给加西亚的信。至于那个名叫罗文的人，如何拿了信，用油纸袋包装好、打封，放在胸口藏好；如何经过四天的船路到达古巴，再经过三个星期，徒步穿过这个危险的岛国，终于把那封信送给加西亚——这些细节都不是我想说的。我要强调的重点是：

美国总统把一封写给加西亚的信交给罗文；而罗文接过信之后，并没有问："他在什么地方？"

像罗文这样的人，我们应该为他塑造铜像，放在所有的大学里，以表彰他的精神。年轻人所需要的不仅仅是从书本上学习来的知识，也不仅仅是他人的种种教诲，而是要塑就一种精神：忠于自己的责任，忠于上级的托付，迅速地采取行动，全力以赴地完成任务——"把信送给加西亚"。

公正的法官

[俄国]列夫·托尔斯泰

阿尔及利亚皇帝巴乌阿卡斯听说在他的一座城市里有个公正的法官，这法官能立刻洞察实情，任何一个狡猾的人也逃不过他的眼睛。巴乌阿卡斯想亲自了解一下，是不是真这样，便化装成商人，骑马到法官居住的那座城里去了。当巴乌阿卡斯走到城门口时，一个残疾人走过来向他乞讨。巴乌阿卡斯给了他一点钱，然后想继续往前走，这时残疾人却揪住他的衣服。

"你想干什么？"巴乌阿卡斯问道，"难道我没给你钱吗？"

"你给我钱了，"残疾人说，"劳你驾，用你的马把我带到广场上去。要不，我很可能被马或骆驼踩死。"

巴乌阿卡斯让残疾人骑在自己身后，把他带到广场。巴乌阿卡斯勒住了马，但是叫花子不肯下去。巴乌阿卡斯问道：

"你怎么骑在马上不动弹？下去吧！我们到地方了。"

叫花子说：

"我干吗下去？——马是我的。你要是不愿意老老实实把马给我，咱们就去找法官。"

人们把他俩围起来，听他俩争论。大家嚷道：

"你们去找法官吧！他会为你们判断是非的！"

巴乌阿卡斯和残疾人一起去见法官。法院里有许多人，法官按次序把受审讯的人叫过去。在轮到审讯巴乌阿卡斯之前，法官把一位学

者和一位农夫叫过去。他俩是为妻子打官司。农夫说，妻子是他的；学者说，妻子是他的。法官听完他们的话，沉默了一会儿，说道：

"把这女人留在我这儿，你们明天再来。"

等他们走后，进来一个卖肉的和一个卖油的。卖肉的一身是血；卖油的一身油。卖肉的人手里攥着钱，卖油的抓着卖肉的人的手。卖肉的说：

"我买了这人的油，掏出钱包来给钱时，他抓住我的手，想把钱抢过去。我们就来找你了——我手里攥着钱，他抓着我的手。钱是我的，他是小偷。"

卖油的却说：

"这话不对。卖肉的到我那儿去买油。我给他灌了满满一罐子油之后，他求我给他换开一个金币。我拿出钱来放在长凳上，他抓起钱就想跑。于是我抓住他的手，把他带到这儿来了。"

法官沉默了一会儿，说：

"把钱留在这儿，你们明天再来吧。"

等到审讯巴乌阿卡斯和残疾人的时候，巴乌阿卡斯讲了事情的原委。法官听完他的话，又问叫花子，叫花子说：

"这全不对。我骑马从城里走过的时候，碰见他坐在地上，他求我用马送他一段路。我让他骑在马上，把他送到他需要去的地方；但是他不肯下去，非说马是他的。他撒谎。"

法官想了想，说道：

"把马留在我这儿，你们明天再来吧！"

第二天，来了很多人听法官断案子。

学者和农夫最先走了过去。

"把你的妻子领回去吧，"法官向学者说，"打农夫50棍。"

学者把他的妻子带走了，农夫当场受到惩罚。

后来，法官叫卖肉的过去。

"钱是你的。"他向卖肉的说。然后他指着卖油的说："打他50棍。"

法官将巴乌阿卡斯和残疾人叫了过去。

"你能从别的20匹马里认出你的马吗？"法官问巴乌阿卡斯。

"能。"

"你呢？"

"我也能。"残疾人说。

"跟我来。"法官对巴乌阿卡斯说。

他们走到马房里。巴乌阿卡斯立刻从其他20匹马之中指出自己的马。

法官又叫残疾人到马房里去指出那匹马。残疾人也认出了那匹马，指了指。法官回到自己的座位，坐下后向巴乌阿卡斯说：

"马是你的——你牵回去吧。打残疾人50大棍。"

法官审判完之后，往家里走去；巴乌阿卡斯跟在他后面。

"怎么，你是对我的判决不满意吗？"法官问道。

"不是，我很满意，"巴乌阿卡斯说，"不过，我想知道，你怎么知道那个女人是学者的妻子，不是农夫的？怎么知道钱是卖肉的，不是卖油的？怎么知道马是我的，不是叫花子的？"

"女人的事情，我是这样知道的：早晨，我把她叫过去，对她说：'往我的墨水壶里灌点墨水。她拿起墨水壶，洗干净了，手脚麻利地很快就灌上了墨水。看来这件事情她做惯了。如果她是农夫的妻子，她就不会做这件事。证明学者说的是真话。钱的事情，我是这样知道的：我把钱泡在一碗水里，今天早上我看看，有没有油浮到水面上。如果钱是卖油人的，那些钱一定被他的油手摸油污了。可是水面上没有油，看来卖肉人说的是真话。马的事情比较难了解真情。残疾人和你一样，从20匹马里面一下子就指出了那匹马。其实把你们两个人带到马房里去，并不是为了看看你们谁能认出那匹马，而是为了看看马认识你们之中的哪个人。当你走到那匹马身边去的时候，它把身子转过来，向你探了过去；当残疾人碰它的时候，它贴起耳朵，抬起了一只脚。所以我了解到你是那匹马的真正的主人。"

巴乌阿卡斯听完他的话，说道：

"我不是买卖人，我是巴乌阿卡斯皇帝。我到这儿来的目的，是为了瞧瞧，别人谈论你的话，是不是真的。现在我看到了，你是一位英明的法官。你想要什么，向我要求吧！我要给你奖赏。"

法官说：

"我不需要奖赏：我的皇帝夸奖了我，我已经感到很幸福了。"

生活

[阿富汗]乌尔法特

同是一条溪中的水，可是有的人用金杯盛它，有的人却用泥制的土杯子喝它。那些既无金杯又无土杯的人就只好用手捧水喝了。

水，本来是没有任何差别的。差别就在于盛水的器皿。君王与乞丐的差别就在"器皿"上面。

只有那些最渴的人才最了解水的甜美。从沙漠中走来疲渴交加的时候，水对他们是最宝贵的东西。

当一个牧人从山上下来，口干舌燥的时候，要是能够趴在河边痛饮一顿，那他就是最了解水的甜美的人。

可是，另外一个人，尽管一个人，尽管他坐在绿阴下的靠椅上，身边放着漂亮的水壶，拿着精致的茶杯喝几口，也仍然品不出这水的甜美来。

为什么呢？因为他没有旅行者和牧羊人那样的干渴，没有在烈日当头的中午耕过地，所以他不会觉得那样需要水。

无论什么人，只要他没有尝过饥渴是什么味道，他就永远也享受不到饭与水的甜美，不懂得生活到底是什么滋味。

笑声

[尼加拉瓜]鲁文·达里奥

笑声是生活的点缀。笑容可掬的人一般都是身心健康的人。一个孩子的笑声好比一支歌唱童年的乐曲。天真的欢快像一道清澈的瀑布从嗓子里喷腾而出。

冥思苦索的思想家们不笑，因为他们整天和宇宙万物打交道，埋头在一片宁静之中。强盗和罪犯也不笑，因为在他们那担惊受怕的灰色生活中，充满着凄楚和阴影，内心的恐惧和仇恨像一个黑色的紧箍咒，始终伴随着他们。

骄傲、自负的人可以微笑；纵欲、暴食、偷盗的人也可以微笑；妒忌者却不会微笑，他苍白、病态，往往自食其果。他愁眉紧锁，就像拉丁诗人所描绘的一样，他终究要被别人的幸福大山所压倒。

"我们赞美笑声。"

"我们为笑声祝福，因为她使世界摆脱了黑夜。"

"我们赞美笑声，因为她是晨曦，是太阳的光环，是小鸟的鸣啭。"

"我们为笑声祝福，因为她是上帝的宠儿，可爱的玫瑰色娃娃，是她给人间带来了和平和幸福。"

"我们赞美笑声，因为她总爱逗留在蝴蝶的翅膀上，在洒满露珠的麝香石竹的花萼上，在石榴美丽的红色宝石上。"

"我们为笑声祝福，因为她是救世主，是长矛，是盾牌。"

一朵小花

[俄罗斯]普希金

我看见一朵夹在书里被遗忘的小花，它早已枯萎，失去芳香，顿时我的心底充满了一个奇异的幻想。

它开在哪儿？什么时候？哪一个春天？

这开得很久吗？是谁把它摘下？

是熟人还是生人的手？又为何把它放在书里轻压？

是纪念一次柔情的相逢，

还是为了伤心的离别？

或者只是孤独中漫步随意采摘，

在密林里，在静静的田野？

那个他或她，还活着吗？

此刻何处是他们的家？

或者他们早已谢世，

像这朵无人知晓的小花？

孩子的力量

[俄国]列夫·托尔斯泰

"打死他！……枪毙他！……把这个坏蛋立刻枪毙！……打死他！……割断凶手的喉咙！……打死他，打死他！"人群大声叫嚷，有男人，有女人。

一大群人押着一个被捆绑的人在街上走着。这个人身材高大，腰板挺直，步伐坚定，高高地昂起头。他那漂亮刚毅的脸上现出对周围人群蔑视和憎恨的神色。

这是一个在人民反对政府的战争中站在政府一边的人。他被抓获，现在押去处决。

"有什么办法呢！力量并不总在我们一边。有什么办法呢？现在是他们的天下。死就死吧，看来只能这样了。"他想，耸耸肩膀，对人群不断的叫嚷报以冷冷的一笑。

"他是警察，今天早晨还向我们开过枪！"人群嚷道。

但人群并没有停下来，仍押着他往前走。当他们来到那条还横着昨天在军警的枪口下遇难者尸体的街上时，人群狂怒了。

"不要拖延时间！就在这儿枪毙那无赖，还把他押到哪儿去？"人群嚷道。

被俘的人阴沉着脸，只是把头昂得更高。他憎恨群众似乎超过群众对他的憎恨。

"把所有的人统统打死！打死密探！打死皇帝！打死神父！打死这些坏蛋！打死，立刻打死！"妇女们尖声叫道。

但领头的人决定把他押到广场上去，在那里解决他。

离广场已经不远，在一片肃静中，从人群后面传来一个孩子的哭叫声。

"爸爸！爸爸！"一个六岁的男孩边哭边叫，推开人群往俘虏那边挤去，"爸爸！他们要把你怎么样？等一等，等一等，把我也带去，带去！……"

孩子旁边的人群停止了叫喊，他们仿佛受到强大的冲击，人群分开来，让孩子往父亲那边挤去。

"瞧这孩子多可爱啊！"一个女人说。

"你要找谁呀？"另一个女人向男孩俯下身去，问。

"我要爸爸！放我到爸爸那儿去！"男孩尖声回答。

"你几岁啊，孩子？"

"你们想把爸爸怎么样？"男孩问。

"回家去，孩子，回到妈妈那儿去。"一个男人对孩子说。

俘虏已听见孩子的声音，也听见人家对他说的话。他的脸色越发阴沉了。

"他没有母亲！"他对那个叫孩子去找母亲的人说。

男孩在人群里一直往前挤，挤到父亲身边，爬到他手上去。

人群一直在叫着："打死他！吊死他！枪毙坏蛋！"

"你干吗从家里跑出来？"父亲对孩子说。

"他们要把你怎么样？"孩子问。

"听我的。"父亲说。

"什么？"

"你认识喀秋莎吗？"

"那个邻居阿姨吗？怎么不认识。"

"好吧，你先到她那儿去，待在那里。我……我就来。"

"你不去，我也不去。"男孩说着哭起来。

"你为什么不去？"

"他们会打你的。"

"不会，他们不会的，他们就是这样。"

俘虏放下男孩，走到人群中那个发号施令的人跟前。

"听我说，"他说，"你们要打死我，不论怎样都行，也不论在什么地方，但就是不要当着他的面。"他指指男孩，"你们放开我两分钟，抓住我的一只手，我就对他说，我跟您一起溜达溜达，您是我的朋友，这样他就会走了。到那时……到那时你们要怎么打死我，就怎么打死我。"

领头的人同意了。

然后俘虏又抱起孩子说：

"乖孩子，到喀秋莎阿姨那儿去。"

"你呢？"

"你瞧，我同这位朋友一起溜达溜达，我们再溜达一会儿，你先去，我就来。你去吧，乖孩子。"

男孩盯住父亲，头一会儿转向这边，一会儿转向那边，接着思索起来。

"去吧，好孩子，我就来。"

"你一定来吗？"

男孩听从父亲的话。一个女人把他从人群里带出去。

等孩子看不见了，俘虏说：

"现在我准备好了，你们打死我吧。"

这时候发生了一件完全意想不到和难以理解的事。

在所有这些一时变得残酷、对人充满仇恨的人身上，同一个神灵觉醒了。一个女人说：

"我说，把他放了吧。"

"上帝保佑，"又一个人说，"放了他。"

"放了他，放了他！"人群叫喊起来。

那个骄傲而冷酷的人刚才还在憎恨群众，竟双手蒙住脸放声大哭起来。他是个有罪的人，但从人群里跑出去，却没有人拦他。

第七章　如此欢乐童年

如此欢乐童年

[英国]奥威尔

我重新开始尿床是在我八岁到圣西浦里安学校以后不久。一两个星期过去以后，在我似乎逐渐适应学校生活的常规的时候，我又义无反顾地回到我的四年前才有的老习惯状态中。

在惊魂未定的情形下尿床，我相信，如今会被视作很自然的事，是每个初来乍到的孩子在新环境里的正常反应。但是，在那时候，这几乎被认为是一种蓄意的冒犯和公然的挑战，正确的治疗就是暴打一顿。我心里清楚这的确和蓄意的冒犯扯不上什么关系，我祈祷的虔诚程度是我以前从来没有的。"哦，主啊，请你不要让我尿床！哦，主啊，请你不要让我尿床！"一夜又一夜，但是这一点也没有作用。有几夜不尿床，有几夜又会让你魂飞魄散，你身不由己，没有知觉，只是在早上醒来的时候才会发现床单变得湿淋淋的。

我受到了警告，两三次以后，又以一种奇怪的方式接到了严厉的警告。一天，喝完下午茶出来时，校长的太太坐在一张长桌子的旁边在同另一位太太聊天。我和这位太太是素昧平生，只知她是学校里来的客人。她的样子令人望而生畏。她像个男人一样身穿一套骑马服，或者说权当那是骑马服。我正要溜过去时，校长太太把我叫了回去，不知为什么居然想把我介绍给那位客人。

校长太太的外号叫"狗脸"，我这里叫她这个名字，因为我一用这个词就会想到她，尽管在正式场合我们还是模仿公立学校的学生叫她"夫人"。"狗脸"夫人体格壮实，脸色红润，平坦的额头横卧着两道粗重的眉毛，下面是深陷其中的多疑的眼睛。很多时候她都假装热心，用诸如"加把劲呀，老伙计"式的男人的口气跟大家说笑，甚至可以直呼你的名字以示亲昵，但是她的眼睛从来没有失去过求全责备的神情。即使在你并没有做什么亏心事的时候，看着她你心里也会发虚。

"就是这个小男孩，""狗脸"指着我对那位夫人说，"他每天夜里尿床。""要是你再尿床，你知道会发生什么事吗？"她转过来向我说，"我会让六班的学生打你一顿。"

我自己到"呆瓜"那儿去汇报工作时，"狗脸"夫人已在书房外间的桌边上开始忙活了。我走过的时候，她的探询的眼光笼罩着我。"呆瓜"校长正在书房里等着我。"呆瓜"是他的外号。他是个有着圆圆的肩膀，样子蠢得惊人的人，个儿不高，动作笨手笨脚，胖乎乎的脸像个老得太早的婴儿，常常挂着痴痴的笑容。他早已知道为什么我会自己送上门来，因此他已经准备好了一条骨柄的骑马短鞭。但是作为例行手续，你得用自己的嘴，亲口报告你所犯的过错，然后请求处罚。我说了我该说的话以后，"呆瓜"也作了他该作的煞有介事的训话，然后捏住我的脖子紧紧地按住，开始用短鞭揍我。他一边揍我一边继续训话："你——这——脏——小——子。"这几个词同短鞭一下一下揍下来配合着节奏。也许是第一次，他揍得并不是很痛，我出去时感到好多了，尿床的耻辱被揍抹去了，我甚至感到挨揍而不觉得痛本身就是一种胜利，我居然敢脸上挂起了微笑。有几个小孩子正等在书房外的过道里。

"挨揍了吗？"

"还行，揍得不痛。"我骄傲地说。

"狗脸"把什么都听到了。她尖叫着立刻向我冲过来。

"马上过来！你说什么来着？"

"我说揍得还行。"我结结巴巴地说。

"你怎么敢那么说？你认为该那么说吗？进去，自己作报告！"

这次"呆瓜"可动了真格。他一刻不停地把我揍了很长一段时间——几乎有五分钟之久——结果短鞭骨头做的柄飞了出去，到了屋子那头。

"瞧你逼我做了什么！"他生气地说，断了的短鞭举在他手里。

我被打得魂飞魄散，倒在椅子上，有气无力地抽泣着。这是我童年时代仅有的一次给打得掉眼泪，我所以哭很奇怪根本不是因为痛。第二次鞭打在害怕和羞愧的麻醉下也不是十分痛。我之所以哭一是因为我感到这是他们期望的，一是因为真诚的悔恨，但更是因为一种只有童年才会有的悲伤的体验：一种凄凉的孤独无助的感觉。我被锁在一个充满敌意的世界中，给锁在一个非常邪恶的世界中，并且，这个世界里的规则实际上是别人制定的。

我知道尿床是件坏事情，但我无法控制。对于第一点我并不置疑，第二点则是我亲身意识到的，因此，你完全可能犯了一件你自己也不知道已经犯了的罪过，这罪过你并不想犯，却又难以避免。罪过不一定是你干的，它可能是碰巧发生在你身上的。这个想法是在"呆瓜"鞭打时，突然闪过我的脑海的全新的想法，甚至在离家之前我就意识到了，因为我的早期童年生活并不完全快乐。但这毕竟会成为我童年时的最大教训：我如今是在一个我不可能做个好孩子的世界。这次双重鞭打第一次使我清醒地认识到我待的环境是多么严酷，生活比我所想的可怕得多，我自己也比我所想的坏得多。就在我倚着"呆瓜"的凳子边抽噎，在他向我大声训斥我却连站起来的力气和意识都没有时，我知道了什么是罪过、什么是蠢事、什么是软弱，而这种感觉是我从未体验过的。

点燃蜡烛

[加纳]科菲·安南

原编者按世界各地的儿童或写信给科菲·安南，或给他发电子邮件。他们有一个共同的问题："为了使世界变得更美好，我该做些什么？"在这个全世界同庆的节日，在《世界人权宣言》发表50周年之际，我们要求这位联合国秘书长给世界的儿童写一封信，回答上述问题。

在我的孩提时代，看见一架飞机在天上飞来飞去是件非常稀罕的事情，接到几英里之外的一个电话亦是如此。我们没有电视，计算机更是听都没听说过。这仅仅是50年以前。

你们长大成人的这个世界却完全不同。只要轻点鼠标，来自不同大洲的人们就可以交谈。发送电子邮件只是几秒钟的事情，不管你是居住在美国、日本、非洲还是南美。

这是一件了不起的事情。一个重要的事实是：世界只有一个，这是我们的世界。在这个世界上，我们都是通过互相学习才走向成熟的。

直到 21 岁我才发现这一点。当时我来到美国，到圣保罗的麦卡莱斯特学院学习。我来自一个热带国家，所以发现在明尼苏达州的冬季穿上厚重的衣服是多么的臃肿和不便。尽管我接受了这一点，但当我感到寒冷时我还是下决心不戴耳套，我认为它们丑陋不堪。然后，某一天我出去吃饭，耳朵几乎冻掉了。告诉你们，我赶紧买了副大得不能再大的耳套。

从这次经历中我得知，不要假装比当地人知道得还多。要多听多看。计算机和调制解调器有助于世界各地的人进行交流。我们也许拥有不同的宗教、不同的语言和不同的肤色，但我们同属于人类。我们拥有同样的基本价值观念。

设想一下，如果你看到一辆高速行驶的汽车向一名年龄比你小的儿童冲过来，你怎么办？你不会停下来想一想，你会毫不犹豫地冲上去救那个孩子——尽管这意味着让你自己身处险境。你会成为英雄。这是人类的本能。这就是为什么我们说那些为人正派、乐于助人的人富有人情味，而称那些对别人做下坏事的人没有人情味的原因。我们知道，人类本性有恶的一面，但我们还知道人类可以超越这一点。我们愿意认为好的一面才是人类真正的一面，这就是为什么我们谈论"人权"的原因。而"人权"是我们中的每个人都有权从同在一片蓝天下的人们那里得到的东西。

五十多年前，有一位女士名叫埃莉诺·罗斯福，就是她帮助我们理解了这一点。她的丈夫富兰克林·罗斯福是美国总统。

在第二次世界大战期间，正是他领导盟国进行自卫，抵御来犯的邪恶的人。这些恶人使成千上万的人沦为奴隶、命丧黄泉，并且一心想支配他人。

罗斯福总统希望这段历史永远不要重演，于是他帮助成立了一个组织。在这个组织里，各国可以聚到一起，化干戈为玉帛，和平解决他们的问题。这个组织就是联合国。我如今的工作就是确保联合国继续执行这个至关重要的任务。

令人悲哀的是，富兰克林·罗斯福事业未竟便撒手人寰。但埃莉诺希望把这项工作继续下去。她认识到只把各国领导人聚集在一起是不够的，确保普通人受到各自政府的正确对待也是十分重要的。

于是，埃利诺与来自许多国家的人起草了一份重要文件——《世界人权宣言》。它的主旨是人类应该自由地按自己的方式生活，只要不损害他人的利益。

你们也许会问我："这行得通吗？人人都会按照《宣言》的规定来为人处世吗？"我老实告诉你们："不会。"目前对这个世界上的许多人来说，所处的环境各不相同。某些人生活优裕，衣食无忧，而他们的邻居却食不果腹。许多社区生活在和平之中，而生活在附近社区中的许多人却被战争夺去了生命。某些儿童之间尽管远隔重洋，但可以通过电子邮件进行交流，而有些孩子由于无法上学而目不识丁。

而且，我不得不遗憾地说，孩子们仍在憎恨或者害怕在他们邻居的教育中长大，仅仅是因为邻居们说不同的语言，或者去不同的教堂。

也许会有人说："世界情况几乎没有发生什么变化，那么拥有这样一份宣言还有什么意义呢？"因为只有当足够多的人决心为改变局势尽一份力时，情况才会变得更好。

让我告诉你们一个例子：地雷。

地雷是十分可怕的武器。它们埋藏在地下，人一旦踩到上面，就会被炸得血肉横飞。战争结束了，地雷却留了下来。几年后，仍有无辜的人们深受其害——或丢掉性命，或肢体残缺。受害的常常是孩子们。当他们在田间地头戏耍，或者在小巷曲径上奔跑嬉闹时，不幸就会踩上地雷。

许多人希望阻止这种事情发生，于是他们在互联网上互相联络，发起了国际禁止地雷运动。他们组织开会，发送成千上万封信件和邮件。结果，去年许多国家签署了一项条约，承诺不再制造或者销售地雷。

我担心我们仍要花很长的时间才会使地雷完完全全从这个世界上消

失。但这项条约表明，只要普通人为了一个共同的目的聚集一堂，局面就可以改观。这使我回到这样一个令人鼓舞的问题上："为了使世界变得更美好，我能做些什么？"

对所有的孩子们，我的回答是：看看你的周围。去了解那些与你的生活方式迥异的人，发现你与他们的共同点。当你发现某些事情不对头时，不管问题有多大，都要想一想："能不能改变一点？我们如何才能携手合作？"由于计算机技术，你们如今可以在世界各地找到志同道合的人。

许多年前，人们在提到埃莉诺时说："她会点燃一根蜡烛，而不是诅咒黑暗。"我希望有朝一日，这种说法也适用到你们身上。

大地上的事情（节选）

韦岸

一

我观察过蚂蚁营巢的三种方式。小型蚁筑巢，将湿润的土粒吐在巢口，垒成酒盅状、灶台状、坟冢状、城堡状或疏松的蜂房状，高耸在地面；中型蚁的巢口，土粒散得均匀美观，围成喇叭口或泉心的形状，仿佛大地开放的一只黑色花朵；大型蚁筑巢像北方人的举止，随便、粗略、不拘细节，它们将颗粒远远地衔到什么地方，任意一丢，就像大步奔走撒种的农夫。

二

下雪时，我总想到夏天，因成熟而褪色的榆荚被风从树梢吹散。雪纷纷扬扬，给人间带来某种和谐感，这和谐感正来自于纷纭之中。雪也许是更大的一棵树上的果实，被一场世界之外的大风刮落。它们漂泊到大地各处，它们携带的纯洁，不久即繁衍成春天动人的花朵。

三

写《自然与人生》的日本作家德富芦花，观察过落日。他记录太阳由衔山到全然沉入地表，需要三分钟。我观察过一次日出，日出比日落缓慢。观看日落，大有守待圣哲临终之感；观看日出，则像等待伟大英雄辉煌的诞生。仿佛有什么阻力，太阳艰难地向上跃动，伸缩着挺进。太阳从露出一丝红线，到伸缩着跳上地表，用了约五分钟。

世界上的事物在速度上，衰落胜于崛起。

四

这是一具熊蜂的尸体，它是自然死亡，还是因疾病或敌害而死，不得而知。它偃卧在那里，翅零乱地散开，肢蜷曲在一起。它的尸身僵硬，很轻，最小的风能将它推动。我见过胡蜂巢、土蜂巢、蜜蜂巢和别的蜂巢，但从没有见过熊蜂巢。熊蜂是穴居者，它们将巢筑在房屋的立柱、檩木、横梁、椽子或枯死的树干上。熊蜂从不集群活动，它们个个都是英雄，单枪匹马到处闯荡。熊蜂是昆虫世界当然的王，它们身着的黑黄斑纹，是大地上最怵目的图案，高贵而恐怖。老人们告诉过孩子，它们能蜇死牛马。

五

麻雀在地面的时间比在树上的时间多。它们只是在吃足食物后，才飞到树上。它们将短硬的喙像北方农妇在缸沿砺刀那样，在枝上反复擦拭。麻雀蹲在枝上啼鸣，如孩子骑在父亲的肩上高声喊叫，这声音蕴含着依赖、信任、幸福和安全感。麻雀在树上就和孩子们在地上一样，它们的蹦跳就是孩子们的奔跑。而树木伸展的愿望，是给鸟儿送来一个个广场。

六

穿越田野的时候。我看到一只鹞子。它静静地盘旋，长久浮在空中。它好像看到了什么，径直俯冲下来，但还未触及地面又迅疾飞起。我想象它看到一只野兔，因人类的扩张在平原上已近绝迹的野兔，梭罗在《瓦尔登湖》中预言过的野兔："要是没有兔子和鹧鸪，一个田野还成什么田野呢？它们是最简单的土生土长的动物，与大自然同色彩、同性质，和树叶、和土地是最亲密的联盟。看到兔子和鹧鸪跑掉的时候，你不觉得它们是禽兽，它们是大自然的一部分，仿佛飒飒的木叶一样。不管发生怎么样的革命，兔子和鹧鸪一定可以永存，像土生土长的人一样。不能维持一只兔子的生活的田野一定是贫瘠无比的。"

看到一只在田野上空徒劳盘旋的鹞子，我想起田野往昔的繁荣。

七

在我的住所前面，有一块空地，它的形状像一只盘子，被四周的楼群围起。它盛过田园般安详的雪，盛过赤道般热烈的雨，但它盛不住孩子们的欢乐。孩子们把欢乐撒在里面，仿佛一颗颗珍珠滚到我的窗前。我注视着男孩和女孩在一起做游戏，这游戏是每个从他们身边匆匆走过的大人都做过的。大人告别了童年，就将游戏像玩具一样丢在了一边。但游戏在孩子们手里，依然一代代传递。

九

黎明，我常常被麻雀的叫声唤醒。日子久了，我发现它们总在日出前二十分钟开始啼叫。冬天日出较晚，它们叫得也晚；夏天日出早，它们叫得也早。麻雀在日出前和日出后的叫声不同，日出前它们发出"鸟、鸟、鸟"的声音，日出后便改成"喳、喳、喳"的声音。我不知它们的叫法和太阳有什么关系。

十一

麦子是土地上最优美、最典雅、最令人动情的庄稼。麦田整整齐齐摆在辽阔的大地上，仿佛一块块耀眼的黄金。麦田是五月最宝贵的财富，大地蓄积的精华。风吹麦田，麦田摇荡，麦浪把幸福送到外面的村庄。到了六月，农民抢在雷雨之前，把麦田搬走。

十二

在我窗外阳台的横栏上，落了两只麻雀。那里是一个阳光的海湾，温暖、平静、安全。这是两只老雀，世界知道它们为它哺育了多少雏鸟。两只麻雀蹲在辉煌的阳光里，一副丰衣足食的样子。它们眯着眼睛，脑袋转来转去，毫无顾忌。它们时而啼叫几声，声音朴实而亲切。它们的体态肥硕，羽毛蓬松，头缩进厚厚的脖颈儿里，就像冬天穿着羊皮袄的马车夫。

十五

我时常忆起一个情景，它发生在午后时分。如大兵压境，滚滚而来的黑云，很快占据了整面天空。随后，闪电迸绽，雷霆轰鸣，分币大的雨点砸在地上，烟雾四起。骤雨像是一个丧失理性的对人间复仇的巨人。就在这万物偃息的时刻，我看到一只衔虫的麻雀从远处飞回，雷雨没能拦住它，它的窝在雨幕后面的屋檐下。在它从空中降落飞进檐间的一瞬，它的姿势和蜂鸟在花丛前一样美丽。

十六

五月，在尚未插秧的稻田里，闪动着许多小鸟。我叫不出它们的名字，它们神态机灵，体型比麻雀娇小。它们走动的样子，非常庄重。麻雀行走用双足蹦跳，它们行走是像公鸡那样迈步。它们的样子，和孩童做出大人的举止一样好笑。它们飞得很低，从不落到树上。它们是田亩的精灵。它们停在田里，如果不走动，便简直认不出它们。

十七

秋收后，田野如新婚的房间，已被农民拾掇得干干净净。一切要发生的，一切已经到来的，它都将容纳。在人类的身旁，落叶正悲壮地诀别它们的母亲。看着它们决绝的样子，我忽然想，树木养育了它们，仿佛就是为了此时重现大地上的勇士形象。

十八

在冬天空旷的原野上，我听到过啄木鸟敲击树干的声音。它的速度很快，仿佛弓的颤响，我无法数清它的频率。冬天鸟少，鸟的叫声也被藏起。听到这声音，我感到很幸福。我忽然觉得，这声音不是来自啄木鸟，也不是来自光秃的树木，它来自一种尚未命名的鸟，这只鸟，是这声音创造的。

十九

1988 年 1 月 16 日，我看到了日出。我所以记下这次日出，因为有
生以来我从没有见过这样大的太阳。好像发生了什么奇迹，它使我惊得
目瞪口呆，久久激动不已。哥伦比亚作家加西亚·马尔克斯在《百年孤
独》中这样描述马贡多连续下了四年之久的雨后日出："一轮憨厚、鲜
红、像破砖碎末般粗糙的红日照亮了世界，这阳光几乎像流水一样清
新。"我所注视的这次日出，我不想用更多的话来形容它，红日的硕大，
让我首先想到乡村院落的磨盘。如果你看到了这次日出，你会相信。

二十二

立春一到，便有冬天消逝、春天降临的迹象和感觉。此时整整过了
一冬的北风，到达天涯后已经返回，它们告诉站在大路旁观看的我：春
天已被它们领来。看着旷野，我有一种庄稼满地的幻觉。天空已经变蓝，
踩在松动的土地上，我感到肢体在伸张，血液在涌动。我想大声喊叫或
疾速奔跑，想拿起锄头拼命劳动一场。我常常产生这个愿望：一周中，
在土地上至少劳动一天。爱默生认为，每一个人都应当与这世界上的劳
作保持着基本关系。劳动是上帝的教育，它使我们自己与泥土和大自然
发生基本的联系。

但是，在这个世界上，有一部分人，一生从未踏上土地。

二十五

麻雀和喜鹊，是北方常见的留鸟。它们的存在，使北方的冬天格外
生动。民间有"家雀跟着夜猫子飞"的说法，它的直接意思，指小鸟盲
目追随大鸟的现象。我留意过麻雀尾随喜鹊的情形，并由此发现了鸟类
的两种飞翔方式。它们具有代表性。喜鹊飞翔，姿态镇定、从容，两翼
像树木摇动的叶子，体现着在某种基础上的自信。麻雀敏感、慌忙，它
们的飞法类似蛙泳，身体总是朝前一耸一耸的，并随时可能转向。

这便是小鸟和大鸟的区别。

二十六

一次，我穿越田野。一群农妇，蹲在田里薅苗。在我凝神等待远处布谷鸟再次啼叫时，我听到了两个农妇的简短对话：

农妇甲："几点了？"

农妇乙："该走了，十二点多了。"

农妇甲："十二点了，孩子都放学了，还没做饭呢。"

无意听到的两句很普通的对话，竟震撼了我。认识词意，比如"母爱"或"使命"，但要完全懂得它们的意义难。原因在于我们不常遇到隐在这些词后面的，能充分体现这些词含义的事物本身；在于我们正日渐远离原初意义上的"生活"。我想起曾在美术馆看过的美国女画家爱迪娜·米博尔画展，前言有画家这样一段话，我极赞同："美的最主要表现之一是，肩负着重任的人们的高尚与责任感。我发现这一特点特别地表现在世界各地生活在田园乡村的人们中间。"

二十八

进入冬天，便怀念雪。一个冬天，迎来了几场大雪，本是平平常常的事情，如今已成为一种奢求（谁剥夺了我们这个天定的权利？）。冬天没有雪，就像土地上没有庄稼，森林里没有鸟儿。雪意外地下起来时，人间一片喜悦。雪赋予大地神性；雪驱散了那些平日隐匿于人们体内，禁锢与吞噬着人们灵性的东西。我看到大人带着孩子在旷地上堆雪人，在我看不到的地方，一定同样进行着许多欢乐的与雪有关的事情。

可以没有风，没有雨，但不可以没有雪。在人类美好愿望中发生的事情，都是围绕雪进行的。

二十九

一只山路上的蚂蚁，衔着一具比它大数倍的蚜虫尸体，正欢快地朝家走去。它似乎未费太多的力气，从不放下猎物休息。在我粗暴地半路打劫时，它并不惊慌逃走。它四下寻着它的猎物，两只触角不懈地探测。它放过了土块，放过了石子和瓦砾，当它触及那只蚜虫时，便再次衔起。仿佛什么事情也未发生，它继续去完成自己庄重的使命。

三十八

秋天，大地上到处都是果实，它们露出善良的面孔，等待着来自任何一方的采取。每到这个季节，我便难于平静，我不能不为在这世上永不绝迹的崇高所感动，我应当走到土地里面去看看，我应该和所有的人一道去得到陶冶和启迪。

太阳的光芒普照原野，依然热烈。大地明亮，它敞着门，为一切健康的生命。此刻，万物的声音都在大地上汇聚，它们要讲述一生的事情，它们要抢在冬天到来之前，把心内深藏已久的歌全部唱完。

第一场秋风已经刮过去了，所有结满籽粒和果实的植物都把丰足的头垂向大地，这是任何成熟者必致的谦逊之态，也是对孕育了自己的母亲一种无语的敬祝和感激。手脚粗大的农民再次忙碌起来，他们清理了谷仓和庭院，他们拿着家什一次次走向田里，就像是去为一头远途而归的牲口卸下背上的重负。

看着生动的大地，我觉得它本身也是一个真理。它叫任何劳动都不落空，它让所有的劳动者都能看到成果，它用纯正的农民暗示我们：土地最宜养育勤劳、厚道、朴实、所求有度的人。

四十

我的祖父、祖母，两个年逾八十的老人。一次在我回乡下去看望他们时，他们向我讲了这样一件事：

一天深夜，他们突然被响动的院门惊醒。借着微弱的月光，他们看到进来一个人，推着自行车。这个人来到屋前，拍着屋门，含混地叫着："大爷您开开门！大爷您开开门！"他的叫声不断，声音可怜。听着这陌生而又哀求的叫声，起来的祖父给他打开了门。这是一个壮年汉子，喝了酒，自称走错了门，说了几句什么，不久便退出去了。

有着一生乡村经验与阅历的祖父、祖母，依然保持着人的最初的心和他们对人的基本信任。

四十二

在生命世界，一般来讲，智慧、计谋、骗术大多出自弱者。它们或出于防卫，或出于猎取。

假死是许多逃避无望的昆虫及其他一些弱小动物，灾难当头拯救自己的唯一办法。地巢鸟至少都要具备两种自卫本领：一是能使自身及卵的颜色随季节变化而改变；二是会巧设骗局引开走近己巢的强敌。蜘蛛网本身就是陷阱，更有一种绝顶聪明的蜘蛛，会分泌带雌蛾气味的小球，它先把小球吊在一根丝上，然后转动，引诱雄蛾上钩。在追捕上低能的蛇，长于无声地偷袭；澳大利亚还有一种眼镜蛇，能以尾尖伪装小虫，欺骗蛙鼠。强者是不屑于此的。非洲的猎豹出猎时，从不使用伏击。动物学家说，鲨鱼一亿年来始终保持着它们原初的体型。没有对手的强大，使它抵制了进化。

看历史与现实，人类的状况，大体也是这样。

五十六

在旷野，我完整地观察过星星的出现。下面，是我多次观察的简略记录：

太阳降落后，约十五分钟，在西南天空隐隐闪现第一颗星星（即特立独行的金星）。三十二分钟时，出现了第二颗，这颗星大体在头顶。接着，三十五分钟时，第三颗；四十四分钟，第四颗；四十六分钟，第五颗。之后，它们仿佛一齐涌现，已无法计数。五十分钟时，隐约可见满天星斗。而一个小时后，便能辨认星座了。整体上，东、南方向的星星出现略早；西、北方向的星星出现略晚。（注：1995 年 8 月 18 日记录，翌日做了复察修正）

从太阳降落到满天星斗，也是晚霞由绚烂到褪尽的细微变化过程。这是一个令人感叹的过程，它很像一个人，在世事里由浪漫、热情，到务实、冷漠的一生。

六十一

它们在鸣叫时，发出的是"呱、呱、叽"的声音。这种声音，常常使我想到民间的一种曲艺艺人。每到夏初的时候，当苇丛长起，它们便带着它们的竹板儿从南方迁至这里。它们只栖居在苇塘，它们的造型精巧的杯状巢就筑在距水面一两米的苇茎上。它们的数量必然有限，且很易滑向濒临绝灭的边缘：平原上的苇塘在逐年减少；它们的巢历来也是杜鹃产卵首选的目标。它们不能分辨哪是自己的卵，哪是杜鹃的卵。它们也不会料到它们所哺育的杜鹃的雏鸟，要将它们自己的雏鸟从巢内全部拱掉。它们每天毫无疑虑不停地往返，填充着巢中这个体型已经比它们还大的无底深渊。它们有一个很美的名字，叫作苇莺。它们的命运，比莎士比亚的悲剧更能刺痛人心。

门

[美国]莫利

开门和关门是人生中含意最深的动作。在一扇扇门内，隐藏着何等样的奥秘！

没有人知道，当他打开一扇门时，有什么在等待着他，即使那是最熟悉的屋子。时钟滴答响着，天已傍晚，炉火正旺，也可能隐藏着令人惊讶的事情。修管子的工人也许已经来过（就在你外出之时），把漏水的龙头修好了。也许是女厨的忧郁症突然发作，向你要求得到保障。聪明的人总是怀着谦逊和容忍的精神来打开他的前门。

我们之中，有谁不曾坐在某一个接待室里，注视着一扇门的谜一般意味深长的镶板？或许你在等待申请一份工作，或许你有一些你渴望做成的"交易"。你望着那机要速记员轻快地走出走进，漠然地转动着那与你的命运休戚相关的门。然后那年轻的女郎说："克兰伯利先生现在要见你。"当你抓住门的把手，你就会闪过这样的念头："当我再一次打开这扇门时，会发生什么事情呢？"

有各种各样的门。有旅馆、商店和公共建筑的转门。它们是活泼喧闹的现代生活方式的象征。难道你能想象密尔顿或潘恩急匆匆地穿过一扇转门吗？还有古怪的吱吱作响的小门，它们依然在变相的酒吧间外面晃动，只有从肩膀到膝盖那样高低。更有活板门、滑门、双层门、后台门、监狱门、玻璃门。然而一扇门的象征和奥秘存在于它那隐秘的性质。玻璃门根本不是门，而是一扇窗户。门的意义就是把隐藏在它内部的事物加以掩盖，给心儿造成悬念。

开门的方式也是多种多样的,当侍者端给你晚餐的托盘,他欢快地用肘推开厨房的门。当你面对倒霉的书商或者小贩时,你把门打开了,但又带着猜疑和犹豫退回了门内。彬彬有礼、小心翼翼的仆役向后退着,敞开了属于大人物的壁垒般的橡木门。富于同情心然而深深沉默的牙医的女助手,打开通往手术室的门,不说一句话,只是暗示你医生已为你做好了准备。一大清早,一扇门猛然打开,护士走了进来——"是个男孩!"

门是隐秘、回避的象征,是心灵躲进极乐的静谧或悲伤的秘密搏斗的象征。没有门的屋子不是屋子,而是走廊。无论一个人在哪儿,只要他在一扇关着的门的后面,他就能使自己不受拘束。在关着的门内,头脑的工作最为有效。人不是在一起牧放的马群。狗也知道门的意义和痛楚。你可曾注意过一只小狗依恋在一扇关闭的门边?这是人生的一个象征。

开门是一个神秘的动作:它包容着某种未知的情趣,某种进入新的时刻的感知和人类烦琐仪式的一种新的形式。它包含着人间至乐的最高闪现:重聚,和解,久别的恋人们的极大喜悦。即使在悲伤之际,一扇门的开启也许会带来安慰:它改变并重新分配人类的力量。然而,门的关闭要可怕得多,它是最终判决的表白。每一扇门的关闭就意味着一个结束。在门的关闭中有着不同程度的悲伤。一扇猛然关上的门是一种软弱的自白。一扇轻轻关上的门常常是生活中最具有悲剧性的动作。每一个人都知道把门关上之后接踵而来的揪心之痛,尤其是当所爱的人仍在左右,音声可闻,而人已远去之时。

开门和关门是生命之严峻流动的一部分。生命不会静止不动并听任我们孤寂无为。我们总是不断地怀着希望开门,又绝望地把门关上。生命并不像一斗烟丝那样持续很久,而命运却把我们像烟灰一样敲落。

一扇门的关闭是无可挽回的。它像突然扯断了系在你心上的绳索。重新打开它,是徒劳的。至于另一扇门是不存在的。门一关上,就永远关上了。通往消逝了的时间脉搏的另一个入口是不存在的。

我给傻瓜让路

歌德在魏玛公园散步。不巧,在一条狭窄仅容一人通过的小径上,碰见了一个曾把他的所有作品都贬得一钱不值的批评家。两人面对面站着，那批评家傲慢地说：

"对一个傻瓜我绝不让路！"

歌德微笑着站到一边：

"我恰好相反！"

我心里的这块石头落地了

海涅收到朋友一封很重的欠邮资的信。拆开一看，是一大捆包装纸，里面附有一张小纸条："我很好，你放心吧！你的 N。"

朋友后来也收到海涅寄去的很重的欠邮资的包裹，领取这个包裹时，他付出了一大笔现金。包裹里面却只有一块石头，也附有这样一张纸条：

"当我知道你很好时，我心里的这块石头也就落地了。"

我正在孵小鸡呢

爱迪生还是小孩子的时候，有一次，他看见母鸡孵出了小鸡。第二天爱迪生跑了出去，半夜都没有回来。家里人到处寻找，结果在鸡棚里发现了他。

"你蹲在这里干什么？"

爱迪生回答说：

"嘘！别作声，我正在孵小鸡呢。"

响雷过后必有大雨

苏格拉底的妻子有一次发脾气可真凶，大吵大闹，很长时间还不肯善罢甘休，苏格拉底照样是惹不起，躲得起。刚走出家门，怒气难平的夫人从楼上倒下一盆水，把他浇成个落汤鸡。

苏格拉底打了个寒战，不慌不忙地说：

"我早就知道了，响雷过后必有大雨，果然不出所料。"

还是请第一卓别林讲话吧

某公司举办了一次比赛，看看谁模仿得最像卓别林，请一些研究卓别林的专家担任裁判。

卓别林听到这个消息，也来参加比赛。评判的结果，卓别林屈居第二名。

发奖那天，比赛举办者邀请真卓别林前去讲话，卓别林回信说：

"还是请第一卓别林讲话吧。"

这是第二道题了

林肯在学校读书时，有一次考试，老师问他愿意考一道难题呢，还是两道容易的题目。

"考一道难题吧。"

"好吧，那么你回答，蛋是怎么来的？"老师说。

"鸡生的呗。"

"鸡又是哪里来的呢？"

林肯说：

"老师，这是第二道题了。"

我把你的肮脏话还给你吧

有一次，有个男子用肮脏话谩骂释迦牟尼，打断了他的讲道。释迦牟尼等他骂完后问他："如果一个人送礼物给另一个人，被送礼人拒绝收下这份礼物，那么礼物该归谁呢？"

"当然应该归送礼的人了。"那男子摸不着头脑地回答。

"好吧，"释迦牟尼说，

"我拒绝接受你的肮脏话，现在把它们归还给你吧。"

画蘑菇

有一次，大仲马到德国一家餐馆吃饭，他想尝一尝有名的德国蘑菇。可是服务员听不懂他的法语。他灵机一动，就在纸上画了一只蘑菇，送给那位服务员。

服务员点了点头，转身而去。

大仲马捋须微笑，自得其乐。他想："我的画虽然不如我的文字传神，但总算能够令人看懂。"

一刻钟后，那位服务员手里拿着一把雨伞气喘吁吁地跑来："先生，您拿去用好了。"

"吃过了还想吃！"

有一次，巴尔扎克约一位好友会晤。那位朋友来后，见他正在写作，便在椅子上坐下来。一会儿，佣人给巴尔扎克送来午餐。那位朋友当是给自己准备的，便悄悄地把它吃了。又坐了一会儿，看见巴尔扎克还在专心致意地写作，不忍惊扰他，便悄悄地走了。

过了好一会儿，巴尔扎克觉得有些腹饥，便停了笔，准备吃午餐。可是当他转身看见旁边小桌上空空的餐具，只当是自己吃过，就自言自语地说："你这饭桶，吃过了还想吃！"接着又伏案写作起来。

毕加索幽默故事三则

一

毕加索在法国南部海滨游玩，一个小男孩拿着一张纸朝他跑了过来，要求画家亲笔给他画一幅画儿。

毕加索想了一会儿，便把纸撕了，拿出几支彩笔，在孩子的胸口上和背上画了一些图案，并签上了自己的名字。

过后，这位大画家对他的朋友说：

"这个孩子的父亲，大概再也不会让他洗澡了。"

二

毕加索出名以后，仿照他的画的人与日增多，一时弄得真假难辨。

一天，一个专门贩卖艺术品的商人见到了毕加索的壁画《和谐》，他对画面所表现的十分不解。为了充分了解毕加索的绘画风格，谨防上当，他专程带了另一幅签有毕加索名字的画来求教于毕加索。

商人开门见山地问毕加索："为什么在您的壁画《和谐》中，鱼在鸟笼里，鸟反而在鱼缸里呢？"

毕加索不假思索地答道："在和谐中一切都是可能的。"

这时，商人取出那幅画，想证实一下这幅是不是毕加索的真迹。毕加索向那幅画瞥了一眼，轻蔑地说道："冒牌货！"

通过这次会面，商人似乎领悟了毕加索绘画的奥秘。事隔不久，商人又兴冲冲地拿了一幅毕加索的画来找毕加索，问他这幅画是真是假。毕加索看也没看便答道："冒牌货！"

"可是，先生，"商人急了，喊叫道，"这幅画可是您不久前亲笔画的，当时我在场！"

毕加索微笑着耸耸肩膀，说："我自己有时也画冒牌货。"

三

毕加索是世界闻名的大画家，他画的和平鸽尤其脍炙人口。

毕加索画笔下的和平鸽是这样诞生的：

在德国法西斯占领法国巴黎期间，一天黎明，一个孩子爬到屋顶上，挥动一条红布招引家鸽归来。显眼的红布条被德寇发现了，他们拿着枪赶到楼上，从天窗口抓下孩子，把他扔下楼去，摔死在街心，还用刺刀挑死了笼子里的全部鸽子。

一位老人含着眼泪把一只鲜血淋漓的死鸽子放在毕加索面前，恳切地请求画家为死难的小孩画一幅画，于是他画下了一只展翅劲飞的鸽子。

自警

在英国著名作家狄更斯的写字台旁，挂着一块写着"切莫飘飘然！要想着穷人"的小木板。

一次，狄更斯去郊外钓鱼，恰巧一个衣衫褴褛的老渔夫也在旁垂钓。两人交流着钓鱼术，分手时，老渔夫突然问道："先生，您是谁呀？"狄更斯得意扬扬地说："您一定知道大名鼎鼎的名字——狄更斯！"岂料老渔夫却回答说："可我怎么没听说过您呢？"狄更斯听了这话，犹如一盆冷水淋到头上，清醒过来，他握着老渔夫的手说："谢谢您！您使我明白了一个道理。"他匆匆赶回家，找来一块木板，写上了前面那两句话。

从那以后，狄更斯总是在自己作品里努力为穷人说话。

外套

左拉年轻时穷困不堪，尤其到了寒冬季节，更是度日如年，生活难熬。有一年圣诞节前，巴黎街上尽是华装丽服的男男女女，可左拉照例坐在卢森堡公园的长椅上构思小说。这时，走过来一个冷得发抖的少女，她语不成声地对左拉说："先生，我一分钱也没有，已经 24 个小时没吃的了。"左拉缩着头颈回答道："我也一样啊！"但他说完后，又马上把自己仅有的一件外套从身上脱下来给了姑娘，并对她诚挚地说："拿去吧，也许可以换顿饭吃。"然后，他只好穿着一件衬衫在刺骨的寒风中跑回自己的阁楼。正因为左拉有这样崇高的品德和生活经历，才使他能真实地描绘出巴黎下层社会的生活画面，成为法国文学史上批判现实主义的伟大作家。

流行感冒也算是高尚的吗

有一次，赫尔岑应邀去欣赏沙龙音乐会。可是刚开始不久，他便打起瞌睡来。一个朋友感到不可思议，问道：

"先生，你不爱听音乐吗？"

"爱听啊，可这种低级、轻佻的东西我不感兴趣。"赫尔岑耸着肩，指着台上说。

"什么？这可是目前最流行的音乐啊！"那个朋友叫了起来。

"流行的就一定高尚吗？"

"不高尚的东西怎能流行？"朋友不服地问。

赫尔岑笑着说道：

"那可不一定，请问流行感冒也算是高尚的吗？"

最好还是放回去吧

在一次招待高官显贵们的宴会上，气氛热烈，笑语喧哗。进行到一半的时候，礼宾司的一名官员走到丘吉尔身旁，对他耳语说，他看见某先生把一只银制的盐缸塞进了自己的口袋。听了这话，丘吉尔当众将一只银制的胡椒粉缸塞进了口袋，好像无人看见一样。

宴会结束时，丘吉尔悄悄走到那位拿了盐缸的先生旁边，轻声对他说："亲爱的，我们都被别人看见了。哎，最好还是放回去吧，你说呢？"

第八章　爱是世上最伟大的

告别

我的老师

十八日 星期二

今天上午，我开始喜欢我的新老师了。我进教室时他已坐在他的座位上，时不时有他去年的学生在经过教室门口时探头与他打招呼："您好，老师！""您好，佩尔波尼先生！"，有的进来与他握手，然后又跑开了。看得出那些学生都很爱戴他，都想再回到他身边。他也回答学生："你好！"，说着握握伸上来的手，但眼睛并不瞧人。他对每一声问候始终都很严肃，额上的皱纹直直的，脸朝向窗外，看着对面房子的屋顶，似乎学生的问候并不让他感到高兴，相反是一种折磨似的。然后，他转过头一个个很认真地瞧着我们。做听写时，他从讲台上下来，在课桌间踱着步。当看见一个孩子满脸的小红痘时他打住了话头，双手捧起孩子的脸看，问他是怎么回事，还用手摸摸他的额头看看是否发烧。这时，他身后一个男孩从座位上站起来，模仿木偶动作。他猛地转过身去，那孩子急忙坐下，一动不动地垂着脑袋，等着挨罚。老师用手抚摸着他的脑袋，说了一句"以后别再这样了"，便不再说什么，走回桌边。做完听写，他静静地看了我们一会儿，然后用他粗粗的但很亲切的嗓音慢悠悠地说："听着，孩子们，我们要在一起度过一年时光，我们要好好地度过这一年。你们要好好学习，听话才行。我没有家，你们就是我的家。去年我母亲还活着，可现在她已去世了。如今我孤身一人，除了你们我什么都没有，你们是我唯一的爱，唯一的牵挂。我把你们当作我自己的孩子。我爱你们，也需要你们爱我。我不愿意惩罚任何人。你们应该向我证明你们是真诚善良的孩子。我们的学校是个大家庭，你们是我的安慰和骄傲。我不要求你们给我口头保证，相信你们都已经在内心向我做出了保证。谢谢你们。"这时，校工进来宣布下课，我们都默默地起身走出教室。刚才那个站起来的孩子走近老师，声音发抖地说："老师，请原谅我。"老师吻了一下他的额头，说："去吧，我的孩子！"

十日星期一

下午1点，我们大家最后一次来到学校，听考试成绩，拿升级册。街上到处是学生家长，学校的大厅里也挤满了人，许多人进到教室里，甚至挤到老师的讲台前边。在我们教室前面，墙与第一排课桌之间全都是人。有卡罗内的父亲、德罗西的母亲、铁匠普雷科西、柯莱蒂先生、奈利夫人、卖菜妇人、"小泥瓦匠"的父亲、斯塔尔迪的父亲，还有其他许多我从未见过的人。到处是低低的说话声，熙熙攘攘的景象好似在广场上。

老师走进教室，大家肃静下来。老师手里拿着名单，马上开始宣读起来："阿巴杜齐，升级，60分；阿尔琴蒂，升级，55分。""小泥瓦匠"升级了，克罗西也升级了。然后，老师又高声读道："埃尔内斯托·德罗西升级，70分满分，并获得一等奖。"所有在场的家长都认识德罗西，纷纷说："好样儿的，好样的！德罗西！"而德罗西甩了一下金色的鬈发，脸上露出从容、迷人的微笑，看着他的母亲，他的母亲正朝他招手致意。

卡罗菲、卡罗内和卡拉布里亚男孩也都升级了。有三四个同学要补考，其中一个躲了起来，因为他父亲在门口向他做了个威胁他的手势。老师马上对那位父亲说："对不起，先生，别这样。这并不见得是他的错，许多时候只是运气不好，比方说这次。"

接着，老师又读起来："奈利，升级，62分。"听到这个，奈利的母亲用扇子做了个飞吻给儿子。斯塔尔迪也升级了，他得了67分，但他听到那个好成绩后却没有笑，两只拳头仍旧撑着太阳穴。最后轮到沃蒂尼，他打扮得漂漂亮亮，头发梳得整整齐齐的来听结果，他也升级了。

读完，老师站起来，说："同学们，今天是我们最后一次聚在一起。我们在一起度过了一年时光。现在，我们要像好朋友似的分手了，对吗？我很遗憾离开你们，我亲爱的孩子们。"他顿了一下，又说道，"如果我有失去耐心的时候，如果我有并不情愿但处事不公正，过于严厉的地方，请你们原谅。""没有，没有。"许多学生和家长齐声叫起来，说："不，老师，从来没有。"老师又重复了一遍说："请你们原谅，希望你们爱我。明年，你们不跟我在一起了，但我还能见到你们，你们永远在我的心里。再见，同学们！"

说完，他走到我们中间，同学们都站立起来向他伸出手去，有的拉着他的胳膊，有的拽他的衣服下摆，许多孩子上前吻他，五十多个声音一起说道："再见，老师！谢谢老师！您多保重！想着我们！"老师出门时，似乎抑制不住内心的激动。

随后，我们乱哄哄地走出了教室，同时出来的还有其他班的学生。这时，到处是喧闹、激动的人们，学生和家长纷纷向老师告别，他们相互打着招呼。插红羽毛的女老师被四五个孩子搂着喘不上气来，身边还围着二十来个孩子；"小修女"老师的帽子都快要扯掉了，黑衣服的扣眼儿里和口袋里插了十几束鲜花。许多孩子为罗贝蒂欢呼，因为今天他第一次开始离开拐杖走路了。

随处可以听见人们说："新学年再见！10月20日见！万圣节见！"我们也互相道别。啊！此时此刻，所有曾经有过的别扭、不和全都丢在了脑后！始终妒忌德罗西的沃蒂尼主动张开双臂拥抱德罗西。我同"小泥瓦匠"告别，吻他，他又最后装了一次鬼脸。真是我可爱的同学！我又与普雷科西、卡罗菲告别。卡罗菲告诉我说我中了最近一次的彩票，给了我一个角上有点破损的小瓷镇纸。我还和其他同学都告了别。只见可怜的奈利紧紧跟着卡罗内，真是谁都无法将他们分开。大家都围着卡罗内，"再见，卡罗内！再见！"声音此起彼伏。大家都去摸这个出众、高尚的同学，与他握手，向他欢呼。卡罗内的父亲站在一旁惊喜万分，他看着，微笑着。我最后与卡罗内在街上拥抱告别，我把脸贴在他的胸前，抑制不住地抽泣起来，卡罗内吻了一下我的额头。

随后，我跑向父亲和母亲。父亲问我："你和所有的同学都告别了吗？"我说是的。"如果你曾经做过对不起哪位同学的错事，快去请求他原谅，请他忘了。有没有？""没有。"我回答。"那好吧，再见了！"

父亲最后看了一眼学校，用充满感情的声音说道："再见了！"母亲也重复了一句。而我，却一句话也说不出来。

爸爸的老师

[意大利]亚米契斯

昨天，我同爸爸的旅行是多么开心啊！事情的经过是这样的：

前天吃饭的时候，爸爸正在看报。突然，他吃惊地说："我以为他 20 年前就不在人世了呢！你们知道吗？我小学一年级时的老师文森佐·克洛塞提已经 84 岁了！你们瞧，报上说部长授给他一枚勋章。60 年，你们想想看！他两年前还在教书呢。可怜的克洛塞提！他就住在昆多佛，从这儿坐火车去只要 1 个小时。恩里科，明天我们去看看他。"

那一整个晚上他除了老师就没谈别的。老师的名字让他想起了自己儿时的往事，儿时的伙伴，还有他死去的母亲。"克洛塞提！"他兴致勃勃地说："我在他班级里的时候他才 40 岁呢。我现在还记得他的样子，他个头不高，那会儿就有点驼背，两只眼睛很有神，胡子总是刮得很干净。他虽很严肃，却是个很好的老师，即使我们有什么过错，他也总是能原谅我们。他是靠着勤奋苦读才从一个农民变成一名教师的。他是个好人。我的母亲很敬重他，我的父亲把他当成一个朋友。他怎么会到离塔林不远的昆多佛去度晚年的呢？他肯定已经不认识我了。没关系，我还能认出他来。44 年过去了——44 年啊，恩里科！我们明天就去看他。"

第二天上午 9 点钟的时候，我们来到了火车站。我原想让加伦也去的，可他没能来，他的母亲病了。

那是个美丽的春日。火车驰过绿色的田野，两旁树篱上的花儿都开了，我们呼吸到的空气中都充满了花香。爸爸兴致很高，他不时把胳膊围在我的颈上，一边凝视着车窗外的原野，一边朋友似的同我说话。

"可怜的克洛塞提！"他说，"除了我的父亲，他是最爱我而且对我最好的人了。我永远也不会忘记他对我的那些教诲，有一次被老师斥责而难过地跑回家的情形，至今还深深地印在脑海里。老师的手很粗大，老师的神情，至今还历历在目。他平常总是静静地走进教室，把手杖放在屋角，把外套挂在衣架上，无论何时，他总是很真诚、很热心地对待我们，什么事情都尽心尽力，像第一次上课那样认真。我现在似乎还听得见他对我说：'波提尼！用食指和中指这样握笔才对！'44年了，老师恐怕变很多了。"

我们一到昆多佛就去打听老人的住处，不一会儿就打听到了，因为在这里的每一个人都认识他。

我们离开街市，走上一条两边盛开着鲜花的小路。

爸爸不再说话，完全沉浸在对往事的回忆中，不时地微笑着，不时地摇着头。

突然，他停住了脚步，说："是他！我敢打赌，那肯定是他。"小路那头，一个小个子的白发老人正向我们走来。他戴了一顶大帽子，拄着拐杖，走路的样子好像很吃力，双手也在颤抖。

"就是他！"爸爸又说了一遍，加快了脚步。

走近他的时候，我们停住了脚步。那老人也站住了，他看着爸爸。老人的脸色依然红润，双眼流露着慈祥的光辉。

"您是——"爸爸脱了帽子，"文森佐·克洛塞提老师吗？"

老人也脱帽还礼，回答说："我是。"他的声音有些颤抖，却依然饱满。

爸爸握住老人的一只手，说："我是老师从前教过的学生，老师好吗？我是从塔林来这儿看您的。"

老人惊异地望着他。过了一会儿，他说："您太客气了。我不知道——您是我什么时候的学生？请原谅，您能告诉我您的名字吗？"

爸爸说了自己的名字：阿尔柏托·波提尼，还说了自己上学的地方和时间。然后，他说："您不记得我了，这个很自然。可我却还能认出您来！"

老师低下头，盯着地面，嘴里念叨着爸爸的名字，爸爸微笑着望着老师。

忽然，老人抬起了头，他的双眼大睁着，缓缓地问道："阿尔柏托·波提尼？工程师波提尼的儿子？住在康斯拉塔的那个？"

"没错！"爸爸说着伸出手去。

"啊，真对不起！"老人说着走上前来拥住了爸爸；他那满是白发的头刚到爸爸的肩膀。爸爸把自己的脸贴在老师的额头上。

"请跟我来。"老师说着，转身领我们向他的家走去。

没走几分钟我们就来到一个有个小小的庭院的小房子前面。

老师打开门，把我们让进他的家里。小屋里四壁都粉刷得雪白，房间一角摆了一张帆布床，床上铺着蓝白方格的床单，房间另一角摆了一张书桌和一个书柜。屋里还有四把椅子，墙上钉了一张很旧的地图。小屋里弥漫着一股苹果的甜香。

我们三个人都坐下了，有一会儿爸爸和他的老师沉默不语。

"波提尼！"老师看着阳光照射的地板，说，"噢！我这会儿记起来了！您的母亲是一位好母亲！你上一年级的时候是坐在左边靠近窗户的板凳上。我还记得你那会儿长着一头卷发。"然后，他又沉思了一会儿说："你是个很活泼的小家伙，在二年级的那年，你得了扁桃腺炎。我还记得他们把你重新送到教室来的时候，你那么虚弱，裹在一个大围巾里。40多年过去了，是吗？你真好，还能记着你这可怜的老师。你知道吗？从前的学生来找过我的很多，其中有当了上校的，有做了牧师的，还有些是绅士。"然后他询问了爸爸现在所从事的职业。接着，他说："我真高兴，从心底里高兴。谢谢您了。我有很长时间没有客人来访了。恐怕你是最后的一个了。"

"您别这么说。"爸爸激动地说："您还很健康，您不该这么说。"

"不，不！你看到这双手了吗？抖得这么厉害，这是个坏兆头。三年前它们就这样了，那时我还在教书呢。起初我并没在意，我以为会好的，不料渐渐严重了起来，终于有一天，我不能写字了。唉！那一天，我生平第一次在学生的作业本上滴了一大滴墨水，我心里难过极了！这以后又勉强支持了一段时间。可我已经不大能胜任工作了。教了60年的书，我终于不得不离开了我的教室，离开了我的学生，离开了我的工作。这很困难，你明白吗，很困难。我上完最后一堂课的时候，班上所有的学生都来送我回家，还说了许多热情的话，可我还是非常伤心。我知道自己的生命就此结束了。我一年前失去了妻子和我们唯一的儿子，现在我只有两个当农民的孙子了。我靠几个养老金过活，我什么也做不了，我觉得日子像总也到不了头似的。我现在唯一的活动就是去翻翻过去的课本，或是重读日记，或是阅读别人送给我的书，都在这里呢。"他说着指了指那个小书柜，"它们是我的记忆，是我全部的过去，在这个世界上我再也没有别的什么东西了。"

然后，他的语气忽然显得高兴了起来："吓你一跳吧！亲爱的波提尼先生。"

他站了起来，走到书桌前，把那长抽屉打开，里面有许多纸卷，全都用一种细绳子捆扎着的，上面写着不同的年份。

他翻找了一会儿，然后打开其中一卷，翻了几页，他从中抽出一张发黄了的纸，递给了爸爸。这是他40年前的作业。

在这页纸的上端写着："阿尔柏托·波提尼，听写。1838年4月3日。"爸爸仔细端详着这写着小孩笔迹的纸片，不禁笑中带泪。我站起身来问他怎么了。

他伸出一只胳膊搂住我说："你看看这页作业。看到了吗？这些都是我那可怜的母亲给我改的。她总是把我写的'l'和't'那一竖拉长，最后这几行全是她写的，她会模仿我的笔迹，那时我疲倦地睡着了，她替我写的。"

说着他亲吻了那页纸。

"瞧这儿。"老师又拿出另外一束来，"这些就是我的纪念册。每一年我都会留着我的每一个学生的一页作业，写上日期并且按时间的先后顺序排好。我每一次这样打开它们的时候，似乎又生活在过去那些岁月里了。啊！多少年！只要一闭上眼睛我就又看到那一张张的小脸，一个个的班级。谁能知道他们中有多少已不在人世了呢！有些孩子我还能清楚地记得，我记得最清楚的是那些最好的和最差的，给我快乐和让我伤心的学生。在这么多的学生里，肯定会有很坏的！但是现在，我似乎是已经生活在另外一个世界里了，无论是好的坏的，我都同样地爱他们。"

他又重新坐了下来，握住了我的一只手。

爸爸微笑着说："您是不是还记得我那时的恶作剧？"

致我的母亲

[德国]歌 德

尽管长时间没有向你问安，
没给你写信，可是，别让你心里
产生怀疑，好像你儿子应有的
对你的深爱已经从我的胸中
消失。决非如此，就像那岩石，
在水底深深扎下永远的万年根，
它决不离开原处，哪怕是流水，
时而用风浪，时而用柔波从它
上面流过，使人们看不到它，
我对你的爱，也是如此离不开
我的胸中，尽管人生的长河，
时而受痛苦鞭笞，汹涌地卷过，
时而受欢乐的静静的抚爱，
遭到覆盖和阻拦，使它不能
向太阳露面，不能映着四周
返照的阳光，在你这慈母的眼前
向你显示你儿子是怎样崇敬你。

献给母亲蓓·海涅

[德国]海 涅

我惯于昂首阔步，两眼朝天，
我的性情也有点执拗倔强；
即使国王跟我面对面相望，
我也不会低垂下我的眼帘。

可是，慈母啊，我要对你直言：
尽管我的傲气是如此刚强，
一到你的幸福的亲切的身旁，
我常常感到自卑而畏缩不前。

你有渗透的一切、崇高的精神，
光芒四射，直飘向日月星辰，
是这种精神暗暗地征服了我！

回忆往事真使我感到难过，
我做错许多事情，伤你的心，
那样万分爱我的慈母的好心！

献给我的母亲

[瑞士]黑 塞

我有许多话要对你讲，
我在异乡待得太久长，
可是最了解我的是你，
不论是在什么时光。

在孩子般胆怯的手里，
如今，我捧着最初的献礼，
我早就想把它呈给你，
你却已经闭上了眼皮。

可是，我读时，竟然感到
奇妙地忘掉我的痛苦，
因为，你那慈祥的存在，
用千丝万缕将我裹住。

听泉

[日本]东山魁夷

鸟儿飞过旷野。一批又一批，成群的鸟儿接连不断地飞了过去。

有时候四五只联翩飞翔，有时候排成一字长蛇阵。看，多么壮阔的鸟群啊！……

鸟儿鸣叫着，它们和睦相处，互相激励；有时又彼此憎恶，格斗，伤残。有的鸟儿因疾病、疲惫或衰老而失掉队伍。

今天，鸟群又飞过旷野。它们时而飞过碧绿的田原，看到小河在太阳照耀下流泻；时而飞过丛林，窥见鲜红的果实在树荫下闪烁。想从前，这样的地方有的是。可如今，到处都是望不到边的漠漠荒原。任凭大地改换了模样，鸟儿一刻也不停歇，昨天，今天，明天，它们继续打这里飞过。

不要认为鸟儿都是按照自己的意志飞翔的。它们为什么飞？它们飞向何方？谁都弄不清楚，就连那些领头的鸟儿也无从知晓。

为什么必须飞得这样快？为什么就不能慢一点儿呢？鸟儿只觉得光阴在匆匆忙忙中逝去了。然而，它们不知道时间是无限的，永恒的，逝去的只是鸟儿自己。它们像着了迷似的那样剧烈，那样急速地展翅翱翔。它们没有想到，这会招来不幸，会使鸟儿更快地从这块土地上消失。

鸟儿依然忽拉拉拍击着翅膀，更急速，更剧烈地飞过去……

森林中有一泓清澈的泉水，发出叮叮咚咚的响声。这里有鸟群休息的地方，尽管是短暂的，但对于飞越荒原的鸟群说来，这小憩何等珍贵！地球上的一切生物，都是这样，一天过去了，又去迎接明天的新生。

鸟儿在清泉旁歇歇翅膀，养养精神，倾听泉水的絮语。鸣泉啊，你是否指点了鸟儿要去的方向？

泉水从地层深处涌出来，不间断地奔流着，从古到今，阅尽地面上一切生物的生死，荣枯。因此，泉水一定知道鸟儿应该飞去的方向。

鸟儿站在清澄的水边，让泉水映照着身影，它们想必看到了自己疲倦的模样。它们终于明白了鸟儿作为天之骄子的时代已经一去不复返了。

鸟儿想随处都能看到泉水，这是困难的。因为，它们只顾尽快飞翔。

不过，它们似乎有所觉悟，这样连续飞翔下去，到头来，鸟群本身就会泯灭的。但愿鸟儿尽早懂得这个道理。

……

我也是群鸟中的一只，所有的人们都是在荒凉的不毛之地上飞翔不息的鸟儿。

人人心中都有一股泉水，日常的烦乱生活，遮蔽了它的声音。当你夜半突然醒来，你会从心灵的深处，听到幽然的鸣声，那正是潺潺的泉水啊！

回想走过的道路，多少次在这旷野上迷失了方向。每逢这个时候，当我听到心灵深处的鸣泉，我就重新找到了前进的标志。

泉水常常问我：你对别人，对自己，是诚实的吗？我总是深感内疚，答不出话来，只好默默低着头。

我从事绘画，是出自内心的祈望：我想诚实地生活。心灵的泉水告诫我：要谦虚，要朴素，要舍弃清高的偏执。心灵的泉水教导我：只有舍弃自我，才能看见真实。

舍弃自我是困难的，甚至是不可能的，我想。然而，絮絮低语的泉水明明白白对我说：美，正在于此。

花之歌

[黎巴嫩]纪伯伦

我是大自然的话语，大自然说出来，又收回去，把它藏在心间，然后又说一遍……

我是星星，从苍穹坠落在绿茵中。

我是诸元素之女：冬将我孕育；春使我开放；夏让我成长；秋令我昏昏睡去。

我是亲友之间交往的礼品；我是婚礼的冠冕；我是生者赠予死者最后的祭献。

清早，我同晨风一道将光明欢迎；傍晚，我又与群鸟一起为它送行。

我在原野上摇曳，使原野风光更加旖旎；我在轻风中呼吸，使轻风芬芳馥郁。我微睡时，黑夜星空的千万颗亮晶晶的眼睛对我察看；我醒来时，白昼的那只硕大无朋的独眼向我凝视。

我饮着朝露酿成的琼浆；听着小鸟的鸣啭、歌唱；我婆娑起舞，芳草为我鼓掌。我总是仰望高空，对光明心驰神往；我从不顾影自怜，也不孤芳自赏。而这些哲理，人类尚未完全领悟。

狗之歌

[俄国]叶赛宁

早晨，在黑麦秆狗窝里，
破草席上闪着金光；
母狗生下了一窝狗崽——
七条小狗，茸毛棕黄。

她不停地亲吻着子女，
直到黄昏还在给它们舔梳，
有如雪花儿融成了水滴，
乳汁在她温暖的腹下流出。

晚上，雄鸡蹲上了
暖和的炉台，
愁眉不展的主人走来
把七条小狗装进了麻袋。

母狗在起伏的雪地上奔跑，
追踪主人的足迹。
尚未冰封的水面上，
久久泛起涟漪。

她舔着两肋的汗水，
踉踉跄跄地返回家来，
茅屋上空的弯月，
她以为是自己的一只狗崽。

仰望着蓝幽幽的夜空，
她发出了哀伤的吠声，
淡淡的月牙儿溜走了，
躲到山冈背后的田野之中。

于是她沉默了，仿佛挨了石头，
仿佛听到奚落的话语，
滴滴泪水流了出来，
宛如颗颗金星落进了雪地。

车站食堂里的老人

[苏联]康·巴乌斯托夫斯基

在迈奥尔的车站食堂的一角里，坐着一个清瘦的老人，生着满脸硬胡子。里加湾的上空，冬天的暴风一阵阵呼啸而过。海岸上覆着很厚的坚冰。透过烟雪可以听见波涛冲击岸边坚冰的声音。

显然这位老人是到食堂里来取暖的。他什么也没有点，无精打采地坐在长椅上，把两只手拢在补得很坏的渔夫短大衣袖子里。

和老人一起来的还有一条毛茸茸的小白狗。它蹲在老人的脚边哆嗦着。

在老人的邻座上，有一群年轻人，后脑勺绷得很紧，而且通红的，大吵大嚷地喝着啤酒。帽子上的雪融化了。雪水滴到啤酒杯里，滴到熏肠面包上。不过，那些年轻人正在争论一场足球赛，所以没注意到这个。

当一个年轻人拿起面包一口咬下一半时，这条狗忍不住了。它到小桌边，举起前腿，阿谀地望着年轻人的嘴。

"彼契！"老人轻轻地叫它道，"你多不害臊！彼契，你干吗去打扰人家？"

可是彼契仍然站在那里，只是它的前腿不住地哆嗦，因为举乏了，耷拉了下来。等到两脚碰到潮湿的肚子上时，便忽然醒悟过来，又重新举了起来。

但是那些年轻人没注意它。他们正谈得津津有味，且时时把冷啤酒倒到杯子里。

雪沾满了窗户，当你看见人们在这样的严寒里喝着冰冷的啤酒时，背脊上不禁会起一阵寒战。

"彼契！"老人又叫，"喂，彼契！过来！"

小狗很快地摆了几下尾巴，好像告诉老人它听见了，请他原谅，不过它一点儿办法也没有。它不看老人，甚至完全背过身子去。它好像在说："我自己知道这不好。不过你又不能给我买这样一块面包。"

"唉，彼契，彼契！"老人低声说，因为心里难过，声音有点儿发颤。

彼契又重新摇了一下尾巴，顺便哀求地看了老人一眼。它好像请求他别再叫它，别再责备它，因为它自己心里也不好受，若不是万不得已，它绝不会向陌生人讨的。

一个颧骨高大、戴着绿色帽子的年轻人终于看见了这条狗。

"要吃的吗，狗崽子？"他问道："你的主人在哪儿呐？"

彼契欢喜地摇摇尾巴，看了老人一眼，甚至轻轻叫了一声。

"您是怎么回事，先生！"年轻人说："您既然养狗就得给食吃。不然就不文明。您的狗跟人家讨食吃。我们这儿有法律规定不许讨饭。"

那些年轻人哄堂大笑起来。

"净是胡说八道，瓦尔卡！"其中一个人喊道，掷给狗一片香肠。

"彼契，不许吃！"老人喊道。他那风吹雨打的脸和干瘪的、青筋嶙嶙的脖子都涨得通红了。

小狗蜷缩起身子，耷拉下尾巴，回到老人身边来，甚至连香肠看都没看一眼。

"一点渣儿都不许动他们的！"老人说。

他开始痉挛地翻他的衣袋，掏出几个银角子和铜子来，放在掌心上，一面数着，一面吹掉钱上黏着的脏东西。他的手指不住地颤抖着。

"还生气呢！"那个高颧骨的年轻人说，"瞧啊，多大的自尊心！"

"唉，你别去理睬他吧！你要他干什么？"一个青年人用调解的语气说，一面给大家倒了啤酒。

老人什么也没说。他走到柜台边，把几文零钱放到潮湿的台子上。

"来一块香肠面包！"老人哑着嗓子说。

小狗夹着尾巴站在他身边。

女售货员在碟子里放了两块面包，递给了老人。

"只要一块！"老人说。

"您拿去吧！"女售货员低声说，"我不会因为您受穷的……"

"谢谢！"老人说，"谢谢啦！"

他拿起面包到月台上去了。月台上一个人也没有。一阵暴风已经吹过，第二阵暴风正在刮来，不过离得还很远。甚至可以在利耶卢皮河对岸的白色树木上，看见微弱的阳光。

　　老人坐到长凳上，给了彼契一块面包，把另一块用灰色手帕包起来，藏在袋里。

　　小狗痉挛地吃着，老人看着它说道：

　　"哎，彼契呀，彼契呀！真糊涂啊！"

　　小狗没听他说话。它在吃东西。老人看着小狗，用袖子揩着眼睛——风吹下了眼泪。

飞鸟集（选读）

[印度]泰戈尔

一

夏天离群漂泊的飞鸟，飞到我的窗前鸣啭歌唱，一会儿又双双走了。而秋天的黄叶无歌可唱，飘飘零零，叹息一声，落在窗前了。

六

如果你为错过太阳而流泪，你也将为错过繁星而黯然神伤。

一二

"大海啊，你说的是什么语言？"
"永远是疑问的语言。"
"天空啊，你答的是什么语言？"
"永远沉默的语言。"

一八

你的真相你见不到，你见到的是你的影子。

二一

把灯背在背上的人们，把他们的黑影投在自己的前面。

三〇

"明月，你在等待什么呢？"

"向我必须让位给它的太阳致敬。"

三五

鸟儿愿为一朵云。
云儿愿为一只鸟。

三六

瀑布唱道："我找到自由时，也就找到了歌。"

四三

海里的游鱼是静默的，陆上的走兽是喧闹的，空中的飞鸟是鸣啭着的。
但，大海的静默，陆地的喧闹，天空的音乐，人都兼而有之。

五一

你的偶像被摔散在尘土中了，这证明神的尘土也比你的偶像伟大。

五四

仿佛海鸥与海涛相遇，我们相见了，走近了。海鸥飞去，海涛滚滚
流去，我们也分手击开了。

六五

小草，你的脚步是小小的，但你脚下的土地是归你所有的。

六八

错误经不起失败，但真理却经得起。

七五

我们把世界误读了，倒说世界欺骗我们。

八三

想行善的，叩门；而爱人的，看见门敞开着哩。

八六

"啊，果实，你离我多远？"
"啊，花朵，我藏在你心里。"

九三

权力对世界说道："你是属于我的。"
世界把权力囚禁在她的御座下。
爱对世界说道："我是属于你的。"
世界便让爱情在自己的屋子里自由出入。

一〇一

尘土受到侮辱，却报之以繁花。

一二五

伟人是个天生的儿童；伟人去世时就把他伟大的童年奉献给世界。

一二八

当你并不是等着要说出完整周密的真理时，把话说出来是容易的。

一三〇

如果你把所有的错误都关在门外，那么，真理也要被排斥了。

一四二

让我设想，在那些繁星之中，有一颗星，是指引我的生命穿过我所不知道的黑暗的。

一四九

世界在清晨便敞开它光明的心房了。

一五三

"谁来接替我的职责呢？"西下的夕阳问道。
"我的主人，我将尽我所能地去干。"瓦灯说。

一五八

权势把牺牲者的痛苦挣扎看作是忘恩负义。

一六〇

雨点亲吻大地，低声说道："我们是你怀乡思家的孩子，妈妈，现在从天上回到你身边来了。"

一六五

思想掠过我的心头像一群群野鸭飞过天空。
我听到它们振翅鼓翼的声音。

一六七

世界以其痛苦亲吻我的灵魂，要求我报之以歌唱。

一八〇

阳光以微笑向我问好。
雨——阳光的悲伤的妹妹——同我的心絮絮细语。

一八五

我是秋云，雨都落尽了，在成熟的稻田里看到了我的功德圆满。

二〇二

河岸对河流说："我无法留住你的波浪，
让我把你的足印留在我的心上吧。"

二〇四

歌儿感受到天空中的无限，图画感受到大地上的无限，而诗则感受到了天空中和大地上的无限。
因为诗里的文字，其意义无胫而行，其音乐无翼而飞。

二二八

用脚乱踢，只能在大地上扬起尘土，可收获不到庄稼。

二六七

死亡之隶属于生命，正与诞生一样。
走路之需要举足，正如需要落足一样。

二七二

当我离去的时候，让我的思想来到你的身边，正如那夕阳的余晖，
映在寂静星空的边缘。

二七七

啊，世界，我死的时候，请你在沉默之中替我留下一句话："我已经
爱过了。"

二七八

我们热爱这个世界时，才真正活在这个世界上。

三一二

我们总有一天会明白：死亡永远夺不走我们的灵魂已获得的东西，因为灵魂所获得的，是同灵魂合为一体的。

三一六

人类的历史，耐心地等待着被侮辱者的胜利。

三二〇

我攀登了高峰，发现名誉的高处荒凉贫瘠，找不到栖身之所。我的向导啊，趁着光明尚未消失，领我进入安静的山谷，让一生的收获在山谷里成熟，化为黄金般的智慧。

燃烧的心

"古时候，地面上就只有一族人，他们周围三面都是走不完的浓密的树林，第四面便是草原。这是一些快乐的、勇敢的、强壮的人。可是有一回困难的时期到了：不知道从什么地方来了一些别的种族，把他们赶到林子的深处去了。那儿很阴暗而且多泥沼，因为林子太古老了，树枝密密层层地缠结在一块儿，遮盖了天空，太阳光也不容易穿过浓密的树叶，射到沼地上。然而要是太阳光落在泥沼的水面上，就会有一股恶臭升起来，人们就会因此接连地死去。这个时候，妻子、小孩们伤心痛哭，父亲们静默沉思，他们让悲哀压倒了。他们明白，他们要想活命就得走出这个林子，这只有两条路可走：一条路是往后退，可是那边有又强又狠的敌人；另一条路是朝前走，可是那儿又有巨人一样的大树挡着路，它们那些有力的丫枝紧紧地抱在一块儿，它们那些纠曲的树根牢牢地生在沼地的黏泥里。这些石头一样的大树白天不响也不动地立在灰暗中，夜晚人们燃起营火的时候，它们更紧地挤在人们的四周。不论是白天或夜晚，在那些人的周围总有一个坚固的黑暗的圈子，它好像就想压碎他

们似的，然而他们原是习惯了草原的广阔天地的人。更可怕的是风吹过树梢，整个林子发出低沉的响声，好像在威胁那些人，并且给他们唱葬歌。然而他们究竟是些刚强的人，他们还能跟那班曾经战胜过他们的人拼死地打一仗，不过他们是不能够战死的，因为他们还有没实现的夙愿，要是他们给人杀死了，他们的夙愿也就跟他们一块儿消灭了。所以他们在长夜里，在树林的低沉的喧响下面，在泥沼的有毒的恶臭中间，坐着想来想去。他们坐在那儿，营火的影子在他们的四周跳着一种无声的舞蹈，这好像不是影子在跳舞，而是树林和泥沼的恶鬼在庆祝胜利……人们老是坐着在想。可是任何一桩事情——不论是工作也好，女人也好，都不会像愁思那样厉害地使人身心疲乏的。人们的思想弄得衰弱了……恐惧在他们中间产生了，绑住了他们的强壮的手。恐怖是由女人产生的，她们伤心地哭着那些给恶臭杀死的人的尸首和那些给恐惧抓住了的活人的命运，这样就产生了恐怖。林子里开始听见胆小的话了，起初还是胆怯的、小声的，可是以后却越来越响了……他们已经准备到敌人那儿去，把他们的自由献给敌人；大家都给死吓坏了，已经没有一个人害怕奴隶的生活了……然而正是在这个时候出现了丹柯，他一个人把大家全搭救了。"

老婆子分明是常常在讲丹柯的燃烧的心。她讲得很好听，她那刺耳的声音在我面前很清楚地绘出了树林的喧响。在这树林中间那些不幸的、精疲力竭的人给沼地的毒气害得快死了。

"丹柯是那些人中间一个年轻的美男子。美的人总是勇敢的。他对他的朋友们这样说：'你们不能够用思想移开路上的石头。什么事都不做的人不会得到什么结果的。为什么我们要把我们的力气浪费在思想上、悲伤上呢？起来，我们到林子里去，我们要穿过林子，林子是有尽头的，世界上的一切都是有尽头的！我们走！喂！嘿！……'"

"他们望着他，看出来他是他们中间最好的一个，因为在他的眼睛里闪亮着很多的力量同烈火。"

"你领导我们吧！他们说。"

"于是他就领导他们……"

老婆子闭了嘴，望着草原，在那边黑暗越来越浓了。从丹柯的燃烧的心里发出来的小火星时时在远远的什么地方闪亮，好像是一些开了一会儿就谢的虚无缥缈的蓝花。

"丹柯领着他们。大家和谐地跟着他走——他们相信他。这条路是很难走的！四周一片黑暗，他们每一步都碰见泥沼张开它那龌龊的、贪吃的大口，把人吞下去；树木像一面牢固的墙拦住他们的路，树枝纠缠在一块儿；树根像蛇一样地朝四面八方伸出去。每一步路都要那些人花掉很多的汗和很多的血。他们走了很久……树林越来越密，力气越来越小！人们开始抱怨起丹柯来，说他年轻没有经验，不会把他们领到哪儿去的。可是他还在他们的前面走着，他快乐而安详。"

"可是有一回在林子的上空来了大雷雨，树木凶恶地、威胁地低声讲起话来。林子显得非常黑，好像自从它长出来以后世界上所有过的黑夜全集中在这儿了。这些渺小的人在那种吓人的雷电声里，在那些巨大的树木中间走着；他们向前走，那些摇摇晃晃的巨人一样的大树发出轧轧的响声，并且哼着愤怒的歌子；闪电在林子的顶上飞舞，用它那寒冷的青光把林子照亮了一下，可是马上又隐去了，来去是一样的快，好像它们出现来吓人似的。树木给闪电的寒光照亮了，它们好像活起来了，在那些正从黑暗的监禁中逃出来的人的四周，伸出它们的满是疙瘩的长手，结成一个密的网，要把他们挡住一样。并且仿佛有一种可怕的、黑暗的、寒冷的东西正从树枝的黑暗中望着那些走路的人。这条路的确是很难走的，人们给弄得疲乏透顶，勇气全失了。可是他们不好意思承认自己的软弱，所以他们就把怨恨出在正在他们前面走着的丹柯的身上。他们开始抱怨他不能够好好地带领他们——瞧，就是这样！"

"他们站住了，又倦又气，在树林的胜利的喧响下面，在颤抖着的黑暗中间，开始审问起丹柯来。"

"他们说：'你对我们只是个无足轻重的、有害的人！你领导我们，把我们弄得筋疲力尽了，因此你就该死！'"

"'你们说：领导我们！我才来领导的！'丹柯挺起胸膛对他们大声说，'我有领导的勇气，所以我来领导你们！可是你们呢？你们做了什么对你们自己有益的事情呢？你们只是走，你们却不能保持你们的力气走更长的路！你们只是走，走，像一群绵羊一样！'"

"可是这些话反倒使他们更生气了。"

"'你该死！你该死！'他们大声嚷着。"

"树林一直不停地发出低沉的声音，来响应他们的叫嚷，电光把黑暗撕成了碎片。丹柯望着那些人，那些为着他们的缘故他受够了苦的人，他看见他们现在跟野兽完全一样。许多人把他围住，可是他们的脸上没有一点高贵的表情，他不能够期望从他们那儿得到宽恕。于是怒火在他的心中燃起，不过又因为怜悯人们的缘故灭了。他爱那些人，而且他以为，他们没有他也许就会灭亡。所以他的心又发出了愿望的火：他愿意搭救他们，把他们领到一条容易走的路上去，于是在他的眼睛里亮起了那种强烈的火的光芒……可是他们看见这个，以为他发了脾气所以眼睛燃烧得这么亮，他们便警戒起来，就像一群狼似的，等着他来攻击他们；他们把他包围得更紧了，为着更容易捉住丹柯，弄死他。可是他已经明白了他们的心思，因此他的心燃烧得更厉害了，因为他们的这种心思使他产生了苦恼。"

"然而树林一直在唱它那阴郁的歌，雷声仍在隆隆地响，大雨依旧在下着……"

"'我还能够为这些人做什么呢？'丹柯的叫声比雷声更大。"

"忽然他用手抓开了自己的胸膛，从那儿拿出他自己的心来，把它高高地举在头上。"

"他的心燃烧得跟太阳一样亮，而且比太阳更亮，整个树林完全静下去了，林子给这个伟大的人类爱的火炬照得透亮；黑暗躲开它的光芒逃跑了，逃到林子的深处去，就在那儿，黑暗颤抖着跌进泥沼的龌龊的大口里去了。人们全吓呆了，好像变成了石头一样。"

"'我们走吧！'丹柯嚷着，高高地举起他那颗燃烧的心，给人们照亮道路，自己领头向前奔去。"

"他们像着了魔似的跟着他冲去。这个时候树林又发出了响声，吃惊地摇动着树顶，可是它的喧响让那些奔跑的人的脚步声盖过了。众人勇敢地跑着，而且跑得很快。他们都让燃烧的心的奇异景象吸引住了。现在也有人死亡，不过死的时候没有抱怨，也没有眼泪。可是丹柯一直在前面走，他的心也一直在燃烧，燃烧！"

"树林忽然在他们前面分开了，分开了，等到他们走过以后，它又合拢起来，还是又密又静的；丹柯和所有的人都浸在雨水洗干净了的新鲜空气和阳光的海洋里。在那边，在他们的后面，在林子的上空，还有雷雨，可是在这儿太阳发出了灿烂的光辉，草原一起一伏，好像在呼吸一样，草叶带着一颗一颗钻石一样的雨珠在闪亮，河面上泛着金光……黄昏来了，河上映着落日的霞光，显得鲜红，跟那股从丹柯的撕开的胸膛淌出来的热血是一样的颜色。"

"骄傲的勇士丹柯望着横在自己面前的广大的草原，——他快乐地望着这自由的土地，骄傲地笑起来。随后他倒下来——死了。"

"充满了希望的快乐的人们并没有注意到他的死，也没有看到丹柯的勇敢的心还在他的尸首旁边燃烧。只有一个仔细的人注意到这个，有点害怕，拿脚踏在那颗骄傲的心上……那颗心裂散开来，成了许多火星，熄了……"

"在雷雨到来前，出现在草原上的蓝色火星就是这样来的！"

银毫子

[丹麦]安徒生

有一个银毫子，他亮锃锃地从造币厂里走出来，蹦蹦跳跳、叮叮当当，"好哇，我要到大世界去了！"这样他走进了大世界。

孩子用温暖的手紧紧握着他，贪婪的人用冰冷粘湿的手抓着他，老年人把他翻来覆去地看，年轻人则一下子就把他花掉。这个毫子是银做的，掺的铜很少，来到世界上现在已经一整年了，也就是在铸造他的那个国家里转来转去一年了。后来他到外国旅行去了，他是那位要到外国旅行的主人钱袋里最后一枚本国钱。在他拿到他之前，并不知道自己还有这枚钱。

"我竟然还剩下一枚家乡的钱！"他说道，"可以带上他一起去旅行！"当他把银币放回钱袋里去的时候，银毫子高兴得蹦蹦跳跳、叮当乱响。在袋里他和外国伙伴待在一起，那些外国伙伴来来去去，一个让位给另一个，可是家乡带来的这枚银毫子总是待在里面，这是一种荣誉。

好几个星期过去了，银毫子到了世界很远的地方，自己却一点儿不知道到了哪里。他听别的钱说，他们是法国的，是意大利的；一个说他们现在在这个城市，另外一个说，他们在那个城市；可是这枚银毫子却想象不出都是些什么地方。当你总是待在袋子里的时候，你是看不见世界的，他的情形就如此。不过有一天，当他待在那里的时候，发现钱袋没有捆紧。于是他悄悄爬到钱袋口上，想往外看看。他很不该这么干，可是他很好奇，他遭罚了——他滑出钱袋掉进裤兜里。当晚上钱袋被取出放在一旁的时候，银毫子留在裤兜里了。他在裤兜里躺着，和衣服一起被送到了走廊里，他一下子掉到了地上，没有人听到，也没有人看到。

清晨衣服被送进来。先生穿上衣服，走了。银毫子却没有跟着走，他被人发现了，又该为他人服务了，他和另外三枚钱一起被用了出去。

"在世界上到处瞧瞧倒是真不错！"银毫子想道，"了解到一些别人、别的风俗习惯！"

"这是一枚什么钱，"马上就有人这么说道，"这钱不是这个国家的！是假的！不好使！"

是啊，这就开始了银毫子后来自己讲的故事。

"假的，不好使！这念头闪过了我的脑际，"银毫子说道，"我知道我是上等银子铸的，声音也很正，铸上的印记也是真的。他们一定是弄错了，他们说的不可能是我，可是他们说的正是我！就是我，他们说是假的，不好使！'我得趁黑把它使掉！'拿到这文钱的那个人说道。于是我便被人趁黑使掉，白天又被人骂了一通，——'假的，不好使！我们得设法用掉它。'"

银毫子每次在人的手指中要被当本国钱转手用掉的时候，他总是浑身发抖。

我是多么可怜的银毫子啊！我的银子，我的价值，我的铸印，在它们都没有意义的时候，对我有什么用呢！世界相信你，你对世界才有意义。我本来是完全无辜的，只是因为我的长相与众不同便这么背时，让我心不得安宁，偷偷摸摸走罪恶的道路，真是可怕极了！——每次人家把我拿出来，我总要在那些注视着我的眼睛面前惴惴不安。我知道，我会被人甩了回来，被扔到桌子上，就好像我在撒谎在欺诈一样。

有一回，我落到了一个可怜的穷苦妇人的手上。她是靠每天辛勤操劳，作为一日的工资挣到我的。可是现在她根本无法把我使掉，因为没有人要我，我真为她感到不幸。

"这下子我得拿它去骗人去了，"她说道，"留一枚假钱，我可受用不起。可以给那个有钱的面包房老板，他能受用。可是不管怎么说，我的做法都是不对的。"

"得，这下子是我污染了这个妇人的良心！"银毫子叹息道，"上了年纪，我的变化当真就这么大吗？"

妇人去了有钱的面包房老板那里，但是他太会辨认市上流通的钱币了。他没有让我待在我应该待的地方，而是一下子把我扔到了妇人的脸上。她因此没能用我买到面包，我为我成为一枚引起别人苦痛的钱币而感到由衷的内疚。我，在年轻的时候那么快乐，那么自信，对我的价值、我的铸印那么深信不疑。我变得忧郁起来，一枚可怜的银毫子在没有人要的时候能多忧郁，我便多忧郁。不过妇人又把我拿回家去，她诚恳地看着我，很温和，很友好。"不，我不拿你去骗人！"她说道，"我要在你身上打个洞，让大家都看得出你是一枚假钱，——可是——我又觉得，——你也许是一枚吉祥币。是的，我相信是的！我有这个想法。我在银毫子上打一个洞，在洞上穿一根线，戴在邻居小孩的脖子上，当一枚吉祥币。"

于是她给我打了一个洞。身上被打洞总是不好受的，可是如果用心是好的，那么你便可以忍受许多许多。我被穿上了一根线，成了一种挂着的勋章，戴在那个小孩的脖子上。小孩笑眯眯地望着我，亲吻我，我整夜贴在小孩的温暖、天真的胸前。

到了清早，她母亲把我拿在她的指间，看了看我，有了她自己的想法，我很快便感觉到了。她找来了一把剪刀，把线剪断了。

"吉祥币！"她说道。"好吧，让我们看看！"她把我放进醋里，于是我浑身变成绿的。接着她把洞补上，擦了擦，趁黑到卖彩票的人那儿，买了一张会给她带来好运的彩票。

我太痛苦了，我浑身疼痛，就像要炸了似的。我知道我会被说成是假的，当着一大堆有可靠印记的银毫子、铜钱的面被挑出来。但是，我混过去了。卖彩票的人那里有许多人，他忙得不可开交，我和其他的钱币一起叮叮当当地落到了钱匣子里。用我买的那张彩票是不是中了彩，我不知道。但是我知道第二天我便被人认作一枚假钱搁到一边，被继续拿去一遍遍地骗人。自己的品格本来是高尚的，这样骗来骗去真是叫人受不了。我对自己的品行是不会有任何怀疑的。

在整整一年里，我就这样从一只手转到另一只手，从这家转到那家，总是被人咒骂，总是被人恶眼相看。没有人相信我，我自己也不相信自己，也不相信世界。这是一段艰难的时期。

最后有一天来了一位游客，我自然是混进他手里的，他对我是市上流通的银币深信不疑。可是后来他要把我用出去的时候，我又听到了那种喊声："不好使！假的！"

"我是当作真的得到它的，"这个人说道，然后仔细地看了我一眼。于是他满脸笑容，这面孔与众不同，以前我没有见过，"怎么搞的，是怎么回事？"他说道，"这可是我们自己国家的钱呀，一枚家乡货真价实的银毫子，它被人打了一个洞，说是假的。真是有趣！我得把它保留起来带回家去！"

欢乐一下子流遍了我的全身，我被人称作是货真价实的银毫子，要被人带回家去。那里人人都认得我，知道我是上等银子铸成的，有着真实的铸印。我真想冒出些欢欣的火星。可是我没有那种能耐。钢有那个本事，银子没有。

我被包在一块精致的白纸里，免得和别的钱币混在一起使掉。只是在团圆时刻，家乡人聚在一起的时候才把我拿出来让人看，受大家称赞。他们说我很有趣。一个人可以一言不发而被人称为有趣，这太妙了！

接着我便回到老家！我的一切苦难都过去了，我的快乐开始了。

要知道我是上等银子铸的，我上面有真正的铸印。被人看成是假钱，在我身上打了一个洞再也不使我痛苦了。只要你不是假的，这又有什么关系！"一个人得忍耐，到时自有公道的！这是我的信仰！"银毫子说道。

夏娃各不相同的孩子

[德国]格林

亚当和夏娃从伊甸园被赶出来后,他们不得不在荒凉的土地上建造一座房子,整天为了吃饭而汗流满面地干活儿。亚当种田,夏娃纺纱。夏娃每年生一个孩子,不过这些孩子都不一样,有的漂亮,有的丑陋。

过了很长一段时间后,上帝给他们派去了一个天使,并让他转告他们,他要来看他们是怎样料理家务的。

上帝这么仁慈,夏娃非常高兴。她勤劳地打扫房间,用鲜花和灯芯草装饰地面。然后她把孩子们接进屋子,可是这都是些长得漂亮的孩子。她给孩子们洗脸,洗澡,给他们梳头发,给他们穿上洗得干干净净的衣服,提醒他们在上帝面前要有礼貌,要懂规矩;在上帝面前应该毕恭毕敬,回答他的问题也要简明易懂。

不过,她不想让那些相貌丑的孩子露面。她把一个孩子藏在干草下面,把另一个孩子藏在屋顶下面,把第三个藏在麦秆里,第四个藏在炉子里,第五个藏在地窖里,第六个藏在一个木桶里,第七个藏在酒桶里,第八个藏在她的旧皮大衣里,第九个和第十个藏在那些用来为孩子们做衣服的布料下面,第十一个和第十二个则藏在那些为他们制作鞋子的皮革中。

她刚把这些事料理完,就有人敲门了。亚当通过门缝,看到来人是上帝。他恭恭敬敬地打开门,让天父进来。

这时,那些相貌漂亮的孩子列队站在那儿,他们鞠着躬,一面向上帝伸出手来,然后又跪下。

上帝开始向他们祝福,把手放在第一个孩子的头上,说道:"你将成为一个强有力的国王。"接着又同样把手放到第二个孩子头上说:"你将成为一个侯爵。"对第三个说:"你将成为一个伯爵。"对第四个说:"你将成为一个骑士。"对第五个说:"你将成为一个贵族。"对第六

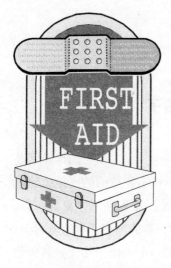

个说："你将成为一个有产业的人。"对第七个说："你将成为一个商人。"对第八个说："你将成为一个有学问的人。"

就这样他给了他们各种各样的祝福。

夏娃看到上帝这么和善，这么宽容，心想："我要把那些相貌不好的孩子叫出来，兴许他也会给他们每人一个祝福的。"

于是她跑去把他们从干草中、麦秆里、炉子里以及他们各自躲藏的地方叫了出来。接着一群又粗又脏，皮肤黑不溜秋，身上长着疥癣的孩子来到上帝的面前。

上帝微微笑着，一边打量着每个人，然后说道："哦，我也要向这些孩子祝福。"

他把手放到第一个孩子的头上，对他说道："你将成为一个农夫。"对第二个孩子说："你将成为一个渔夫。"对第三个说："你将成为一个铁匠。"对第四个说："你将成为一个鞣革工。"对第五个说："你将成为一个织工。"对第六个说："你将成为一个鞋匠。"对第七个说："你将成为一个裁缝。"对第八个说："你将成为一个制陶工。"对第九个说："你将成为一个车夫。"对第十个说："你将成为一个船夫。"对第十一个说："你将成为一个信差。"对第十二个说："你将终身做一个仆人。"

夏娃全神贯注地听完了这一切后说道："上帝，你的祝福怎么如此不平！这些可都是我的亲生孩子啊；你的祝福应该一视同仁。"

可是上帝回答说："夏娃，你这就不懂了。我觉得应当，而且有必要这样做，因为我把你的这些孩子提供给整个世界；如果他们都是侯爵和老爷，那么谁该种粮食，谁来打麦、推磨和烤面包？又该谁来打铁，织布，盖房，挖煤，做木工活儿，修剪树木，缝纫衣服呢？每个人都应该有他自己的位置，一个人对另一个人有作用，大家互相得到好处，就好比身体上的四肢一样。"

这时夏娃回答说："哦，上帝，请原谅，我想说服您，这太鲁莽了。看来您的圣意对我的孩子们也是适用的。"

一个低智商的孩子

[美国]奥斯勒

有些人总是过分重视智力测验，过分相信所谓"智商"，这不能不说是一大弊端。人的美好品质是多种多样的，怎能以一份智力测验定夺？尽管你在一次又一次的智力竞赛中名落孙山，但在某一方面，你也许可以进行你独有的、奇迹般的创造，使生活充满无尽的乐趣。

加拿大少年琼尼·马汶的爸爸是木匠，妈妈是家庭主妇。这对夫妇节衣缩食，一点一点地在存钱，因为他们准备送儿子上大学。

马汶读高中二年级时，一天，学校聘请一位心理学家把这个十六岁的少年叫到办公室，对他说：

"琼尼，我看过了你各学科的成绩和各项体格检查，对你各方面的情况我都仔细研究过了。"

"我一直很用功的。"马汶插嘴道。

"问题就在这里，"心理学家说，"你一直很用功，但进步不大。高中的课程看来你有点力不从心，再学下去，恐怕你就浪费时间了。"

孩子用双手捂住了脸："那样我爸爸妈妈会难过的。他们一直巴望我上大学。"

心理学家用一只手抚摸着孩子的肩膀。"人们的才能各种各样，琼尼，"心理学家说，"工程师不识简谱，或者画家背不全九九表，这都是可能的。但每个人都有特长——你也不例外。终有一天，你会发挥自己的特长。到那时，你就叫你爸爸妈妈骄傲了。"

马汶从此再没去上学。

那时城里活计难找。马汶替人整理园圃修剪花草。因为勤勉，倒是忙碌。不久，顾主们开始注意到这小伙子的手艺，他们称他为"绿拇指"——因为凡经他修剪的花草无不出奇地繁茂美丽。

也许这就是机遇或机缘：一天，他凑巧进城，又凑巧来到市政厅后面，更凑巧的是一位市政参议员就在他眼前不远处。马汶注意到一块污泥浊水、满是垃圾的场地，便向参议员鲁莽地问道："先生，你是否能答应我把这个垃圾场改为花园？"

"市政厅缺这笔钱。"参议员说。

"我不要钱，"马汶说，"只要允许我办就行。"参议员大为惊异：他还不曾碰到过哪个办事不要钱呢！他把这孩子带进了办公室。

马汶步出市政厅大门时，满面春风：他有权清理这块被长期搁置的垃圾场地了。

当天下午，他拿了几样工具，带上种子、肥料来到目的地。一位热心的朋友给他送来一些树苗；一些相熟的顾主请他到自己的花圃剪用玫瑰插枝；有的则提供篱笆用料。消息传到本城一家最大的家具厂，厂主立刻表示要免费承做公园里的条椅。

不久，这块泥泞的污秽地就变成了一个美丽的公园：绿茸茸的草坪，曲幽幽的小径，人们在条椅上坐下来还听到鸟儿在唱歌——因为马汶也没有忘记给它们安家。全城的人都在谈论，说一个人办了一件了不起的事。人们通过它看到了琼尼·马汶的才干，公认他是一个天生的风景园艺家。

这已经是二十五年前的事了。如今的琼尼·马汶已经是全国知名的风景园艺家。

不错，马汶至今没学会说法国话，也不懂拉丁文，微积分对他更是个未知数。但色彩和园艺是他的特长。他使渐已年迈的双亲感到了骄傲，这不光是因为他在事业上取得的成就，而且因为他能把人们的住处弄得无比舒适、漂亮——他工作到哪里，就把美带到哪里！

藏有亿万美元秘密的男孩

[美国]布兰奇·卡菲里

1965 年，我在西雅图维尤里奇学校当图书馆员时，一天，一个四年级老师来找到我说，她有个学生总是最先完成功课，他需要干点别的对他有挑战性的工作。"他可以来图书馆帮帮忙吗？"她问。"带他来吧。"我说。

不一会儿，一个穿牛仔裤和圆领衫，长着沙色头发的消瘦男孩进来了。

我向他讲了杜威十进制分类藏书法。他很快明白了。然后，我让他看了一堆卡片，上面的书目都是逾期很久未归还的。但现在我怀疑这些书其实已还，只是夹错了卡片和放错了地方，需要查找核实一下。"这是否有点像侦探工作？"他问。我说是的。

他便劲头十足，像个真正侦探似的干开了。

到他的老师进来宣布"休息时间已到"时，他已发现了三本夹错卡片的书。他还想继续把活干完为止。但老师说他得出去呼吸一下新鲜空气。她最后说服了他。

次日早晨，他很早便来了。"我想今天把夹错卡片的书全找出来。"他说。到下午下班前，他问我，他是否已够格当个真正的图书馆员，我说这毫无疑问。他实在勤奋得可以。

几星期后的一天，我在办公桌上发现了张请柬，是请我去他家吃晚饭。在那愉快的晚宴结束前，他妈妈宣布，他们全家将搬到附近一个地区。她还说，她儿子最舍不得的就是维尤里奇图书馆。"今后谁来找遗失的书呢？"他问。

到他搬家时，我很不情愿地同他分了手。这男孩乍一看似乎很寻常，但他做事的那种专注和热情却使他显得与众不同。

我很想念他，但几天后他突然又来到我家，快活地说："那边的图书馆不让男孩干活，妈妈又把我转回了维尤里奇。"

我当时就该想到，做事这样专心致志的孩子，是可以抵达自己的任何目标的。但我万没料到的是，他会成为今天信息时代的奇才。他就是微型软件大王：比尔·盖茨——今日美国最富的人。

闪光的礼物

[美国]马文·沃耳夫

　　打9岁起我就得挣钱了。于是，我就问米瑟利先生能不能给我一条放学后送报的线路，他是当时美国《先驱报》在芝加哥的代理人，住在我们家附近。他说如果我有自行车，他就分一条线路给我。

　　我爸爸替我买了辆旧自行车，可随后他就因肺炎住院，不能教我骑车了，而米瑟利先生并没有提出要亲眼看我骑自行车，而只是提出看看自行车，所以我就把车推到他的车库去给他看，然后就得到了那份工作。

　　起初，我把报袋吊在车把上，推着车在人行道上走。可推着装着一大沓报纸的自行车走，显得忒笨。几天后我就把车留在了家里，拿了妈妈的带钢网的购货两轮手推车。

　　我总是把手推车停在人行道上，遇到两层楼的门廊，第一投没投准，就再投一次。遇到星期天，报纸又多又沉，我把每份报纸拿到台阶上，而不是一扔了事。如果下雨，我就把报纸放到玻璃门里面。如果是公寓楼，我就放在大厅的入口处。碰到下雪或下雨，就把爸爸的旧雨衣盖在手推车上面，给报纸挡雨雪。

　　用手推车送报比用自行车送要慢，但我不在乎。我每次都会遇到附近的许多人——意大利裔或是波兰裔人，他们都总是对我很友善。

　　爸爸从医院出来，重新开始干活。由于身体太弱了，许多活只好放弃了，于是我家就把自行车卖掉了，我不会骑自行车，卖掉它我也不反对。米瑟利先生大概知道了我一直没骑自行车送报，可他对此却只字不提。实际上，他本来就不怎么对我们这帮男孩讲话，除非是遇到有

人投诉漏递了一份报纸或是把报纸扔到了水坑里。

我用 8 个月的时间，把我原来只有 36 个订户的线路增加到 59 户，这些新订户都是通过老订户介绍的。有时，人们在街上拦住我，要我把他们也添到我的订户单上。

我每送一份报挣 1 分钱，星期天每份挣 5 分，每星期四晚上收报钱。由于多数订户每次都要多给我 5 分或 1 角的，很快，我得到的小费就比从米瑟利先生那里得到的工钱要多。情况当然不错，因为爸爸还干了不少活，我把我的大部分工钱都交给了妈妈。

1951 年圣诞节前的那个星期四晚上，我按响了第一个订户家的门铃，里面的灯都是亮的，可没人来应门。于是又来到第二家，还是没人应门，接着下去的几家都是这样。

不一会儿，大部分订户的门铃都被我按过了，可好像哪一家都没人在。

这下我可着急了：每个星期五我都得交报钱。圣诞节快到了，我竟从来没想过他们会出去买东西。

当我沿着人行道走向戈登的房子时，我听到里面有音乐和好多人在说话，这下我高兴起来。我按响了门铃，门应声而开，戈登先生简直就是把我拖了进去。

他家的客厅里挤满了人——几乎全都是我的 59 家订户！在客厅中央，停放着一辆崭新的名牌自行车。车身是苹果红的，上面还有一盏电动前灯和一个铃铛。车把上挂着一个帆布袋，里面装满了五颜六色的信封。"这辆自行车是送给你的，"戈登先生说，"大伙凑的份子。"

那些信封里装着圣诞卡，还有那一周的订费，大多数还装有慷慨的小费。我惊得目瞪口呆的，不知道说什么好。最后，还是其中一位妇女叫大家都安静下来，并把我轻轻地领到屋子的中央。"你是我们见过的最好的报童！"她说，"你没有哪一天漏投过或迟到过，没有哪一天的报纸给弄湿过。我们都看见过你在外面冒着雨雪推着那辆购货车，所以大家都认为你应该有辆自行车。"

我所能说的只有："谢谢你们。"

这句话我说了一遍又一遍。

回到家后，我数了一下，小费一共有一百多美元——它使我成了我们家的英雄，它给我们家带来了一个欢乐的圣诞节。

我的订户们准是给米瑟利先生打过电话，因为第二天我到他的车库去取报时，他正在外面等我。"明天上午 10 点，把你的自行车推来，我来教你骑。"他说。

后来我把车推去了。待我骑在车上觉得自在以后，米瑟利先生要我再投送一条线路，这条线要投上 12 份报纸。骑着新自行车投递两条线路，比推着手推车投递一条线路还要快。

其实，那些善良的芝加哥人送给了我另外一份圣诞礼物：即使最卑微的职业，也都有闪光和引以为荣的地方——一份我总是经常使用的礼物。

爱是世上最伟大的

[美国]洛克菲勒

下面我要列举的信条，是我和太太用来持家的原则，也是我父亲深信不疑，并用以治身之道。其中许多条都是我母亲教给我的。

这些信条使我们善待人生，并引导我们走向幸福之路。给予我们鼓励，让我们死得安详。

如果它们对我、对你都有所启示，那么对我们的子孙也会有帮助的。下面就让我把它们列出来吧！

我深信人有其至高的价值，他有生存、自由及追求幸福的权利。

我相信每种权利都包括责任；每个机会都含有义务；而每种占有权都该有其职责。

我深信法律是为人民而订的，并非人是为法律而生存的；而政府应该是人民的仆人，不是主人。

我深信劳动的神圣，不管是劳心或劳力；社会不必给予人民生活，却必须供给每个人求生的机会。

我深信无论是在政治上、商业上或个人事情上，勤俭是达成良好的经济组织及生活之道。

我深信真理及正义是维持长久的社会秩序的根本。

我深信诺言的神圣，每个人都应该守信。这是一个人生存的原则，而非财富、权力、地位，使他具有最高的价值。

我相信人类都有义务贡献出他的能力，也只有献身的精神才能扫除自私心及发掘人类心灵的伟大。

我相信世上有一个明智又有爱心的上帝，不管我们如何称呼其名；而人类只有与上帝的意志和谐生存，才能达到最高的成就，最大的幸福。

我深信爱是世界上最伟大的东西，只有它才能消除恨，也只有它才能征服权势。

我所陈述的这些信条，全世界的好人，不论其种族、宗教、教育、社会地位，或职业有所不同，都能够信守，然而也有许多人要受过各种折磨，甚至以生命的代价，才能够换取这些真理。

基于这些信条，我们才能够建立起一个四海之内皆兄弟及上帝为我们的天父的新世界。

爱我们的仇敌

许多年以前的一个晚上，我外出旅行时经过黄石国家公园。一位森林管理员骑在马上，和我们这群兴奋的游客谈起熊的故事。他说："有一种大灰熊也许能击倒除了水牛和另一种黑熊以外的其他所有动物。但是有一天晚上，我却发现一只小动物——只有一只，能够让大灰熊和它在灯光下一起共食。那是一只臭鼬！大灰熊知道自己的巨掌一下就可以把这只臭鼬打昏，可是它为什么不那样做呢？因为它从经验里学到，那样做很不划算。"

我同样也懂得这个道理。我在孩童时，曾在密苏里的农庄上抓过四只脚的臭鼬；成年之后，在纽约街头也经常碰到一些像臭鼬一样的却长着两只脚的人。从许多不幸的经验中我发现，无论招惹哪一种臭鼬，都是不划算的。

当我们恨自己的仇人时，实际上等于给了他们制胜的力量。这种力量可能会影响我们的睡眠、我们的胃口、我们的血压、我们的健康和我们的快乐。如果仇人们知道他们是如何令我们担心，令我们苦恼，令我们一心想报复的话，他们一定会兴高采烈地跳起舞来。我们心中的怨怼不仅无法伤害到他们，反而使我们的生活变得像地狱一般。

"如果自私的人想占你的便宜，不要理会他们，更不要想着试图报复。一旦你与他扯平了，你就会伤害自己，比伤害那家伙更多。"你猜这是谁说的？听起来仿佛是一个伟大的理想主义者所说的，其实不然，这段话最初出现在一份由米尔瓦基警察局发出的通告上。

报复心是怎么伤害我们的呢？伤害的地方可多了。根据《生活》杂志的一篇文章，报复甚至会有损人的健康状况：高血压患者最主要的特征就是容易愤慨。长期愤怒，高血压和心脏病就会随之而来。

现在你应该懂得了，耶稣所说的"爱你的仇人"，不仅仅是一种道德上的训诫，而且是在宣扬一种 20 世纪的医学原理。当他说"原谅 70 个

7 次"的时候，他是在告诉我们如何避免高血压、心脏病、胃溃疡和其他种种疾病。

一个朋友心脏病突发，医生命他躺在床上，并告诫他无论发生什么事都不能动气。懂得一点医学知识的人都知道，心脏衰弱的人，发脾气可能会送命。几年前，在华盛顿州的一座小城，就曾经有一名饭馆老板因过度生气而猝死。我手边有一封该城警察局局长写的信，他在信上说："68 岁的威廉开了一家小餐馆，因为厨子用茶碟喝咖啡而感到非常生气，他抓起一把左轮枪去追那个厨子，结果因为心脏病发作倒地而亡，死时手里还紧紧抓着那把枪。验尸官的报告显示，他是因为愤怒引起心脏病发作而猝死的。"

当耶稣说"爱你的仇人"的时候，他是在告诉我们如何改进我们的外表。我们经常可以看到一些女人，她们的脸上常常因为过多的怨恨而满是皱纹，因为悔恨而扭曲，表情僵硬。无论如何美容，都比不上让她们的心中充满宽容、温柔和爱。

怨恨甚至可能会影响我们对食物的享受。《圣经》中说："怀着爱心吃蔬菜，会比怀着怨恨吃牛肉香甜得多。"

哪怕我们无法爱我们的仇人，但至少应该学会爱我们自己，要使仇人无法控制我们的快乐、我们的健康和我们的外表。正如莎士比亚所言："不要因你的敌人而燃起一把怒火，最终却烧伤了你自己。"

当耶稣说，我们应该原谅我们的仇人"70 个 7 次"时，他是在教我们如何做生意。譬如说吧，我写这段文字时，身边有一封来自瑞典艾普苏那的乔治·罗纳写的信，他曾在维也纳当过多年律师，第二次世界大战期间，他逃到瑞典，变得一文不名，急切需要一份工作。他能说会写多国语言，希望能在一些进出口公司找到一份秘书的工作。但是，绝大多数公司都回信告诉他，因为正在打仗，他们不需要这类人才，不过他们会把他的名字存在档案里……在这些回复中，有一封信这样写道："你完全不了解我们的生意。你又蠢又笨，我根本不需要什么替我写信的秘书。即使需要，也不会请你这样一个连瑞典文也写不好，信里全是错字的人。"

乔治·罗纳看到这封信时，气得发疯。瑞典人说他不懂瑞典文，还说自己的信是错误百出，乔治·罗纳也写了一封信，想气气那个人。但他冷静下来对自己说："等等！我怎么知道这个人说得不对呢？虽然修过瑞典文，可它毕竟不是自己的母语，也许我真的犯了许多错误。

如果真是如此，想要得到一份工作，就必须不断努力学习。或许这个人是在帮助我，他用难听的话来表达他的意见，并不意味着我没有错误。因此，我应该写封信感谢他才对。"

于是，他撕掉了自己刚刚写好的充斥谩骂言辞的回信，重新写了一封感谢信："你如此不厌其烦地写信给我，实在是感激不尽，尤其是在您并不需要秘书的情况下。我对自己将贵公司的业务弄错一事表示抱歉。之所以给您回信，是因为听他人介绍，说您是这个行业的领导人物。我的信上有很多文法上的错误，而自己却不自知，现倍感惭愧，而且十分难过。今后我计划加倍努力去学瑞典文，改正自己的错误，谢谢您帮助我不断地进步。"

不久，乔治·罗纳就收到了那个人的回信，并且得到了一份工作。通过这件事，乔治·罗纳发现了"温和的回答能消除怒气"的妙处。

也许我们无法像圣人一样去爱我们的仇人，但从自己的健康和快乐着想，我们至少要原谅他们，忘记他们，这才是最聪明的做法。

有一次，我问艾森豪威尔将军的儿子约翰，他的父亲是否对人耿耿于怀。"不会，"他回答说，"我父亲从来不会浪费一分钟，去想那些不喜欢的人。"

俗语说：不能生气的人是笨蛋，而不去生气的人才是聪明人。

这句话正是前纽约州长威廉·盖诺所抱定的态度。有一次，他被一份内幕小报攻击得体无完肤，又被一个疯子开了一枪几乎送命。当他躺在医院为活下来而拼命挣扎时，他这样说道：

"每天晚上我都原谅所有的事情和所有人。"这样做是否太富有理想主义色彩了？如果是的，那么让我们看看那位伟大的悲观主义哲学家叔本华的理论。在他看来，生命是一种毫无意义而又十分痛苦的冒险过程，人的全身都散发着痛苦，但是在绝望的深处，叔本华又叫道："如果可能，不应该对任何人有任何怨恨心理。"

我曾问过伯纳·巴鲁——一位曾做过威尔逊、哈定、柯立芝、胡佛、罗斯福和杜鲁门六位总统顾问的贤人，他会不会因为敌人的攻击而难过？"没有任何人能够羞辱我，干扰我的思想，我绝对不会让他们这样做的。"他回答说。

同样，也没有任何人能够羞辱或困扰你我——除非我们愿意让他们这样做。

"棍棒和石头或许可以打断我的脊骨，但言语永远也无法伤害我。"我经常站在加拿大杰斯帕国家公园，仰望那座美丽的山峰，这座山以伊笛丝·卡薇尔命名，纪念那位于1915年10月12日像圣人一样慷慨赴死，被德军行刑队执行枪决的护士。她犯了什么罪呢？因为她在比利时家中收容和照顾了很多受伤的法国、英国士兵，还协助他们逃到荷兰。10月的那天早晨，一位英国教士走进军人监狱——她的牢房里，为她做临终祈祷时，伊笛丝·卡薇尔说了那句不朽的话，这些话后来镌刻在纪念碑上："我知道，仅仅爱国是不够的，我对任何人都不会有敌意和怨恨。"

四年之后，她的遗体被送到英国，英国为其在西敏寺大教堂举行了安葬大典。我曾在伦敦住过一年，常常到国立肖像画廊对面去看伊笛丝·卡薇尔的那座雕像，朗读这句不朽的名言。

一个原谅和忘记错对自己的人的有效方法，就是让自己去做一些超出自己能力的理想中的事情，这样一来，我们所碰到的侮辱和敌意就显得无关紧要了。我们不会有精力去计较理想之外的事。举例来说，在1918年，密西西比州松树林里发生了一场极富戏剧性的事情，差点引发了一次火刑。劳伦斯·琼斯——一个黑人讲师，差点被烧死。几年前，我曾去看过劳伦斯·琼斯创建的一所学校，还发表了一次演说。我要讲的故事发生在很早以前。

第一次世界大战期间，大众的情感极易冲动，密西西比州中部流传着一种谣言，说德国人正在唆使黑人起来叛变。有人控告劳伦斯·琼斯激起族人的叛变。一大群白人在教堂的外面听见劳伦斯·琼斯对听众大声地喊道："生命，就是一场搏斗！每个黑人都应该穿上自己的盔甲，以战斗来求生存和发展。"

"战斗"、"盔甲"，这些足够作为证据了。一些年轻人趁黑夜冲了出去，纠集了一大群人，回到教堂里来，将传教士紧紧捆住，拖到一英里外的荒野里，将他吊在一大堆干柴上面，并且点燃了火柴，准备烧死他。这时，其中有一个人说话了："在烧死他以前，让这个多嘴多舌的人说说话。"

劳伦斯·琼斯站在柴堆上，脖子上套着绳圈，为自己的生命和理想发表了一番演说。他于1907年毕业于爱荷华大学，以纯良的性格、博学多才及音乐方面的天赋赢得了所有老师和学生的喜爱。毕业后，他拒绝了一家酒店留给他的职位，拒绝了一个有钱人愿意资助他继续学习音乐的计划——因为他怀有更崇高的理想。当他读完布克尔·华盛顿的传记时，他就已决心献身于教育事业，去教育那些因贫穷而无法接受教育的黑人孩子。于是，他回到贫瘠的南方——密西西比州杰克镇以南25英里的一个小地方，将自己的手表当了一块六毛五分钱，在树林里用树桩当桌子，开始了他的露天学校。

劳伦斯·琼斯告诉那些愤怒得想要烧死他的人们，自己所做的种种努力，教育那些没有上过学的男孩和女孩，训练他们做好农夫、机匠、厨子、家庭主妇。他还谈到许多白人曾经协助他建立这所学校——送给他土地、木材、猪、牛和钱。

后来有人问起劳伦斯·琼斯，还恨不恨那些想吊死和烧死他的人？他回答说，自己太忙了，有太多的理想需要实现，根本没有时间去恨别人——他将所有的心思都用在一些超过他能力的伟大的事业上了。"我根本没有时间去和别人吵架，"他说，"也没有时间后悔。没有任何人能强迫我低下到会恨他的地步。"

事件发生的当时，琼斯的态度十分诚恳，令人感动。整个过程中，他没有丝毫的哀求，只希望别人能了解自己的理想。暴民们开始软化了。最后，人群中有一个曾经参加过南北战争的老兵说："我相信他说的是真话，我认得那些他提起的白人，他是在做一件好事，我们弄错了，我们应该帮助他而不是吊死他。"说完，老兵摘下自己的帽子，在人群中传来传去，在这些准备把这位教育家烧死的人群里，募集到52块4毛钱，交给了琼斯。

依匹克特修斯在1900年前曾经说过，我们种因就会得果。无论如何，命运总会让我们为自己的过错付出代价。"每个人都会为自己的过失付出代价。懂得这一点的人不会跟任何人生气，不会和人争吵，不会辱骂他人，责怪他人，触犯他人，怨恨他人。"

纵观美国历史，可以说没有任何人受到的责难、怨恨和陷害比林肯多。可根据历史记载，林肯从来不以自己的好恶来评判他人。如果有什么任务需要完成，他会想到自己的对手一样能做得好。他知人善用，那些曾经羞辱过他，对他大为不敬的人，如果适合某一位置，林肯会不计前嫌任用他，如同委派自己的朋友去做一样……他从来没有因为某人是自己的敌人，或者是自己不喜欢的人而解除他人的职务。事实上，许多被林肯委任居于高位的人，都曾批评或羞辱过他……但林肯相信"没有人会因为他做了什么而被歌颂，也不会因为他做了什么或没有做什么而被罢免。因为人们都受环境条件、教育程度和生活习惯甚至遗传的影响，使他们成为现在这个样子，将来也永远是这个样子"。

小时候，每天晚上，家人聚在一起都会从《圣经》里挑出一章一句来诵读，然后跪下来一起念"家庭祈祷文"。到现在我仿佛依然能够听到，在密苏里州一栋孤寂的农庄里，父亲复诵着耶稣基督的那些话——那些只要人类存有理想就会不停地复颂的话："爱你们的仇敌，善待恨你们的人；诅咒你的，要为他祝福，凌辱你的，要为他祷告。"

父亲就是按照这些话去做的，这使得他的内心得到一般将官和君王无法得到的平静。

科学要遵循人道的规律

[法]巴斯德

有一天，我忽然感觉到那使细菌减低毒性的发明的前途是很远大的，便亲自跑到我的家乡，好得到些帮助来建立一种规模宏大的实验室，它不但可以应用预防癫狂病的方法，并且可以研究传染和险恶的疾病。这一天，我得到了很满意的援助。

这座伟大的建筑如今终于落成了。我们可以说，没有一块石头不是慈善的思想的物质的表征。这个建筑物是集合了各种道德而造成的啊！

我走进这座建筑，我的悲伤使我握紧了我的拳头，因为我是个落伍的人了，我的周围没有一个导师了，也没有一个竞争的同伴了，没有了竺马斯，没有布赖，没有了包耳·伯尔，也没有了福耳比羊，福耳比羊先生对于癫狂病的治疗法是一位最诚恳、最有力量的拥护者。

他们都不在世了。我虽然没有引起他们的辩论，但是我曾经忍受过他们的不少的辩论。如果他们不能够听见我宣布我需要他们的劝告和辅助，如果我在他们死后觉得悲伤，那么我想到我们共同开创的事业永远不会灭亡，心里至少可以得到一些安慰。我的合作者们和我的学生们对于科学都有同样的信仰。

我的亲爱的合作者们，你们从最初的时刻起就有了这样的热心，你们永远地保持着吧。但是你们还得给它找个不可分离的伴侣，这就是严格的观察。遇到不能用简单而确切的方法证明的，切切不要前进！

你们一定要尊重批评家。他既不是一个思想的唤醒者，又不是一个大事业的兴奋者。但是，如果没有他，一切又难免是错误的。他终归有一个最后的一言。我现在向你们所要求的，也即是你们将来向你们的学生们所要求的，的确是发明家所最难能可贵的。

你相信你在科学上发现了一个重要的事实，你很殷切地想发表，而你一天一天地、一周一周地、一年一年地忍耐着，总想推翻你自己的实验，必要等到一切相反的假设完全消灭了之后，才宣布你的发明。是的，这的确是很不容易的事啊。

但是，在尽了许多努力之后，终归可以得到确定的结果，到那时候，你就会感觉到人类的灵魂所能感受到的一种伟大的快乐；而一想到他的祖国也因此荣耀，这快乐就更加不可思议了。

科学固然没有国界，然而，科学家应该有自己的国家，应该将他的工作在这个世界上所能产生的力量贡献于他的国家啊！

主席先生，如果您允许我谈谈你出席这个工作厅所引起的我的哲学的思想的话，我就得说：

两个相反的定律如今是在斗争着。一个是血与死的定律，每天只想象着新的战斗法，使各民族永远做战场上的准备；一个是和平与工作的定律，只想到解除那些包围着人类的苦难。

一个只寻觅那些强暴的征服，一个只是想方设法地维护人道。后者把人类的生命放在一切的胜利之上。前者却为个人的欲望而牺牲千千万万的生命。以我们为工具的定律竟要在屠杀场中医治那战争定律的流血的伤口。我们用消毒的方法做成的那些绷带能够救活成千上万的伤兵。究竟是哪一个定律能够克服另一定律呢？这只有上帝知道。但是，我们所能保证的是：

法国的科学一定要顺着人道的定律，努力去扩大生命的界限。

同情

[印度]泰戈尔

如果我只是一只狗，而不是你的小孩，亲爱的妈妈，当我想吃你盘里的东西时，你要向我说"不"吗？

你要赶开我，对我说道："滚开，你这淘气的小狗"吗？

那么，走吧，妈妈，走吧！当你叫唤我的时候，我就永不到你那里去，也永不要你再喂我吃东西了。

如果我只是一只绿色的小鹦鹉，而不是你的小孩，亲爱的妈妈，你要把我紧紧地锁住，怕我飞走吗？

你要对我指指点点地说道："怎样的一只不知感恩的贱鸟呀！整日整夜地尽在咬它的链子"吗？

那么，走吧，妈妈，走吧！我要跑到树林里去；我就永不再让你将我抱在你的臂里了。

短文两篇

[美国]爱因斯坦

我的信仰

我们这些总有一死的人的命运是多么奇特呀！我们每个人在这个世界上都只作一个短暂的逗留：目的何在，却无从所知，尽管有时自以为对此若有所感。但是，不必深思，只要从日常生活就可以明白：人是为别人而生存的——首先是为那样一些人，他们的喜悦和健康关系着我们自己的全部幸福；然后是为许多我们所不认识的人，他们的命运通过同情的纽带同我们密切结合在一起。我每天上百次地提醒自己：我的精神生活和物质生活都依靠着别人（包括生者和死者）的劳动，我必须尽力以同样的分量来报偿我所领受了的和至今还在领受着的东西。我强烈地向往着俭朴的生活，并且时常为发觉自己占用了同胞的过多劳动而难以忍受。我认为阶级的区分是不合理的，它最后所凭借的是以暴力为根据。我也相信，简单淳朴的生活，无论在身体上还是在精神上，对每个人都是有益的。

我完全不相信人类会有那种哲学意义上的自由。每个人的行为，不仅受着外界的强迫，而且还要适应内心的必然。叔本华说："人虽然能够做他所想做的，但不能要他所想要的。"这句话从我青年时代起，就对我是一个真正的启示。在我自己和别人生活面临困难的时候，它总是使我们得到安慰，并永远是宽容的泉源。这种体会可以宽大为怀地减轻那种容易使人气馁的责任感，也可以防止我们过于严肃地对待自己和别人；它还导致一种特别给幽默以应有地位的人生观。要追究一个人自己或一切生物生存的意义或目的，从客观的观点来看，我总觉得是愚蠢可笑的。可是每个人都有一定的理想，这种理想决定着他的努力和判断的方向。就在这个意义上，我从来不把安逸和享乐看作是生活目的本身——这种伦理基础，我叫它猪栏的理想。照亮我的道路，并且不断地给我新的勇气去愉快地正视生活的理想，是善、美和真。要是没有志同道合者之间的亲切感情，要不是全神贯注于客观世界——那个在艺术和科学工作领域里永远达不到的对象，那么在我看来，生活就会是空虚的。人们所努力追求的庸俗的目标——财产、虚荣、奢侈的生活——我总觉得都是可鄙的。

我对社会正义和社会责任的强烈感觉，同我显然的对别人和社会直接接触的淡漠，两者总是形成古怪的对照。我实在是一个"孤独的旅客"，我未曾全心全意地属于我的国家，我的家庭，我的朋友，甚至我最接近的亲人。在所有这些关系面前，我总是感觉到有一定距离并且需要保持孤独——而这种感受正与日俱增。人们会清楚地发觉，同别人的相互了解和协调一致是有限度的，但这不足惋惜。这样的人无疑有点失去他的天真无邪和无忧无虑的心境；但另一方面，他却能够在很大程度上不为别人的意见、习惯和判断所左右，并且能够不受诱惑要去把她的内心平衡建立在这样一些不可靠的基础之上。

我的政治理想是民主主义。让每一个人都作为个人而受到尊重，而不让任何人成为崇拜的偶像。我自己受到了人们过分的赞扬和尊敬，这不是由于我自己的过错，也不是由于我自己的功劳，而实在是一种命运的嘲弄。其原因大概在于人们有一种愿望，想理解我以自己的微薄绵力通过不断的斗争所获得的少数几个观念，而这种愿望有很多人却未能实现。我完全明白，一个组织要实现它的目的，就必须有一个人去思考，去指挥，并且全面担负起责任来。但是被领导的人不应当受到强迫，他们必须有可能来选择自己的领袖。在我看来，强迫的专制制度很快就会腐化堕落。因为暴力所招引来的总是一些品德低劣的人，而且我相信，天才的暴君总是由无赖来继承，这是一条千古不易的规律。就是这个缘故，我总是强烈地反对今天我们在意大利和俄国所见到的那种制度。像欧洲今天所存在的情况，使得民主形势受到了怀疑，这不能归咎于民主原则本身，而是由于政府的不稳定和选举制度中与个人无关的特征。我相信美国在这方面已经找到了正确的道路。他们选出了一个任期足够长的总统，他有充分的权力来真正履行他的职责。另一方面，在德国的政治制度中，我所重视的是，它为救济患病或贫困的人做出了比较广泛的规定。在人生的丰富多彩的表演中，我觉得真正可贵的，不是政治上的国家，而是有创造性的、有感情的个人，是人格；只有个人才能创造出高尚的和卓越的东西，而群众本身在思想上总是迟钝的，在感觉上也总是迟钝的。

讲到这里，我想起了群众生活中最坏的一种表现，那就是使我厌恶的军事制度。一个人能够洋洋得意地随着军乐队在四列纵队里行进，单凭这一点就足以使我对他轻视。他所以长了一个大脑，只是出于误会；单单一根脊髓就可满足他的全部需要了。文明国家的这种罪恶的渊薮，应当尽快加以消灭。由命令而产生的勇敢行为，毫无意义的暴行，以及在爱国主义名义下一切可恶的胡闹，所有这些都使我深恶痛绝，在我看来，战争是多么卑鄙！我宁愿被千刀万剐，也不愿参与这种可憎的勾当。尽管如此，我对人类的评价还是十分高的。我相信，要是人民的健康感情没有被那些通过学校和报纸而起作用的商业利益和政治利益蓄意进行败坏，那么战争这个妖魔早就该绝迹了。

我们所能有的最美好的经验是奥秘的经验。它是坚守在真正艺术和真正科学发源地上的基本感情。谁要是体验不到它，谁要是不再有好奇心也不再有惊讶的感觉，他就无异于行尸走肉，他的眼睛是迷糊不清的。就是这样奥秘的经验——虽然掺杂着恐怖——产生了宗教。我们认识到有某种为我们所不能洞察的东西存在，感觉到那种只能以其最原始的形式为我们感受到的最深奥的理性和最灿烂的美——正是这种认识和这种情感构成了真正的宗教感情。在这个意义上，而且也只是在这个意义上，我才是一个具有深挚的宗教感情的人。我无法想象一个会对自己的创造物加以赏罚的上帝，也无法想象它会有像在我们自己身上所体验到的那样一种意志。我不能也不愿去想象一个人在肉体死亡以后还会继续活着。让那些脆弱的灵魂，由于恐惧或者由于可笑的唯我论，去拿这种思想当宝贝吧！我自己只求满足于生命永恒的奥秘，满足于觉察现存世界的神奇的结构，窥见它的一鳞半爪，并且以诚挚的努力去领悟在自然界中显示出来的那个理性的一部分，即使只是其极小的一部分，我也就心满意足了。

社会和个人

只要我们全面考察一下我们的生活和工作，我们就马上看到，几乎我们全部的行动和愿望都同别人的存在密切联系在一起。我们看到我们的全部自然生活很像群居的动物。我们吃别人种的粮食，穿别人缝的衣服，住别人造的房子。我们的大部分知识和信仰都是通过别人所创造的语言由别人传授给我们的。要是没有语言，我们的智力就会真的贫乏得同高等动物的智力不相上下。因此，我们应当承认，我们胜过野兽的主要优点就在于我们是生活在人类社会之中。一个人如果生下来就离群独居，那么他的思想和感情中所保留的原始性和兽性就会达到我们难以想象的程度。个人之所以为个人，以及他的生存之所以有意义，与其说靠着他个人的力量，不如说是由于他是伟大人类社会的一员，从生到死，社会都支配着他的物质生活和精神生活。

一个人对社会的价值首先取决于他的感情、思想和行为对增进人类利益有多大作用。我们就根据他在这方面的态度，说他是好的还是坏的。初看起来，好像我们对一个人的评价完全是以他的社会品质为根据的。

但是这样的一种态度还是会有错误的。显而易见，我们从社会接收到的一切物质、精神和道德方面的有价值的成就，都是过去无数世代中许多有创造才能的个人所取得的。有人发明了用火，有人发明了栽培食用植物，并且有人发明了蒸汽机。

只有个人才能思考，从而能为社会创造新价值，不仅如此，甚至还能建立起那些为公共生活所遵守的道德标准。要是没有能独立思考和独立判断的有创造能力的个人，社会的向上发展就不可想象，正像要是没有供给养料的社会土壤，人的个性发展也是不可想象的一样。

因此，社会的健康状态取决于组成它的个人的独立性，也同样取决于个人之间的密切的社会结合。有人这样正确地说过：希腊—欧洲—美洲文化，尤其是它在那个结束中世纪欧洲停滞状态的意大利文艺复兴时的百花盛开，其真正的基础就在于个人的解放和独立。

现在让我们来考察我们所生活的这个时代。社会情况怎么样？个人怎么样？文明国家的人口比以前稠密得多了，欧洲今天的人口大约是一百年前的三倍，但是第一流人物的数目却不相称地减少了。只有很少的人，通过他们的创造性的成就才作为个人为群众所知。组织已在某种程度上代替了第一流人物，这在技术领域里特别突出，而在科学领域里也已达到很显著的程度。

出色人物的缺少，在艺术界里特别惊人。绘画和音乐确实已经退化，并且大部分已失去了对群众的感染力。在政治方面，不仅缺乏领袖，而且公民的独立精神和正义感也已大大衰退了。建立在这种独立性上的民主议会制度，在很多地方已动摇了。由于人们对个人尊严感和个人权利感已不再足够强烈，独裁制度已经兴起，并且被容忍了下来。任何国家的像绵羊般的群众，在两个星期内就能为报纸煽动到这样一种激昂狂怒的状态：人们准备穿上军装，为着少数谋私利的党派的肮脏目的去厮杀。在我看来，义务兵役制是今天文明人类丧失个人尊严的最可耻的症状。怪不得有不少预言家预言，我们的文明不久就要黯然失色。我不是这样的一个悲观论者，我相信更好的时代就要到来。让我们扼要地讲一讲我所以有这个信心的理由。

照我的见解，目前出现的衰落可由这样的事实来解释：经济和技术的发展大大加强了生存竞争，严重地损害了个人的自由发展。但技术的发展意味着个人为满足社会需要所必须进行的劳动愈来愈少，有计划的分工愈来愈成为迫切的需要，而这种分工会使个人的物质生活有保障。这种保障加上可供个人自由支配的空闲时间和精力，就能用来发展他的个性。这样，社会就可以恢复健康，而且我们可以希望，未来的历史学家会把目前社会不健康的症状，解释为有雄心壮志的人类的幼稚病，它完全是由于文明进步得太快所造成的。

再别康桥

徐志摩

轻轻的我走了，
正如我轻轻的来；
我轻轻的招手，
作别西天的云彩。

那河畔的金柳，
是夕阳中的新娘；
波光里的艳影，
在我的心头荡漾。

软泥上的青荇，
油油的在水底招摇；
在康河的柔波里，
我甘心做一条水草！

那榆荫下的一潭，
不是清泉，是天上虹；
揉碎在浮藻间，
沉淀着彩虹似的梦。

寻梦？撑一支长篙，
向青草更青处漫溯；
满载一船星辉，
在星辉斑斓里放歌。

但我不能放歌，
悄悄是别离的笙箫；
夏虫也为我沉默，
沉默是今晚的康桥！

悄悄的我走了，
正如我悄悄的来；
我挥一挥衣袖，
不带走一片云彩。

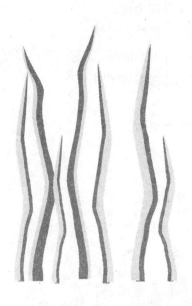

我爱这土地

艾 青

假如我是一只鸟，
我也应该用嘶哑的喉咙歌唱：
这被暴风雨所打击着的土地，
这永远汹涌着我们的悲愤的河流，
这无止息地吹刮着的激怒的风，
和那来自林间的无比温柔的黎明……
——然后我死了，
连羽毛也腐烂在土地里面。

为什么我的眼里常含泪水？
因为我对这土地爱得深沉……

乡愁

余光中

小时候
乡愁是一枚小小的邮票
我在这头
母亲在那头

长大后
乡愁是一张窄窄的船票
我在这头
新娘在那头

后来啊
乡愁是一方矮矮的坟墓
我在外头
母亲在里头

而现在
乡愁是一湾浅浅的海峡
我在这头
大陆在那头

第九章　我有一个梦想

懒惰哲学趣话

［德国］海因里希·伯尔

欧洲西海岸的某港口泊着一条渔船，一个衣衫寒碜的人正躺在船里打盹儿。一位穿着入时的旅游者赶忙往相机里装上彩色胶卷，以便拍下这幅田园式的画面：湛蓝的天，碧绿的海翻滚着雪白的浪花，黝黑的船，红色的渔夫帽。“咔嚓。”再来一张；“咔嚓。”好事成三吗，当然，那就来个第三张。这清脆的、几乎怀着敌意的声音把正在打盹儿的渔夫弄醒了，他慢吞吞地支支腰，慢吞吞地伸手去摸香烟盒；烟还没有摸着，这位热情的游客就已将一包香烟递到了他的面前，虽说没有把烟塞进他嘴里，但却放在他的手里，随着第四次“咔嚓”声打火机打着了，真是客气之至，殷勤之极。这一连串过分殷勤客气的举动，真有点莫名其妙，使人颇感困窘，不知如何是好。好在这位游客精通该国语言，于是便试着通过谈话来克服这尴尬的场面。

“您今天一定会打到很多鱼的。”

渔夫摇摇头。

“听说今天天气很好呀。”

渔夫点点头。

“您不出海捕鱼？”

渔夫摇摇头，这时游客心里则感到有点悒郁了。

毫无疑问，对于这位衣衫寒碜的渔夫他是颇为关注的，并为渔夫耽误了这次出海捕鱼的机会而感到十分惋惜。

“噢，您觉得不太舒服？”

这时渔夫终于不再打哑语，而开始真正说话了。“我身体特棒，”他说，“我还从来没有感到像现在这么精神过。”他站起来，伸展一下四肢，仿佛要显示一下他的体格多么像运动员。“我的身体棒极了。”

游客的表情显得越来越迷惑不解，他再也抑制不住那个像要炸开他心脏的问题了："那您为什么不出去打鱼呢？"

回答是不假思索的，简短的。"因为今天一早已经出去打过鱼了。"

"打得多吗？"

"收获大极了，所以用不着再出去了。我的筐里有四只龙虾，还捕到二十几条青花鱼……"

渔夫这时完全醒了，变得随和了，话匣子也打开了，并且宽慰地拍拍游客的肩膀。他觉得，游客脸上忧心忡忡的神情虽然有点不合时宜，但说明他是在为自己担忧呀。

"我甚至连明天和后天的鱼都打够了。"他用这句话来宽慰这位外国人的心。"您抽支我的烟吗？"

"好，谢谢。"

两人嘴里都叼着烟卷，随即响起第五次"咔嚓"声。外国人摇着头，往船沿上坐下，放下手里的照相机，因为他现在要腾出两只手来强调他说的话。

"当然，我并不想干预您的私事，"他说，"但是请您想一想，要是您今天出海两次，三次，甚至四次，那您就可以捕到三十几条，四十多条，五六十条，甚至一百多条青花鱼……请您想一想。"

渔夫点点头。

"要是您不只是今天，"游客继续说，"而且明天、后天，每个好天气都出去捕二三次，或许四次——您知道，那情况将会是怎么样？"

渔夫摇摇头。

"不出一年您就可以买辆摩托，两年就可再买一条船，三四年说不定就有了渔轮；有了两条船或者那条渔轮，您当然就可以捕到更多的鱼——有朝一日您会拥有两条渔轮，您就可以……"他兴奋得一时间连话都说不出来了，"您就可以建一座小冷库，也许可以盖一座熏鱼厂，随后再开一个生产各种渍汁鱼罐头厂，您可以坐着直升机飞来飞去找鱼群，用无线电指挥您的渔轮作业。您可以取得捕大马哈鱼的权，开一家活鱼饭店，无须通过中间商就直接把龙虾运往巴黎——然后……"外国人兴奋得又说不出话了。他摇摇头，内心感到无比忧虑，度假的乐趣几乎已经无影无踪。他凝视着滚滚而来的排浪，浪里鱼儿在欢快地蹦跳。"然后……"他说，但是由于激动他又语塞了。

渔夫拍拍他的背，像是拍着一个吃呛了的孩子。"然后怎么样？"他轻声地问。

"然后嘛，"外国人难抑兴奋的心情说，"然后您就可以逍遥自在地坐在这里的港口，在太阳下打盹儿——还可以眺览美丽的大海。"

"我现在就这样做了，"渔夫说，"我正悠然自得地坐在港口打盹儿，只是您的'咔嚓'声把我打搅了。"

这位旅游者受到这番开导，便从那里走开了，心里思绪万千，浮想联翩，因为从前他也曾以为，他只要好好干一阵，有朝一日就可以不用再干活了；对于这位衣衫寒碜的渔夫的同情，此刻在他心里已经烟消云散，剩下的只是一丝羡慕。

沙与沫

[黎巴嫩]纪伯伦

我永远在沙岸上行走，

在沙土和泡沫的中间。

高潮会抹去我的脚印，

风也会把泡沫吹走，

但是海洋和沙岸

却将永远存在。

给我静默，我将向黑夜挑战。

对于从银河的窗户里下望的人，空间就不是地球与太阳之间的空间了。

人性是一条光河，从永久以前流到永久。

难道在以太里居住的精灵，不妒羡世人的痛苦吗？

一个人的意义不在于他的成就，而在于他所企求成就的东西。

给我一只耳朵，我将给你以声音。

一个人的实质，不在于他向你显露的那一面，而在于他所不能向你显露的那一面。

因此，如果你想了解他，不要去听他说出的话，而要去听他没有说出的话。

让我们玩捉迷藏吧。你如果藏在我的心里，就不难把你找到。但是如果你藏到你的壳里去，那么任何人也找你不到的。

如果一棵树也写自传的话，它不会不像一个民族的历史。

灵感总是歌唱；灵感从不解释。

如果你嘴里含满了食物，你怎能歌唱呢？

如果手里握满金钱，你怎能举起祝福之手呢？

在母亲心里沉默着的诗歌，在她孩子的唇上唱了出来。

你的另外一个你总是为你难过。但是你的另外一个你就在难过中成长；那么就一切都好了。

我们活着只为的是去发现美。其他一切都是等待的种种形式。

友谊永远是一个甜柔的责任，从来不是一种机会。

除非我们把语言减少到七个字，我们将永不会互相了解。

当你背向太阳的时候，你只看到自己的影子。

欺骗有时成功，但它往往自杀。

谁能把手指放在善恶分野的地方，谁就是能够摸到上帝圣袍的边缘的人。

你可能只根据自己的了解去判断别人。

现在告诉我，我们里头谁是有罪的，谁是无辜的。

我们都是囚犯，不过有的是关在有窗的牢房里，有的就关在无窗的牢房里。

奇怪的是，当我们为错误辩护的时候，我们用的气力比我们捍卫正确时还大。

如果别人嘲笑你，你可以怜悯他；但是如果你嘲笑他，你决不可自恕。

如果别人伤害你，你可以忘掉它；但是如果你伤害了他，你须永远记住。

实际上别人就是最敏感的你，附托在另一个躯壳上。

我宁可做人类中有梦想和完成梦想的愿望的、最渺小的人，而不愿做一个最伟大的、无梦想、无愿望的人。

静独是吹落我们枯枝的一阵无声的风暴；

但是它把我们活生生的根芽，更深地送进活生生的大地的活生生的心里。

实际上我们只对自己说话，不过有时我们说得大声一点，使得别人也能听见。

也许大海给贝壳下的定义是珍珠。

也许时间给煤炭下的定义是钻石。

真正伟大的人是不压制人也不受人压制的人。

在任何一块土地上挖掘你都会找到珍宝，不过你必须以农民的信心去挖掘。

一个人两个我，一个在黑暗里醒着，一个在光明中睡着。

在学者和诗人之间伸展着一片绿野，如果学者穿过去，他就成个圣贤；如果诗人穿过来，他就成个先知。

信仰是心中的绿洲，思想的骆驼队是永远走不到的。

在很久的时间，你是你母亲睡眠里的一个梦，以后她醒了把你生了下来。

我的父母愿意有个孩子，他们就生下我。

我要母亲和父亲，我就生下了黑夜和海洋。

和你一同笑过的人，你可能把他忘掉；但是和你一同哭过的人，你却永远不忘。

他也许听说过那座福山。

它是我们世上最高的山。

一旦你登上顶峰，你就只有一个愿望，那就是往下走入最深的峪谷里，和那里的人民一同生活。

这就是这座山叫作福山的原因。

致大海

[俄国]普希金

再见吧，自由的元素！
最后一次了，在我眼前
你的蓝色的浪头翻滚起伏，
你的骄傲的美闪烁壮观。

仿佛友人的忧郁的絮语，
仿佛他别离一刻的招呼，
最后一次了，我听着你的
喧声呼唤，你的沉郁的吐诉。

我全心渴望的国度呀，大海！
多次常常的，在你的岸上
我静静地，迷惘地徘徊，
苦思着我那珍爱的愿望。

啊，我多么爱听你的回声，
那喑哑的声音，那深渊之歌，
我爱听你黄昏时分的幽静，
和你任性的脾气的发作！

渔人的渺小的帆凭着
你的喜怒无常的保护
在两齿之间大胆地滑过，
但你若汹涌起来，无法克服，

成群的渔船就会覆没。

直到现在，我还不能离开
这令我厌烦的凝固的石岸，
我还没有热烈地拥抱你，大海！
也没有让我的诗情的波澜
随着你的山脊跑开！

你在期待，呼唤……我却被缚住，
我的心徒然想要挣脱开，
是更强烈的感情把我迷住，
于是我在岸边留下来……

有什么可顾惜的？而今哪里
能使我奔上坦荡的途径？
在你的荒凉中，只有一件东西
也许还激动我的心灵。

一面峭壁，一个光荣的坟墓……
那里，种种伟大的回忆
已在寒冷的梦里沉没，
啊，是拿破仑熄灭在那里。

他已经在苦恼里长眠。
紧随着他，另一个天才
像风暴之声驰过我们面前，
啊，我们心灵的另一个主宰。

他去了，使自由在悲泣中！
他把自己的桂冠留给世上。
喧腾吧，为险恶的天时而汹涌，

噢，大海！他曾经为你歌唱。

他是由你的精气塑成的，
海啊，他是你的形象的反映；
他像你似的深沉、有力、阴郁，
他也倔强得和你一样。

世界空虚了……哦，海洋，
现在你还能把我带到哪里？
到处，人们的命运都是一样：
哪里有幸福，必有教育
或暴君看守得非常严密。

再见吧，大海！你壮观的美色
将永远不会被我遗忘；
我将久久地，久久地听着
你在黄昏时分的轰响。

心里充满了你，我将要把
你的山岩，你的海湾，
你的光和影，你的浪花的喋喋，
带到森林，带到寂静的荒原。

"假如生活欺骗了你"

[俄国]普希金

假如生活欺骗了你，
不要忧郁，也不要愤慨！
不顺心时暂且克制自己，
相信吧，快乐之日就会到来。

我们的心儿憧憬着未来，
现今总是令人悲哀：
一切都是暂时的，转瞬即逝，
而那逝去的将变为可爱。

致凯恩

[俄国]普希金

我记得那美妙的一瞬:
在我的眼前出现了你,
犹如昙花一现的幻影,
犹如纯洁之美的精灵。

在那无望的忧愁的折磨中,
在那喧嚣的虚荣的困扰中,
我的耳边长久地响着你温柔的声音,
我还在睡梦中见到你可爱的面影。

许多年代过去了。狂暴的激情
驱散了往日的梦想,
我忘记了你温柔的声音,
和你那天仙似的面影。

在穷乡僻壤,在流放的阴暗生活中,
我的岁月就那样静静地消逝,
失掉了神性,失掉了灵感,
失掉了眼泪,失掉了生命,也失掉了爱情。

如今灵魂已开始觉醒:
于是在我的眼前又重新出现了你,
犹如昙花一现的幻影,
犹如纯洁之美的精灵。

我的心狂喜地跳跃，

为了它，一切又重新苏醒，

有了神性，有了灵感，

有了生命，有了眼泪，也有了爱情。

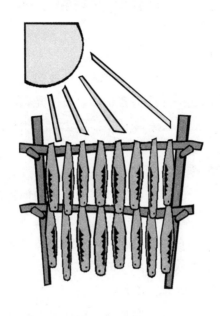

我有一个梦想

[美国]马丁·路德·金

一百年前，一位伟大的美国人签署了解放黑奴宣言，今天我们就是在他的雕像前集会。这一庄严宣言犹如灯塔的光芒，给千百万在那摧残生命的不义之火中受煎熬的黑奴带来了希望。它的到来犹如欢乐的黎明，结束了束缚黑人的漫漫长夜。

然而一百年后的今天，我们必须正视黑人还没有得到自由这一悲惨的事实。一百年后的今天，在种族隔离的镣铐和种族歧视的枷锁下，黑人的生活备受压榨；一百年后的今天，黑人仍生活在物质充裕的海洋中一个穷困的孤岛上；一百年后的今天，黑人仍然畏缩在美国社会的角落里，并且意识到自己是故土家园中的流亡者。今天我们在这里聚会，就是要把这种骇人听闻的情况公之于众。

就某种意义而言，今天我们是为了要求兑现诺言而汇集到我们国家的首都来的。我们共和国的缔造者草拟宪法和《独立宣言》的气壮山河的词句时，曾向每一个美国人许下了诺言。他们承诺给予所有的人以生存、自由和追求幸福的不可剥夺的权利。

就有色公民而论，美国显然没有实践她的诺言。美国没有履行这项神圣的义务，只是给黑人开了一张空头支票，支票上盖着"资金不足"的戳子后便退了回来。但是我们不相信正义的银行已经破产，我们不相信，在这个国家巨大的机会之库里已没有足够的储备。因此今天我们要求将支票兑现——这张支票将给予我们宝贵的自由和正义的保障。

我们来到这个圣地也是为了提醒美国，现在是非常急迫的时刻。现在决非侈谈冷静下来或服用渐进主义的镇静剂的时候，现在是实现民主的诺言的时候，现在是从种族隔离的荒凉阴暗的深谷攀登种族平等的光明大道的时候，现在是向上帝所有的儿女开放机会之门的时候，现在是把我们的国家从种族平等的流沙中拯救出来，置于兄弟情谊的磐石上的时候。

如果美国忽视时间的迫切性和低估黑人的决心，那么，这对美国来说，将是致命伤。自由和平等的爽朗秋天如不到来，黑人义愤填膺的酷暑就不会过去。1963年并不意味着斗争的结束，而是开始。有人希望，黑人只要撒撒气就会满足；如果国家安之若素，毫无反应，这些人必会大失所望的。黑人得不到公民的权利，美国就不可能有安宁或平静，正义的光明的一天不到来，叛乱的旋风就将继续动摇这个国家的基础。

　　但是对于等候在正义之宫门口的心急如焚的人们，有些话我是必须说的。在争取合法地位的过程中，我们不要采取错误的做法。我们不要为了满足对自由的渴望而抱着敌对和仇恨之杯痛饮。我们斗争时必须永远举止得体，纪律严明。我们不能容许我们的具有崭新内容的抗议蜕变为暴力行动。我们要不断地升华到以精神力量对付物质力量的崇高境界中去。

　　现在黑人社会充满着了不起的新的战斗精神，但是我们却不能因此而不信任所有的白人。因为我们的许多白人兄弟已经认识到，他们的命运与我们的命运是紧密相连的，他们今天参加游行集会就是明证。他们的自由与我们的自由是息息相关的。我们不能单独行动。

　　当我们行动时，我们必须保证向前进。我们不能倒退。现在有人问热心民权运动的人："你们什么时候才能满足？"

　　只要黑人仍然遭受警察难以形容的野蛮迫害，我们就绝不会满足。

　　只要我们在外奔波而疲乏的身躯不能在公路旁的汽车旅馆和城里的旅馆找到住宿之所，我们就绝不会满足。

　　只要黑人的基本活动范围只是从少数民族聚居的小贫民区转移到大贫民区，我们就绝不会满足。

　　只要密西西比仍然有一个黑人不能参加选举，只要纽约有一个黑人认为他投票无济于事，我们就绝不会满足。

　　不！我们现在并不满足，我们将来也不满足，除非正义和公正犹如江海之波涛，汹涌澎湃，滚滚而来。

　　我并非没有注意到，参加今天集会的人中，有些受尽苦难和折磨，有些刚刚走出窄小的牢房，有些由于寻求自由，曾在居住地惨遭疯狂迫害的打击，并在警察暴行的旋风中摇摇欲坠。你们是人为痛苦的长期受难者。坚持下去吧，要坚决相信，忍受不应得的痛苦是一种赎罪。

　　让我们回到密西西比去，回到亚拉巴马去，回到南卡罗来纳去，回到佐治亚去，回到路易斯安那去，回到我们北方城市中的贫民区和少数民族居住区去，要心中有数，这种状况是能够也必将改变的。我们不要陷入绝望而不能自拔。

朋友们，今天我对你们说，在此时此刻，我们虽然遭受种种困难和挫折，我仍然有一个梦想。这个梦想是深深扎根于美国的梦想中的。

我梦想有一天，这个国家会站立起来，真正实现其信条的真谛："我们认为这些真理是不言而喻的：人人生而平等。"

我梦想有一天，在佐治亚的红山上，昔日奴隶的儿子将能够和昔日奴隶主的儿子坐在一起，共叙兄弟情谊。

我梦想有一天，甚至连密西西比州这个正义匿迹、压迫成风、如同沙漠般的地方，也将变成自由和正义的绿洲。

我梦想有一天，我的四个孩子将在一个不是以他们的肤色，而是以他们的品格优劣来评价他们的国度里生活。

我今天有一个梦想。

我梦想有一天，亚拉巴马州能够有所转变，尽管该州州长现在仍然满口异议，反对联邦法令，但有朝一日，那里的黑人男孩和女孩将能与白人男孩和女孩情同骨肉，携手并进。

我今天有一个梦想。

我梦想有一天，幽谷上升，高山下降，坎坷曲折之路成坦途，圣光披露，满照人间。

这就是我们的希望。我怀着这种信念回到南方。有了这个信念，我们将能从绝望之岭劈出一块希望之石；有了这个信念，我们将能把这个国家刺耳的争吵声，改变成为一支洋溢手足之情的优美交响曲。

有了这个信念，我们将能一起工作，一起祈祷，一起斗争，一起坐牢，一起维护自由，因为我们知道，终有一天，我们是会自由的。

假如给我三天光明

[美国]海伦·凯勒

我们都曾读到过这样激动人心的故事：故事的主角能活下去的时间已经很有限了，有的可以长到1年，有的却只有24小时。对于这位面临死亡的人打算怎样度过这最后时日，我们总是感到很有兴趣的——当然，我说的是可以有选择条件的自由人，而不是待处决的囚犯，那些人的活动范围是有限的。

这一类的故事使我们深思，我们会想道：如果我们自己也处于同样的地位，该怎么办？人都是要死的，在这最后的时辰，应当做一点什么？体验点什么？和什么人往来？在回首往事的时候，什么使我们感到快乐？什么使我们感到遗憾呢？

我常想，如果每一个人在刚成年时都能突然聋盲几天，那对他可能会是一种幸福。黑暗会使他更加懂得视力之可贵；寂静会教育他懂得声音的甜美。

我曾多次考察过我有眼睛的朋友，想让他们体会到他们能看到些什么。最近，我有一位很要好的朋友来看我，她刚从森林里散步回来。我问她发现了什么。"没有什么特别的。"她回答。好在我对这类的回答已经习惯了，因为很久以来，我就深信有眼睛的人所能看到的东西其实很少，否则，我是难以相信她的回答的。

我问我自己，在树林里走了一个小时，却没看到什么值得注意的东西，这难道可能么？我是个瞎子，但是我光凭触觉就能发现数以百计有趣的东西。我能摸出树叶的精巧的对称图形。我的手带着深情抚摸银桦的光润的细皮，或者松树的粗糙的凸凹不平的硬皮。在春天，我怀着希望抚摸树木的枝条，想找到一个芽蕾，那是大自然在冬眠之后苏醒的第一个征兆。我感觉到花朵的美妙的丝绒般的质地，发现它惊人的螺旋形的排列——我又探索到大自然的一种奇妙之处。如果我幸运的话，在我把手轻轻地放在小树上时，还能偶然感到小鸟在枝头讴歌时所引起的欢乐的颤动。小溪的清凉的水从我撒开的指间流过，使我欣慰。松针或绵软的草叶铺成的葱茏的地毯比最豪华的波斯地毯还要可爱。春夏秋冬——在我身边展开，这对我是一出无穷无尽的惊人的戏剧。这戏的动作是在我的指头上流过的。

我的心有时大喊大叫，想看到这一切。既然我单凭触觉就能获得这么多的快乐，视觉所能展示于人的，又会有多少！但是很显然，有眼睛的人看见的东西却很少。他们对充满这大千世界的色彩、形象、动态所构成的广阔的画面习以为常。也许对到手的东西漠然置之，却在追求自己所没有的东西，是人之常情吧。但是，在有光明的世界里，视觉的天赋只是被当成一种方便，而不是当作让生命更加充实的手段，这毕竟是令人非常遗憾的事。

为了最好地说明问题，不妨让我设想一下，如果我能有，比如说，三天的视力，我最希望看到什么东西。在我设想的时候，你也不妨动动脑子，设想一下如果你也只能有三天视力，你打算看见些什么。如果你知道第三天的黄昏之后，太阳便再也不会为你升起的话，你将如何使用这宝贵的三天呢？你最渴望看见的东西是什么呢？

如果由于某种奇迹，我能获得三天视力，然后再回到黑暗中去的话，我将把这段时间分作三个部分。

在第一天，我将看看那些以他们的慈爱、温情和友谊使我的生命值得活下去的人。首先我一定要长久地打量我亲爱的老师安妮·沙莉文·梅西太太。是她在我孩提时代来到我的身边，为我开启了外部世界的大门。我不但要细看她的面部的轮廓，让它存留在我的记忆里，而且要研究她那张面孔，找出生动的证据，说明她在完成对我的教育这项艰苦的任务时所表现出来的温和与耐性。我要从她的眼里看见她性格的力量。那力量使她坚强地面对困难。我还要看到她在我面前常常流露的对人类的同情。如何通过"灵魂的窗户"眼睛看到朋友的心灵深处，我是不懂得的。我只能通过指尖探索到人们面部的轮廓。我能感到欢笑、悲伤和许多明显的感情。我是通过触摸他们的面部认识我的朋友的……我很熟悉在我身边的朋友，因为成年累月的交往让他们把自己的各个侧面都呈现在我的面前。然而对于偶然结识的朋友，我却只有通过握手，通过指尖触摸他唇上的话语和他们在我的掌心里的点划，得到一点不完全的印象。

你们有眼睛的人只需通过观察细微的表情：肌肉的震颤、手的动作，便能迅速地把握住另一个人的基本性格，那是多么轻松，多么方便啊！

但是，你曾想过用你的眼睛去深入观察朋友或熟人的内在性格没有呢？你们大部分有眼睛的人，对人家的面孔是不是经常只随意看到一点外部轮廓就放过去了呢？

有眼睛的人对身边的日常事情很快就习以为常了。他们实际上只看到惊人的和特别触目的部分。而且就是在特别触目的景象面前，他们的眼睛也是懒惰的。每天的法庭记录都说明"证人"们的眼睛是多么不准。同一个事情有多少个"证人"，就会有多少个不同的印象。有的人比别的人看到的多一些，然而能把他们视觉范围内的东西全部看到的人却寥寥无几。

啊！如果我有三天视力，我能看到多少东西啊！

第一天我一定很忙，我要把我所有的亲爱的朋友请来，久久地观看他们的面孔，把体现他们内心美的外部特征深深地印在我的心上。我还要细看婴儿的面庞。我要观察在个体认识到矛盾之前的强烈的天真的美——那矛盾是随着生命的发展而发展的。

我还想观察我那几条忠心耿耿的狗的眼睛——庄重、老练的小苏格兰、小黑，还有高大结实、善解人意的大丹麦狗赫耳加。它们曾以热烈、温柔和快活的友谊给了我极大的安慰。

在最忙的第一天，我也想去看一看家里的琐碎简单的事物。我想看看我脚下的地毯的温暖的色彩，看看墙上的画，看看那些我所熟悉的琐碎的东西。是它们把一所房屋变成了家的。我的眼睛会带着敬意停留在我所读过的凸文书籍上，但是我恐怕会对印刷出来给有眼睛的人读的书感到更加强烈的兴趣。因为在我的生命的漫长的黑夜之中，我所读过的书和别人为我"读"的书，已经构筑成了一座巨大的灿烂的灯塔，为我照亮了人的生命和精神的最深邃的航道。

在我有眼睛的第一天的下午，我要在树林里作一个漫长的散步，用大千世界的种种美景刺激我的眼帘。我要竭尽全力在几小时之内吸取那光辉广阔的场面——那对有眼睛的人永远展现的场面。在我从林间散步回来的路上，我走着的小径会从田野旁经过，我可以看到温驯的马翻耕着土地（说不定只看到一部拖拉机！），也可以看到那些紧靠泥土生活的人们怡然自得的神情。我还要祈祷让我看到一个绚丽多彩的落日。

黄昏降临之后，我还会体察到一种双重的欢乐：我能借助人造的光明来看到世界，在大自然命令出现黑暗的时候，人类却凭自己的聪明才智创造出了光明，延长了自己的视力。

在我有视力的第一个晚上，我大概会睡不着觉，我心里一定会充满了对白天的丰富的回忆。

第二天——我有视力的第二天，我将和黎明同时起身，去观看那把黑夜变成白昼的令人惊心动魄的奇景。我要怀着敬畏的心情观看那宏伟浩瀚的、光华灿烂的景色，太阳就是用它唤醒了沉睡的地球的。

我要拿这一天迅速地纵观世界，观察它的过去和现在。我要看到人类进步的奇迹，看到万花筒一般的各个历史时代。我怎么能在一天之内看到这样众多的事物呢？当然得靠博物馆。我曾多次参观过纽约的自然历史博物馆。我曾用手触摸过那儿的展品。但是，我也曾希望用我的眼睛看见在那儿展出的地球和它的居民的简要的历史；我要看到在自己的天然环境里生长的动物和不同人种的人；看到恐龙和乳齿象的庞大的骸骨，它们在个子矮小但脑力强大的人类征服动物界之前许久曾在大地上漫游。我还要看到有关动物、人类、人类的工具的生动实际的展览品。人类利用工具在地球上为自己开辟了安全的家园。我还要看到自然史上的一千零一个其他方面。

我不知道本文的读者中有多少人曾在那动人的博物馆里看到过各类生物的广阔画面。当然，有许多人没有这样的机会，但是我相信不少人虽有这样的机会却没有加以使用。博物馆的确是一个值得你使用眼睛的地方。你们可以在那儿多日流连，得到丰富的教益。但我却只有想象中的三天，因此只能匆匆地看过就离开。

下一站我要到都会美术博物馆去。自然历史博物馆揭示了世界的物质面，美术博物馆则反映出了人类精神的千姿百态。在整个人类历史中，对于艺术表现的要求和对于吃、住、繁衍的要求一样强烈。在这儿，美术博物馆的宽大的展览室将通过古埃及、古希腊和古罗马的艺术展示出这些民族的精神世界。古尼罗河土地上的男女神灵的雕像，我的手指对它们是很熟悉的。我也曾触摸过巴底农神庙的壁饰浮雕的复制品。我曾体会到冲锋陷阵的雅典勇士们有节奏的美。阿波罗、维纳斯和萨莫特雷斯的有翅膀的胜利女神雕像，都是我指头尖上的朋友。荷马那疙里疙瘩的有胡须的面庞使我感到分外亲切，因为他也懂得瞎了眼睛的痛苦。

我的指头曾在古罗马和后世的生动的大理石雕像上流连。我曾抚摸过米开朗琪罗的动人的英雄摩西的石膏像。我曾触摸到罗丹的作品的气魄。我曾对哥德人的木雕所表现的虔诚肃然起敬。我能懂得这些能触摸到的艺术品，但是，它们本是用来看，而不是用来摸的。它们的美至今对我隐蔽着，我只能猜想。我能赞叹希腊花瓶的单纯的线条，但是它的形象装饰我却无法感受。

因此，在我有眼睛的第二天，我将通过观看人类的艺术去探索人类的灵魂。过去我凭触觉感受到的东西，现在我要用眼睛去看到了。更为绝妙的是整个绚丽的绘画世界——从带着平静的宗教献身精神的意大利原始绘画到具有狂热的想象的当代绘画，都将在我面前呈现出夺目的光彩。我要深入地观看拉斐尔、达·芬奇、提香、伦勃朗的画。我要饱览维隆尼斯的温暖的色调，研究厄尔·格勒柯的神奇，把捉珂罗笔下的大自然的新颖、形象。啊，有眼睛的人们，在历代的艺术作品中，你们可以看到多么丰富的意义和美啊！

我在艺术殿堂的短暂的巡礼中所能看到的不过是向你们开放的艺术世界的很小的一部分。我只能获得一个浮光掠影的印象。艺术家们告诉我，要想深入、真切地欣赏艺术，必须训练眼睛；要通过经验衡量线、构图、形体和色彩的优劣。如果我有眼睛，我将多么乐于从事这种迷人的研究啊！然而，我却听说，在你们许多有眼睛的人眼中，艺术的世界却是一片没有被探索、照亮的混沌。

我离开都会美术博物馆时，一定十分留恋，那儿有通向美的钥匙——被那样地忽视了的美。不过，有眼睛的人们要寻求通向美的钥匙，并不一定要到都会美术博物馆去。同样的钥匙在小型博物馆甚至在小型图书馆架上的书中也等待着他们。然而，在我所幻想的有限的有眼睛的时间里，我必须选择可以在最短的时间内打开最巨大的宝藏的钥匙。

在我有眼睛的第二天晚上，我要用来看戏或看电影。就是目前我也经常"看"各种戏剧表演。只是演出的动作得靠一个同伴拼写到我的手心里。我多么想用自己的眼睛看到身穿伊丽莎白时代丰富多彩的服饰的迷人的哈姆雷特或易于冲动的福斯泰夫啊！我会多么密切地注视着漂亮的哈姆雷特的每一个动作和粗壮的福斯泰夫的每一个步伐！由于我只能看到一个剧，我难免会感到莫衷一是，因为我想看的剧有好几十个。你们有眼睛，愿看哪一个都可以，我不知道你们有多少人在看戏看电影或其他节目时曾经感觉到视力这个奇迹，对它表示感谢？让你欣赏到演出的色彩、动作和美的正是它呢！

我在用手触摸的范围之外，便无法欣赏有节奏的动作。对于巴芙洛娃的娴雅优美，我只能模糊地想象，虽然我也懂得一点节奏的快感，因为我常在音乐震动地板时感到它的节拍。我很能想象节奏鲜明的动作一定会形成世界上最美妙的形象。我常用手指抚摸大理石雕像，依稀懂得一点这种道理。既然这种静止的美都如此可爱，那么，如果能看到运动中的美又会是多么令人销魂陶醉！

我最甜蜜的记忆是约瑟夫·杰弗逊在表演他心爱的李卜·范·温克尔的某些动作和台词时让我触摸了他的面孔和双手。那使我对戏剧的世界有了个朦胧的印象。当时我的快乐我将永远难忘。有眼睛的人们随着戏剧的开展所能看见和听到的交替出现的行动和语言，能给他们多少乐趣啊！可是啊，这种乐趣我却无法体会！我只需看到一次演出，以后便可以在心里想象出一百个剧本的动作。这些剧本我曾读过或通过手语体会过。

因此，在我所想象的我有眼睛的第二天，戏剧文学的伟人形象将从我的眼里挤走全部的睡意。

第三天早上，我将再一次迎接黎明。我渴望获得新的美感，因为我深信，对于那些真正能看见的有眼睛的人来说，每一天的黎明都永远会显示出一种崭新的美。

这一天，按我所设想的奇迹的条件看来，已是我有眼睛的第三天，也就是最后一天了。要看的东西太多，我不会有时间感到遗憾或渴望的。第一天我用在有生命和无生命的朋友身上了；第二天向我展示了人类和自然的历史；今天，我要到忙于生活事务的人们的地方去看看当前的日常世界。还能有什么比纽约更纷纭繁复的地方？纽约就是我的目的地。

我的家在森林山，坐落在长岛一个小巧幽静的郊区，那儿在葱茏的草地、树木和花朵之中，有整洁玲珑的住宅，有妇女们和孩子们的活动和欢笑。这是个平静的安乐窝，男人们在城里工作一天之后，便回到这里来。我从这里驱车出发驶过横跨东河的花边一样的钢架桥梁。我会得到一个令我赞叹的新印象，它向我显示出人类心灵的力量和聪明。河里船舶往来如织，轧轧地响着，有飞速的快艇，也有喷着鼻息的没精打采的拖驳。如果我时间还很多的话，我要花许多时日来观察河上的有趣的活动。

我往前看，在我眼前升起的是纽约城千奇百怪的高楼大厦——好像是一座从童话中升起的城市。闪光的塔楼、巍然耸立的钢铁和石头的壁垒，多么叫人惊心动魄！——就是众神为自己修造的宫阙也不过如此！这一幅活跃的图画是数以百万计的人们日常生活的一部分。可是我不知道有多少人看过它第二眼？我估计人数很少。人们对这宏伟的景象是看不见的，因为对它太熟悉。

我匆匆忙忙地登上一座巍峨的高楼——帝国大厦，因为不久前我曾在那里通过我的秘书的眼睛"看"到了脚下的城市。我急于要把我那时的想象和现在的现实相印证。我深信我对即将展现在我眼前的宏伟图景不会失望，因为它对于我来说是另一个世界的幻象。

现在我开始周游这座城市了。首先，我要站在一个闹市的角落里，凝望着行人，不做别的事，我要从他们的眼神里看到他们生活的某些侧面。我看到微笑，便感到高兴；我看到坚强的决心，便感到骄傲！我看到痛苦，也不禁产生同情。

我沿着五号大街漫步，我要放眼纵观，不看个别的对象，只看那沸腾的、五彩缤纷的场面。我相信在人群中往来的妇女的服装，一定是万紫千红、色彩绚丽的，叫我永远也看不厌。但是如果我有眼睛的话，我也会像别的妇女一样，只对个别服装的式样和剪裁发生过多的兴趣，而忽略了人群中的色彩的美艳。我还深信，我会流连于橱窗之间，久久不肯离开，因为展出在那儿的货品一定是琳琅满目、美不胜收的。

我离开五号大街，又去观光全城。我到公园大街去，到贫民窟去，到工厂去，到孩子们游玩的公园去。我去参观外国人的居住区，这是身在国内却又出国旅行的办法。为了深入探索，加强我对人们的工作和生活的理解，我将永远对一切快乐的和痛苦的形象睁大我的双眼。人和事的种种形象将充满我的心。我的眼睛决不会把任何东西视作无足轻重而轻易放过。我的目光所到之处，都要探索和紧紧地把捉。有些场面欢乐，它使我的心也充满欢乐；但是也有痛苦的场面，痛苦得叫人伤感。这种种痛苦的场面，我绝不会闭上眼睛，因为那也是生活的一部分。对它闭上了眼睛，也就是闭上了心灵和思想。

我有眼睛的第三天快结束了。也许我还应当把剩下的几个小时作许多严肃的追求。但我担心在那最后的晚上，我又会跑到戏院去看一场欢笑谐谑的戏。这样，我便能欣赏到人类精神中喜剧的情趣。

我暂时获得的视力到半夜就要结束了，我又将陷入无尽的黑夜之中。在短短的三天内，我是不可能看到我想看到的一切的。只有当黑暗再度降临到我身上之后，我才会懂得我看到了多少东西。不过，我的心里仍然充满光明的回忆，因此没有时间感到遗憾。此后我每触摸到一样东西，都会想起它的样子，从而唤起一段美妙的回忆。

我是个瞎子，我对有眼睛的人只有一个建议：我要劝告愿意充分使用视力这种天赋的人，要像明天你就会变成瞎子一样充分使用你的眼睛。同样的设想也可以用于其他的感官，要像明天你就会变成聋子一样，聆听话语中的音乐、鸟儿们的歌唱和交响乐队雄浑的乐章。要像明天你的触觉就会消失一样去抚摸你想抚摸的一切。要像你明天就会失去嗅觉和味觉一样去品味花朵的馨香和食物的美味。充分地使用你的感官吧！陶醉于大自然通过你天赋的不同知觉对你显示出的种种快感和美感中去吧，不过，在一切感官之中，我仍深信视觉是最令人快乐的。

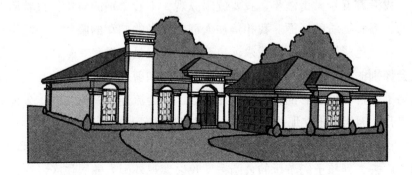

瞬间的思索

[苏联]邦达列夫

书籍——就是遗嘱的执行者，是所有时代、所有民族的精神珍品的无可责备的保管者，就是早从人类的童年时代起就传给我们的永不熄灭的光源，就是信号和预告，痛苦和苦难，欢笑和高兴，朝气和希望，就是精神力量优于物质力量的标志，是意识的最崇高的产物。

书籍——就是对思想、哲学学派、社会民族历史条件的发展的认识，这种思想、学说和条件在不同的历史阶段，不断产生着对善良、理智和启蒙运动的信念，产生着对以自由、平等和社会公正为旗帜的革命斗争的信念。

科学是用概念范畴进行思维的，它能创造物质、体系和公式，可以解释、发现和征服许多许多、不可胜数的东西，但是就其本身性质而言，科学毕竟有一种东西无法研究——人们的感情，它也不能创造某一时代的人的形象。这一点注定只有文学才能做到。

一个常掀书本的人，不断审视着第二种生活，像端详镜子的深处那样寻找着自己喜爱的人物和自己思考的答案，那他就会不由自主地拿别人的命运和别人的勇气来比量自己的性格特点，同时不断惋惜、疑惑、抱怨、笑、哭、同情和参与其中——这就是书在开始起感化作用。按照列夫·托尔斯泰的说法，这一切就是"感情感染"。

几乎在每个人的命运中，书上的语言都起过无可比拟的作用，谁要是没有被一本好书俘虏过，那将是最大的遗憾——一旦拒绝第二个现实、第二份经验，他最终会把自己封闭起来，并缩短自己的寿命。

集中营里的孩子们

[美国]威塞尔

让我们来讲故事。那是我们的首要责任。

如此聪明又如此苍老的孩子们的故事。

黑夜吞食生命、希望和永恒的故事。

让我们讲故事来记忆人类是多么脆弱，在面对凶猛的邪恶之时。大战后，死者向每个幸存者提出了同一个问题：你是否能讲述我们的故事？

最好的描述是由普通人或儿童提供的。他们找到了正确的词语，正确的语调，坦白、质朴，这些是真理以及艺术的印记。他们面临的不是艺术技巧的问题。他们的目的只有一个，就是他们执着的顽念：担负见证，传达一星火焰，一段故事的残片，他们的真相的一个反映。

最纯粹的写作是那些献给了我们子孙的苦难、苦恼与死亡的写作——以及由那些孩子自己写下的作品。他们的词句比其他人的更使我们接近那经历——他们的词句就成了经历。

伊茨哈克·卡曾尼尔森，在他的《我惨遭杀戮的族人之歌》里，给了我们如下的描述：

不要哭……在这个车站我看见另一个大约五岁的小姑娘。她在给她的弟弟喂食，而他哭了。他哭了，那个小东西；他在生病。往些许冲淡了的果酱里她撒进了面包的碎屑，熟练地把它们塞进他的嘴里。这一切我的眼睛有福看见，看见这母亲，一个5岁的母亲，在哺育她的孩子，听见她慰抚的词语。我自己的母亲，全世界最好的一个，也不曾发明这样的计策。但这一个却带着微笑擦擦他的嘴，把欢乐注入他的心里，这以色列的小姑娘。舒莱姆·阿莱赫姆也不能比她做得更好。他们，以色列的孩子们，要最先接受末日与灾祸，其中大多数都没有父母。他们被霜冻、饥饿、蛆虫所吞噬。神圣的弥赛亚们，在痛苦中达到了圣洁。说吧，那么，这些羔羊犯了什么罪？为什么在劫数到来的日子里是他们最先成为残忍的牺牲品，邪恶陷阱的第一个猎物，最先被留给了死亡，最先被抛入屠宰的货车？他们被扔进了货车，庞大的货车，就像一堆堆弃物，像大地上的尘土。而他们运输他们，杀死他们，灭绝他们，不留一点残余或记忆。我的孩子们中最好的都已被消灭，让苦难降临我吧，还有灾祸与荒芜。

　　每当我读到对孩子的杀戮，我知道我将需要用我的一切力量来摆脱——而非绝望。这变得更为真切是在我读到这同一些孩子们在他们进入火焰前所写下的作品之时。
　　一个叫作玛莎的小孩在死前不久这样写道：

这些天里我一定要节省。
我没有钱可节省；
我一定要节省健康和力量，
足够支持我很长时间。
我一定要节省我的神经和我的思想和我的心灵
和我的精神的火。
我一定要节省流下的泪水。
我需要它们很长，很长的时间。
我一定要节省忍耐，在这些风暴肆虐的日子。
在我的生命里我有那么多需要的：
情感的温暖和一颗善良的心。
这些东西我都缺少。
这些我一定要节省。
这一切，上帝的礼物，我希望保存。
我将多么悲伤倘若我很快就失去了它们。

一个叫莫泰尔的小男孩写下了一首极短的诗：

一个小花园，
有一个小男孩走在它旁边。
当花朵开放，
小男孩将再也不在。

另一个小女孩，阿莱娜，写道：

我想独自离开
到有别的，更好的人的地方。
进入遥远未知的某处，
那里，没有人杀害别人的地方。
也许我们更多人，一千个强者
会到达这目的地
在不久以后。

巴维尔·弗雷德曼写下了"蝴蝶"：

最后的，最最后的，黄得如此斑斓，明亮，耀眼。
也许如果太阳的眼泪会对着白石头歌唱
这样一种黄色就会被轻轻带起
远走高飞。
我肯定它走了
因为它希望向世界吻别。
七个星期我一直住在这里
关在这贱民区里。
但我在这里找到了我的族人，

而蝴蝶召唤着我。

而白色的栗子在庭院里点亮。

只是我再没看见一只蝴蝶。

那只蝴蝶是最后一只。

蝴蝶不住在这儿。

在贱民区里。

最后一首，是由一个叫作莫泰利的小男孩写下的。我不知道他是谁，也不知道多大：

从明天开始，我将悲伤。

从明天开始。

今天我将快乐。

悲伤有什么用？

告诉我吧。

就因为开始吹起了这些邪恶的风？

我为什么要为明天悲痛，在今天？

明天也许还这么好，

这么阳光明媚。

明天太阳也许会再一次为我们照耀。

我们再也不用悲伤。

从明天开始我将悲伤。

从明天开始。不是今天。不是。

今天我将愉快。

而每一天，

无论它多么痛苦，

我都会说：从明天开始，

我将悲伤，

不是今天。

是的，让我们来讲故事，诗篇中的故事和文件中的故事。别的一切都可以等，必须等。别的一切都不存在。

让我们来讲故事：恐惧的故事和黑夜的故事，发疯的老人的故事，他们在升上天堂时与他们的儿孙共舞。

让我们讲述发了疯的时代的故事，人类最深的苦难的故事。我说的是在奥斯维辛被杀害的犹太人。但在奥斯维辛死去的是人性。当人性杀害犹太人，人性就杀害了自己。

让我们来讲故事：孩子们的故事，他们在死去之前的一刻还在歌唱着生活。让我们讲述睿智的老人的故事，他们爱孩子并继续爱着他们直到死去。

让我们来讲故事：因为孩子们爱听故事。但有一个故事决不会被讲述，很快我们甚至也不会知道它的名字——还有它的秘密。

论思想的尊严

[埃及]陶菲格·哈基姆

笔的真正力量在于，"想说时能够说出其所想"。真正的男子汉气概是，为了尊严，一个人可以献出自己的鲜血和金钱，快乐与欢愉，舒适和安逸，能够献出自己的亲人和眷属，献出他喜欢的和他珍爱的一切。真正的尊严是，一个人将自己的最后一口气置于天平的一端，将自己的思想和见解置于天平的另一端，当环境要求衡量两个秤盘上放置物的重量时，他的思想和见解这一端会立即显示出优势来。历史上的所有伟大人物，都曾是这样，即使是今天缺少伟大人物的埃及，某一天也曾见到过这种类型的许多人物，他们为了一种思想，毫不犹豫地牺牲自己的一切，为了自己的主张，弃绝一切享受。这样的人物，在埃及精神生活和思想生活中出现过很多。当我说世界各民族是靠这些人的肩膀支撑起来的时候，我并没有言过其实。可怕的是，一个民族缺少这样的人物。是的，今天，有一件事困扰着我，令我不安。这就是：今天的律法是用脚践踏思想，法律跟在虚伪的人物和虚幻的金钱后面奔跑！

这些话我几年前就曾说过，今天还要说。我相信，在埃及有许多有头脑的人，他们很会思考问题，研究问题，提出有益于国家的见解。但是，他们把自己的意见藏在肚子里，或者低声悄语地谈及，不敢大胆地陈述或带着信心去宣传。他们怕遭到攻击，或者怕自己的利益受到想象中的损害。这种来自成熟者的退让回避，不参加对公共舆论的指导，存在于与集权统治或独裁统治相似状况下的舆论界。在这种状况下，一种思想控制人们的全都思想，一种意见横行于群众的全部思考，不加任何讨论地相信某种占统治地位的说法，无意识地与横扫一切的观点相协调。我们——事实上——是通过自己把集权统治强加到自己身上！不是我们的宪法，不是我们的统治制度，——我们的民主制度并不阻碍我们的自由，但是，我们心甘情愿地放弃了它，因为我们不想去保卫它或推进它。我们常常更喜欢接受我们并不相信的别人的意见，而不愿为我们的意见付出某些辛劳或某些损失。世界上没有一种制度能保证这种人的自由——他们在表达自己的自由见解时，或害怕，或偷懒，或疏忽！

假如你们想要得到自由和人类的尊严，那你们就去检索你们头脑中的每一种意见，不要盲目地和不加思考地接受别人的意见，即使是你们最要好的朋友！狗的勇敢行为是被轻视的，不是因为别的，只是因为它毫不困难地接受它的朋友们套在它脖子上的箍圈，即使那箍圈是金子做成的！

论奴性

[黎巴嫩]纪伯伦

人是生活的奴隶。奴性用凌辱挡住人们的白昼，用血泪淹没了人们的长夜。

我走进宫殿、学校和庙堂，停立在宝座、讲台和祭坛的面前。在任何处所我都看到：工人是商人的奴隶，商人是军人的奴隶，军人是统治者的奴隶，统治者是神甫的奴隶，神甫是偶像的奴隶，而偶像则是恶魔所幻化，是髑髅山上的幽灵。

我走进权贵们的府邸，又走进贫贱者的茅舍。我到过装饰象牙与黄金的华屋，也到过群集绝望的幽灵与死神的斗室。

我看见婴儿从小就养成奴性，孩子们一边识字，一边学着服从，小二姑娘穿着把温顺、柔和当作衬里的衣裙，妇人们躺在屈从听命的卧榻上。

我们一辈又一辈的人们在一起，从刚果河走到幼发拉底河畔，到尼罗河口，到西奈群山，到雅典的广场、罗马的教堂，到君士坦丁狭窄的小街，到伦敦一幢幢高大的楼房。我看见，奴性总是和荣誉、尊严并驾齐驱。我看见年轻的男女们在祭坛上作为牺牲，奴性被尊崇为神；斟上美酒与香露，称颂奴性为统治者；人们在奴性的圣像前焚香，把他当作先知；在他面前下跪，奉他为金科玉律。在奴性的驱使下，人们自相残杀，却把这行为称为爱国；人们在奴性的面前俯首，说奴性是神落在大地上的影子；人们遵从奴性的愿望焚房屋，毁村庄，却说这是平等和友爱；人们竭罄全部的精力和时间，奉献给奴性，说这是财富和经营奴性名目繁多，本质只有一个，它有许多形式，内容却始终如一。奴性——这是自古就有的一种征兆多端的病症；孩子们从父辈那里把它和生命一起承受下来；岁月把它播种在时代的土壤里，然后收获，就像在一年中的一个季节里收获另一季节的果实。

这就是我遇到过的奇形怪状的奴性。

当我由于追随一辈又一辈的人而疲倦了，当我由于看着人们的奔波而厌烦了，我就独自一人坐在幽灵所居的豁谷里，太古的幽灵在这里藏匿，未来的幽灵在这里期待着自己投生的时刻。在这里看见一个苍白的幽灵，他凝望着太阳，独自彷徨。我问他："你是谁？叫什么名字？"他回答："我的名字叫——自由。"我说："你的孩子们都在哪里？"他回答我："一个牺牲在十字架上。一个得疯病死了。第三个还没有降生。"

幽灵消失在雾霭中。

因小失大

[美]本杰明·富兰克林

那时，我是个 7 岁的孩子。在一个假日里，同伴们往我口袋里装满了铜板。我立即向儿童玩具店跑去。路上，我瞧见别的孩子手里拿着哨子，哨子吹出的声音把我迷住了。我就把铜板统统掏出来，换了一只哨子。我回到家里，一蹦三跳地吹着哨子跑遍全屋，为此颇感得意，不想妨碍了一家人。我把买哨子所付的钱告诉兄姐和堂哥堂姐时，他们说，我付了四个哨子的钱，还对我说，多付的钱本来可以买许多好玩的东西。他们取笑我做了件蠢事，把我气恼得哭了起来，甚至一想到这件事，我所感到的羞辱，超过哨子带给我的乐趣。

然而，这件事一直印在我的脑际，后来对我颇有益处。每当别人引诱我去买一些我用不着的东西时，我常常告诫自己："别对哨子花太多的钱"，我把钱省了下来。乃至长大成人，来到大千世界，观察人的一举一动，我想，我遇到了许许多多"对哨子付出了太多的钱"的人。有的人渴望得到宫廷的青睐，把时间浪费在宫廷会议上，放弃休息、自由、美德，甚至朋友，我认为，"这种人对他的哨子付了过高的代价"。有的人争名夺利，时常参与政事，忽视自己的本职工作，最后因此而堕落，我认为，"这种人对他的哨子付出的代价实在太高"。

有的守财奴为了敛财致富，不惜置一切舒适、一切与人为善的快乐、别人对他的尊敬和友谊的欢乐于不顾，我说，"可怜的人啊，你为你的哨子付出了过高的代价"。专事寻欢作乐的人，不努力提高自己的志向或社会地位，忽视健康，只沉溺于眼前的良辰美景，我说，"错了，你这样做适得其反，在自找苦吃；你对你的哨子付出了过高的代价"。有的人热衷于修饰仪表，讲究衣着，欲置备美轮美奂的住宅、精雕细琢的家具和富丽堂皇的马车又力所不能及，结果债台高筑，"哎呀，"我感叹道，"他对他的哨子付出了太高太高的代价"。总而言之，人类一切痛苦之事，大都由于对事情的错误估价，亦即"对他们的哨子付出过高的代价"——因小失大。

论报复

[英]弗兰西斯·培根

报复是一种私人的执法。犹如野生的蔓草，人的天性愈是自然地趋向于它，法律和文明就愈是应当剪除它。如果说，一件罪行只是触犯了法律，那么私相报复却是完全否定了法律。

其实，报复的目的无非只是为了同冒犯的人扯平。然而如果有度量宽谅别人的冒犯，就使你高于冒犯者了。这种大度宽容是君王的气概。据说所罗门曾说："不报宿怨乃是人的光荣。"过去的事情毕竟过去了，是不能再挽回的。智者总是着眼于现在和未来，念念不忘旧怨只能使人枉费心力。何况为作恶而作恶的人是没有的，作恶都无非是为了利己自私罢了。既然如此，又何必为别人爱自身超过爱我们而发怒呢？即使有人作恶是因为他的生性险恶，这种人也不过像荆棘而已。荆棘刺人乃是因为它的本性如此啊！

假如由于法律追究一件罪行，而自行报复，那或许还可宽恕。但这也要注意，你的报复要不违法因而也能免除惩罚才好。否则你将使你的仇人占两次便宜：一次是他冒犯你时，二次是你因报复他而被惩处时。

有人只采用光明正大的方式报复敌人，这是可佩的。因为报复的动机不仅是为了让对方受苦，更是为了让他悔罪。但有些卑怯恶劣的懦夫却专搞阴谋诡计来报复，他们以暗箭射人，却又不让人弄清箭从何来。

对那种忘恩负义的朋友的报复，似乎是最有理由的。佛罗伦萨大公说："《圣经》

曾经教导我们宽恕仇敌，但却从来没有教导我宽恕背义的朋友。"但是约伯的格调就高一些，他说过："难道我们只向上帝索取好的而不要坏的吗？"（注：语出《圣经·旧约·约伯记》）对于朋友，岂非也可以这样问吗？……

一个念念不忘旧仇的人，他的伤口将永远难以愈合，尽管那本来是可以痊愈的。

只有为国家公益而行的复仇才是正义的。例如为恺撒被刺，为波提那克斯和亨利三世之死而复仇。然而为私仇而斤斤图报却是可耻的。念念不忘宿怨而积心图谋报复的人，所度过的将是一种妖巫般的阴暗生活。他们为此活着时有害于人，为此而死也是不利于己的。

品质
塑造孩子一生

天赋亲职教育读本

张绍梅 ◎ 著

世界知识出版社

图书在版编目（CIP）数据

品质塑造孩子的一生 / 张绍梅著 . –– 北京：世界知识出

版社，2018.2

（天赋亲职教育读本）

ISBN 978–7–5012–5673–0

Ⅰ . ①品… Ⅱ . ①张… Ⅲ . ①品德教育 – 家庭教育

Ⅳ . ① G78

中国版本图书馆 CIP 数据核字（2018）第 006924 号

书　　名	**品质塑造孩子的一生**
作　　者	张绍梅 / 著
责任编辑	王瑞晴　蔡金娣
责任出版	王勇刚
策　　划	董保军　张天罡
出版发行	世界知识出版社
地址邮编	北京市东城区干面胡同 51 号（100010）
电　　话	010–85112689（编辑部）
	010–65265923（发行部）　010–85119023（邮购电话）
网　　址	www.ishizhi.cn
印　　刷	三河市祥达印刷包装有限公司
经　　销	新华书店
开本印张	787×1092 毫米　1/16　16 印张
字　　数	256 千字
版次印次	2018 年 3 月第一版　2019 年 3 月第二次印刷
标准书号	ISBN 978–7–5012–5673–0
定　　价	180.00 元（全四册）

序言　生命之树

　　每当我注视孩子，脑海中常有这样一幅画面：一位天使将一颗小小的种子放在我的手中，天使说："这是上帝送给你的最宝贵的礼物，你别看它现在微小不起眼，但有一天它会成为一棵果实累累的大树，那就是上帝通过种子在赐福与你。"

　　孩子就像那颗种子，当上帝将所有美好的祝福都包孕于其中之后，栽育种子的重任便由每一位父母来继续完成，通过精心的呵护和引导，种子慢慢长大了，枝叶繁茂，那么，当他要结出生命果实的时候，作为父母，你最想在这棵树上看到什么呢？

　　作为一位同样是家有学童的妈妈，我很理解并也和很多父母一样有这样的期待，期望那颗果实具有优良的学习基因，不仅长得又大又甜美，而且勤奋刻苦努力、优异的成绩、出类拔萃的表现、名校学子的头衔，都能在这颗果实上体现出来。可是，不管你因着这颗果实有多么喜悦，当你静下心来慢慢思索的时候，你一定不难明白，如果一棵果树上只结一个果子，不管它长得再硕大、再完美、再优质，那也是不够的。不仅是不够的，而且是充满缺憾的。我们对孩子的养育同样如此，哪一个爹妈不期望孩子能有优异的成绩，考取令人羡慕令人骄傲的名校呢？可是，如果爸爸妈妈的目标仅有这些，那将会给孩子的人生带来无限缺憾。

　　因着"帮孩子成为学习赢家"这一使命的推动，我以及我们团队的所有老师都有这样一个深刻体会，学习的品质如果仅仅是一颗"独果"，一枝独秀地挂在枝头，那它可能变质变味，甚至会变成一颗"苦果"。看到太多的孩子因着被要求去追求成绩而失去快乐的能力、自我发现的能力、自我接纳的能力、宽容他人的能力，那么，他们长大之后，可能会成为不知道怎样去爱配偶的妻子或丈夫，尽管他或她一直在为家庭的幸福而努力经营；他们也很可能会成为一个总是不断品尝失意愤懑的员工，尽管他或她一直努力工作。寻求幸福而不得、充满失意不满的孩子们，又很可能会把这些生命的

"苦果"遗留给他们的孩子们，作为爱孩子的家长，难道我们愿意看到这样的情景发生吗？

那么，愿我们的家长能够成为一个不但辛勤而且称职的园丁，因着每个孩子的天性多方造就孩子，让乐观、宽容、独立……这更多丰富美好的果实呈现在孩子的生命之树上。

目 录 Contents

第一章　诚实的品质

做事可靠，值得信赖

拥有内心的单纯

能做到表里如一

记得有位名人曾说，诚实是做人的灵魂。一个人如果连灵魂都没有了，还能对他有什么期望呢？诚实对一个人是那么的重要，可我们的孩子是怎样理解诚实的呢？

上海社科院青少所曾在上海市 986 户"80 后"、"90 后"和"00 后"的家庭中进行了一项调查，结果显示：46.1% 的孩子认为"诚实就意味着吃亏"。看来，在许多孩子心里，诚实和吃亏已经悄悄画上了等号。不知道你对这样的调查结果有怎样的看法，但我想这或多或少也折射出了家长们对诚实的态度。

对于诚实，许多家长心里也是充满了矛盾，既希望自己的孩子能拥有诚实的品质，但又不希望他太诚实。家长们都深信诚实是一种优秀的品德，它能帮助孩子成为一个品德高尚的人，因此孩子应该拥有这样一种品质，可是这样的品质似乎在生活中却并不能带来更多现实的利益。一位家长就曾和我讲起这样一件事情。

> 那天老师留了一道很难的数学题，孩子们大都不会，班里只有一两个孩子做出来了。为了能完成作业，许多孩子找来抄了抄，便交给了老师。没想到，就连做出来的孩子也做错了，于是班里出现了许多相同的错误版本。老师为此很生气，让抄了作业的孩子都站起来。我的孩子和其他一些孩子就都站了起来，他们为此受到了老师严厉的批评，还被罚做作业。可是那些明明抄了作业却没有站起来的孩子没有受到任何的惩罚。孩子回来就问我："妈妈，一个人真的需要诚实吗？"

或许诚实并不能立刻给孩子带来巨大的物质财富，或许诚实无法给孩子带来眼前的利益，但诚实也绝不仅仅是高高在上的道德标准。诚实的人能够保持真实，不欺骗他人，不欺骗自己。而这种真实将会给他的内心带来单纯和平静，这种单纯和平静就好比一枚指南针，能让孩子在任何纷繁复杂的环境中都不会迷失方向，从而活出真实的自己。我想，这样一个敢于面对真实的人将更容易拥有成功、幸福、美好的人生。

可是，怎样的人才称得上一个诚实的人呢？

做事可靠，值得信赖

诚实的人能够保持真实，这种真实会给人一种做事可靠、值得信赖的好印象。而可靠、值得信赖常常是一面金字招牌。

你到过北京吗？你品尝过北京烤鸭的美味吗？凡是到北京来的人都会去尝尝烤鸭的味道，可是在北京卖烤鸭的餐馆那么多，去哪里吃才最正宗呢？我想许多人都会说："那还用问，当然是全聚德！"在北京吃烤鸭，一般的店卖58元1只，有的地方28元甚至18元就可以吃到，但全聚德的烤鸭却是168元1只，葱、酱、饼还要另算钱，可是照样天天顾客盈门。就因为它是全聚德，百年老店，质量可靠，让人放心。据说，百年来全聚德烤出的鸭子编号都已经排到1亿多只了，正是这1亿多只品质优良的鸭子铸就了全聚德在顾客心中的金字招牌。

同样，可靠、值得信赖的人也常常会比那些不可靠的人获得更多的好机会。就拿工作来说，或许你的能力不是最强的，但如果不管有多困难，你总是能完成领导交给的任务，当紧要关头来临时你总能挺身而出并拥有解决问题的勇气，领导信任你，同事相信你，那你一定更容易得到领导的器重，也更容易得到晋升的机会。

说到这里，我想起了曾经看到的一个故事。

故事发生在18世纪的英国。这天深夜，一位有钱的绅士走在回家的路上，突然被一个蓬头垢面衣衫褴褛的少年拦住了去路。

"先生，请您买一包火柴吧。"男孩儿说道。

"我不买。"绅士回答着躲开男孩儿继续走。

"先生，请您买一包吧，我今天还什么东西也没有吃呢。"小男孩儿追上来说。

绅士看到躲不开男孩儿，便说："可是我没有零钱呀。"

"先生，你先拿上火柴，我去给你换零钱。"说完男孩儿拿着绅士给的一个英镑快步跑走了。绅士等了很久，男孩儿仍然没有回来，绅士无奈地回家了。

第二天，绅士正在工作，仆人说来了一个男孩儿要求面见他。于是男孩儿被叫了进来，这个男孩儿比卖火柴的男孩儿矮了一些，穿得更破烂。"先生，对不起了，我的哥哥让我给您把零钱送来了。"

"你的哥哥呢？"绅士问道。

"我的哥哥在换完零钱回来找你的路上被马车撞伤了，现在在家躺着呢，他很抱歉不能把零钱亲自给你。"

绅士深深地被小男孩儿感动。他到了小男孩的家，发现男孩家里一贫如洗，而那个受伤的孩子就躺在床上。绅士决定治好男孩的伤，并对他说："你是一个值得信赖的人，等伤好了你就跟着我工作吧。"

或许这个男孩怎么也不会想到，不过是把应该找回的零钱给了绅士，竟然帮助他获得了这么好的机会。这就是诚实的力量，当一个人能够做事可靠，得到他人的信赖，他就能够获得好的机会，有好的发展。如果我们的孩子能拥有这样一种品质，这将是他一生的财富。

拥有内心的单纯

各位家长，不知道你是否看过，或给孩子讲过这样一个故事：

从前有个国王，年纪很大了，眼睛花了，耳朵也有点聋了，走起路来跌跌撞撞。国王想：我快要死了，我死了以后，让谁来当国王呢？

有一天，国王告诉全国的老百姓，他要挑一个孩子当未来的国王。怎么个挑法呢？他把从各地挑选出的孩子聚集到王宫，给所有的孩子发了一粒花籽，他说，谁拿这粒花籽种出最美丽的花来，就让谁当国王。

三个月过去了，孩子们一齐来到了国王面前，他们一个个都捧着一盆花，有红的，有黄的，有白的，都很美丽，一下子真说不出谁种的花最美丽。

可是，国王看着这些孩子，却皱起了眉头，一句话也不说。他边走边看，忽然看见一个孩子手里捧着一个空花盆，低头站在那里，显得很伤心。

国王走过去，问他："孩子，你怎么捧着个空花盆呀？"

孩子哭了起来，说："我把花籽种在花盆里，每天用心浇水，可是日子一天一天过去了，花盆里却什么也没长出来。我试着换了花盆，也换了土，可是花盆里还是空空的，什么也没长出来。"

没想到国王听完这个孩子的话，竟然高兴得笑了起来，他说："找到了，找到了，我要找一个诚实的孩子当国王。你是诚实的孩子，我让你做将来的国王。"

原来，国王发给孩子们的花籽是煮过的，怎么可能发芽、开花呢？

煮过的花籽注定种不出花来，可那么多孩子却种出了五颜六色的美丽花朵。在种花的过程中，他们也一定遇到了和那位手捧空花盆的孩子同样的问题，可是为了得到王位，他们不惜破坏规则，甚至想到了欺骗，用好的花籽加以替换。我想那个手捧空花盆的孩子之所以能成为一个诚实的人，因为他拥有内心的单纯。

尽管他也盼望着能种出最美的花，得到王位，但是当日子一天天过去了，花籽却没有丝毫反应时，他仍能心无杂念，换盆、换土，一心只想着怎样才能用这颗花籽种出花来。也正是因为这样的单纯让他获得了最大的奖赏。

这个故事，还是现在小学二年级语文课中的一篇课文，一个小学生读完这个课文后说："诚实很值钱的，你看，诚实帮助那个孩子得到了王位。"

可是，很多时候我们被眼前的好处遮蔽了眼睛，还没有那个小学二年级的孩子看得清楚，因此，就很难摒除心中的杂念。

有一名座椅制造商雇用了一批年轻人，以手工来制造椅子。制造商依据每人制作出来的椅子数量，每周付一次款，但有一个条件：每一张椅子要在检验合格后，工人才能取得应获的报酬。

在这批年轻人中，制造商非常留意罗士和何汉两个人，因为他们每周都能造出很多好的椅子，而且很少有不合格的情况。过了一段时间，制造商需要找一位监工了。他想到了要从罗士和何汉中选出一位来担任。由谁来担任呢？制造商想出了这样一个办法。

这天，他将所有的工人召集了起来，并宣布为了赶工，只要椅子造好了，不管是否通过检验，都能计件付酬。于是，椅子的产量大大增加了，但椅子的不合格率也增加了。这时，制造商特别去检查了罗士、何汉所做的椅子。结果，制造商发现，罗士所做的椅子品质跟往常一样好，但何汉在新政策下做的椅子却有一半不合格。

假如你是那位制造商，你会选哪一个人做监工呢？我想你的心里一定有了答案。看来，好事又一次落在了单纯的人头上。罗士就是这样一个单纯的人，他一心想着做出质量最好的椅子，因此就算在金钱的诱惑面前，他依然能保持自己原来的样子。

如果在我们的孩子心中也能拥有这份单纯，我们还会担心他在各种诱惑面前迷失了方向吗?

能做到表里如一

　　诚实,还要能做到表里如一,可是要做到这一点,真的很难。我们常常不假思索地说出违心的话。我们为了讨好上司,会说出奉承的话;为了不得罪朋友,会说朋友爱听的话;为了能在人前保持良好的形象,常常会隐瞒那些对自己不利的情况。没有人告诉我们要这样做,可我们总是很自觉地去说好话、说假话。为什么会这样呢?因为真实常常是一个人很难面对的,说出真实常会让别人难堪,也让自己难以接受。

　　哥伦比亚一家电视台曾推出过一档很有意思的真人秀节目,叫作《只说真话》。参赛者只需连续诚实回答21道关于其本人的简单问题,就能获得5万美元奖金,可是几乎没有人能顺利闯过21关。

　　刚开始的时候,大家都觉得这简直就是电视台在大发善心送奖金,参赛者也全都踌躇满志,以为如实回答21道问题根本不费吹灰之力。然而当比赛开始后,一个接一个参赛者都被这些似乎简单至极的问题弄得张口结舌,败下阵来。

　　原来这些问题虽然简单,但大多都是涉及参赛者隐私的敏感问题,例如:你是否曾对妻子不忠?是否认为自己的为人比婆婆更好?有没有试过偷老板钱?……问题一个比一个更尖锐,更要命的是在比赛期间,题目中所有涉及的当事人——参赛者的妻子、丈夫、女友、同事等都将作为观众坐在一旁观看答题,令他们想说真话比登天还难。而且所有问题的答案都必须现场通过测谎仪的测试,一旦发现某位参赛者有说谎迹象,他将立即被淘汰出局。也正是如此,5万美元的高额奖金迟迟也没能送出去。

　　在一期《只说真话》中,英语老师薇拉米尔被问到她的英语为什么会这么出色,结果这个看似平常的问题却得到了一个让所有人震惊的答案。为了说"真话",薇拉米尔不得不提到那个痛苦的经历,她曾因走私毒品在美国入狱五年,而一口流利的美式英语正是在狱中学到的。当她讲出这番"真话"之后,台下亲友纷纷发出惊呼声,而她的丈夫更是当场晕倒。

　　不过后来记者采访薇拉米尔,问她说出真相有怎样的感受时,她却是这样回答的:"我觉得如释重负,感到可与上帝和家人平静共处。"或许对真相的隐瞒让她的心里一直压抑着深深的愧疚,这种愧疚无时无刻不在折磨着她的灵魂,直到说出真相的那一刻,她的内心才又恢复了平静,她也终于可以面对真实的自己了。

有人曾说过，一个谎言需要用十个甚至一百个谎言来弥补。因为一句谎言，不得不为了圆谎而编造更多的谎言，因为不真实，心中多少又会产生负罪感、内疚感、恐慌感，这将是多么让人难以安宁的循环啊。

生命不可能从谎言中开出灿烂的鲜花，如果想要孩子活得坦坦荡荡、问心无愧，就要让他成为一个能表里如一的人，一个敢于面对真实的人。

问题解答

1. 孩子怎么会有那么多的谎话

我们常常教育孩子要诚实，可他却没完没了地说谎。有时谎言一眼就能识破，比如明明看见他嘴边还残留着冰激凌上的奶油，可他却怎么也不肯承认自己偷吃。我真不明白，我的孩子怎么会有那么多的谎言。

几乎没有孩子从不撒谎。有调查显示，大约有 50% 的孩子从三岁起就开始撒谎。一位美国心理学家调查发现，在美国七岁的孩子中，98% 的孩子都承认自己有过撒谎的经历。看来孩子撒谎是再普遍不过的事情了。可孩子们为什么会那么热衷于撒谎呢？

没有人是愿意说谎的，年龄再小的孩子也不例外。其实如果你能稍加留心，关注隐藏在孩子谎言后的真实想法，你会发现不同年龄段的孩子，说谎有着不同的特点。

幼儿和小学低年级的孩子常因为想象而撒谎。幼儿期的孩子想象力非常丰富，他常常会幻想出很多稀奇古怪的事情，还很容易将这些东西和现实混为一谈。小学低年级的孩子虽然心智上更成熟了，但他们仍或多或少保留着幼儿阶段爱幻想的特征。

小学高年级的孩子撒谎常是为了得到某种好处或逃避某种惩罚。自己的想法通过正常途径很难被父母同意，编个谎话却能轻松实现；说出真相、承认错误得到的仍然是责骂和惩罚，撒个小谎没准儿还能侥幸"逃脱"……对惩罚的惧怕，对父母的防备与不信任，常常让这个年龄段的孩子不得不变着法儿地说谎话。

初高中的孩子则多是为了维护自己的面子而撒谎。到了青春期后，孩子的自尊心变得超强。很多时候为了维护自己的面子，明明知道自己错了，他也不愿低头承认，如果你非逼着他承认错误，可能还将遭到他激烈的反抗。

不知道你的孩子正处于哪个年龄段，但我想通过上面的总结你一定对孩子说谎的原因有了一个大致的了解，真心希望你能够根据相应的特点妥善地加以对待。

2. 他特别爱编瞎话

我的孩子今年四岁了，我发现他特别爱编瞎话，总爱说一些根本不可能发生的事情。那天我听到他对小伙伴说："你知道吗，我们家有三个电视机。一个是爸爸的，一个是妈妈的，还有一个是我的。每天晚上我都可以一直看动画片看到睡觉。"可事实是，我们每天晚上只允许他看半个小时的动画片。

当孩子进入了幼儿期，他的想象力将变得非常丰富，而且在这一时期，他还会常常将幻想和现实融为一体。他会对现实展开想象，也会坚定地相信童话故事里那些离奇的情节、古怪的事物就会出现在生活里。在这个时期的孩子心里，一切都可能发生。如果有一天孩子告诉你他在街上看见了一只老虎，他认识一只会说话的小狗，你也不要太过惊奇。在我们看来这些是根本不可能的事，但孩子却认为这样的事情也许就会发生。

三岁的丫丫告诉奶奶，她收到的新年礼物是一只企鹅。奶奶没有试图去证明这件事情的真实性，而是把丫丫的心愿说了出来："你希望能收到一只企鹅作为礼物，对吧？企鹅真是太可爱了，可是它的家在遥远的南极，离我们很远！"当你感到孩子在编故事时，不要急着指责孩子乱编瞎话，像丫丫的奶奶那样用心去听听吧，或许孩子正在试图用这样的方式告诉你一些重要的东西。

那在你的孩子关于电视机的谎言中隐藏着怎样的信息呢？从小伙伴那带着羡慕的赞叹中我们可以知道，能看电视对孩子们来说是多么幸福的事情啊。当孩子告诉小伙伴他每天晚上都能一直看到睡觉时，他是多么的自豪。可事实是，在你的监督下，他每天用来享受电视的时间只有半个小时，他是多么渴望能多一点看电视的时间啊。

现在你已经知道了孩子心中的渴望，他很希望自己能多一点看电视的时间，不管同意与否，你都需要和孩子好好谈谈这件事情。如果能将看电视的时间延长，这对孩子来说一定是个好消息，但如果你认为延长时间对孩子来说并不好，你就应该把自己的考虑向孩子和盘托出，让孩子知道你为什么会有这样的决定。不管你将对孩子说什么，最重要的是要让孩子感受到你对他的那份爱。

我曾经接到过一个四年级孩子的家长打来的电话，说她的孩子也总爱编瞎话，而且说的都跟真的一样。有天下午孩子回家后就对她说，他被老师评为小队长了。为什么老师会评他为小队长呢？虽然他成绩不好，但老师觉得他对班级的事情很关心，而且喜欢帮助同学，于是老师就让同学们举手表决，大部分的同学都举起了手，这样他就当上了小队长。这样的事情听起来合情合理，而且每一个细节都那样的真实，于是这位妈妈就相信了孩子的话，还表扬了他。没想到半个月后她去学校了解情况时才知道根本就没有这回事。这样的事情经常发生，这位妈妈说她已经分不清孩子说的话哪句是真，哪句是假。

作为一个四年级的孩子，按照正常的情况他应该已经能分清楚幻想和现实，孩子会出现这样的情况，我想有这样两种可能。心理学上有一种心理异常现象被称为妄想，它指的就是人的思维脱离现实，沉浸在自己的幻想和想象中。我不是说孩子一定就患上了妄想症，这是必须经过专业的人员严格的鉴定才能下结论的，我只是说这个孩子可能存在妄想的倾向。不过家长不用太过紧张，就算真的被鉴定为妄想症，在专业人员的帮助下也是能够恢复健康的。还有一种可能是，孩子的心智发育相对迟缓一些，也就是我们通常说的心理年龄偏小一些。虽然他已经上小学四年级了，但他的心理还停留在小学低年级的阶段。我想家长可以再耐心等待一段时间，如果真是由于这个原因，这种情况会渐渐消失。

3. 我的女儿常为了作业的事撒谎

我女儿今年九岁，读四年级，她总是在作业方面撒谎。老师布置了十道题，她却说只有五道；作业明明没有做完，她却说做完了。这样的谎话总会很快被我与老师沟通后识破。虽然谎言被拆穿了，但并不影响她再次撒谎。我们骂也骂了，打也打了，但好像没什么效果，我真不知道该怎样教育她。

几乎没有孩子会无缘无故地撒谎，谎言背后总会隐藏着孩子的某种意图。比如孩子在商店里看到了一个非常喜欢的玩具，但是妈妈说什么都不给买。过两天他就可能对妈妈说，学校明天要交钱买书，其实他是想拿钱去买自己喜欢的玩具。如果这次谎言被拆穿，等下次又遇到类似的情况时，由于抵挡不住玩具的诱惑，他可能会再次对妈妈撒谎。对待孩子撒谎的行为，事先的预防比事后的惩罚更重要。

你的孩子为什么会在作业的事情上反复撒谎呢？是为了早点去玩，还是因为作业太难不会做而放弃，或者因为丢三落四惯了，老师留的作业总也记不全？我想你应该先找女儿谈一谈，弄清楚究竟是什么让她对作业这样"反感"，这样我们的帮助才能更有的放矢。如果是怕做完作业就没时间玩，可以和她商量每晚合理保留一定的玩耍时间；如果因为作业太难不会做，那就需要想办法帮助她把课堂上没明白的、遗漏的知识尽快补起来。

如果你的女儿是因为在作业上老爱"犯糊涂"，那就需要为她准备一个作业记录本。你可以要求女儿每天把老师布置的作业分科记录到上面，刚开始的时候为了督促孩子，你可以拜托老师看看、签个字，这样可以避免孩子不认真记或记得不全。孩子每做完一项作业，就让她在记录的旁边打个钩，这样一来，她对自己该做哪些作业，完成了哪些作业一目了然，你也对她的作业情况有了更好的把握。在这样一清二楚的作业记录面前，孩子就很难再有"撒谎"的机会了。

4.孩子经常改考试成绩

我的孩子经常改试卷上的考试成绩，上学期末他竟然拿了一张复印的成绩单回来，他的英语成绩一直不好，及格都困难，可上面竟然写着90分。为了骗我，他还撒谎说老师把原件留下来存档了，只发复印件。当我要打电话问老师时，他立刻就说他错了，不该撒谎。我其实要求不高，只是希望他能努努力，能有一点点进步。现在可好，成绩不好还撒谎，真是气死人！

如果父母对孩子的要求过高，或者是以自己的标准来判定孩子的得失成败，就会让孩子产生过大的压力。在这种压力面前，孩子很容易做出一些无奈的举动，其中就包括对父母隐瞒真相。

我想你对孩子的英语成绩一定相当重视，因为孩子选择在这科成绩上做手脚。不知道你是怎样对待孩子尚不理想的英语成绩的，是愤怒地指着鼻子骂他不努力，还是总拿他的英语说事，唠叨个没完。从孩子的行为看，你的方式是他不愿接受或无法忍受的，不然他也不会铤而走险，冒着被打的危险期望着"奇迹"的发生。

还记得华盛顿总统小时候的故事吗？他为了试试自己的斧头是不是够锋利，把爸爸心爱的樱桃树给砍倒了。等爸爸回来的时候，看见自己心爱的樱桃树倒在地上，非常生气，就问华盛顿是怎么回事。小华盛顿闻声赶来，见父亲正在气头上，非常害怕。但他还是勇敢地说："我不能说谎。爸爸，樱桃树是我砍的，我做错了。"听了儿子的话，爸爸不但不生气了，反而夸奖华盛顿的诚实。后来，人们常常用这件事情教育孩子要诚实，其实，我想这件事更是教育父母要能欣赏孩子的诚实，要能敢于面对孩子的诚实。可是，我们家长的做法呢？我们常常让孩子说真话，可是孩子真说了真话后却又大发雷霆，不能接受孩子居然会做出这样的事情。这样的结果是什么呢？只能导致孩子的谎言越来越多。

要想孩子不在成绩上撒谎，或许你需要改变一下对待孩子成绩的态度。孩子成绩不好是事实，但这样的情况孩子也很难过。想想看，谁不希望自己能有优异的成绩，得到父母的喜爱呢？成绩不好对孩子来说已经形成了很大的压力，我们就不要再去将这种压力扩大。从你的话语中，我感到你并不是想要孩子立刻就能考个全班前几名，只是希望孩子能有所改变、有所进步，可你为什么不找个机会把自己对孩子的真实期望和孩子沟通呢？如果他知道你只是希望他能一次比一次好，他只要努努力就能达到，我想他就会在怎样提高自己的英语成绩而不是如何改好英语成绩上煞费苦心了。

5. 他说他不喜欢语文老师

这个学期我的孩子换了一个他不喜欢的语文老师。有天他向我抱怨："我恨这个新老师！"我认为学生应该爱老师，怎么能恨老师呢？于是我对他说："不，你不应该恨老师。老师教你知识，帮助你成长，你应该爱她才对。"但他还是坚持说："不，我就是恨她。"我一下子火了，对他说："你要是再这样说，我就要打人了！"从此他没有再说过老师任何不好，还总爱在我面前说他喜欢这个老师，但我能感觉到他说的不是实话。

明明心里不喜欢，可嘴上却说着喜欢，孩子怎么会变得这样口是心非呢？他撒谎是因为他不被允许说出真相。当孩子告诉你他"恨"老师时，尽管这是他真实的感受，得到的却是你的批评和威胁，这样的经验无疑在告诉他，说真话、告诉妈妈自己真实的想法是危险的。告诉妈妈她希望听到的话，你才会得到她的喜欢，不管这是不是实话。

如果孩子学会了捡大人喜欢的话说，许多真实的感受被压在了心里，有些误会或许就没有了解开的机会。当孩子向你抱怨新老师时，你可以先承认他的不高兴："哦，看来你不太喜欢这个老师啊。你能不能告诉我，老师做了什么，会让你这么不喜欢她呢？"说不定让他如此生气的事只是："我在课堂上和别人说话，她点了我的名字。"可这个原本可以由你轻松化解的小矛盾被掩盖了起来，说不定将永远埋在孩子的心里，阻碍他和老师关系的发展。

要让孩子养成诚实的品质，我们就要做好心理准备去倾听孩子真实的想法，不管那是让人高兴的话，还是让人不愉快的话。

6. 明明自己做错了事，他却不承认

我的孩子做错了事却总不承认。那天我卧室里的花瓶不知什么时候被打碎了，我替他打扫房间时发现碎片用报纸包着就藏在他的床下。不用问都知道这是怎么回事，肯定是他不小心打碎了但怕被我责骂，就偷偷藏了起来。可当我向他求证时，他却一口否认是他打碎的。我说："除了你还会有谁做出这样的事来？"他却说："我不知道是谁，反正不是我。"证据就摆在眼前还说谎，这孩子真把人气得够呛。

孩子撒谎时，父母会非常生气，尤其是那些证据确凿、显而易见的谎言。然而父母对这些证据确凿、显而易见的事情的质问，不会对孩子犯下的错误有任何帮助，相反它会让孩子对父母的明知故问非常厌恶，这样的厌恶常常逼迫他们在笨拙的谎言和尴尬的坦白之间做出无奈的选择。

七岁的廷廷弄坏了爸爸送给他的一辆新玩具汽车，为了不被发现，他把它藏在了衣柜里。妈妈收拾衣柜时发现了这辆被弄坏的汽车，她很生气。下面是她和廷廷的一段对话。

妈妈：廷廷，爸爸送给你的新玩具汽车呢？我好久没看见你玩它了。

廷廷：我不知道它在哪儿。

妈妈：去找，我想看看。

廷廷：可能被哪个小朋友拿走了吧。

妈妈：你这个该死的孩子，你竟然说谎！明明是你弄坏了汽车，还把它藏到了衣柜里。别以为能蒙混过去，看，这是什么！

弄坏的汽车被妈妈从衣柜里扔了出来，一场激烈的争吵开始了。在事实已经相当明白的时候不要再去向孩子求证什么，这只会让他为避免坦白的尴尬而激发出谎言。

为了证实孩子是否在说谎，家长常常扮演着侦探或检察官的角色，去寻找孩子说谎的蛛丝马迹。当孩子做错了事情却不愿承认时，我想你的初衷一定不是去证明孩子在说谎，而是要让他明白这样处理问题的方式是不对的。但最后由于我们不小心扮演了侦探或检察官的角色，问题的重心发生了转移。

廷廷的妈妈不应该称自己的孩子是个撒谎的孩子，更不应该拿出"呈堂

证物"，这会让孩子觉得父母是成心让他出丑。当你对孩子说"除了你还会有谁做出这样的事来"时，无疑是在向孩子发出警告"这件事就是你做的，你必须承认，别想抵赖"。如果家长扮演了侦探或检察官的角色，孩子只会用拒不认账来维持他的面子和进行反抗。

要孩子不撒谎，就要让他知道在你的面前，撒谎没有必要。如果廷廷的妈妈不是对着他大吵大嚷，而是平静地告诉孩子她看到的事实，如"我看到爸爸送给你的新汽车坏了，就在衣柜里。真遗憾，我想你一定很喜欢它，但它却不怎么经玩儿"，这样的话一定会对廷廷更有帮助。他很有可能因此获得这样有价值的信息：我没有必要撒谎，我可以告诉妈妈我闯的祸，因为她能够理解我；以后对待玩具，我要更加小心，因为它们不那么经玩儿。

同样，在对待孩子打碎了花瓶这件事情上，暴跳着责骂孩子也不会有好的效果，平静地告诉他你看到的一切，或许孩子就能告诉你事情的真相。不管孩子是由于什么原因打碎了花瓶，这都是让他学会为自己的过失负责的好机会。不要纠缠于是谁打碎了花瓶这样显而易见的事实，和孩子协商一个补救的方法将会更有意义。

7. 我的孩子总爱偷拿别人的东西

我的孩子六岁了，他总爱偷偷拿别人的东西。我常发现他把学校里别的小朋友的东西拿回家里，有时拿铅笔、橡皮等文具，有时拿小玩具。每次被我发现，他就狡辩说是拿错了。有次去朋友家做客的时候，我瞧见他偷偷把桌上的巧克力放进自己的口袋里。俗话说"小时偷针，大时偷金"，小时候就这样小偷小摸的，长大了可怎么得了！

不要这么轻易就给孩子冠上一个"偷"的罪名，小孩子把自己喜欢的、不属于自己的东西带回家，想占为己有，这样的事情并不少见。我想这不同于一般意义上的"偷"。

对待孩子这样的举动，要避免对他长篇大论地教训一番，再多的道理对这个年龄段的孩子来说都是没用的，因为他压根听不进去。也不要去试图质问孩子"为什么"，孩子可能并不知道自己的动机。但在"为什么"的压力下，为了回答你抛出的问题，有个交代，他不得不说出另一个谎言。

你可以平静而严肃地告诉他："这支铅笔不是你的，应该还回去。"或者对他说："我知道你很喜欢这个玩具，希望能把它留下，但它的主人希望你能放回去。"如果正巧看见孩子在悄悄地拿别人的东西，就像上次拿朋友家的巧克力，你需要走到他的身旁，不动声色地对他说："你希望巧克力能留在你的口袋里，但它必须被放回原来的地方。"

如果孩子拒绝把东西还回去，你需要威严地重复你的观点："我希望你把东西还回去。"如果孩子仍然拒绝这样做，我想你可以对他有所惩戒，但一定不要忘了告诉他为什么会受到这样的惩戒："你拿了别人的东西，我告诉过你，这样做是不对的。"

8. 因为诚实而被朋友疏远

我有时候觉得孩子太诚实了不好，现在的社会那么复杂，太诚实了容易吃亏，我的女儿就是这样。那天改选班干部，她的一位好朋友被提名，当老师让大家为候选班干部提意见时，别人都说优点，只有她把那个好朋友的缺点说了个遍。结果这个朋友已经好多天没和她说话了。昨天她还问我："妈妈，你不是说做人要诚实吗？我说的都是真的，可小楠为什么不理我了呢？"我都不知道该怎么对她说好。

诚实是一个人应该具备的良好品质，教育孩子诚实、说真话是无可置疑的。就孩子遇到的这件事而言，我觉得不能够简单地将诚实看作惹麻烦的罪魁祸首。接受批评本来就是不太容易的事情，又是在那样一个特殊的场合，她的朋友会对她产生这样的态度我想是可以理解的。

一个人应该诚实，但诚实并不是说一定要在任何情景、任何场合都实话实说。我想如果你的女儿不是在会场上向朋友指出那么多的错误，而是在会后或是在平时愉快的聊天中向朋友指出，结果或许完全不同。她的朋友一定会为有你女儿这样一个敢于向她提意见的朋友而高兴。我们不是要让孩子不说实话，而是要让她明白，要想获得好的效果，要让别人更能接受，选择一个合适的场合非常重要。

在这件事情上，你的孩子一定非常伤心，安慰她是你此刻最需要做的事情。用你宝贵的人生经验告诉她，朋友间真挚的友谊一定不会因为这样的事情而消失。只要她真的是为了朋友好，这份真诚朋友一定能够感受得到。不过在这个非常时期，在与朋友的关系上，她可能需要更加积极、主动一些。

9. 孩子偷拿家里的钱

我的孩子太不像话了，总是偷拿家里的钱。其实他根本就不缺什么，只要是正当的要求，我们基本上都满足他。可我陆续发现家里多出了好多漫画书和玩具，刚开始他还骗我说是借的，到我终于揭穿了他的谎言，他才承认已偷拿了五六百块钱，除了退给我一百块外，其余的都已经花掉了。我很伤心，他小时候偷拿钱我就严厉地批评过他，还打过他，现在他都十三岁了，居然又出现这样的事情。我真担心他将来成了一个道德品质很差的人，没有人肯理他。

一旦发现孩子"偷"钱，家长们就很着急上火，总觉得这是自己孩子的品德出了问题。我想先不要急着对孩子做道德上的判断，因为事情或许并不像你想象的那样。

如果孩子偷偷拿了家里的一本书或是偷偷拿了家里的某个小东西你也会这样生气吗？你或许会说，这怎么能相提并论呢？可是在孩子的眼里，钱和书与家里的其他东西可能并没有什么区别。其实孩子都明白，没有经过爸爸妈妈同意就随便拿家里的东西是不对的，可是在他的心里并不会把拿家里的钱当作一种严重的错误。因此要想孩子认识到这个问题的严重性，你就应该让孩子明白，人们常常会用一个人对待钱的态度和方式，去判断一个人的道德品质。

在和家长们的交谈中我发现，孩子偷拿钱的家庭都有一个共同的特点，孩子很清楚家里的钱放在哪里，而且家长常常对身边到底有多少钱心里没数。钱可以买到喜欢的东西，尤其是那些爸爸妈妈不愿买给自己的东西，因此钱对孩子而言具有巨大的诱惑。那些自控能力不够好的孩子很容易让诱惑占了上风。要想让孩子不偷偷拿钱，就不要让他总处在诱惑中。把钱放在一个隐秘的地方，对钱的数目心中有数，将会对孩子有所帮助。

我还发现，会偷拿家里钱的孩子多半没有零花钱。想买自己想要的东西爸爸妈妈不同意，又没有能让自己自由支配的钱，只好铤而走险。如果你的孩子还没有属于自己的零花钱，我想你应该尽快给他。毕竟孩子也会有自己的需要，没有钱也会让他不方便。当然给零花钱多少要从实际出发，看家庭经济条件和孩子的实际需要，最重要的是要指导孩子怎样花钱。那么，具体该怎样给孩子零花钱呢？你可以参看本书中"独立的品质"章节中相关的内容。

第二章　独立的品质

有自己的想法，敢于做决定

能够独立地做事情

每年大学开学时总会看到这样的报道：大学新生被父母护送到校，家长跑前跑后地忙着办理入学手续，忙着铺床、买日用品，而孩子却在一旁袖手旁观，俨然这些事情都是父母的事。原想家长对孩子的"护理"到此也该结束了吧，可是令人啼笑皆非的是，现在又出现了一些大学毕业生在爸妈陪同下到招聘单位面试的情况。

"与其说我在面试大学生，不如说是更像幼儿园在招小朋友入学。"在一则报道中一位招聘负责人哭笑不得地说起了面试大学生小金的过程：小姑娘一进门就说紧张，我问了她两个问题后，她便不停地抬头往玻璃门外看。原来门外竟有四个人不停地朝里面张望，一问才知道分别是她的爸爸、妈妈、姨妈和姨父！面试刚一结束，妈妈和姨妈径直冲进来，缠着我直问："她表现得怎样啊？你们会录用她吗？"

这样的现象也让很多用人单位无奈："我们招了这样的员工，还能对他的独立工作能力有什么期待呢？奉劝那些还在抱着'大孩子'的家长赶紧放下孩子让他们自己走吧！"

是的，孩子的成长需要独立。当孩子学会走路的时候，你有多么兴奋，如果你期待一辈子都抱着孩子，那让孩子学会自己走路又有什么意义呢？其实孩子精神的成长和成熟、人格的发展和完善，与身体的成长是一样的，到了时间，孩子就需要独立做他可以做的事、做他该做的事。否则他就像虽然长大到30岁，却仍躺在妈妈手臂中一样可笑。

孩子并不是没有独立性，孩子天生有独立的倾向，也有独立的能力。他从出生的那一刻就渴望独立，他们不断尝试，学会自己去爬、去走、去跑、去跳，孩子的不独立很多时候是被父母束缚了手脚，是被父母驯服的。许多家长没有理解什么是真正的独立，在他们的心里存在着这样的误区。

误区一：把孩子当作自己的附属物

我们常会听到一些爹妈说这样的话："你不想想是谁把你生出来的！""给我记着，是我把你养大的！""是我生了你，养了你，那就理应乖乖听我的话，成为我期望的那个样子。"父母这些话的潜在含义是：孩子是父母的附属物。

如果你带着孩子去参加聚会，你会怎样介绍他呢？在一次朋友的聚会中，我看到了朋友们介绍自己孩子的不同方式。

朋友甲：拉着孩子的手，指着她说"这是我的女儿"。

朋友乙：把孩子推到自己前面，对他说"介绍一下自己吧"。

接着，我看到了两个小家伙完全不同的反应。朋友甲的女儿立刻害羞地躲到了妈妈身后，朋友乙的儿子却大大方方地向我们这些叔叔阿姨们介绍起了自己，姓名、年龄、爱好，还自豪地说自己被称为小区里的"钢琴小王子"，让在场的人都好好地"认识"了他。

你会怎么做呢？像我的朋友甲那样简单说一句"这是我的女儿（儿子）"，似乎孩子没有名字，只是你附带的东西；还是像朋友乙那样把主动权交给孩子，让他以和自己平等的身份参加聚会呢？很显然，朋友乙的儿子已在多次锻炼中有了自信与勇气，我相信他也能从容地面对任何陌生的场合。

是的，作为父母，我们给了孩子生命，把他带到了这个世界，但孩子并不是附属品，而且从一开始，他就是一个独立的人。尽管孩子小时候，由于身体太柔弱不得不依赖父母的照料，可是这种照料更多的只是物质上的帮助。你有没有注意到，即使在很小的时候，孩子已经表现出了他精神上的独立与自由。不信你看那些还躺在摇篮里的孩子，不舒服了会哭，高兴了就笑，他完全根据自己的感觉表达不同的情绪。而且随着孩子身体的成长，这种精神上的独立也将表现得更为明显。

我曾接到过一位"绝望"的母亲打来的咨询电话，抱怨她的女儿是上天派来和她作对的。母亲无奈地对我说：

我女儿今年16岁了，上高二，非常有'主见'。从小到大就喜欢和我'唱反调'，你说东她说西，总和你想的不一样；你让她这样，她偏那样，总和你对着干。随着年龄的增长，她和我越来越不一样，就连在文理分科这么大的事情上，她也不听我的话。

学理科多好啊，理科能学到一门真本事，而且学出来后工作也好找，可她非要学文科，还说我观念陈旧，都什么年代了还抱着'学好数理化，走遍天下都不怕'的腐朽思想。不管我怎么和她讲道理，她就是不听，最终还是上了文科。

现在我和女儿的关系比以前更差了，我觉得她成心就是要气死我。我总在想，她是我的女儿，可怎么就处处和我不一样呢？

母亲之所以会如此生气，是因为女儿处处和她作对，而且在关键的问题上女儿也没能听从她的安排，不能实现她的期望。我想母亲还没有懂得这样一个道理：孩子毕竟和我们不同，他有自己的思想，他有自己的人生，谁也无法替代孩子去度过他的一生，那么就放手让孩子自己去走吧。

面对现实吧，孩子真的和我们不一样，甚至可能还处处和我们不一样。作为父母，我们能做的，不是去强迫他变得和我们一样，而是去接纳他现在的样子。

误区二：剥夺了孩子独立的空间

要想让孩子独立，就要给孩子独立的空间，而这需要给孩子足够的自由。因为一个不能自由支配自己，总受他人限制的人是无法真正独立的。可是我们的孩子往往缺少自由。我朋友的孩子今年上小学五年级，他的周末生活让我震惊。

那是星期六，我去朋友家做客，本来想着带小家伙出去玩玩，可我连和他好好说话的时间都没有。我到他家的时候是早上九点钟，孩子已经被送去参加奥数辅导了。十一点的时候，孩子被奶奶接回了家，看了不到二十分钟电视，和我还没说上几句话就被叫去吃饭了。朋友说："得赶快让他吃完饭睡个午觉，两点的时候还要去学琴啦。"一点半左右，孩子和奶奶再次急急忙忙地出了门。四点，孩子再次回了家，一进门就倒在沙发上看着电视呼呼喘气。沙发还没坐热啦，朋友又喊起来了："还不赶快去做作业，晚上你还要阅读名著啦，上周的就没看完。"我觉得小家伙可怜，帮他说了句："今天就先休息吧，不是还有明天吗？"话音未落，朋友就急了："明天还有明天的事情呢！要上英语强化班，还要全面复习这一周老师讲的内容并预习下周的内容，不抓紧时间怎么来得及。"

天啦，这是一个五年级孩子的周末吗？这样满满当当的安排，让孩子的周末几乎连喘口气儿的工夫也没有。相信还有许多孩子都和我朋友的孩子有着同样的遭遇。天天赶场似的学习和培训，就连我这个大人看着都头晕，更别说孩子了。

孩子天性爱玩，可这天性却受到了家长们百般的阻挠。其实，家长不知道，孩子如果不玩是不正常的。

有天傍晚我正在小区散步，楼下的一位老太太突然叫住我，对我说："我听说你是做教育工作的，有个问题我想问问你。"我心想老太太可能是教育孙子孙女的时候遇到了什么难题。可老太太却对我说："我记得我上学时，有很多伙伴在胡同里玩。可你看现在咱这小区里光是老头老太太在玩，却看不见孩子，这太不正常了。你说这是怎么回事呢？"

我觉得这个老人非常有洞察力，她已经感受到孩子不玩是不正常的。很多家长都没有这位老人的反思精神。孩子爱玩、想玩，可他们却忙得已经没有时间、没有精力玩了。他们的时间已经被别人安排得满满的，却很少有属于自己的时间了。我曾看一则媒体报道：

　　　　在上海市第四次少先队代表大会召开之际，组委会收到了小代表提出的各类提案两千多件，其中一份尤其引人注目。提出这份提案的是一位四年级小学生，她说，她和她的小伙伴们每天都有做不完的作业，本想利用业余时间学习绘画，搞手工制作开展小队员们假日活动，却因为没有自己支配的时间而难以实现。她希望学校能做出明确规定，每月的某一天为学生无作业日，以使他们在这一天能松一口气，办点自己想办的事情。

　　原本无忧无虑的童年却苦不堪言，这位小代表的提案说出了孩子的心声。有一项调查表明，我国城市独生子女每日可支配的自由时间只有68分钟。每天24小时中，只有68分钟是属于孩子自己！每个人都有自己感兴趣、想去做的事情，每个人都希望拥有属于自己的时间和空间，但对于孩子来说，这样简单的要求却常常得不到满足。

　　给孩子一些可以由他自由支配的时间和空间吧，让他去做做自己想做的事情。在那段属于他的时间里，做什么由他自己决定，看电视也好，听音乐也罢，和朋友聊聊天或一起玩耍，甚至是静静地发呆和犯傻……或许你会说，这不是白白浪费时间吗？其实并不是这样。虽然表面看孩子没有做"正事"，但这却是孩子成长所必需的，因为孩子正是通过自由支配时间，通过自主安排活动，来认识、感知生活和周围世界的。心理学家研究表明，孩子在成长过程中，非常需要有属于自己的自然空间和心理空间，这种空间的扩大就是孩子自我的扩大。因此，保证了孩子自由支配的时间，让他们做自己的事，也就保证了这种独立空间的存在和扩大。

　　那么作为父母，我们该如何让孩子独立呢？

　　我想，让孩子独立最重要的内容在于：从孩子出生起就鼓励他独立做事、有自己的想法、敢于做决定。父母在这个过程中要学会的就是把紧攥着孩子的那只手一点点放松、放松、再放松，直到有一天让孩子有能力完全离开父母，经济上、心理上、人格上，都能独立去承担自己的人生角色，照顾自己一生的快乐和幸福！

有自己的想法，敢于做决定

一个人只有能够有自己的想法，能够对自己的事情做决定，他才能从精神上真正地独立。

鲁迅先生在教育孩子时就非常注意对孩子这方面的培养。他认为要教育好孩子，首先就要尊重和理解孩子："如果不先行理解，一味蛮做，更大碍于孩子发展。"

曾经有一次，他在家中招待客人，儿子海婴虽然年纪还小，但也和大人们一同坐在了餐桌上。吃鱼丸时，客人们都称赞鱼丸新鲜可口，可是小海婴却皱着眉头说："鱼丸是酸的！"夫人以为是孩子在胡说乱闹便责备了几句，小海婴却坚持说："鱼丸就是酸的！"

鲁迅先生听后，便把儿子咬过的那只鱼丸放在嘴里尝了尝，果然不怎么新鲜。于是他对夫人说："孩子说不新鲜，我们不加以查看，就抹杀是不对的，看来我们得尊重孩子说的话啊！"

可是当我们的孩子表达自己的想法，有自己的主意时，爹妈们的第一个反应却是生气。

随着孩子年龄的增长，许多家长都有这样的感受，孩子好像越大越不听话了。不管你说什么，他好像都听不进去，有时候还会和你对着干。在电话里，一位母亲就给我讲了这样一件事情。

上周末我们老同学聚会，大家商量好把孩子们也带去，让孩子们也聚一聚，热闹热闹。这还没出门啦，我就一肚子气。为了这次聚会，我特意为女儿买了一件新衣服，是一条红色的连衣裙，我想她有双白色皮鞋，配上这条红裙子一定很漂亮。可她偏偏不穿，非要穿那套黄色的运动服，那套衣服都旧了，有什么好的啊，可不行，她就不穿那条红色的新连衣裙。我怕和她闹下去会迟到，也就没再理她，由她穿了那套黄色的运动服。本以为事情到此为止了，没想到同学会上她又让我丢脸。有一个同学的孩子给我们这些叔叔阿姨们唱了一首歌，我觉得还没有我家孩子唱得好，于是我就对大家说："我们娜娜歌也唱得不错，来，娜娜，为叔叔阿姨们唱首歌吧。"可不管我怎么叫她、劝她，我的同学们怎样夸她，她就是不唱。她明明挺喜欢唱歌的，在家里她不是也老唱吗，可为什么现在就不唱啊，这不是成心气我，让我丢脸吗？

看来这位妈妈被女儿"不给面子"的行为气得够呛。或许你也替这位妈妈不平：这个孩子也太不懂事了。可如果我们换个角度，从孩子的角度上看待这件事情，我们会发现什么呢？

妈妈为了女儿在聚会上更漂亮，特意为她买了一条红色的连衣裙，还为她设想好了应该配一双怎样的鞋子，多么细心、周到啊。可女儿对此有怎样的感受呢？

红色连衣裙是妈妈喜欢的，女儿就一定会喜欢吗？每个人对美的欣赏是不同的，女儿也有自己心中美的标准。或许与红色连衣裙相比，她觉得黄色的运动服更好看，更适合她。在唱歌这件事情上同样如此。或许女儿真的很爱唱歌，而且唱得还不错，但是爱唱归爱唱，唱得好归唱得好，愿不愿意在别人面前唱歌就是另外一回事。当众唱歌并不是女儿的愿望，是母亲的愿望和要求。谁会愿意在别人的命令下去做自己根本不愿意做的事情呢？不管是穿裙子也好、唱歌也好，都不是女儿愿意的事情，非要逼着她去做，结果可想而知，不是"反抗"就是怒气冲冲满脸不高兴地顺从。

为什么会这样呢？随着年龄的增长，孩子的"自我意识"也在发展，而"自我意识"在孩子的成长中具有关键意义，它标志着孩子独立性的增强，说明他逐渐有了自己的主意和想法。孩子有了自己的主意和想法，与父母之间的冲突也就越来越多了。其实这件事情正是孩子有自己的想法，敢于做决定的反映。

能够独立地做事情

有的家长总是抱怨孩子没有独立性，什么事都要当家长的操心，但我想之所以会这样，和家长也有一定的关系。

两个孩子在一起玩沙子，他们要把沙子装到瓶子里。一个孩子用小铲把沙子往漏斗里装，漏斗会漏，沙子总也装不满。孩子想了想，用手指头堵住了漏斗口，等沙子装满漏斗后把漏斗挪到瓶子口边，再放手，让沙子流进瓶里。由于沙子漏下的速度太快，从孩子拿开手指到漏斗对准瓶子口时，沙子已经所剩无几了。孩子毫不气馁，一点一点地做着，终于，他在一点一点的反复中开了窍，最终知道了要将漏斗口对准瓶子再装沙子，瓶子很快就满了。孩子笑了，高兴地看着身后的妈妈，而他的妈妈正为他鼓掌庆贺。

而另一位妈妈是这样做的。当孩子把沙子装满漏斗，沙子从底部漏掉时，妈妈立刻蹲下来说："孩子，这样不对，来妈妈教你！把漏斗对准瓶口，再把沙子从这儿灌下去。"孩子立刻学着妈妈的样子装沙子。

显然，在妈妈的示范下，第二个孩子比第一个孩子更加顺利地完成了任务，但在这样一件事情中，两个孩子谁的收获更大呢？

我想虽然第一个孩子在装沙子的过程中遇到了困难，花费了更多时间，但他学会了在一次次实践摸索中自己想办法，而第二个孩子却没机会体会到自己动脑筋、自己去摸索的乐趣，因为当他遇到困难的时候，母亲挺身而出，毫无保留地帮助了他。

孩子长大的过程中，会遇到各种各样的事情，谁又能告诉孩子应该怎么去做每一件事，为他一一做示范呢？如果孩子在我们精心的呵护下成长，从来没有自己独立思考、独立去实践，长大后又怎能有适应生活的能力，怎样独自去面对生活呢？记得我曾经在报纸上看到过这样一件事情。

一位大学女生入学三个月后就向学校提出了休学，原因是不能适应大学生活，无法和同学们相处。原来她和寝室里同学的关系很不好。她生活自理能力太差，从来不自己动手做事情。起床后总是不叠被子，书桌从不收拾，就连衣服也从不自己洗。由于她的原因，寝室在卫生评比中总被扣分，室友们为此很生气，找她谈了不知道多少次，可她一点改变也没有。穿脏了的衣服没人洗了，就干脆直接扔掉。可有一件衣服她太喜欢了，实在舍不得扔，于是悄悄塞进了一位室友准备洗的脏衣服堆里。被发现后她的这一行为遭到了大家的一致谴责，大家都表示再也无法忍受了，不想再和她住在一起。可她却很委屈，因为她的生活从小到大就是这样的，在家里她从来没有自己做过一件事情，洗过一件衣服，这些都是别人应该替她做的。

这件事看着真有点不可思议，可它就真实地发生在生活中。因为从小被父母抱着、捧着，这位女大学生连幼儿园小朋友都明白的"自己的事自己做"的道理都不懂得，父母精心"呵护"，却造就了没有一点生活能力、独立能力的大孩子。

给孩子创造一些能够靠自己的力量去做事的机会吧，让他大胆放手去做自己的事情，并从中学会如何去独立。

问题解答

1. 他为什么总爱顶嘴

 我的儿子今年小学二年级，他最大的毛病就是爱和家长顶嘴。有时你说一句，他能给你对上十句，而且常常把你说得哑口无言。有天晚上，外婆来我们家玩。吃完晚饭本该是他做作业的时间，可他却坐在外婆身旁目不转睛地看起了电视。我对他说："做作业的时间到了，快去做作业吧！"他好像没有听见一样，动也不动。他外婆也是，非但不帮我叫他进屋做作业，还说："外婆难得来一次，没事，就陪外婆多看一会儿吧。"那怎么行，做作业的时间是说好了的！我坚决要他去做作业。看得出来他很不情愿，但没办法，只好嘟着个小嘴往屋里走。我对他说："你嘟什么嘴，好孩子就要听妈妈的话。"话音刚落，他突然转过身来对我说："妈妈，好孩子就要听妈妈的话吗？"不知道他为什么这样问，但这句话是我才说过的，于是我点头："那当然！"儿子看着我"不怀好意"地笑了起来："那你怎么不听你妈妈的话？外婆叫我多看会儿，你却偏不让！"我当时站在那里一句话也说不出来。你说这孩子多气人，他怎么这么爱顶嘴啊？

顶嘴从某些角度看并不是坏事

 顶嘴还不是什么坏事？您可能心里不服气。不过，研究发现，顶嘴对于孩子来说还真有一定的积极意义。

 首先，顶嘴说明孩子的思维能力、语言表达能力在发展，他们越来越懂得怎样用语言来表达自己的想法了。您的儿子，巧妙地用您的话制造了一个"陷阱"——"不听妈妈的话就不是好孩子，那妈妈你不听外婆的话算不算好孩子呢？"这样的反应速度和巧妙的提问，也许让大人都要自叹不如。

 其次，顶嘴是孩子的一种心理宣泄，有助于保持心理的平衡和健康。孩子顶嘴通常是对大人"不合理"要求的一种公开抗争。此时他的心里有着委屈、愤怒等消极的情绪，如果孩子什么都不说，只是把这些不好的情绪压抑在心里，这些不良情绪越积越多，很容易变得抑郁、焦虑。而且只会"忍气吞声"的孩子，很容易养成懦弱、逆来顺受的性格。

 看来孩子爱顶嘴，说明他的独立性在增强，他已经开始变得有主见，并且敢于勇敢地表达了。

孩子通常都在什么情况下顶嘴

不知你是否对孩子顶嘴的情况进行过总结，大凡孩子与父母顶嘴，总是离不开下面几种情况：

1. 孩子做错了事遭到了父母的批评，但对父母的批评不服气；

2. 孩子做错了事，被父母责罚，但觉得父母对这件事的处理不公平；

3. 孩子并没有做错事，却被父母冤枉；

4. 孩子并没有做错事，父母心情不好，拿孩子出气；

5. 有些事孩子不想马上去做，但父母非逼他立刻去做。

很显然，问题中孩子因做作业与您顶嘴的那件事就属于第五种情况。仔细看看以上的几种情况，不难发现孩子顶嘴有他的问题，但父母也会存在做得不太妥当的地方。

在责骂孩子之前先反思自己

当孩子顶嘴时，不要急着去责骂孩子，先冷静一下，想想孩子的这次顶嘴是发生在哪种情况下，在这件事情上自己是否也有处理不太妥当的地方。

就这次母子顶嘴事件看来，您的做法似乎无可厚非，做作业的时间到了，就该去做作业。但不要忽略了那天的特殊情况——难得来一趟的外婆到家里做客。因此外婆让孩子多陪她看一会儿电视也是合情合理的请求，您一味拒绝就显得不近人情，这必然会引起孩子心中的不满。如果您能换一种处理方式，这件不愉快的事情是完全可以避免的。

面对特殊的情况，为什么不可以给孩子一次例外呢？告诉他因为外婆的到来，他可以多陪外婆看会儿电视，但和孩子约定一个新的时间，时间一到他就必须去认认真真做作业了。这样孩子会觉得你是一个近人情的母亲，而且时间是他自己定的，该做作业的时候他也就没有什么拒绝的理由了。

2. 要不要给孩子零用钱

我的女儿上小学三年级，最近，她常对我说："妈妈，我的同学口袋里都有零花钱，你能不能也给我点儿？"我也曾经想过给她一些零用钱，但又怕她有了钱去买学校门口那些小摊、小店里的脏东西吃。但每次看到她说起同学有零用钱时一脸羡慕的神情，我又在想，女儿一天天大了，我要不要也给她些零用钱？

就像我们身边没带钱有时会不方便一样，没有零用钱，孩子有时也会感到不方便。也许你会说，吃的用的穿的什么也不缺，有什么不方便的？可孩子总会有自己的小需要。

设想有天放学后你的女儿和几个朋友一同来到了学校旁边的一家小店。女孩们都看上了其中一款只需要五毛钱的发夹,她的朋友们用自己的零花钱买了下来,而你的女儿只能在一旁眼巴巴地看着。这给她带来的是多么强的失落感啊,这种失落给孩子心理带来的损失远远超过五毛钱。也许你会说,别说五毛钱的发夹了,五十块的发夹自己也没少给她买,但是你一定要明白,你花五十块钱买的发夹对女儿来说,有可能都不如她花五毛钱自己买的发夹更有意义,因为那是她自己挑选,自己花钱买的,那种自己做主的感觉是完全不同的。

孩子成长为一个独立的人,经济上的独立是迟早的事,给零花钱就是培养孩子独立能力的好方法。因为用零花钱买东西多是孩子自主自发的行为,在这个过程中他将独立地去完成一系列的事情:挑选要买的东西、向卖主询问价钱、有时候讨价还价、决定买或者不买等等。在这一系列的事情中既锻炼了孩子的对比、分析能力、果断做决定的能力,又锻炼了他与人交往的能力。因此,我认为完全可以给孩子一些可供他自由支配的零用钱。当然如何给孩子零用钱也有一套学问。那么,具体该怎样给孩子零花钱呢?

就我了解,有很多父母都不会定期定量给孩子零花钱,而是当孩子要钱的时候,才会无计划、随意地给孩子。可是,没有规律地随意给孩子零花钱,可能造成的后果是:给得少,孩子会压抑自己的欲望,或者想方设法得到钱;一旦给得多,又可能导致欲望的无节制。因此,给孩子零花钱最好的方式是定期给孩子发放一份通过预算而有固定数量的零花钱。

有位母亲是这样给孩子零花钱的。她每月给孩子一次零花钱,在月初时一次性付给,目的是让孩子总体上知道自己每个月能够支配多少钱。同时,在给儿子零花钱时,她会让孩子做一个支配零花钱的初步打算,还给了孩子一个账本,让他记录上每笔零花钱的去向。接着,她每周会检查一下孩子的账本,一旦发现孩子有使用不当的地方,她就会及时指出来,并向孩子说明哪里用得不当,但她从不因为孩子使用不当就随意减少或不给孩子零花钱,因为她认为那样只会怂恿孩子养成对大人隐瞒和撒谎的恶习。我想这样的方法将对孩子养成有计划消费、精打细算的合理理财观念有所帮助,你也可以试着做一做。

3. 孩子做作业总要我陪着

我的孩子上小学二年级,为了能督促她更快更好地完成作业,从她上小学起做作业时我就在一旁陪着,这样她遇到不会的题目我也好及时辅导。可现在我已经感觉到她好像越来越离不开我了，只要我不在她就磨磨蹭蹭。我知道这样下去肯定是不行的，但我不知道该怎么办？

现在做家长真是累，白天忙碌了一天，晚上回家也不能好好休息，除了照顾孩子，还要完成老师布置的家庭作业。当然，老师是不会给家长布置作业的，尽管作业是留给孩子的，但一不小心，这些作业就成了家长的作业。因为许多家长不放心，总觉得孩子还小，做不好作业，因此就急忙搬着板凳坐在孩子身边，久而久之，孩子就习惯了，如果老爸老妈不坐在旁边，他就根本进不了做作业的状态。

孩子做作业，家长需要督促，但不能陪同。在做作业之前，你可以根据孩子的作业量大致估计一下完成所需要的时间，然后和孩子商量一下完成作业所需的时间。有了时间的限制，孩子的神经多多少少会绷紧一些。等孩子开始做作业了，你也可以开始做自己的事情了。

如果你不放心，你可以过一段时间看看孩子在做什么，但不管他是在那里玩也好，看其他的书也好，规定的时间还没到就不要过问他。或许你会担心了，如果不提醒他一定会一直玩下去，那时间就白白浪费了！忍耐一下，应该对时间感到痛惜的是孩子。

时间到了，看看孩子的完成情况怎样。如果做得不错，表扬表扬他，作为奖励可以让他多做一会儿他想做的事情，比如多看一会儿电视，多玩一会儿玩具。如果没有完成，那不能让他轻松过关。检查一下他还有多少作业没完成，然后根据剩下的量再商定一个时间接着做。"那怎么行，孩子最晚十点就要睡觉，这样下去别说十点了，十二点也完不成！"你或许会有这样的担心。不用担心，不管有没有完成，睡觉时间到了就让孩子去睡觉，明天去学校老师自然会教育他。当知道不按时完成作业无法蒙混过关时，孩子多多少少就会有所顾忌了。

4. 孩子不好好吃饭怎么办

我的孩子一直都不愿好好吃饭，小时候每次喂她吃饭都令我们费尽心机，想尽办法。现在读二年级了，还是不能好好吃饭，常常是边吃边玩。我们对她说过多少遍"吃完了再玩"，可她一点也听不进去。我真不明白，让她好好吃顿饭怎么就这么难？

关于孩子吃饭的问题，我常常听到许多幼儿园的家长大吐苦水，不是孩子不哄着玩没法好好吃，就是孩子必须追着喂。这样的孩子上了小学之后，也不好好吃饭，常常让家长发愁孩子营养不够怎么办。因此，八岁的孩子甚至九岁的孩子让家长喂饭的情况都存在。

刚开始面对这样的问题，我不免奇怪：饥饿感是人的一种本能，只要饿了就要吃饭。不管孩子再小，饥饿感总是会有的，按理说孩子吃饭是一件再自然不过的事，因为谁也不会让自己饿着啊。难道这些孩子是例外？

可后来我发现，原来问题不在孩子，而是家长总是担心孩子会饿着。有位姥姥向我诉苦的时候，我问她："你一般什么时候喂孩子吃饭啊？"姥姥感到很奇怪，说："当然是孩子饿了就喂啊？""那你是怎么知道孩子饿了呢？""这还用问吗，孩子只有多吃才能长大，因此早上先喝牛奶，半小时后吃点米糊，过一会儿吃苹果……怕他不爱吃，我总是换着花样给他做，可他就是不好好吃。"听姥姥说出了一长串的菜单，我不禁为孩子的胃捏了一把汗，这么多东西换作是我都未必能吃得下，他能接受得了吗？

民以食为天，吃饭原本应该是件快乐的事情，可在许多孩子眼里却成了痛苦的事情。因为原本的享受被那些不懂喂养原则的大人们剥夺了、破坏掉了！

在许多家长心里，吃饭对正在成长中的孩子来说可是头等大事，因为吃好了，营养好，身体好，脑子才好，孩子才能学习好。小一点的孩子家长不断地喂，大一些的孩子家长常常督促着孩子吃。其实，吃饭是一个人的自然需要，当父母过分地干预，反而使孩子自身的需要变得混乱了。这也是很多家长奇怪的，小时候越是喂饭的孩子，长大了越不爱吃饭，而且孩子不吃，也好像根本不饿似的。这都是因为，在父母的干预下，孩子已经失去了对美食的天然感觉。客观上他的身体成长虽需要他吃，可他的心理上却没有吃的需要了。

其实无论多么小的孩子，无论做什么，都需要自由，需要把握自主权，吃饭也是如此。饥饿感是每个孩子天生最基本的本能之一，吃饱肚子也就是他们本能会做到的最基本活动之一。因此，孩子什么时候吃、吃多少，孩子的身体最有发言权。在健康安全的前提下，允许孩子挑选自己喜欢的食品；接受孩子有时吃得多一些、有时吃得少一些这样的正常起伏。只要综合营养平衡，一顿少吃几口其实没有什么，不会对孩子造成多大的影响。美国心理学家曾经对 15 名食欲差的孩子进行为期六天的观察，发现孩子吃饭时不论在父母眼里表现得怎样差，结果仍然保持了进食量与需要量的生理平衡。看来要让孩子乖乖吃饭，就要放手把吃饭的自由还给孩子。

5. 孩子不愿意独立思考

我的孩子很懒，根本不愿动脑筋自己思考。做作业的时候一旦遇到不会的题就会立刻问我，如果让他自己想想，他就会说想不出来，有时候那些题明明很简单，他也会说不会。我该怎样让他养成独立思考的习惯呢？

当孩子遇到问题再向你请教时，不要急着告诉他答案，鼓励他自己先想一想。不管这个问题在你的眼里有多么的简单，不要骂孩子不动脑筋，也不要说他"笨蛋"。如果你这样说，孩子会说："就因为我是笨蛋我才不会啊。"你可以看看题，然后对孩子说："这个问题并不像你想象的那么难，你先花十分钟自己想一想，你一定能想出解决的办法。"

如果你发现孩子根本没有动脑筋，只是在一旁浪费了十分钟，你也不要责备他。你可以问问他："想到什么好办法了吗？"孩子可能会摇着头对你说："我想过了，但是想不出来。""没关系，你能把你想到了什么告诉我吗？"如果孩子什么都说不出来，这证实了你的想法：他并没有开动脑筋。这下你可以对他说："看来这个问题还真有点难度，但我觉得你有能力解决，再花十分钟想一想。"这样一来，孩子就会知道如果他不动脑筋你是不会轻易告诉他答案的，他就得自己动动脑筋了。

如果你发现孩子真的是认认真真思考过了，但还是想不出办法，你需要耐心地去引导他。你可以先问问孩子想到了些什么，看看他的困难到底在哪里，然后针对他的困难试着往下分析。一定不要把整个解题思路一下子全部告诉孩子，你可以给他开个头，然后让他自己顺着这个"藤"慢慢往下摸。你可以给孩子启发，但思考的大部分过程还得由他自己来完成。

让孩子完成作业的一个重要意义，也在于让孩子能独立做事，对于一个学生来说，他最重要的任务是学习，如果在这件事情上，他不能独立，他不但不能应对将来学业的挑战，也很难养成独立的品质。

6. 孩子到底该不该管

有时看书上和电视上提倡不要对孩子管得太多，要给孩子自由，说如果家长管得太多容易让孩子产生逆反情绪，还容易使他丧失独立性。可有时又听有的专家说孩子必须要管，如果放任不管，孩子由于缺乏引导很容易沾染不好的习气。我现在真的很困惑：一会儿说不管，一会儿又说要管，那孩子到底该不该管呢？

记得有一段时间，有两本关于孩子教育的图书很火爆，名字很有意思，一本是《千万别管孩子》，一本是《孩子不能不管》。如果光看题目，家长肯定会被搞糊涂，一个不让管，一个让管，简直就是针锋相对嘛。

其实，这种矛盾是因为许多家长对"管"和"不管"有所误解，把"管"简单地看做了打骂和限制，把"不管"看做了溺爱和放任自流。但仔细阅读后就会发现，这两本书说的"管"和"不管"并不矛盾。

《千万别管孩子》是建议家长在充分了解孩子的基础上，与其管制孩子不如引导他们，让孩子在正确的准则和方法下，学会自己管理自己，在这里"不管"是为了"管"；《孩子不能不管》则是从规则教育谈起，从小培养孩子的责任心，最终达到自律，在这里"管"是为了"不管"。

其实不论是主张"管"还是"不管"，目的都只有一个，都是为了孩子的健康成长。既然殊途同归，那"管"和"不管"不过是为了达到同一个目的的不同方式和手段。主张管孩子的家长，主要是担心"玉不琢不成器"，怕孩子由于年龄还小，自控力不强，没人管就会太放纵，不能向着好的方面发展。主张不管孩子的家长，主要是怕严厉的管教扼杀了孩子的好奇心、创造力，对孩子的天性造成损害，给孩子的心理蒙上阴影。

很显然，这样强调任一方面的"管"和"不管"都无法对孩子的成长起到积极的作用。我想你更应该关注的并不是该"管"还是"不管"，而是如何让这两种不同的方式和手段在孩子的成长中发挥最好的作用。

每个孩子都有自己的个性，每个孩子都有自己的独立性，因此，因材施教才被教育家们提到了非常重要的地位。没有一种教育方法是放之四海皆准的，"管"还是"不管"也是一样。如果你的孩子还没有学会最基本的行为规范，更不懂得自己管理自己，对这样的孩子当然要管。但是，"管"是为了家长最终不管，如果事无巨细都需要家长来过问、督促，孩子就学不会自己管理自己。

孩子需要自由，但也需要有个度。没有人能说清楚我们到底应该给孩子多少自由，但"管"和"不管"都必须要以尊重孩子的个性、兴趣、爱好为前提，具体问题具体分析。

第三章　创造的品质

爱问"为什么"

敢于对权威质疑

喜欢"与众不同"

时常搞"破坏"

很多家长都知道，一个孩子的创造力强，就意味着他更聪明，在学习的成效方面会比别人更有优势。等到他工作的时候，他也会因为好主意好点子不断，给自己带来更多的财富和成功的机会。

可是，许多家长又对创造力不敢奢望。为什么不敢奢望呢？因为家长对创造力有着这样一些误解。

误解一：创造力是极少数的天才、聪明人才能拥有的。

很多家长觉得，不是每个人都能有创造力，有没有创造力是老天注定的，它是一种可遇而不可求的天赋。如果孩子没有那个天赋，你再怎样培养也是徒劳。家长会有这样的想法，常常因为他对创造力还有着第二个误解。

误解二：能搞出重大发明，能有重大发现，那才算有创造力。

如果用这样的标准来衡量，创造力的确只能是少数科学家或发明家的专属品。因为如果瓦特发明蒸汽机、莱特兄弟制造飞机、爱因斯坦发现相对论才算得上创造的话，有多少人能有这样的创造力呢？

其实创造力没有那么神秘，也没有那样可望而不可及。它的确是一种天赋，但这种天赋并不是少数天才才有的，我们每个人都拥有创造的潜力，这种潜力就像一座金矿一样，埋藏在每个人的内心，只不过有的人开采的多，有的人开采的少，有的人一辈子都不知道自己有这座金矿。

那究竟什么是创造力呢？虽然创造力所带来的成果常常惊人，一个金点子可能就价值上万甚至百万，但创造力说来其实很简单，就是一个人所具有的对事物对世界与一般看法截然不同的能力。

如果说得再具体些，一个有创造力的人，他的身上常常有着这样的特征：

爱问"为什么"

大文学家巴尔扎克曾说："打开一切科学的钥匙，都毫无疑义的是'问号'，我们大部分伟大发现应归功于'为什么'，而生活的智慧大概就在于经常会问个'为什么'。"有创造力的人凡事就总爱问个"为什么"。

你一定知道木匠的祖师爷鲁班吧，他发明了许许多多灵巧的工具，像墨斗、锯子、铲子和凿子等，帮助人们从原始、繁重的劳动中解脱了出来，这些发明的应用有的还延续到了两千多年后的今天，这是一件多么了不起的事情啊。

那鲁班是怎样发明这些了不起的工具的呢？关于锯子的发明有这样一个故事。

有一年，鲁班接受了一项任务，要在很短的时间内建造一座大宫殿。这需要很多木料，他的徒弟们每天都上山砍伐木材，但用斧子一点一点砍实在是太慢了，徒弟们已经累得筋疲力尽，可是木料还是远远不够，工程进展的很缓慢。眼看就不能按时完成任务了，鲁班很着急，于是决定亲自上山察看伐木的情况。

这一天，天气晴朗，鲁班和徒弟们一起上山砍树。山上的路很险峻，他一边艰难地往上爬，一边默默地思索着什么。突然，他感到手指一阵疼痛，连忙低头一看，原来他的手被野草划了一条口子，鲜血正一滴滴往下流。鲁班很奇怪，这不过是一根小小的野草而已，为什么能这样锋利呢？

于是鲁班弯下腰来仔细地看了看这种野草，发现草的两边都长有许多小细齿，难道手就是被这些小齿划破的？于是，他又用这种野草在手上划了一下，果然又是一道口子。"师父！"一旁的徒弟看见鲁班又故意把手割伤都大叫了起来。鲁班却喊着"好啊"，高兴地跳了起来。徒弟们怎么也不理解手被割伤了，还流着血，好在什么地方。鲁班却有了一个创造性的想法：既然小草的细齿可以划破我的手，那如果铁条上带有很多小齿就应该可以锯断大树了吧。

鲁班连忙下山，找来许多工匠，在他们的帮助下，鲁班造出了世界上第一把锯。虽然这锯很简陋，但用它锯大树还是比用斧头砍快多了。鲁班又制造了很多锯，交给徒弟们用，砍伐木材变得又省力又省时，宫殿终于按时建好了。

正是"为什么"帮助鲁班从带齿的野草上找到了灵感，并发明了锯子这种重要的工具。徒弟们也同样看到了野草会割伤手，或许有的人还曾被野草割伤过，为什么只有鲁班才有这样的发现呢？我想，这正是因为鲁班对事物有着独特的感觉能力和把握能力。因此，问"为什么"其实就是一种探索世界的方式，爱问"为什么"的人正是通过这种方式来表达自己对事物独特的感觉，进而去寻找答案，对事物有一个独特的把握。

看来爱问"为什么"是件好事，可爸妈们常常不这样认为。几乎每一个父母都有被孩子的"为什么"搞得哑口无言、焦头烂额的时候，我的一位朋友正在饱受折磨。他的孩子叫陆阳，今年六岁了，问题特别多，他爸妈很受不了他的那些无聊的问题，就来找我咨询："你说孩子为什么会有那么多问题呢？"

我想许多家长一定和我的这位朋友一样纳闷：孩子怎么总有那么多"为什么"呢？因为，好奇是孩子的天性，孩子对这个世界的一切都充满了好奇。从来到这个世界开始，一切都是那样的陌生与新奇，在孩子不会说话的时候，虽然无法用语言去表达心中的感受，但已经开始用眼光去询问、用小手去探索了。等到他能够开口说话，能够表达心中的疑问时，各种各样的"为什么"也就接踵而来，让人应接不暇。

如果你的孩子刚巧处于三岁至六岁年龄段，你一定会对此有更强烈的感受。这个阶段的孩子问题似乎特别多，因为这个时期的他已经能够很好地用语言表达心中的疑问，而且恨不得能一下子知道所有问题的答案，但自己又没有能力去解答，所以只能从父母那里寻求帮助。可是，由于父母们不了解这时孩子的特点，常常非但不帮助，还泼冷水。

有一天，我带着小侄子到公园玩。在公园的空地上有很多人在放风筝，我和小侄子也情不自禁观看起来。旁边站着一个小男孩和他的妈妈。

"妈妈，这些风筝真漂亮啊！"孩子赞叹道。

"是呀，很漂亮。"妈妈说。

"妈妈，风筝为什么能飞起来呢？"

"因为有风的作用啊。"

"风有什么作用呢？"

"你看，风筝在天空飞的时候都是迎着风的，正是风的力量把它吹上了天。"

"那为什么放风筝的人手里都有一根线呢？"

"这是个好问题。除了风的力量外，线的拉力也很关键。风的力量是斜向上的，我们拉线的时候，就产生了一个斜向下的拉力，这两个力量必须达到平衡，风筝才能在天空中平稳地飞行。"妈妈耐心地解释道。

"什么是平衡啊？为什么风的力量是斜向上的呢？"孩子继续问道。

妈妈没有说话，但脸色比先前沉了一些。

"为什么都是风筝，有的飞得高，有的低呢？是因为大小不同吗？"孩子仰着头继续问。

妈妈仍然一句话也没说，但明显有些不耐烦了。

"不对呀，都是同样的风筝啊，可飞得高矮还是有区别。"孩子自言自语，接着忍不住问，"妈妈，你说为什么啊？"

"哪有那么多为什么，没看见我烦着啦。再问就回家去！"

孩子终于不作声了，但他的心里仍然充满了疑问。他只能抬头无奈地看着在天空中飞翔的风筝。

或许这位妈妈开始也希望自己能耐着性子回答孩子的"为什么"，但是由于她只是把回答孩子的问题当成一种任务，而不是从保护孩子的好奇心，不是从尊重孩子的心理特点出发的，很快就耐不住性子了，最后越来越不耐烦。当孩子大有打破砂锅问到底，还问砂锅在哪里的时候，的确是对我们耐心的一次严峻考验，但是如果我们没能妥善地对待，就很容易让孩子感到沮丧。或许很快你发现孩子不再用那么多问题让你烦了，但孩子的好奇心却也随着年龄的增长渐渐被泯灭了。到了那时，你想让他多问几个"为什么"的时候，他对一切都没了感觉，更别说独特的感觉了。这也是很多孩子上了初中之后家长的烦恼：孩子学习非常死板，老师讲过的题，稍微变换一下形式就不会了，写作文总是千篇一律，跟八股文差不多。家长头疼之极，总是骂孩子"死脑筋"，岂不知很多问题是咱们家长造成的。

对待孩子那些五花八门的问题，我们多一些理解吧，这是他在用自己的方式认识世界啊。每个人都要经历这个阶段，回想我们小时候，不也是对自己不明白的一切都充满好奇、迫切希望找到答案吗？我想，每个孩子的心中都埋着一粒好奇的种子，这粒种子有着无比巨大的威力，它可以让孩子情不自禁地去探索、去学习，这粒种子的长大、发芽，无疑最需要来自父母的支持和肯定。

敢于对权威质疑

有创造力的人常常敢于质疑。因为有创造力的人对事物有自己独特的感觉，这种与别人的不同理解和认识，会让他对问题提出自己不同于他人的看法，这就是质疑。

别看孩子的年龄小，但他们同样能够根据自己独特的感觉，对权威进行质疑。语文教材可都是经过专家们审定的，摘选的课文也都是出自文学大家的手笔，可偏偏就有孩子和它较起真儿来。

小学语文教材第十一册第19课是《海滨仲夏夜》，这是大作家峻青先生有名的代表作，可北京市东城区一个叫穆晨晨的六年级孩子对它产生了质疑。文章第二段写道：

天空的霞光渐渐地淡下去了，深红的颜色变成了绯红，绯红又变为浅红。最后，当这一切红光都消失了的时候，那突然显得高而远了的天空，则呈现出一片肃穆的神色。最早出现的启明星，在这深蓝色的天幕上闪烁起来了。它是那么大，那么亮，整个广漠的天幕上只有它在那里放射着令人注目的光辉，活像一盏悬挂在高空的明灯。

　　整篇文章明明写的是海滨傍晚的景色，傍晚的天空怎么会出现启明星呢？穆晨晨对文中的"启明星"提出了疑问，因为感觉上启明星应该是在黎明的时候才有啊。可是只凭感觉是说明不了问题的，于是他查阅了相关的工具书，终于明白了原来"启明星"和"长庚星"都指九大行星中距离地球最近的金星，只是出现的时间不同，夜晚出现在西方天空的应叫"长庚星"，日出前出现在东方天空的才叫"启明星"。如果按照这样的说法，那文章中的"启明星"就真的不够准确，应该改成"长庚星"才对。

　　据小学老师反映，今天的小学生们提出了许多我们这些大人们从未想过的问题，这是多么可贵的一种精神啊。我们人类社会不正是在质疑中不断发展的吗？正是对"比重大于空气的人造物体不可能在空中飞行"产生质疑，人类发明了飞机；正是对"从原子的嬗变获取能量是荒唐的臆想"有了质疑，人类才发现了力量巨大的核能源。可是很多时候，孩子一质疑，家长就紧张。

　　一位母亲打来电话，说她的孩子很偏执，总觉得自己才是对的别人都是错的。为了向我说明孩子到底有多偏执，她给我讲了最近发生的一件小事：

　　　　这段时间语文课上在学比喻的修辞手法，考试的时候有一道题目是用"月亮"造一个比喻句。孩子造的句子是"弯弯的月亮像一个黄黄的香蕉一样挂在天上"，老师打了叉，因为标准答案是"弯弯的月亮像一把镰刀一样挂在天上"。

　　　　孩子很不服气，觉得自己的句子造的没有什么问题，非得让我评评理。我看了半天，也说不出个所以然来，于是他便嚷着第二天去找老师，非要老师把叉改过来。我一听来气了，揍了他一顿。标准答案就是这样，明明自己错了，还非不服。再说就一个句子，有必要这么较真吗？

　　　　他就是这样，对什么都有自己不同的看法，你给他说点什么，他总说"我觉得不是这样的。"然后就是一大堆他觉得怎么怎么着。

　　听得出来，母亲对孩子非常头疼，可在我看来，这却是一个很有质疑精神的孩子。从与这位母亲的交谈中，我发现她之所以这么头疼，是因为她认为孩子是在"使坏"，是想故意刁难别人。可当我和孩子接触后发现，孩子并不是要刁难谁。孩子处处提出疑问，是在表明他已经开始独立思考了。可是我们太习惯告诉孩子：父母说什么就是什么，老师教什么就是什么。听话、顺从是我们对好孩子评价的标准。长此以往，很多孩子已经变得不会提问题了。

在"英国知名大学与中国知名高中对话"活动上，当英国专家们被问到"和英国学生相比，中国学生的最大弱势是什么"时，接受采访的多位专家不约而同认为："质疑能力相对缺乏。"在他们看来，优秀学生不照搬书本，不把老师说的都当金科玉律，他们会质疑，具有批判精神。但可惜的是，不少中国孩子恰恰欠缺这方面的能力。

我记得 1979 年诺贝尔化学奖获得者赫伯特·查尔斯·布朗曾说过这样一段话："我的祖父常常问我，为什么今天与其他日子不同呢？他总是让我自己提出问题，自己找出理由，然后让我自己知道为什么。我的整个童年时代，父母都鼓励我提出疑问，从不教育我依靠信仰去接受一件事物，而是一切都求之于理。"

是呀，质疑的能力不是天生的，它需要培养。当孩子已经开始展露他的这种难能可贵的能力时，我们为什么不去肯定和保护呢？

喜欢"与众不同"

有创造力的人因为总有自己独特的想法，因此常显得与众不同。

说到与众不同，在我的脑海里浮现出了这样一个人，那就是阿里巴巴网站的 CEO 马云，他被称为商界的"怪才"。之所以称他为"怪才"，不是因为他略显奇怪的长相，而是他以自己独特的思维方式开创了一种独特的电子商务模式。2003 年 7 月英国首相布莱尔访华时，点名要见"中国的马云"，因为"他正在改变全球商人做生意的方式"。

作为一个互联网精英，马云和其他的互联网精英们相比，显得格外不同。有人这样描写马云："貌不惊人、不懂技术、没有留洋教育背景，还干过蹬三轮、搬运和卖报等工种。"但就是这样一个不英俊、没技术、没留过洋的人却闯出了自己的一片天地，干出了自己的一番事业。

据说马云小时打架无数，还曾多次被迫转学，是一个连爹妈都不对他抱希望的孩子。考大学考了三年，就连进入外语本科专业也是由于同专业招生人数不满捡了个小便宜。可自从上了大学后，马云就开始用不同于别人的方式学习。当别人在那里记单词、做题、背课文时，他几乎每天都一个人跑到宾馆门口跟老外"对话"，正是这样的锻炼让一直在国内土生土长的马云可以很轻松地在欧美向海外用户作精彩的演讲。

马云首次接触互联网是1994年底在美国出差时，回国之后他便以自己对互联网的独特感觉创办了帮助国内企业建立网页的"中国黄页"。两年之后，小有成绩的马云受邀加盟外经贸部中国国际电子商务中心，参与多个政府网站的开发。1999年初，马云离开外经贸部，放弃了雅虎、新浪的高薪邀请，决心找寻一条属于自己的互联网道路，于是回到杭州创办了被《亚洲华尔街日报》称为"中国电子商务的阿里妈妈"的阿里巴巴，并最终开创了商人与商人之间实现电子商务的互联网服务模式。我想，很大程度上，阿里巴巴的成功就源于马云对互联网对商业敏锐而与众不同的感觉。马云也一度坦承"我给人家感觉怪怪的"，但"与众不同不是我做出来的，而是我的本能"。

与众不同才能展现出自己的个性，才能对事物有自己独特的感觉，也才能有所创造。可许多家长很害怕孩子"与众不同"，一旦孩子做出一些超出常规、与别人不一样的事，家长就会立刻予以制止。

> 五岁的婷婷在幼儿园里和小朋友们一起画画。其他的小朋友都拿起了五颜六色的蜡笔在白纸上一笔一画地画了起来，她却拿起一只绿色的蜡笔将整张纸涂绿，然后用一旁的小木块在纸上刮出一些奇怪的形状来。
>
> 这样的"作品"得到了老师的赞赏，老师夸她是一个有创造力的孩子，人家在白纸上画画，她却懂得逆向思维，在绿纸上留白。虽然不懂得什么是"创造力"，但婷婷知道这是老师对她的欣赏与表扬。可当她回到家自豪地想用同样的方式向妈妈展示她创作的"杰作"时，妈妈却说："你怎么不好好画画啊，没有人像你这样画，画可不是这样画的！"

为什么一定要遵循固定的规律，和别人的方式一模一样呢？婷婷与众不同的画画方式不正是她对画画独特感觉的体现吗？可惜的是，创造的火苗就这样被妈妈无情地掐灭了。妈妈为什么这样做呢？

教育家蒙台梭利说：是父母造就了大量的平常的人。是的，我们常常随大众、随大流，人云亦云，或许毕竟人类是群居动物，需要用相同的符号来增强认同感和安全感。但是，这也说明了我们精神上的不独立。从众的心理，对权威的敬畏已经让我们渐渐丧失了独到的思维能力。

就拿教育孩子问题来说，许多家长都喜欢模仿。看看别的孩子考了多少分，看看别的孩子参加了什么补习班，看看别的孩子在发展什么兴趣爱好，总是拿别人的孩子作为自己孩子发展的参照。可是，别人孩子走这样的道路能成功未必自己的孩子就能成功，而且跟着别人走就永远是模仿别人，很难看到自己孩子真正闪光的地方。只有发现孩子的"不同"，鼓励他"不同"，才能让他获得跟别人不一样的成就。

每个人都是独特的，都有自己不一样的思维方式，都有自己独特的感觉，如果我们今天都能做到尊重孩子，尊重他的独特，他就可能成为一个富有创意的人。

时常搞"破坏"

有一个很有意思的现象，许多在科学上取得了巨大成功的人，小时候都曾是"破坏狂"。发明大王爱迪生小时候为了搞清楚为什么青草不会燃烧而枯草却会燃烧，用火点燃了干草堆，将父亲囤积的草料付之一炬；物理天才费曼小时候也常常将买回的旧收音机一个个拆卸开来，想弄清楚收音机会响的秘密。看来有创造力的人通常还具有这样一个重要特征——时常爱搞些"破坏"。

我曾在电视里看到过这样一期访谈，访谈的主角是"小发明家"温帆一家。温帆在校读书期间，已经有四项发明获得了国家专利。让他成功的因素中最重要的并不在于他从小就爱提问、爱动手，而是妈妈对他的鼓励和引导。

> 温帆很小的时候，爸爸妈妈花了两个月的工资买了一台收音机。那天妈妈下班回家，却发现他把收音机拆了。于是妈妈问他："你怎么拆了呢？"他说："阿姨在里面唱歌，我想看一看阿姨在里面怎么唱歌。"
>
> 好好的收音机就这样弄坏了，妈妈并没有生气，反而挺高兴地跟他说："阿姨在很远很远的地方唱歌，不管是天上、地下、海里，你都能听得见。为什么？你长大了就去探索这个！"

接受采访的时候温帆正在武汉科技大学读书，所学的专业正是电子信息。我想，从某种意义上说，这正是妈妈当年在他心中播下的那颗好奇心的种子不断长大的结果。温帆是幸运的，有这样一个鼓励他"破坏"、鼓励他探索的妈妈。可是，更多的孩子就没这么幸运了。我曾看过这样一宗报道：

> 一个读小学的孩子听老师在课堂上讲蚯蚓有很强的再生能力，

就算把一个蚯蚓分成了两截，它们还能分别再生长出完整的蚯蚓。孩子觉得这样的事情太神奇了，也很好奇，决心一定要弄个明白。

于是她从泥土里挖来一条蚯蚓，并断开两段，放在窗台上养起来，想亲眼看看它是怎么再生长出完整的蚯蚓的。可当她母亲发现窗台上的两节蚯蚓后非常生气，狠狠打了她一巴掌，并愤怒地把蚯蚓扔出窗外。

这则报道的结尾是一位教育专家沉重地叹息：这位母亲完全没有想到，她这一巴掌造成什么样的后果，这一巴掌，很可能就打没了一个女科学家。

在许多家长眼里，孩子就像天生的"破坏狂"，什么东西只要一到他手里没两天准弄坏。不是把刚买来的电动小汽车拆成一堆零件，就是把电子闹钟的液晶屏砸碎，或者偷偷把电视遥控器拆开。为此，不少父母常常被气得够呛。于是"不许再这样做了"，"下次我一定饶不了你"等这样警告和威胁的话脱口而出，甚至还把孩子打上一顿。"好好的东西就这样被他弄坏了，多可惜啊！"家长只看到被孩子"破坏"的东西的价值，"这只电子表很贵"、"这可是我昨天才刚买的新笔"，却没有充分认识到孩子"破坏"行为本身的价值。

"破坏"行为对孩子的成长具有重要的价值，它将会让孩子积极思考，并努力通过自己的双手去寻找答案，这是一种多么可贵的探索啊。孩子的头脑中总是充满了奇思妙想，时刻都有可能涌现出新奇的念头。除了是一个"想象家"，孩子还是一个"实践家"，当一个新的念头冒出时，他总会毫不犹豫地将它付诸实践。他不是故意要去破坏一个东西，而是因为他对这个东西感兴趣，想看看究竟是怎么回事。于是摸摸、看看、闻闻、尝尝、拆拆，一个好好的东西就被他分解了。

被孩子的"破坏"行为气得头疼的家长们，消消气吧，孩子这样做可不是为了成心搞破坏，就像爱问"为什么"一样，爱搞"破坏"、爱拆东西也是他的好奇心正在生长、发芽的结果，是他创造力的体现。

问题解答

1. 我该怎样回答孩子没完没了的"为什么"

我的孩子今年三岁了，他的问题好像特别多。看见鱼在鱼缸里游来游去，他就问："为什么鱼生活在水里啊？"看见电视里的火车就问："为什么火车要在铁轨上跑啊？"反正是看见什么就问什么。刚开始我还很耐心地告诉他答案，但很快发现根本就回答不过来。而且有的问题你明明告诉过他答案了，下次他还会再问，有时候真够烦的。面对孩子这些没完没了的问题，我该怎样做才能既不伤害他的好奇心，又不让自己很累呢？

在回答这个问题之前，我们先来看看下面发生在莎莎和她父母之间的一件事吧。一天晚上，七岁的莎莎和她的父母都坐在回家的车里，他们之间发生了下面一段对话。

莎莎："我们刚才吃的比萨为什么叫作'比萨'？"

父亲："这原本是一个意大利词，馅饼的意思。"

莎莎看到路边有一家银行，于是她问道："银行是什么意思？"

父亲（有点生气了）："这还用问，那是人们存钱的地方。"

莎莎抬头看看天，又问："白天怎么就变成夜晚了呢？"

父亲（很生气了）："好家伙，你已经问了好多问题。当太阳下山后没有了光，就变成夜晚了。"

莎莎："为什么月亮会跟着汽车一起走呢？"

妈妈："多有意思的问题啊！你知道吗，这个问题让科学家伤了几百年的脑筋，然后他们决定要研究月亮的运动。"

莎莎（激动地）："噢！那我也要做一个科学家。妈妈，明天陪我去书店找一本书吧，它会告诉我关于月亮的所有事情。"

莎莎终于不再问问题了。父亲的一问一答并没有满足莎莎永远填不满的好奇心，不停地回答孩子的问题只会鼓励孩子不停地问出更多的问题。妈妈却更明白这样一件事情：只有帮助孩子找到自己的方法去满足她的好奇心，才会让她更满意。

是呀，既然孩子的问题铺天盖地、没完没了，我们又怎么能一一回答得清清楚楚呢？聪明的父母，就应该像莎莎的母亲那样懂得引导孩子自己去寻找答案。

不过，不管你是准备告诉孩子答案，还是准备引导孩子自己去找答案，或者你压根就不知道有些稀奇古怪的问题该如何说起，当孩子提问时，你都要扮演一个忠实的听众。认真地倾听，就是对孩子好奇心最好的支持。不管你有多忙，正在做着什么，当孩子提问时，暂时放下手里的事情吧，弯下腰，目光注视着孩子，用微笑和点头鼓励他："这个问题很有意思！""这个问题真棒！"

2. 有些危险的东西也要任由孩子"破坏"吗?

　　我的孩子就挺爱搞"破坏"的,像你说的拆个什么钟啊、倒腾个什么小玩意啊,他常常干。对这些行为,我一般还是支持的,我知道这些都是他自己在发现,在探索。但那天看电视的时候我发现他突然直勾勾地盯着电视,我问他在想什么呢,他说,他在想电视里的画面是从哪里来的。看样子,没准哪天他也要把电视拆开来看看。我倒不是心疼电视,我是觉得他真这样去做会不会有危险。我想问,有些东西可能会存在一定的危险,是不是也要任由孩子去"破坏"呢?

　　当然不是,孩子的"破坏"需要有安全的保证。我们鼓励孩子去"破坏",是为了锻炼他的创造力,如果连最起码的安全都不能保证,这样的创造力培养还有什么意义呢? 因此在平时我们就应该明确告诉孩子,哪些东西是不能乱摸乱拆的,它们有怎样的危险。

　　为了让孩子的"破坏"行为更安全,你可以给孩子创造一些"破坏"的环境。在这一点上,我朋友的经验或许能给你一些借鉴。我朋友的孩子今年读小学二年级了,从五岁开始,朋友就为他建立了一间小小的实验室。

　　说是实验室,其实就是一张普通的书桌,上面放了些家里常用的像螺丝刀、小剪刀之类的工具和一个旧的显微镜,还有一些可供孩子翻阅的书籍。虽然简陋,不过这个小小的实验室却是孩子心中的乐园,因为在这张小小的书桌上他可以随意摆弄家里已经报废的小电器,可以"解剖"从花园中捡来的落叶,并放到显微镜下仔细观察。

　　这一切对孩子来说都是那样地新奇、有趣,在这里他通过自己的双手去证实了书里的知识,并通过自己的双手弄明白了许多自己困惑的问题。

　　要想培养孩子创造的品质,就需要给他一个自由创造的空间。如果有条件,我想你也可以给孩子这样一个简单的环境,让他在一个自由空间里去动手满足自己的好奇心,让他在"破坏"中体会快乐。

3. 怎样防止孩子"怀疑一切"

　　我知道培养孩子的质疑精神非常重要,但我有些担心,如果孩子处处都质疑,会不会让他变得"怀疑一切"呢?

　　孩子需要有质疑精神,但有时质疑精神确实就好比一把双刃剑,如果过了头,变成了"怀疑一切",对孩子的成长也是十分不利的。我想你的担心很有必要。那怎样在培养孩子质疑精神的同时,防止孩子"怀疑一切"呢?

我想，帮助他养成尊重事实的习惯非常重要。

孩子难免会有孩子气的时候，有时候好胜心占了上风，为了坚持自己的观点才是正确的，难免固执己见，和别人争得面红耳赤，却不为正误只为输赢。如果你发现这样的情况发生，你就需要及时引导他"让事实说话"。告诉他，当对一个问题有了疑问，和别人有了争论和分歧时，不要急着和别人争辩，脚踏实地地翻资料、查工具书，找到事实更重要。

如果孩子每次头脑发热、赌气的时候都能得到这样的提醒，引导他用事实的标准来衡量，渐渐地，他就会懂得用"事实胜于雄辩"的方法来纠正自己的错误，并且学会用事实来检验质疑。

4. 画画能帮助培养孩子的创造力吗

我的孩子今年六岁了，我很想培养她的创造能力，但不知道该怎样来培养。她很爱画画，没事的时候就自己趴在地上画，但她不太会画，而且画得一点也不好。那天让她画窗外的一棵树，可她怎么画都画不像。我听有人说画画也能培养孩子的创造力，这是真的吗？

对于年龄较小的孩子来说，音乐、游戏、绘画都是培养他们创造力的好方法。你的女儿那么喜欢绘画，我想用绘画来培养她的创造能力是一个不错的选择。孩子的画怎样才算画得好呢？记得我看到过这样一篇文章，说一位美术老师在课堂上让孩子们画一幅题为"快乐的节日"的图画，结果80%的孩子画了长得一模一样的圣诞树——原来黑板旁挂了一棵圣诞树。于是老师把圣诞树盖住，结果孩子们就都不会画了。这篇文章告诉了我们什么呢？创造其实是孩子的一种感悟，从眼到手，画得再好也只是临摹；从眼到心到手才叫创造。没有"心"的过程，就没有创造。因此，如果用画得像不像来衡量孩子的图画，那一定不会有助于她创造力的发展。

孩子眼中的世界是极为精彩的，他们展现自己的心灵世界的方式也是极为丰富的，作为家长，要学会认真聆听孩子的心声，学会欣赏孩子的每一幅画。有一位妈妈就很会欣赏女儿的画。一天，女儿用彩笔画了一个类似电视机的图形，高兴地跑来拉她去看，并大声说："妈妈这是外星人的家，这里是外星人的床、沙发、电视柜。"在这位妈妈看来实在不像，找不出一点感觉，怎么看还是一个类似"电视机"的图形，但她还是故作吃惊地表扬她说："你画得真棒，外星人肯定喜欢你为他造的房子，我们接着画，再给外星人添置点其他东西吧！"在她的赞叹声中，女儿始终保持旺盛的"创造欲望"，又画了假山、游泳池等等，越画越像那么回事。

正是在妈妈欣赏的眼光中，孩子大胆地去创造，一点一点提高着自己的创造能力。我想，学会欣赏孩子，发现、保护并且培养他的创造潜力，是培养他创造能力的第一步。

5. 没有知识的积累也能创造吗

我的孩子今年高一了，他心思一点没用到学习上，老想着搞点什么小发明创造。每次我说他："该你学的知识不好好学，能搞出什么名堂！"他却说："创造靠的是灵感，死学的人学得再好也搞不出什么名堂。"我文化水平不是很高，但我就不相信，没有知识的积累也能创造发明？

我在中央电视台曾看过播出的一期一位农民师傅试造直升机的专题节目。那位农民师傅对飞机有着近乎痴迷的兴趣，而且花费了很多时间，买了很多相关的书籍潜心"钻研"。可是不管他有多么强烈的探索精神，多么百折不挠的毅力，他的"飞机梦"最终没能实现。他研制的那架"直升机"再怎样挣扎仍然无法离开地面。

这位农民师傅失败的原因其实很简单：他没有扎实的专业知识，即使只是简单的仿制，也难以成功。我想你可以把这个故事讲给你的孩子听，创造的确需要灵感，但也离不开过硬的知识作基础。

如果伟大的物理学家牛顿没有物理的专业知识，不懂得力的原理，不管他被苹果砸几次都不能发现万有引力；如果因为梦见蛇而发现苯结构的化学家凯库勒没有在学习建筑中培养起来的很好的空间感，没有对化学知识的熟练掌握，也许梦中的蛇也就仅仅是一条蛇吧。创造并不是凭空想象，它必须要有一定的知识做基础。你的孩子想搞点小发明创造是好事，说明他勇于创新，应该鼓励，但必须让他明白，发明创造的前提是要有过硬的知识作为储备，因此学好书本上的知识，或是钻研他感兴趣的知识非常重要，因为它们是灵感产生的源泉。

6. 孩子写作文千篇一律

我的孩子一写作文就头疼，他的数理化都不错，就是语文不好，尤其是作文。干巴巴的，而且不管什么体裁、什么内容的文章都一个样，千篇一律没有一点变化，就跟八股文似的，考试的时候也就只能在及格边缘徘徊。有没有什么方法能让孩子的作文水平有所提高？

很多学生为作文头疼，很多家长也总会不解地问："我的孩子从小学就开始学写作文了，学了这么多年，怎么还是写不出好作文啊？"写作文为什么那么难呢？因为这是一种创造性的精神活动，一种灵动飘逸的思维过程，这些东西对孩子来说都是比较难把握的。为了让孩子能对作文的特点有一个大体的把握，知道该怎样布局谋篇，老师会教给孩子一些简单的写作技巧，比如一篇文章大概可以分成几个部分，每个部分大致写什么样的内容。可这也很容易让孩子陷入一个误区，以为作文就应该按照这样的模板写下去。从你孩子的作文中是不是也能发现作文模板的影子呢？

写作文不是死板地套公式，要想写出好作文必须找到创作的灵感。创作的灵感从哪里来呢？和其他创造性的活动一样，它首先需要一定的知识积淀，包括要对各种不同的体裁有准确的理解，要对各种表达方法、技巧有深入的了解，要有各种生活素材的积累等等。这些都是灵感产生的沃土，没有这些积淀作为基础，就算孩子学会了使用再高的写作技巧也将是"巧妇难为无米之炊"。当然，如果只是有了这些积淀，在写作中却不会把材料按照文章的内容进行巧妙的组合，没有运用材料的非凡能力，想写出好文章也是不切实际的。因此，还需要帮助孩子掌握一些利用好材料的技巧，比如怎样组合材料、浓缩材料、聚焦材料，怎样让语言生动感人、神采飞扬。最后，作为一种创造性的活动，要想写好作文就要有创作的激情和欲望，而这种创作激情和欲望又离不开对生活的热情。只有从培养孩子对生活的热爱和感动能力入手，让孩子对生活充满热情，孩子的作文才不会死板、干巴，才能鲜活、灵动。

虽然没有一个方法能让孩子的作文立竿见影好起来，但我想这个方法如果能坚持一段时间，一定能收到一定的效果，那就是可以让孩子每周抄写一篇佳作，细细揣摩其中的妙处，消化吸收，并且模仿这篇佳作自己再写一篇习作。在这样抄写、揣摩、模仿的过程中，孩子对语言的理解力，对语言材料的组织能力，以及谋篇布局能力都能得到很大的提高。

7. 孩子脑子太死

我的孩子上初三了，面临着中考，他很用功，可就是脑子太死。一个类型的题稍微变换一下，他马上不会做了，想问题也常钻牛角尖。老师说他太缺乏创造力，我原先以为创造力是那些搞发明创造的人才需要的，我并不需要孩子要搞什么发明，只需要孩子能学习好，难道也要培养孩子的创造力吗？

看来你是属于对创造力存在着误解的家长。创造并不一定是发明创造，它是一种思维能力，有创造力的人总是能对事物对世界有与一般人截然不同的感觉，而这种独特的感觉更容易帮助他把握住成功的机会。因此，不管孩子搞不搞发明创造，这种能力都是需要的。

对于孩子的情况，我想你最需要做的就是想办法帮助他拓宽思维，提高思维水平。孩子脑子太死主要就是因为他的思路不够开阔，想问题只能从很少的角度出发，一条路走到底，而有创造力的人想问题却常常能从多个维度、多个角度考虑。因此你需要对孩子加强一些发散思维方面的训练。什么是发散思维呢？我举一个简单的例子吧。如果问你"曲别针有多少种用途"，你能说出多少种呢？如果用一般的思维模式，能说出二十多种就已经相当不错了，可一个叫许国泰的人却能说出 30000 种。他是怎么做到的呢？原来他把曲别针的特征分解为材质、重量、硬度等十个要素，构成了第一组信息，再把人类的活动，如数学、美术、化学、文化等列出来构成了第二组信息，然后将这两组信息的要素进行不同的组合。这样一来，组合出来了一个非常庞大的数据。在这个问题上，许国泰使用的思维模式就是发散思维。发散思维就是指大脑在思维时呈现的一种扩散状态的思维模式，它表现为从不同角度、不同方向，多维度地思考一个问题。

或许你会觉得要对孩子进行这样的训练好像不是普通的家长能办到的，其实不然，我曾看到过我的一位朋友这样帮助读小学的孩子训练她的发散思维。

> 朋友从市场上买回了一条鱼，女儿跑了过来。妈妈问："你想怎么吃？""煎着吃。"女儿不假思索地说。"还能怎么吃？"妈妈又问。"炸着吃。""除了这两种外，还有呢？""烧鱼汤。""除此外，你还能想出几种吃法来？"妈妈穷追不舍。女儿仔细想了想，又想出了几种方法："还可以醋熘、蒸、吃生鱼片。"妈妈首先夸女儿聪明，然后又提醒女儿说："一条鱼可以分成多少不同的部分啊？它们可不可以有不同的做法呢？"女儿点点头："嗯，鱼头可以做豆腐鱼头汤，鱼身子可以煎着吃，鱼子还可以做鱼子酱。"

看来要训练孩子的发散思维并不是多么高深的问题，只要做个有心的父母，你就会发现生活为我们提供了取之不尽的素材。虽然对于初三的孩子我们不能再采取朋友那样的方法，但我想我们完全可以顺着她的训练思路，当孩子钻进牛角尖出不来，或题目稍微有些变化就做不出来时，我们可以提醒他换种角度、换个思路再想一想。

第四章　分享的品质

有一颗能装下他人的心

需要孩子分享的不仅仅是玩具

有一棵小树，他生长在美丽的大森林里，却整天发牢骚。他讨厌那些高大的树，说他们挡住了阳光，使他整天待在黑暗里；他责怪那些粗壮的树，说他们挡住了风，使他无法呼吸到清新的空气；他咒骂那些结满果实的树，说他们抢走了属于他的营养……小树的牢骚没完没了，他觉得自己的细小完全是大树所造成的，是大树阻碍了他的成长。有一天小树正在发脾气时，伐木工人来了，小树像见到了救星，请求伐木工人把周围这些讨厌的大树都砍掉。他如愿以偿，大树全被砍掉了，只留下他一个人孤零零地站在风中。可是小树盼望已久的日子并不舒服：没有了大树的遮盖，他被太阳晒得浑身干枯；没有了大树的阻拦，雨雪冰雹来临时他被折断了树枝；狂风暴雨的肆虐，最终把小树连根吹倒在了地上。当小树奄奄一息时，他才如梦初醒："我真是个自私的傻瓜，我怎么就一直没有看到别人在保护着我呢？"

没有家长会愿意孩子落入那棵小树的光景，可是很多孩子正在不知不觉重蹈小树的覆辙。很多家长也哀叹：现在的孩子太"独"了，心里只有自己，容不下他人。什么事情都是以自己为中心，只能别人对他奉献，他却一点也不愿付出，更谈不上分享。为什么会这样呢？这还得从家长的教育说起。

孩子对分享没有感觉

一位母亲曾向我说起过这样一件事情：

一个炎热的盛夏，孩子闹着嚷着要吃西瓜，于是母亲立刻出门去买西瓜。在街上转了很长时间，终于买回一个大西瓜，切开西瓜时，看着水灵灵的瓜，口渴的母亲情不自禁地先尝了一口，身后却立即传来儿子严厉刺耳的声音："谁让你吃啦，给我吐出来！"儿子突如其来的话让母亲顿时怔在了那里，眼泪止不住地流了下来。孩子这时才说："算了，算了，不过下次不许啦！"孩子总算"原谅"了母亲的"过失"。

回想起这件事，这位母亲仍然很激动，她说，以前我们的父母教育我们要"孔融让梨"，把好的让给别人，差的留给自己，现在别说谦让了，孩子能够学会分享就已经是很了不起的事情。孩子为什么会这样呢？我想，很大的原因是因为他对分享没有感觉。

现在的孩子大多是独生子女，是家庭的核心，没有了兄弟姐妹，家里所有好吃的好玩的都被父母统统留给了自己。当孩子偶尔举起蛋糕想让你一同来分享时，你在感动之余有没有对他说过这样的话呢："宝贝真乖，我们不吃，你自己吃吧。"当孩子把玩具放在客厅中等候别人来玩时，你又有没有对他说："赶快把它收好了，小心别人碰坏了。"这样的话只会一次次让孩子更加坚信，所有的一切都应该是他的，应该由他独自享用。

在孩子眼中，"分享"是痛苦的

都说分享能让人快乐，可是有些家长为了能让孩子学会分享所采取的举动，却让孩子感到，"分享"是件痛苦的事情。

一位母亲曾给我讲述了这样一件发生在孩子身上的典型"小气"事件：

> 那天我约了朋友一家到家里来玩，她的女儿今年五岁，比我的孩子大一岁。我女儿知道姐姐第二天要来，睡觉的时候就开始准备，把自己喜欢的玩具通通藏到了衣柜里。我看见了对她说："宝宝，干吗把玩具都藏起来啊？明天姐姐来了大家一起玩多好啊。"可她根本不听，反而把玩具又往里推了推。
>
> 第二天朋友一家来了，小女孩对我的女儿说："我们一起玩吧。"女儿装作很大方地拿出了几个旧旧的玩具，我一看，都是她不喜欢的。可不是，喜欢的都被她藏到衣柜里了。这孩子怎么能这么"小气"呢！于是我从衣柜中找出了她藏起来的玩具，放到地上，对她说："来，和姐姐一起玩吧。"没想到她一把抢过了小女孩刚拿起的一个玩具熊，并大叫："放下它！不准碰！那是我的！"我当时真是又尴尬又生气，这孩子真的太自私了。

为了培养孩子分享的品质，有的家长常常会逼着孩子和他人分享，可是这种命令、强迫的行为非但不能让孩子学会分享，还会让孩子对分享产生恐惧。当孩子正在兴致勃勃地玩着他喜欢的玩具时，如果你突然让他拿出玩具和小伙伴一同分享，他一定一千个、一万个不乐意。谁会愿意把自己的东西给别人呢？如果一件东西属于孩子所有，除非他自己愿意，否则就不要指望他会和别人分享。强硬地逼迫只会招致孩子强烈的愤怒与反抗。经历了这样的"分享"，有了不愉快的记忆，孩子下一次就更加不愿意与他人分享了。

那么，怎样才能让孩子拥有分享的品质呢？

有一颗能装下他人的心

孩子不能分享，是因为他的心里只装着自己，什么事情也就只能想到自己。要想让孩子学会分享，就要让他有一颗能装下他人的心。

我曾经读到过这样一则故事：

> 一个春天的下午，太阳暖洋洋地照着。街心花园里，有这样一对母女：小姑娘可能只有三岁，穿着一身鹅黄色的衣裙，头上戴着一个大大的蝴蝶结，正跌跌撞撞地跑来跑去，兴奋快乐地追逐着低飞的花蝶；年轻的母亲则静静地坐在旁边的长椅上，微笑着注视着女儿的一举一动……

> 渐渐地，小女孩头上的蝴蝶结有些松动了，苹果般红扑扑的脸蛋上沁出了细细的汗珠。细心的妈妈看到了，心疼地叫道：“囡囡，快过来，让妈妈帮你系系蝴蝶结。”

> 为女儿重新系好蝴蝶结后，妈妈又轻巧地把一个剥开的橘子放到她的手掌上，“先吃完这个橘子，然后再玩吧”。

> 小姑娘没有马上吃，而是把这个橘子捧在手心里举起来，对着阳光，眯起眼睛来仔细地看。突然，她好奇地问妈妈：“为什么橘子是一瓣一瓣的呢？”

> 妈妈愣了一下，想了想，就笑着说：“你再好好听听，这个橘子不是正在告诉你，‘我长成这个样子，就是希望你能和大家一起来分享我，而不是一个人自己吃哦！’”

> 小姑娘似懂非懂地点了点头，然后又捧起橘子细细观看。很快，她就从上面掰下最大的一瓣，踮起脚塞进了妈妈的嘴里。然后，又高举着那个橘子，向着坐在不远处的一对老夫妇跑去……

如果孩子问你这个相同的问题“为什么橘子是一瓣一瓣的呢？”你会怎么回答呢？也许你会想，因为它是橘子啊，橘子就应该长成这样，可是这位妈妈的回答却让孩子明白了，好东西需要和他人分享。

说到这里，我想起了我的一位朋友，她从孩子很小的时候就开始培养孩子分享的品质，而且取得了不错的效果。

> 一次我到朋友家里做客，她四岁儿子的举动让我印象深刻。那

天天比较热，朋友切了一个大西瓜，让孩子挨个分发给我们这些叔叔阿姨们。小家伙决定从我这边开始，他拿起一块西瓜走到我面前，当我伸出手准备接过时他却把西瓜放到自己嘴里咬了一口，然后递给我，很有礼貌地说："阿姨，你吃。"大家都笑了起来，我心想：这小家伙还挺调皮的。等到下一个人跟前时，孩子还是先自己咬上一口再送出去，接下来的情况也同样如此。

大家都很惊奇，朋友却笑了起来："以前他小的时候我们为了要他学会与别人分享，每次给他好吃的东西时都会轻轻咬一口才给他，并对他说'分享的东西才好吃'，后来每次让他把东西给别人时他也会学着我们的样子先轻轻咬上一口，有时真让人哭笑不得。"

我想这个小家伙的"分享"行为虽然有待提高，但他已经在父母的示范下，懂得了分享的意义，不管什么时候，想到自己也别忘了他人。一个心中能容下他人的人，一定会乐于分享。

需要孩子分享的不仅仅是玩具

一说起分享，家长们首先想到的就是让孩子将玩具、食物或者喜欢的东西和别人一同享用，可是需要孩子学会分享的绝不仅仅是这些有形的东西，尤其是当孩子长大后，分享还有着更多的含义。

有位朋友给我讲过这样一个故事：

一位农民在一个偶然的机会从外地换回了一种小麦良种，种植后产量大增。面对丰收的粮食，这个农民喜出望外，但马上又变得忧心忡忡，因为他害怕村里人知道并且也种上了这种良种，那么他的那份骄傲和优势就会荡然无存。于是，他开始想方设法地保密，哪怕是对自己的邻居也是如此。然而好景不长，到了第3年他就发现，他的良种不良了，到后来甚至连原来的种子也比不上，产量锐减、病虫害增加，他也因此蒙受了很大的损失。

这个农民捧着自己的良种百思不得其解，这到底是怎么一回事啊？他跑到省城去请教农科院的专家，专家听他讲完自己的经历后对他说：由于周围都是普通的麦田，通过花粉的相互传播，良种发生了变异，品质就必然下降了。

这位农民原本是为了保持自己的优势而自私地保守了秘密，可最终他却因为没有分享而让自己蒙受更大的损失。可是孩子们常常不懂得这样的道理。

记得在我当老师的时候，班里有这样一个孩子。他的成绩非常好，刚开始我以为他一定很受同学欢迎，可奇怪的是，每次班里选举班干部或评优的时候，他的票数都非常低。在学期末的学习经验交流会上我明白了其中的奥秘。

为了让孩子们能够互相借鉴学习方法和经验，互相帮助，我准备在班里举办一次经验交流会，并成立"手拉手"小组，让一个成绩好的孩子帮助一个成绩还不怎么好的孩子。我找了班里的前十名，让他们做好发言的准备，并选择一个帮助的对象。

一天下午放学的时候，这个孩子来到了我的办公室。"老师，我不想发言，我没什么经验可以和大家说的。"我还以为他是谦虚或是不知道该说些什么，于是启发他说："没关系，你成绩那么好，在学习上一定有自己的一套好方法，你就说点自己的学习心得就很好了。"他却说："老师，我真没什么好说的，而且我也不想结成什么'手拉手'小组，那只会浪费我的时间。"

我明白了，这个孩子不愿和同学分享自己的学习经验，也正因为如此，同学们都不愿和他打交道。或许在他看来分享只会减弱自己的实力，让自己面临威胁，可他没有想到的是，正是他的不愿分享才让自己和同学的关系那么糟。

其实很多时候需要孩子拿出来分享的不仅仅是玩具，与他人进行思想的交流，与他人共享机会、共享荣誉也是一种分享。有人是这样看待分享的，认为"分"的人是幸福的，因为他实现了自己存在的价值；"享"的人是快乐的，因为他感受到了真爱和友谊。看来不论"分"和"享"都是让人快乐的事情，一个懂得分享的人一定会快乐，如果能让我们的孩子懂得这样的道理，他一定会更愿意分享。

问题解答

1. 她总是不让别人碰她的玩具

我们家灵灵今年三岁了，读幼儿园小班。我发现她挺"小家子气"的，自己的玩具从来不愿意和别的小朋友一起玩。提前知道小朋友会到家里来玩的时候，她就会早早地把自己心爱的玩具都藏起来，如果我们不经她的同意就把好吃的和好玩的东西拿出来，她就会很不高兴。我觉得小孩子不能这么自私，要学会分享，但真不知道该如何进行这方面的教育。

我想你先不要急着给孩子扣上一个"自私"的帽子，从心理学上来看，这其实是孩子成长的表现。你会发现孩子小一点的时候也是很"大方"的，当让她把某样东西给别人时，她一般都会乐呵呵地递给别人。可是到了这个阶段，孩子对"自我"有了感觉，他越来越明白哪些东西是自己的，也渴望把所有的东西占为己有。由于心理发展的局限性使他们常常以自己的需要和兴趣为中心，多从自我考虑问题，以自己的经验去解决和认识问题，很少关心别人，这是儿童心理发展的必然阶段，它同一般意义上的"自私自利"是不同的。

如果你想要和三岁的孩子讲道理、说"分享"，是一件相当困难的事情，因为这个阶段的孩子并不完全懂得分享的概念。虽然讲道理不怎么能讲明白，但如果有你的示范，孩子爱模仿的天性也能帮助他渐渐对"分享"有所感受。

幼儿园的老师反映王瑜在班里总是把玩具抢过来一个人玩，其他小朋友都不喜欢他，妈妈决定帮助王瑜变得大方一点。一天，妈妈和王瑜在家里搭积木。妈妈把积木分成了两堆，一堆给王瑜，一堆留给自己。妈妈提议："我们堆火车吧。"王瑜高兴地答应了，并开始认真地堆了起来。不一会儿王瑜就用分到的积木堆了一辆火车，但由于积木有限，这辆火车有些短。妈妈也堆好了一辆火车，这辆火车也有些短。王瑜的脸上露出了遗憾的神情，妈妈问："你想要火车变得更长吗？"王瑜使劲儿地点点头。妈妈又问："怎样才能让火车变得更长呢？"王瑜想了想，拿起自己火车上的一块积木递给了妈妈。妈妈提议："不如我们把各自的积木放到一起，重新堆一列长长的火车吧。"在母子俩的共同努力下，不久，一列长长的火车诞生了，王瑜高兴得情不自禁拍起手来。这时妈妈对他说："儿子，没想到吧，和别人一起堆积木是这么快乐的一件事情。和小朋友一起玩才会更有意思呀。"从此后，王瑜变得大方多了。

看来，当孩子明白了将他所拥有的东西拿出来和大家共享，反而会带来更多的快乐和满足时，他就会乐意与他人分享了。

2. 有些东西孩子能不能独享

　　洋洋小学二年级了，她很喜欢画画，尤其喜欢用她爸爸从国外给她带回来的那盒新蜡笔画画。每次使用那盒蜡笔时她都小心翼翼，用完后总会把它按原样放回蜡笔盒里，不弄断任何一支。上周她的表弟来家里，两个孩子一起画画，我就把这盒蜡笔拿了出来，结果她竟气得大哭大闹起来，说什么也不让表弟碰。我想问问，有些东西能不能就让孩子自己独享呢？

　　在培养孩子分享的品质时，有的家长会有这样的误解，认为分享就是教育孩子将他的东西拿出来和别人一起享用。其实每个人都会有那种对自己而言有特殊意义，或压根就不愿别人去触碰的东西。如果孩子不愿意，这样的东西不应该要孩子拿来分享。

　　这盒蜡笔对你的女儿来说无疑就是这样一件东西。作为父亲送给她的礼物，又是从国外带回的，它在女儿心目中的珍贵程度可想而知。蜡笔是很容易被弄断和磨损的东西，女儿不愿意表弟使用或许在担心男孩子粗手粗脚，会把这份珍贵的礼物弄坏了。

　　谁不珍惜自己心爱的东西呢？我想在分享蜡笔的这件事上，你应该尊重孩子的选择，你可以让她把这盒珍贵的蜡笔放到安全的地方妥善保管，并告诉她，如果没有她的同意，谁也不会去碰它。

　　当孩子清楚地知道不是所有的东西都必须与人分享时，他才会更加愿意与人分享某些东西。等表弟再到家里玩时，让女儿自由选择是拿出这盒蜡笔一起玩还是普通的一盒，不管她的选择是什么，相信她都会高兴地和表弟分享。

3. 就算玩得很累了，她也不愿从秋千上下来

　　我的孩子今年六岁了，她最喜欢让我带她到小区的健身乐园里玩荡秋千。因为有很多小朋友在排队，所以有时候她要等很久。可是一旦等到了，她就怎样也不肯让给其他小朋友玩。即使自己已经很累了，也不愿意从秋千上下来，有时候弄得我们在一旁很尴尬。

　　看来要在你们的小区里玩上秋千，对孩子来说还真不是一件容易的事情，常常要排上长长的队伍，等上很长的时间。因此当她终于玩上秋千时，想多玩一会儿，玩得久一会儿的心情是完全可以理解的。如果这个时候你强

迫孩子从秋千上下来，她的心里一定一千个、一万个不高兴，就算最后乖乖下来了，她也一定会非常不满：我也是排了很长的队才玩上的，凭什么就让我玩这么一会儿啊？

在这个年龄段，如果你严肃地和孩子讨论关于公共道德的问题，我想会无济于事，孩子的道德水平还没有发展到这样的高度。可是这个年龄段的孩子已经有了一定的同理心。所谓同理心就是理解和感受对方的感受，说白了就是将心比心，用对方的眼睛来看世界，用对方的心来体验世界。在处理孩子不肯让出秋千的这件事情上，你就可以试着用同理心来引导孩子："如果排在你前面的小朋友在荡秋千，而你已经在太阳下站了很久，可他却迟迟不肯下来，你会有怎样的感受呢？"孩子在排着队等秋千时那种渴望、焦急的心情一定会被唤醒，如果这样的事情就真实地发生过，那孩子将更加明白这样的行为将是多么令人厌恶。为了不成为一个不招人喜欢的"坏孩子"，我想她会自觉地从秋千上下来的。

4. 我的孩子不愿和队友一起共享资料

我的孩子高一了，这段时间年级要举办演讲比赛，班里派他和其他三个孩子参加。他很积极地准备着，查了很多资料，可我发现他好像不愿意和队友们共享他准备的资料。那天我问他："你们比赛前不找个时间碰碰头，把大家准备的资料共享一下？"他却说："我才没那么傻啦，我辛辛苦苦找到的资料干吗给别人啊。"我就不明白了，辩论赛虽然能展示一个人的风采，但要获胜还要靠队友间默契的配合啊，和队友共享一下资料怎么会是"傻"呢？

其实大多孩子都有比较强的好胜心，在任何场合他都希望自己有最出色的表现，为此，他总是想最好地保持自己的优势。

的确，辩论赛是需要有合作精神的比赛，如果没有队友的相互扶持、默契配合，就算技巧再好、再能言善辩的人也无法靠自己单枪匹马去赢取胜利。只有在整个队都有良好发挥的时候，辩手个人的风采才能得到彰显。可是孩子在对辩论赛的理解上和我们的关注点不一样。

辩论赛除了和其他班的竞争外，其实队友间也存在内部竞争，或许孩子更多关注的正是这种竞争。别忘了，辩论赛也是展示一个人风采的好机会，表现突出的人将会得到更多的掌声和欣赏，孩子更看重的是这种荣耀。不过孩子却不懂得，其实很多时候，分享在提高别人竞争力的同时，也提高了自己的竞争水平。

在今天这个互联网时代，知识共享使公司之间战略结盟比以前频繁，甚至竞争对手也会分享新科研成果，这说明了什么呢？只有分享才能让自己更快地提高。把自己搜集的资料和队友分享，看起来好像是自己付出了，但同时也获得了收获，从队友那里也将得到新的资料，在与队友的思想碰撞中或许还会擦出新的火花。分享的过程其实也是自己的竞争力提升的过程。如果每个人都能分享搜集的资料，交流自己的思想，和队友齐心合力、共同探讨，汇聚了大家的智慧和力量，这样的队伍该有多么大的力量啊。在这样一个高水平的竞争中获胜无疑是对自己实力更好的证明。

我想如果能让我们的孩子想明白了上面的道理，对分享有了更多的理解与认识，他就不会再把分享当作一件很"傻"的事情了，他也就更愿意把自己的知识、经验甚至好的机会和别人分享了。

5. 孩子不喜欢和别人交流

我的孩子不怎么喜欢和别人交流。在家的时候，他喜欢一个人待着，不管我和他爸爸怎么热情地找他说话，他都不太想开口。我想他在学校里和同学相处可能也是这个样子。有几次学校开放日我去听他们的课，课堂上老师要求大家讨论，他周围的同学围成圈你一言我一语说得多热闹啊，他却静静坐在一边。我担心这样下去，他会越来越孤僻。

人都有与他人沟通交流的渴望，正是由于对沟通的需要，为了使沟通与交流变得更加容易，我们人类才创造了语言。交流让我们的感受有了人体会，让我们的思想得到他人的理解，带给了我们更多的欢乐、消减了我们的悲伤。我想从某种意义上来说，交流就是一种分享，而这种分享是每个人都必需的。

我想你需要鼓励孩子多说话、多交流。也许你会说，我已经试过很多次了，但他就是不愿开口，我也没有办法。多点耐心吧，让孩子开口或许真的很难，但只要坚持就会有结果。不知道你会不会常常问孩子对某件事情的看法，或许是发生在班里的一件事，或许是家里的某件事情，或许是你们刚看完的一部电影。这很容易在你和孩子之间引起一个话题，如果孩子不愿意接过话茬，你可以先自我开放，把你的想法告诉孩子后再问他："你觉得妈妈这样说对吗？对于这件事情，你是怎样想的呢？"不知道在孩子偶尔和你说话时，你有没有放下手头的事情，耐心地听他说完，而不是一边做自己的事情一边敷衍着"嗯"、"哦"；或者有没有在孩子说完后告诉他你听完后的看法和感受呢。

有谁愿意把自己封闭起来呢？如果自己的感受有人想听、愿听，而且真诚地去理解、去体会，谁又会不愿意把心中的话说出来呢？在家里给孩子创造一个"说"的环境吧，在与家人的交流中感受到了理解、尊重，感受到了欢乐，交流与分享也会慢慢成为他的一种"习惯"。

6. 孩子为什么不愿意我把比赛的事告诉朋友

前段时间我在报纸上看到了一条作文比赛的消息，我鼓励孩子参加。几天后他最好的朋友涛涛到家里玩，我以为孩子一定把这消息告诉他了，就问："涛涛，作文比赛的稿件准备怎样了啊？"没想到他根本不知道，孩子当时就狠狠瞪了我一眼。等涛涛走后，孩子又喊又叫，说我不该把这事告诉别人，害他又多了一个对手。

当一个好机会到来时，能有多少人愿意与别人一同分享呢？许多人都认为把机会与别人分享了，自己成功的希望就少了，我想你的孩子之所以会这么生气，也是因为他认为你把他的好机会白白让给了别人。

其实，机会对每一个人都是公平的，取得最后胜利的人一定是准备最充分、最优秀的人。不管比赛有多少人参加，不管有多少人来分享这个机会，只要是佼佼者，就能笑到最后。你要让孩子明白，朋友的参加并不会对他造成可怕的影响，最后是否能获得成功全在于他自身的努力和实力，他需要做的是精心准备好作文，和所有的小选手认真比一比。

我想你还可以让孩子明白和朋友分享机会，其实是一件快乐又美好的事情，不管结果如何，这段共同参与比赛的经历一定会让他们多一个共同的话题，让他们的心靠得更紧。不管比赛的结果最终怎样，不管是他们俩中的谁取得了胜利，都是让人骄傲的事情，因为就算没取得胜利的那个也能自豪地对别人说："你看这是比赛的胜利者，他是我最好的朋友！"

7. 孩子不愿意和队友分享荣誉

在知识竞赛中我的孩子和队友们获得了冠军，但他的心里却并不怎么高兴。他觉得之所以能夺冠全靠他在抢答题中良好的发挥，都是他的功劳。可是既然是一个团队，荣誉就是属于大家的啊，我该怎样引导他呢？

记得培根曾说过："如果你把快乐告诉一个朋友，你将得到两个快乐，而如果你把忧愁向一个朋友倾诉，你将被分掉一半忧愁。"按照这种方式计算，如果你的孩子能把获得冠军的喜悦和队友们一同分享，他将感受到几倍的喜悦。可惜，他现在还沉浸在认为荣誉应该自己一个人独得的失落中。

你的孩子听说过有"中国的居里夫人"之称的女科学家吴健雄吗？或许他知道获得诺贝尔物理奖的华人科学家杨振宁和李政道，但他一定不知道正是吴健雄把他们推上了诺贝尔的领奖台。这是怎么回事呢？

原来，在当时物理科学界有一种理论叫"宇称守恒"，但是，1956年李政道、杨振宁对此提出质疑，并撰写了相关的论文，这就是"宇称不守恒"理论，这个理论是属于物理弱相互作用领域，对这个领域，李政道和杨振宁都不太熟悉，因此，虽然他们做出了大胆的论证，并撰写了论文，却缺乏实验的支持。于是他们找到了这方面的实验研究专家吴健雄，当时吴健雄在哥伦比亚大学，她立即领导她的小组进行了这方面的实验。那段时间，吴健雄每天从早到晚工作在实验室。没有假日，没有宴会，甚至连亲亲儿子的时间都没有。经过艰苦的努力，吴健雄的实验多次证实了杨振宁、李政道的设想，也让杨振宁、李政道因为提出"宇称不守恒"理论而获得当年的诺贝尔物理奖。

按理说，吴健雄是这个研究最大的功臣，付出了巨大的努力，她也应该获得诺贝尔奖，因此很多人都为她鸣不平。可是对此吴健雄却并不在意。她说：我能从事物理并享受着物理工作，这已经足够。诺贝尔奖对于一个科学家而言是多么崇高的荣誉啊，可吴健雄却并不计较。虽然吴健雄并没有获得诺贝尔奖，但她却因此得到了人们更多的尊重。我想如果能把这件事情讲给你的孩子听，他一定会从中受到启发。

8. 女儿不愿意捐款

前段时间，四川汶川发生大地震，看着电视中那么多人转瞬之间失去生命、失去家、孩子失去了父母的画面，我心里真是难受。我和先生在单位和社区都捐了款，还捐了不少衣物。孩子的学校也号召同学们拿出自己的压岁钱捐给灾区的伙伴。孩子的压岁钱有几千，我问她："你打算捐多少钱呢？"孩子的回答让我非常吃惊，她说："凭什么我的钱要给别人呢？"我原以为看见那么多和她同龄孩子的遭遇，她一定会有天然的同情心，可是没想到她却这样想。我就给她讲灾区的同学，没了学校，没了家，很多人连父母都没有了，他们多需要帮助啊！她听了我的话，想了想，就说："那我捐20块钱吧。"我觉得女儿想通了，很高兴，捐多少那是她自己的心意，我就没再说什么。可第二天发生的事更让我不知说什么好。女儿从学校回来，高兴地对我说："妈妈，我节省了10块钱。我看见好几个同学才捐10块钱，我想我干吗捐那么多啊。我也就捐了10块，瞧，这10块钱我就省下来了。"听了女儿的话，我真不知道说什么好，她这种心态，捐了10块钱也没什么意义。我很不明白，我家里并没有像女儿这样的人，她是怎么有这种心态的呢？我该怎么教育她呢？

看得出来，你和先生都是非常大度、乐于帮助别人的人，可女儿却只为自己的得失着想，这让你很吃惊并难以接受。

可能你会奇怪，为什么自己和先生都不是小气的人，孩子却有那样的表现。这除了人与人天生秉性的不同外，其实也与你们的教育方式有关。我接触过一些乐于助人的父母，他们的孩子却很自私，不愿意与人分享。主要原因是父母在家中对孩子太无私、太谦让了，处处照顾孩子，满足孩子的需求，结果无私的父母反而培育出了自私的、不懂分享的孩子。

因此，要改变孩子的这一状况，父母在家中不妨对孩子自私一点，勇于和孩子分享。孩子小的时候，很多大人常常会与孩子做这样的游戏："把你的好吃的分给我一点好吗？"当孩子大方地递给大人时，大人马上说："真乖，爸妈不吃，宝宝吃。"这样的游戏，让孩子只获得一种虚假的荣誉，并没有真正懂得分享。更好的做法是，如果你希望孩子学会分享，你就要真的分享他的东西，并在分享之后再给予孩子鼓励，这样孩子才能真正懂得分享。

第五章　活力的品质

各位家长，大家还记得咱们小学时候就学过的一篇课文吗？课文的名字叫《种子的力量》，如果您没有印象了，现在让我们一起来回忆一下吧：

有人问："世界上什么东西的力气最大？"回答纷纭得很，有的说是大象，有的说狮子，有人开玩笑似的说，是金刚。金刚有多少气力，当然大家全不知道。

这一切答案完全不对，世界上气力最大的是植物的种子。一粒种子可以显现出来的力，简直是超越一切的。

人的头盖骨结合得非常致密，坚固。生理学家和解剖学家用尽了一切的方法，要把它完整地分开来，都没有成功。后来忽然有人发明了一个方法，就是把一些植物的种子放在要剖析的头盖骨里，给予温度和湿度，使种子发芽。一发芽，这些种子便以可怕的力量，将一切机械力所不能分开的骨骼，完整地分开了。植物种子力量之大如此。

这也许特殊了一点，常人不容易理解。那么，你见过被压在瓦砾和石块下面的一棵小草的生成吗？它为着向往阳光，为着达成它的生之意志，不管上面的石块如何重，石块与石块之间如何狭窄，它总要曲曲折折地，但是顽强不屈地透到地面上来。它的根往土里钻，它的芽往上面挺，这是一种不可抗的力，阻止它的石块结果也被它掀翻。一粒种子的力量如此之大。

没有一个人将小草叫作大力士，但是它的力量之大，的确世界无比。这种力是一般人看不见的生命力。只要生命存在，这种力量就要显现，上面的石块丝毫不足以阻挡它，因为这是一种"长期抗战"的力，有弹性，能屈能伸的力，有韧性，不达目的不止的力。

如果不落在肥土中而落在瓦砾中，有生命的种子绝不会悲观，叹气，它相信有了阻力才有磨炼。生命开始的一瞬间就带着斗志而来的草才是坚韧的草，也只有这种草，才可以对那些玻璃棚中养育的盆花嗤笑。

可能你会奇怪，我们要探讨的是孩子教育，和种子的力量有什么关系呢？我在这里请家长们和我一起回忆这篇文章，是让大家看到生命力量的强大。种子的力量之所以强大，并非种子本身，而是种子里面所蕴藏的强大生命活力。其实，不仅植物的生命成长需要这种生命力，人的生命成长同样需要这种生命力。这就是人的生命活力，这种力量让一个人能够充满激情地去努力、去奋斗，对生活充满着憧憬和美好的期待。一个充满着生命活力的人，更容易从内心产生梦想，对生活更有目标。

我们这里所要和家长们一起探讨活力的品质，就是在提醒每一位爸爸妈妈，彰显孩子生命活力对孩子的成长有多么重要。

"唯有读书高"的教育导致很多孩子没有活力

可是，现在很多孩子小小年纪就已经失去了生命的活力，他们是那样的老气横秋，整天"无聊、郁闷、烦着呢"之类的话挂在嘴上，像个小老头和小老太太。为什么会这样呢？虽然有社会的原因、教育体制的原因，但更重要的原因在于家长"唯有读书高"的观念。

在目前社会竞争激励的情况下，学习成了父母心目中压倒一切的核心内容。父母总是希望孩子多在书桌前，希望孩子多学习，多看书。我曾经参与过一次关于中小学生在校学习时间的调查，调查结果让人非常吃惊。很多中学生在校学习时间竟然长达 13 个小时。难怪有的孩子感叹自己的生活连动物都不如。现在很多动物饲养者都采取放养的方法喂养动物，因为放养的情况下，动物的情绪愉快，就更容易长肉，长得肉也更好吃。可是，我们的孩子呢？却成了被圈养的一代，而且被家长们圈养得越来越厉害。当有一些教育部门出台规定取消中小学的早自习、补课时，家长总是第一个站出来反对。家长总觉得，自己的孩子如果放松了，别人都在学，别人都在努力，孩子就注定会失败。因此，很多家长恨不得把孩子整天关在学校或家里，学习，学习，再学习。

家长这样做的结果是什么呢？"听话"的孩子变成了学习的机器，失去了体验生命丰富的能力；"不听话"的孩子就开始磨洋工，磨掉的不但有学习成绩，也磨掉了体现孩子生命活力中最宝贵的潜力和创造力。

更糟糕的是，失去生命活力的孩子还很容易陷入寻求各种刺激的危险之中。

在江西南昌，警方曾抓获一个盗窃抢劫团伙，这个团伙都是不满 16 岁的青少年，更让人惊讶的是，他们几乎都是富家子弟，根本不缺钱。他们为什么会这么做？他们告诉警察的理由是："生活太无聊，抢劫只为寻找刺激"。

类似的事情在昆明再次发生，在警方抓获的一个八人的抢劫团伙中，最大的 17 岁，最小的只有 14 岁。他们抢劫的理由同样是为了寻找刺激。当这些孩子的父母得知孩子的所作所为时，都完全不敢相信。八个孩子都是独生子，家境都不错，平日里是父母掌心里的宝，被宠着护着。其中一名父亲甚至说："我孩子身上有存着上千元现金的卡，不够花我们会再给，他怎么会去抢呢？"另有几名父母也表示，平时孩子在家都很乖，怎么也无法相信自己的孩子会去抢劫。

广东番禺的 16 岁孩子小施因持刀杀人被抓，当警察问他杀人原因的时候，他的回答让人痛心："感觉做人很烦，为了寻找刺激而杀人，我只要看到血就有一种兴奋感。"

寻求刺激是这些孩子犯罪的最直接原因，其实，他们犯罪还有更深层的原因，那就是寻找生命活力。因为，严格说来，人的生命发展需要活力的展现，如果他生命活力展现的正常渠道被堵塞，他就会通过其他途径去展现。直接的感官刺激，能让一个孩子感到自己在活着，自己的生命还存在着一种力量，尽管这种力量给自己和他人带来了伤害。

虽然通过犯罪寻求刺激的孩子是少数，但是这种现象应当引起家长的警惕。还有更多的孩子虽不至于犯罪，但是他们沉迷网络，他们在网络的游戏的虚拟暴力、流血、权力中获得刺激，体验生命的感受。

倘若一个孩子最终没有找到什么途径来体验生命活力，他就会让自己生命的活力萎缩。就像一朵花，失去了水分，慢慢地垂下脑袋，花瓣开始发皱，变干，最后越来越小，缩成一团，完全失去昔日的美丽光鲜。为什么有那么多对生命感到无聊的孩子，觉得活着没有意思，没有劲头，没有希望？这样的孩子，你想让他有什么远大的理想、抱负和目标都是枉然。

因此，父母要懂得如何保护和激发孩子的生命活力。要懂得让孩子自身的生命力量成为他成长的动力和资源。那么，该如何去激发孩子的生命活力，如何彰显孩子的生命活力呢？

激发孩子的梦想

人们常说："梦有多大，舞台就有多大；梦有多远，路就有多远！"有梦想，才能有激情，有激情才能有干劲。活力品质的重要体现就是胸有梦想。

可是现在的孩子却成了没有梦想的一代。如果你问小学生，你的梦想是什么，也许还有几个能回答的。可是，你若问初中生，他们很多人会说："不知道！"如果跟高中生和大学生谈梦想，他们会说："梦想？你太虚了吧。这东西抓不着，又看不到，有什么用？"

孩子们的梦想是怎么丢失的？又丢在哪里了呢？梦想的丢失又会带来什

么后果呢？

孩子们梦想的丢失跟我前面提到的"唯有读书高"的观念也有很大联系。很多家长觉得梦想太虚，没用，孩子还是先把学习搞好才实惠。家长整天给孩子灌输的，除了考上大学，找一份稳定的工作，有一份高收入，之后就什么都没有了，赚钱变成了最后的目标，赚了钱该怎样生活，过一种什么样的生活才好，没有孩子知道，也没有孩子想过。家长希望孩子考大学，找好工作，挣大钱的想法其实并没有错，最终您还是希望孩子能生活好。可是，什么叫好大学，好工作，多少钱叫"大钱"呢？这并没有一定的标准，各人根据各人的感觉会有不同的体验。家长们作为过来人，可能心里对这些内容有一些大致的概念，可是对于小孩子来说，好大学，好工作，赚大钱，对他而言却是很虚的。因为他没有这方面的生活经历，所以他很难对这些内容有感觉。相反，他对自己内心的想法可能会更有感觉，比如，看了一个英雄片，希望自己也能成为抓坏蛋的英雄；因为某次班会上的成功表现，他期望自己长大当个主持人。这些从他内心涌出的想法，就是构成他梦想的元素。家长应该激发孩子找到这些感觉，而不是让孩子跟随家长自己的感觉。如果家长泯灭了孩子内心的想法，把自己在几十年的生活中体验到的"好大学、好工作、赚大钱"强加给孩子，孩子自己的梦想消失了，他对家长所说的没有深刻的感觉，也不可能对这些提起兴趣，这就是现在那么多孩子都觉得学习没意思、没意义的重要原因。这样的孩子他最可能的选择是什么，就是得过且过。很多孩子学习没动力、疲疲沓沓、没有干劲，如果往根上找原因，就是丢失了梦想。

丢失了梦想，丢失了激情；丢失了激情，丢失了干劲！因此，梦想真的不是我们家长所认为的"虚的东西"，也不是可有可无的东西。作为家长，我们期望，孩子从小学一年级到高中三年级都能对学习积极主动，这个想法没错，可是，按照我们现在的教育体制，孩子从小学到高中毕业需要12年，12年就是4380天，在学习的路上，孩子要走这么长的时间，你一定要给他足够强劲的动力，否则，他走不了多远就没劲了。梦想就是孩子人生路上的加油站！只有梦想才能激励孩子，让孩子的活力迸发，让他能够享受学习的勤奋。

记得有一次看美国发现频道的《龙卷风》节目。这是一个关于自然的纪录片，记录科学家们是怎么观测龙卷风、了解龙卷风，并避免龙卷风的危害的。其中介绍了美国国家气象中心的一名专家，他的重要工作内容就是对龙卷风进行研究。片子中提到，这位专家在十岁的时候，就对龙卷风感兴趣，从那时他就开始追踪龙卷风，观察龙卷风的行程、形态等，同学们都称他为"龙卷风追踪者"，他也从那时就立下了要成为龙卷风研究科学家的梦想。

从十岁开始，到他真正在龙卷风领域工作，其中经历了 20 多年，正是梦想，带领他一路走到成功。在片子中，我看到这位科学家为了追踪龙卷风，开着车，车上架着摄像机，及时拍下龙卷风的各种情况，虽然很危险，他好像一点都没有害怕的感觉，他很享受这个过程，他快乐地在危险中工作着，他的自信、果断都是那样地感召人、鼓舞人。

具有活力品质的孩子一定是内心有梦想的孩子。

父母都希望孩子在面对挫折和困难时有坚持的力量，而梦想才能给一个人带来力量，让他在困苦中坚持，在苦难中挺住。

美国国务卿赖斯是个黑人，她小时候美国社会对黑人的歧视还很严重。可以说她是社会上的弱势群体，要想进入主流社会在她小时候看来是非常困难的。可是，由于她在十岁的时候就立下了要进入白宫工作的梦想，才给了她足够的勇气和自信，以弱势群体、少数族群的身份去努力。她的父母也是鼓励她、赞美她，并提醒她，如果你想超过并比白人优秀，你就必须付出八倍的努力。对于一个小女孩来说，这八倍的努力并不容易做到，要面对多少困难，付出多少汗水甚至泪水。赖斯全都做到了，她每天练习钢琴四个小时，早上四点半就起床，练习花样滑冰、网球，高中的时候，上午在中学上课，下午到大学选修大学课程。她这样的刻苦，甚至达到了克己的地步，她难道不累吗？她难道跟常人不同吗？都不是！赖斯成功进入白宫后，她对记者说："我绝非比他人优秀，而是我实现梦想的愿望比谁都强烈，才让我一直能够不断付出八倍努力。"

是的，一个人只有在要实现内心的想法时，他才能百折不挠战胜困难，他才能想尽办法，竭尽全力，他才能在疲倦的时候渡过难关。如果我们期望孩子有这样的劲头，那就好好激发和保护孩子的梦想吧！

拓展孩子心灵的视界

过去人们说："读万卷书，行万里路"。一个人的成长在行走和读书中就完成了，因为他的心灵在这个过程中得到了充实和丰富。可是，现在的孩子虽然总在学习，但心灵的视野却并不宽广，孩子学来学去，就是那几本教科书。他们无法接触到大千世界，思想就经常困在了自己的小圈子里。

视野狭小的孩子很容易心胸狭小。现在很多孩子因为一点小事就和同学闹得不可开交，不依不饶，造成和同学的关系紧张。还有一些孩子只因为父母和老师的一句批评就受不了，甚至有的选择了自杀。孩子的这些表现和过激行为很大原因是他只生活在自己心灵的小圈子里，他对他人的理解，对世界的理解都太狭小，就像井底之蛙。相反，一个孩子如果有更宽广的精神视野，心灵的视界更加宽阔，他就比较容易跳出人际恩怨的小圈子，他看到的远不止眼前这一点点可见的数学、语文、成绩、分数，他更容易有更高更远的目标，也更容易付出努力追求自己的目标、实现自己的目标。

在这方面，辽宁盘锦的全国优秀班主任魏书生有非常成功的经验。在他的班级里，他常年给学生订阅《国外科技动态》杂志，里面介绍了很多科学技术领域的新进展、新趋势以及有关科学技术的述评、展望和预测。魏书生挑选了不少内容，在语文课上介绍给学生，有的甚至全文朗诵给学生听，让学生们讨论。学生们深深被人类科学的巨大成就所鼓舞，从而产生了极大的学习积极性。同时，这些科技新闻为学生们开辟了一道新的思考问题的门户，他们的精神世界也变得更加广阔了。

更重要的是，魏书生发现，学生们的日常言谈也都转移到了对这些科技动态话题的议论上，以往同学之间偶然出现的对立情绪、对他人的嫉妒、心胸的狭窄、对他人对班级事务的冷漠等等这些思想感情的冰川，都在鼓舞人心的科技成果的阳光照耀下溶化了。

因此，父母要能及时满足孩子各种求知欲望，让孩子多接触了解各种各样的知识，了解各类人的不同想法，了解这个世界上最新发生的一些事情，这些看起来和孩子无关的事情，都会在不知不觉中拓展孩子心灵的世界，激发他的生命活力。

有兴趣是件好事情

能够体现一个人生命活力的重要方面还有兴趣。对事物、对生活充满兴趣的人才是一个热爱生活的人，知道自己喜欢干什么、该干什么，他也更容易对自己的事情真正投入。

有兴趣是件非常好的事情，可是现在的情况是，很多家长在孩子兴趣的发展方面存在着种种错误做法和误区。

首先，家长常常只看重孩子和学习有关的兴趣。如果是其他的兴趣，总是以"这和学习有什么关系"而给打消了。

有一次，我接到一个山东家长的咨询电话，那是一位妈妈。她很无奈地说，她的儿子上初一，对学习没有丝毫的兴趣，全班倒数第几名。你说他，他也就听着，该怎么样还怎么样。照这个情形下去，想考上高中没门。妈妈在电话里又介绍了很多孩子平时的一些表现，我能明显感觉到，这是在学习方面毫无动力毫无想法的孩子，妈妈对孩子的这种"针扎不进，水泼不入"的状态真是束手无策。

听了这位妈妈的介绍后，我问她："孩子有没有什么感兴趣的东西。比如谈起某方面的话题，能够让孩子有眼睛一亮的感觉。"妈妈说："他就喜欢看电视，没事就看电视，什么电视节目都看，我也看不出他有什么兴趣。""除了看电视呢？"我不死心地追问，我觉得一个只有13岁的小男孩不至于内心世界如此单调和乏味吧。妈妈听了我的话，想了想说："他好像对军事方面的内容很感兴趣。以前还经常买一些军事方面的杂志看。可是他不好好学习，我把那些杂志都给没收了。再说了，现在和平年代，又不打仗，看这些东西有什么用。"

听了妈妈的话，我能感受到她的儿子对军事有着强烈的兴趣爱好，可是，妈妈觉得这和学习无关，就不许孩子发展这方面的兴趣，再加上孩子学习不好，妈妈反对的力度更大，孩子自己的兴趣被剥夺，他的生活就变得单调和乏味，也就更没有心思学习了。因此，在电话中，我建议这位妈妈，可以把那些军事方面的杂志还给孩子，鼓励孩子去看，这会带来好几个方面的好处：首先孩子在生活中有点兴趣爱好，会提升他的精气神，对他做其他方面的事情有促进作用。再则，军事方面的内容涉及物理化学等很多方面的知识，孩子军事方面的知识看得多了，很有可能会把兴趣迁移到对那些基础知识的了解和学习上。还有，即使军事方面的内容对孩子的学习没有起到一点促进作用，但至少孩子还有一个军事方面的爱好和特长，将来如果从事军事方面的工作也并非没有可能，总比他什么都没有好啊！

这位妈妈听从了我的建议，半年后她又打来电话告诉我，她儿子确实改变很大，成绩从倒数第几名已经升到了班里的三十多名，虽然还是很落后，可是对他而言已经提高很多了。更重要的是，孩子的精气神和以前完全不一样了，以前总是待在电视前，怎么说他都不听，除非你把电视插销拔了，但又惹得他发脾气，跟你对着干。现在妈妈不反对他看军事杂志后，他很少看电视，而是多看军事杂志，要不然就上网看军事方面的一些技术进展。在家里，和爸爸妈妈的话也明显比以前多了，经常谈到世界军事、国家冲突，有时还能发表一些自己的见解，俨然像个运筹帷幄的政治家。

从这个事例中，家长可以看到，兴趣可以改变孩子的精神状态和学习状态。看似和学习无关的兴趣，却是孩子成长的需要。

家长在孩子兴趣方面的第二个误区是，常常为了各种功利目的让孩子参加兴趣班。比如现在有不少孩子在学艺，钢琴、画画、下棋，可是很多家长让孩子学艺的重要的原因并非在于孩子的兴趣，而是觉得别人的孩子都很有艺术修养，我的孩子也不能比别人差。更有一些家长，让孩子学艺的主要目的就是为了孩子在升学的时候能够加分，因此拼命让孩子考级。由于这些家长在发展孩子的兴趣时，更看重取得了什么成果，而不是孩子兴趣的发展，这反而使孩子本来有的兴趣在功利化的教育中消失了。

我的一位好朋友曾经给我讲了他的经历。他说他本来能够成为一个二胡大师，可是由于爷爷的错误教育方式，使他这辈子都和二胡绝缘了。

他的爷爷在新中国成立之前就在大学从事音乐教育，他小的时候，爷爷给了他很多音乐方面潜移默化的影响，因此，他对音乐很感兴趣。到了上小学的时候，他非常想学二胡，可是，爷爷认为学小提琴更有发展前途，因为小提琴比二胡有更多机会参加国际比赛，拿奖。就这样，爷爷非把他从二胡班里拉了出来，让他开始学小提琴。在爷爷的强压下，他开始了学习小提琴的生涯，他也出国参加过比赛，也得过奖。可是，学琴的道路上总是充满了被逼的痛苦感受，等到他上大学的时候，他断然放弃了艺术专业，选择了学习物理。现在虽然他成了中科院物理方面的一个专业学者，可是他艺术的天分也完全丧失了。

因此，在兴趣发展方面，请家长一定要记得，孩子有兴趣是件好事情，让孩子自由发展自己的兴趣更加重要。

给孩子一双发现美的眼睛

一个具有活力品质的孩子能够有很强的感受生活的能力，他有一双善于发现美的眼睛。

我认识一个小男孩，我和他的妈妈是好朋友。有一次，我们一起出去吃饭，那个小家伙四岁的样子，在餐桌上，每次看见盘子里有配餐的萝卜花、蔬菜花，他都会把这些花拿过来，递给妈妈说："妈妈，这么漂亮的花，我送给你吧！"妈妈很高兴，很心满意足地接过孩子的礼物。可是，餐桌上一起吃饭的大人却开始嘲笑这个小男孩，说："哎哟，你家男孩子，这么喜欢花可不好哦，像个女孩一样！"朋友却坚定地对大家说："我觉得挺好的，一个人对美的东西的喜爱是正常的，孩子能看到花的美，能感受美，能欣赏美，才能欣赏生活。这是男孩女孩都应当具有的。"

我很欣赏这位妈妈的观点。事后，我和这位妈妈交流，她告诉我，她会经常把自己感受到的美丽表达出来。比如带孩子出去玩的时候，看见一条长河，看见一片草地，一只飞过的鸟，她都会对孩子表达自己对这些自然之美的欣赏和喜爱。其实并没有有意对孩子进行什么教育，但是总是觉得，一个人懂得欣赏自然中、生活中美好的事物，他的生活会更愉快。她没想到自己的这种生活态度对孩子也有潜移默化的影响。

有一次，她正在阳台上晾衣服，她的儿子突然说："妈妈，你快看，那边。"孩子边说，边伸手往窗外指。可是妈妈看了看，并没有看见什么，就问儿子："看什么？"儿子说："你看太阳。"这下妈妈才意识到，原来儿子在看远方的落日，落日把西边的天空熏染成一片红、橙、金、紫交织的震撼画面，是那么的打动人心。她和儿子在阳台上边看边聊了好一会，直到夕阳完全隐没在了朦胧的夜色中。母子俩都感觉像吃了一顿艺术大餐一样饱足。从那以后，她便开始有意识地带孩子多出去走，出去玩，并引导孩子留意观察生活和自然，孩子对一切似乎都非常有兴趣，很投入，心态也很阳光。

现在这个小男孩已经是三年级的小学生，他没有上过什么正规的美术班，但是他的画却非常有创意，有自己的想法，同学们都称他为"画画大师"。妈妈的美育教育带给了他潜移默化的影响。

其实，生活中有很多美丽之处，每一个日出日落，每一朵花开花谢，每一次秋风春雨，一首歌，一篇文章，都有美，关键是父母要能给孩子一双发现美的眼睛。生命活力从哪里展现，首先不就来自对生活的热爱吗？如果孩子眼中的一切都稀松平常，他的感受力就会降低，他的观察力和创造力也会慢慢萎缩的。

因此，真诚地希望家长别把孩子总是关在家里，让孩子多出去走走。也真诚地希望家长能抓住生活中的细微点滴的美，激发孩子的情感，丰富孩子的心灵，让孩子的生命活力更加强盛。

建立充满活力的家庭

一天，北京二中的一位家长匆匆来到我们课题组，他非常着急，他的孩子从这学期开始，突然说不上学了，怎么劝都不管用，现在都开学一个月了，还没上学，问孩子究竟是什么原因，孩子也不说，他和孩子的妈妈都非常焦急。

由于爸爸根本不了解孩子的心理状态，也说不出究竟什么原因。我就跟爸爸说能否约孩子谈谈。经过协商，孩子同意了。第二天，我见到了这个孩子，在和孩子聊天中我感到，这个男孩很愿意学习，也非常希望能考上大学，上一个自己喜欢的专业，可他就是学不进去。而他学不进去的最主要原因就是家庭环境的不利影响。他的爸爸妈妈都是下岗职工，但是他们都没有再找工作，爸爸成了职业炒股人，每天坐在证券公司的大屏幕前，盯着不断变化的股票走势曲线，妈妈成天和胡同的几个大妈一起打麻将，家里还因此买了一个非常漂亮的自动麻将桌。爸爸妈妈的这种状态，让孩子感到学习特没有情绪，他说："就我家的这个现状，能培养出大学生吗？每天家里都没有一点积极向上的感觉，到了家我就直泄气。"

听了孩子的话，我突然明白，孩子最大的学习障碍来自家庭没有向上的活力，一个家里，爸爸迷炒股，妈妈忙打牌，没有积极向上的精神，孩子受到这种环境的感染，也很难学好。这种孩子成长所需要的积极向上的家庭精神，就是家庭的活力！

建立家庭活力的方法很多，但有两个方面家长要格外注意。首先，父母要有积极的心态，不管在外面您遇到了多么不高兴的事情，请学会不把糟糕的情绪带回家。积极的心态会成为生命的动力，消极的心态却只会消耗生命。

作为家长，我们一定要在生活中有这种积极的心态，碰见生活中的挫折和困难，您若能拿出微笑和积极的心态去面对，您所表现出来的生命力对孩子将是最好的影响。

其次，家中要有学习的氛围，父母要有阅读的习惯。现在很多家长总要求孩子好好学习，刻苦努力，可是自己却是安于现状不思进取。广州市的一项针对中小学生的调查显示，孩子们很看不上这种不思进取的爸爸妈妈。当爸爸给孩子的印象就是喝酒应酬，妈妈给孩子的印象就是逛街美容时，孩子一方面会看不上爹妈，另一方面又会不自觉地受爹妈影响。因此，我真的期望爸爸妈妈们在家能够有学习读书的时间，哪怕您不爱读书，看看报纸也行，如果您不爱看大部头，翻翻杂志也行。您在家中经常读书看报的形象，将会给孩子留下深刻的印象。他最初对学习的感觉，就是从您这样的形象中产生的。

充满活力的家庭能将生命力一代又一代传承下去，成为一种家族的精神，也会成为孩子成长的精神营养。

问题解答

1. 女儿总喜欢待在家里

别的家长常常为孩子不好好学习、净跑出去玩发愁，可我却为孩子总喜欢待在家里发愁。她一点也不爱出去玩，除了学习，她喜欢把自己关在自己的房间里，看书、听音乐。放暑假时常常整天待在屋里，也不嫌闷，我都担心她有自闭症。

喜欢出去玩，和同龄伙伴交往，这是青少年的一般特点。但也会有一些孩子是例外的。如果我没有猜错，您的孩子至少已经上初中了。一般而言，小学的孩子总喜欢跑出去玩，而且会三五成群玩得很疯。而初中生，他们有了很多自己的想法，有了自己感知世界的方式，他们开始欣赏孤独和独处的意境与美妙，他们享受这种向内探索内心并与自我对话的快乐。他们或在屋里看一本非常喜欢的书，或把音乐开到若有若无的音量，他们沉浸在和书对话的静谧中，沉浸在音乐营造的氛围之中，更沉浸在自己的思维和感觉中。

其实，我们仔细回想一下，我们每个人或长或短都会有过这样一段年少时光，这个阶段的独处，让自己的心灵得到了发展和丰富。因此，您不用认为孩子独处一定不好，孤单和独处能锻炼一个人的思维。生命活力的体现并非在于外表的独处和群居，更重要的是精神世界的丰富。因此，我想，只要您的女儿她自己感觉很美妙，就没有什么可以担心的。

当然，如果有机会，你也可以动员她和你们一起出去走走，或让女儿和其他的同龄人有一些思想交流，但要以她喜欢的为主。不要强制她一定要做什么。

2. 孩子精力太旺盛

我家是个男孩子，从小他就精力分外旺盛，我带他常常被拖得筋疲力尽。上了学之后，他也是精力十足，老师说他总是闲不住，没有安静的时候。班里举办什么活动，到处能听见他的声音，看见他的身影。他睡觉也很少，晚上常常十点多了还不睡，早上七点照样起床。因为精力太旺盛，感觉他做事的时候总是坐不住，毛躁得很。对于学习这种需要专心和安静的事他就很难做好，我觉得这都是他精力太旺盛的缘故。我想问，怎么对待这种精力太旺盛的孩子？

男孩子的旺盛精力常常让妈妈们感到难以应付。怎么带领这样的孩子能做安静和专注的事呢？最重要的是，需要他安静之前，先让他把多余的精力散发出去。比如别的孩子可能放学后就坐在书桌前学习、写作业，而你的儿子可能需要先出去骑一圈自行车，来个 20 分钟的轮滑，出了一身汗之后，让他好好冲个澡，然后再坐在书桌前，他已经散发了过剩的精力，现在剩下的精力刚好够他安静地坐在书桌前。

另外，精力旺盛的孩子喜欢互动的学习方式，我建议您可以把他的作业变换一下形式，比如老师布置的是抄写字词，您可以把它变成听写字词。做数学题时，当他做了十五分钟左右的时候，您可以让他给您讲讲他是用什么思路算出这道题的，他会很热衷给您讲解。类似的这种互动的方式，将非常适合您精力旺盛的儿子。

3. 孩子兴趣太多，担心分散学习精力

我的孩子兴趣太多了，他喜欢乒乓球、国际象棋，学了钢琴，练游泳，同时还是学校足球队的队员。而且他什么书都喜欢看，今年也就上小学五年级，他爸的很多书他都喜欢看，比如《电脑世界》《海洋资源》之类大人的书，他都看，也不知道他看得懂看不懂，反正他拿着一本书就能读得津津有味。按理说，孩子的兴趣爱好广泛，应该让人高兴才是，可是，一个人的时间精力毕竟有限，我担心总这样会分散学习精力。他目前的学习虽然不差，但我想，如果他能精力再集中一些，可能成绩能更好。可是，我跟孩子说，他也不以为然。我又怕说多了，阻碍了他兴趣的发展也不好。怎么才能让他意识到兴趣太多也有弊病，自己做一些调整呢？

能看得出，您的孩子是一个求知欲特别强的小伙子，这样的孩子，他的眼睛和心向着整个世界都是打开，他就像海绵吸水一样，恨不得吸收很多很多他感兴趣的方面，我觉得这真是一件好事，尤其对一个小学五年级的孩子来说，更是很难得的。

当然，您说的也有道理，一个人的精力和时间有限，似乎专注于一两件事更容易取得成功。但是，我想告诉您的是，那是孩子再大一些的事情，现在没有必要就把他的精力时间都归拢到一个方面。您想想，为什么到了大学才开始细分各个系、各个专业，在中小学阶段却没有这样的划分呢？因为人的兴趣、志向指向一个明确的目标是需要一个过程的，孩子也需要在学习的过程中体验什么是自己更擅长的，什么是不擅长的。尤其在孩子小学阶段，发展他对知识的兴趣是最重要的，只要是有益的知识，不管是课本内的还是课本外的，都是非常有价值的。他只有把这种兴趣保持下去，到了初中阶段，随着心智的长大成熟，他有了一些自己的梦想、目标，他才能付出持续的意志、坚持和努力。

4. 如何尽快扩大孩子的知识面

我的孩子上初中，她语文学得特别不好，老师说她的知识面太窄了，因为缺乏必要的知识储备，她分析文章、构思文章的能力都不行，因此，考试时阅读分析题、作文题得分都很低，只能得那些

知识点上的分。我以前没太注意这方面的培养，现在很发愁，怎么才能让孩子的知识面一下子宽起来呢？

您的问题再次提醒小学的家长，一定要早早注意拓展孩子的视野，增加孩子的知识面。因为知识的积累和知识面的拓宽都不是短期内能达到的，到这一问题在孩子的学习方面显露出来的时候，再去做这方面的工作，就会更加费力。

那么，现在问题已经出来，该怎样解决呢？

虽然没有什么立竿见影的办法，但通过"恶补"还是能让孩子有所提高。您可以让孩子选择一些阅读材料，主要可选择两类：一类是各种名家文章，最好是短小精悍的。还有一类是涉及政治、文化、娱乐、科技等各个方面的新闻。每天花上半个小时选择这样两类文章各阅读一篇，坚持下来会增强语言的感觉能力。

同时，在寒暑假，可以和孩子一起多去参观一些博物馆、美术馆，既比较有趣，又能拓展知识面。也可以带孩子出去旅行，或是让孩子参加一些出国的修学游，旅行是拓展一个人的视野、增加知识的非常有效的方法。

俗话说："不积跬步，无以至千里。"希望你能让孩子订一个计划，坚持下来，我想有三个月以上的努力，您孩子的情况一定会大有改观的。

5. 孩子对什么都没兴趣

我女儿上小学四年级。很多家长发愁孩子兴趣太多，一会儿想学这个，一会儿又要学那个。可是我却发愁女儿对什么都没兴趣。音乐、画画、跳舞、打球、游泳，她哪样都不愿学。她学习成绩非常一般，老师说她对学习也没什么兴趣，上课听讲，眼睛没神，一看就没什么学习积极性。老师建议我要注意培养女儿的学习兴趣，以提高学习的积极性。可是，她对什么都没兴趣，我该怎么培养她啊！

按理说，一个小学四年级的女孩子，会对不少东西感兴趣。您提到孩子对什么都没兴趣，我想主要有两个方面的原因：一是她有兴趣的东西，您根本看不上，因此，您也就没有发现她这方面的兴趣。另一个原因是，孩子的生活太单调，使她的生活感受力越来越弱，显得好像对什么都没有兴趣了。如果是这样的话，您需要帮助孩子丰富生活，经常带孩子听听音乐会、看电影、郊游、去朋友家玩，生活的内容丰富了，孩子对生活的感受也会丰富起来，能动她内心的东西多起来，她对事物的兴趣也会浓烈起来。

不过，我所接触到和您有类似问题的家长，其原因都是父母不太善于发现孩子的兴趣。比如，现在不少孩子学乐器，很多家长觉得，钢琴、小提琴这才叫乐器，如果孩子喜欢吹口琴，家长就会觉得："口琴也叫乐器吗，那不过是小孩的玩意。"其实只要孩子喜欢，口琴也照样能传递出音乐的感染力。记得美国有一个口哨大师，他从小就喜欢吹口哨，长大后他就发挥自己的专长，专门吹口哨，很多世界名曲，都经过他的口吹出来，旋律优美而动听，他还出了口哨专辑呢！因此，只要家长善于发现，你就能从点滴中发现孩子的兴趣，而这时父母的鼓励，就是孩子兴趣的种子发芽长大的最好营养。

6. 如何能让孩子产生梦想

我觉得现在的孩子都是一种及时行乐的心态，让他们考虑将来都很难，更别提有什么梦想了。我的孩子就是这样，我说他，他却对我说："你别老土了，抓住现在才是最重要的，想那么多干吗？"对有这样思想的孩子，如何能让他产生梦想呢？

梦想说起来很大，其实，每一个看起来很大的梦想都起步于寒微之处的一个小小的想法。

有一个女孩叫玛丽·琼斯，她生活在好几百年前的英国乡村，那时她的生活很贫穷，她上学都买不起课本。在她的课堂上有一门很重要的课程——《圣经》，可是因为《圣经》很昂贵，差不多一个农村人干五六年活攒的钱才能买一本《圣经》，因此没有人能买得起。玛丽·琼斯上课的时候只能听老师讲，靠脑子硬记下有限的段落。有一天晚上，她随意和爸爸妈妈提起，她真想有一本《圣经》，爸爸妈妈听了，没有说："那怎么可能？"而是立刻鼓励她说："这是个非常不错的想法，你可以去实现它。那你想想，该怎样才能实现呢？"玛丽·琼斯说："我需要攒钱，然后到城里的教堂去买。"之后她就开始计算，需要多少钱，需要花多长时间。从那以后，玛丽·琼斯用课余时间养鸡卖鸡蛋挣钱，帮富裕人家缝制衣服窗帘挣钱，帮别人看孩子挣钱，这样一直攒了六年，她的钱终于够了。然后她步行了几十公里，到了城里的教堂买到了一本她梦寐以求的《圣经》。

也许在我们看来，不过是买一本书而已，但一个孩子能付出持之以恒的努力去实现这个愿望，这就是一个激励她努力的梦想。很多家长总以为梦想一定是成就大事，做出丰功伟业，其实并非如此，每个人有完全不同的想法，当孩子有了一个小小的主意，这就是他梦想的火花，你鼓励它，它就会成为火苗，你再鼓励它，它就可能成为孩子人生路上的火炬，照亮他一直往前追求的道路。因此，我真诚地希望您能够珍惜孩子的每一个小小的主意和想法，鼓励孩子按照自己的想法去做。当他的想法越来越多的时候，他的梦想也就会自然而然地产生。

7. 我的孩子典型的没有活力

我的孩子上初一，他小学学习很不错，可是上了初中之后，他的学习越来越糟糕，对什么都打不起兴趣，对学习、生活很多方面都没有信心，还经常说不想上学了。我觉得他是您所说的那种典型的没有活力的孩子。我试了很多办法，希望能让他有点男子汉的志气，可是他就是对什么都打不起精神，我怎么帮助他突破目前的状况呢？

缓解您孩子这种状况的一个行之有效的方法是，让他能有一些体力方面的工作或活动。一个人在流汗的时候，最能感受到身体的力量。如果孩子对学习等脑力劳动一点打不起精神，您不妨让他做一些稍微重些的体力活，比如可以把家里的家具重新规划一下摆设，让他帮你一起挪动。然后再一起收拾，拖地，打扫卫生，经过一天的劳累，他会觉得很充实。这样的家务劳动你可以不定期地让他做一做。同时，平时每天也可以给他一点固定的家务劳动，包括洗碗、洗自己的衣服和倒垃圾等，您可以根据他的时间和他的意愿，让他选择一项每天必做的家务活。

还有可以让他参加一些强度略大的体育活动，比如爬山。您可以选去郊外，带上孩子一起爬山五六个小时，那种体力的消耗也是一个人感受生命活力的很好方式。当他终于登上山顶的那一刻，他会有很快乐很轻松的感受。如果有合适的野外拓展项目，您也可以带孩子去参加。这种拓展训练，不但对人的体力是一种挑战，也是对毅力和心理的挑战。这些活动都会慢慢让他找到对自我的感觉。

第六章　坚强的品质

经得起批评

面对挫折，能够勇敢迎上去

做事情能坚持到底

有个女孩向父亲抱怨，这段时间她真的倒霉透了。和最好的朋友发生了争吵，在班干部竞选中输给了竞争对手，全班只有五个人体育需要补考，而她就是其中一个倒霉蛋。一个问题刚解决，新的问题又冒了出来，老天好像正在和她开玩笑，她感到有些厌倦了，甚至心灰意冷。

父亲是一位厨师，他什么也没说，只是把女儿带进了厨房。他先往三口锅里倒入一些水，然后放在旺火上。不久，水开了，他往第一个锅里放入了一根胡萝卜，往第二个锅里放入了一个鸡蛋，并在最后一口锅里放入了一些碾成粉状的咖啡豆。

十分钟后，父亲把火关了，把胡萝卜、鸡蛋捞出来，放入一个碗内，然后把咖啡舀到一个杯子里。

父亲转身问女儿："孩子，你看见了什么？"

"胡萝卜、鸡蛋和咖啡。"女儿说。

父亲让女儿靠近一些，仔细地摸摸胡萝卜、再剥掉鸡蛋的壳，最后品尝一下香浓的咖啡。

女儿笑了，她明白了父亲想告诉她什么。面对同样的境遇——煮沸的开水，三种不同的东西发生的反应各不相同。胡萝卜看上去是强壮的、结实的，但放进开水后，它变弱了、变软了。鸡蛋原来是易碎的，必须依赖薄薄外壳的保护，但开水一煮，它变硬了，变得坚强了。三种东西中看上去最柔弱的粉状咖啡豆进入沸水却变得最强，因为它连水都改变了。在挫折和逆境面前，可以是胡萝卜、鸡蛋或是咖啡豆，可以屈服，也可以变得坚强，甚至，可以改变环境。

父母都希望自己的孩子能够足够坚强，但在挫折和困难面前孩子最终是成为胡萝卜、鸡蛋还是咖啡豆却不是父母能决定的。作为父母，或许您能做的就是放手让孩子到生活中磨炼和学习。温室里的花朵经不起风雨的洗礼，如果我们的孩子像温室里的花朵那样娇贵，他就无法迎接人生路上突如其来的风雨打击。

没有哪一位父母能永远为孩子遮风挡雨，困难和挫折是孩子在成长中一定要面对的课题，要让孩子变得坚强，就要让他学会面对现实，正视失败和挫折，并做出积极、恰当的反应和决定。

那么，如果想让我们的孩子变得坚强，他应该具备怎样的特质呢？

经得起批评

不久前，各大媒体上都刊登了这样一条让人震惊和心痛的消息：一位14岁的女孩因为老师课上的一句批评，选择用自杀的方式结束了自己如花的生命。

这个女孩名叫覃瑶，她两岁开始上学，14岁已经上高二，是人们眼中的"神童"，前途一片光明。可谁也没想到，这个"神童"会这样离去。究竟是怎样的批评让覃瑶选择结束自己的生命呢？

原来英语课时，班主任老师像往常那样随机到教室外查看纪律，发现覃瑶在看课外书。由于上课看课外书是不被允许的，而且这已经是老师第三次看到覃瑶在课堂上看课外书了，于是英语课后，老师想利用课间休息时间向全班同学强调一下纪律问题。

老师走上讲台，指出了覃瑶上课看课外书的问题，并宣布覃瑶这个星期不能"创星"（一种激励措施，表现好的可以获得一颗星）了，还说准备要找覃瑶的家长交流交流。可是令所有人万万没想到的是，正是老师的这几句再平常不过的话让覃瑶下了去死的决心，跳进了学校门口的池塘，只为父母留下了这样一封绝笔信：

爸妈：

请原谅我做出这不孝的决定。

……

我在学校里其实一直受着巨大的压力，老师特别是××（这里隐去老师的姓名）一直都对我看得很紧。他说不能看课外书籍，但你们都知道，我不看书是不可能的。于是，在第三次被他看到之后，我做出了这个决定。因为，我不知道要怎么面对你们。

女儿

2008.3.6 绝笔

覃瑶的离去留给了父母和老师无尽的悲痛，也让我们为之惋惜。可是覃瑶的事件绝不仅仅是一个个案，几乎每年都有类似的悲剧在校园中发生。孩子似乎越来越经不起批评了，尤其是像覃瑶那样在人们眼中光彩夺目的孩子。孩子对批评为什么会有这么大的反应呢？我想这还得从家长的教育方式说起。

现在很多家长都信奉赏识教育，或许您也是赏识教育的忠实拥护者。因为专家说，夸奖和表扬就会让孩子越来越好。这个观点一点没错，孩子在成长中的确需要鼓励和赞扬，因为它们可以帮助孩子看到自己的闪光点，找到自信。可是如果只有表扬和赞赏，却会让孩子渐渐变得接受不了批评，覃瑶事件就是典型的例子。这是因为，表扬就好比一个神奇的放大镜，每一次表扬都会帮助孩子找到或放大身上的一个亮点，亮点越来越多，越放越大，在他的眼里就只能看到自己的光亮了。这时候再告诉他，这里做得不好，那里做错了，就好比让他看身上的泥点一样碍眼。

在孩子成长的过程中离不开批评，批评和表扬同等重要。如果说赞扬是抚慰人灵魂的阳光，那么批评就是照耀人灵魂的镜子，它能让一个人更加真实地认识自己。古人教导我们"闻过则喜"，听到了别人的批评、发现了自己的缺点，也就意味着会有新的进步，这才是值得高兴的事情。可是由于不懂得批评的意义，批评对孩子来说是那样的刺耳。

说到这里，我想起了这样一个故事：

有三位画家在出售自己的绘画作品时得到了同样的批评："你的画并不怎么样，怕是值不了那么多钱吧？"第一个画家仔细分析了自己的画，认为自己的画的确存在着一些不足，于是认真修改，后来不仅以更高的价格卖出了画，还成了著名画家，他就是（意大利的）丁托列托；第二位画家看了看自己的画，觉得真的不怎么样，于是轻轻撕毁了这幅不成功的画，转而学习雕塑，最后成了著名的雕塑家，他是我国唐代的杨惠之；第三位画家认为自己已经画得很好了，于是继续卖画，结果画没能卖出去，也只能成为三流画家，连名字都被人们渐渐淡忘了。

由于面对批评的心态不一样，三位画家的结果也迥然不同。前两位画家虚心接受批评，并积极地寻求改进，因此取得了非凡的成绩，可第三位画家却因为听不进批评，最终失去了自己的艺术生命。

看来对待批评的态度不同，一个人在同一件事情上的收获也会有所不同，甚至还会改变一个人一生的道路。一个人只有能经得起批评，才能从中汲取营养，不断改善自己。

面对挫折，能够勇敢迎上去

在人生的道路上，挫折是在所难免的，对待挫折你会采取怎样的态度呢？我想一个坚强的人一定能勇敢地迎上去，不管面临的挫折是多么的强大和残酷。

有一个叫黄美廉的女孩子，从小就患上了脑性麻痹症。这种病的症状十分吓人，因为肢体失去平衡感，手足会时常乱动，口里也会经常念叨着模糊不清的词语。医生根据她的情况，判定她活不过六岁。在常人看来，她已失去了语言表达能力与正常的生活条件，更别谈什么前途与幸福。但她却坚强地活了下来，而且靠顽强的意志和毅力，考上了美国著名的加州大学，并获得了艺术博士学位。她靠手中的画笔，还有很好的听力，抒发着自己的情感。

在一次讲演会上，一位学生向她提问这样的问题："黄博士，你从小就成了这个样子，请问你怎么看你自己？你有过怨恨吗？"在场的人都静静等待黄美廉如何回答这个棘手的问题，只见黄美廉十分坦然地在黑板上写下了这么几行字：

一、我好可爱；

二、我的腿很长很美；

三、爸爸妈妈那么爱我；

四、我会画画，我会写稿；

五、我有一只可爱的猫；

……

最后，她用这样一句话进行了总结：我只看我所有的，不看我所没有的！

在我们这些旁人看来，黄美廉的疾病就像她人生道路上一座不可能翻越的高山，可是她却并没有被这座高山吓倒，而是用坚强的意志迎了上去。我们完全能够想象到为了翻越这座山她经历了怎样的困难，付出了怎样的艰辛，可是她最终成功翻越，看到了山那边最美丽的风景。然而我们的孩子却往往在挫折面前缺少迎上去的勇气。有时小小的挫折就会让孩子沮丧不已。

去年中考前，我接到了一位父亲打来的电话。

我的孩子今年上初三了，前段时间进行了中考的模拟考试，他考得很不好。他的成绩原本就不算太好，在班里属于中上水平，可这次考试他发挥有些失常，居然滑到了班里的三十多名。

他本来想着好好努一把力，争取能考上重点高中，他也的确很用功地在准备，可这次失败彻底打击了他的信心。这段时间他的情绪很低落，整天没精打采、唉声叹气的，书也没心思看。离中考还有一段时间，我想他努努力，认真总结一下，考个重点高中还是有希望的，但他总一副一蹶不振的样子，我看着就生气。

如果这样轻而易举就被不好的成绩击倒，我们还能指望孩子有怎样的勇气去面对那些更大的困难呢？如果面对困难，没有迎上去的勇气，那就丧失了战胜挫折的机会。

要变得坚强，必须要有迎战困难的勇气，迈出战胜挫折的第一步。

做事情能坚持到底

我曾经抬头观察过蜘蛛织网的过程。小小的蜘蛛拖着纤细的蛛丝从树枝的这头努力挂向那一头，可是风太大了，蜘蛛的身体随着蛛丝在空中摆动了半天也没能成功。蜘蛛并没有灰心，也没有放弃，它继续勇敢地发起了一轮又一轮的冲击。眼看网就快要织成了，可一阵大风"呼呼"吹过后，网又被打得七零八落。这么费劲才织好的网就这样被毁了，我在一旁为蜘蛛感到惋惜，可是它却仍然没有放弃，爬上了漏洞，用嘴里的丝一点一滴地补了起来。网终于被织好了，蜘蛛心满意足地停留在网上等待着它的第一个猎物。

这是一个多么艰难的过程啊，如果不是蜘蛛的执着和坚持，我想网一定难以成形。是呀，什么事情只有坚持到底才能成功，半途而废注定看不到最后的风景。可是，我们的孩子做事情却常常难以坚持到底。做事情常常只有三分钟热情是许多孩子的通病。那天，一位家长就和我抱怨孩子这方面的问题：

> 我的孩子初中二年级了，从小做事情就喜欢半途而废。就拿上特长班来说吧，从小学二年级开始算起，她已经换了四五个特长班了。刚开始我为她报了小提琴班，学了一年不到就说小提琴太难了，要学舞蹈。舞蹈学了没多久又说舞蹈太难了要改学画画，后来说对画画也没了兴趣，现在要去学古筝了。不知道她这次能不能学得长。
>
> 我跟她说了多少回了"世上哪有什么事情那么容易，做什么不碰到点困难啊"，可她就是没有毅力。和她一起学小提琴的同学坚持到现在的，都考过好几级了，可她呢，没有一样学成的。

孩子学什么都没有常性，这样的问题让许多家长苦恼。最让家长们大惑不解的是，明明是孩子自己提出的要学这个，要学那个，怎么能学着学着就放弃呢？明明昨天还对画画感兴趣，怎么今天就变得厌烦，丝毫提不起兴趣来了呢？这变化也未免太快了吧。其实虽然兴趣的变化的确是孩子中途放弃的一个因素，但导致他们放弃的最大原因恐怕是他们中途遇到困难。要想孩子能够坚持到底，最重要的还是要培养他坚强的毅力。一个人如果没有这种坚持到底的毅力，他就会像"狗熊掰棒子"，很难获得成功。

日本有位著名的企业家叫作土光敏夫，在中学时他曾参加了学校组织的一项一百公里徒步训练。对一个十三四岁的孩子来说，一百公里徒步训练的艰苦性是可想而知的。走了两天，他的脚就打起了血泡。曾有许多次，他都想停下来躺在地上退出训练，但是，每当有这样的念头，他耳边就有一个声音在对他说："躺下去就是懦夫！打起精神，走下去！"于是，他咬牙挣扎着继续前行。不仅如此，他还鼓励那些想打退堂鼓的同学咬牙坚持。一些体弱的同学支持不住，累倒了，他还主动背他们一段路程。渐渐地，他感觉自己已经适应了这种艰苦的跋涉，并最终走到了终点。

后来土光敏夫担任了有"财界总理"之称的日本经团联会长职务。当有人问他为什么会获得这么大的成功时，他说："我之所以在以后做事能不半途而废，关西中学的长途步行给我的启示最大。我知道：面对困难，人唯有迎接挑战而不是回避挑战，才会有真正的成长。你战胜困难一次，就更强大一次。"

只有当孩子的心中有了战胜困难的信念时，他才能有坚持下去的动力，也才能咬紧牙关坚强地走到最后。

问题解答

1. 我的女儿很爱哭怎么办

我的女儿上小学二年级了，我发现她特别爱哭。作业不会做了哭，什么事情我们不答应她了要哭，有时在那里吃着吃着饭不知想到什么事也会呜呜地哭起来。我觉得她太脆弱了，有没有什么办法让她变得坚强一点？

我觉得你对哭存有偏见，或许在你心里哭是一个人软弱的表现，但事实却并不是这样的。科学家研究发现，当人哭泣时，因情绪压抑而产生的有害化学成分会随着泪液排出体外，缓解不良情绪。因此如果把哭作为一种缓解心理紧张、解除情绪压力的发泄途径，孩子哭一哭也没什么大不了。因此要允许孩子哭，不过如果孩子像你所说的那样老是哭，我们就要想想办法了。

你知道吗，很多时候孩子通过哭向你传达某种信息。有人进行过总结，认为如果不是因为身体不舒服的话，孩子用哭大致传达着下面的几种信息：受到了委屈，寻求帮助，逃避自己不喜欢的事情或责任，为了达到某种目的。看来哭可不仅仅是不够坚强这么简单，里面隐藏信息还需要你来细细分辨。

可是孩子为什么会用哭作为表达想法的方式呢？因为他们还不懂得该怎样向别人表达自己内心的感受。因此，你可以告诉孩子，与其哭，还不如向别人清楚表达她内心的感受，从而获得别人的理解和帮助。具体怎么来做呢？

如果她再次哭了，你可以问她，你是觉得委屈吗？发生了什么事情？这个时候你的心里是怎么想的，你的心里在说些什么？把这些话都说出来吧，这样我才能了解你的感受。当你能这样做，引导孩子把内心的感受说出来，她就不会只专注于哭了。再比如如果孩子是遇到了困难而哭泣，你可以问她，现在你的心里是什么感觉？让她把那种害怕、担心的感觉表达出来。当孩子学会了怎样表达内心的感受，她就会更加清楚自己的思路，更容易和别人沟通，也会更加有助于她问题的解决。有了更有效地解决问题的方法，她也当然会慢慢放弃"哭的法宝"了。

2. 孩子学什么都半途而废

我是一位十岁男孩的妈妈，他现在是一名小学三年级的学生。我的儿子在幼儿园中班时开始学画画，画了一学期，他说不喜欢就没继续画下去，那时孩子小我们也没有坚持。在幼儿园大班时学书法，学了一年又没继续学下去。

进入小学阶段，从二年级开始我们让他学打羽毛球，每天放学后在学校练一个多小时。他学了一学期基本动作，第二学期就拖拖拉拉不想学了，经常逃课不练。这学期刚开学就说讨厌打羽毛球，不去练。我们做了他很多思想工作，但他好像在应付我们，并没有真正在好好练羽毛球。我们做家长的该怎样跟他进行有效沟通呢？

首先，引导孩子思考后再做决定。

我的一位朋友是这样对待他那个因为喜欢周杰伦而一定要学钢琴的儿子的。一天，上小学五年级的儿子告诉他，周杰伦弹钢琴的样子帅呆了，他也要学钢琴。孩子对某件事情有了兴趣是好事，但学钢琴在财力、人力上都需要不少的投入，他担心儿子会不会是一时兴起。于是他决定和儿子好好谈一谈。

"儿子，弹钢琴的样子的确很帅，但学钢琴可不是一件容易的事。别看周杰伦现在弹钢琴又酷又帅，他学钢琴的时候可没少吃苦，别人玩的时候，他的妈妈可是拿着棍子在一边逼着他练琴的。像他这么有音乐天赋的人都学得那么辛苦，学钢琴的难度可想而知。如果你真的想学，你就要下定决心，只有你真的下定决心，这些困难和辛苦才会不算什么。"

孩子想了想，还是铁了心要学，于是他和孩子有了如下的约定：孩子承诺坚持上完至少两年的钢琴课，如果没能坚持下来，学钢琴的费用都将从他的压岁钱和零花钱中扣除，或是用做家务劳动来补偿。

约定被写下来并贴到了孩子的床前，这样做很正式，让孩子也感到了约定和承诺的严肃性。有了它的束缚，孩子在热情减退想半途而废时，也不得不掂量掂量，这样也就坚持下来了。

在关键时刻给孩子鼓励。

一天放学回家，孩子对妈妈说："妈妈，我不想学数学了。"

妈妈没有惊讶，更没有生气，她平静地问孩子："你是不是遇到了困难？"

孩子点点头，告诉了妈妈自己的苦衷："我觉得自己不适合学数学，这是聪明人的游戏，我一点也不聪明。班里的有些同学轻而易举就能做出的应用题，我得想很久才能想明白。"

妈妈说："孩子，我想告诉你一个事实，那天我去学校和你的老师们交流了一下学习情况，数学老师夸你这段时间在学习上有了进步，说你做应用题的思路比以前清晰了，计算的正确率也高了。你看，如果你放弃了数学学习，可能这些进步也会随之没有了，老师一定也会为你惋惜。"听了妈妈的话，孩子有了触动，打消了放弃学数学的想法。

可能大多数家长都无法像这位妈妈一样的冷静，或许会呵斥孩子："你瞎说什么，数学多重要的一门主科，能说不学就不学吗，好好给我努力！"还有的家长或许会向孩子说一大堆学习数学的理由和重要性，这些方法没有上面这位妈妈的方法效果好。如果在孩子遇到困难时，你看不到孩子的困难，不能体会孩子的感受，只顾强迫他坚持，就算他勉强支撑下来，放弃也是迟早的事。只有让孩子感受到你的理解和鼓励，同时引领他发现自己的力量和能力，他才能拾回散落在地的自信和勇气，也才会有坚持下去的动力。

3. 孩子考试失利，我该怎样安慰

　　我的孩子这段时间学习的状态一直不好，前几天单元测试又考砸了。我觉得其中很大一部分原因是他对学习有所松懈，本来想趁机好好教育教育他，但接连几次考试的失败好像让他很受打击。我

很想安慰他，让他重新找回自信，但又不知道具体怎样做才好？

要想安慰在考试中失利的孩子，首先要做的就是和孩子一起冷静地面对现实。面对孩子不尽如人意的成绩，你要先克制自己的情绪。

有个叫李昊的孩子，他的妈妈遇到了和你同样的问题，她是怎样来处理的呢？在期末考试中李昊的化学成绩只有64分，物理竟然不及格！回到家里，他心灰意懒地对妈妈说："我的理化没学好，我想我是赶不上去了。"他的母亲当时十分恼火，真想狠狠地训他一顿："装什么可怜相，早不用功，现在还有脸说这种话！"可她转念一想，此时孩子正是灰心、失望的时候，如果再恶语相加，岂不是伤口撒盐、雪上加霜。于是，她安慰孩子说："孩子，没关系，这只是一次考试的成绩，它代表的只是你这次考试的状态，只要你不灰心，一切都还来得及。"妈妈的话就像给李昊注射了一支强心针，他感到自己不再那么沮丧了，好像又重新有了力量。

既然考试失败的现实无法改变，再埋怨、再自责都已无济于事，和孩子一起冷静地对待它吧，相信这样的结果只是一种暂时的状态，经过调整是完全可以改变的。

用倾听帮孩子分析失利原因。

还是那句老话，失败是成功之母，失败中总是隐藏着成功的希望，关键是要认真分析、仔细搜寻。要想帮助孩子更好地分析失败的原因，就要以平等的姿态认真倾听孩子的声音。在这个过程中，用心地聆听比具体的指导更有效。

孩子的心里还有着一口失败的怨气，他很需要有人能听听他心里的声音，这时候一定要给他机会把自己的想法和感受表达出来。这样做，一方面能给孩子宣泄的机会，帮助他缓解心理压力，消除考试失败的阴影；另一方面，你还可以从孩子的宣泄中知道他心里到底有怎样的想法，他对这次失败是怎样看待的，为了摆脱困境他想要得到怎样的帮助。

倾听之后，和孩子真诚地交流沟通，共同分析和认识失败的原因，既可以营造融洽的氛围，又可以真正调动孩子内心的力量去战胜困难。

用孩子曾经的成功体验帮助他重塑自信。

在目前的教育大环境中，孩子的成绩常常与学习的能力直接画等号，因此考试失败很容易让孩子对自己的能力产生怀疑，从而失去自信，越是重要的考试，所受的打击越强烈。要让孩子学会正确面对考试失败，帮助他重塑自信是非常关键的一步。可在失败的阴影下，重塑信心显得尤为艰难。

我认识一位母亲，她是这样帮助考试失败的孩子重塑信心的。她没有说"这次考差了不要紧，只要努力，下次一定能考好"诸如此类的话，相反，她对考试只字未提，她问孩子："有没有什么事让你觉得自己特自豪？"孩子想了想，眉飞色舞、绘声绘色地说起了自己曾在"高手如林"的运动会上，如何发挥潜力，在百米冲刺中勇夺冠军的事。在那一刻，孩子完全沉浸在获胜的喜悦中，考试失败者的形象已经被运动会胜利者的形象完完全全地取代，自信又一次在孩子身上绽放出了光彩。孩子对妈妈说："是啊，我是冠军，我有着巨大的潜力，我对自己有信心。"

发掘孩子的优点和长处，用他曾经的成功来点燃心中的希望之火，在唤回曾经的成功体验之时，他更容易克服沮丧的情绪，重新对未来充满信心。

4. 她经不起一点批评

我的女儿在学校里的表现很优秀，但她经不起一点批评。那天上课的时候，数学老师叫她到黑板前做一道数学题，她因为粗心做错了，老师就对全班同学说："我们的同学怎么都这么粗心啊？"

本来就是自己粗心做错了题，老师这样说说有什么啊，可她受不了，当场就哭了，回来还告诉我她有多么讨厌这个老师，说老师伤害了她。我本想开导开导她，可刚说"老师也是指出你的缺点，希望你能改正，他也是为你好啊……"话还没说完，她就生气地嚷起来："别说了！别说了！"接着跑进了自己的房间，还把门重重地给摔上了。

我该怎样引导她接受老师的批评呢？

刚听到批评的一刹那，每个人或多或少都会有点不太舒服。所以孩子的反应也是正常的。但是，人要成长进步肯定离不开别人中肯的批评。引导孩子正确对待批评是很重要的。

首先，引导孩子看到别人批评自己的是某一件事，并不是讨厌她这个人。

就拿被老师批评粗心这件事情来说吧，你可以问问孩子她当时是不是真的粗心啦，如果孩子承认自己确实因为粗心做错了题，那你可以进一步表明你的看法：老师只是客观地说出了当时的事实罢了。你可以接着问问孩子，老师说她粗心后，对她的态度是不是因此有了很大的转变？孩子一定会发现老师的态度并没有因此而产生巨大的变化，相反，她自己的心里却对老师多了几分不满。很明显，老师的这次批评只是针对当时的事情而并不是讨厌她这个人。老师之所以会批评她，只是因为看到了她身上存在的小缺点而热心地指了出来。没有必要为此闷闷不乐，更不应该因此对老师产生不满，这不辜负老师的一片苦心吗。批评帮助我们看到了自己的缺点和不足，我们应该做的是想办法把它们弥补过来，让自己更多一分光亮。这样，孩子也就更容易把目光投向被批评的事本身，而不是自己不满的情绪。

说到这里，我还想再说一说关于如何批评孩子的事情。虽然批评对孩子的成长非常重要，但不恰当的批评却会给孩子带来许多负面的影响，例如打击自信心、产生仇恨的心理。对于如何指出他人错误，有这样一句话非常重要，即"凭爱心说诚实话"，这就是说，你在帮助孩子认识错误的时候，首先要让孩子感受到你的"爱心"，唯有在父母全部的爱里，孩子才更容易敞开。可是，很多父母在批评孩子时常忘记了向孩子表达爱，让孩子感受到爱。大声、训斥的声调、恼怒的表情，这些批评时常见的态度，要么会让孩子害怕，逃避批评，要么会激起孩子的愤怒和逆反，越发跟你对着干。

> 媛媛靠在床头看书的时候又忍不住吃起了零食，尽管妈妈已经对她说过不下十次，不要在床上吃东西，可她就是管不住自己。
>
> 正看得起劲，妈妈突然推门进来。看见媛媛又坐在床上吃零食，刚剥下来的橘子皮就放在枕头旁，妈妈气不打一处来："和你说过多少次了，不要在床上吃东西，你是没长耳朵还是怎么的。看看你有多恶心！橘子皮怎么能放在床上？这里简直像猪圈一样。"
>
> 话音刚落，书和橘子皮都被媛媛重重地扔到了地上。

妈妈的批评并没有让媛媛认识到自己的错误，相反，它激起了媛媛的愤怒，"恶心"、"猪圈"，这样的词深深地伤了媛媛的心。对于"批评"，我们常常会有这样的理解，批评一个人，就是成功地让他接受我的正确观点，放弃他的错误。其实，这是一个误解。因为，人总是倾向认为自己是正确的，这是人的本性。从这个角度来说，人根本不可能认为自己错。如果你指出一个人的错误，而那个人也心悦诚服地说"你说得对，我错了！"你千万不要高兴，以为是你说服了他，其实是他的内心对事情有了重新认识，这个新的认识和观念已经在他心里，他承认错误，不过是对自己内心的回应而已。

因此，如果你想让孩子认识错误，最重要的是引导他的内心去发现，相信孩子的良知会在他心里做工。就像上面媛媛的例子，如果妈妈只是描述客观的事实"橘子皮应该扔到垃圾桶里"一定会取得更好的效果，媛媛也立刻能明白自己的问题出在哪里。

当太多的错误都是由你指出的时候，孩子就失去了自我认识和反思的机会。更糟糕的是，面对指责，人本能地就会辩解，哪怕他已经认识到错误，自尊也会让他坚持并停留在错误里。

5. 要不要故意给孩子制造一些挫折

我的女儿今年上初一了，我发现她娇生惯养，吃不了一点苦，心理承受能力还差。为了让她专心学习，我们几乎不让她做家务，可她学习成绩却不怎么好，主要是太贪玩，一说起看书、写作业就直嚷累。我看许多教育专家都在谈论"挫折教育"，我在想要不要给孩子故意制造一些挫折，或让她去参加什么挫折夏令营之类的活动，让她接受接受教育。

一位儿童心理学家说："有十分幸福童年的人常有不幸的成年"。他认为在小时候很少遭受挫折的孩子长大后常会因为不适应激烈竞争和复杂多变的社会而深感痛苦。现在的孩子由于生活太幸福、被父母娇惯，抗困难能力弱、心理承受能力差已成为了社会广泛关注的问题。提高孩子们的抗摔打能力，对孩子进行"挫折教育"在父母中成了流行。为了帮助孩子学会应对挫折，许多家长开始人为地制造一些挫折，像你提到的"挫折夏令营"也应运而生。这样的"挫折教育"结果怎样呢？

暑假的时候，我的一位朋友就给儿子报名参加了一个挫折夏令营，希望送孩子去磨炼磨炼，也改改他娇生惯养的坏毛病。在送孩子去夏令营时，朋友一家像欢送亲人远征一样将孩子送上了征程。没想到的是，12天的夏令营结束后，儿子非但没有"不再娇惯"，反而变本加厉，说自己在营地里过得太辛苦，回家要好好享受享受。

看来这种人为的、短期集训式的吃苦教育并没有让孩子发生改变。我想挫折教育的本质并不等于想办法让孩子吃苦，更重要的是要培养孩子心理上的抗挫折能力。然而培养孩子的抗挫折能力，绝非一日之功。其实只要我们有心，不需要刻意制造，在生活中也可以找到许多对孩子进行"挫折教育"的机会。孩子不小心跌倒，不要立刻抱起来又亲又哄；孩子生病了，不要为了哄他开心而有求必应；孩子犯了错误和过失，不要挡在孩子前头为他遮风挡雨……当挫折和困难到来时，如果永远将孩子置于羽翼之下，帮他抵挡伤害与失败，那他就永远不会学会在打击到来时独自承受。我们需要给孩子的是应对挫折的态度和方法，而不是为他抵挡一切。

6. 沉浸在奶奶离去的悲痛中

我的孩子今年小学五年级了，她从小是由奶奶带大的，和奶奶的关系特别好。一年前奶奶突发脑出血离开了我们，我的孩子非常伤心，一连哭了好几天。可是这件事已经过去一年多了，她还久久沉浸在悲痛中走不出来，常常看到她的脸上流露出悲伤的神情。到现在为止，只要看到她奶奶的东西或者我们在谈话中提到了奶奶，她就会哭起来。我想这样长久下去，会对孩子影响不好，怎么帮她从奶奶离世的悲痛中走出来呢？

心理学上认为生活中的一些负性事件会让我们承受巨大的精神压力，对身心的健康产生较大的影响，亲人离去正是其中的一项。你的孩子从小由奶奶带大，她对奶奶的那份感情非比寻常，她和奶奶之间一定有着许多甜蜜的回忆。如今曾对自己无微不至的奶奶离开了，再也见不到曾带给自己快乐、陪伴自己成长的慈祥的奶奶了，对她来说是一件多么残酷的事情啊。最亲的亲人离去这样的事情连我们成年人都很难接受，更何况是一个小学的孩子。安抚悲伤是要花些时间的。我想你再怎样安慰、劝说孩子，孩子的那份悲痛都很难立刻化解，她反而会觉得你并不了解她的感受。

你希望孩子变得坚强，我想对孩子而言，坚强不是不再悲痛，而是能够微笑着面对每天的生活。和孩子一起在生活中共同寻找快乐，让孩子在每天都能露出开心的笑容，心中悲伤的乌云就会渐渐被驱散。

带领孩子走出亲人离去的悲痛的确是件很难的事情，如果孩子还是一如既往地沉浸在悲痛中，我建议你向专业的心理咨询人员寻求帮助。

7. 孩子考不到一二名就大哭特哭

我的孩子好像太追求完美了，她的成绩其实在班里已经算比较好的了，可是只要考试考不到班里的一二名她就会大哭特哭。我们对她并没有什么太高的要求啊，真不知道她怎么会这样。

"优秀是应该的"是导致优秀生心理脆弱的原因。

人们常常发现，不少成绩优秀的孩子，常常经不起一点点的失败和打击，心理反而很脆弱。为什么会这样呢？这是因为优秀生常常是同学崇拜、老师偏爱的对象，在班里处于核心地位，在家中也是父母的宝贝。常常处于鲜花掌声中的她，觉得这就是生活的本来面目，她没有体验到生活中还有困苦、失败、遗憾等不完美之处，因此，当她一接触到不完美的时候，就觉得这是完全不能接受的。就算别人对她没有什么过高要求，她也会"残酷地"自己苛求自己。

给孩子"缺憾教育"。

优秀生中存在的脆弱心理状态提醒所有的家长，对孩子的"缺憾教育"是必不可少的。也许很多家长难以理解，因为我们太习惯对孩子"高标准、严要求"，不管孩子能不能做到，起码咱们家长的要求不能放松，否则孩子还不定下滑成什么样了。家长们的想法可以理解，但是，我们一定要知道，生活就是不完美的，生活中永远充斥着缺憾，如果没有缺憾教育，孩子就会像易碎的玻璃一样，经不起打压和失败。

父母要学会接受孩子的"缺憾"。

如果要让孩子能接受"缺憾"，父母也要学会接受孩子的"缺憾"。家长总希望自己的孩子这也好，那也好。比如，很多家长跟我说，希望孩子能上课认真听讲，回家主动学习，写作业不马虎，考试时严谨细致。家长看看，如果这些孩子都能做到，那这个孩子真的太完美了，但实际上这样完美的孩子不可能存在。一个人必然有优点，有缺点，"短"和"长"就好像是一枚硬币的两面。比如，一个孩子很细心，他可能会有些小心眼。那么，作为家长，我们就该接受他性格的完整方面，您不可能只接受好的一面，丢掉不好的一面。家长如果能容忍并接受孩子的某些"缺憾"，孩子更容易发挥自己优势的一面，从而扬长避短，如果您一味要求他"扬长丢短"的话，孩子只好连"长"也一起丢掉了。

8. 感觉题稍微有点难就说自己不会

孩子做数学的时候，常常看了一眼题目就说难，如果我带着他，让他认真读读题，他其实很快就能分析出来该怎么做。但是，如果是他自己做，他却根本不认真看题，常常扫了一眼就说，这题太难，我做不出来。其实他只要好好做，明明能做出来的，为什么会这样呢？

我想孩子之所以会出现这样的情况，可能有下面几种原因。

存在畏难情绪。在困难面前孩子很容易产生畏难情绪，一看到难题心里就开始打鼓，还没有认真动脑筋就没有了信心，认定自己肯定不行。如果你的孩子属于这种情况，他最需要的就是你的鼓励。你可以拍拍他的肩为他打打气："这道题其实并没有那么难，凭你的能力一定能够做出来，妈妈相信你，加油！"

没有养成分析题意的习惯。当孩子还没有养成分析题意的习惯时，很多时候他只匆匆看看题就说自己不会。其实根本不是不会，而是没有用心去分析。如果你的孩子属于这种情况，你需要引导他对题意进行一步一步地分析。你可以让他在读题的时候拿起笔，把题目中重要的数字、词语勾画下来，然后再理清这些数字之间的关系。多引导他这样分析几次，他就会慢慢学会分析题意的方法。

不想做作业。明明想一想就能做出来的题孩子非说自己不会，还有一种可能就是孩子根本不想做作业。由于心思根本没有在作业上，他也很难开动脑筋，主动思考。不想做作业除了学习兴趣的原因外，我见过的很多孩子都属于被逼无奈。家长常常在孩子写完作业后，再给孩子额外布置一些作业。本来，孩子想，我做完这些题就轻松了，可是他没想到在自己写完最后一道题，已经兴奋地准备休息或出去玩时，妈妈又来了一句："别急，你再做一套试卷。"由于孩子根本没有心理预期，他就会对家长布置的额外作业非常烦。这样的情况多了，他会习惯性说"我不会"。如果孩子属于这方面的原因，这并不是孩子怕困难，有畏难情绪，问题的症结是在家长身上，您要改变自己，不要给孩子太多压力。

9.四年级的男孩还经常哭

前面有位家长提到他们家女儿经常哭，我觉得女孩常哭还可以理解，我家这是个男孩，可是也经常哭，作业做不出来会哭，稍微说他一句会哭，别人跟他开个稍微过火点的玩笑他也哭。男孩子这么爱哭，真是让我着急。

俗话说："男儿有泪不轻弹"，因此，人们能接受女孩子哭，但如果男孩爱哭，人们就会认为这个男孩不够坚强、不够勇敢，不像个男孩，甚至有的人还认为男孩哭是不正常。由于男性和女性的性别特点的不同，人们通常的这些想法都是可以理解的。事实上，大部分的情况下，男孩确实比女孩少哭。可这并不意味着，世界上就没有爱哭的男孩子，男孩子爱哭就一定是无法接受的。如果您能接受这样的想法，您就更容易接受爱哭的儿子，焦急的心态也能得到缓解。

面对儿子的这种情况，您现在最好的办法就是忽视。当儿子哭的时候，如果您总说："你真糟糕，真差劲，男孩子，还哭，没出息。"您越这样说，越会强化儿子哭的冲动。相反，他哭与不哭你好像根本没有注意。而是问他，究竟出了什么问题，他感觉哪里不好，就事论事，就问题解决问题，儿子会很快止住哭泣，跟您交流起来。

同时，我建议您给孩子一段长大的时间。可能您会发现，到了五年级或者六年级，他突然就不爱哭了。

10. 怎样让儿子成为坚强的男子汉

前两天我看见一篇文章，说"中性化倾向威胁中小学生男生"。我看了这篇文章深有感触，走在大街上，经常能发现不少十来岁的男孩烫发、染发、穿耳钉，比女孩都能打扮。虽然我的儿子还没有这样，但是这种现象很让我担心。我很喜欢海明威，海明威小说中的那些硬汉形象曾在我少年时给过我不少影响和激励。可我给儿子看《老人与海》，希望他能受感染，可是他却没什么感觉。我该怎么帮助儿子成为坚强的男子汉呢？

或许你正在担心，现在的男孩子爱打扮、戴耳钉、染发，这离你心目中坚强的男子汉形象相差很远。其实，这还不是家长最需要担心的，家长们更需要关注的是目前确实存在着不少男孩子果敢、坚强品质丧失的问题。坚强男孩并非在于外表多酷，多帅，更重要的是他的品格——勇敢、有责任心，待人处事冷静，经得起考验。

因此，要想把儿子培养成坚强的男子汉，关键是要让他有一颗坚强的心，他能有勇气面对生活所给予他的一切。这才是家长培养男孩坚强品质的重点。

由于家庭中大多数是妈妈带孩子，如果妈妈对待男孩太细致，就很容易导致孩子的依赖性，性格比较软弱。因此，妈妈在养育男孩的过程中，要学会让孩子帮自己挑担子，即使儿子很想，也可以根据他的能力来让他承担。有一个小学男孩，爸爸出差后，妈妈对他说："现在爸爸不在家，家里就你一个男子汉了，你得保护妈妈才行。"男孩子听了，立刻胸脯一挺说："没问题。"晚上回家，楼道里很黑，男孩对妈妈说："妈妈，我来，我在前面开道。"虽然男孩也怕黑，但是由于妈妈的依靠，就让他变得坚强勇敢起来。因此，如果妈妈希望自己的孩子成为男子汉，一定要学会依靠你的儿子，让儿子能够做男子汉可以做的事情，让他有机会表现出男子汉的气概。

同时，爸爸在男子汉的教育中要积极参与，爸爸为人处世的方式都会和妈妈不同，爸爸常和孩子一起相处，会让儿子感受到一个男人应当怎样做。同时，爸爸和儿子还可以从事一些男人们的活动，比如一些较为剧烈的运动、具有挑战性的拓展训练。这些和爸爸在一起的活动会对培养男子汉的坚强起到积极的作用。

第七章　节制的品质

一颗糖的决定作用

好教育需要"延迟满足"

让孩子学会等待

家庭教育也需要"节制"

节制的品质，就是一个人能够节制自己的欲望，总是做对自己和他人有益的事情。有一个伟大的人物说过这样一句话："凡事都可以做，但不都对人有益；凡事都可以行，但不都造就人。"帮助孩子获得节制的品质，一生都能做对自己和他人有益的事，是孩子一生幸福的重要基础。

一颗糖的决定作用

在一个幼儿园的中班教室，老师和小朋友刚刚一起结束有趣的游戏，老师说可以给每个参与的小朋友奖励一颗非常好吃的糖。但同时老师也告诉孩子们，他们有两种选择。可以选择马上吃糖，但只能吃一颗；如果等20分钟，则能吃两颗。说完，老师关上门，轻轻地走了出去。老师走后，有些孩子急不可待，马上把糖吃掉了。另一些孩子却能等待对他们来说就像是无尽期的20分钟，为了使自己耐住性子，他们闭上眼睛不看糖，或头枕双臂、自言自语、唱歌，有的甚至睡着了，但他们最终吃到了两颗糖。

请家长们不要误会，我不是要跟您讲幼儿园孩子的故事，这其实是一个著名的心理学实验，是由美国心理学家米歇尔设计的。他把那种能等待20分钟再吃糖的能力称为延迟满足能力，这种能力是指孩子为了获得更大的满足，或以最佳方式获得满足，而对自己的欲望加以克制。延迟满足就是自我控制能力的重要表现。

米歇尔设计这个实验的目的，就是要看延迟满足能力对孩子一生的成长究竟有什么影响。十几年后，他通过对那些参加实验的小朋友的追踪研究发现，那些耐心等待的孩子中学毕业后，在社会适应能力、自信、处理人际关系、面对挫折、迎接挑战、学习成绩、工作表现等很多方面，都远远高于那些不能等待的孩子。同样的实验也被中国的心理学家引进，通过在中国孩子身上的重复实验，获得了和美国心理学家同样的实验结果。

这听起来似乎有点匪夷所思，不过早吃或晚吃一颗糖而已，没想到却能预示孩子完全不同的人生成长和发展结果。但这却是心理实验数据验证的事实。没想到吧，一颗糖能决定孩子一生的幸福！

好教育需要"延迟满足"

　　人一出生，便有着各种各样的欲望，中国有句古话说"食色，性也"。人追求肉体的各种欲望得到满足，这是很正常的，这也是人类发展的一个促进力量。记得看过一篇文章，说人类的各种发明是由懒惰的欲望驱使的，懒得爬楼，于是发明了电梯；懒得走路，于是制造出了汽车、火车和飞机；懒得计算，于是发明了计算器；懒得出去听音乐会，于是发明了唱片、磁带和CD……世界如此精彩都是拜懒人所赐！是的，人的欲望有其合理与美好的一面。但是，人的灵魂和精神永远又不同于其他物种，因此，人对自己欲望的满足一定要服从于人的理性、良知和道德。对一个孩子而言，在他成长的过程中，让他懂得节制，获得节制的品质，他才能懂得如何合理满足自己的欲望并真正实现自己的满足。

　　心理学家把人类欲望的满足分为这样几种：延迟满足、适当不满足、超前满足、即时满足、超量满足。好的教育总是提倡"延迟满足"和"适当不满足"。"超前满足"是愚蠢的行为，"超量满足"则是浪费的举动。

　　但许多家长总是给孩子"即时满足"或"超量满足"，尤其是在物质方面。家长总觉得现在生活好了，经济条件好了，又不是没有能力满足孩子，为什么不满足一下呢？还有一些家长虽然意识到不能随便满足孩子，但在孩子的哭闹和纠缠下常常很轻易地就答应了孩子。很多家长以为这样就是在表达自己对孩子最全备的爱。岂不知"即时满足"并不能让孩子体会到父母真正在爱他。过去，人们生活很艰难，常常有吃不饱饭，或是一两个月都吃不到一顿肉的情况，在那个时候，爹妈从口中省下一口肉、哪怕一块烤红薯都能让孩子感到父母深深的爱。可是，现在人们的生活好了，孩子不愁吃穿，父母已经很难再通过物质上最大限度的满足来让孩子感受到爱了。你给孩子山珍海味，他只会觉得腻味，你给孩子穿再高档的名牌，他也不会把它当一回事。

　　更糟糕的是，即时满足的教育方式，还造成了孩子的很多问题。我们看到现在越来越多的孩子在追求及时行乐，他们的口号是："我要，我现在要，我立刻就要！"他们不但容易沉迷网络，也很容易过早地尝试性行为，甚至是吸毒和犯罪。他们顺从自己肉体的欲望去追求满足，很快就掉入了无法自拔的泥潭。

　　相反，帮助孩子学会自我克制，让孩子"延迟满足"，反而能够获得他的尊敬和理解。下面就是一位家长的亲身经历：

女儿快过六岁生日了，她半年前就开始自己张罗，并说要挑自己喜欢的小公主玩具作礼物。她喜欢的小公主玩具有好几个，我们答应给她买一个，她心满意足了。可是，孩子到底挡不住精心设计的广告的诱惑，到真去买的时候越看越喜欢，最后说所有的都要买，不行就哇哇大哭。最后我们都火了。我开始训斥她："爸爸妈妈这样喜欢你，每天你睡了，爸爸妈妈还要工作到很晚，就是为了有钱送你去好学校，给你买吃的穿的，你要这么多东西，我们哪里有这么多钱？你要让爸爸妈妈晚上不睡觉给你挣钱吗？要不，你去有钱的人家好了。"她哭着连连摇头："不要，不要！"最后我们一步不让，还是只给她买一个。没有想到，第二天孩子简直变了一个人。妻子刚刚给她盛好饭，她突然冒出一句："妈妈，谢谢你照顾我。我爱你！"

看来，只要父母能够保持克制，孩子是很容易遵守规则和克制自己的，很多家长总说自己禁不住孩子的哭闹，自己是在孩子的哭闹之下不得已才不停地满足孩子。其实，这是在推卸责任，多数父母不是因为克制不了孩子的哭闹，而是克制不了自己对孩子的"爱"。可是孩子小时，他缺乏克制力，也正是因为如此，才需要父母的教导和坚持，需要父母给他做出克制的榜样，他才能更容易获得节制的品质。

让孩子学会等待

一天，有一只蛹裂开了一个小口，看样子，一只蝴蝶就快要诞生了。有一个人正好看到这一幕，他就在旁边观察着，蝴蝶在艰难地将身体从那个小口中一点点地挣扎出来，几个小时过去了……

接下来，蝴蝶似乎没有任何进展了。

看样子它似乎已经竭尽全力，不能再前进一步了……

这个人实在看得心疼，决定帮助蝴蝶一下：他拿来一把剪刀，小心翼翼地将茧破开。蝴蝶很容易地挣脱了出来。

但是它的身体很萎缩，很小，翅膀紧紧地贴着身体……

他接着观察，期待着在某一时刻，蝴蝶的翅膀会打开并伸展起来，足以支撑它的身体，成为一只健康美丽的蝴蝶……

然而，这一刻始终没有出现！

实际上，这只蝴蝶在余下的时间都极其可怜地拖着萎缩的身子和无力的翅膀在爬行，它永远也没能飞起来……

这个好心好意的人并不知道，蝴蝶从茧上的小口挣扎而出，这是上天的安排，要通过这一挤压过程将体液从身体挤压到翅膀，这样它才能在脱茧而出后展翅飞翔……

这个令人忧伤的蝴蝶的故事是在提醒每一位父母，生命的成长需要等待，很多家长心疼孩子，就像那个人心疼蝴蝶一样，恨不得赶紧给予孩子，以为这样可以缩短孩子长大的过程，以为这样是在帮助孩子，却反而会让孩子长不大，因为他失去了长大的过程。

确实，我们这个时代流行快餐型的文化，每个人都在追求快，社会也在追求高效率，但是人生中很多美好的东西却需要等待，就像春花秋雨、夏日冬雪一样，都有它的时间！节制的品质需要父母帮助孩子明白等待的价值和意义——真正的幸福感常常和等待相连。

我的孩子小时，我很少给他买薯片、虾条之类的膨化食品，因为我知道这些食品对孩子的健康并没有好处。但是小孩子看见别人吃，常常很眼馋，我就给他买了一点，不是很多，并且规定只可以在吃过饭后的半小时吃，每次吃的量都有限制，比如薯片一次不超过三片，虾条不超过五条。一些朋友来我家看见我对孩子的规定，就说："现在哪个孩子不是常常捧着零食吃，你这样让孩子多憋屈啊！"可是，我却发现，只要你能在孩子小的时候，就勇于给孩子规则，他不但能学会尊重规则，也更能克制自己。在这个过程中，我的孩子慢慢养成了对零食的节制，因此他正餐吃得很好，并很能享受美食的乐趣。

有一次，大概是在他四岁的时候，我带他去一个朋友家里玩，那家也有一个四岁的孩子，他们家的零食应有尽有，茶几上，沙发上，冰箱边的地毯上，到处都是一袋袋的小食品。我的孩子看见这么多的零食，他的眼睛发亮，非常兴奋地发出呼喊，好像看见所罗门的宝贝一样。那天他虽然可以吃更多的零食，但还是很能自我控制，并且他觉得自己很幸福。可是我再看朋友的孩子，对满屋的零食毫无感觉。吃午饭的时候，孩子的妈妈看见我的孩子吃饭吃得又好又认真，很是羡慕，她的孩子却要一口一口地喂，而且还不断地往外吐。

没有缺乏，就没有渴望，那个小家伙已经没有了吃的欲望。

曾经我接待过一些家长的咨询，他们为孩子没有学习的动力而苦恼，我建议他们用一些奖励的措施去激励孩子，可是家长们却问出了这样的问题：

"给他什么奖励呢？玩具、名牌衣服、大餐对他统统都没有吸引力了。"这真是一种悲哀，家长总是给孩子满足，孩子拿了东西，却没了渴望和梦想。

如果你希望孩子能幸福，那么一定要给他节制的品质，让他懂得控制自己的行为和情绪，让他从小就知道节制的品质反而能让他得到的更丰盛。

家庭教育也需要"节制"

中国的家长常常被批评太急功近利，有人说，如果我们的家长是青蛙妈妈的话，绝等不及那个黑乎乎的小家伙长成绿色的漂亮青蛙，就已经被焦虑折磨得不行了。当然，这并不能全怪家长，急功近利是人的一种通病。但是，作为父母，你一定要懂得，教育的规律常常是"慢"。虽然我们每个人都很想一下子拥有结果，但是在"教育"这两个字面前，"慢"似乎却是永恒的真理。

我们今天做了一项明智的投资，也许明天就能回报大笔钱财，一个瞅准机会的商人，可能会在一夜之间暴富，但是，孩子的教育却很难用"快"换来。我们听说的"神童"，也不过十二三岁才入大学，而且他们心智的发展和人格的成熟，还常常落后于他们的智力，这也是不少天才儿童过早上了大学却未必成功的一个重要原因。正因为如此，对孩子的教育，很难是今天家长做了一点什么，明天就会在孩子身上显出教育的成果来。你所做的一切，也许在一年、两年甚至三年、五年、十年之后才能看到效果。因此，父母要舍得在孩子身上持之以恒地投入时间和精力，父母在教导孩子节制品质的同时，也要对孩子的期望保持节制。遵循孩子成长的规律吧，一个孩子如果身体长得太快，他肯定会骨质疏松，孩子的学习和心灵的成长也是如此。

问题解答

1. 孩子是个暴脾气

我的孩子非常容易激动，脾气很暴躁，根本不会控制自己的情绪。如果白天在学校老师批评了他哪点做得不好，他能脸都气白了，回到家里还是气哼哼的。据老师说，有时根本算不上是批评，只是提醒提醒，他的反应也非常激烈。在家里也是，比如早上起床，他让姥姥给他拿双袜子，姥姥拿得慢了，他又是抱怨又是发脾气，甚至说："不吃早饭了。"而且会真的不吃。家里来了客人，和他开个玩笑，他就动了真格，一晚上都关在自己的房间里不出来。我真不知道他怎么是这么个暴脾气。弄得有时候我也非常生气，忍不住对他大喊大叫，发脾气。怎么才能让他控制一下自己的暴脾气呢？

我想，你的孩子在那种激烈的情绪状态下肯定是很不舒服的，他的内心深处真的不愿意如此，可由于不知道该怎样控制，结果他被自己的脾气和情绪控制住了。因此，我想首先你要了解他内心的感受，并对他表达出来。他感受到你的理解，才有助于恢复平静和理性，如果你也对他大喊大叫发脾气，只会让他的暴脾气不断升级。

不过，你孩子现在的状况，确实是在提醒你需要对他进行情绪控制方面的教育。

我们都知道，一个人的成功，20%靠智商，80%依靠情商，而情绪的控制和管理就是"情商"的重要内容。那么，怎么去帮助孩子学会控制和管理自己的情绪呢？

了解孩子的性格类型。一位心理医生将孩子分为敏感型、专顾自己型、好斗型、漫不经心型、灵敏型五种类型。他认为，每一种都可能是健全个性发展的一部分，但是，发展到了极端，就是缺陷。因此你有必要弄清楚孩子的类型，针对孩子的不同类型有不同的引导。比如，如果你的孩子是因为敏感而导致对外界、他人的反应过于激烈，你可以让他想想，如果相同的情况，他的好朋友会有什么反应，他的同桌会有什么反应，为什么别人的反应会和他不同，这样能让他把问题的焦点集中到自己的身上，找到原因。

亲近自然。许多专家认为与自然亲近有助于我们心情愉快开朗，很多长寿者都说："每当我心情沮丧、抑郁时，我便去从事一些室外的园林工作，在与那些花草林木的接触中，我的不快之感也烟消云散了。"

假如孩子并不能总有机会到户外去活动，那么，你可以建议他走到窗前眺望一下青草绿树，这也会对他的情绪平静有很大好处。美国密歇根大学心理学家斯蒂芬·开普勒做过一个有趣的实验，他分别让两组人员在不同的环境中工作，一组的办公室窗户靠近自然景物，另一组的办公室则位于一个喧闹的停车场，结果他发现，前者比后者对工作的热情更高，更少有抑郁、烦躁的时候，其效率也高得多。

经常运动。另一个极有效地驱除不良情绪的手段是运动。在孩子小学阶段，父母要鼓励孩子多运动，运动不但能锻炼一个人的意志，提升一个人的自信，还能让一个人保持愉快的心情。我想您可能也有这样的经历，打一场球，出满身的汗，感觉到神清气爽。在孩子小的时候，父母可以和孩子一起运动，比如乒乓球、羽毛球、跳绳，或者在天气好的时候，和孩子一起骑自行车去野外，这都是很好的运动方法，这也有助于修正孩子的脾气。

给孩子一些提醒的方法。有一个孩子也是脾气暴躁，因此，他的妈妈送给了他一张漫画，漫画的上方写着"保持镇静"几个大字，下面是一道公式：1+3+10=镇静。漫画中有个大头娃娃在讲解这个公式，"1"是告诉你自己，"要镇静，放松！"；"3"指的是深呼吸三次；"10"的意思是当你火气上来的时候，"开始慢慢地从1数到10"。画的最下方写着"保持镇静使我能够采取负责任的行动"。她告诉孩子，当他生气的时候，可按着这个公式去控制自己的情绪。这个方法很有效，我想你也可以找到提醒孩子的好方法。

给孩子讲一个故事。有时一个短小而寓意深刻的故事，可能比家长讲很多道理都管用。有这样一个故事，我建议在你的孩子发过脾气、情绪平静的时候，可以讲给他听。

有一个男孩有着很坏的脾气，因此给别人带来了很多伤害，还不自知，于是他的父亲就给了他一袋钉子，并且告诉他，每当他发脾气的时候就钉一根钉子在后院的围篱上。

第一天，这个男孩钉下了37根钉子。慢慢地每天钉下的数量减少了。

他发现控制自己的脾气要比钉下那些钉子来得容易些。

终于有一天这个男孩再也不会失去耐性乱发脾气了，他告诉了父亲这件事，父亲告诉他，现在开始每当他能控制自己脾气的时候，就拔出一根钉子。

一天天过去了，最后男孩告诉他的父亲，他终于把所有钉子都拔出来了。

父亲握着他的手来到后院说："你做得很好，我的好孩子。但是看看那些围篱上的洞，这些围篱将永远不能回复成从前。你生气的时候说的话将像这些钉子一样留下疤痕。如果你拿刀子捅别人一刀，不管你说了多少次对不起，那个伤口将永远存在。话语的伤痛就像真实的伤痛一样令人无法承受。"

那个男孩子从此更加明白父亲的教导，改掉了坏脾气。

你在给孩子讲完故事后，建议你不要马上对孩子去说教，而是讲完就可以了，让孩子自己先去想想，这样他才能更多去反思自己的行为。

最后还要提醒您一点，如果孩子的情绪上来时，他是需要一些发泄的，比如他可以大声哭，一个人独自待一会，父母不要强行地阻止孩子的情绪发泄，否则会让他感到更加难受，甚至会和父母产生对抗情绪。您只要告诉孩子，你可以生气，但是不可以伤害自己和别人。然后你可以站在孩子附近，但是不理睬他，也不要介入，让孩子明白你是不会被他的怒气所控制的。

2. 应不应该总满足孩子的要求

孩子今年九岁了，爷爷特别宠他，孩子要什么给什么，想什么是什么。举个例子，有一天晚上，都快10点了，孩子突然说他要吃麦当劳。当时是冬天，外面还下着雨，特别冷。爷爷二话不说打把雨伞就买去了，我怎么拦也没拦住。虽然麦当劳不太远，但来回也得半个小时，我很生气，可也没办法。爷爷给买了个套餐回来了，都夜里10点了，孩子又是汉堡、又是鸡翅的塞了一肚子。

后来我把这件事跟孩子爸爸说，爸爸说，老人爱孩子，由着他去吧，再说现在孩子不是还小吗？孩子爸爸无所谓，爷爷又是老人，我也不好强加干预，多数时候也就和爷爷一起随着孩子。可我觉得总这样满足孩子不太对劲。不知道我的看法是否正确。

法国教育家卢梭在《爱弥儿》一书中所说："你知道用什么办法准能使你的孩子得到痛苦吗？这个方法就是：百依百顺。"因为面对父母的有求必应、百依百顺，孩子头脑中会逐渐形成这样一个思维"定势"：我要什么马上就能有什么。孩子会变得越来越任性，越来越贪心。可一旦离开家庭走入社会，那种任性、暴躁、急功近利的性格特点肯定会令他们饱受挫折和打击。而事事不顺心的他们，往往不会从自身找原因，反而觉得别人有意跟他们过不去，总是与周围人处于一种对峙状态，长此以往，很可能酿成忧郁、偏执、狂躁等各种心理疾病。

而且，总是能够得到即时满足的孩子很难有幸福的感觉。人对幸福的重要体验常常来自困苦和缺乏，可当孩子想什么是什么的时候，那些轻易得到的东西对他而言毫无价值。我经常可以遇到这样的孩子，每次上街，都找父母要这要那，如果不买，就大哭大闹，或者是大发脾气，可是东西真的买回去了，他可能看都不看一眼，扔在了一边。即时满足只会鼓励孩子的占有欲，可是他却根本不明白占有有什么意义，只是不自觉地拼命地要。

因此，我觉得您的感受是正确的，不能再由着孩子满足他的要求。但是因为家里有一位宠爱他的爷爷，你可能会比较难实施教育。我觉得你首先可以获得你先生的认可和理解，你可以上网下载一些关于延迟满足能力重要性的文章给先生看，必要的时候可以带先生一起拜访一些专家，让先生能认识到无限满足孩子的严重后果。如果先生能支持您，由他去和爷爷谈会有更好的效果。

3. 自控能力是天生的吗？能培养吗？

我的孩子和我表妹的孩子相差半岁，从小他们小哥俩就经常在一起玩。可是每次我们在一起的时候，孩子的表现和他表弟一比真是让我汗颜。人家孩子特别听话，出去玩，表妹说该回家了，她的孩子会立刻从游乐器材上下来，而我儿子却要我三番几次地叫，他都不走，非要我最后生气了，他才不情愿地跟上来。一起出去吃饭，有一盘好吃的，我儿子会抱着那个盘子拼命地吃，表妹的孩子只要表妹说一句"可以了，一样东西不能吃得太多"，他就能放下不吃了。我有时真的很佩服表妹那孩子，他和我儿子都不过是小学二年级的学生，为什么他就有那么强的自控能力，我这孩子怎么就没有呢？平时我也常教育我儿子，没少说他，可是基本没有什么用处，我觉得这自控力是不是天生的啊？我这孩子天生就自控力差，还能培养出来吗？

孩子之间会有许多不同，但是自控能力并不是天生的，而是后天培养的。

怎样培养孩子的自我控制能力呢？积极有效的行为约束是一条很好的途径。行为约束能够使孩子养成克制自己的习惯，明白很多事情都不能只以自己的意愿为中心，很多时候需要克制自己。行为约束也会使孩子明白，有时延缓某种需要的满足，能够使他们得到更好的结果。

行为约束有这样几个方面的内容：

（1）父母对孩子提出的要求要清晰而具体。

很多父母对孩子提出的要求很笼统，让孩子不太明白界限究竟是什么。比如很多家长常对孩子嚷嚷："不许看太多电视。"可是究竟多少算多，多少算少呢？可能家长有自己的标准，但孩子并不清楚。因此，如果让要求变得清晰具体的话，你可以跟孩子说，每天看电视不能超过 30 分钟。同时你要帮助孩子进行自我约束，比如你可以给他上个闹钟，从他开始看电视起，到 30 分钟的时候闹钟就会响，闹铃的响声对孩子是一个很好的提醒。

还有很多家长对孩子提要求并没有对孩子说明理由，孩子不知道究竟为什么要这样做，所以他对父母的要求也不会太在意。因此，父母在对孩子提要求的时候，最好也要能用孩子明白的方式对孩子解释，比如为什么不能看太多电视呢，那是因为看得太多，会损害眼睛，不让他多看，是因为父母在为他眼睛的健康着想。

（2）以身作则教孩子

很多父母苦恼青少年上网成瘾，可是他们自己玩起来常常没完没了，没有节制，这样也很难让孩子养成节制的好习惯。

父母要能以身作则，一个很好的方法是将针对孩子及大人的规则分别列出来，贴在墙上，互相监督执行。严于律己、善于克制的父母向孩子提出要求时，会更具有权威性。

（3）宽严并济定规矩

有些父母该让孩子玩时不让玩，提出的要求又过严过频，朝令夕改，使得孩子无所适从，久而久之孩子也就疲沓了。

也有些父母总觉得孩子还小，怕他受委屈，对孩子没要求，或有要求却不严格，态度不坚决。比如快吃饭了，孩子要吃冰淇淋，妈妈说："饭前不要吃冰淇淋。"但孩子打开冰箱取冰淇淋时，妈妈却又听之任之，所以，孩子会发现，只要自己一坚持，妈妈就会让步，以后孩子的行为就可能更加肆无忌惮。

其实，该"宽"的时候应当宽一点，比如给孩子安排足够的玩耍时间，并抽出时间和孩子一起玩。感受到父母的可爱可亲、通情达理，孩子对父母提出的要求就更容易接受，更乐于遵守。

"宽"也意味着及时表扬和肯定孩子好的行为。表扬和肯定会让孩子心情愉快，知道哪些行为是该做的、如何做，于是父母期待的好行为就此塑造和保留下来；而批评和责骂只能告诉孩子"你不能这么做"，但没告诉他"你该怎么做"。

当孩子开始调皮或不遵守这些规定时，就要及时警告或提醒他们，让他们意识到自己的错误并且纠正。让他们知道父母在这一点上是不会轻易让步的。

我建议您对照上面的三个方面找找原因，这样才能找到解决孩子自控力差这一问题的突破口。

4. 女儿很胖可还是忍不住多吃

我的女儿很胖，她明明知道需要控制饮食才能瘦下来，可是一旦吃起来，还是忍不住多吃。每次吃完了又很后悔，总说下次一定控制少吃，可是下次该怎样还怎样。她这是怎么回事啊？她是不是得了贪食症啊？

在心理疾病领域，确实有"神经性贪食"的病症，至于您的女儿是不是贪食症，不能凭简单的表面现象去做判断，需要有专业的心理医生根据孩子多方面的情况才能做出一定的诊断。

不过，就我了解的情况来看，多数像你女儿情况的青少年并不是得了什么病，而是他们从小没有被教导在饮食上要有控制，久而久之养成了不好的饮食习惯。

很多家长尤其是很多爷爷奶奶觉得孩子能吃是一件非常好的事，甚至不少孩子的暴饮暴食是被大人们夸出来、鼓励出来的。在孩子小的时候，吃了一碗饭，他本来已经吃饱了，大人们夸奖他说："真棒，吃的真多，真是好孩子！"不懂事的孩子以为吃得多，多吃是很好的事情，虽然他的肚子饱了，可是为了获得表扬和赞美，他还有可能接着吃。所以说，家长们在不知不觉中把孩子喂成了小胖墩。

现代营养学研究已经清楚地告诉我们，过度饮食是有害无益的，老话也说，"饭吃七成饱"。对饮食的不节制不但损害了孩子的健康，还会导致孩子不能养成节制的品质。其实培养孩子节制的品质从节制饮食开始是最好的，因为口腹之欲是人类最基本的欲望，对这一欲望的控制能够很好地锻炼一个人的节制。这也是为什么世界上很多宗教都有饮食控制的规定，比如不吃荤，定期禁食等。

因此，我真的奉劝家长从孩子幼小的时候就重视对孩子饮食的节制。当孩子没有自控力的时候，千万不要把一堆美食都摆在他的面前。比如很多孩子喜欢吃巧克力，如果父母一下把一大袋巧克力呈现在孩子面前，他很难克制只吃规定的两颗，他会吃了两颗，再吃两颗，直到他根本吃不下为止。明智的方法是，你买回一袋巧克力，但是只拿两颗放在他面前，说："你可以把这两颗都吃了。"久而久之，孩子会养成习惯，一次吃巧克力不超过两颗，这对他就成了理所当然的事情，等到他大一些，你再告诉他吃过多巧克力的危害，他也很容易就接受了。

那么针对你女儿的情况应该怎么做呢？我建议可以实行每餐配给的办法。不要把一盘盘的菜都摆在孩子面前，而是根据孩子的年龄和营养的需求，给孩子盛上米饭和两三种菜，放在一个盘子里，总量是固定的，吃完这一盘后就没有了。这样做的第一个星期，孩子可能会有饥饿感，但一个星期后，她慢慢适应这个饭量就会好了。当然，在这个过程中，全家一定要都实行这样的饮食制度，不能孩子定量，爸爸妈妈却大吃特吃，孩子就很难坚持了。当然，关于怎样饮食更科学合理，您最终还是要咨询营养医生的建议，以保证孩子成长需要。家长重要的是要知道，节制孩子的口腹之欲是家庭教育的一个非常重要的内容。

5. 孩子看电视没完没了

孩子特别喜欢看电视，放学回家第一件事情就是开电视，吃饭的时候也是眼睛瞅着电视，一顿饭能吃很长时间。我刚把电视关掉，一会儿他又给打开了。写作业倒是写得挺快的，不过也是为了能看电视。我经常说他，让他少看电视，伤眼睛，他却说我作业都写完了，看会儿电视还不行吗？孩子爸爸觉得，孩子学习虽不是拔尖的，成绩也还可以，又没影响学习，看看有什么不行呢？可是他看电视实在太多了，每天晚上差不多都要看两个小时。我到底该不该坚决制止呢？

我想你的答案应当是肯定的，看太多的电视目前已被证明对孩子有害无益。

最近，美国精神病学家领导的研究小组公布了最新的研究发现，处于青春期的未成年人每天看电视的时间如果超过一小时，其成年后产生暴力倾向的可能性将增加一倍。

这是因为，现在大部分的电视节目都充斥着暴力的内容。平均一个小时的电视节目就会有 3 ~ 5 个暴力镜头。如果孩子长期看到大量的暴力场面会渐渐感觉到麻木，习以为常。不仅是电视的暴力内容会使青少年产生暴力倾向，长期沉迷于电视还会影响儿童的交往能力，以至于当他们与别人发生冲突的时候，不能妥善处理。他们不知道除了大打出手之外，还有什么别的方法。

电视还会影响亲子关系。可能你会觉得奇怪，电视怎么会影响到亲子关系呢？这可是事实，很多教育专家的研究发现，由于电视占用了人们太多的时间，父母和孩子没有时间进行交流，他们不知道彼此这一天都做了什么，发生了什么事情。专家们的调查还发现，那些很少看电视的家庭，父母和孩子的关系要远远好于经常看电视的家庭。没有了电视的干扰，父母和孩子有更多的时间可以一起聊天、游戏，这更有利于彼此之间情感的交流和联络。

此外，电视对健康的影响是不言而喻的。电视影响孩子的视力，经常看电视坐着不动还会增加肥胖的可能。

因此，我觉得你果断地减少孩子看电视的时间是正确的。不过，孩子已经养成了看电视的习惯，在短时间内就立刻改掉确实困难。期望你能在家庭中创造更多更有趣的活动让孩子参与，比如，买一些孩子最喜欢看的情节引人的书，全家人聚在一起轮流读书，或是吃晚饭后，全家一起散步。只有多创造超过电视吸引力的活动，才能让孩子不再总是粘在电视跟前。

6. 孩子上网成瘾了！

我的孩子 14 岁，可是现在他整天都不想上学，只想着打游戏。常常找我要钱，不给就偷拿家里的钱，有了钱就跑到网吧，还花钱买各种游戏装备。我说他、劝他，甚至求他，都不管用。小时候，他是多么听话啊，现在他简直跟变了个人似的。我该怎么办啊？这孩子还有没有救啊？

请您先来了解网络的特点

也许现在您对网络简直是"恨之入骨"。但我还是想请您先了解网络的特点，这样可能您就明白孩子为什么那么无法摆脱网络。

每个人天生都有实现自我和自我价值的需要。而多数沉迷网络的孩子在现实生活中常常得到的是太多的否定、失败和无价值感。网络却把他们在现实生活中不容易得到的东西毫不吝惜地给了他们。网络是怎样做到的呢？

首先，网络总是给予孩子及时的赞美和肯定。网络是实时互动的。就拿网络游戏来说，一个学习再差的孩子，当他一旦学会网络游戏的玩法，网络马上就会把奖励和赞美送给他，就是让他一次又一次地过关。这种过了关的成就和兴奋会使没有自信和价值感的孩子更加积极投入其中。

其次，网络总是和孩子平等地相处。这对青春期的孩子尤其有吸引力。青春期的孩子，一方面已经接近成人，有自己的想法和愿望，另一方面他们又还是孩子，还必须依靠父母才能生活。这让他们觉得自己在生活中处处受到压抑，而网络不会"因人而异"。不论一个人是孩子还是成年人，不论一个人在现实生活中再怎么糟糕，他都可以在网络上扮演一个有风度、有财富的人，完成了不起的任务。这种平等的方式对孩子的自信和成就感又是一种满足。

第三，网络总是满足孩子的好奇心。孩子都有着很强的好奇心，可是在生活中，父母总是抹杀孩子的好奇心。其实好奇心的满足同样能带来自我实现和成就感的建立。网络上的各种各样的可能性充分地满足了孩子的好奇心。

我想，看到这里，你一定明白，网络是如何俘获孩子的心的。

网络能带给孩子满足和快乐

当父母把网络形容成"魔鬼"的时候，可能会把魔鬼理解为一个面目狰狞而可怕的家伙。其实关于魔鬼的古老传说是这样描述的：魔鬼原是一个天使，只不过是一个堕落的天使，他有着天使一样的魅力，天使一样的可爱，他甚至比人自己更体贴人的心意。这也是父母眼中的网络魔鬼那么吸引孩子的重要原因，网络把准了孩子的心理需求之脉，网络总能给孩子带来满足和快乐。

当父母总是说："你真笨！"的时候，网络却对孩子说："你真棒！"当父母不耐烦地对孩子说："没工夫听你瞎掰。"网络却耐心地对孩子说："你说的真有趣！"当父母总是批评孩子不知道好好学习，整天就知道追那些无聊的歌星。网络却兴奋地对孩子说："你喜欢的我也非常喜欢！"在这种情况下，作为父母，您说，孩子是更愿意接受您的忠告还是跟从网络呢？

虽然孩子沉迷网络是一件不好的事，但孩子通过网络所获得的心理满足都是正常的，是值得肯定的。

给孩子网络上的满足

孩子沉迷网络，是让不少父母恐惧的事情，无数关于网瘾少年的报道，让父母感到，只要孩子跟网瘾沾上边，他简直就没救了。

其实，并非如此，我们前面已经了解了孩子之所以沉迷网络，是因为网络能带给孩子正常的心理满足。如果孩子能够从父母那里得到网络世界给他的满足的话，他就能比较容易脱离网络。因此，建议您不要再用指责、批评去对待孩子，而是了解网络、了解孩子，了解孩子究竟需要什么，并真正能提供给孩子心理支持。

作为家长，一定要能给孩子"和他在一起"的感觉，让孩子能够感受到他并非孤立无援的，父母永远都是他可以寻求帮助的对象。当孩子能从父母那里获得越来越多的支持时，他就不会沉迷网络之中了。

同时，我也建议您要用开放的眼光看待网络。不要一提到网络和游戏就认为这是不好的东西，其实它有很多有趣的内容。您甚至也不妨学一学怎么玩，并能和孩子一起玩，至少在孩子玩的时候，可以在一旁观看。这样会让孩子觉得父母不是和他截然对立的。

同时要给孩子制定规则

当然，正确的上网行为需要一定的约束和规则，您在让孩子真正感受支持之后，可以跟孩子商量制定健康上网的规则。尤其对那些并未发展到网瘾地步的孩子，父母及早与他们一起制定规则是非常重要的。

由于您的孩子已经进入青春期，已经有了自己的想法。希望您一定在尊重孩子的基础上，艺术地平等地和孩子谈判，制订出一个有利于规范孩子网络生活的规则来。但最后还是要提醒您一句，这一切的前提是，您的孩子已经感受到您的尊重认可和支持，如果这一点您还未做到，任何规则都是无效的，您还是要在这一点上多做努力，才能收获孩子对网络的节制。

7. 孩子更需要管教，而不仅仅是惩罚

在孩子很小的时候，我听过一个讲座，就知道培养孩子自控力的重要性，因此，我在这方面非常重视，给孩子制定了不少规则，如果他违反了就会得到相应的惩罚。孩子小的时候，还比较听话，可是越长大，他似乎对我越反感，我说的他都不听了，还经常跟我说，让我给他一些放纵的权利。我听了感到特别恐怖，我管了这么多年，他现在竟然追求放纵。我真不知道这是怎么回事。

我觉得您是一个非常负责任的家长，懂得孩子要从小培养自控力，这非常好。可是，制定规则不是为了限制孩子，而是对孩子有益。制定规则是为了让孩子能够获得良好的管教，而不是为了总是惩罚孩子。

很多做家长的，常常容易犯这样的错误，以为惩罚孩子就是在管教他，其实，这是完全错误的。"惩罚"和"管教"之间存在根本的区别。

（1）目的不同。惩罚只是惩处孩子的某个错误行为，父母不管采取何种方法都是对孩子当前错误行为的一种制止。孩子被惩罚后，要么知道了疼痛，要么产生了抵触。而管教则是从长远考虑，从孩子一次错误中训练孩子，不仅帮助他改正，更告诉他正确的做法，让他渐渐成熟起来。

（2）焦点不同。实施惩罚的父母定睛在孩子过去的错误上面，而实施管教的父母则是盼望孩子以后有正确的行为。

（3）态度不同。惩罚孩子的时候，父母是情绪化的，当时会充满了敌意和挫败感，认为孩子是在挑战父母的权威，或是觉得孩子简直一无是处，让人失望透顶。管教就不同了，父母心里用关爱代替了愤怒和失望等各种复杂情绪。

（4）做法不同。惩罚常常是对孩子的打骂，或是让孩子去完成一些他极不愿意去做的事情，而管教则是引导孩子用自己好的行为取代之前不好的行为。

（5）导致孩子产生的情绪不同。孩子受惩罚后的直接反应是恐惧、罪咎

和愤怒等，而受管教后的孩子内心依然有安全感。

所以，特别提醒父母，不要在怒气中惩罚孩子，深呼吸，耐心等待一小会，先用忍耐和爱平息烈焰，然后再来管教孩子。

8. 怎么让女儿改掉爱说闲话的毛病

> 女儿在班里常常爱传同学的闲话，听说了点什么，就对别人说。结果传来传去，同学们之间常常因为她而闹出很多误解。最严重的一次是她看见有个女生和男生放学后一直在一起，就怀疑那两个同学在恋爱，还告诉了别的同学，说得跟真的似的。弄得那个男孩差点揍了她一顿，多亏同学给拉开了。现在，因为她这个爱说闲话的毛病，同学都不愿理她了。她就是管不住自己的嘴巴。有时她还爱把听来的一些同学之间的事告诉老师，开始老师觉得她很热心，可是说得多了，弄得老师也觉得她爱搬弄是非，有些讨厌她，连她自己都感觉到了老师的反感，很伤心。怎么帮女儿改掉这个爱说闲话的毛病呢？

"控制舌头，不在背后议论别人。"是一项非常重要的孩子应当拥有的美德。可是，很多家长没有意识到控制舌头的重要性，甚至包括咱们家长自身在内。相反，我们经常能听到这样的话："哪个人不被人说，谁在背后不说人。"也许正是在这样的观念引导下，中国人喜欢在背后议论人，喜欢传别人的闲话，不少是非，不少人与人之间的伤害就因此产生。

您的女儿常爱传别人的闲话，我觉得您可能要稍微警醒一下，在家中，自己和爱人是不是常议论亲戚、同事、朋友，甚至其中不乏说别人的"坏话"的内容。如果是这样，孩子可能会潜移默化地受到你们的影响。

同时，更重要的是，我们要教导孩子，"说对别人有益的话"是对别人最大的帮助。对他人的帮助一般有三种方式：出钱、出力、出言。其中"出言"是比出钱、出力更能给别人带来益处的事情。因为出力出钱可能只是解决别人的困难，而好的言语却能影响别人的思想，带来观念的转变，一句造就人的话可能改变一个人的一生。有一句谚语说得好："一句合宜的话，就像是金苹果装在银网子里。"是那么的美善。如果孩子从小能明白这个道理，她就能很容易做到不传闲话。

同时，我也要纠正我们经常有的一个观念，有的人觉得，我虽然说话难听点，但是只要我内心是为对方好就行。所以，有的人说话伤人之后却坦然地说："我是刀子嘴，豆腐心。"其实，这是错误的。当你用刀子嘴伤害了别人之后，别人丝毫感觉不到你的好心。这就是人们常常说的语言暴力。这种暴力伤害的不仅是身体，更是一个人的心灵。作为家长，也要留意对孩子的语言伤害，当您口无遮拦地批评孩子的时候，伤害的是孩子的自尊和幼小的心灵。

9.儿子太爱钱

儿子现在是个初二的学生，也许是长大了的缘故，我感觉他对钱的欲望越来越强烈，常常说将来的理想就是当大款，要挣很多钱，绝对不能像我和他妈这么"穷"。其实，我们家经济状况并不算差，我觉得也算是小康之家了吧，但孩子还是看不上。另外，我发现儿子还经常买彩票，对彩票节目非常上瘾，对谁谁又中了大奖的新闻也是很感兴趣。他小小年纪，对钱就这么上心，我真是有点担心他掉到钱眼里可怎么办。

能够拥有金钱和财富绝对不是一件坏事，但金钱和财富的重要作用是为人服务，如果太在意钱，人很容易成为钱的奴隶，挣钱的工具。有这样一个寓言故事：

一个非常有钱的财主马上要面临下地狱的危险，他找到上帝，请求上帝的帮助。上帝对他说："你先把你所有的财产都变卖了，分给所有的穷人，然后再来找我。"财主听了这话，就忧愁地离开了上帝。上帝看着财主远去的背影说："就算你赚得了全世界，却丢掉了生命，又有什么用呢？"

这个寓言中的财主是世界上很多人的写照。我们在生活中常常可以见到，有不少人拼命地挣钱，拥有更多更好的物质享受，以为得到了这些自己就幸福了，生活就好了，但却丢失了宝贵的健康、必要的娱乐和家庭的亲情，最终也丢掉了幸福。

因此，人生活在这个世界上，若想生活的幸福，很重要的一点是节制对金钱的欲望。简朴的生活，简单的物质欲望，能够让一个人的心灵更丰富。我这样说，绝对不是让人人以穷为乐。一个很有钱的人，也能成为一个对钱节制的人。因为他内心很清楚，在生活中，应该把钱放在哪个位置上。

你的儿子现在的表现，其实是在提醒你，要对孩子进行金钱观的教育和引导。我觉得你不妨通过一个心理游戏让孩子明白这一点。有一个心理游戏，让游戏者拿出一张白纸，在上面写出他生命中最重要的五样东西。然后告诉他，由于生活的变故，他必须从中去掉一样，当游戏者忍痛去掉一样的时候，新的人生变故又来了，生命中重要的东西又要去掉一样，当游戏者一个个地从白纸上抠掉曾经以为非常重要的东西，只剩下最后一样的时候，他会更加明白什么才最重要，什么对他而言才更有意义。当孩子能通过这个游戏，切身体验到有很多东西比金钱更重要的时候，他就能把钱的价值放在一个合适的位置上。

10. 孩子做事很冲动

我的孩子是个高中生，他做事常常很冲动。举个例子，有一次，他和几个朋友一起去打篮球，比赛中因为一个进球该不该算得分他们起了争执。我儿子说应该算分，他朋友说不能算，因为已经犯规了。说着说着就吵了起来。儿子就很冲动地说："我没有你这个朋友，从此一刀两断。"其实，儿子和那个男孩关系很好，他们初中就是同学，一起同班这么多年。后来，我听说确实是我儿子不对，他已经犯规了，还强词夺理。我就建议儿子找朋友和解。可是，他却说："一言既出，驷马难追。"到现在，他也没和那个朋友和好。其实，我知道，有时他也有些为自己的行为后悔，但却嘴硬，因此很少能反思自己。我说他，他还让我少管，说他有自己的自由。我担心他这个性格，将来走上社会也很难与人相处。

有一个伟人曾说过这样一句话："人生最大的自由并不是你想做什么就做什么，而是当你不想做一件事情的时候，就能真的控制自己不做。"这句话说得很好，能够真正控制自己的行为冲动的人才是一个真正享受自由的人，相反，他是被自己的情绪、自己的面子所操纵，常常会在无人时体会后悔的滋味。

如何帮助孩子避免冲动行为呢？林肯是这样帮助他的一位将军的。

林肯的陆军部长艾得温·斯坦顿，因为一位军官指责他受宠而大为光火，便来向林肯抱怨。林肯建议斯坦顿给那位军官写封措辞尖锐的信。斯坦顿照办了，并将这封言语严厉的批评信拿给总统看。"现在你打算怎么处理这封信？"林肯问道。

斯坦顿非常惊讶地回答道："当然要将它寄给他了。"

林肯摇了摇头，"你不用寄这封信，"他说道："把它投进那边的炉子里吧。当我愤怒生气的时候，我写好信，都是这样处理的。

这是一封不错的信，你写它时度过了一段舒心时光，现在感觉好多
了吧！既然如此，就走过去，烧了它吧。"

冲动行为常常源于一种负面情绪的宣泄，林肯帮助他的属下用写信来宣泄了愤怒。您不妨当孩子在家有冲动行为的时候，帮助孩子找到一种可以宣泄的方式，在孩子的负面情绪得到宣泄之后，再跟他谈冲动行为的危害性，这样孩子更容易接受一些。

同时，您可以多找一些类似林肯做法的这种故事，作为对孩子的启示和激励。高中的孩子，已经有了自己的思考和判断，多读这样一些故事，对他会有启发的。

第八章　宽容的品质

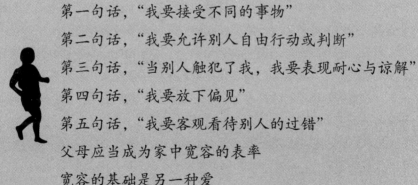

不断有媒体报道，"80后"一代草率结婚又轻率离婚的人数持续走高。一组数据让人触目惊心：2006年，北京共有24952对夫妻办理离婚登记，其中有五分之一婚姻关系维持不到三年；三分之一在结婚五年内离婚；结婚不到一年就离婚的有970对，有52对离婚的夫妻结婚还不到一个月。在这些离婚夫妻中，"80后"占了相当大的比例，其中有90%的夫妻双方都是独生子女。

据婚姻问题专家介绍，夫妻生活难免会因为锅碗瓢盆、油盐酱醋、家长里短等小事闹矛盾，但"80后"一代夫妻，往往是互不相让，双方都坚持"我凭什么让着你！"的观点，因此常常因小事闹至离婚。由此可见，缺乏忍让和宽容，是"80后"人群离婚的主要原因。再仔细分析分析，这又跟父母从小过分纵容，没有注重宽容品质的培养有直接关系。

父母可以想想，我们培养孩子，希望他学习好、工作好、挣大钱，不就是为了能让他过上好日子，能幸福吗？可是对一个人而言幸福究竟是什么呢？是有一个好工作？挣很多很多的钱？都不是。有研究发现，对一个人而言最大的幸福就是有一个和谐温馨的家庭。物质上的财富永远也无法和精神上的富足相提并论。你说，婚姻家庭不稳定，孩子能幸福吗？

与家人的和睦相处需要宽容，和同学、同事相处，与各种人打交道无不需要宽容的品质。宽容和忍耐不仅是人际相处的重要素质。对孩子的成长来说，具有宽容的品质，才能有宽广的心胸，他更能树立远大的目标，他人生和学习的动力也更强。

那么，什么是宽容呢？我想著名的南非黑人领袖曼德拉的行为为宽容做了非常好的解释。

曼德拉由于领导南非黑人解放运动，被白人关进了监狱，一关就是27年，27年后，当他终于获释，并且当选为南非的总统时，他在总统就职典礼上的一个举动震惊了整个世界。

总统就职仪式开始了，曼德拉起身致辞欢迎来宾。他先介绍了来自世界各国的政坛重要人士，然后他说，虽然他深感荣幸能接待这么多尊贵的客人，但他最高兴的是当初他被关在监狱时看守他的三名典狱长也能到场。他邀请他们站起身，以便他能介绍给大家。看着年迈的曼德拉缓缓站起身来，恭敬地向这三个曾经无情对待他的典狱长致敬，当时在场的所有来宾，以及观看这场就职典礼现场转播的整个世界，都静下来了。

难道曼德拉不正常吗？并非如此，曼德拉解释说，自己年轻时性子很急，脾气暴躁，正是在监狱中学会了控制情绪，因此才得以活了下来。他的牢狱岁月给了他时间与激励，使他学会了如何处理自己所遭遇的磨难和痛苦。他说，感恩与宽容常常是来自痛苦与磨难的，必须以极大的毅力来训练。

当他谈起获释出狱当天的心情，他说："当我走出牢房、跨过通往自由的监狱大门时，我已经清楚知道，自己如果不能把悲痛与怨恨留在身后，那么我其实仍在狱中。"

这就是宽容的力量，宽容不仅释放曼德拉的身体，更释放了曼德拉的心灵。

那么，作为家长如何把宽容的品质教给孩子呢？有这样五句话，是家长可以告诉孩子并让孩子铭记在心的。

第一句话，"我要接受不同的事物"

每个人都很特别，每个人都有他的独特之处。生活也是丰富多彩的，有阳光明媚，也会有暴风雷雨。每个人生活在这个世界上，都要先学习接纳每个人独特的地方，而不要先妄下判断。

美国总统林肯就是这样的表率。林肯当总统的时候，对政敌总是以宽容著称，他的宽容引起了一位议员的不满，这位议员说："你不应该试图和那些人交朋友，而应该消灭他们。"林肯微笑着回答："当他们变成我的朋友，难道我不正是在消灭我的敌人吗？"

林肯说得非常有道理，我们只有首先接纳不同的人，才能使事情变得更好。而林肯的宽容正是来自于他母亲的教育。

由于家境困难，林肯12岁的时候不得不辍学，去当伐木工人。那时候伐木工人工资很低，而且是手工劳作，工作效率很低。砍倒的木材，工人们就在木头的尾部用墨水写上自己的名字的第一个字母，表示这根木头是自己砍的，然后再去向老板要钱。林肯名字的第一个字母是"A"，所以他就把"A"写在木头上。但是有一天，他发现自己辛苦砍伐的十多根木头被人写上了"H"，这显然是有人想霸占他的劳动成果。

林肯生气极了，回家对母亲说："一定是那个叫韩德尔的家伙干的，我去他们家找他理论去。"

　　母亲看着林肯说："孩子，你先别急，听我给你讲个故事。"

　　于是母亲平静地讲了起来：从前有一大片森林，那里有一个善良的人，名叫乔治，他以打猎为生，经常在密林中安装捕兽套子。由于他安装的地方是野兽们经常出没的路线，所以几乎每天都有收获。有一天，他又去收套子，却发现套子上只有动物脱落的毛，动物却已经被别人取走了。乔治很生气，但又不知是谁干的，他想留个字条，可是又不会写字。于是他就在纸上画了张很生气的脸，放在套子上。第二天他又去收套子，发现套子上有一片大树枝，树枝上画着一个圈，圈里有房子，房子旁边还有一只狂吠的狗。乔治不知道是什么意思，他觉得应该和这个人见个面，说说理。第三天中午，他又来到了这里，看到有一个浑身插满了野鸭毛的印第安人在那里等他。他们彼此语言不通，只能通过打手势来对话，印第安人用手势告诉乔治："这里是我们的地盘，你不可以在这里装套子。"乔治也打手势说："这是我装的套子，你不能拿走我的果实。"两个人的模样都很古怪，谁也看谁不顺眼，一点也没有要退让的意思。后来，乔治想，与其多个敌人，还不如多一个朋友呢！于是他就大方地将捕兽套送给那个印第安人了。后来有一天，乔治打猎时遇到了狼群追赶，被迫跳下了悬崖，等到他醒来的时候，发现自己正躺在印第安人的帐篷里，伤口上还有印第安人给他涂的药。此后他就成了印第安人的好朋友，和他们生活在一起，共同打猎。

　　母亲讲完了故事，微笑地看着林肯说："你说乔治做得对吗？"

　　"他做得很好，这样就少了敌人，多了朋友了。"

　　"那么你宁愿要朋友，还是要敌人呢？"

　　"当然是朋友了。"林肯毫不犹豫地说。

　　"对呀，孩子，你要学会宽容别人，这样才能使自己的路愈走愈宽广。要不然，你在社会上就会到处树敌，很难成功的。"

　　"我知道了，母亲。"林肯很懂事地点点头。

　　后来，林肯终于当了总统，在他的办公室里，还挂着这样的座右铭："宽容比批评更能改变人。"

　　你的孩子身边的朋友多还是"敌人"多呢？是感恩的人多，还是讨厌的人多呢？林肯从这个故事里学到，宽容能使一个人做到不计较，不追究，也因此能够接纳更多人，把他们都变成自己的朋友。那你让孩子学到了吗？

第二句话，"我要允许别人自由行动或判断"

法国哲学家伏尔泰说："我不同意你说的话，但我誓死捍卫你说话的权利。"任何人可以对任何事有任何的见解以及评价，这是每个人的权利，虽然理念不见得相同，但我们对于他人所表现的行为或判断，都要能够很客观地看待，这样才是真正的心胸宽大。

在美国，有这样一对父子，父亲是一个党派的负责人，常常要宣扬自己的主张和观点，希望获得更多人的支持。可是他的儿子却是一个坚决反对他主张的人，因此，他的儿子到处和老爸唱反调，并公开号召人们不要支持他的爸爸。

也许按照咱们中国人的观念，这个儿子也太大逆不道了，父子关系肯定是非常糟糕的吧。可是事实却并非如此，这对父子在家里关系很融洽，在其他方面相处也很好，只是儿子与爸爸的政治观点不一样而已。有人问爸爸："你的儿子到处反对你的政治主张，你不伤心吗？"爸爸却这样回答："不，我很高兴，他一直都有自己的想法。"

这个爸爸真是给咱们家长上了很好的一课，咱们家长常常舍不得给孩子自由行动和判断的自由，我们总是强调孩子要"听话"。父母希望孩子能听得进去自己良好建议的心情是可以理解的，但我要告诉父母的是，即使你的决定，你的想法真的是对孩子好的，你也没有权力去替代孩子，孩子愿意以他的方式去选择、去生活，这是他成长的重要一环，即使他因此吃了苦头，这苦头也是对他有益的。

因此，希望父母能尊重孩子行动和判断的自由，也能让孩子懂得尊重其他人行动和判断的自由。

第三句话，"当别人触犯了我，我要表现耐心与谅解"

如果某个人的行为已经触犯到我们了，我们常常会表现出"以牙还牙，以眼还眼"，"以其人之道还治其人之身"，因为我们觉得似乎只有这样才公平。其实，虽然别人有错误，别人冒犯了我，如果我们因此而生气、愤怒，其实只会加大自己的损失。因为这时你在仇恨和指责操控下很难保持理智，同时也会使对方更不愿意改变他的行为！很多时候如果我们能表现出耐心与谅解，对别人宽容，也是对自己宽容。

有一天，老师叫班上每个同学带个大袋子到学校，她还叫大家到杂货店去买一袋马铃薯，第二天上课时，老师叫大家给自己不愿意原谅的人选一个马铃薯，将这人的名字以及犯错的日期都写在上面，再把马铃薯丢到袋子里，并告诉孩子们，这是这一周的作业。

第一天还蛮好玩的，快放学时，汤姆的袋子里已经有了九个马铃薯，因为珍说他新理的头发很丑，巴比打了他的头，吉米虽然知道他必须提高平均分数却不肯让他抄他的作业……每件事都让汤姆欣然地丢个马铃薯到袋子里，还发誓绝不原谅这些对不起他的人。

下课时，老师说在这一整周里，不论到哪儿都得带着这个袋子。于是，孩子们扛着袋子到学校，回家，甚至和朋友外出也不例外，好啦！一周后，汤姆的那袋马铃薯就变成了相当沉重的负荷，他已经装了差不多五十个马铃薯在里面，真快把他压垮了。汤姆觉得自己快等不及这项作业结束了。

一个星期终于过去了，老师问孩子们："你们知道自己不肯原谅别人的结果了吗？会有重量压在肩膀上，你不肯原谅的人愈多，这个担子就愈重，对这个重担要怎么办呢？"

老师停了几分钟让孩子们先想一想，然后她自己回答道：放下来就行了！

这个老师的教育方式很独特，也非常值得家长借鉴，孩子在实际的体验中懂得了原谅别人的好处，明白了如果不肯原谅别人，实际是把重担一直背在肩上，累的不是别人，正是不肯原谅他人的自己。

第四句话，"我要放下偏见"

对于他人，我们很容易有既定的想法。孩子也会这样。比如，如果孩子犯了某个错误被老师批评，孩子会揣测，一定是某某告我的状，因为上次就是他。这是我们人的一种本能反应。但是，宽容的品质却要求我们能够放下偏见。

一名年轻犹太人和老犹太人坐在同一列火车上。年轻犹太人问老犹太人说："先生，请问现在几点了？"老犹太人却默不作声。"对不起！先生，请问现在几点了？"老犹太人还是不答。"先生很抱歉打扰您了！但是我真的想要知道现在是几点钟。你为什么不回答我呢？"老犹太人答道："孩子，下一站就是最后一站。而我一点都不认识你这个陌生人。如果我现在回答你，依照犹太人的传统，我就必须邀请你到我家坐。你长得很英俊，而我有一个很漂亮的女儿。你们俩一定会爱上对方，然后你就会把我的女儿娶走。你告诉我，我为什么要一个连手表都买不起的女婿呢？"

听了这个故事，我们可能会觉得荒谬可笑，可是，我们常常会不知不觉做这种荒谬可笑的事情。我们是不是常常这样训斥孩子呢："你就是笨，我看你是学不好了。""你就是懒，这事要是你能做，我看太阳都打西出了。""你就是没出息，我看你这辈子都没长进了。"……类似的话，家长总是脱口而出，家长用偏见的眼光把孩子框起来，孩子能好吗？

有人说，"偏见是无知的孩子。"说得一点都不错，"人""扁"为偏，人一旦有了偏见，就会把"人"看"扁"、看偏了。

第五句话，"我要客观看待别人的过错"

若别人犯了错而冒犯到我们，我们要能客观地看待别人的过错。犹太人有这样一句谚语说，如果你要指责别人眼中有刺的话，你要看到你自己的眼睛里有一根大木头。这句谚语说的就是人总是很难客观看待错误，总是习惯于夸大别人的错误，缩小自己的错误。如果产生了不好的后果，人习惯性地就会把责任推向别人。即使别人真的犯了错，如果我们肯站在对方的角度来看问题的话，就能明白他之所以这样做的理由，这样一来，我们就比较容易能接受，就能谅解，也就能够平和地看待别人所犯的错误了。

有一位智者，和一个朋友结伴外出旅行。在行经一个山谷时，这个智者一不留神滑倒了，他的朋友拼了命尽全力拉住他，不让他葬身谷底。智者得救后，执意要在石头上刻下这件事情。他的朋友问："真的有必要这样做吗？"智者说："当然。"于是，他在石头上刻下了："某年某月某日，在经过某山谷时，朋友某某救我一命。"刻完后，他们继续自己的旅程。有一天，他们来到海边，两个人因为一件事情吵了起来，朋友一怒之下，给了这个智者一记耳光。智者捂着发烧的脸说："我一定要记下这件事情！"他的朋友说："随你记吧！我才不怕呢！"智者于是找来一根棍子，在退潮后的沙滩上写下了："某年某月某日，在某某海滩上，朋友某某打了我一耳光。"朋友看过之后，感到非常疑惑，就问："你为什么不刻在石头上呢？"智者笑了，说："我告诉石头的，都是我唯恐忘了的事情，我要让石头替我记住；而我告诉沙滩的事情，都是我唯恐忘不了的事情，我要让沙滩替我忘了。"朋友听了惭愧不已。

是呀，聪明的人懂得善待别人，不会抓着对方的错误不放，他会用自己的方式走出没有结果的死胡同。报复的念头只会使一个人的视野变小。如果每一个人都能像那位智者一样将不值得记住的事情统统交给沙滩，让海水卷走那些不愉快，而美好的事物惦记在心里，那么，每天的生活都将更有意义！

父母应当成为家中宽容的表率

我们前面讲了宽容的五句话，父母把这五句话教给孩子，可以有助于孩子宽容品质的塑造。其实，这五句话同样适合家长。现在我们家庭的宽容度不是越来越高，而是越来越低。父母对自己、同事、朋友可以宽容，可是对孩子却往往难以宽容。孩子一生下来，可能有过几年被父母欣赏的时候，可是不久，很多父母更习惯的就是翻来覆去地给孩子找错误，总觉得孩子这也不对那也不好。家长的这种不宽容和一味指责的态度很容易造成孩子的对抗和逆反心理。北京史家胡同小学搞过一次小调查：一个40人的班级，就有39人经常受到父母的打骂，只有一人记忆中没有挨过父母打骂。

其实，每个人总是在错误中长大的，正是一次次的错误给我们积累了丰富的生活经验。父母揪住孩子的错误不放，无非是想让孩子改正错误，放弃错误，可是父母的做法，却常常会让孩子紧紧抓住错误，尤其是对于青春期的孩子，他的逆反心理会让他明知有错，却偏偏跟你对着干。比如孩子回家晚了，家长常常不分青红皂白地说："你又跑到哪去了，肯定又去网吧玩游戏了，我就知道，你是改不好了。"也许孩子根本没有上网吧，但是，正因为家长动不动就抓住孩子的一点错误不放，反而让孩子真的下次放学就跑网吧了。

宽容才是无声的教育。

相传古代有位老禅师，一天晚上在禅院里散步，突见墙角边有一张椅子，他一看就知道肯定是有人违犯寺规越墙出去溜达了。老禅师也不声张，走到墙边，移开椅子，就地蹲了下来。过了一会儿，果真有一个小和尚翻墙，黑暗中踩着老禅师的背脊跳进了院子。

当他双脚着地时，才发觉刚才踏的不是椅子，而是自己的师父，小和尚顿时惊慌失措，张口结舌。但出乎小和尚意料的是，师傅并没有厉声责备他，只是以平静的语调说："夜深天凉，快去多穿一件衣服吧。"

我们可以想象当小和尚听到老禅师此话后，他会有怎样的心情。在这种宽容的无声的教育中，小和尚不是被他的错误惩罚了，而是被教育了。智慧的父母也应当如此，让错误变成帮助孩子的力量，而不是你批评和羞辱孩子的把柄。

父母如果能给孩子提供宽容的环境，孩子就会逐渐形成广阔的胸怀，也就会有胆识直面错误、有胆识改正、有胆识尝试新的事物。

宽容的基础是另一种爱

宽容其实就是爱，但这种爱和我们平时知道的、做到的爱却不太一样。

一个孩子学习好，家长很容易去爱他，如果孩子考差回来，家长就常常跟变了一个人似的。一个小学二年级的孩子跟我说："老师，我可倒霉了，我今天数学才考 96 分，我不敢回家，我妈肯定要揍我。因为我妈让我五年级前，必须考 99 分或 100 分。"我看着这个在小区楼下徘徊的孩子，心里真是不忍。他的妈妈爱他吗？可能他的妈妈会说"当然爱！"但妈妈的表现给这个孩子的感受是什么呢？妈妈更爱他的分数。

我们从来到这个世界上，一直在经历的都是有条件的爱，表现乖、学习好、工作优秀、挣钱多，你就能得到更多的爱，相反，你就会失去爱。因此，我们每个人也会不自觉地用有条件的爱去爱孩子爱家人。

同时，我们爱的范围也极其有限，我们的爱只能惠及到家人、亲人、好友等有限的几个人，我们对陌生人、仇人很难有爱。而宽容所表现出的爱和这种爱完全不同。

2007 年的 4 月，美国弗吉尼亚理工学院的学生赵承熙开枪杀死了 32 名师生，制造了震惊世界的校园血案。可是，你知道吗？在美国，当人们在纪念这次事件的牺牲者时，所有的地方燃起的是 33 根蜡烛，献上的是 33 束鲜花，立起的是 33 块纪念碑，其中有一根蜡烛是为赵承熙点燃的，有一束花是献给赵承熙的，有一块石碑是为赵承熙立的。而在中国，当一些人被问到如果我们纪念这次事件的死难者，我们应该点多少炷香时，人们的普遍回答是"32"，正是相差的"1"，显示了人们对爱的不同理解。"33"的爱，是化恨为爱。这和我们以亲疏关系衡量的爱不同，这和我们以自己的善恶为判断标准的爱也不同，这种爱并不是根据每个人表面的行为、外表、地位、财富、尊卑来决定爱的多少，而是看到每个人都有其宝贵的精神和灵魂，因为这宝贵的精神价值而敞开自己的全部的爱。

在中国，和美国赵承熙同样制造校园杀人案的马加爵，就被人们和舆论坚决地撤除在了爱之外，他行刑之后几年过去，他的骨灰至今家人没有领取。他的家人不是不爱他，他们不敢去领，害怕遭到别人骂。我们常常知道的爱，就是恨仇敌，爱亲人，对待敌人要像秋风扫落叶一样无情。其实，不但这样的恨残酷，这样的爱也常常没有原则。这样的恨会不断滋生仇恨，让人们都生活在仇恨之中。这样的爱会变成一味地袒护自己喜爱和亲近的人，变成溺爱、纵容和任人唯亲的温床。

宽容是能够超越恨的爱。有这样一句话说："太阳照好人，也照不好的人，天降雨给义人，也给不义的人！"这天地的大爱超越于我们人的局限，这就是宽容的基础。

这样的观念不仅是家长应当告诉孩子的，也是家长要思考自己对待孩子是否宽容的基础。家长常常也知道宽容孩子，但很多家长总以为宽容孩子就是原谅孩子的错误，就是大人不计小人过。其实，宽容不仅仅是指对孩子犯错误、有过失、说错话的宽容，更主要是对孩子和我们大人完全不一样的想法、态度、观点和行为的尊重和理解。只有这样，父母才能做到真正的宽容，孩子也才能真正从父母那里享受到无条件的爱，他也才能把这种无条件的爱传播出去，让这个世界更加美好！

问题解答

1. 宽容会不会让孩子不知错

总说父母要对孩子宽容，但我很担心，如果总是对孩子太宽容，总是原谅他的错误，他就会不知好歹，不能改正错误。那怎么办？

我想有这种担心的家长不在少数，父母觉得如果自己太宽容，孩子就很难知道错误，他会越来越糟糕。其实，有这样担心的家长是因为还不懂得宽容的力量。宽容的力量就是无条件的爱和信任，这种爱和信任能最大限度地唤起孩子内心的良知，这种良知会使孩子更容易知道自己的错误，起到自我纠正的作用。

有这样一个故事：

在一个餐厅里，一个年轻人手捧一碗炸酱面，与一位老人相邻而坐。可是年轻人的注意力似乎不在他手上的那碗面上，他眼睛的余光，一刻都没有离开过老人放在桌子上的手机。

当那个老人侧身点烟的时候，年轻人的手快速而敏捷地伸向手机，并装到自己的上衣口袋里。老人转过身来，发现手机不见了。这时候年轻人已经离开走到餐厅门口了，老人似乎明白了什么，他马上站立起来，走向门口的年轻人。

老人说："小伙子，请你等一下。"年轻人一愣："怎么了？"

"是这样，昨天是我七十岁的生日，我女儿送给我一部手机，虽然我并不喜欢它，可那毕竟是女儿的一番孝心。我刚才就把它放在了桌子上，可是现在它却不见了，我想它肯定是被我不小心碰到了地面上。我的眼花得厉害，再说弯腰对我来说也不是件太容易的事，能不能麻烦你帮我找一下呢？"

年轻人刚才紧张的表情消失了，他擦了一把额头上的汗，对老人说："哦，您别着急，我来帮您找找看。"

年轻人弯下腰去，沿着老人的桌子转了一圈，再转了一圈，然后把手机递过来："老人家，您看，是不是这个？"老人紧紧握住年轻人的手，激动地说："谢谢！谢谢你！真是不错的小伙子，你可以走了。"

旁边看见这一幕的人等年轻人走远之后，便对老人说："您可真够傻的，您难道没发现吗？你的手机就是那个小伙子偷的。你应该报警。"老人回答说："我知道，虽然报警同样能够找回手机，但是我在找回手机的同时，也将失去一种比手机要宝贵千倍万倍的东西，那就是——宽容。"

从此，这个对自己已经丧失了信心并且有偷窃习惯的年轻人，洗心革面，拼命努力工作，后来成为一个乐善好施的工厂老板，去救助更多贫穷和需要帮助的人。这段经历就是这个年轻人讲述给别人听的。

这个故事告诉了我们，在这个世界上，还有比惩罚更有力的一种力量，那就是宽容。能够宽容孩子错误的父母，表明他真正信任孩子，懂得站在孩子的角度去看问题，这更容易帮助孩子改正缺点和过失，慢慢地趋向完美。因此，我建议您在宽容孩子的时候，是通过爱和信任调动孩子内在的力量，您一定要相信，孩子绝对不是机器也不是冷血动物，他内心有宝贵的良知，能够自我唤醒和自我帮助。

2. 孩子对自己太苛刻

我和孩子爸爸对孩子的要求并不多，我们从没有要求她一定要考第一，一定要达到怎样的结果。可这孩子不知怎么了，她对自己却无比苛刻。考不好就生气，对自己求全责备，我真不知道怎么面对这样的情况。

对自己太过求全责备，多是一些完美心态的孩子，他们总是追求做得更好更棒，这种进取精神是非常可贵的。但是，进取心有两种，一种是追求成长，一种是避免失败。太完美心态的人，他的进取心更多地用在了避免失败上，因而限制了自己的成长。你的孩子正是陷入了这种状态。

其实，当人静下来理性地思想时，每个人都明白"人无完人"的道理。如果渴求自己什么都好，其实就是对自我认识的不足。

人的一生都会处在自我认识的过程中，那么，如何帮助孩子更好地认识自我呢？

虽然我们都知道这样一个理论，每个人都有他独特的价值，每个人不需要看别人怎样，你的价值就是你自己。但是，我们这个社会太容易让我们陷入比较之中，这也是每个人都难以避免的。但是你可以引导你的孩子进行更为全面的比较，这样她就能更全面地达到自我认识。怎样全面地比较呢？就是既要进行自我比较，又要进行社会比较。

自我比较就是和自己相比，现在和过去比怎么样。

为了更好地进行自我比较。你可以有三个方法：第一，你可以让孩子回忆过去成长经历中自己已经取得的成绩，如某次考试取得了好成绩、某次比赛取得了名次、学会骑自行车、自己独立地烧了一顿饭等等，这就是通过对过去自我的肯定，从而增强对现在的自我的自信心和满意度；二是引导孩子把现在的自我与过去的自我进行比较，如过去一些不会做的事现在我会做了，过去我不会解的难题现在我会了，过去不会做的家务现在会做了等等，从而使孩子看到自己现在的能力，增强自信心；三是让孩子基于现在对自己的认识，引导孩子做一些规划和目标的设定，让孩子对自己的将来有一些设想。

除了自我比较，还可以引导孩子进行社会比较，也就是和他人的比较。比如，一是学会欣赏他人，即让孩子寻找同学、好朋友身上的优点，将它们写下来，并在同学或好朋友过生日、过新年的机会借着祝福告诉对方，这样做不仅可以从别人身上学到自己不具有的优点，还可以增进同学之间的友谊；二是将自己与别人相比较，看到自身的一些不足，对自己做一些调整和改进，使自己不断进步，自我不断完善。

在你做了上面一些对孩子的引导工作之后，还可以把下面的三种态度告诉孩子，让孩子能够正确地对待和评价自己。

第一种态度，停止与自己对立。

"停止与自己对立"是指停止对自己的不满和批判。不论自认为做了多少不合适的事，有多少不足，从现在起，都停止对自己的挑剔和责备，要学习站在自己这一边，维护自己的尊严和价值。

可以让孩子在心里这样对自己说："不论我的现状如何，我选择尊重自己的独特性。"

第二种态度，停止苛求自己。

具体说就是，允许自己犯错误，但在犯错后要做出补偿，以弥补自己的错误造成的损失；同时事不二过，也就是一个错误尽量不犯两遍。

可以让孩子在心里这样对自己说："不论做错了什么，我选择从中吸取教训"；"我选择事不二过，而不是不断地责备自己"。

第三种态度，无条件地接纳自己。

绝大多数人从小就受到种种有条件的关注，或者严格的管束，致使很多人以为只有具备某种条件，如：漂亮的外表、优秀的学习成绩、过人的专长、出色的业绩等等，才获得被自己和他人接纳的资格。于是，很多人因此背上了自卑的包袱。由于曾经被挑剔，也就逐渐习惯于用挑剔的目光看待自己，越看越觉得无法接受。所以我们要学习接受并且关心自己的身体和心理状况，不加任何附加条件地接纳自己的一切。

可以让孩子在心里这样对自己说："不论我有什么优点和弱点，我首先选择无条件地接纳自己。"

3. 孩子特记仇，不肯原谅别人

> 我的儿子在学校和同学间产生了矛盾，常常不依不饶。回到家常常愤愤不平地说："找到机会我绝对不会饶了他。"我也不知道他究竟会干出什么事来，我总担心像他这样的心态会闯下大祸。怎么

才能让他对别人宽大一些呢?

很多人在被别人得罪的时候,会像你的儿子一样想着以牙还牙,以眼还眼。人际关系大师戴尔·卡耐基却说:"要真正憎恶别人的简单方法只有一个,即发挥对方的长处。"憎恶对方,恨不得食肉寝皮敲骨吸髓,结果只能使自己焦头烂额,心力尽瘁。卡内基说的"憎恶"是另一种形式的"宽容",憎恶别人不是咬牙切齿地报复,而是吸取对方的长处化为自己强身壮体的钙质。这样反而是更好的一种打败别人的方式。

这个道理或许孩子不太容易理解,不过我想你可以给孩子讲讲犹太人经典中的这样一个故事。故事讲的是发生在弟弟和哥哥间的事情。

约瑟是他父亲最钟爱的儿子,他有十个哥哥。由于备受父亲的疼爱,再加上他们是由不同母亲所生,因此,约瑟的哥哥们就非常讨厌这个弟弟。有一天,父亲送了一件七彩的大衣给约瑟,这件彩衣,亮丽非凡,实在是非常漂亮,因此他的哥哥们心生忌妒,兄弟之间的关系就更恶化了。这天,当约瑟穿着这件绚丽的大衣来到了田里,哥哥们正在辛苦工作着。他们心想,约瑟独自一人来到这里,是对他报复的最好时机。因此,这些哥哥们连手,将约瑟推入了一口井,再将他身上的衣服撕裂,染上了红色的颜料,然后把这大衣带回去给父亲,并且告诉他,约瑟已经不幸遭到野兽攻击而死了。深爱约瑟的父亲,伤心不已,终日以泪洗面。

掉入古井的约瑟并没有因此而丧失了性命,反而幸运地逃了出来。为了避免遭受哥哥们再次陷害,他决心远离家园,逃到了埃及。约瑟到了埃及之后,在一位埃及的朝廷大臣家当管家。由于他做事精明能干,主人非常喜欢他,就把家里大大小小的事都交给他管理。约瑟是个美男子,主人的妻子对他很有好感,总是引诱他,但他对主人的妻子始终不理不睬。主人的妻子不满遭受冷落,于是就用计陷害他,使得约瑟被抓进了监狱。当时埃及的国王法老身边的两个大臣因为得罪法老王也被关进了监牢。约瑟因此认识了这两位大臣,并且成为了好朋友。

有一天,这两个人都各做了一个奇怪的梦,梦醒之后,他们百思不得其解,就把这两个梦告诉约瑟。约瑟听了之后,便告诉他们,三天之后,其中有一人会被释放,重新得到法老王的赏识,而另一个人会被处死,曝尸街头。果然,三天之后,约瑟所说的话都一一应验了。这位得到赏识的大臣重新回到了法老王身边，但是他却遗忘了仍然在监牢中的约瑟，而日子就又这样过了好几年。有一天，法老王也做了一个奇怪的梦，但是，朝廷之中无人能解，这时，这位大臣突然想起了还在监牢里的约瑟，因此就向法老王推荐他。约瑟来到了朝廷，听完了法老王的梦之后，他说："这个梦代表着，埃及接下来的连续七年，会谷物丰收；但之后，紧接着会有七年的旱灾，到时大地将一片荒芜。埃及要趁这七年的丰收，赶快储备粮食。"果不其然，埃及七年下来，年年丰收，并且库存了大量的谷物；但之后的七年，农作物无法生长，人民只能靠着之前所存的粮食过活，渡过难关。约瑟因为解梦有功，得到法老王提拔，做了埃及的宰相，治理埃及这个国家。

　　这七年的旱灾也让在远方家乡的约瑟的哥哥们苦不堪言。他们为了借粮食，辗转到了埃及。这时候的约瑟和年幼时的模样大不相同了，他的哥哥都没能认出他。此时此刻，意外和哥哥们重逢的约瑟，心里百感交集，他不禁会想，哥哥们还记得他们曾经有个最小的弟弟吗？他们可曾后悔陷害了他？无论如何，约瑟决定要试探一下哥哥们，所以就指控他们是邻国派来的间谍，把他们其中一个抓了起来，并且告诉他们，要释放他们的兄弟就得证明他们所说的都是事实，那就用最小的弟弟来交换。

　　最后，哥哥们告诉约瑟说："宰相大人，不瞒您说，要带我弟弟来埃及交换，这件事，我们恐怕是做不到的。"约瑟就问："这是为什么呢？难道你们一帮人都是间谍，你们所说的都是谎言？"

　　"不是的，大人。其实我们的弟弟是不可能离开我父亲的，因为在这个弟弟出生之前，我们还有个弟弟叫约瑟，但那时候因为某些原因，被我们给害死了。而我们的父亲，从那时候开始，每天都很悲伤，直到这个弟弟出生之后，我们的父亲才又有了笑容。如果现在我们再次将父亲最疼爱的弟弟带离他的身边，我父亲恐怕难以承受。我们已经害了一个弟弟了，现在是绝不可能再次犯同样的错了。如果真的是要一命抵一命的话，那就由我这个哥哥来承担吧！"这么诚恳的一番话，约瑟听得热泪盈眶，于是向哥哥们坦承，他就是那个拥有七彩大衣的弟弟约瑟。话一说完，兄弟们忍不住相拥而泣，一切的仇恨也因此而烟消云散了。哥哥们把在家乡的父亲和小弟，一同接来埃及，从此，约瑟一家人就在埃及落地生根，成为一个很有名望及权势的家族。

故事讲完了，你可以和孩子一起讨论，问他一些问题，比如：

　　约瑟为什么会原谅哥哥们？

　　约瑟原谅哥哥们的好处是什么？

　　如果约瑟不原谅哥哥，结果可能又是什么样？

借着这样的问题和讨论，可以让孩子体会，约瑟的一生，证明了在面对事情的时候，宽容与原谅在长期看来，才是对自己有益的一种态度。约瑟用宽容放弃了报复的念头，他找回来的不只是他的兄弟，而且还找回了哥哥们原本善良的心。

4. 女儿有一个处处和她对着干的同学，她很不开心

　　我的女儿上初二，她是班里的班长，学习很好。她经常帮老师进行班级的管理，负责班级的集体活动。可是在她班里，还有一个同学，学习和女儿不相上下，不过不是班干部，她似乎总是和我女儿对着干。比如班级活动，我女儿提出了一个方案，她总是说这个方案有什么漏洞，有什么不足。当然，也不能说她说的没有道理，可是世界上哪有十全十美的事情，她左挑右挑，常常让那些跟女儿工作配合的同学也怀疑起来，也开始挑毛病。类似的事情经常发生，女儿觉得，那个同学似乎处处跟她对着干，她非常不开心。有时候回到家还委屈得直哭。我该怎么帮帮女儿呢？

举世闻名的三峡工程您肯定知道吧，当三峡工程大江截流成功时，有人问道："谁对三峡工程的贡献最大？"著名的水利工程学家潘家铮这样回答外国记者的提问："那些反对三峡工程的人对三峡工程的贡献最大。"因为反对者的存在，可以让我们保持清醒理智的头脑，做事更周全；可以激发我们接受挑战的勇气，迸发出生命的潜能。

我想潘家铮的回答是他内心真实的感受，因为在整个三峡工程的论证、设计、实施过程中，曾经有很多的争论、反对甚至抨击。然而，如果没有这样的过程，可能也就没有三峡工程的完善。如果您的孩子能够意识到，反对者的存在正是在磨砺着你的意志，虽然很多时候很痛苦，但也会磨亮了你生命的锋芒，让你更加优秀时，她的心情一定会好起来。引导女儿从这个角度看问题，她就会觉得那个同学并非总是和她对着干，而是帮助她更加成熟和完满。

5. 孩子在争一些无谓的第一

我的孩子上幼儿园大班，她总喜欢争一些无谓的第一。比如，早上我们出门，如果我穿好鞋子，先到了门外，她就会哭，大发脾气，非得让我重新把鞋子脱了，回到屋里，让她先穿戴好，第一个站在门外，她才算满意。还有的时候朋友带孩子到我家玩，我说你看有小姐姐来找你玩了，她也生气，大声喊："不行，不行，我才是姐姐，她是妹妹。"别人明明比她大，这不是很好笑吗。我跟她讲，争这些没有什么意义，可是她根本听不进去。

争强好胜是人的天性，孩子也不例外。但是孩子为什么会争一些无谓的第一，原因一般有两个：一个是孩子对事情的理解与大人不一样，有些事情大人可能觉得没有意义，孩子却觉得有意义。那些孩子想争第一的事情，在她的心里一定都觉得有意义，否则她也不会去争了。第二个原因是孩子的自我价值感不足，她总会对自己"到底行不行"产生怀疑，所以会不自觉地需要用各种各样的"第一"证明自己。

根据原因的不同，你可以有针对性地对待。如果是第一种情况，你可淡化处理，不用总跟她谈，这有什么呀，争这些有什么用啊。你越这样说，她越会觉得重要。对她争的那些"无谓"的第一，你不批评、不表扬，也就是没有什么表态。但对她真正做得好，而取得的第一，一定要从积极正面的角度给予肯定和表扬。孩子慢慢自己就会筛选，原来有些第一别人根本看不上，她也就不会争了。

如果是孩子的自我价值感不足的情况，你可以先检验一下，自己是否属于这两种类型的父母：一是对孩子要求太过严格，二是对孩子太过溺爱。这两种教育孩子的方式都容易导致孩子自我价值感的低落。可能你会觉得奇怪，对孩子要求太严导致孩子没有信心，自我价值低可以理解，为什么对孩子溺爱、满足、百依百顺，孩子也会自我价值感不足呢？这是因为孩子是生活在集体中的，在家中过分溺爱的孩子，由于父母的"谦让"，处处都能得到逞强的机会，但在集体中却并不是这样，别人不可能总"谦让"你，你也不可能处处比别人强，这反而会造成孩子在家中和家外自我感觉的不平衡和落差，如果没有成年人及时的引导，她就很容易在内心深处感觉自己不行。

6. 宽容孩子的错误是不是要根据他犯错的大小和性质来决定

家长应当对孩子宽容，才更有利于孩子的成长，可我觉得宽容是不是要根据孩子错误的大小和性质来决定呢？如果孩子犯的错很大，性质很严重，可能就需要相应的惩罚，否则孩子可能很难学会承担他应当承担的责任。

我想先给你讲一个故事：

　　一个犹太妇女犯了通奸罪，在那个时代，以及犹太的律法中，这是很严重的罪行。当时的法律规定，人们可以随便用石头把这样的女人打死。就在群情激愤，要把女人打死的时候，耶稣说："你们中间谁是没有犯过罪的，可以捡起石头来把她打死。"听了耶稣的话，人们一个个都走了，因为犹太人很清楚，他们的宗教对罪的定义很严格，哪怕你只是撒谎，或是在心里恨别人就是犯罪。按照这个标准，没有一个没有犯过罪的人。

这个故事告诉我们，宽容看似是对别人的饶恕，其实是对自我的饶恕。宽容是在饶恕的基础上，在用更高的标准审视我们自己，宽容让我们意识到我们每个人都有缺陷，都是有限的，不完美的，都是会犯错的，在这一点上，犯大错和小错分别不大，犯严重的错和不严重的错的分别也不大。就像一句谚语所说："当你看见别人眼中有刺的时候，也要看见自己眼中正横着大木块。"只有明白这一点，我们才能做到真正的宽容。

当然，这不意味着一个人不需要承担自己的责任，孩子当然应当从小学会自负其责，学会为自己的行为承担应得的后果。但是，父母一定要明白，惩罚能让孩子知错，但唯有宽容之爱才能让孩子获得进步和成长。

第九章　乐观的品质

永不失望

充满信心

总是快乐

有位心理学家做了这样一个实验：

他给老鼠注射了癌细胞，然后将它们分组安排到不同的环境中生活。第一组老鼠可以通过抓碰开关等成功地摆脱电击，这组老鼠被称为"乐观组"；第二组老鼠则在第一组成功逃避电击时候被电击，这组老鼠被称为"悲观组"；第三组老鼠被放到没有任何危险的环境中。结果，"乐观组"老鼠中最终患癌症的大约四分之一，第三组有二分之一，"悲观组"的患病率却高达四分之三。

这项心理学的实验证明，乐观具有抵抗疾病的巨大能量。同样，具有乐观品质的人也比一般人更容易获得成功。有人曾做过统计，在保险公司销售人员中，具有乐观性格的人往往是销售业绩上的冠军；在美国的总统选举中，最后的成功者九成是乐观者；乐观的孩子长大后很少得抑郁症，走向社会后，在工作成绩和社会地位方面均超过悲观的人；最重要的是，乐观的人更容易感受到幸福。

乐观为什么有那么大的魔力，能创造那么大的奇迹呢？这是因为一个具有乐观品质的人，他总是能够看到事情的有利一面，他的内心总是充满希望，他对未见的事充满着信心，因而他能获得更多的勇气、坚持和力量，而这常常是成功者必备的素质。

许多家长曾为孩子这样的问题发愁：孩子经不起挫折，生活中稍微遇到一点不顺心的事就像天塌下来一样；孩子对学习困难不能应对，遇到学习问题很容易就退缩；孩子对生活缺乏适应性，一件事情如果没有顺着自己的心意发展，就觉得自己什么都不行；孩子无法应对同学关系，和某个同学有矛盾，便感觉好像全世界都在和他作对。如果孩子能够具备乐观的品质，家长发愁的这些问题都将不复存在了。因为乐观的品质将会给孩子如下一些无比宝贵的财富。

永不失望

乐观让人没有"失望"，只有"希望"。

如果对乐观和悲观的人进行一番比较，你会发现乐观者很少失望，悲观者却很容易陷入绝望。

有一次，乐观者与悲观者在争论三个问题。

第一个问题：希望是什么？

悲观者说："是地平线，就算看得到，也永远走不到。"

乐观者说："是启明星，能告诉人们曙光就在前头。"

第二个问题：风是什么？

悲观者说："是浪的帮凶，能把你埋葬在大海深处。"

乐观者说："是帆的伙伴，能把你送到胜利的彼岸。"

第三个问题：生命是不是花？

悲观者说："是又怎样，开败了也就没了。"

乐观者说："不，它能留下甘甜的果。"

突然，天上传来一个声音，也问三个问题。

第一个：一直向前走，会怎样？

悲观者说："会碰到坑坑洼洼。"

乐观者说："会看到柳暗花明。"

第二个：春雨好不好？

悲观者说："不好！野草会因此长得更疯！"

乐观者说："好！百花会因此开得更艳！"

第三个：如果给你一片荒山，你会怎样？

悲观者说："修一座坟茔。"

乐观者说："不！种满绿树。"

就这么你一言我一语，针锋相对，只不过他俩都不知道，在空中提问的是上帝。

他们更不知道，就因为这场争论，上帝给了他们两样不同的礼物。

上帝给了乐观者勇气，给了悲观者眼泪。

我们看到，悲观者之所以悲观，是因为他们遇事会习惯性地往不好的一面想，看到的也总是不好的一面，所以他们很容易失望，对问题解决感到无能为力，看不到生活的希望。而乐观的人却喜欢将事情往好的方面想，由于很容易看到事情的有利方面，因此他们内心总在期待着希望着，希望虽然看不见摸不着，但希望却能给人带来无敌的力量：希望能让乐观者发挥更大的生命能量，爆发更强的内在潜能。

美国著名的作家鲍勃·摩尔年轻时在参加哈佛大学的招生考试时，列入考试的五门功课中，竟然有三门功课不及格，因此没有能够顺利地进入到这所世界著名的大学深造。

用中国考生的话说就是他考砸了。在那段高考落榜、赋闲在家的日子里，鲍勃·摩尔感到非常自卑，常常将自己独自关在黑屋子里，怨天尤人，唉声叹气。

这年夏天，鲍勃·摩尔的家乡接连下了一个多月的暴雨，终于，山洪暴发了。鲍勃·摩尔不幸被滚滚的山洪卷进了咆哮的河流。在浊浪翻滚的河水中，他像一片轻飘飘的树叶一样被抛来甩去，生命危在旦夕。这个时候，他多么想抓住一样能够拯救生命的东西，哪怕是一块木板、一根芦苇也好。然而，湍急的洪水中除了翻卷的泥沙，他什么也抓不到。他心下暗想，这回算是完了，没有救了。也罢，人生在世，总有一死，死就死吧！

他的这个念头刚一冒出来，便立刻犹如散了架一般浑身乏力，四肢酸软，再没有一点挣扎的力气。整个人都在随着汹涌的波涛沉沦漂浮。

就在鲍勃·摩尔万念俱灰，最后一丝生的希望也即将被死神抽走的时候，脑袋突然被洪水中滚动的石块给碰了一下，骤然的疼痛使他突然清醒过来。刹那间，他突然想起去年夏天与女友在这条河中漂流探险时，曾在这条河的下游遇到过一棵粗壮的老树，老树有一个粗大的枝丫，正好斜长着横贴在水面上。只要能够抓住这根树杈，他就能保住自己的生命。一想到这里，他的心中顿时充满了希望，一有了希望，浑身上下顿时力气倍增，心也不慌了，僵硬的四肢也变得灵活了。

鲍勃·摩尔心中默念着那棵救命的老树，在洪水中顽强地坚持着，拼命地挣扎……历尽艰险，他终于游到了那棵老树跟前。但是，当他拼命地抱住伸向河面的树杈时，谁知那根树杈早已经枯朽。使劲一拽，便"咔嚓"一声断为两截。鲍勃·摩尔只好紧抱着断落的树杈，继续随水漂流。刚漂出没有多远，就被河边经过的抢险队员搭救上岸。

事后，鲍勃·摩尔说，要是他早知道那根树杈是枯朽的，他兴许就不可能坚持游到那儿。

得知这次事故后，远在英国的父亲打电话给鲍勃·摩尔：你瞧，连死神都害怕希望呢！只要你的心中还有希望，那么，再大的困难，再大的挫折你都能够战胜。你想，既然你已经通过了两门考试，那就一定能够通过更多的考试。记住，哈佛大学就是你生命的下游那棵紧贴河面生长的"大树"。

鲍勃·摩尔心中豁然开朗。于是，他重新回到学校，走进了教室，拿起了课本。并最终以优异的成绩进入了哈佛大学，成为哈佛大学自开办动机激励教育学科以来最出色的学员之一。

后来，鲍勃·摩尔的代表作《你也能当总统》一书，鼓舞和激励了成千上万的奋斗者，使他们由一个个平凡甚至平庸的无名之辈，最终变成了万人瞩目的社会名流。

鲍勃·摩尔说："你可以失败一百次，但你必须一百零一次燃起希望的火焰。人生真的是希望无敌。"

"希望无敌"！正是希望能给人带来动力。这人生的希望从哪里来？就是来自乐观的品质。如果一个孩子拥有了乐观的品质，他的人生会充满希望，他的目标会更加明确，他的动力也将更加强劲。每个家长都希望孩子能够顺利成长，可是人生却充满着不如意，不可能一帆风顺。怎样才能让孩子度过困难和挫折？一个最佳的办法是把乐观的品质送给孩子，只有这样，他才能在黑暗中困苦中一次次自己点亮成长路上的明灯。

充满信心

乐观还意味着信心！

乐观能让一个人对没有实现的事充满信心，从而怀着强烈的信心努力实现自己的愿望和目标。

许多人都喜欢穿牛仔裤，发明牛仔裤的"牛仔大王"美国人李维斯就是一个总是有信心的人。

最初，当李维斯像很多年轻人一样想去西部淘金的时候，他怀揣着淘金梦到了西部。可是一条大河挡住了去路，很多人绕道，很多人退缩，更多的是怨声一片。但李维斯却想："太棒了，这样的事情竟然发生在我身上，又给了我一次成长的机会，凡事的发生必有其因果，必有助于我。"于是，他在大河边做起了摆渡生意，谁也没想到，他人生的第一笔财富竟然因大河挡道而获得。

在摆渡一段时间后，摆渡生意开始清淡。李维斯决定放弃，继续前往西部淘金。来到西部，到处是人，他买了一块地开始淘金，但不久来了几个恶汉对他说："小子，离开这里，别侵犯我们的利益。"

势单力薄的李维斯只好离开，但他又想起的他的"信心"法宝，他抓住了西部人多、黄金多但水少的机遇，干起了卖水生意。但在当时那个"没有法律，只有武力"的西部，他又一次被人赶了出来，抢了生意。李维斯不得不再接受现实，他又一次靠着"信心"的法宝调整心情：一切都会好起来的！李维斯强行让自己兴奋起来，他的焦点最终落到了西部人的裤子上。

李维斯发现因为淘金，西部人的裤子极容易磨破，而西部又有很多废弃的帐篷，相信"总有机会"的李维斯开始把这些帐篷收集起来，洗干净，裁剪缝纫出了世界上第一条用帐篷做的裤子——牛仔裤，走上了他通往"牛仔裤大王"的道路。

可能家长会说，对什么情况都充满着信心，相信它能实现它就会实现，这样的乐观好像有点阿Q精神啊！其实，乐观品质中的信心，并不是毫无根基，它是一种真实的期待。这种期待的实质是从内心深处相信所盼望的美好的事情一定会实现！生活中处处存在着这种信心的力量。我们看到，正是因为对"人会首先选择彰显善良的一面"的信心，我们更容易信任他人；正是因为对"美好事物会有好的发展"充满信心，我们才会相信这个世界会越来越美好并愿意为世界的美好而付出；正是因为对"努力付出会有好的回报"充满信心，因此才会有更多的人愿意去付出汗水、努力和坚持。我们可以看到，信心其实就是对他人的相信，对自我的相信，对世界的相信。正是强烈的相信，能让一个人在没有指望的时候，因"信心"能有指望。

当一个人满心相信的时候，环境还没有变化，但他的心灵已经改变。当一个人满心相信的时候，该得到的尚未得到之前，他已经在他的内心实现。作为家长，我们可以想象得到，这种乐观的信心对孩子的成长有多重要。

还有一个反例，一个父亲的儿子由于失去了信心，因此失掉了生命。

春秋战国时代，一位父亲和他的儿子出征打仗。父亲已做了将军，儿子还只是马前卒。又一阵号角吹响，战鼓雷鸣了，父亲庄严地托起一个箭囊，其中插着一支箭，父亲郑重地对儿子说："这是家传宝箭，佩带身边，力量无穷，但千万不可抽出来。"

那是一个极其精美的箭囊，厚牛皮打制，镶着幽幽泛光的铜边儿，再看露出的箭尾，一眼便能认定是用上等的孔雀羽毛制作。儿子喜上眉梢，贪婪地推想箭杆、箭头的模样，耳旁仿佛嗖嗖的箭声掠过，敌方的主帅应声落马而毙。

果然，佩带宝箭的儿子英勇非凡，所向披靡，当鸣金收兵的号角吹响时，儿子再也禁不住得胜的豪气，完全背弃了父亲的叮嘱，强烈的欲望驱赶着他"呼"一声就拔出宝箭，试图看个究竟，骤然间他惊呆了。

一只断箭，箭囊里装着一只折断的箭。

我一直挎着支断箭打仗呢！儿子吓出了一身冷汗，仿佛顷刻间失去支柱的房子，轰然意志坍塌了。

结果不言自明，儿子惨死于乱军之中。

拂开蒙蒙的硝烟，父亲拣起那柄断箭，沉重地叹气道："不相信自己的意志，永远也做不成将军。"

这个儿子失去的难道真的是一支箭吗？并非如此，他失去的是信心。正是丧失了对自我的信心，儿子的意志才轰然倒塌。

因此，真的期待父母能够给孩子一些信心的教育。如果孩子能够做到有信心，他才会充满自信，他才能对他人抱以希望，他才能相信这个世界越来越美好，并按照这种美好的目标去生活。

谈到这里，我也想提醒家长朋友们要对孩子有信心，很多家长总是担心孩子这担心孩子那，觉得左也不是，右也不是，结果常常弄得自己很焦虑。这是家长对孩子没有信心的表现，我们要相信，没有一个孩子不愿意学习好，没有一个孩子不愿意得到老师和家长的表扬，因此没有哪个孩子会故意考个糟糕的成绩回来，如果我们能够这样想，就会心态平和很多。

总是快乐

乐观的人还能总是快乐！

这种快乐并不因为外在的环境不同而有所改变，这种快乐的源泉来自一个人的内心。

可是，在我们的热线咨询中，打来电话的家长总是抱怨工作太忙了，孩子的成绩太差了，现在的孩子越来越难管了，真的太累了；打来电话的孩子总是抱怨作业太多了，考试太难了，父母的要求太高了，压力太大了，真的快郁闷死了……生活就这样变成了累、郁闷、痛苦的事情，如果总是用这样的眼光看待生活，总是活在抱怨和不满中，又怎么能发现其中的快乐呢？

有这样一个无忧无虑的小女孩，人称"疯丫头"，她每天都过得很快乐，有她的地方，就有欢乐和笑声。

有一次，由于走路不小心，她从楼梯的拐角处栽了下来，摔得很惨，两颗门牙都只剩下了一半。医院诊断书上清清楚楚地写着："三级毁容"。大家都想着她还不得伤心成啥样啦，可当班主任去她家探望时却被眼前的情景惊呆了。

只见她正舒舒服服地躺在椅子上，仰面朝天喝着什么东西。看到老师进来，急忙紧张地像变魔术似的戴上了一个卡通口罩，起身冲老师傻笑。看到她的那副怪模样，老师忍不住笑了。

在老师的强烈要求下，小女孩终于答应摘下口罩（只一秒钟），让老师一睹她的"庐山真面目"。老师看到她的整个嘴都肿得老高，心疼地问："嘴肿得这么高，你怎么吃东西呀？"她一下子兴奋了起来："医生说了，我只能吃流食。所以，妈妈这回得由着我的性子了，开恩批准我可以喝各种牛奶。喝的时候只能用吸管，太麻烦了。为了省力，我就仰起头往嘴里倒。这可好，喝得我脖子疼极了！"她边说还边用手揉了揉自己的脖子。

摔成这样，都"三级毁容"啦，这该是多么倒霉的一件事啊，可是这个乐观的小女孩在这样的情形下仍能找到快乐，虽然嘴肿了，却可以品尝各种各样的牛奶了。这种感受快乐的能力，正是她一生用不尽的财富。

有这样一句话说得好："愁眉苦脸是一天，高高兴兴也是一天，既然这样，为什么不高高兴兴地面对每一天呢？"如果孩子真能获得这种宝贵的品质，不管他生活在什么样的境遇中，不管他遇到什么样的困难和挫折，不管他的生活是多么不如意，他一定都能真正享受生活的幸福和快乐。

有一个小男孩，一次长跑比赛回到家里，父亲看他很高兴，就问："你是不是得了第一名？"他说："没有呀，我得了第二名。父亲很奇怪：得了第二名，为什么还这么高兴？"你知道小男孩怎么说？

他说："爸爸，你知道吗，那个第一名不知道被我追得多惨！"

我觉得这个小男孩是真正的冠军，他用他的乐观赢得了人生态度的胜利！

因为，快乐就是价值！

但是很多家长意识不到这一点，总是在给孩子增加各种各样的不快乐。比如，关于学习方面，家长都知道孩子要有兴趣，学习让孩子快乐才能学得好，可是父母看不到快乐能带来的价值，总是跟孩子说，学习就是要吃苦。正是因为没有看到快乐的价值，父母也很难把快乐变成一种教育方式。在四川大地震结束后，在网上流行着这样一首诗歌，是一对母女的对话，这个时候，妈妈对孩子说："孩子，你走吧，前面的路再也没有忧愁，没有读不完的课本，没有爸爸的拳头……"读来真是让人感慨，为什么非要到生命的尽头我们才知道快乐的价值呢，为什么教育不能让孩子获得本来就属于他们的快乐生活和童年呢？

把快乐还给孩子，把学习的快乐、生活的快乐、玩的快乐、淘气的快乐都还给孩子吧。因为快乐本就该属于孩子！

问题解答

1. 乐观的性格是天生的吗

我不是一个乐观的人，但我希望我的孩子能够乐观。请问，如何培养孩子的乐观性格呢？

如果你想要培养出乐观的孩子，那你最好能先让自己成为乐观的父母。虽然直到今天我们的科学还没有得出这样的结论，认为乐观纯属遗传。但是根据对抑郁症的研究，我们可以对父母乐观与否对孩子有怎样的影响进行一下小小的推论。美国哥伦比亚大学的一个科研小组在 2000 年对 380 名孩子所进行的研究表明，父母有抑郁倾向的儿童和青少年发作抑郁症的概率比较高。研究人员还证明，凡是早年受过父母悲观情绪影响的孩子，成年后也容易患上抑郁症。

为什么父母对孩子会产生这样的影响呢？儿童心理学家告诉我们：当父母有意识地向孩子灌输某些观念时，他们也在不知不觉中，以潜移默化的方式让孩子接受别的东西。孩子的心灵就像海绵吸水一样从最近的人——父母那里吸收一切信息，因此父母对待事情的态度、处理事情的方式将对他日后是乐观、快乐地生活，还是陷入悲观的泥潭产生重大的影响。

面对下面相同的情况，两位父亲的态度截然不同，它们对孩子也会产生截然不同的影响。原本和孩子约好了去爬山，但第二天一大早起床却发现下起了大雨。第一位父亲说："该死的天，又下雨了！今天真是糟糕透了。"第二位父亲却说："瞧，下雨了！你看外面的小草和小树多高兴啊，它们又可以好好洗个澡啦。我们虽然不能去爬山，但可以再回到床上美美地睡上一觉，这不也很好吗？"

如果你是孩子，听了两位父亲的话，你会有怎样的感受呢？第一位父亲是那样的悲观，他传递给孩子的是不满和愤怒。本来兴致勃勃要去玩，现在却下起了大雨让计划泡汤，这真是一件糟糕的事情，这真是糟糕的一天。如果孩子也有了这样的心情，或许一天也高兴不起来了吧。可是从第二位乐观的父亲口中，同样是面对糟糕的天气，我们却也能感受到快乐。虽然老天下起了大雨但似乎也并不那么糟糕，因为小草和小树可以洗澡了，我们也能多休息一下。或许孩子心里还会想：没准爸爸还能想出其他好玩的事情呢。有了这样的心情，就算是雨天孩子的心里也能阳光灿烂吧。

如果父母乐观，就更容易把乐观和快乐传递给孩子，像那位乐观的父亲，在不管多么糟糕的环境都能引导孩子持一种愉悦、乐观的心情。或许你会说，完了，我天生就不是一个乐观的人啊？别忘了，没有遗传学证据证明乐观是天生的，那就意味着乐观也能靠后天培养。

2. 儿子在校队选拔中落选了，我该怎样开导他呢

我的孩子今年高一，他很爱踢足球，可在上周学校举行的校足球队选拔中，他因为跑步速度不够快落选了。从这后他就一直闷闷不乐，一副天快塌下来的样子。我安慰他："不就是没被选上吗，没关系的。"他却说："你知道什么啊，我这辈子算没戏了。"真不知道该怎样帮助他从沮丧中走出来。

没能加入校足球队，这对孩子来说是一次失败的经历，也是不小的打击。面对失败，每个人多多少少都会产生沮丧的情绪，但如果孩子具有乐观的品质，就更容易把自己从沮丧中释放出来。

首先，你可以鼓励你的孩子，是否可以尝试一下再争取争取机会，让老师看到自己的优势，倘若他确实很喜欢足球而且足球也确实踢得不错。乐观的人总是善于在没有希望的时候寻找希望，而有时正是对美好希望的憧憬才让我们的愿望得以实现。

倘若经过努力之后，孩子仍然没有进足球队的机会，他一定会继续沉浸在沮丧之中。这时，你可以拿出一张纸，让孩子写下他不能参加校足球队的种种坏处，比如，"没选上被别人瞧不起"、"进不了校队就得不到更好的训练"等等。等孩子把这些坏处通通写下之后，再让孩子把不参加足球队的好处也尽可能多地写下来，比如"有更多的时间学习功课"、"可以没有压力地踢球"等等。然后，让孩子试着去比较比较这些好处和坏处的关系。他就会发现，一件事情，这样看是坏的，可那样看就是好的。如果孩子能明白这一

点，他就更容易面对失败，也更容易养成乐观的品质了。

3. 没有幽默感的父母怎样培养孩子的幽默感

我是一个没有多少幽默感的人，平时很严肃，不太爱笑，总给人难以接触的印象。我的孩子今年上小学五年级了，我不希望他长大了也像我一样，很想培养他的幽默感，但像我这样没有幽默感的父亲怎样去培养孩子的幽默感呢？

如今幽默感已经越来越受到人们的关注，有研究表明幽默感是情商的重要组成部分，有幽默感的人大多开朗活泼，因而往往更讨人喜欢，人际关系也要比一般人好得多。要知道人的幽默感大约有三成是天生的，其余的七成则须靠后天培养。因此在儿童教育专家的倡导下，美国许多家长甚至早在孩子出世才六周时便开始了他们独特的"早期幽默感训练"。看来培养孩子的幽默感的确是一个不错的主意。

有幽默感的父母当然更容易培养有幽默感的孩子，但缺乏幽默感的父母只要有心，同样也能做得很好。其实幽默感并不是一定要会说很多好笑的笑话逗人开心、发笑，平常的语言也能制造幽默感。

有一天孩子正在吃饭，母亲端了一大碗汤准备放在餐桌上，却不小心翻倒了。母亲做事一贯很仔细，这次却这么不小心。正在埋头吃饭的孩子抬起头惊慌地注视着母亲。母亲说："今天真难得，妈妈竟然把汤弄倒了，如果买彩票一定中大奖。"一家人都笑了起来，孩子也高兴地站起身来帮着母亲整理。一句简单的话帮助母亲化解了尴尬的气氛，也让孩子感受到了母亲的乐观与幽默。

如果你觉得自己连这种平常的话都说不出来，也不用灰心，在家里多和孩子一起读读生动的故事、读一读有趣的笑话，或者相互出些有趣的谜语来猜一猜，这也可以使家里的气氛变得饶有兴趣、充满快乐，这样的时间多了，你和孩子的脸上一定也会多出一些笑容。

4. 乐观的孩子也会有消极的情绪吗

请问，乐观的人也会有消极的情绪吗？怎样才能让孩子保持良好的情绪状态呢？

如果问，怎样的心理状态才是良好的心理状态呢？绝大部分的人都倾向于认为积极情绪才是良好的情绪状态，而心理学家贝克却认为，三分之二的积极思想加上三分之一的消极思想，才构成了良好的情绪状态。也就是说，积极情绪和消极情绪的比例是 66/33，只有积极情绪并不是真正良好的状态，真正的良好状态只是当两者相比较时，乐观的比重稍微大一点。

消极的情绪虽然很容易让人失落、悲伤，但它却是必不可少的。从某种意义上说它保护着我们，调节着我们的生理状态，同时也使我们在盲目乐观的时候能清醒地保持着现实的态度。因此乐观的人也需要有一些消极的情绪作为调味料。如果你的孩子在绝大多数时候都能保持一份快乐的好心情，我想这就已经很令人高兴了。

5. 怎样营造一个轻松、快乐的家庭氛围

我知道一个良好的家庭氛围对孩子的成长非常重要，可是我是一个不太爱笑、比较严肃的人，对孩子的要求又比较严，家里的气氛显得比较沉闷，孩子在家里都不怎么说话。我很想让家里的氛围变得轻松、快乐起来，我该怎么做呢？

不知道在你的心里，家对孩子意味着什么，我认为家就应该是给孩子欢笑的地方。轻松、快乐的家庭氛围对孩子乐观性格的形成会产生有力的促进作用。

其实孩子在牙牙学语之前就能感觉到周围的情绪和氛围，尽管当时他还不能用语言来表达。如果孩子感受到欢笑，他就会欢笑，如果孩子感受到的是指责，他就会害怕紧张甚至养成逃避的性格。怎样才能营造一个轻松、快乐的家庭氛围，给孩子带来更多的欢笑呢？其实有许多方法你都可以尝试。

对于年龄比较小的孩子，每天的家庭游戏最容易给他带来欢笑。就像在家里捉迷藏，装大怪物吓人等这些简单的游戏都能让他们大笑不止。你还可以和孩子一起唱唱歌，或者给他讲讲有趣的故事，这些也都是容易让幼小的孩子欢笑的方式。

如果孩子大一些了，你就可以在周末或休息的时候带孩子爬山、郊游，和孩子一起与大自然接触，孩子的心灵能够得到更好的放松。你还可以和孩子一起做一些手工、打打球和下下棋等，这样的活动都会让家庭中常常充满着欢乐愉快的笑声，从而使氛围变得更轻松。其实只要你想给孩子欢笑，你总能找到欢笑的内容。

没有欢笑的童年是不堪回首的灰色回忆。所以，不要剥夺孩子笑的权利。记住："喜乐的心，乃是良药；忧伤的灵，使骨枯干。"欢笑就是孩子最好的良药。

6. 孩子总是盲目乐观怎么办

　　我的孩子今年读初三了，大家都说他的性格不错，大大咧咧、乐观开朗，我却认为他是盲目乐观。初三啦，还成天心不在焉的，总说"凭我的基础，只要努起力来考个好高中一定没问题"。难道基础好就一定能考上好学校？你说这孩子不是盲目乐观是什么？

　　乐观是成功的一大要诀，但盲目乐观无疑是成功路上的绊脚石。能看到自己的优势，盼望事情朝着好的方向发展是好事，但如果眼里只能看到有利的因素，把希望当成了现实，就很容易导致最后的失败。就好比同样计划去登山，真正乐观的人在将它看作一次美妙旅行的同时，会兴致勃勃地准备饮用水、合适的鞋子，并了解一下天气情况；但如果傻乎乎地盲目乐观，一心认为这次的旅行没有任何问题，不做好充足的准备，也不打听天气，那就很可能陷在山里回不来。对待盲目乐观的孩子，就要帮助他学会冷静地分析现实，脚踏实地。

　　现在也许正是你对孩子进行指导的好机会。就像你说的，就算他的基础真的很好，但基础好并不能和考上好高中直接画等号。初三是冲刺阶段，的确会比较辛苦，但要想在中考取得优异成绩就必须流淌汗水。这些话如果我们说出，孩子都会说"明白"，可怎样让他真正接受呢？

　　我想，你可以为孩子在班里寻找一个成绩差不多，但学习比他刻苦得多的对手，给孩子创造一个竞争的环境。虽然我们不提倡拿孩子和别人比，但对待盲目乐观的孩子，比一比有时会让他更清楚地看到自己的处境。初三阶段性的考试比较多，几乎每个月都会有一次，这是向孩子说明问题的好时机。如果你的孩子真的在学习上心不在焉，而对手却很努力，在成绩上一定会有所体现。这时候如果再和孩子谈，事实就摆在眼前，我想他一定不会再那么"理直气壮"了。不过和孩子谈话要注意一定的技巧，否则很容易打击孩子的自信心，或者引起他不满的情绪。

　　有位父亲是这样对儿子说的："我相信你的实力，也很欣赏你的这份信心和乐观，但不管运动员是多么的有实力，如果在比赛中他只是原地踏步或小步前进的话，别人一定会远远地把他抛到后头。"这位父亲并没有直接责怪孩子盲目乐观，但我想这个比喻已经让孩子明白了他自身存在的问题。

7. 青春期的孩子为什么常常闷闷不乐

　　我的孩子现在 14 岁，我发现他进入青春期之后，常常显得很忧郁，莫名其妙地发愁，情绪很低落，干什么都没精神，也提不起兴趣，这是怎么回事，我该如何帮他摆脱忧郁呢？

坦率地说，青春期是人生最艰难的时期。很多父母以为只有自己在为孩子的这个多事之秋发愁，岂不知孩子也同样为自己面临的压力而忧郁。青春期的孩子，常常面临着巨大的心理压力。这个阶段的孩子，心理和生理上不断长大，他们有着强烈的独立意识。可同时，他们远远还没有真正完全独立。这种矛盾在他们的内心会造成巨大的冲突。同时，他们要面对身体的变化，要面对同伴接纳，要面对个人的前途……在这期间，一个微小的问题，都可能成为对他们自身价值感的严重挑战，并使他们陷入深深的自卑感中。这就是青春期忧郁的来源，他们常因此莫名其妙地发愁、不快乐、情绪低落。

摆脱孩子青春期忧郁的最好办法就是父母真诚的理解，敞开的胸怀。如果你在这个时候对他说："这有什么，你根本不用担心。"他会觉得你根本无法理解他。劝说只会让孩子离你越来越远。这时，你不妨讲一件你在青春期时经历的类似事情，这样反而能带给孩子更多安慰和启发。

孤独常和忧郁相伴，因此，可以和孩子多有一些户外的活动或短期的旅行，或是进行一些打球游泳之类的运动。青春应当是充满活力的，旅行和运动能够让一个忧郁的孩子很好地放松身心，从忧郁的状况中摆脱出来。

第十章　善良的品质

让孩子懂得对父母感恩

教导孩子懂得谦让

教导孩子关心他人的事

让孩子拥有同情的能力

几乎所有的家长都认同，善良是孩子应当具有的一种品质和美德。所有的人也都希望自己能生活在一个善良的世界里，与善良的人为伍。但家长在善良的教育上又很矛盾：一方面不希望自己的孩子成为一个不善良的孩子，可另一方面又担心孩子太善良了会吃不开。

　　一位妈妈给我讲了发生在她家的一件事：她的儿子上大二的时候，有一次坐公交车，发现一个小偷偷老太太的钱。小偷正在掏钱的时候，她儿子一把把那个小偷的手给抓住了，并大声告诉司机有小偷，司机把车直接开到了派出所。当时，那个老太太千恩万谢，说那两千元钱是刚从银行取出来，要赶去医院给老伴住院交押金用的，如果被小偷偷了，真是不知该如何是好！那天，这位妈妈的儿子在派出所做完笔录，很晚才回到家。由于儿子的手机没电了，妈妈打手机打不通，担心得不得了。后来听孩子讲了全过程，很高兴地对儿子说："儿子，你真了不起，真是个男子汉！妈妈特佩服你！"第二天，妈妈上班后，激动地对同事讲起这件事情，同事们却都说："你怎么这么傻啊，赶紧劝劝孩子，以后这种事情少管。幸好那个小偷没带刀，如果有刀，把你孩子捅了，你怎么办？如果那个小偷有同伙在车上，那后果更加不堪设想。你后悔都来不及！"听了同事们的话，这位妈妈心里矛盾极了，她既不想对儿子说类似的话，可是又怕孩子万一出了危险怎么办？这位妈妈对我说："孩子从小我就教他要善良，要有正义感，可是如果真的因为见义勇为他有个什么闪失，那我真是受不了。"

　　正是和这位妈妈有着同样的矛盾心态，很多家长一方面觉得孩子当然要善良，可是另一方面在实际生活中，"人善被人欺，马善被人骑"被家长作为经验之谈教给孩子。父母也常常对孩子说："少管别人的闲事，为人要机灵点，应当学会必要的变通，免得吃亏。"

　　那么，善良的价值究竟是什么，我们为什么要把它作为一项重要的品质教给孩子呢？

　　首先，善良是一个人为人的重要基础，是一个人心理健康发展的保证。孩子如若缺乏了善良，他会生活在狭隘、自私、仇恨之中，这会导致他心理健康水平的失衡。没有了心理健康，他很难生活得好。

其次，善良能为孩子营造很好的人际关系。如果我们的孩子能用善良对待别人，他也就给自己营造了一个快乐宽松的生活环境。德国作家克·菲·格勒特的故事《瞎子和瘸子》也很好地说明了这一点：

一个瘸子在马路上偶然遇见了一个瞎子，只见瞎子正满怀希望地期待着有人来带他行走。

"嘿，"瘸子说，"一起走好吗？我也是一个有困难的人，也不能独自行走。你看上去身材魁梧，力气一定很大！你背着我，这样我就可以为你指路了。你坚实的腿脚就是我的腿脚；我明亮的眼睛也就成了你的眼睛了。"

于是，瘸子将拐杖握在手里，趴在了瞎子那宽阔的肩膀上。两人步调一致，获得了一个人不能实现的效果。

我们都知道，孩子从出生后最重要的任务是要能社会化，能够与人相处，上学的时候与老师同学相处，工作后与同事相处，成家后与爱人、孩子相处，善良是帮助孩子建立良好的个人关系的基础。缺乏善良，不但会给自己带来伤害，也会给别人带来伤害。

第三，善良能让孩子突破眼前的局限，他所学到的知识将更加丰富。

可能家长不理解，善良怎么和知识的学习有关。这是因为拥有善良品质的孩子，他的心胸和眼界都更加开阔，他的思路也将更加丰富。他把握知识、理解知识和掌握知识的能力当然也就截然不同。

一位小学一年级的数学老师曾给我讲过这样一件发生在他班级中的事。这一天，他给一年级的孩子讲一道数学题。题目是这样的：小猫、小狗、小兔、小鸡、小鸭五个好朋友一起在外面玩，后来小鸡被朋友们扔在后面，问还剩下几个好朋友在一起。孩子们都大声回答："5-4=1。"但这时有一个孩子却大声哭起来，这个老师很不理解，就问那个孩子："你为什么哭啊？"孩子边哭边说："都是好朋友，它们为什么要把小鸡扔下呢？小鸡太可怜了！"听了这个孩子的话，老师的心猛地被触动了，他出题的时候，只想到让孩子学习减法，根本没考虑过故事中所包含的人与人之间的关系。他马上对这个孩子说："对，你说得对，大家都是好朋友，为什么要把小鸡扔下呢？我们想办法让它们赶紧和好好吗？同学们可以想想，如果你和好朋友闹矛盾了，应该怎么办呢？"孩子们七嘴八舌讨论起来，大家一起帮小鸡出了好多主意。最后老师说："好，现在我们已经找到办法帮助小鸡回到朋友们中间，那我们让小鸡再回去好吗？"孩子们大声地回答："好！""现在小鸡回到了好朋友中间，应该怎么列算式呢？""4+1=5。"孩子们异口同声充满兴奋地回答。

这位数学老师告诉我，他感觉到这节课是他当老师八年来上的最好最有价值的一课，不仅让孩子们学会了数学，更让孩子们学会了善良，学会了如何做人。他深有感触地告诉我："学到知识并不重要，关键是一个人要能用这些知识干什么。有的人学到了知识是造福别人造福自己，有的人却用来伤害人。比如，现在总看见电视报纸上报道，养鱼池被添加孔雀石绿，鸡、猪被喂激素催肥，为了让水产品看起来更好看就用某种化学物品浸泡。这些人能娴熟运用这些化学用品，可却害人害己，弄得现在很多蔬菜、肉大家都不敢放心吃。"

这位数学老师说得真是不错，善良胜过知识。有一个寓言故事这样写道："有两个年轻人，一个脾气暴躁、嗜酒、抽烟，喜欢睡懒觉。还有一个，温文尔雅，素食，有很好的生活习惯，严格要求自己，还曾经是民族英雄。这两个年轻人你觉得谁更好？"也许你会认为是后者，但我要告诉大家，前者是丘吉尔，后者却是希特勒。善良是人道的基础，可以说，一个孩子假若没有善良，他的聪明、勇敢、坚强、无所畏惧等品质越是卓越，将来对社会构成的危险就越大。

第四，善良还能增加一个人的竞争力。

一位石家庄的中学班主任给我讲过她的一个学生的经历。她说，她的这个学生是个男孩，学习不好，成绩很一般，考大学没有什么希望。可是，他最终却进入税务局工作，工资收入和待遇都很不错。男孩赢得好工作的重要法宝就是他善良的品质。这位老师说，男孩上学的时候就特别热心同学和班级工作，看见哪有需要，他就伸出手，看见别人有困难，他就站出来。当时还有不少同学笑话他，不是说他傻，就是说他爱出风头。他都无所谓，还是一如既往地这样为人处世。高中毕业后，他的成绩自然没有考上大学。恰逢税务局要招一名保安人员，其实就是看大门的。男孩人高马大，长相英俊，就被录用了。工作之后，他不仅干门岗工作，还经常找各种机会帮助同事，这对他都已经是一种习惯了。大家都下班后，他把办公室大院走廊都打扫得干干净净。有一天，局长下班很晚才回去，发现了这个勤快的小伙子，很有好感，留下了印象。后来又发现，这个小伙子虽然只是在门岗工作，但是，同事的事，其他办公室的事，只要他看见，或是找到他，他都是热心帮忙。局长就把他提拔到了办公室做内勤工作，从内勤工作开始，他又到了税务局的稽查科工作。

这位老师深有感触地说，这个孩子虽然学习不是太好，但是品质的力量却弥补了他知识的缺乏。做好一件工作，很多时候未必靠丰富的知识，而是一个人的品质。这个小伙子用善良为自己赢得了竞争力。

那么，我们应当从哪些方面去塑造孩子善良的品质呢？

让孩子懂得对父母感恩

一位妈妈曾含着眼泪给我讲了这样一件事：

> 她的女儿学习很好，也很用功，每天回家都主动学习、写作业。看到孩子学习很辛苦，妈妈是做足了后勤工作，悄悄给孩子端来果汁、牛奶，给孩子削好水果。果汁都是妈妈现榨的，牛奶是不热不凉，温好的，水果妈妈都是削成一片片的，女儿每次只需放在嘴里吃就行了。妈妈很欣慰地为孩子做着一切，从来不舍得让孩子耽误时间干别的。这一天，妈妈又削了一盘子苹果放在女儿手边，女儿让妈妈看自己刚刚写好的作文，她觉得自己写得特别好，妈妈就兴致勃勃地在女儿身边坐下。看作文的时候，妈妈无意识中拿起一块苹果吃，不料女儿竟很大声地说："这水果不是削给我吃的吗？你怎么也吃？"听到女儿突然冒出这么一句责问，妈妈一下子蒙了，很惊愕地看着女儿，不知道该说什么好。

当这位妈妈给我讲述这件事情的时候，心情还很不平静，她真的无法理解，自己这么优秀的女儿，怎么能说出这种话，到底是女儿一时不懂事，说出让她伤心的话，还是她对女儿的教育出了什么问题呢？

其实，类似的场景或类似的事情在不少家庭中也曾发生过，孩子对为他操劳操心的父母好像没有什么感激之情，似乎觉得这一切都是应该的。不少家长开始也有些难过，但很快都在自我安慰中原谅了孩子：孩子还小，不懂事。家长期待孩子长大了就会自然变好了，会自然懂得体贴人。可是，等到孩子长大，他们并没有盼来孩子的改变，等来的却是一个自私自利的家伙。为什么会这样，家长可能没有意识到，正是自己的教育造就了情感冷漠、不懂感恩的孩子。

一个极端的例子，就是甘肃的追星女孩杨丽娟。

> 这个女孩子从15岁那年疯狂地迷恋刘德华，搜集刘德华的照片、海报、录音带，并因此而辍学。面对女儿这样的举动，父母是什么反应呢？父母在劝说没什么效果的情况下，跟着女儿一起开始疯狂追星，多次带女儿到各地看刘德华的演唱会，并两次带女儿到香港去找刘德华，在这个过程中，妈妈摔坏了脚，爸爸要卖肾。最后一次爸爸陪女儿到香港见刘德华的时候，因为刘德华并没有热情接待，父亲竟然跳海自杀。

据媒体报道，女儿虽然很伤心，可是竟然把父亲之死的责任推到刘德华身上，从 15 岁追刘德华到 28 岁，她竟然都没有反思一下错在谁身上。家长想想，这难道不是爹妈教育的失败吗？

一个具有善良品质的孩子首先要懂得感激父母！在感恩的品质中我们还将和大家一起进一步聊聊这个话题。

教导孩子懂得谦让

我曾经和一些小学校长交谈，他们感叹，现在的家长太为自己的孩子考虑，导致了孩子根本不会为别人考虑。孩子和同学发生了矛盾，家长很少找自己孩子身上的原因，总把责任推在别人身上，家长的这种态度常常使孩子之间的小摩擦变成了大人之间的大矛盾。成绩好的孩子的家长，总觉得自己的孩子应该得到所有的机会，如果哪次比赛机会没有给他，家长就会找班主任理论。很多家长的态度是，只要孩子学习好，什么问题都不是问题。

家长期望孩子学习好，这没有错。可孩子不是学习机，生活在真空里，一个人学习就行了，孩子是在班级里跟同学们一起学习的。如果他今天跟这个闹别扭，明天跟那个有矛盾，这种状况下，孩子能学习好吗？我们对中小学生做的一项调查发现，人际关系问题已经成为中小学生的第二大苦恼问题，仅次于最头疼的学习问题，而且，随着年级越高，因人际关系引发的问题越来越突出。很多孩子不知道该如何与其他人交往，长期处在没有朋友、孤单、受排挤的环境中，家长想想，这样的状态下，孩子怎能学习好呢？相反，如果孩子和同学下课时有说有笑，有了不愉快的事情总有好朋友愿意倾听，即使犯了错误同学们也都接纳他，没有看不起他，孩子在这种环境中学习，是不是更舒服，是不是学习起来更快乐呢？

唯有善良的孩子才能在班级和同学中收获良好的人际关系，愉快的氛围才能让孩子学习效果发挥最佳。

教导孩子关心他人的事

在美国波士顿犹太人屠杀纪念碑上，铭刻着一段世界闻名的自我反思：

> 在德国，起初他们追杀共产主义者，我没有说话——因为我不是共产主义者；接着他们追杀犹太人，我没有说话——因为我不是犹太人；后来他们追杀工会成员，我没有说话——因为我不是工会

成员；此后他们追杀天主教徒，我没有说话，因为我是新教教徒；最后他们奔我而来。却再也没有人站出来为我说话了。

这是一位牧师在面对人类大屠杀时所发出的反省呼吁，这段话提醒着世界上的每一个人，社会越来越发展，人与人之间互相依靠的关系也越来越紧密，善良为每个人营造最大的福利，冷漠和自私会带来毁灭，唯有善良才能唤起更多的善良。

父母都不希望自己的孩子管闲事，可是很多事情并非闲事，如果当别人有需要的时候，我们的孩子没有学会帮助别人，等到我们的孩子需要获得帮助时，还会有谁愿意帮助他呢？如果你不希望孩子成为孤家寡人，那么，教导孩子关心他人的事是非常重要的。

如果孩子在班里在学校能够有帮助其他同学的机会，我们应当鼓励孩子这样做，如果你的孩子看到周围的人有需要，他愿意伸出手时，只要是孩子力所能及，我们也当鼓励孩子这样做。

让孩子拥有同情的能力

提到同情，还有很多人觉得这是强者对弱者的施舍，其实，同情并不意味着施舍。虽然从表面看来，这两者之间常常惊人地相似，但它们之间却有本质的不同。施舍常常是一种居高临下的态度，而同情则是为了对方的益处。同情，是人与人交往的一种感情，这种感情可以成为一种支持的力量。一个乞丐正是在这种力量的支持下成了一名商人。

这是一个在路边讨钱的乞丐，他的身边摆放了一些铅笔等不值钱的小东西让施舍的人取走，作为一点回报。很多过路人看见他衣衫褴褛，都很同情他，就施舍给他一些零钱。可是有一个商人，把钱给这个乞丐的同时，却没有立刻走开，而是拿起了一支铅笔说："你是和我一样的商人，我既然付了钱，就一定要拿走我买的东西。"那个乞丐非常震惊。也正是那个商人的话一下子触动了他，于是乞丐不再乞讨，开始推销他的产品，后来他真的成了一个成功的商人。假如当时那个商人对乞丐也是施舍，乞丐肯定没有今天的成就。

那个商人正是看到了同情的力量，所以他对乞丐的帮助更加宝贵。当然我不是说，施舍就一定不好，有时，施舍确实帮助了一些人，但施舍的时候可能很少考虑对方的感受，对方的尊严。

日本的冬天常常会下非常大的雪，学校原本可以给学生放假，可是很多公立学校依然坚持让孩子到校。为什么呢？就是出于对穷人的同情。下大雪的时候，穷人的孩子常常没有钱取暖，没有足够的热饭菜吃，而在学校里，这一切都是政府提供的，穷人的孩子就会和富人的孩子一样享受到这些保障。可能你会说，那就让穷人的孩子到学校好了，但学校却不会这样做，理由是，如果只让穷人的孩子到校，就会让那些孩子感觉到他们是贫穷的，是和富孩子不一样的，而所有的孩子都到校，不但能让穷人的孩子生活得到保障，还维护了他们的尊严。

同情更重要的是基于对他人的尊重，对他人利益的维护。同情并不是让受助者觉得软弱和自卑，他们同样可以有尊严地接受帮助。

或许你的孩子会问：为什么要同情他人，并在此基础上给予他人帮助呢？有些道理我想你需要让他明白：同情并不意味着帮助者比被帮助者强，并不意味着帮助者有资源、有能力帮助被帮助者，更重要的是基于人类是一个整体，别人的亏损也是我的亏损，别人的圆满就是我的圆满。我们可以看到，当人类社会越来越发展，人与人之间的分工合作越来越细致，联系越来越紧密，人类是共生在同一个地球，一荣俱荣、一损俱损。

同时，从人的本质来说，人是一个精神的追求者，每个人，不管他贫穷、富足、高贵、卑微，都有同样尊严和自我价值的追求，当每个人的尊严得到尊重，价值得到实现的时候，其实也是人类整体的尊严和价值得到实现的时候。从这个角度上来说，每个人就像是一个圆中的一个点，共同构成了一个圆的圆满，如果缺失了某个点，不但是他个人的缺损，也是整个圆的缺损。

问题解答

1. 真不想让女儿总吃亏

我的女儿很憨厚，是个很善良的孩子，可是我发现她总是因此吃亏。她的同学似乎是利用了她这一点，比如打扫卫生的时候，总给她分配最脏最累的活，小组活动，她总被分配干那种后勤工作，纯粹变成了幕后英雄，成绩都被别人给占去了。有些女同学看见她戴的一些小饰物很漂亮，就问能不能送给她们，她也常常很爽快地就给别人了。知道这些事，我常常心里很不舒服，凭什么总是我的女儿奉献呢？可是女儿却觉得无所谓，她说那些活她都挺喜欢干，也不累。那些小饰物，也就一两块钱一个。

　　我把这事跟孩子爸爸说，她爸爸也是一副无所谓的态度，他说只要女儿甘心乐意，也没什么大不了的，那些事也算不上吃亏。同学们不都很喜欢她吗？我也同意人应当与人为善，可是，如果总像女儿这样，总是自己吃亏，总替别人服务，像个老好人，我真担心以后她走上社会太软弱，别人不但会觉得她"傻"，还会变本加厉地欺负她。我这种担心是不是有道理呢？我该怎么办呢？

我不能说您的担心毫无道理。比较而言，这个世界上似乎有些人更善良些，愿意为别人考虑，愿意为别人提供服务，不是太计较自己个人的得失。可是，另外有些人却似乎很"精明"，发现别人的善良正好可以成为他利用的资源，从而为自己服务。当然，我不认为你女儿的同学就是那种颇有心计的人，但在成人世界利用别人善良的现象并不少见。

　　但是，我想问的是，吃亏的究竟是谁呢？是善良的人，还是那些善于利用别人善良的人呢？要回答这个问题，你只要问问自己就够了：你是喜欢和女儿这样善良的人相处，还是喜欢和那些总是利用别人善良的人相处呢？如果你是一位男士，你是愿意娶像你女儿这样善良的女士，还是另外那些人呢？如果你是一位老板，你是不是更喜欢你女儿这样的员工呢？其实，我们每个人都天然倾向于善，也天然愿意与善良的人相处，善良表面看来似乎有损失，但实际上它能帮助我们收获更好的人际关系，更丰富的人生。这样看来，你的女儿并不是吃亏的人，因为她已经得的很丰盛。

2. 为什么她总"我"字当头

　　我非常讨厌自私自利的人，可我女儿却是这样一个人，这让我感到我这个做母亲的真是失败。女儿今年读高二，她舅舅家的表姐和她同岁，从乡下到县城读高中也住在我家。女儿对表姐很刻薄，好吃的从不谦让，而是一个人吃一大半，只剩一点点给表姐。她爸爸托人从外面给她带回来的复习材料，她也从不给表姐看。表姐考试没她好，她就在旁边说风凉话。同学邀请她做一些事情，她也总是反问："我为什么要做？对我有什么好处？"我真是不明白，为什么她这么"我"字当头。我和她爸爸都不是这样的人，怎么女儿会这样呢？我很自责，没有把女儿教育好。

理解她，自我中心是人性的弱点

人天生都是自我中心的，这是人性的弱点，我想对此的了解，也许能化解你过分自责的情绪。正是因为如此，有可能父母虽然已经很尽力教导孩子要心有他人，要有服务他人的意识，他仍有可能无法做到。

由于你的女儿已经高二，她是一位接近成熟的大孩子，很多价值观也已经形成。因此，目前最需避免的是生硬地教训，生硬地教训会引发她更多的反感。要知道，一种价值观的建立并非一朝一夕的事，您也不太可能在短时间内就能改变她。

父母仍然是很好的榜样

虽然如此，父母并非无可作为。也许你不知道自己的影响力可以什么时候起效，但你完全可以在孩子面前成为有服务精神的榜样，比如：

当没有人给我任何工资，也没人催促的时候，我能甘心乐意地工作。

当先生有需要的时候，我能放下自己紧要的事情去帮助他。

在我的生活中，孩子能看到我在心甘乐意地帮助人、服务人。

我在生活的细微方面，能够很好照顾家人的需要和情绪。

其实，还有很多情形可以让你成为孩子的榜样，通过点滴地引导、渗透，孩子能够得到有益的影响。

借着讨论，表明您的观点

你除了可以为孩子做行为的榜样外，还可以借着讨论，表明您的观点，比如碰见一件其他人的事情或是一件新闻是关于自私的话题的，你可以陈明你的看法，你为什么会有这样的看法。你也可以向她表明，如果是你，你会怎样做，这样做的理由和好处是什么。这样，您的不同价值判断也可以对孩子的内心有一些触动。不过，还是要切记一点，在讨论中，应当是平等的。您千万不要像个法官一样，站在高高的道德审判台上审判她，那会引起她强烈的愤怒和反感。

生活中的教训会帮助她长大

"我"字当头的人，可能会在一定时期内获得好处，但从长远来说，势必要影响他的人际关系，进而影响他其他方面的发展。所以，如果女儿真的一时难以改变，你除了可以锲而不舍地成为她的榜样，用不同的价值观去影响她外，也可以慢慢等待她自己的长大。只要你不吝惜让孩子吃几次苦头，生活中的教训会帮助她成长。高中毕业后，她马上要升入大学，离开父母，当她完全脱离家庭，生活在一个新的集体中的时候，我想肯定有机会让她因自私而吃苦头。你可以等待这样的机会，在她吃了苦头，回到家中的时候，不要板起面孔说："我就知道你迟早会有这样的一天的！"而是能够接纳她说："我理解你对事情有自己的看法，不过你完全有更好的选择方式。"这样的机会可能胜过你无数次的教导，让孩子能真正地有所改变。

3. 孩子没有同情心

周末，我和孩子一起去公园玩，前面有一个40多岁的中年妇女，不小心脚下绊了一跤，狠狠地摔在了地上，随身带的东西也四分五散地摔得到处都是。旁边的游人看见，赶紧过去扶。可是我儿子看见却哈哈大笑起来，让我很生气，那个妇女看样子摔得不轻，真不知道儿子为什么还能哈哈大笑，他怎么没有同情心呢?

人天生是有同情心的

其实，人天生就具有同情心。心理学家的研究发现，孩子天生就会跟周围的人有同样的感情，甚至一个不会说话的婴儿，如果他身边有其他的婴儿在哭，他也会跟着一起哭起来。一位妈妈告诉我说，她儿子十个多月的时候，她的手被划伤了，儿子又是用自己的小嘴帮妈妈吹伤口，又是抚摸妈妈的额头，嘴里还叽里呱啦地叫着。这就是孩子最原始的同情心的体现。

孩子的同情心如何丢失的

孩子小的时候都很有同情心，等长大了，为什么有的孩子却缺少同情心了呢?

第一，负面事件的影响。孩子每天生活中都能遇见不少事情，其中一些对成长有利，一些对成长不利。如果父母或老师不及时地引导和筛选，那么孩子就容易接收对自己成长不利的一面。比如有的孩子在幼儿园以大欺小，小朋友们都怕他。这种情况如果得不到父母、老师正确的引导，有的孩子就容易失去本身拥有的同情心，变得自私、霸道。慢慢地他就会变得心中没有他人，只考虑自己的得失，自己是否舒服。

第二，孩子得到的爱太少，没有能力去同情他人。

同情他人是一种能力，孩子这种能力的获得有一个非常重要的条件，就是他能充分地被爱。只有在被爱的基础上，他的"爱箱"才能像汽车的油箱被充满起来，他才有同情别人的能力。如果缺失了爱，孩子的同情心就会淡漠，失去同情的能力。

因此，父母在这方面可以检视一下自己平时的行为，是否自己给了孩子足够的爱。我相信您肯定会说，你当然非常非常爱你的孩子，可是心中非常爱，和你能不能做到非常爱是不同的，只有你真正做到了，才能让孩子感受到。

如何培养孩子的同情能力

父母无条件的爱是培养孩子同情能力的基石。父母要能给予孩子无条件的爱。美国亲子教育专家盖瑞·查普曼说:"无条件的爱就是无论孩子的情况如何，都爱他们。亦即不管孩子长相如何，天资、弱点或缺陷如何，也不管我们的期望多高，还有最难的一点是不管孩子的表现如何，都要爱他们。但这并不表示我们喜欢孩子的所有行为，而是意味着我们对孩子永远给予并表示爱，即便他们行为不佳。"孩子的同情心只有在这种无条件的爱中才能被激发出来。

父母成为传播同情的榜样。孩子每时每刻都在潜意识中模仿大人。因此，父母要能成为传播同情的榜样，不要忽略任何一件小事和机会。比如当你和儿子在公园遇见那位摔倒的中年妇女的时候，你也可以马上跑上去，帮助搀扶她，看她是否受伤，帮助她把掉落的东西捡起来。这样，大笑的孩子就会知道，原来，当遇见这样的事情时，还可以有不同的反应方式。如果您在生活中能处处给孩子做出这样的榜样，他就会思考，为什么妈妈会这样做呢？这样做的感觉会有什么不同呢？

提高孩子感受他人的能力。有时候孩子不能对别人表达同情，是因为他没有这方面的感受，提高孩子的感受能力，才能让孩子对别人感同身受，付出同情。其实，能够对别人的感受有感受，也是一种能力，被称为同感。同感就是你能够完全进入别人的世界，把自己所有的感觉、想法全部都放下，用他的感觉来感觉，用他的体验来体验，这个时候，你就好像变成了他，当然，你还是你自己。这说起来似乎有点拗口，其实就是人们常说的"感同身受"。

那怎么训练孩子的同感能力呢？

首先可以让孩子在生活中体验，多多去尝试，比如孩子辛苦赚过钱，他才能体会钱来之不易。孩子真正地经历过挫折，他才能了解一个人在挫折面前的那种心情。正是因为如此，父母要能让孩子多参与生活，如果只让孩子守在书本前、作业前，孩子的内心感受是荒芜的、冷漠的，他很难有同感的能力，也难以同情他人。

如果孩子比较小，您也可以用一些图片做到这一点，尤其是对幼儿园和小学阶段的孩子。比如，你可以给孩子看一张图片，上面有一个很高兴的孩子在笑。你可以问孩子，这个孩子现在的感觉是什么，孩子会说，他很高兴。你可以再问，你觉得他会在什么样的情况下这样高兴呢？这样的练习会让孩子去揣摩别人的内心，有意注意到别人的感受。这样的练习在家中做起来很方便，从我的经验来看，很多孩子都非常喜欢这样的练习，因为这就像是做游戏一样。

4. 总支使别人给他干这干那，他却不肯帮别人

我的孩子在家中，总是支使我和他爸爸帮他做事。比如，写作业时，他一会儿让我们帮他到书架上找本字典，一会儿让帮他找只圆珠笔，或者就是让我帮他倒水喝。孩子写作业忙着，我觉得帮他做些服务工作也没什么，可是等到我们叫他的时候，却非常困难。

吃饭的时候，我让他帮我拿双筷子，他就会说："你自己拿吧，自己的事情自己做！"他爸爸有时在书房工作，让他给倒杯水，他也是说："让妈给你倒吧。我忙着呢！"听他同学说，他在学校里也有这种表现，让别人帮他交作业本，让别人帮他代买学习用品，别人找他，他却说不方便，没空。弄得同学都对他印象不好。怎么才能让他有所改变，有点为他人服务的心呢？

我想，在这个独生子女的时代，让孩子能够具备服务他人的心，对父母来说，真是一个不小的挑战。好在，上帝似乎总愿意给我们帮忙，每个小孩子在出生的时候都有很强的服务他人的心。也许你觉得这似乎和我前面所说的人天生都有自我中心的弱点相矛盾，看起来似乎是，但实际上并不矛盾。

因为人还有一个非常强大的本性，就是每个人都想获得成就感、成功和自信。而一个孩子从小就愿意服务别人，帮别人做事，是让他获得自信、成功，感觉到自我价值实现的非常好的方式。如果你稍稍回忆一下，你就会发现，当孩子很小的时候，总是对你说："妈妈，我来帮你吧！"但在那个时候，你是不是像大多数家长一样，经常拒绝孩子的请求呢？你总担心，他会越帮越乱，越帮越糟糕。殊不知，你在拒绝的正是孩子愿意为别人服务的心。

可能你在懊悔，自己错过了帮孩子建立服务他人心志的机会。确实，曾经的机会你失去了，可是，这并不意味着从此没有机会。我建议你从现在开始，找一些可以帮助他人、做义工的机会，带上孩子一起参与。比如周末的时候去老人院给老人讲故事，去孤儿院探望孤儿。当你带着孩子真诚地去帮助他人的时候，孩子能从他人的感谢、微笑中得到满足，慢慢地他就能体会到帮助别人的快乐，从而建立起服务他人的心。

5. 该不该鼓励孩子见义勇为

您提到，善良的品质包括关心他人的事，那么该不该鼓励孩子见义勇为呢？现在不是不提倡孩子去冒险吗？

对于未成年人而言，他们的安全和生命应当得到成年人的呵护。多年以前，曾经有中小学生参与抢险而献出自己的生命，这些小英雄是人们学习的榜样。但是，一个社会确实不应当让孩子们去做这些危险的事情。

不过，不提倡孩子冒险，并不意味着孩子不可以在别人需要的时候伸出援手。

曾经在贵州，几个小学生一起下河游泳，结果一个孩子不小心溺水，其他的孩子看见吓坏了，纷纷爬上岸跑回了家，由于害怕大人知道会责骂他们，他们在走的时候还把那个溺水孩子的衣服抛到了河里，最终那个孩子因溺水而丧命。

在这个事件中，倘若那些孩子不是因害怕跑回家，倘若他们能够及时对大人呼救，那个溺水的孩子就有可能得救。

这件事情经过媒体报道后，曾引起广泛的讨论：那些跑掉的孩子是否有责任？溺水而亡孩子的家长甚至要起诉那些跑掉的孩子。那些跑掉孩子的家长却认为，孩子不过是孩子，在那种情形下他们的反应正常，他们没有责任。

确实，很难说那些跑掉的孩子有什么责任。可是，倘若那些孩子平时被教导能够关心他人的事，他们至少可以报警、可以呼救。这都可能挽救那个孩子的生命。

因此，教导孩子关心他人的事是应当的，这并非让孩子去冒险，而是让他懂得他虽然幼小，当他伸出幼小的手时，世界也能因此更美好。世界变得美好了，孩子生活在其中，不也会更愉快吗？

6. 善良的孩子走向复杂社会的时候会不会很失落，无法适应

我常常教育女儿要善良，告诉她："如果有可能，尽量多帮助别人。给别人方便，哪怕自己吃点亏也没有关系。"我小时候我的父母就是这样教育我的。我的父母人缘很好，我在单位的人际关系也很好。可是，我这样的教育常常招致老公的反对，他说："善良虽好，可现在的社会和以往不同了，你只教女儿善良，等到她到社会上，她会发现这个社会是尔虞我诈，弱肉强食，根本不像你所说的那样，她会觉得怎么我妈教的都不对，我以前所相信的那套看来都是假的、靠不住的。这巨大的反差会使女儿内心产生更大的失落感，她很可能会受不了。与其这样，还不如让女儿早点知道如何去应对。"我不知道我先生说的是否有道理，我该怎样教育女儿才对呢？

我们都知道，盖房子需要很强很深的地基，这个地基只要牢靠，房子就不容易倒塌。一个人的生命中也要有些东西能够成为他生命中的根基，这将成为他认识自己、为人处世、融入社会的重要基础。咱们家长小时候所接受的人生观价值观的教育，其实就是生命根基的教育。

如果你相信，善良将是孩子生命的重要根基，你完全可以在这方面大胆尽力。根基只要牢靠，即使房屋倒塌，根基依然会毫不动摇。你生长在一个以善良为根基传递家族价值的家庭，如果你能把"善良"牢牢扎根在孩子的幼年，那一定会成为支撑她成长的磐石。相反，什么样的人很有可能面临价

值观的崩溃和失落呢？是那些根基不稳固的人。当父母没有在孩子未成年的时候加强孩子的生命根基建设，那么他会随从这个社会的价值观不断改变、随从环境的变迁而变化，这样的孩子反而更容易陷入无所适从和失落之中。

你可以就这方面的话题和你的先生好好交流和探讨一下，就像我前面所提到的，虽然善良表面看来软弱无力，但善良中蕴藏的人性力量是我们无法估量的。

有这样一个故事。

一个劫匪抢银行，杀死了一个营业员，又把另一个21岁的女孩子给劫持上了车。这个刚刚21岁的女孩子才参加工作，为了这份工作，她拼命读书，毕业后又托了很多人，没钱送礼，是她哥卖了血供她上学为她送礼，她父母双亡，只有这一个哥哥。

后来，警察把他们包围了。让歹徒放下枪，不要伤害人质。他疯狂地喊着："我身上好几条人命了，怎么着也是个死，无所谓了。"说着，他还用刀子在那个女孩子脖子上划了一刀。可是，最终，这个劫匪却把女孩释放了，因为女孩说她父母双亡，只有一个和她相依为命的哥哥，而劫匪也和她有同样的遭遇，只有一个与他相依为命的妹妹。是兄妹之情感染了那个劫匪，他让女孩走了。

这是个善良力量觉醒的例子，歹徒的良心发现，正是他内心善良本性对他的召唤。我们要相信每个人内心都有这种善良的力量。

可能有的家长会说，这种信任太靠不住了，如果歹徒不能良心发现呢？如果坏人继续利用好人呢？如果恶人继续欺负善良人呢？是的，这些情况都会发生，但是，对善良的信任是我们能在这个世界上生活的重要基础。我举一个简单的例子。当你走在红绿灯路口的时候，绿灯一亮，你就敢于放心大胆地走出去，为什么，因为你相信开车的司机，除非他发疯，他一定会停下来，不会故意闯红灯撞你。我们生活在这个世界，很多时候，都是基于相信人性的善良，否则，可能你早已不敢在社会上生活了。

7. 善良的同时，如何维护自己的利益

我觉得应当教孩子善良，可是孩子也应当学会如何维护自己的利益，怎样处理这两者之间的矛盾呢？

善良的含义主要包含着这样的意思：关心他人利益；愿意在可能的情况下帮助别人；在得到自己应该得到利益的时候，不侵犯他人和损害他人。我想你所说的让孩子学会维护自己利益，则是不让孩子的利益受到他人侵害，

直接看来，这和善良并不矛盾。

不过，这个问题之所以提出来，则是因为我们前面曾经提到的一些原因：社会上有人在利用别人的善良：你愿意帮助别人，有些人就将自己该做的事情也拿来让你替他做；你关心他人的利益，替他人着想，有些人在利益分配时，总是损害你的利益。

这时候，确实需要一种智慧来把握这两者之间的平衡。一方面，善良并不是一味地损害自己。如果一味损害自己，自己的利益得不到维护，也是对善良的损害。但另一方面，善良的人一定不会用诡诈和算计的方法去获取自己的利益。我觉得，如果孩子是通过合理正当的手段去维护自己的利益，是应当得到支持的。

8. 孩子常有虐待小动物的行为

我的儿子10岁了，在我们小区里有一些流浪猫，由于有些喜爱猫的人经常喂它们，它们就聚集在小区不走了，成了小区的一道风景。可是，我发现我儿子在走过那些猫时，总会吓猫们一大跳，有时还会拿脚猛踢一脚正在打盹的猫，吓得那些猫"嗷"一声蹿出老远，儿子呢，却在那里哈哈大笑。我跟他说过很多次，并且狠狠训斥过他，他好像也没什么改变。我联想到刘海洋硫酸泼熊，还有网络上曝光的那些虐待小动物的行为，真的很担心儿子会成为一个残忍的人。该怎么办呢？

关于人性的特点，哲学家们一般持两种观点：一种是人性本善，认为人的恶都是长大后学会的；还有一种是人性本恶，认为善是通过教导和学习人才学会的。其实，人性中天生有善的一面也有恶的一面。人天然有向往善的倾向，同情他人的能力，但人也天然有恶的倾向，在幼小的孩子身上，就常常能看到他们对待比他们更弱小者时所表现出的残忍和无情。而父母教导的作用就好像一场拔河比赛，和那看不见的"恶"争夺自己的孩子。

因此，你儿子的情况，是人性中那恶的一面的天然表现，这并不代表他长大后就会成为一个残忍的人。他在哈哈大笑中似乎获得了一种快乐，但他并不十分清楚这带给那些小动物的痛苦有多大。我觉得您可以用一些方法告诉孩子，动物们也有自己的感情，它们也会感受到被欺负和痛苦。有一个很经典的电影《熊的故事》，您可以带孩子看看，影片展现了熊丰富的情感，甚至打动了那些要捕熊的猎人。还有很多类似经典的影片，比如《帝企鹅日记》等，这些电影都有助于培养孩子丰沛的情感，让孩子更加自发地对弱小者发出同情。

第十一章　学习的品质

学习意愿是孩子学习品质的首要方面

学习能力是学习品质的另一个重要方面

获得学习品质的途径之一：把学习的快乐还给孩子

获得学习品质的途径之二：给孩子学习的自由

提到学习，作为家长，您首先会想到什么？我猜您一定会想到孩子的分数、成绩。很多家长觉得学习就是孩子在听老师讲课，温习课本，做作业，最后再给自己拿回一个个成绩单，能升上好的初中、高中和大学。家长总觉得，这些就是孩子的学习。其实，这些只是学习的表现，并非学习本身。爱孩子的家长总期待孩子能"学习好，认真刻苦"，可很多家长根本不知道也不了解，什么才能让孩子学习好，自己怎样做才是在真正帮助孩子学习好！

其实，家长并不需要到处寻觅，如果您能了解并抓住学习的品质，您就抓住了提升孩子学习能力的关键。因为学习的品质就是激发孩子主动、认真、刻苦学习的动力。一个孩子具备了学习的品质，他也就具备了主动学习的意愿和掌握知识的能力。孩子不需要父母催，不需要父母逼，更不需要父母打骂，他就甘心乐意地努力学习，并能充分享受到学习带来的乐趣。

也许您会说，如果我的孩子能够这样那可太好了，可学习的品质究竟是什么呢？作为父母，我该怎样做才能让这种美好景象变成现实呢？下面我们将探讨这些您感兴趣的内容。

学习意愿是孩子学习品质的首要方面

学习的品质首要方面是学习意愿。如果家长期待孩子能自觉主动地学习，您首先必须激发孩子的学习意愿。有了这个愿望，在孩子心中，学习是件吸引人的事情，学习或能让孩子觉得有用，或让他觉得有意思，或是能给他带来成就感，这样孩子才会发自内心地愿意去学习。

学习意愿从哪里来？很多家长以为是大人教的，是教育的结果。其实，这个看法是错误的，学习意愿本来就存在于孩子的心里。我想父母一定有这样的经历，孩子小的时候，总会不停地问："为什么磁悬浮列车会跑得那么快？""为什么月亮在天上不会掉下来？""树为什么是绿色的？""下雨的时候为什么会有打雷闪电？"我想，每个成年人都曾被孩子问过类似的问题，不管这问题是幼稚还是高深。

孩子为什么对什么事都充满好奇呢？不少大人觉得，主要是因为他们小，知识有限，所以才会东问西问，你看大一些的孩子，很少再有问来问去的表现了。其实，这种想法是一个误解。大人很少提问并不是对所有的问题都已经有了答案，没有什么可问的了，而是很少调动自身的好奇模式去学习了。

但孩子却有一种懂得学习和探索的智慧，这个智慧不是爸教的，也不是妈给的，这是他生来就有的，这种智慧让孩子迅速地探索和了解周围，更快获得生活所需要的知识，获得自身的成长和发展。正是从这个角度，我觉得如果爱学习也能像科学家、音乐家之类的被称为"家"的话，那孩子最应该被授予"学习家"的光荣称号了！一些研究也发现，科学家就是那些总能够保持像孩子一样主动学习和求知的人，由于他们能像孩子一样体验学习的快乐，因此他们常常比普通人有更多的发现，获得更高的成就。

可是，很多家长甚至老师都不了解这一点，总以为自己如果不教，孩子就不知道学，就学不会。因此，我们这个社会常常处于一种集体的知识焦虑之中。

从老师的角度来说，老师充满教知识的焦虑。很多老师常常担心：我所教的知识学生是不是都会了？由于生怕学生没掌握，老师就拼命地教。小学一二年级有做不完的作业，年级一高，各科老师更是想法挤占孩子的娱乐活动时间补课。我的一个好朋友的孩子在海淀区一所小学，他的数学老师同时是思想品德老师，孩子说每次思想品德课老师都只讲十分钟思想品德的内容，然后剩下的时间就开始上数学。

从家长的角度来说，家长内心充满着学知识的焦虑。家长总在担忧：如果我的孩子少学了一些，他就会被淘汰，如果我的孩子比别人晚学了一分钟，他就会输在起跑线上，就会落后。所以家长拼命地让孩子多学、快学。

从学生的角度来说，很多孩子内心充满对学习意义的焦虑。由于老师和家长的表现，孩子的学习变成了外在强加给他的，正如"牛不吃草强按头"一样，孩子不知道他所学为何，他感受不到所学的究竟和他的将来有什么关系，他更感受不到学习的价值和意义。虽然年幼的孩子可能无法用言语表达自己的焦虑，但很多孩子的内心却有着这样的感受：学习是一件没有意思的事，学校是一个专门教没意思、没趣味东西的地方。学生的学习不再顺着他内心的需要和呼喊，不再顺着他自身成长和发展的内在需要，他也就完全失去了学习的意愿，丧失了学习的品质。

这样的恶果是什么呢？导致了越来越多的孩子逃避学习，尽可能地远离学习。我们天赋亲职教育课题组的一项调查显示，每十个孩子中就有四个孩子厌学。有些教育机构的调查甚至高过这个数字。以前厌学的多是中学生，现在小学就厌学的也大有人在。媒体上曾有小学生想退休的报道，人们都把它当成笑话看，其实这是孩子厌倦学习的一个聚焦镜头。在我住的小区，就有一个五年级的孩子跟她的奶奶说："奶奶，你怎么这么幸福呢？经常逛公园，还去爬香山，没事就跟别人一起扭扭秧歌，你真轻松啊！我怎么这么累呢？我什么时候能像您一样就好了。"要知道，这个孩子可是北京市教育大区海淀区一所示范小学的优秀学生啊。按照我们目前的教育体制，一个孩子从小学到大学毕业要16年，而这个孩子在学习的路上不过才走了5年，照这个心态，她后面的学习真是令人担忧啊！

还有一个例子：

> 一位哈佛大学的心理学教授，生了一个儿子，他准备把儿子培养成天才。在儿子三四岁的时候，这个孩子会几国的语言，6岁的时候，考入了中学，10岁上了哈佛大学，16岁攻读哈佛大学博士学位。心理学家每一分钟都让他孩子不断地"吸收、吸收"。18岁时，孩子成为英国伦敦一家商店的售货员，他什么都不想干，拒绝任何"知识性的活动"。尽管"满腹经纶"，可他更愿意做一名售货员。事实上，在父亲的强迫学习下，学习从来没有使他感受过快乐，"知识"使他非常痛苦。

因此，我诚恳地希望家长能够看到这一点，看到学习的意愿对孩子是多么重要。如果您能把这一品质给孩子，强过您给他请特级家教，强过您花大价钱让他上名校，更强过您的任何督促和唠叨。

学习能力是学习品质的另一个重要方面

学习品质的第二个重要方面是孩子能学会某种知识的能力，包括思维能力和学习方法。

可能很多家长说，这总是需要大人教，孩子才能学会的吧。是的，表面看来确实如此，不管是学语文还是学数学，任何知识的学习，对年幼的孩子来说，都离不开成年人的教。

可是家长您有没有想过这样一个问题呢？孩子为什么能被教会呢？小猫小狗你再怎么费劲努力，它们也很难学会语文数学。这表明什么呢？这充分说明孩子自身首先具有一种可以学会的能力，如果没有这种能力，你不可能教会他什么。孩子身上这种天生可以学会知识的能力，就是人的潜能，当孩子出生的那一刻，这个潜能已经存在。就拿语言的学习来说，一个孩子三岁的时候，基本上就能掌握母语。也许你会说，孩子学会说话这是大人教的吧，可是如果你认真想想，你就会发现，你教给孩子的词汇和语言是非常有限的，你不可能把人类所有可能说的话全部都对孩子说一遍，教一遍。可是让人惊异的是，孩子在三岁的时候，就基本熟练地用母语表达和交流，他不仅能基本符合语法，还能创造出很多让大人惊讶和敬佩的词汇。因此，著名的语言学理论大家乔姆斯基说，这种现象只能说明，孩子天生就有一个学会语言的装置，到了一定的时间，他就能学会说话。只要父母给孩子创造了学习的条件和环境，孩子自然就会把他学习的潜能释放出来。

很多家长在孩子刚一出生，就对孩子充满了期待，期望孩子能学会这学会那，将来能成为科学家、画家或音乐家。家长的美好期待并没有错，但是我们一定要抓住每个孩子的天生禀赋。每个孩子确实有学会世界上所有知识的可能性和潜力，但是，就单个孩子来说，他一定有他自己天生的禀赋，只有发掘他自身的禀赋和优势，他才更容易成功。

有这样一个故事，形象地说明了这个道理。

在一片美丽青葱的草原上，有一只鸭、一条鱼、一只老鹰、一只猫头鹰、一只松鼠以及一只兔子。

他们一致决定要办一所学校，好让大家都更聪明，就像人类一样。

凭借一些年事较长的动物们的协助，他们设计出了一套课程，相信可以训练出全能的动物，这些课程包括：跑步、游泳、爬树、跳跃以及飞行。

开学的第一天，小兔子仔细梳好了耳朵上的绒毛，蹦蹦跳跳地去上跑步课了。

他在班上简直就像一颗明星。他铆足全力尽快地奔上了小丘，感觉实在棒极了。他不免跟自己说："简直不敢相信，我在学校里能够做自己最擅长的事情。"

老师说："小兔子，你确实拥有跑步的天分，你后腿的肌肉很强劲，你只要多加练习，还能跳得很高。"

兔子高兴地说："我真的好爱上学啊，我可以在学校做我喜欢的事，并学习怎样将它做得更好。"

紧接着第二天上跳跃课，小兔子也表现不错。可是以后的时间却是麻烦接踵而来。先是爬树课，尽管老师将树干倾斜为三十度以便于爬行，小兔子也十分卖力，但还是弄伤了腿。在飞行课上，小兔更是裹足不前。老师对他作了多方面的测试，发现他必须进行飞行基础训练，练习从悬崖上跳下去，并告诉他只要努力，就可以获得成功。小兔子自己都不知道他是怎样将这些课挨过去的。

这周最后一天是游泳课，这次小兔子一闻到漂白粉的味道，就说："等等，兔子可不喜欢游泳。我们兔子不喜欢把自己弄得湿湿的，我要退出这门课。"

老师说："你不能退出，你只有一个选择，跳下去或是退学。"

兔子只好跳下了水，可是他立即就惊慌失措，他沉了下去，水面翻起了气泡。老师看他真的快淹死了，只好把他拉了上来。其他动物从来没见过比一只湿兔子更可笑的事情，他看起来就像一只没有长尾巴的老鼠，大家笑得东倒西歪、前仰后合。兔子这辈子从未受过这样的羞辱。他一心只巴望早点下课，放学时，他真的很高兴。

周末兔子回到家，希望父母能了解他，而且可以帮助他。一进门他就对父母说："我讨厌上学，我只想能够自由自在。"

"你一定得上学，现在竞争那么激烈，你不能像我们一样只会跑跑跳跳。你一定要拿到证书，才能为兔子争光。"爸爸妈妈回答。

"我不想要证书。"小兔子说。

爸爸妈妈很坚定地说："不管你想不想，你都得把证书拿回来。不然你只有被社会无情地淘汰。"

他们起了很激烈的争执，最后父母终于将小兔子送上了床。星期一，老师发现小兔子已经跳得十分迟缓了。

亲爱的爸爸妈妈，上面也许是一个让你觉得荒诞不经的故事，但你们不知道，很多时候，我们的孩子就是那只可怜的小兔子。由于成年人的无知，孩子被剥夺了他优势显现的机会，他也就真的很"笨"了。

我想，到这里，您一定已经了解到了学习品质的两个重要方面：学习意愿和学习素质。不过，请大家一定要记住的是，在学习能力的两个内容中，学习的愿望永远是第一位的，父母若想打开孩子的学习之门，必须首先有这把钥匙，否则，孩子再好的潜能也不可能发挥出来。就算一个孩子他小学没好好学习、初中没好好学习，高中没好好学习，但只要他的心里还留有学习的愿望，当他想学的时候，他也一定能学好。这才是最宝贵的！

获得学习品质的途径之一：把学习的快乐还给孩子

我们已经了解到学习品质的重要内容。那么，如何才能让孩子获得学习的品质，如何才能让孩子身上的学习品质越来越稳定呢？

首先，父母要肯把学习的快乐还给孩子。因为家长常常剥夺了孩子学习的快乐，把学习变成了让人非常痛苦的事。

　　我曾经问过那些常常为孩子的学习问题困惑，为孩子不爱学习发愁的家长，我问他们："你想让孩子喜欢学习，那么，请你评判一下，你觉得学习是件让人快乐高兴的事，还是学习本身就是一件令人痛苦的事呢？"

　　我常常得到的答案是："有兴趣的孩子当然能学得高兴，学得快乐。可是，话说回来了，现在有几个孩子能对学习感兴趣。没办法，学习当然就要吃苦，不吃苦，哪能学有所成呢？"

　　"那么，我想问您，一件让你想到就觉得痛苦的事，你会乐意去做吗？"

　　当我这样反问时，很多家长都会陷入沉思。

　　是啊，如果学习本身就是件让人痛苦的事，孩子不爱学习似乎也就理所当然！父母又有什么理由去怪罪孩子呢？回想一下咱们传统的古训，也能发现"苦读书、读书苦"是中国人对待学习的最常见态度，因此，才有所谓"十年寒窗苦"，才有所谓"头悬梁"、"锥刺骨"，才有一代代父母对孩子的谆谆教导："吃得苦中苦，方为人上人"。

　　然而，"读书苦、苦读书"的教育真能起到激励孩子的作用吗？我们看到，这种教育不但不能让孩子努力学习，反而让孩子越来越逃避学习。现在有越来越多的孩子有厌学情绪。过去厌学的常常是中学生，现在小学厌学的就大有人在。因此，有人把"厌学症"称为中小学生中最严重的传染病。

　　可见，引发孩子厌学的重要家庭教育原因就是，家长们陷入了一个思想误区，家长总以为学习就是件苦差事，总是教育孩子苦读。可是苦读教育很容易让孩子对学习产生畏难情绪，结果反而让他们越来越逃避学习。

　　其实，人生最大的乐趣就是求知。心理学家的研究发现，知识的获得，对未知的了解构成了人最大的精神享受。知识本身是奇妙的，有趣的，而"苦读"的灌输却把知识变成了死沉沉、干巴巴，没滋没味，没情没趣的。这样的学习孩子当然害怕，当然不爱。如果从孩子幼小时，父母就告诉孩子学习很有趣，学习很快乐，或许孩子就更容易享受知识的乐趣，爱上学习。

　　福建省是我国的数学大省，华罗庚、陈省身等数学家都是福建人。福建有一所非常有名的数学奥林匹克学校，在校门口竖立的一块巨大无比的牌子上写着这样四个字："数学好玩！"为什么这所学校的校训并不是"好好学习，天天向上""刻苦努力"等字眼，因为他们深知，孩子持久学习的动力、创造力、思考能力一定来自轻松、愉快、自在的学习，这样的学习才有乐趣。

　　当然，我并不是说，刻苦努力不重要，可是，如果没有了求知的乐趣，刻苦努力不可能长久，只有在乐学的状态下，孩子的各种能力才能被充分地调动和激发。从今天起，做一个这样的家长吧，告诉孩子："学习真的快乐！"

获得学习品质的途径之二：给孩子学习的自由

学习的自由是什么？学习和自由有什么关系？其实，学习和自由大有关系！我们刚才介绍学习品质的时候曾经说过，孩子有他自身的禀赋，把他自身禀赋发挥出来，他才特别容易学好，学得成功。可是，如果孩子没有学习的自由，他很难表现出自己的禀赋，他也很难找到自己擅长什么。因此，孩子小的时候，尤其是小学阶段，让他更多地去学各种各样的知识，去接触各个领域，发展他各方面的兴趣，孩子既容易对学习保持浓厚的兴趣，又很容易找到自己的专长。在孩子自由地去接触各种各样的知识的时候，他很快就能找到感觉：哦，原来我是这块料！

有这样一位妈妈的切身经历在此与家长分享，我想你一定会有所体悟。

这位妈妈的孩子现在 19 岁，是一个大帅哥，我和男孩的妈妈是好朋友。这位妈妈曾经多次向我倾诉她的"逆子"是多么令她绝望！

帅哥从小就很淘气，喜欢动手，喜欢自己做各种各样的玩具、拼装各种赛车。这样性格的男孩子，上课坐不住，小动作，磨蹭也就在所难免了。为此妈妈没少打，老师没少批评，所以更不爱学习了，回回成绩都倒数，一直是班里的差生。妈妈想男孩觉悟晚，也许上了中学就好了。没想到帅哥上了初中，又迷上了电脑。指望着儿子能开窍的妈妈，一看儿子还是根本不学的样子，就经常以打为教。小学打一顿，孩子最多哭一场，而现在打孩子，打了他就跑，跑到网吧不回来。妈妈一个个网吧地找，找到之后，又是一顿暴打，儿子就跑到更隐蔽的网吧，初中几年就这么过来了。这样，帅哥自然就没考上高中，妈妈没有办法，只好花了大价钱把儿子弄到了一所封闭的私立学校，让学校管着。但一年之内，帅哥就有数次逃出学校的经历，勉强上到高二，成绩一塌糊涂，学校只能将他劝退了。

17 岁的孩子回家了，能干什么，再打妈妈也打不动了，儿子的个头早已超过了妈妈。想来想去，妈妈又咬咬牙花钱让孩子上了个大专，觉得好歹混个文凭，虽然低点，但总比高中没毕业强。但是儿子只上了一年死活又不干了，成绩班里最差，妈妈花了那么多钱，他仍然整天在学校不是玩电脑，就是跟同学跑出去玩。

"算了，我这孩子不是上学的料，死心吧！"到了这会儿，妈妈自己劝慰自己。但是这么个人高马大的家伙不能让他整天待在家里吧。妈妈跟儿子摊牌："你说吧，你想干什么？我不指着你挣钱，但你也别想在家闲着。"儿子说："你让我想想！"过了一个多星期，儿子告诉妈妈："我想好了。我想去学汽车修理。现在私家车越来越多，需要汽车修理的肯定越来越多。而且你的一个朋友不是正开着汽车修理厂吗？上次咱们路过时，你还带我进去看过。你跟那叔叔说说，让我到他修理厂去吧。"妈妈听了孩子的话，想起来自己的一个好朋友是正在开修理厂，规模还很大。如果孩子愿意去，不是不行。可是汽车修理，又脏又累，儿子干得了吗？妈妈把自己的怀疑说出来，儿子说："让我去试试吧！"妈妈抱着"死马当做活马医"的态度把儿子送到了朋友的修理厂，而且还特意叮嘱朋友，不要特殊照顾，让孩子能尽快学点手艺，起码将来能有口饭吃，有点本事自己能生活。

没想到，这个帅哥打从进了汽车修理厂就像是汽车进了快车道，长进很快。半年时间就学会了奥迪、帕萨特两款车的各种问题修理。一年后成了小师傅，还带了三个学徒工，已经俨然老将了。

妈妈说："现在，我才回过味来。儿子从小就喜欢鼓捣机械，只是我从没想到他将来的工作能干这个，我总以为那哪算什么出路呢？我算是明白了，孩子最重要的还是能干他喜欢的事，他要喜欢了，就愿意干，也肯下力气。可惜过去没人告诉我这些。"

作为家长，您看了之后，是否有启发呢！您觉得，上面这个孩子是学习的料吗？当父母没有给他学习的自由，不知道如何引导他，只想让他取得好成绩、当乖乖学生时，他确实不是块学习的料，可是当让这孩子自由发挥自己的智慧和潜质的时候，他是多么善于学习啊！

"天生我才必有用"，父母如何发现孩子的"天才"，重要的方法就是给孩子创造各种自由学习的机会，您掌握了这个法宝，您就会发现，你的孩子有他自身的优势，学习的品质也就从中慢慢养成了。

问题解答

1. 孩子就是对学习没兴趣

我的孩子小学五年级了，但打从他上学起，他就对学习没兴趣，写起作业磨磨蹭蹭，那个痛苦劲别提了。为此，我真是没少打他，骂他，可是根本没有用，弄得他都皮了，我也特没情绪。好好跟他谈时，道理他也都明白，可事后他该咋样还咋样。他常说自己不是学习的料，还跟我说："妈妈，你让我干什么都行，就是别让我学习，我看见课本和作业就烦，听老师讲课就想打瞌睡。"其实，我儿子学不好根本不是脑子笨，除了学习，干其他的他都特有能耐，他玩起来也是花样百出，老师、亲戚都说他挺机灵挺聪明的，可他就是对学习没兴趣。我也知道，按他现在的情况，让他学习那真是赶鸭子上架。可是，现在这个社会，不学习又不行，干什么都需要知识，到哪找工作都需要文凭。我真是没辙啊！有没有什么灵验的方法，能让我的孩子一下子对学习感兴趣呢？

这是一个非常常见和普遍的问题。提到孩子的学习，家长最常问的就是，我的孩子就是对学习没兴趣，有没有什么灵丹妙药，能让他一下子对学习感兴趣。

我也非常希望能有这样的灵丹妙药，提供给焦头烂额、束手无策的家长，然而不幸的是，到目前为止这个世界并不存在某种灵丹妙药，能让对学习不感兴趣的孩子立竿见影地爱上学习。

那这是不是意味着就没办法了呢？并非如此。我想请您抓住兴趣的两个特点，寻找思路。

兴趣第一个特点是"好玩"。很多家长都深知，孩子对玩很有兴趣。如果我们把玩的因素加入到学习中，让孩子在学习中找到"玩"的感觉，孩子就能慢慢爱上学习。

有一个家长就是利用"24点牌"的游戏让孩子爱上数学的。孩子学数学反应很慢，加减乘除口算，别的同学5分钟做50道题，她却要花10分钟，整整慢了一倍。妈妈想，没别的方法，就多练习吧。每天别的孩子练习50道题，她就给女儿练习100道，甚至150道，可是由于女儿没什么兴趣，有时好像进步一点，有时却越练越慢，把妈妈气得不得了，直骂女儿"真笨！"妈妈的态度让女儿越来越不愿意学数学，甚至逃避学习。后来，我告诉了这位妈妈帮孩子在学习中找"玩"的感觉，妈妈就想起自己小时候常玩的"24点牌"游戏，就教女儿玩，用拿到手上的四张牌，通过加减乘除让答案等于"24"，结果孩子非常感兴趣，很快提高了"心算"的速度。把学习变成玩，在学习中寻找"玩"的感觉，能帮助孩子很快爱上学习，尤其对小学的孩子很有帮助。

兴趣的第二个特点是"传染性"。什么意思呢？就是一件事情如果能和一个人的兴趣联系起来，就会通过"爱屋及乌"的效应，让孩子爱上那件事。我认识一名新东方英语的老师，她曾辅导过一个非常不爱学英语的孩子。这个孩子上高二，英语很糟糕。父母很着急，就花大价钱请了这位新东方的老师教孩子。老师第一次上课，根本没有跟孩子说一个字的英语，而是跟孩子聊欧美剧、聊球星，这些都是孩子非常喜欢的，他谈起这些是眉飞色舞。第二天，老师进门就对孩子说："我在网上下载了最新一集的美国畅销剧《越狱》，你看不看？"男孩一听，高兴极了，《越狱》可是那时正流行的美剧，不少同学都在一起谈论呢。老师打开笔记本电脑，就和男孩一起看起来，可是，刚看了一会儿，孩子就傻了，英文对白、英文字幕，听不懂也看不明白，只能通过画面连蒙带猜的，很不过瘾。老师说："没关系，看不懂，咱们看慢一点，你多看看英文字幕就行了。有不懂的单词和句子问我，我告诉你。"就这样，用了三个小时，他们才看完了四十分钟一集的《越狱》。但这是这个男孩生平第一次连续学了这么长时间的英语。接着的几天，老师又从网上下载了关于世界球星的新闻，一些最新消息都是国内还没有发布的，老师和男孩一起看这些新闻。第二天，男孩到了学校，向同学汇报这些"独家消息"的时候，甭提有多得意了。通过两个月这样的学习，男孩对英语产生了浓厚的兴趣。因为他发现，一种新的语言，使自己了解了另外的世界，这是非常有意思的事情。

老师带领男孩学习英语的过程，就是利用了兴趣的"传染性"。如果您的孩子对学习没有兴趣，您不妨看看他对什么有兴趣，他感兴趣的东西就好像是一扇门，你打开这扇门，让孩子的兴趣充分发展，就有可能带领孩子走上爱上学习的道路。

不过，最后我要提醒您一点，原先对学习没兴趣的孩子，若想培养孩子对学习的兴趣，是需要一个过程的，家长若总想让孩子一下子就爱上学习是不太现实，要能给孩子一段成长的时间。

2.孩子上课总做小动作

我的女儿上小学二年级，老师说，我的孩子课堂上除了听课之外，总要再干点什么，不是扭头看着窗外，要不然就拿把尺子把橡皮切成一小块一小块，要不然就是把一张纸撕得零七八碎，弄得座位上到处都是，有时候，还干脆低着头，手在座位底下，窸窸窣窣的，不知在干什么，像个惹人烦心的小老鼠。总之，一句话，上课时，老师总会感觉到我的孩子在眼前晃来晃去，提醒孩子一下，安静一分钟，不一会儿就响声又起，就像这边按下了葫芦，那边又浮起了瓢，没有消停的时候。最后，老师向我提出了问题："别的孩子都坐得规规矩矩，你们这个还是女孩，为什么这么好动，小动作这么多？"

听到这里，我真是很汗颜，是啊，别的孩子都能规规矩矩地坐着听课，为什么自己的孩子却做不到呢？因此，为了这个问题，我没少苦口婆心地给孩子讲道理，每次孩子总是点头表示"明白了，下次一定改"，可是总也没改；我也没少板起面孔严厉训斥，弄得孩子眼泪汪汪，表示一定"痛改前非"，可没几天又是老样子。我真是很发愁，从上学开始这个问题就没有停止过。

您的细致描述，真是让我们仿佛亲眼看见了小女孩的课堂表现。就我所接触的案例来看，"上课爱做小动作"和"磨蹭、注意力不集中"，是小学生家长最困惑的三大学习问题，尤其是小学低年级的孩子，有这种问题的更多。

那么，课堂上小动作不断的原因及对策是什么呢？

因注意力不能集中引起的小动作。大家都清楚，一个人对一件事情坚持注意的时间是有限的，孩子的注意力水平同样如此，心理学家的研究告诉我们，一个七岁左右的孩子专注一件事情可能也就在 15 分钟左右，也就是说 15 分钟走一次神是很正常的。但是，目前，小学普遍的一堂课的时间仍然是 40 或 45 分钟。所以，先理解一下孩子吧，这实在是有些超过他们的生理极限了。对此，有些小学低年级老师的做法就非常好，上课到 20 分钟的时候，就让孩子们从座位上站起来，活动三五分钟，再坐下。或者讲课 10 分钟，让孩子们做练习 5 分钟，把学习按照不同的方式分段，更容易让孩子集中精神，少做小动作，这些方法其实也是家长在辅导孩子学习时可借鉴的思路。

因兴趣缺乏导致的小动作。课堂小动作的另外一个原因是和"兴趣"相关，自己喜欢做的和愿意做的事情会坚持很长时间，不喜欢的坚持一会儿就很累，就不能集中精力了，就会忍不住干点别的。比如，你若是在听一个自己不感兴趣的报告，也许你同样会在下面玩手机、发短信，甚至无聊地在纸上画来画去。相反，若是自己觉得非常有意思的内容，你一定会坐直了身子，眼睛紧盯着讲台，侧耳倾听。其实，孩子在课堂上的反应和我们也是一样。因此，这又回到了我们以前曾讨论过的培养孩子的学习兴趣问题。"兴趣"二字虽然是个老话题，可它却是孩子学习中最重要的基础。建议家长多看看我们书中有关学习兴趣培养的部分。

有小动作的另类原因。课堂小动作的孩子还有另外一种类型，这类孩子最让家长不可理解，那就是上课小动作不断，不好好听讲，可是每回考试，成绩并不差，这又是怎么回事呢？

我就见过这样一个小学一年级的男孩，他也是"常做小动作，屡教不改"类型的孩子，但成绩优秀。那次我和他见面时聊得很高兴，他主动要给我背成语接龙："一马平川、川流不息、息息相关……"他背得很熟练，可是我发现他两只手的食指始终是不停地互相绕来绕去，在我眼前晃动。我悄悄地把手伸过去，轻轻地按在他不停动的手上，他的背诵一下停住了，好像思绪也断了一样。一会儿，他把手抽出来，又开始边做手部运动边流利地背诵起来。真的非常有意思，这个小男孩让我看到，有些孩子，他思维的过程常常会伴随着"动"，如果不动，他的思维好像也就停止了。儿童心理学家皮亚杰就曾把孩子的思维发展分为运动思维阶段——形象思维阶段——逻辑思维阶段。小学阶段的孩子是形象思维发展的阶段，不过运动思维阶段是孩子思维发展的第一个阶段，对于小学低年级的孩子来说，在"动"中发展思维就很重要。也就是说，对有些孩子来说，小动作并不影响他的听讲，老师的讲课他照样掌握。

不过，虽然对于这类能边做小动作，边保证不错的听课效果的孩子，小动作对他是无伤大雅，但他的小动作可能会非常影响老师的讲课。家长可以想想，如果你是一个老师，正在讲台上聚精会神地讲课，可是眼前似乎总有一个小家伙，不时地左顾右盼，屁股在凳子上扭来扭去，两只手始终不闲着，窸窸窣窣的，在这种情况下，你的感受会怎样呢？你的讲课是不是会受到影响呢？因此，确实要帮助孩子尽快摆脱"小动作"。

有什么方法呢？不知道家长们是否记得郑渊洁的童话《皮皮鲁》，如果能有一个隐身的小人藏在孩子的耳朵里，当孩子想做小动作的时候，他就能提醒孩子该多好。呵，虽然那个小人只存在童话中，但这个思路我们却可借鉴。前面那个小男孩，我曾送给他许多奥特曼的贴画，奥特曼可是他最喜欢的英雄。我把奥特曼的各种形象贴画贴在小男孩的书上、书包上、尺子上、文具盒上，我跟他说："上课小动作会影响同学听课、老师讲课，我知道你不愿意影响别人，对不对？"小男孩使劲地点头。我说："那么，现在，这些奥特曼要跟你有个约定，他们说：'上课时当你一看到我们，就表示我们在告诉你注意了，不要做小动作，所有的英雄都能做到这一点'。"这个小男孩高兴地接受了奥特曼的约定。

这里，我其实是在调动孩子自己意志的能力来约束自己摆脱小动作，当孩子不能做到主动自我约束的时候，一些标志性的提醒是非常不错的办法，就像高速公路上不断出现的"不要超速，不要疲劳驾驶，不要酒后驾车"的警示路标一样，用孩子喜爱的方式去提醒他吧！

3. 他不是学习的料

我的孩子从小学起就学习不好，在班里总是门门功课倒数，我觉得他是不是不是学习的料。就像有人干得了工程师，但却无论如何当不了作家，我的孩子是不是就是属于天生就没有学习能力的人呢？

首先，我可以明确地告诉您，您的问题答案是否定的，您的孩子一定有学习的能力。

也许你会说，我怎么看不出来呢？我怎么不知道孩子的这种能力在哪里呢？我要说，那是因为你在不自觉中剥夺了孩子的学习能力。

你是不是记得孩子小时候，经常会有这样的时候呢？"爸爸，为什么磁悬浮列车会跑得那么快？""妈妈，为什么月亮在天上不会掉下来？""树为什么是绿色的？""下雨的时候为什么会有打雷闪电？"我想，每个父母都曾被孩子问过类似的问题，不管这问题是幼稚还是高深。

孩子为什么对什么事都充满好奇呢？不少家长觉得，主要是因为他们小，知识有限，所以才会东问西问，你看大一些的孩子，很少再有问来问去的表现了。

其实，家长的这种想法是一个误解。一个成年人虽然比孩子懂的多得多，但相对世界的整体知识，他所知是非常有限的，可大人很少调动自身的好奇模式去学习，也很少对司空见惯的现象提问。但孩子一出生，就获得了特有的优势学习模式——好奇。正是"好奇"，让孩子迅速地探索和了解周围，更快获得生活所需要的知识。认真想想，你就会发现，孩子就像是一个天生的学习家，什么都想知道，什么都想学。如果爱学习也能像科学家、音乐家之类的被称为"家"的话，那年幼的孩子最应该被授予"学习家"的光荣称号了！孩子一出生，他就开始在问"为什么？"即使他不会说话、不会走路的时候，他都已开始用眼光去询问、用小手去探寻，等到他学会说话的时候，他的各种不同的"为什么"就会接踵而来，让家长应接不暇。

但问题是，很多家长由于误解，只将这种好奇看成孩子幼稚的表现，常常一伸手就把孩子的好奇开关"啪"的一声给关上了。家长们不了解，当孩子在玩乐的时候、淘气的时候、闯祸的时候、犯错的时候，他已经是在学习了。

由于家长关掉了孩子学习的开关，孩子不愿意学习了，大人们就着急了，开始拼命地教孩子，希望能将各种各样的知识像水一样直接倒进孩子这个瓶子里。你看，现在很多老师很焦虑，总怕自己教的学生没学会，就拼命地补课。很多家长也很焦虑，总担心如果我的孩子比别人晚学了一分钟，他就会落后，就会被淘汰。所以家长拼命地让孩子多学、快学。生怕自己的孩子比别人差！这种种现象都是在剥夺孩子的学习能力。

孩子并不是个瓶子，由着别人随便往里倒东西。学习的能力并不是靠外力"教"给孩子的，这个能力本来就存在于孩子的内心。作为父母，只要你认真想想，你就会发现，孩子从学会坐、爬、走、跑、跳等动作，到三岁时能够基本掌握生活所需要的语言，这并不仰赖于大人的教。我们神奇地发现，在孩子内心，似乎就存在着一个"智慧"，这就是他学习的能力，顺着这种智慧和能力，孩子就愿意学，并知道如何去学。

可是当成年人不懂得孩子身体之内的智慧和能力时，他们就在强制性地干预孩子的学习，使孩子渐渐丧失了他本身具有的学习能力。

4. 写作业太磨蹭了

我的儿子写作业特磨蹭，15分钟的作业一个小时还做不完，经常必须我在旁边盯着，他才能稍微快一些。每天晚上写作业都耗到11点多，白天我要上班，晚上还跟他这样耗，我真是受不了。怎么办呢？

孩子学习磨蹭的原因到底有哪些呢？归结了一下，大概可以概括为以下几种：

没有兴趣型。这种孩子是没有从学习中找到乐趣，所以一让他写作业，他就头疼，一个人干着令自己头疼的事，他当然不会主动情愿，而是能拖则拖。如果你的孩子属于这类型，你可以暂时不用管磨蹭的问题，而是提高他对学习的兴趣，正向我们前面谈到的那样，兴趣是学习的基础，就像百米高楼的地基一样，地基打不好，高楼就会岌岌可危。

注意力不集中型。这种情况在小学低年级的孩子中比较多，这些孩子由于年龄较小，他们的注意力时间比较短，一般在15到20分钟左右，如果让他们连续做作业超过20分钟，他就会坐不住，写一个字走神5分钟，当然作业就拖拖拉拉了。因此，家长可以让这样的孩子分段写作业。就是放学回家后，问问孩子总共有多少作业，以 20 分钟为一段，做 20 分钟作业后，休息 5 到 10 分钟。这样孩子更容易集中精力完成作业。

没有方法型。这些孩子做作业不知道该怎么做，缺乏一些必要的方法，所以做起来就很慢。我曾经接触过一个小学一年级的孩子，妈妈说他写作业很慢，一页习题要做一个小时。经过观察，我看见他一会在第一题中写上几小题，一会又跑到第五大题，一会又在第二大题中写了两个字。他这样"跑来跑去"，不但耽误了很多时间，而且还漏掉了不少作业。后来我告诉这个孩子，写作业要一道一道地写，从前往后，做完第一题再做第二题，如果发现有不会的题，一定在旁边做个标记，比如画上一个五角星，或是圈个圈，免得一会忘掉了。我把这个方法也告诉妈妈，请她帮助孩子每天坚持，一个星期后，孩子写作业的速度快了半个小时。妈妈高兴地对我说："没想到就跟孩子多说几句，他就快起来了，以前我总以为这么简单的事，不需要跟他说呢！现在才知道孩子需要我们跟他讲些方法。"

这位妈妈的经历可以说有一些代表性，很多妈妈总是告诉孩子"不要磨蹭，不要磨蹭，要快！要快！"可是并没有告诉孩子怎样是不磨蹭，怎样才能快。孩子并非先知先觉，没有教给他，没有告诉他，他怎么会知道呢？

被逼无奈型。很多小学高年级的孩子常常是这种类型。怎么被逼无奈？被谁逼的呢？听听一个小学五年级男生的说法吧。

快点写作业？我为什么要快啊？写完了我也不能出去玩，写完老师的作业，还有我妈的作业，写完我妈的作业，还有我爸的"考考你！"，即使全都写完了，还要练钢琴，想想都烦，索性写慢点，没时间了，他们只能让我睡觉去。

怎么样，没想到吧，"磨蹭"还成了孩子的一条对策。希望爸爸妈妈们能给孩子减减负，别给孩子太大压力，否则孩子写作业也就会变成这种"上有政策，下有对策"的磨洋工了，效率不高，效果不好，写这样的作业对孩子学习毫无意义。

不会管理时间型。这种情况存在的最多，可以说，前面几种类型的"磨头"都或多或少有这样的问题。如果孩子不会管理时间，他对时间也就没有概念，写作业、做事磨蹭也就是自然的事了。解决的办法只有一个，就是给孩子自己管理自己时间的自由。让孩子为自己每天的学习和生活订个计划，什么时间做什么事情，白纸黑字，清清楚楚地写下来，并每天自己监督完成情况。当然，对于年龄小一些的孩子，家长可以在他订计划的时候，提一些建议，和孩子多讨论，以便他的计划能够更可行更科学。如果家长坚持这样做三个月以上，你的孩子一定能成为一个做事有效率的人。

可是，现在，很多家长总是习惯什么都替孩子想好、安排好，"该写作业了。""到练琴时间了，别看电视了！""该洗澡了！"每天晚上，很多家里都能听到家长这样一遍一遍地提醒孩子、催促孩子，家长总是这样替孩子安排时间，他当然很难有时间观念。因此，如果你想让孩子成为时间的主人，你就让他自己安排时间，如果你想让孩子成为时间的奴隶，那你就一分一分都替孩子安排。

以上我们谈到了孩子写作业磨蹭的通常原因和对策，你可以对照你孩子的情况，看看到底是哪种原因，再针对性地处理。不过，最后我也想提醒你，不要忽略孩子的不同。一般而言，我们总希望孩子能够行动迅速而有效，可是，也要考虑孩子的年龄和性格特点，比如小学低年级的孩子必然就比高年级的要慢，不能用超出他们的标准来要求他们。同时，有些孩子就是"慢性子"，只要他不是慢得误事，在想法帮助孩子快起来的同时，也当接受孩子的特点。

5. 孩子很努力，就是学不好

孩子今年上初中了，感觉他学习很用功，回家总是主动温习功课、做题，还自己到书店挑一些参考书学。可是，从初一到初二，他的成绩没有一点提升，总是处于中下游水平。他自己很苦恼，我们也跟着着急，这是怎么回事呢？要说他笨，我觉得这孩子虽不是太聪明，但和一般的孩子应该没什么区别啊，为什么他很努力，却总也学不好呢？

好方法就像性能优良的跑车

对于您孩子的情况，我觉得他的问题很大可能出在学习方法上。

我们先举一个例子：如果你来到一个悬崖边，你会本能地尽量往后退，让自己更加安全。那么人是在什么时候，对悬崖这样的"深度"有感觉的呢？但是婴儿不会说话，又不能把他们真的放在类似悬崖的地方让他们冒险，怎么办呢？心理学家通过一个非常精巧的"视崖"实验让人们知道了答案。

"视崖"实验巧妙地运用了人的视力错觉，心理学家把一张玻璃桌子经过设计，使这张桌子看起来只有一半有实在的桌面（实验者将它称为"浅滩"），另一半看起来就像没有桌面一样（实验者将它称为"深渊"）。

现在有趣的结果出现了。将6～11个月的婴儿放在桌子的中间地带，当妈妈在"浅滩"一侧呼唤宝宝时，所有的宝宝都顺利爬向妈妈。然而当妈妈从"深渊"呼唤宝宝时，绝大部分婴儿都拒绝穿过视崖，他们或者远离妈妈爬向浅的一侧，或因不能到妈妈那儿大哭起来。这个实验毫无疑问地证明了，婴儿在至少六个月的时候已经有了深度知觉。多么有趣的实验和巧妙的设计！正是这巧妙的方法帮助心理学家找到了答案。"视崖"实验也因此被誉为心理学的经典实验之一。

其实，这样精巧的实验设计在科学发展过程中还有很多。不过，今天我并非和你探讨什么心理学的实验设计。而是希望你能从这个例子中看到，有效的方法对知识的发现和学习多么重要。可以说，好的学习方法就像一辆性能优良的跑车，它能搭载孩子取得更好的学习效果。

孩子的学习问题常常来自缺少方法

可是，在孩子的学习中，家长常常忽略了这一点。我常听见家长只是不断地找孩子要结果："你要认真！""你要有好成绩！""你不能粗心！""做完试卷要检查！"但至于如何做到，家长却常常置之不理。如果孩子没有达到家长的要求，家长又开始责怪孩子："你为什么不认真？""为什么不仔细？""为什么不好好检查？"之后，父母的教育就终止了，再无下文，等到下次，类似的事情发生，父母又重复同样的做法。父母不知道，这样的做法给孩子的感觉是：仿佛他天生就该知道"如何学习认真？""如何更有效地检查试卷？""如何做到不粗心？"……如果他没做好，就是他活该。

孩子真的是很冤枉！如果一个士兵，只被告诉枪是什么构造，却从未被教过如何瞄准、如何射击，那么军官抱怨他为什么总打不准目标就是毫无道理的。我们都很清楚，学习是一门科学，有它的规律和方法，一个孩子在学习的时候，并非仅仅要学会认字和计算，更重要的是学会如何学习，如何用更好的方法把握学习的规律，这才是更加重要的事情。

因此，作为家长，不能只对孩子要结果，还要耐心地引导孩子，使他能踏上通往这些目标的道路。比如，一些小学一二年级的孩子，考试的时候常常会有丢题现象，有的时候是因为粗心没看见，有的时候是做这道题的时候觉得有些难，本来想做完试卷再回头做，结果回头就给忘了，结果常常因丢题而丢分。家长看到这样的试卷，尤其是一问孩子，发现丢的全是会做的题时，往往就更上火了。家长会怎么做呢，多数是除了责骂孩子粗心或是提醒他下次要认真检查外，就再没有下文了。实际上，在这个时候，你只是对孩子提出了避免粗心和检查试卷的任务，但在他不清楚该怎样避免和检查，没有这方面的训练之前，他却很难知道如何去做。

我这里有个小小的案例，我在遇见一个有上述问题的男孩时，这样对他说："现在我任命你为小小检察官，负责帮我检查一下这张试卷是否有忘记做的题，你愿意吗？"孩子一听要当检察官，非常高兴。接过试卷就开始看起来，他一会儿看看上面，一会儿看看下面，一会儿看看左面，一会儿看看右边，一会儿又翻来翻去正面反面地看，由于没有条理，他根本就不知道自己检查了哪里，没有检查哪里。在五分钟的翻来覆去之后，他汇报说："老师，我检查完了，没有问题。"我说："好啊，谢谢你，这么快就检查完了。现在还有一张试卷，你再帮我检查，但这次你要按我的指令检查好吗？"他愉快地点头答应了。我对他说："检察官先生，现在请你检查第一题！"他听后赶紧把目光集中在第一题上，很快发现其中的一个填空没写。我大加赞赏他的认真细致，然后说："现在开始检查第二题！"这样一道题一道题地检查下去，这个小伙子找出了其中的所有"漏洞"。为什么前后会有这么大的差别呢？这就在于，第二次，我告诉了他一个有效检查的方法。可能家长会说，这么简单，就是方法啊？是的，有时就是简单的几句话，孩子学习的结果就能不同。

建立孩子的"方法意识"

当然，给孩子方法并非事无巨细地告诉孩子"答案"，而是引导他帮助他建立"方法意识"。也就是说，在完成学习任务时，是需要一定的方法的，在这个基础上，再协助他学会尽量选择更好更有效的方法。在那个检察官男孩的案例中，当他成功找出第二张试卷的漏洞后，我又让男孩按照题目的顺序重新检查第一张试卷，他也找到了大部分"漏洞"。我问他为什么前后两次检查结果这么不一样，他说："因为第二次我是一题接一题地查的。"这个时候，他就自己"发现"了这个方法，他也因自己的"发现"对这个方法有了感觉，我相信下一次检查时他也能有意识地应用。

当然，作为家长，你还可以继续引导孩子，"你还有没有更好的办法？""这个好办法自己如何能做到？""你能不能找到三种好方法快速检查出试卷漏洞？"这个过程，就是建立孩子"方法意识"的过程！

方法教育越早越好

提到学习方法，很多父母总觉得，孩子只有到了中学，才有必要进行"方法教育"，小学阶段，孩子还不是跟着老师走。其实建立"方法意识"的教育越早越好！我们生活在这个世界上，每天都面对各种问题，每天都要解决各种问题，因此，问题解决能力被智力心理学家视为智力发展水平的一个重要指标，而"寻找方法"其实就是在综合运用判断、推理、归纳等逻辑思维能力寻找问题解决策略，这就是在锻炼问题解决能力。

我曾有过这样的经历，在我的孩子一年级上学期期末，每天老师都会叮嘱我们家长，回家让孩子好好复习，快考试了。可是，回到家后我发现，对于这个一年级的小家伙，他根本不知道怎么叫好好复习，他随意地把书前后翻翻，然后就说"我会了！"这时候，我告诉他，你要制定一个复习计划。"什么是复习计划呢？"孩子又不知道了。于是我开始带领他制订计划。我说："你看，你的语文有16个单元，数学有8个单元，英语有12个单元，现在还有七天要考试，那么，你就要分配一下每天语文、数学、英语应当各复习几个单元合适？在复习这些单元时，你要把老师教的内容再练练，看看是否都会了。"孩子就开始计算了，因为不能平均分配，他就把两三个内容较少的单元放在一天复习，这真让我没想到。然后我告诉他要设计一个表格，他就在纸上画来画去，五易其稿，最终画妥了一个表格，写上日期，科目，复习内容，完成情况等几栏。那天晚上，他花了差不多两个多小时才完成了这个复习计划表，然后就美美地把表格贴在了他书桌前的墙壁上。虽然那一晚的时间都消耗掉了，但以后的每天，儿子都自觉按照这个计划有序地进行复习。他再也不是东翻西翻，不知道该怎么复习了！更棒的是，当一年级下学期的期末再度来临时，他自己主动提出制定复习计划，基本没有我的参与，他就能定好计划，并按照计划执行了。我发现有过这样的两次经历后，他已经掌握了如何制订计划，如何按照计划复习的方法。而我接触的中学生中不少却至今没能很好掌握计划执行的方法。

小学的学习是老师带领式的学习，而中学生的学习自主性要求更强，学习任务和目标要求他们要建立自己的学习方法体系，可是，如果没有小学阶段的方法教育和预备，中学阶段是很难自动建立方法体系的。因此，方法教育，真的要赶紧开始！

我的孩子已上初中，是不是太晚了呢？

看到这里，可能你越来越沮丧，完了，我的孩子都已初中了，他小学时我们又没有进行这方面的教育，看来一切都晚了。确实，小学阶段就开始让孩子建立方法体系固然是非常好的，但是，如果你的孩子还缺乏这方面的能力，你从什么时候开始提醒他都不晚。假如你是个牧羊人，你的羊圈里有100头羊，因为羊圈破了，99只都被狼吃掉了，只剩下了一只，你会说："算了，就这一只了，等着狼吃了得了。"你还是会赶紧加固羊圈，保护这最后一只羊呢？我想，你当然会选择后者。相对孩子整个一生的学习道路来说，初中才不过是走过一小段路而已。

只是，既然孩子已经上初中了，方法教育方面你可以多多放手让他自己总结、摸索。你可以帮他买一些学习方法方面的书，帮助他总结，和他一起切磋体会，这样，孩子会更容易结合他的实际情况，建立起自己的学习方法。

6. 孩子居然不想考大学

> 我感觉我的孩子学习总是稀里糊涂，没有什么目标，真是标准的"当一天和尚撞一天钟"。因为没目标，他学习也没什么动力，我跟他说，你努努力，争取考重点高中，他却说，考重点高中有什么用？我说好考大学啊！他的回答更气人，考大学干吗？考大学有什么用，现在大学生找不到工作的有的是。孩子的话真让我没话可说，可是学习难道不就是为了将来考大学吗？

我想看到您提的问题，很多家长一定有同感。我们做家长的，总是打从孩子上小学一年级起，就在瞄准着大学的校门培养孩子。很多家长也像您一样，常常对孩子说，好好学习，考个好成绩，升好初中、好高中、好大学。家长觉得，只要孩子考上了大学，他这一生的好日子似乎就有了保证，就像童话故事的美好结局一样："王子和公主从此过上了幸福的生活。"而做父母的也算是完成了自己的养育任务。

可是，"好成绩＝好中学＝好大学＝好日子"的等式并非每一步都能直接画等号。现在大学生"刚毕业，就失业"的现象确实就是一个很好的说明，你的孩子说得并没有错。很多孩子在苦读之后上了大学，却是稀里糊涂地混过大学四年，朦胧中觉得似乎该有个好工作在等着自己，没想到却四处碰壁。大学毕业不仅不等于工作，甚至有可能等于没工作。

问题出在哪里呢？问题就出在，父母们从一开始培养孩子的定位都在考试、分数，迈入大学门槛。进入大学读书，获得高等教育，这绝对没有错。可是家长一定要清醒地意识到，孩子即使进了大学门，几年后终究还是要出大学门，到那时，社会对孩子提出的要求不再是分数，而是实际的工作能力，孩子之前从未有过这样的思想准备，也几乎没有经过这样的训练，因此"毕业失业"的现象也就不难理解了。

可能你会觉得，难道从孩子上学起，我就要培养他将来的工作能力吗？我怎么知道他将来会干什么、能干什么呢？是的，家长确实不可能确知孩子能做什么，但是如果家长能在孩子的中小学阶段给他一个相对宽松的空间，让孩子发展他的兴趣，找到自己的兴趣方向，他就能找到自己的优势。这就是家长对孩子的最大支持。因为，一个人的兴趣在哪里，他的天赋和优势就在哪里！

因此，孩子的学习真的不仅仅是为了考大学。即使孩子不上大学，如果他能找到自己的兴趣和天赋，并表现出来，他就能成为出色而抢手的人才。我想您也一定清楚，不管孩子从再名牌的大学出来，他的工资收入也只能依据他的工作能力和表现。我想，如果家长能在孩子小时候就有这样的想法和体会，那么，就会更加照顾孩子的兴趣、性格、禀赋和特点，让孩子有真正的发展。

当然，我理解您把上大学作为一个梦想给孩子是期望能够激励他，期望他能够不再那么毫无目标，不知道学习究竟为什么。如果您真的希望用梦想打动孩子的话，那么这个梦想绝不是由您勾画的，也不简单的是上大学。梦想需要孩子自己去勾画：或者他希望将来能做个宇航员，或者他期望将来能像马云、陈天桥一样成为网络界高手，或者他希望能像偶像李宇春一样当明星……总之，只有孩子自己的梦想才能成为激励他努力学习的目标。

7. 干别的特在行，就学习不行

我的孩子小学二年级，他是一个非常淘气和聪明的男孩。说实在的，没上小学前，我常常以他为荣，因为他动手能力特别强，经常能用家里的废品做一些很漂亮的手工，比如小飞机、小坦克，甚至高楼模型。他还能用橡皮泥捏很多小动物，捏得神似极了。他画画也特别好，美术老师说他的构图非常大气，如果好好培养，将来没准是个非常棒的设计师。他还很喜欢做科学实验，科学老师说上课的时候他都是个活跃分子，做起科学小实验真是认真极了。提起他的这些优点，我这个当妈的也很佩服。可是，上小学后，我感觉他的缺点越来越多，那些优点在学习方面一点都体现不出优势。他数学口算特别慢，这都上二年级了，语文拼音还没有掌握，常常分不清"b"和"d"、"p"和"q"，教了好多遍，考试还是错。而且老师说，他虽然性格开朗，可是上课总不太安静，不太能规规矩矩地坐好，还不举手就抢着发言。唉，如果不是每次考试成绩提醒我，我还总以为我的儿子很棒，可是一次次考试他成绩总不好，我真的不知道该怎么办？

其实，我真的要恭喜你，你的孩子是一个渴望知识、敢于尝试的可爱孩子，你看他画画、科学、手工，还有上课发言，这些表现多棒啊！可能你会说，这些棒有什么用呢？语文、数学成绩都那么差。我想一方面您要稍稍改变一下偏见，认为除了语文、数学，其他的科目都没什么用处，其实那些科目学得好，孩子将来一样可以成为一个很棒的人才。另外，你有没有发现，为什么凡是让孩子能亲自动手尝试的他就能表现很好，而太静态的学习方式，却不能让他很好地掌握知识呢？这其中重要的原因在于：孩子尤其是小学阶段的孩子，有他们特有的学习方式，那就是"做"，就是体验，孩子喜欢在"做"中学。

当孩子对一项内容感兴趣、产生了学习的好奇心时，成年人常常喜欢给孩子讲解，告诉他这是什么，那是什么，会得到什么结果，什么答案是正确的。而孩子却常喜欢说："让我试试！"这就是孩子和大人学习方式的不同，成年人常常用"听"来学习，所以他们习惯用"说"来教，而孩子却更喜欢用"做"来学，它是孩子的一种特有学习方式。

"蜗牛喜欢吃什么？"作为家长，你会怎样回答这个问题，如果你知道答案，你可能会立即告诉孩子。如果你不知道，也许你会查书或资料后告诉孩子。如果你不太珍惜孩子的好奇心，可能你会说："不知道，以后再说吧！"但你知道最能让孩子受益的学习方式是什么吗？那就是"做"！"蜗牛喜欢吃什么，动手喂喂就知道！"在北师大幼儿园里，孩子们通过体验学习，亲自喂蜗牛，他们发现：蜗牛喜欢吃甜食，如草莓、香蕉和橘子等，不喜欢吃芹菜、黄瓜等。孩子们把蜗牛喜欢吃的食物画出来贴在墙上，告诉全园同学。更有趣的是，孩子们发现蜗牛吃了草莓排出红色的粪便，吃了橘子排出黄色的粪便。经过反复的实验观察，孩子们得出结论，蜗牛粪便的颜色与吃的食物有关。孩子们还把结果写成"实验报告"。有的实验报告是一幅画，有的是一帧照片，还有的是图表。在这个过程中，孩子们不但学会了读书和写字，推理和思考，还学会了与他人合作。

不知道家长有没有发现，我们常常急于希望孩子学会读书和写字，因此总爱给孩子推销这样的学习模式：多读、多写，结果却是欲速则不达。而体验的学习模式恰恰相反，不直接关注孩子会读什么，会写什么，而是让孩子动手去做，奇迹是：孩子在体验中不但自然而然学会了读和写，还学会了推理和思考，获得了方法，懂得了合作。

其实，"做"的学习模式不但是孩子特有的，而且这种学习模式还优于成人习惯使用的"听、写"学习方式。为什么体验模式会有这么好的效果呢？进行"学习"研究的专家们经过大量的调查实验发现，学习的效果有四个层次，分别是：

听	1 倍的效果
思	2 倍的效果
说	3 倍的效果
做	4 倍的效果

其中，"听"就是听取他人的讲授，这样的学习效果可达一倍。"思"就是学习者通过推理、判断等逻辑思考方式学习，这样的方式可达到两倍的学习效果。"说"就是讨论，通过与他人的互动，观点的碰撞和激发来学习，这样的方式可达到三倍的效果。

然而，最好的学习模式就是"做"，学习者通过各种方式进入到知识的本身，这样能达到四倍的效果。什么叫"进入"知识本身呢？就拿刚才提到的"蜗牛吃什么？喂喂就知道！"的例子来说，孩子们通过"喂"，看到了蜗牛爱吃什么，不爱吃什么的全过程，就像看到一粒种子的发芽、长大、开花、结果一样，知识在孩子的体验中，从最初的隐藏——"未知"，经过答案初现，到最后显明，这种方式，孩子的感受自然不同，效果也自然不同。

和大人比较，孩子是天生的"做"家，他们能用手去思考！可能正是由于孩子思考、思辨、逻辑能力比较弱，他们的头脑、身体、心理反倒能把力量和资源比较容易地投向"做"。

因此，我建议您现在要在孩子成长中抓住这种学习方法的优势，给孩子更多"做"的机会。能够给孩子提供操作、实验、验证各种知识的机会。比如，学习数学，可以让孩子帮忙买东西、算账；学习方位，可以带孩子在院子里按着东西南北的方位实地走走；学英语背单词，可以给孩子提供单词拼图或是单词游戏。

我曾有过一次让孩子用体验去学习的体验。我的孩子在五岁的时候表现出了对小提琴的兴趣，但当时我并没有立刻带他学琴，而是首先给他提供了一些小提琴的故事，比如，一把小提琴，不同的部分都要选择不同的木料来制作，那些木料有的要晾干 30 年才能被使用。小提琴弓子的弓毛，常用马尾巴毛来做。一把手工制作的小提琴，常常要花上工匠们好几年的时间，因此非常值钱。意大利的小提琴是世界上最好的，特别是阿马提家族的琴。这种种小提琴的掌故和趣事，让孩子觉得非常有意思。同时，我还鼓励孩子用废纸盒等材料自己制作了一把小提琴，孩子对小提琴更有感觉了。之后，我就开始带他参加了一些中小学生的小提琴音乐会，尤其是一些琴行举行的学生小提琴演奏会。看着那些没比自己大多少的哥哥姐姐乃至同龄人在台上投入地演奏，儿子很受激发，他觉得他也可以做到像他们一样，因为他原本就和他们一样。这也是我为什么没有选择小提琴家的音乐的原因，虽然这些小提琴家要比中小学生们演奏得好得多，但小提琴家离儿子现在的感觉太遥远，他们的水平很容易让孩子望而生畏，失去信心。经过这样的体验之后，儿子非常心甘乐意地选择了学小提琴，直到今天都非常喜欢！

在此，要提醒父母一点，一定不要简单理解体验学习，体验的核心是"做"，但其实质却是"进入"，孩子体验的越多、越丰富，他获得的知识深度就越强。

帮助孩子体验学习，还有一个重要的方面不能忽略，学习是生活的一部分，从广义上来说，生活就是学习，因此，父母还要给孩子在生活中"做"的机会，凡是孩子能做的事情，就让他自己做。比如整理书包，带作业本，收拾房间，做作业，吃饭，穿衣，睡觉和洗内衣等等，一个孩子能做的事情真的很多。因此，我建议在您读完这篇文章后，立刻找出一张纸，逐条写下孩子能做的所有事情，从这一刻开始，就让孩子开始自己体验吧！体验将不仅改变孩子们学习的方法，更会改变他生活的方法。

8. 孩子写作业静不下心

孩子今年十岁，上小学四年级，写作业的时候常常静不下心来，窗外稍微有点声音，就跑到窗口去看，听见楼梯有人走路，也马上会问"谁来了"，我有事打个电话，她也立刻从房间跑出来，听我给谁打电话，总之一点风吹草动，就能让她分心，感觉她整天就像个躁动的热锅蚂蚁似的，没有心静的时候，她怎么这么静不下心来呢？

我觉得你可以首先给孩子讲这样一个故事：

从前有位地主巡视谷仓时，不慎将一只名表遗失，因遍寻不获，便定下赏金，要农场上的小孩帮忙寻找，谁能找到手表，奖金500美元。众小孩在重赏之下，无不卖力搜寻，奈何谷仓内到处都是成堆的谷粒和稻草，大家忙到太阳下山仍无所获，结果一个接着一个都放弃了。

只有一个贫穷小孩，为了那笔巨额奖金，仍不死心地寻找。当天色渐黑，众人离去，杂沓人声静下来之后，他突然听到一个奇怪的声音。那声音"滴答、滴答"不停响着，小孩立刻停下所有的动作，谷仓内更安静了，滴答声也响得更为清晰。小孩循着声音，终于在偌大漆黑的谷仓中找到了那只名贵手表。

当人沉静下来，才能看出所有干扰清晰思考，蒙蔽真实感情，影响智慧判断，以及阻碍自己找到答案的问题所在。

这个故事讲完之后，你可以给孩子一次机会，让她体验一下什么是心静的感觉，心静时对她自己做事有什么好处。比如，夏天的时候，从外面回来，孩子一般会很热，你可以让她先别打开冰箱喝冷饮，也别着急开空调。而是让她用温水洗洗脸。然后找一盘抒写寂静凉爽的大森林的音乐，在房间中播放。你可以跟女儿说，今天我给你一个可以让你凉快下来的新方法。

当然，我建议您要事先非常熟悉这首音乐，在音乐播放的过程中，您可以让女儿轻轻闭上眼睛，用一个舒服的姿势坐着，同时您不断用轻柔的声音对女儿讲述，现在我们走进了一个大森林，这里绿树参天，凉风习习，这是一个清晨，露珠都还在树叶上，刚刚升起的太阳把阳光洒过来，森林像透明的一样……总之，在音乐和语言的暗示下，你提醒女儿把注意力集中在你的描绘上，并体验现在她身体的感觉。我想她一定会收获一种安静，并感受到"心静自然凉"的道理。我建议你可以多有几次这样的尝试，这样孩子慢慢明白什么叫心思安静，静心甚至能消除夏天的燥热，而学习也需要这样的一种状态。

确实，我知道，对于一个四年级的性格毛毛躁躁的孩子来说，这并不是一下子就能做到的事情，所以特别需要您的耐心和细致。

您可以让孩子从 5 分钟开始，孩子只要保持 5 分钟的专注，就可以大声地赞美她、鼓励她，以后再逐渐延长到 10 分钟、15 分钟。通过赞扬和鼓励您的孩子就更能坚持专心。

9. 注意力不集中是一种病吗

我的孩子注意力超级不集中，上课坐不住。老师说他上课时经常不听讲，旁若无人地玩自己的，喊他起来回答问题，什么都不知道，把老师气得没办法。我发现他在家写作业也很不专心，一会儿就不知道他心思跑哪了。他又不是一年级的孩子了，马上就上四年级了，总这样下去怎么办啊？为此，我没少批评他，忍不住还常常对他大发脾气，结果弄得我们俩的关系特别僵，他还故意和我对着干。我听说，注意力不集中是一种病，不知道我的孩子是不是就属于这种情况呢？

"我的孩子怎么那么注意力不集中，那么多动啊，他是不是有什么病啊？"常常会有忧心忡忡的家长这样咨询。其实，好动是孩子的天性，绝大部分的孩子多动、注意力不集中只是他们成长必经的阶段，他们需要成年人的带领，随着心智的成熟，这些问题都会慢慢迎刃而解。当然，有少数孩子会有"注意力缺陷多动症"，但这需要经过专业训练的医生才能确诊，父母千万不要动不动就把孩子冠以"有病"。而且很多教育专家和心理学家的研究也发现，即使那些真的患有"注意力缺陷多动症"的孩子，如果父母肯用心帮助，他们也能有很好的表现和发展。

那究竟应该怎么做呢？

一个非常简单却有效的方法是，父母能和孩子在一种轻松、积极、正面的气氛中相处，这个时候，孩子和父母都改变了平时看待对方的方式，父母不再觉得孩子处处是个问题孩子，而孩子也不会觉得父母总是在批评和指责他。从现在开始，请您和孩子约定一个可以每天在一起玩的项目。你可以每天抽出 20 至 30 分钟的时间完全归孩子所有，你在这段时间里和孩子一起做一些事情，这段时间可以设定在固定的时间，也可以利用你和孩子的空当进行。切记！这段时间内不可以有任何紧张的气氛，且不能在争吵之后立刻进行。

你也可以在这段时间和孩子聊天，如果他能主动和你说他的事，你一定要认真细致地听，千万不要趁机去评论和批评他，同时你也可以和他聊聊你工作上的事情。这样做的重要意义在于，不但拉近你和孩子的关系，更重要的是，让孩子发现你每天都很用心于这段"专属时间"，即使今天你们之间曾发生了很不愉快的事，都不会影响到这段时间的氛围。

在你和孩子关系改变的基础上，可以对孩子进行一定的行为训练。比如用最常见的行为训练的方法——运用奖励。你可以对孩子写作业的情况进行打分，从 1～5 分不等，并事先跟孩子约好，他积攒多少分就可以获得他渴望的东西，比如玩具、出去旅行等。最重要的是，你要找到最能吸引孩子的奖励。

行为训练的方法很多，如果你需要丰富这方面的知识，可以买一本专门的注意力训练的书。但是有一点我要提醒您的是，方法都是很容易做到的，关键是你能否坚持一直做下去。我遇到不少父母，常常坚持一个星期就不能坚持下去，反反复复的教育会让孩子的情况越来越糟。

10. 孩子偏科，不爱学英语

孩子其他功课都很好，但就是不爱学英语，英语成绩一团糟，每次都是英语严重地拖了总成绩后腿。该怎么办？英语现在是世界语言，使用范围非常广，不掌握英语怎么行，可孩子就是听不进去啊。

作为家长，我们当然知道每门功课都有它的重要性，可是只有让孩子自己有深刻认识才管用。我想你的孩子肯定有他自己特别的爱好。最好的办法就是把英语和他的爱好联系起来，用"爱屋及乌"的方法促进他去学英语。举个例子来说吧，如果你的孩子特别喜欢足球，您可以在网上下载他喜欢的国际球星的英文资料给他，开始的时候一定要注意图文并茂，图多些，文字少些，你也可以帮他先查一些他可能不认识的单词，只留下很少的几个需要他自己去查字典，慢慢地他体会到英语的实用性，就能对英语多一些爱好了！

11. 高二的儿子突然不想上学了

有一天，孩子早上磨磨蹭蹭不肯起床，喊了好几遍，说是不舒服，想到也许是生病了，就没让他去，吃完中饭，看他精神很好，就让他去上学，可是他又说头疼，说今天就不去了。我也没强求。没想到第二天，他又说不舒服，可是看起来他并不像生病的样子啊。我就让他去医院，有没有病医生一看就知道了。可是他不去。下午干脆说，他不想上学了，再也不去了。问他原因，他却说，没什么原因，就是不想上了，觉得上学很"烦"。我仔细想想，最近也没发生过什么事啊。可从那天以后，他就真的不上学了，现在都两个多月了，他爸打他骂他，都不管用，气得他爸都病了。我该怎么办啊？不上学，孩子将来还有什么前途呢？

孩子突然提出不上学了，一定有他的心结和原因，只是这个原因你们不知道，孩子也不愿意对你们讲。我能理解你们希望孩子赶紧重返校园的心有多么迫切。可是现在重要的还不是让孩子上学，而是能让孩子对你们把心敞开。

这绝对是一个非常艰苦的工作，只有完全的信赖和紧密的情感联系才能让一个人对另一个人完全吐露心声。我想这是你和你先生需要反思的地方，你们是否给了孩子足够的安全感，让他能够信任你们，你们是否常常和孩子有贴心的交流，让他觉得你们能够理解并尊重他。如果这些答案都是否定的，那就赶紧开始改变，哪怕先接受孩子放弃学业的现状，也不能失去孩子的信赖。

12. 孩子想将来从事乒乓球专业

　　孩子在私立学校读初中，成绩还可以，很聪明。但有一点很麻烦，他迷上了打乒乓球。刚小学时他曾学过两年乒乓球，后来学习紧张我就没有让他接着学了，上初中后，他们学校有一个乒乓球俱乐部，他就报名参加了。没想到他迷上了乒乓球，还将打乒乓球作为自己的梦想，说以后要当乒乓球运动员。我们觉得体育运动的苗子都得从三四岁培养才能出成果，可他现在都 14 岁了，还来得及吗？如果不行，又耽误了学习，岂不是会影响他一辈子的前途吗？

　　当孩子上到初中以后，他们渐渐有了自己的想法，憧憬着将来，编织着梦想，并朝着他们心里的梦想努力。这是很好的事情。可是父母根据自己的人生经验，总觉得孩子应当现实一些，实际一些。多数家长觉得，学好语数外等文化科目、考个像样的大学才是正经。

　　我很能理解家长们的心情，也能理解你生怕耽误孩子前程的心理。可是，孩子的发展总有他自己的轨迹，很难遵照父母的心愿，因此，有时候，顺应孩子的心愿和要求反而是更好的选择。下面有一段山东大学的学生记者采访加拿大著名考古学家克劳福德的片断，我想提供给你，或许对解决你的问题会有些启发。

　　记者：克劳福德教授，您为什么会选择考古学，做一名考古学家？

　　克劳福德教授（以下简称克）：我一直对科学抱有兴趣。在科幻小说里我总是对那些有关时间旅行的故事最感兴趣。而在现实中，考古是体验时间的奇妙的最好方法——你回到了过去；而你不是在读历史书，不是在阅读别人对过去的解释，是亲眼所见。对于那些艺术品，你是几千年里的第一个到访者。

　　我之所以选择考古学最重要的来自我父母的影响。小的时候，父母经常带我旅行，他们告诉我历史有多重要。大约在我 11 岁的时候，我们到了欧洲并在那里住了四年。我们参观欧洲古迹——罗马的、希腊的……作为一个小孩，那些对我来说真的不可思议，我看到了那些有 2500 多年历史的东西。试着去想象：几千年前那儿到底是什么样的？那种感觉是无法解释清楚的，它一下子击中你。

别人也许看一看，想"哦，挺有意思的"，然后就走开，把它置之脑后了，但是我真的很感兴趣。

记者：这么说，您成为考古学家主要是因为个人兴趣？

克：嗯，主要是。我没想过要发大财，我知道从事考古研究我会有过得去的生活。实际上不只是过得去，我做得还不错。因为它是我的兴趣所在，所以我成功了，然后好的事情就一件接着一件来了。如果我试着去计划这一切，也许我做不到。

记者：就像我们汉语里说的"有心栽花花不发，无意插柳柳成荫"吧？

克：对。我在大学学考古时也很努力。至于为什么会选择植物考古学这个方向，是因为我对植物很感兴趣。我的父亲是园丁，我们家最喜欢的一项活动就是野营，去学习怎样野外生存。要在野外生存，你必须向当地人学习怎样利用植物以及经济作物。当我上了大学，发现有这样一门学科，可以将自己的兴趣爱好和学业结合起来，我很高兴。所以在选择专业时要谨慎。有人告诉我，当他想学考古的时候别人质疑他"你怎么想学考古呢？"但我觉得这有何不可？也许有时会受到条件的制约，但是如果你想学什么就完全可以去学。

记者：在您的成长历程中，对您产生重要影响的，是您的父母吗？

克：是的。他们不像其他父母那样，要求我必须当医生或律师之类的。我的父母很懂教育孩子。我父母都是高中毕业，我妈妈在商学院，我爸爸高中毕业以后参军，在空军工作。空军学校不错，但总是需要迁移，我父亲本可以升到很高的职位，但是他认为小孩需要稳定的环境，所以就退役了，送我们去了稳定的学校。

现在，在我多伦多的班上，大约80%的学生是非欧洲血统的，他们来自中国、南亚、中东等许多国家和地区。你看着房间里的一张张面孔，虽然大部分都不是欧洲面孔，但是他们的文化和语言却完全是加拿大的。然而他们的父母还是来自那些古老的国家，许多父母尤其是南亚的父母，希望他们的孩子过一种受保护的生活，他们想替孩子安排一切，甚至婚姻——典型古老国家的思维。他们会希望孩子从事像律师那样的在他们看来重要的职业。孩子总会反抗父母的这种安排。我是鼓励我的学生做自己喜欢的事的。

　　记者：做自己喜欢的事，您就是最好的例子吧。

　　克：对，坚持下去，你就会成功，获得你想要的生活。

　　我想看了克劳福德的经历和感受，您一定也有一些启发吧，一个孩子只有做他真正感兴趣的事情才更容易成功，他也才能更快乐。父母只有遵从这种规律，才能成为一个成功的父母。当然，我并非说你的孩子的真正兴趣就是乒乓球，也许他还会有变化，您可以在了解孩子的基础上，征询专业人士比如他的教练的意见和看法，我想能帮助孩子一起做出更好的选择。

13. 每次都买书，但就是不看

　　我的孩子常常让我帮他买书，到了书店，他自己也会挑一大堆书，可是买的书他却很少看，我一方面觉得买书是件好事，另一方面又为他没有养成读书的习惯发愁。该怎么办呢？

　　我不知道你的孩子有多大，如果他还在小学五年级以下，要培养他阅读习惯的第一步是你给他读书。可能你疑惑，不是只有不认字的幼儿园孩子才需要家长给读书吗？孩子都上小学了，字认了很多了，他应该自己读书了。其实，这是一个误解。孩子自主阅读习惯的建立是从听父母读故事开始的，在读故事的过程中，他享受到的不仅是书的内容，还有和父母融洽相处的感觉，这种美好的感觉印在他心里，会增加他对阅读的喜爱。因此，只要你的孩子还在小学阶段，除了他自己读书的时间之外，你最好每天能抽出20 ~ 30分钟读书给他听。

　　在你读书给他听的同时，还可以采取亲子共读的方式，比如你读一页，他读一页。如果爸爸妈妈和孩子能一家三口在一起读，那就更好不过了。

　　我们曾经在全国推行家庭轮流阅读值班制度。就是全家一起读书的很好方法。每周由一个家庭成员值班。如果是爸爸值班，就由爸爸负责挑选短小精悍的好文章，如果是妈妈值班，这项任务就由妈妈承担。等到孩子值班的时候，孩子也会按照这个标准去挑选，这个过程，不但能让孩子自由阅读，扩大孩子的知识面，还能提高孩子的鉴赏水平、读书品位。更重要的是，如果家庭中能够坚持这个制度，孩子就会在读书学习的氛围中成长，他会越来越爱书，并对学习有深厚的感情。这真的是一举多得的好事，你不妨尝试一下。

第十二章　勇敢的品质

能够战胜心中的恐惧

敢于挑战自己

在童话里有这样一只狮子，它胆小时就会变得很小，连兔子都可以欺负它，但当它勇敢起来立刻又变成了威风凛凛的兽中之王。勇敢可以让一个人变得强大。

家长们都希望自己的孩子能够勇敢，可是我们的孩子够勇敢吗？我曾经看到过这样一项很有意思的调查，杭州青少年活动中心的小记者们围绕"现在的孩子怕什么"这一主题，对全市800名幼儿园的小朋友、600名小学生和200名中学生进行了调查。调查结果让爸爸妈妈们都吓了一跳，他们没想到孩子们竟有这么多的"怕"！

孩子们怕什么呢？从怕挨老师"K"，怕没有"死党"一起玩，怕考试砸锅，怕挨爸爸揍，到怕老鼠、狗、蛇、蟑螂、蜈蚣、蜘蛛、毛毛虫、蚊子、黄蜂、蚂蚁，怕一个人横穿马路，怕在陌生人面前说话，怕抽血，怕鬼，怕黑，怕无聊……小记者们一共总结出了100个"怕"。

孩子们怎么会有这么多害怕的事物呢？是什么让我们的孩子不够勇敢呢？我想这和我们在教育孩子中常存在的误区有关。

对孩子不放心，总是把他藏到自己身后。有的家长总是觉得孩子还小，因此不管孩子做什么他都不放心，处处挡在孩子前面，什么事都恨不得亲手替孩子去做。我认识一位妈妈，她就是这样一个典型。

她的孩子今年都上初中了，可许多事她都不敢放手让孩子自己去做。孩子每天上学她亲自送，放学姥爷接。大家都说孩子这么大了，完全可以让他自己一个人上下学，她却说，这怎么行，路上车多危险。妈妈从来不让孩子削水果。有一次我去她家做客，孩子刚拿起小刀准备给我削苹果，她立刻大声制止："快把刀放下，危险！"孩子在学校里和同学有了矛盾，这原本是孩子之间的事情，应该由孩子自己来解决，可她总怕孩子吃亏，每次都要亲自出面去找老师评理。

不知道她对孩子的这种保护将要持续到什么时候，但我真的有些担心，在这样的保护下孩子是否能够勇敢。其实很多时候不是孩子不愿勇敢，不敢勇敢，而是他勇敢的机会被父母的过分担心剥夺了。

为了让孩子听话，总爱吓唬孩子。孩子对某件事物的恐惧不少是家长造成的，为了让孩子听话，有些家长总爱吓唬孩子。那天我在小区散步时看到了这样一幕：

一个五六岁的小男孩蹲在地上仔细地观察着蚂蚁窝，他的妈妈站在一旁。看着看着，小男孩忍不住伸手想去抓正从洞口爬出的蚂蚁。妈妈看见了，立刻制止："别碰蚂蚁，都是土，多脏啊！"小男孩的手往回缩了一下，但他还是忍不住，又一次以更快的速度把手伸向了蚂蚁洞。

这时妈妈一把将小男孩抱起，厉声对他说："不是告诉你不要去碰了吗？蚂蚁会咬人的，而且一咬就是一个洞，如果它咬到你的手，你的手就会烂一个大洞，很疼的，到时候看你怎么办！"

小男孩看看妈妈，低头看看蚂蚁，再看看自己的手，吓得哇哇大哭起来。

小男孩终于如妈妈所愿，远远地离开了蚂蚁窝，不过他的心里却从此多了一份对蚂蚁的恐惧。虽然他总有一天会知道妈妈说的那番话不是事实，蚂蚁也并没有这么可怕，但在真相揭开之前，蚂蚁在他的心里该有多么可怕啊。我想许多孩子之所以对黑暗、对鬼怪那么害怕，很大程度上也是被家长吓怕的。

不经意间在孩子的心里架设了一道障碍。当你埋怨孩子不够勇敢，不敢放手去做某件事时，你有没有想过，在孩子鼓起勇气之前，你是否不经意间在他心中架设了一道恐惧的障碍了呢？

女儿对妈妈说："妈妈，我想学舞蹈，你觉得怎样？"
"好啊，不过学舞蹈可不是一件容易的事情。"妈妈说。
"学舞蹈很难吗？"女儿有些担心地问。
"那当然啦。舞蹈看着很优美，但学起来却很辛苦。最苦的是练基本功，这将是一个非常痛苦的过程。要想舞姿优美，你必须要有很好的柔韧性，这就需要咬紧牙苦练。每天都要压腿、下腰，好多人都受不了，疼得直流眼泪……"妈妈滔滔不绝地向女儿描述着练功是多么累、多么苦的一个过程，女儿听着听着，渐渐皱起了眉头。

不知道这位女孩最终有没有选择去舞蹈班学习舞蹈，但我们可以想象母亲的这段话让女儿对舞蹈产生了怎样的印象。在孩子眼中，舞蹈原本是那么美好的事物，她对学舞蹈也充满了渴望，可没想到母亲口中的学舞蹈竟是那样一番可怕的景象。没准听母亲这样一说，女孩已经在心中打起了退堂鼓，因为她没有那么大的勇气去面对如此艰难的一件事情。或许母亲的初衷只是想让孩子知道学舞蹈不是那么容易的事，要做好迎接困难的思想准备，但无形中却在孩子心里架设了一个难以逾越的障碍。

词典上说"勇敢"就是不怕危险和困难，我想说勇敢其实就是一种力量，这种力量可以让一个人战胜自己内心深处的害怕和恐惧，可以让一个人不断挑战自己、超越自己。因此如果想让你的孩子成为一个勇敢的人，你就必须要让他具有下面两个特点。

能够战胜心中的恐惧

英国哲学家培根曾这样说过："如果问人生中最重要的才能是什么？那么答案则是：第一，无所畏惧；第二，无所畏惧；第三，还是无所畏惧！"勇敢是成功者必备的素质，只有那些做事从不畏缩、富有冒险精神的人，才能成就伟大的事业。然而对勇敢而言，第一重要的并不是和什么强大的东西作战，勇敢首先要能够战胜的是每个人内心的恐惧。

美国作家莫顿·亨特从小体弱怯懦，不敢冒险。一次他跟随伙伴攀登二十米高的悬崖。当他攀登到离崖顶三分之二路程的石架上时，由于恐惧他全身颤抖，上不去也下不来。其他伙伴不但不帮忙反而嘲笑他，最终各自回了家，只留下他一个人在悬崖上进退两难。

由于恐惧和疲乏，他全身麻木，不能动弹，只能在石架上哭泣。暮色中父亲赶来了。他并没有把儿子抱下来，也没有搬梯子让他下来，或者拿绳子把他吊下来，而是要他自己从石架上爬下来。亨特哭着说："我不下去，我会掉下去的，我会摔死的！"父亲开导说："不要想着距离有多远，你只要想着你是在走一小步，你能办到的，眼睛看着我电筒的光照着的地方，你能看见石架下面那块岩石吗？""看见了。"亨特说。接下来父亲指导他爬下第一步。"现在你把左脚踏到那块岩石上，不要担心下一步，听我的话。"亨特伸出左脚试探着踩到了它，顿时有了信心。父亲鼓励他："很好！现在移动右脚，把它移到右边稍低一点的地方，那里有另外一个落脚点。"亨特照做了，信心大增："我能办得到的。"

亨特一小步一小步地移动着，他不再害怕了，最终慢慢爬下了悬崖。

父亲完全可以抱亨特下来，或是搬梯子救他下来，但他没有那么做，因为他知道帮得了孩子一时，帮不了孩子一辈子，在今后的人生路上遇到危险时儿子只能靠自己，他必须要锻炼孩子的勇气，帮助他获得克服困难的经验和方法。在父亲的引导下，亨特最终克服了恐惧，排除了险情。

说到这里，我想起了一个叫高尔东的小学六年级孩子，他对战胜内心的恐惧很有心得。他把这些心得总结为"三大战役"。

> 游泳是我印象里最害怕的一件事。我从小就怕水，除了手、脚、脸外，头和身上最怕沾水，一沾水就会觉得特别紧张和恐惧。妈妈告诉我，在我小的时候，洗澡可是一件难事，不哭个天翻地覆别想洗了澡。带我去游泳也很痛苦，水一没过脚脖子，我的哭声会响彻整个游泳馆。
>
> 当时，一看见一池子水，我就想"我真不行"，决不下水。
>
> 后来下了水，把头放在水里更是一件"比登天还难的事"。我怎么都想象不出来我的头能放到水里。
>
> "我真不行"就像一个魔鬼，一见它掉头就跑。记得刚上游泳训练班时，教练问我为什么不愿下水，我说水里有水鬼，教练哭笑不得。训练一开始，我就找诸如上厕所、肚子疼等理由，拖延时间。
>
> 在教练的严厉要求下，我只好"硬着头皮"下水，头也扎到水里去，慢慢觉得，曾经认为根本不可能的事，也并不难。跨过这一"痛苦"后，最终学会了游泳。水里不但没了水鬼，还成了快乐的天堂。回头一想"我也不是不行"呀！
>
> 游泳训练班结束，我和小伙伴一起游泳向家长汇报时，大家都说我的姿势标准，妈妈激动得不行。我就想"我还能行"！
>
> 有了这种体验，再遇到心里发怵但又必须做的事，我先就"硬着头皮"过一关，然后等待享受闯关后的快乐。
>
> 有了这种体验，我已经不再害怕困难了。

我们再来回顾一下高尔东的"三大战役"吧："第一战役"，"我真不行"到"硬着头皮"；"第二战役"，"硬着头皮"到"我也不是不行"；"第三战役"，"我也不是不行"到"我还能行"。我想高尔东的"三大战役"实际就是克服心中恐惧的心理过程。或许你也有过这样的感受，许多事情看起来让人发怵，但真被逼到那个份儿上，只要能壮起胆来，咬紧牙关，硬着头皮也就过去了。

其实我们每个人的心中都潜藏着一股战胜恐惧的力量，重要的是学会怎样调动它。或许高尔东的经历，能给你的孩子一些启发。

敢于挑战自己

有这样一则故事：

有一天，一只鼬鼠向狮子挑战，要同它一决雌雄。狮子果断地拒绝了。

"怎么？"鼬鼠说，"你害怕吗？"

"非常害怕，"狮子说，"如果答应你，你就可以得到曾和狮子比武的殊荣；而我呢，以后所有的动物都会耻笑我竟然会和鼬鼠打架。"

鼬鼠笑了："我才不在乎别人怎么想，我只想得到一个挑战自我的机会。"

鼬鼠的勇气让人佩服，而我们的孩子却常常缺少这种挑战自我的勇气。许多事情还没去做，心里就有个声音在说"我不行"，试都还没试过就已经打起了退堂鼓，当然结果注定只能是失败。

你一定听说过蹦极吧，或许你还亲身体验过。作为一项极限运动，它挑战的就是一个人的勇气。虽然知道有着充分的保险措施，但当站在高高的蹦极台上俯瞰脚下时，很少有人不会心生恐惧。要战胜这种恐惧，需要挑战自我，需要极大的勇气。但当鼓起勇气，抖抖索索最终迈出向上跃起的第一步后，感受到的将是前所未有的力量和喜悦，那种战胜恐惧的喜悦，那种战胜自我的力量。

孩子成长的道路上将会有许多困难和危险需要他面对和挑战。战胜困难的过程，就是挑战自我的过程，而我们的孩子却缺乏对自我进行挑战的训练。对孩子身体的过度担心和保护往往造成孩子性格上胆怯的缺陷，因此要让孩子变得勇敢，就要多给孩子一些挑战自我的机会。

"哈佛女孩"刘亦婷十岁时，爸爸对她进行了一次残酷的训练，让她挑战自我——捏冰一刻钟！爸爸和刘亦婷打赌，如果她敢捏冰15分钟，就给她一本书。捏冰开始了，第1分钟，感觉还可以；第2分钟，就觉得刺骨的疼痛，刘亦婷急忙拿起一个药瓶看上面的说明，转移注意力；到了第3分钟，骨头疼得钻心，像有千万根刺在上面跳舞似的，她就用大声读说明书的方法来克服；到了第 4 分钟，感觉骨头都要被冰冻僵、冻裂了，这时她使劲咬住嘴唇，让痛感转移到嘴上去，心里想着"忍住，忍住"；第 5 分钟，她的手变青了，也不那么痛了；第 7 分钟，手不痛了，只觉得冰冰的，有些麻木；第 8 分钟，她的手就完全麻木了……当爸爸跟她说"15 分钟了"的时候，刘亦婷的手已经变成了紫红色，但她却高兴得跳起来欢呼。

在佩服小亦婷挑战自我的勇气和毅力时，我也不禁佩服这位父亲。这个看似"残忍"的捏冰行动，却教会了小亦婷如何挑战自我，给了她应对困难的智慧与胆量。

正如美国哲学家爱默生所说："我们最强的对手不一定是别人，而可能是自己。"懂得如何战胜自己的人，又有什么困难能吓倒他呢？

问题解答

1. 孩子怕黑

我的儿子九岁了，从小学一年级开始他就自己一个人睡，但都好几年了，他每天晚上都要把自己房间里的灯开着才能睡着。有时候我看见他好像睡着了就过去把他的灯关掉，但常常是刚一关灯他就一下子坐起来，把我吓一跳。我问了他好多次，为什么开着灯睡觉啊，他总说"房间太黑了，我害怕"。除了晚上不敢关灯睡觉外，他对天黑和黑的环境都害怕。我发现天一黑他就不敢一个人出门了。我们家和他爷爷家就相距一条街的距离，如果吃完晚饭我们有事不能和他一起回家，他就要待在爷爷家等我们去接他或者让爷爷送他回来。

怕黑是许多孩子身上都普遍存在的问题，从某种程度上说，怕黑是人的一种正常反应，人的眼睛是接收信息的主要途径，当人处在黑暗中时，无法通过眼睛来观察周围的事物，也就难以确定是否有危险靠近自己。对周围事物和变化的不了解，就会使我们由于缺乏安全感或多或少地产生恐惧。

同时，孩子的想象力是那样的丰富，在黑暗中，以前曾在童话、电视里见过的妖魔鬼怪浮现在脑海，如果再相信这些妖魔鬼怪会真的出现在现实里，害怕就在所难免了。

孩子为什么会产生这样恐怖的想象呢？有些正是家长引导的。在孩子不听话或哭闹的时候，不知道你是否也曾随口说过这样的话："你再不乖就把你关进黑屋子里去！""你不乖乖吃饭，待会儿妖怪就会来找你。"就如同前面提到的那位妈妈用蚂蚁咬人吓唬孩子那样，这样的话也很容易放大或加深孩子对黑暗的恐惧。孩子很清楚黑屋子是对他不乖的惩罚，那黑屋子肯定不是什么好地方，里面也许就藏着各种各样的妖魔鬼怪，想想还真让人毛骨悚然。

尽管用黑暗或子虚乌有的怪物来恐吓孩子是对待孩子不听话屡试不爽的"良方"，它在使孩子快速安静下来方面确实有独到的功效，但这样做的不良作用也是显而易见的，它将使孩子的内心更不平静。对孩子来说，内心的平静往往比外表的安静更重要。

有一位妈妈也曾为她五岁女儿怕黑的问题忧心不已，不过她很快想到了一个好方法。她为女儿买了一套夜光拼图游戏，但女儿必须通过自己的勇敢赚得这套拼图。妈妈先将女儿房间的灯调到微微亮，女儿只能依稀看清周围的环境。只要女儿能在这间屋子里待上一下子（十秒左右），她就能得到一个小拼图。这样的要求并不那么可怕，也并非很难做到，女儿很快就喜欢上了这个游戏。为了尽快得到整套拼图，女儿一次次跑进只有微弱亮光的房间。如此反复几次后，妈妈再要求她试着走进开着门但未亮灯的房间里，还是只要待上一下子，她就能得到一块小拼图，这个游戏也进行得很顺利。渐渐的，女儿终于可以勇敢地走进黑房间，而且在黑暗中停留的时间也越来越长。女儿终于得到了整套拼图，当她和妈妈一起在黑暗中拼出了整幅闪着荧光的图画时，看着眼前美丽的图案，小女孩由衷地说："原来黑暗并不可怕！"

我想这位聪明的妈妈已经知道如何从根本上消除孩子对黑暗的恐惧，那就是让孩子能够触摸黑暗、了解黑暗、适应黑暗。你完全可以借鉴那位妈妈的方法。你可以在黑暗中拉住孩子的手，和他说说开心的事情，讲讲愉快的话题。然后，你可以带着他观察一下四周的环境，看看物体在黑暗中是什么样的，或者用手摸一摸。像那个怕黑的小女孩一样，对黑暗有了更多的了解，在黑暗中也能感受到快乐，孩子对黑也就没那么恐惧了。

2.11 岁了，还不敢一个人睡

我的女儿今年 11 岁，她晚上不敢一个人睡觉，总说自己害怕。

有一天晚上我们逼着她到她自己的床上去睡，她就又喊又叫又哭的。我告诉她不要怕，爸爸妈妈就在隔壁，有什么事喊我们就行了，还告诉她每个人长大了都要自己一个人睡的。可是不管我怎么讲道理，她还是不肯一个人睡。

对于不敢一个人睡的女儿，再怎样劝她"不要害怕"都不会有多大的作用，她最需要的是你的理解。你可以对她说："一个人睡觉的确容易令人害怕，但我们一定能够找到好方法让你不再这么害怕。"这番话既体现了你对孩子的理解，也可以增强孩子消除恐惧的信心。当然，你还可以对她来个自我开放，和她分享一下自己的经验。例如告诉女儿自己也有过这样一个过程，也曾经害怕一个人睡觉，后来又是用了怎样的方法把这种恐惧克服了。这段经验的分享，既可以让女儿得到安慰，知道原来害怕的并不止自己一个人，又能给她多一点战胜恐惧的信心：妈妈曾经战胜过恐惧，那我也行！

为了让孩子更快适应一个人睡觉，你可以在孩子入睡前陪在她身边，用柔和的语调和她说说话，给她讲一些情节起伏不大的故事，或者让她听听舒缓的音乐，这些都可以转移她的恐惧，帮助她渐渐入睡。尤其要注意的是，在孩子睡觉前，千万不要让她看一些情节曲折、场面恐怖血腥的电视或图书，这样的东西会让孩子加深恐惧感或变得兴奋，不利于她入睡，尤其是不利于她一个人睡。

3. 五年级了，不敢一个人在家待

我的女儿小学五年级了，她从来不敢一个人在家。我和她爸爸的工作很忙，由于她不敢一个人待在家里，每天加完班不管多累、多晚还要去她大姨家把她接回来，我们累不说还打扰她大姨家的生活。每次我问她为什么不敢一个人待在家里，她的理由可多了，要不怕坏人突然闯进来，要不就说家里藏着什么怪物，还说她曾经一个人在家的时候听到过奇怪的声响。

其实，不光是孩子，胆小点的大人有时也有这样的经验，如果一个人待在家里，会觉得很孤独，没有安全感。这个时候，很容易胡思乱想，越想越害怕。虽然您的女儿五年级了，她也就 11 岁的样子吧，这个年龄晚上一个人待在家里有害怕的表现是很正常的。在西方很多国家的法律都规定，不能让小于 13 岁的孩子独自一个人待着，因为他们还是需要陪伴的年龄。

因此，不要认为你的孩子不正常，她的表现完全可以理解。如果可能，我建议您在需要应酬的时候，尽量带上孩子一同前往，同时建议对方也带上

孩子。这样不仅增加了你和孩子相处的时间，也可以让孩子多一些与人交往的机会，最重要的是能和父母一起参加这些重要的活动对孩子而言是快乐和幸福的，这代表着父母对他的看重。

如果不得不把孩子一个人留在家里，你可以告诉孩子你大概什么时候回来，建议孩子她独处的这段时间可以做些什么，让她能把这段时间安排得比较满，有事做，可以减少她胡思乱想的机会。同时，您一定要在您承诺的时间到家，或者略微提前一些，如果你到得晚了，很容易引起孩子的不安。如果您能准时回来，孩子感觉到你说话算话，同时她也会发现，自己单独待的这段时间挺好的，没有什么不好的事情发生，下次您再让她单独在家，她就比较容易接受，胆量也会增加。

当你留孩子单独在家的时候，别忘提醒孩子，当有陌生人来敲门时，一定不要给他开门。

4.孩子不敢表达自己的想法

我的孩子上初二了，她成绩挺好的，各方面表现也不错，但就是不太敢表达自己的想法，在家里的时候我和她爸爸说什么就是什么，她从来不会反驳，就算是自己受了委屈。在学校里也是这样，上课时明明知道答案却从来不敢举手发言，有一次同学把她欺负哭了，老师询问情况时，她却什么也没说。我不明白，为什么就不敢把自己心里的想法说出来呢？

和那些不敢表达自己想法的孩子好好聊一聊，你会发现他的心里常常会有这样两种顾虑：

＊不要轻易发表自己的意见，说错了别人是会笑话的。

＊不要把真实的想法说出来，不然别人会不高兴、生气，甚至迁怒于自己。

第一种想法是出于自尊心的考虑，他们担心自己万一说错了会遭到他人的嘲笑，从而被人看不起。第二种想法则是出于对他人和自己共同的考虑，为了维持自己在他人面前"好孩子"的形象，为了不惹别人不高兴或生气，更为了不遭到别人的"报复"，他情愿忍气吞声，把委屈埋在心里。

要让孩子勇敢表达自己的想法，家长需要首先帮助孩子打消心中的顾虑。对于怕别人笑话的孩子，你可以对他说："如果你担心你说错了话遭到别人的嘲笑，那我想你完全可以放轻松。谁会没有说错话的时候呢？爸爸妈妈有时也会说错话啊。如果真的错了，别人笑一笑也没什么关系啊？别人说错话时，你也曾经哈哈大笑过吧，可你会因此改变对他的印象吗？一两次的失误并不会对你产生多大的影响，但你表达出了自己的想法反而会让大家认为你是个勤于思考、善于表达的人。"

对于怕惹别人不高兴的孩子，你可以对他说："没有能够说出自己的想法和感受，我想你一定很委屈。你能够照顾到别人的感受这很好，但你也不需要让自己受委屈。你可以说出自己真实的感受和想法，只要你说的有道理，你够真诚，我想没有人会因此记恨你，反而会感谢你的真诚、敬佩你的勇气。"

或许这样的话并不能让你的女儿立刻变得勇于表达自己，但至少让她明白了你在这件事情上的态度，可以引导她对这件事重新进行思考。

5. 孩子总被人欺负怎么办

我的儿子今年六岁，他从懂事开始就和周围的小朋友相处融洽。前段时间我们搬了新家，但自从这以后，我的孩子就开始被人欺负。小区里有两个小男孩老是找他麻烦，有时甚至把他按在地上坐在他身上掐他的脸还脱他的鞋子。孩子很害怕，但我真不知道该怎么办？如果我去替孩子出头，怕会养成他依赖大人解决问题的习惯；教他离他们远远的，又怕他变得软弱；教他还手，又有可能让他沾染上打人的毛病。在这件事上，我到底该做点什么呢？

孩子在外面被人欺负，父母首要的责任不是给孩子分析欺负他的人为什么会这么做，为他们寻找理由，也不是从孩子的角度出发分析他为什么会被欺负，他该怎么做，父母首先要做的是医治孩子情感上的创伤。

可以想象孩子心中此时的感受，愤怒、委屈、羞辱，面对处于这些情绪中的孩子，你说什么大道理都没有用，他最需要的是你的同情和理解。"我想你一定尴尬极了"，"我想你一定很生气"，"我想你一定很伤心"，说出这样的话是你明智的选择。这样的陈述会向孩子表示你理解他的感受，会让他明白，当他需要你的时候，你就会站在那儿。就像孩子身体受伤时父母会提供身体上的急救一样，当孩子遇到情感的创伤时，你同样需要提供情感上的急救。

孩子受到了欺负，到底应不应该还手，这个问题也让许多家长困惑。虽然大多数家长都认同不能教育孩子"以牙还牙"，但也对一味忍让心存顾虑。在被人欺负时，孩子常常会由于势单力薄不敢吱声，默默地忍受。我想对那些常被欺负的孩子而言，教会他怎样机智地寻求帮助，将是对他最大的帮助。

我认识一位母亲，她是这样教育孩子如何对待欺负问题的。

首先，绝对不能去欺负别人。

其次，要分清同学之间的小打小闹和欺负之间的不同。同学之间的打闹常常是一种开玩笑，很多时候是闹着玩的。这种闹着玩，有时也会让人有不舒服的感觉。如果你觉得不舒服，可以选择离开现场，或者告诉同学："我不喜欢你这样做！"如果对方的行为让孩子感受到有明显的恶意，并让自己的内心很不舒服，很可能对方就是欺负的行为。她建议孩子可以采取三步走的策略。首先第一步，让孩子用严肃而且不容置疑的声音对对方说："你欺负人是不对的！我要求你立刻停止！"这样的话和语气都带有很强的威慑力，可以让对方住手。如果对方不停，第二步就是严厉警告："如果你再这样，我就不客气了！"如果对方还是不听，就可以采取第三步，用十倍的力气把对方打倒。

第三，遇见明显比你大得多的孩子欺负你，你要想方设法向别人求助，而不是硬碰硬。

虽然在被欺负中要不要动手方面还存在着很大的争议，但我觉得这位妈妈在关于"欺负"的教育中考虑了不少可能性，这样就让孩子比较心中有数。

当然，避免欺负的最好办法还是让孩子自己能勇敢起来，不要对那些不好的行为和人心存畏惧和恐惧，因为畏惧和恐惧很容易让自己丧失力量，更容易落入被欺负的境况中。

6. 要不要让孩子自己上学

那天晚上孩子突然对我说："妈妈，能不能让我自己去上学？"我觉得很奇怪，问他为什么，他说好多同学都是自己上学的。我很高兴，觉得他长大了，但不免又犯了愁。我们家离学校有好几站地，如果我们不送孩子去上学，他就必须独自坐公交车，还要过一条大马路。正是因为怕危险，从小学一年级到现在，我们天天都会送他上学、接他放学，有时候我们不方便也会让他的爷爷奶奶帮忙。请问，像这样可能会有危险的事情可不可以让孩子自己去做呢？

其实很多时候我们太低估了孩子的能力，孩子并不像我们想象中的那样脆弱。

　　我认识一个五岁的孩子，还有幸吃过他做的早餐——煎荷包蛋。五岁的孩子煎荷包蛋！许多家长一定像我当初看到他熟练地往锅里倒油、煎蛋一样的震惊，但他真的做到了。他妈妈说孩子很喜欢吃煎荷包蛋，但有段时间她的工作很忙，早上想多睡一会儿，就把早餐换成了面包。孩子很怀念有煎荷包蛋的日子，于是几乎每天晚上上床时都会对她说："妈妈，我们明天早上煎荷包蛋吧。"怎么办呢？这位妈妈想：要不教孩子自己煎蛋吧。但不免有些担心，煎荷包蛋的时候又是开火、又是倒油的，孩子会不会被烧着、烫着。犹豫了很久，她决定教孩子试一试。

　　于是一个周末，她开始教孩子煎荷包蛋。开火、倒油、放鸡蛋，她为孩子做示范，孩子在一旁目不转睛地看着。在有可能发生危险的时候，妈妈就会告诉孩子，"要小心油会溅起来"，"要小心锅里的油太热会冒出火苗，发生火灾"。孩子认认真真地听着，不时点点头。轮到孩子煎蛋了，只见他学着妈妈的样子打开火，倒入油。油还没热，孩子就急急忙忙地往里放鸡蛋，第一次煎蛋宣告失败。妈妈这时让孩子想想刚才自己是怎么做的，是不是倒完油就立刻放鸡蛋。孩子想了想，开始了第二次试验。

　　溅起了油珠、煎煳了鸡蛋……孩子在学习煎荷包蛋的过程中经历了每一个初学者可能遇到的种种困难，母亲在一旁观察着、指导着，却没插手帮忙。终于，一个漂亮的荷包蛋出锅了。孩子很高兴，因为他再也不用依赖父母就能吃上自己喜欢的荷包蛋了；妈妈也很高兴，因为她再也不用为孩子吃煎荷包蛋的事操心了。后来煎荷包蛋还成了孩子引以为豪的"保留节目"。

　　煎荷包蛋这样"危险"的事情却被一个五岁的孩子做得很好，家长们对孩子的能力还有什么好怀疑的呢？不管我们怎样小心，想让孩子与危险彻底隔绝都是不可能的，关键是要让孩子懂得怎样去应对危险，怎样去更好地避免。

　　明天送孩子上学、接孩子放学的时候，你需要留意那些你认为可能会发生危险的地方，例如在公车停稳的时候上下车，走人行道，过马路的时候要走斑马线、遵守红绿灯规则、注意来往的车辆等等，把这些可能发生的危险及时告诉孩子，并提醒他，这些危险是当自己一个人上学、放学时一定要注意的。

　　如果你对让孩子自己去上学非常不放心，那你可以让孩子尝试着去做。你可以对孩子说："你可以自己去上学了，但妈妈还想看看你能不能做得够好。明天上学的时候妈妈还是会和你一起去学校，但所有的事情都要你自己去做。"送孩子上学的时候，不要再牵着他的手，让他自己上车、下车，自己过马路，这时你需要观察孩子在安全方面还有哪些需要注意的地方，然后提醒他。经过几天这样的尝试，孩子对应该注意的事情有了比较好的掌握，你就可以放手让他自己去上学了。

对孩子来说有点危险的事情，只要不是太危险，我想可以指导孩子去试一试。完成了这样的事情孩子将会得到更大的成就感，同时还会让他变得更勇敢。

7. 怎样让孩子懂得什么是真正的勇敢

我的儿子已经上高一了，在别人眼里，尤其在他的那群朋友眼里他很勇敢，但我并不这么认为。从小我就教育他要做一个勇敢的男子汉，他的胆子被锻炼得特别大，没有什么是他害怕的，什么事情都敢去做。抽烟、打架、哥们义气，没有人管得住他。我的确很想让孩子成为一个勇敢的人，但绝不是现在这个样子。

我曾经看到过这样一个故事，说老板招聘雇员，有三人前来应聘。老板说，他将聘用最勇敢的那个人。于是对第一个应聘者说："楼道有个玻璃窗，你用拳头把它击碎吧。"应聘者执行了，庆幸那不是一块真玻璃，不然他的手就会严重受伤。老板又对第二个应聘者说："这里有一桶脏水，你把它泼到清洁工身上去。她此刻正在楼道拐角处那个小屋里休息。你不要说话，推开门泼到她身上就是了。"这位应聘者提着脏水出去，找到那间小屋，推开门，果然看见一位女清洁工坐在那里。他二话没说，直接把脏水泼在她头上。老板告诉他，坐在那里的不过是个蜡像。老板对第三个应聘者说："大厅里坐着个胖子，你去狠狠打他两拳吧。"可这位应聘者却说："对不起，我没有理由去打他；即便有理由，我也不能用打的方法解决问题。我可能因此不会被您录用，但我也不执行您这样荒唐的命令。"最后，老板宣布，第三位应聘者被聘用，因为他是一个勇敢的人，也是一个理性的人，他有勇气不执行老板荒唐的命令。

我想你可以把这个故事讲给孩子听，让他明白勇敢不等于鲁莽和冒险。要想成为一个勇敢的人，就需要先学会在为了"勇敢"而冲动之前冷静地思考。

8. 一点小困难就能把他吓倒

我的孩子马上就要读高中了，但我发现他一点也不勇敢，一点小困难就能把他吓倒。比如一遇到难题不会就立刻放弃了，本来打算学滑冰，但摔了几跤就不敢再学了。怎样才能让他变得勇敢一点呢？

有句话是这样评价困难的："困难像弹簧，看你强不强，你强它就弱，你弱它就强。"看来要想战胜困难，就必须要很"强"。怎样才能变得很"强"呢？这就需要有足够的勇气，能够勇敢起来。

因此，要想让你的孩子不被困难吓倒，首先就要让他在心里充满力量。还记得我们在前面提到过的如何战胜困难的"三大战役"吗？"硬着头皮"到"我也不是不行"再到"我还能行"。我想它一定能对你的孩子有所启发。如果你的孩子还不知道该怎样让自己勇敢起来，你可以试着用这"三大战役"帮助他调动潜藏在内心深处的力量。

我相信，只要我们能够唤醒潜藏在孩子心中的那份勇气，别说一点小困难了，就算再大的困难也吓不倒他。

第十三章　责任的品质

责任的两种力量：约束和动力

自觉去做自己该做的事情

敢于为自己的行为承担责任

老听家长们抱怨：现在的孩子做事没有一点责任心，该他做的事情不好好做，还一副无所谓的样子！学习不知道好好学，自己的事不自己做，屋子乱得像垃圾堆似的也不知道收拾，这样下去长大了指不定成什么样！

有调查表明，现在的用人单位对毕业生各方面素质的看重程度（前四位）依次为：责任感、团队协作精神、事业心和自信心。在综合素质的评价中，为何要把责任感放在第一位呢？很多人事主管在谈到这个问题时都说："一个人只有充满责任感，才会自觉努力工作，为他本身也为单位工作。那些没有责任感的学生管理起来太累，你得向对待小孩一样整天在后面催着督着，现在工作那么忙，如果员工都这样，那还怎么做工作？"

谁都知道责任心对一个人有多么重要，只有能承担责任的人，才能为自己赢取更多的发展空间，得到他人、社会的尊重和认同。家长都希望自己的孩子能成为有责任心的人，可孩子却好像总是少了这根筋。其他的事不说，就连收拾书包、整理房间、做完作业这些该他完成的最基本的事情都做不到。许多家长都很苦恼，怎样才能让孩子有点责任心呢？

一位朋友曾给我讲过这样一件事情：

> 孩子们在公园里玩打仗的游戏，一位"军官"对他的一位"士兵"说："你今天的任务就是守住这块阵地，没有我的命令，绝对不能离开。""士兵""啪"地立正敬礼响亮答道："是，长官，保证完成任务。"孩子们各就各位，开始了他们的战斗。那个接受命令的"士兵"一步不离地死守着阵地。到关门的时候了，孩子们纷纷回家了。可公园的工作人员却惊奇地看见一个小男孩还笔直地站在那里。"快关门了，你为什么还不回家啊？"小男孩说："因为我的长官还没有命令我离开。""快回去吧，你的长官早回家啦。"不管工作人员怎样劝说，小男孩还是固执地不肯离开。这时，工作人员突然看见不远处有一个穿军装的军人，他想到了一个好主意。军人走到了小男孩的面前，"敬礼"，小男孩和军人互敬了一个军礼。军人说："我是这次作战计划的最高指挥官，你的长官已经调去负责另外的队伍了，由于时间仓促，他没来得及给你下达撤退的命令。现在我以最高指挥官的身份命令你立即撤离。""遵命"，小男孩敬了一个军礼，高高兴兴地离开了。

这个可爱的孩子或许并不知道什么是责任，但他已经在自觉承担了一个"军人"的责任。当孩子看到父母每日给他供应他所需要的吃穿，看到妈妈总是在他需要的时候来抚慰他，这时责任的种子可能已在孩子的幼小心灵悄悄埋藏，父母要做的只是让它更好地生根、发芽。只有孩子意识到了这是他应尽的责任，他才能够更好地负起责任。

那么，如何塑造孩子责任的品质呢？

责任的两种力量：约束和动力

孩子的天性是自由的，他们都希望无拘无束，但责任在很多时候意味着一种约束。为了做到那些该做的事情，对自己的言行负责，他往往不得不自我控制，与很多自己想去做、喜欢去做的事说再见。因此，要引导孩子对某件事情真正负起责任并不容易，尤其是那些并不涉及大是大非的事情。

有一个孩子非常喜欢喝可乐，每天都要喝两三瓶，但家长都知道碳酸饮料喝多了对身体不是什么好事，尤其是对于生长发育中的孩子。可喝可乐并不是什么过错啊，如果因为这个原因惩罚他似乎站不住脚，他也一定不会服气。刚开始他的父亲认为唯一能做的就是劝他少喝可乐。为了让孩子少喝可乐、尽量不喝可乐，他苦口婆心地不知说过多少次可乐的坏话，但孩子非但一点听不进去，父子间的关系还开始变得紧张。一天，这位父亲想出了一个新方法，他决定和孩子达成一项有关喝可乐的协议。经过商量，他和孩子约定由妈妈做见证人，达成了如下协议：

协议书

甲方：　　　　　　身份证：
乙方：　　　　　　身份证：

经甲乙双方友好协商，就乙方喝可乐等碳酸饮料一事达成如下协议：

1. 乙方承诺尽量不喝可乐等碳酸饮料，同意每周最多喝两瓶。

2. 甲方负责对乙方喝可乐等碳酸饮料一事进行监督、提醒，如果乙方遵守了承诺，甲方每月最后一天给予乙方100元作为奖励。

3. 乙方应自觉遵守承诺，如果一旦不能遵守，乙方将在每月最后一天给予甲方100元作为违背承诺的处罚。

4. 如果乙方一时无法在规定的日期内交出罚款，可以通过自己的劳动，如做本职以外的家务等方式进行等价交换，但必须在三个月内尽快还清。

5. 协议期限：协议从双方签名之日起有效，有效期一年。

甲方（签字）：　　　　　　乙方（签字）：
见证人（签字）：
　年　月　日　　　　　　　　年　月　日

自从父子双方分别在甲方、乙方的位置郑重签字后，孩子对可乐的热情竟神奇地一下子减少了。为了不交罚款，为了对他签订的这个协议负起责任，当他再想大喝特喝的时候终于学会了克制，因为他知道自己将为自己的行为买单。有了这个协议的约束，父亲再也不用天天在孩子耳边念叨了，孩子也从内心感受到了责任、约束的力量。

　　这位聪明的父亲借用了责任的约束力量帮助孩子摆脱了可乐的诱惑，其实责任对于孩子来说，还有着另外一种巨大的力量，那就是前进的动力。

　　责任心常常能创造奇迹。因为有了责任，就有了一股无穷的力量，更愿意朝着想要实现的目标去努力，哪怕经历挫折、痛苦和磨难。有一个统计，在全球超级富翁中，有30%的亿万富翁的父亲早逝，跟随单亲母亲长大。这样的不幸经历让这些"穷孩子"、"苦孩子"早当家，肩负起对家庭的责任。

　　被誉为"全球华人首富"的李嘉诚，14岁时父亲去世，当时弟弟妹妹年龄都还小，母亲又是一个柔弱的家庭妇女，为了保护并养活母亲和弟妹，支撑起这个家，他只有辍学打工谋生。在起初当推销员的那段遭白眼、受挖苦的艰难日子里，如果不是对家庭的那份责任在支撑着他，或许他早已放弃。但这份责任却成了他不懈努力的动力，让他爆发出无限的潜能，最终创造出了奇迹。

　　虽然李嘉诚的成功不一定是人人能达到的，但每个人都能清楚地感受到责任所产生的动力。

　　有人问一位退休的老教师："你是如何长时间保持如此高的工作热情的？"老教师这样总结自己的工作生涯，他说："我是一名教师，我感觉身上的责任很重，虽然我一直尽力去工作，但每届学生毕业时，我总感觉留有不少遗憾，让我自责。对于一个正在成长中的孩子来说，学校的几年是他们人生关键期，我不能因为我的失误而耽误了他们的人生，所以我只有努力！"老教师的话让人感动，强烈的职业责任感让他始终在教育孩子的工作上保持了极大的热情，几十年不曾减退。

　　对于孩子，责任的动力又何尝不是如此呢？为了照料好自己喂养的金鱼，他可以坚持天天为金鱼喂食、换水；为了在800米比赛中取得好名次，为班级争光，他可以每天下午坚持训练；为了接送腿受伤的朋友上下学，他可以提早半小时起床，走很远的路……当孩子把一件事情真正看作自己的责任时，他就会从心中升起尽力做好它的渴望，并会克服一切困难努力将它完成。

或许你会问，那怎样才算是一个有责任心的人呢？

自觉去做自己该做的事情

一个有责任心的人能够自觉去完成那些自己该做的事情，可是我们的孩子却很少能真正做到，甚至连那些他分内的最基本的事情都不做。

我曾不止一次地听家长说起孩子从来不会自己打扫房间，他的屋子又脏又乱，简直都无法下脚了，他却还一副事不关己的样子。接下来的一幕你或许很熟悉：父母弯着腰清扫地板、整理书桌，孩子要么躺在床上听音乐、看漫画，要么不知又跑到哪里玩了。为什么会出现这样的现象呢？

在父母看来，像收拾房间、分担家务这些事情都是孩子原本就应该做的事情，是他的责任，可孩子却未必这样认为。因为从小到大，这些事情都有父母担着，根本不用他来考虑和过问。或许孩子还在纳闷，这些不都是父母的事吗，怎么突然就成了自己的责任呢？

也许你会不服气地说："不帮他打扫行吗？我试过，如果我不打扫，脏着的房间就会一直脏下去，他根本不在乎，也根本不会管。"是谁住在这脏屋子里呢？是谁将忍受脏兮兮、乱糟糟的环境呢？如果是孩子，房间脏着就让它先脏着、乱着就让它先乱着，屋子是孩子自由的空间，在这里他将享有自由，保持房间的整洁、干净就是他的责任和义务。当他已经有了能力去负起他的这个责任时，就让他自己动手吧。

我认识这样一个父亲，他在责任这个问题上对孩子的要求非常严格。下面是一件发生在他和儿子瑞嘉之间的事情。

一天早晨，我走进厨房，发现瑞嘉上学前忘了倒垃圾。按照我们家的明文规定，倒垃圾是他的日常职责，而且他必须在每天早晨上学前完成这项职责。

我决定去找他，让他回来把垃圾倒掉，但我的妻子不同意我这样做。她慌忙阻止我说："这可不行。再过几分钟就上课了，他如果回来倒垃圾肯定会迟到，迟到了可是要挨罚的。""我去找他，把他叫回来，让他把垃圾倒掉。"

"亲爱的，我想我必须这么做。应该让他为他的不负责任接受一点小小的教训。"

我二话没说，开车到孩子的学校。到学校时，上课铃还没响，瑞嘉还在操场上和同学们跑步。我叫住了他，对他说："儿子，我想让你现在赶紧骑自行车回家把垃圾倒掉。"

瑞嘉非常吃惊，他说："可是爸爸，上课铃随时都会响起，我放学回家再倒好吗？"

"不行，这是你原本在上学前就该完成的。我要你现在立刻回家倒垃圾！"

"爸爸，你帮我倒一回吧，就一次，行吗？"

"不行，儿子，这是你的职责。"

瑞嘉看我没有一点松口的余地，只好拖着沉重的步伐，垂头丧气地骑上了他的自行车。

刚听完这件事情时，我觉得这位父亲严格得似乎有点不近情理，我想许多父母一定和我有着相同的感受：有这样做父亲的吗？孩子已经知道自己错了，替他倒一回垃圾又有什么关系呢？可是这位父亲却说："是的，我完全可以只花一分钟的时间替我的儿子倒一回垃圾，可这是他的职责啊！我帮他完成他分内的事对他不会有任何的帮助，相反，甚至会害了他，让他认为一点小事不负责任没什么关系。"

看来要培养孩子责任的品质，就要让他自觉去做那些他该做的事情，哪怕那些鸡毛蒜皮的小事都最好不要放过，因为你一旦听之任之，就很容易让你以前所有关于责任这方面的教导都前功尽弃。

敢于为自己的行为承担责任

有责任心的人一定是敢于为自己的行为有所承担的人。

我曾看过这样一个故事：

20世纪初在美国有一位意大利移民，他叫弗兰克，经过艰苦的积蓄他开办了一家小银行。但一次银行抢劫却让他的储户们失去了存款，他也因此破了产。

当他拖着妻子和四个儿女从头开始的时候，他决定偿还那笔天文数字般的存款。所有的人都劝他："你为什么要这样做呢？这件事你是没有责任的。"但他却说："是的，在法律上也许我没有，但在道义，我有责任，我应该还钱。"

偿还的代价是39年的艰苦生活，当寄出最后一笔"债务"时，弗兰克轻叹："现在我终于无债一身轻了。"他用一生的辛酸和汗水完成了他的责任。

虽然破产了，但如果不偿还巨额的债务，弗兰克凭借他的能力和累积的经验，生活还会是逍遥自在，可他却没有这样做。39年的偿还道路是漫长的、艰辛的，但弗兰克最终获得了人们的敬仰。

可是在我们的庇护下，孩子却很少能为自己的行为负责。有一天我接到了一位父亲打来的电话。

我的孩子今年读初二了，我觉得他很自私，没有一点责任感，上周发生的一件事情令我非常生气。学校举行拔河比赛，他们班的一个孩子主动提出为大家照相便从家里带了相机。我们家的相机孩子从来不会主动去碰，可那天不知道为什么，他非要拿人家的相机玩。结果拿的时候不小心把相机掉到地上摔坏了。他回来后对这件事只字不提，还是老师让我去学校我才知道的。同学们都说他是故意把相机摔坏的，老师说他没有一点向同学赔礼道歉的意思。我问他为什么摔坏了相机却不向同学道歉，他说："坏了就坏了，有什么大不了的。"好像和他一点无关。最后没办法，还是我代他道了歉，并把摔坏的相机拿去修理，花了两百多块。回家我就把他痛打了一顿。我不是气他摔坏了相机要我赔钱，而是气他的那种态度，明明自己做错了，却一点歉意也没有，根本没有想过为自己的过错负责！

孩子在成长的过程中难免会犯错误，如果这些错误为别人带来了麻烦，损害了别人的利益，该由谁来道歉呢？许多家长都明白该由孩子来道歉，但真遇到了这样的情况，道歉的人却往往变成了家长。

有些家长觉得，孩子年龄还小，不懂得道歉也在情理之中，可能长大了就好了。于是，当孩子犯了错需要道歉时，许多父母就主动肩负起了替孩子道歉的任务。对另一些家长来说，替孩子道歉那实在是不得已的事情。像这位父亲，明明知道该道歉的人是儿子，但儿子不愿道歉又有什么办法，还不得做家长的向人赔不是。

古话说："好汉做事好汉当"，这是对勇于承担、从不推卸责任的人的高度赞扬。在教育孩子对自己的行为负责上，这句话很能派上用场。

日本著名的文化人类学学者高桥敷先生，当年在秘鲁的一所大学任客座教授时，曾和一对来自美国的教授夫妇是邻居。一天，这对夫妇12岁的小儿子不小心将足球踢到了高桥敷先生的家门上，一块很大的茶色玻璃被砸得粉碎。

虽然发生了这样令人不愉快的事情，但高桥先生还是很宽容，他估计那对美国夫妇会因此很快登门道歉。然而，第二天一大早，那个闯祸的12岁男孩在一位出租车司机的帮助下，送来了一块用于赔偿的大玻璃。

小家伙见到高桥敷先生，彬彬有礼地说："对不起。昨天我不留神打碎了您家的玻璃，因为放学之后商店已经关门了，所以没能及时赔偿。今天商店一开门，我就去买了这块玻璃来赔偿您。请您收下这块玻璃，也希望您能原谅我。以后我会小心的，这种事情再也不会发生了，请您相信我。"

小家伙的行为已经让高桥敷很吃惊了，但他没想到的事还在后面。因为喜欢上了这个通情达理的孩子，他款待孩子吃了早饭，还送给他一袋日本糖。没过多久，美国教授夫妇却登门拜访了。他们将那袋还没有开封的糖果客气地还给了高桥敷，并且解释了不能接受的理由：一个孩子在闯了祸的时候，是不应该得到奖励的。

在他们看来，12岁的"男子汉"，就应当学会对自己的行为后果负起责任。孩子的爸妈说，包括这块玻璃，都不是他们帮忙买的，而是让孩子自己想办法买来的。为了它，他几乎花掉了自己所有的零花钱，还向父母借了钱。为了还款，他以后不得不早起为附近的邻居送牛奶、取报纸，周末为别人修剪草坪，攒钱来还父母的账，但对这一切，男孩子并没有怨言，他觉得这是理所当然的事，为自己的过失付出代价是应当的。

让一个12岁的孩子以这样的方式为自己的过失负责，在许多家长眼里也许会觉得有点儿不近情理，但从中却能看到这对美国夫妇的良苦用心。这不仅是为了让孩子取得别人的原谅，更重要的是使他从小就学会对自己的言行切实负起责任，就算"逼"也要把他"逼"成好汉。

不管你曾经出于怎样的考虑替孩子为他的行为负责，把承担责任的机会还给孩子吧。或许很多时候这对于孩子来说并不是一件容易的事情，但要想孩子成为有责任心的人，就必须让他自己去承担自己行为的责任。

问题解答

1. 女儿总是丢三落四

我的女儿小学二年级，她总爱丢三落四的，不是找不到东西，就是不知把东西落在了哪里。这不，昨天又把铅笔弄丢了，真不知该怎样帮她改掉丢三落四的毛病。

我想许多低年级孩子的家长都有你这样的苦恼，家里的铅笔是一捆一捆地买，可每天早上带几支出去，晚上回来就不见了。为什么这样的事情更容易在低年级孩子的身上发生呢？这是因为这个阶段的孩子仍存在注意力容易分散、自我控制能力较低的特点。你会发现，丢三落四的孩子常常注意力不容易集中，你和他正说着话呢，他的眼睛却在关注旁边的事情，而且常常是答应得好好的，但一转身或者过一会儿就忘了。我想你一定曾经不止一次告诫女儿："如果铅笔再掉的话，以后你就只能自己买，爸爸妈妈再也不会给你买铅笔了。"女儿能坚持几天，但不久就又"旧病复发"。

要帮助孩子改掉丢三落四的毛病，就首先要培养她"物归原处"的习惯。丢三落四的孩子往往有乱放东西的坏毛病。东西用过之后随手一扔，等到下次再用时当然就找不到了。每次孩子用完东西又想随处乱扔时，提醒他把东西放回原位，这样一来，当他需要找一件东西时，就知道该去哪里寻找了。

对待丢三落四的女儿，你还需要做到"三不要"：第一，不要为孩子取东西，让她为自己的丢三落四吃些苦头。要么因没交作业或没带东西被老师批评，要么因为自己回去拿迟到了被批评，只有让孩子吃些苦头，才能更好地让他"长记性"。第二，不要丢什么就买什么，让她懂得"来之不易"。人都会趋利避害，哪怕是一个很小的孩子，都知道要保护好自己的东西，但孩子有一大堆铅笔，丢光了就会有新的，东西有的是，对她来说丢和没丢没什么区别。第三，不要做孩子的帮手，让她自己来处理，收拾书包明明是孩子的事情，却往往成了父母的责任。有孩子在自己忘记带书时，就曾向老师抱怨："都怪我妈，她忘了给我带书了。"

要让孩子改掉丢三落四的坏毛病就一定不要充当孩子的"及时雨"，让他自己去经历"苦涩"的后果吧。

2. 答应的事他却总做不到

我的孩子说话总是不算数，答应的事他却做不到。比如让他六点开始做作业，他答应得好好的，可每天到时间了他却迟迟不肯从电视机前走开，必须我催着甚至骂着他才去做。你说他小小年纪怎么就这么不讲信用啊！

答应了的事为什么做不到呢，很多时候是孩子没把说过的话放在心上。也就是说，他虽然口头上答应了，但并没有把它真正装在头脑里，因此也就没有要去完成的意识。就像孩子虽然答应了六点开始做作业，但这个要求更像是你单方面提出的，他的答应很可能是一种敷衍。这样的承诺并非发自他的内心，他当然也就不会把它放在心上。这样不上心的承诺就好比他在银行签了一张没有户头的支票，很难有兑现的可能。

要让孩子说话算数，就要让他学会对自己说出的话负起责任，所谓"君子一言，驷马难追"。可怎么才能让孩子把说过的话放在心上，对自己所说的话负责呢？首先，这个承诺必须是思考后做出的，不能让孩子随随便便做出承诺。就像几点开始做作业这个问题，时间不能由你单方面来提要求，要让孩子也好好想想，和他共同协商。在协商之前，你需要对孩子讲清楚："今天商定的事情是你和我共同参与的，它也是你的决定。因此在以后的日子里，你就要为你的这些决定负责。我不会强迫你，但如果你没有遵守约定，我有权督促你或是惩罚你。"这样一来，既让孩子明白他要为他参与协商的约定负责，也较好地消除了他对你督促的反抗。

为了能更好地督促孩子，最好把口头上的约定书面化。如果你的孩子总也记不住他说过的话，你可以让他把约定写下来，贴在书桌上或墙上比较显眼的地方。比如把几点做作业写进学习计划里，贴在墙上。如果孩子忘了，你不用多说什么，只需要提醒他自己去看看。当然，孩子一旦答应了的事就要让他做到。孩子总是说话不算数，是因为他知道就算说话不算数也没什么大不了。就像你的孩子，他知道就算没有按照约定做作业，也顶多是挨一顿骂。我想在和孩子约定时，最好能事先商量好如果没按承诺说的做会有怎样的惩罚，这个惩罚一定要能对孩子产生影响，这样他才能更把承诺当回事。

最后我还想替孩子说说话。家长抱怨孩子不守信用，但在一项调查中，有超过95%的孩子却认为家长常常不履行承诺，对自己失信。不知道你是不是遇到过这样的情况：孩子提前完成了你布置的习题，但你看时间还没有到，又给孩子增加了额外的习题；明明说好了带孩子出去玩，却因有其他的事而取消；为了哄孩子开心，说好了给他买玩具，但过后根本"想不起来"。或许你会认为这些都是小事，可在孩子眼里没有小事，这些你答应过的事情他都记得清清楚楚。你失信于孩子，又怎么能够单方面地要求孩子对你讲信用呢！家长的言传身教对孩子有着潜移默化的作用，因此在日常生活中要注意自己的榜样作用，不要做孩子的坏榜样。

3.孩子想养花却不能坚持照顾

　　我的女儿今年小学四年级了，她很喜欢花，也很喜欢养花，但由于她的不负责任，总是养一样死一样。这段时间她又想让我给她买花，我要不要给她买呢？

　　看得出你的女儿真的很喜欢花，由于这份喜爱，她也很想养花，但喜欢归喜欢，她却并没有意识到她对花需要承担的一份责任。喜爱是一种比较强烈的情感，心理学上告诉我们但凡一种强烈的情感都无法持续太长的时间，喜爱也不例外。当那股兴奋劲儿一过，热情一淡，要想长期坚持对花精心照料就会变得很难。别说小孩子了，我们成年人中的有些人不也如此吗？城市里那么多流浪猫、流浪狗不也是因为它们的主人眼中没有责任吗？爱的时候死去活来，可一旦喜欢劲儿过了，或者遇到了麻烦，这些宠物们就只有自生自灭的份儿了。因此要想让孩子学会负责任，首先就要让他看到责任，心里装着责任。

　　在孩子决定做一件事前，让他明白将要为此而承担的责任很重要。这是孩子学会思考和选择的过程，只有对即将要做的事情有了清楚的认识，对需要为此承担的责任心中有数，他才能避免因为冲动而做出错误的决定，懂得取舍。孩子又一次提出了养花的要求，你可以买给她，但在买之前，你需要和她具体探讨一下养花的问题：首先，养花可不是一天两天的事，它是一个长期的过程，只要照料得当，一株花活上好几年甚至十年没有任何问题；其次，在这样漫长的时间里，坚持天天如一地对花精心照料可不是一件容易的事情，花的生命有时很脆弱，可能只是几天的疏忽，它就会死去；再次，养花可不是浇浇水那么简单的事情，在花的生长中可能遇到各种各样的问题，比如遭到虫子的侵袭，那些长着翅膀的虫子很可能会在家中飞来飞去。

　　在孩子决定之前，要让她清楚知道，既然喜爱，她就必须拿出责任来照料，这才是真正的喜爱。

4.让他做点家务怎么就这么难

　　我的孩子上初一了，让他帮家里做点事，他总是说自己功课很忙，一副很不情愿的样子。让他做什么事情不是赖着不做，就是马马虎虎，敷衍了事。哎，让他做点家务怎么就这么难呢？

　　谁不希望自己的孩子乖巧懂事呢？然而，据一份独生子女状况调查结果显示：我国 90% 的独生子女从未做过或很少做家务，孩子平均每天只有 0.2 小时的劳动时间。让孩子做家务，真有那么难吗？

孩子不做家务，很多时候是被家长"惯"出来的。心疼孩子的父母，孩子刚想动手帮着做点事情，他们就说"这儿脏，你去玩吧"，把孩子打发了；担心孩子学习忙，怕做家务会影响孩子学习的父母，常说"看书去吧，这个不用你做"；嫌孩子不会做或做不好的父母，孩子一动手就说"放着，还不够添乱的"。久而久之，孩子帮忙的积极性被打消了，孩子就认为没有什么需要自己做的地方。这样一来，孩子渐渐变成了"懒"孩子，当父母希望他能帮忙做些事情的时候，他却什么都不愿意了。

孩子作为家里的一员，既应享受权利，也应承担一定的家庭责任。但孩子们常常只享受权利，却没分担责任。家务是每一位家庭成员都应分担的责任，因此理应让孩子做一定的家务。

可是如果强迫孩子做家务，迫于家长的权威孩子可能也会去做，但他是不情愿的，做起来也会敷敷衍衍。和孩子共同制定家务清单是一个不错的方法，它既让孩子以一个主人的身份参与到家庭事务的讨论中，又让孩子对将要承担的家务少了些抵触，因为这些家务不是父母命令的，是他主动参与其中进行分配的。

制定家务清单之前，你需要和孩子一起把需要做的家务进行汇总，让孩子知道到底有哪些家务，对家务的数量心中有数。然后和孩子商量商量，哪些家务可以由他来做，而哪些家务由你们来完成。有的孩子比较"懒"，可能会选最容易完成、也最轻松的事情来做，你可以对他说："你愿意主动做家务真的太棒了，但剩下的家务还很多，爸爸妈妈很辛苦，作为家里的主人，你应该再多分担一点。"有的孩子积极性很高，选择的事情对他来说太多也太难，你可以对他说："你能这样积极、主动地和爸爸妈妈分担家里的事情真是太棒了，但是这些事情对你来说还有一些困难，我想你可以先从一两件事情开始做起会更好。"

让孩子做哪些家务，并没有固定的模式，家长可以根据家里的情况和孩子年龄、性格的特点进行选择，但必须遵循这样的原则：分给孩子家务的数量和难度都要适度，要符合孩子身心发展的特点。商量好后，需要将分配的结果记录到家务清单上。注意，在这张清单上不仅要列出孩子需要做的家务，还要列出父母应做的事情。也让孩子感到父母并非只在吩咐他做家务，爸爸妈妈做得比他多得多。

为了不让家务清单成为摆设，真正发挥它的作用，家长需要检查孩子的完成情况。孩子完成得不错时，要对孩子进行鼓励，使他因完成了自己应承担的劳动而产生一种成就感。如果孩子没有尽心尽责地完成自己该做的事，家长不要责罚，但也不能置之不理，要让孩子意识到这种"失职"的行为是不对的，并督促他重新去做，并想办法争取做得更好。

虽然家务清单里会列出孩子需要去做的事情，但这些事情并不是永久不变的。可以让孩子过一段时间换一件事情去做，尝试着做各种工作。这不仅可以让孩子保持对家务的新鲜感，不至于感到枯燥，也可锻炼他处理更多事情的能力。

5. 我孩子的房间总是很乱

我的孩子都上初中了，从来不帮忙做家务不说，他自己的事总还指望我。比如他的房间，总是乱糟糟的，书和垃圾扔得哪儿都是，几乎连下脚的地都没了，常常找不到书和文具。关于这点，我说过他很多次了，这么大的孩子，自己收拾一下自己的房间，自己的东西稍微收拾收拾，每次他都说"知道了"，但就是没行动。我曾经要求他自己收拾屋子，他也会去收拾，但根本弄不干净，只管桌子眼前那一小片干净就算完事，最后还得你生气地再重新收拾，我该怎么办呢？

首先，别当孩子的保洁员。

孩子的房间脏了、乱了，就先"狠"下心来让它先脏着、乱着，你要相信如果没有你的帮忙，到孩子自己也无法忍受的那天他一定会想办法处理。如果那天迟迟不来，你可以提醒孩子："你的房屋太脏了，是该打扫房间的时候了！"但一定不要做他的"保洁员"。

其次，教给孩子打扫房间的能力。

不过你要先知道孩子有没有自己打扫、整理的能力。或许你会说，难道打扫房间这么简单的事情还需要学习吗？当然，许多事情孩子并非生下来就会，需要家长悉心的指导。如果你发现你的孩子整理房间时手忙脚乱，这很有可能正是因为他没有找到好方法。

说到这里，我想起我的一位朋友。他们家有个规矩，每个周末都要全家一起打扫卫生，他的孩子从上小学一年级就参与了这项"每周一扫"的家庭活动。由于房子比较大，他们每周选定一个房间作为重点打扫对象。那次我去的时候，他们一家正在打扫厨房。孩子先拿钢丝球刷着不锈钢的水槽，等该清理大理石的橱柜台面时只见他熟练地放下了钢丝球，拿起了一旁更加柔软的抹布。看着小家伙一副驾轻就熟的样子，我好奇地问道："你怎么不用钢丝球擦台面啊？"孩子很认真地说："钢丝球太硬，会把大理石的台面擦出一条条的道道。"我很羡慕朋友有个这么能干的孩子，朋友说，谁生下来就会啊，这都是一点点教出来的。孩子知道钢丝球不能擦大理石的台面，是因为在他第一次试图这样做时，他们及时把正确的方法告诉他。如今孩子打扫卫生已经是"小行家"了，打扫哪个部位应当用什么样的清洁剂、什么样的清洁工具他都了如指掌。在"每周一扫"的活动中，孩子不但学会了如何打扫，更重要的是他们全家边打扫边聊天，在愉快的氛围中还加深了亲子之间的关系。

第三，允许孩子做家务有一个学习的过程。

孩子独自打扫房间常常会有让家长这不满意那不满意的地方：不是这没擦干净，就是那没放整齐，有些性子急的家长会立刻上前帮孩子整理。这让孩子很快又找到了依赖：下次做不干净也没关系，反正爸爸妈妈会接着干。

做什么事都有个过程，一次做不好，多做几次慢慢就会好起来。如果因为孩子收拾不干净，就不让孩子收拾了，或帮着他收拾，这样孩子也许永远也学不会收拾。

对于刚开始自己整理屋子、打扫卫生的孩子，家长要适当地放宽标准，能整理成什么样，就什么样。孩子做得不够好时，不要急着批评，这样只会打击孩子的积极性。你可以对他说："做得不错，但还有可以进步的空间，如果哪里哪里再注意一下，下一次就会更好。"夸奖的时候指出不足，心里美滋滋的时候再说说小问题，这样的方式孩子更容易接受。

6. 孩子回家应该先做作业还是先玩

我的孩子今年小学二年级了，从上学开始他放学回家都是先玩再做作业，我想孩子在学校上一天的课也挺累的，回来玩玩放松放松再学可能更好。但我听其他家长说孩子回来就应该让他先做作业再玩，把学习放在前头，才能让孩子感觉到学习的重要，这样能更好地培养他对学习的责任心。他们说的好像也有道理，我想问：孩子放学到底应该先做作业，还是先玩呢？

先做作业就是孩子对学习有责任心的表现，先玩就是对学习没有责任心的表现？我想事情没有这么绝对。对学习的责任心不在于孩子是把作业和玩谁放在前头，而是看他把谁看得更重要。

每个人对待自己觉得重要的事情，都有各自不同的方式。有的人喜欢把重要的事情放在一开始来完成，而有的人却喜欢在做完其他事后再全力以赴去做最重要的事情。做作业这件事也是如此，有的孩子习惯先做重要的事情，他就会做完作业再玩，而有的孩子习惯把重要的事放到最后来做，他就会先玩一玩，放松放松，因为这样他才能有更好的精力投入其中。

我曾问过一个成绩非常好的孩子回家后是先玩还是先做作业，他的回答或许代表着许多孩子的真实想法："我从来没考虑过这个问题，先玩还是先做作业通常随我的心情而定。如果今天比较累，天气又很好，我会在外面玩到天黑才乖乖回家做作业；但如果今天的天气糟糕极了，回家也没有什么特别想做的事情，我就会打开书包开始做作业。"

学习的责任心和先做作业还是先玩并没有直接的关联，这只是孩子做事方式的不同，最重要的是孩子对学习有没有那份心。从小学一年级开始，父母就应该让孩子有这样的观念：学习是你的责任。

如果你的孩子一直是先玩再做作业，而且作业完成得不错，我想你就没有必要为了培养所谓的学习责任而让他改掉现在的习惯。孩子能够自觉遵守时间的约定，并认真完成作业，说明学习在他的心里并不是不重要，而且他正尽力将它做好。至少在作业这件事情上，他已经将对学习的责任做得很好。

7. 不管我们怎么教育他都没有责任心

我们经常教育孩子要有责任心，告诉他责任心的重要性，还讲一些关于责任心的故事，可是不知道为什么他还是没有责任心。明明是自己的事情他也不会做，如果我们逼他做就一副心不甘情不愿的样子。我们到底怎样做才能让他有点责任心呢？

许多家长都有这样的困惑，自己从未间断过向孩子灌输责任心的重要，也在第一时间告诉了孩子哪些是他需要主动去做的事情，可为什么他就不长记性呢？当孩子长大后，我们会试图教他承担越来越多的责任，但孩子似乎总学不会。为什么会这样呢？很大的可能是我们的方式有问题。要想让孩子有责任心不能靠灌输，只能靠培养。

如果一个人逼着你去做一件事情，并且反反复复地对你唠叨，这件事是你的责任，你必须去完成它，你会有怎样的感想呢？或许你原本对这件事情并不反感，也打算去做，可在这样的"逼迫"下，由于逆反心理的作怪，你就忽然厌恶起来。对孩子而言，我们不断向他们灌输责任心就是这样一件让人厌烦的事情。

孩子的责任心需要你敏锐地捕捉时机进行培养。

如果你是一个细心的父母，你会发现其实在小时候孩子是很乐意帮你做一些家务的。因为幼小的孩子好奇心重，做事能满足他的好奇心，也能给他带来成就感。同时，由于他做家务的心甘乐意，他也会很容易学会。我想你一定还记得孩子几岁的时候，当你干家务的时候，他总是这也想参与，那也想跟着干。我不清楚当时你是如何处理的。我接触的很多家长总是说："别瞎掺和，你这么小，你哪干得了啊！"孩子刚拿起扫帚，妈妈赶忙在一旁叫："你一边玩去吧，你扫不好！"孩子刚拿起碗筷想洗，妈妈又是一阵惊叫："快放下，快放下，别摔了！"久而久之，孩子就没了做事的兴趣。当他的兴趣消失后，你再想让他去做，就非常困难了。

我特别佩服我的一位朋友的远见。

她家是一个男孩，孩子三岁的时候突然对洗碗产生了浓厚的兴趣，妈妈就让孩子去洗。孩子小小的手拿着盘子和碗时，让姥姥看得很担心，就怪女儿："这么小的孩子，他哪会洗，把碗盘摔了怎么办？划伤了孩子的手怎么办？而且小孩子不会洗，净浪费水。"妈妈笑着对姥姥说："他有兴趣做，即使摔了盘碗、浪费了水也是值得的，划伤了一个创可贴就解决问题了。"结果怎样呢？这个小家伙因为自己有兴趣，干得很认真小心，从来没有摔过碗盘，更没有把自己弄伤，而且他现在已经是洗碗高手了。现在他七岁了，每次家里来了客人，他总会吃过饭后抢着洗碗，他娴熟的动作，看得那些客人目瞪口呆，而这个小伙子也非常得意，因为一般孩子做不到的事他却做得很好，他很有成就感。

从这个例子中，我想你能明白，责任如果要人去外在加给孩子，孩子就会觉得很难，也很痛苦，当孩子小时有兴趣时及早给他这样的机会，他自己就能学会承担自己的责任。不管做什么事情都是这样，如果你能发现孩子的兴趣，并鼓励他、引导他，他也一定会很乐意将它做好。也许你说，哎呀，我的孩子都初中了，是不是太晚了。我想和你处在同样境况的父母也不用灰心，只要你能付出足够的耐心，相信你的孩子也会有所改变的。

8. 孩子爱揽事，可却常常不能善始善终

我的孩子今年初二了，总爱揽事。班里有什么事情，老师问谁愿意来做，他总是自告奋勇，可是常常虎头蛇尾。像上次运动会的时候班里要做一面班旗，他告诉老师他来做，可是第二天运动会就

要开了他的旗子还没做出来，老师只好又赶紧安排别人。这样一来二去弄得老师很生气，不再信任他了。

面对你孩子的情况，你要分析孩子揽了事不能做到的原因，再有针对性地引导他。第一种情况是孩子自告奋勇做某件事，常常是出于当时的热情，可是对如何把这件事情做好他并不太清楚，他没有认真评估自己的能力，这件事自己究竟能不能完成。对于这种情况，需要让他了解自己的特长和特点是什么，自己能做到什么，在对自己有了更多的认识后，他很快就会改掉盲目揽事却做不到的毛病。

第二种情况是孩子很要面子，觉得如果把事情揽下来，同学们可能会觉得他很能干，很有本事。但他自己也很清楚，他可能做不到。针对这种情况，你要告诉孩子，如果这样的事情有了两三次后，他就会失去别人对他的信任。以后他再说什么，别认就不会相信他了。到那个时候，丢的面子更大。这样孩子就不会为了显示自己而盲目揽事了。

第三种情况是孩子是只凭热情揽事，但并没有把这件事情真正放到脑子里，也就是随便说说。这就涉及孩子责任心的问题了。这时需要让他明白每揽一件事，他就需要对它负起责任，就要想办法把它做好。这是一个人很重要的品质。

第十四章　自信的品质

 帮助孩子接纳自己
引导孩子看到自己的优势
不做仅以学习能力判断孩子的父母

一位美国知名的企业家给年轻人们演讲。讲座中，一位年轻人向企业家提出了这样一个问题："作为一名成功人士，您认为，在成功的诸多前提中，最重要的是什么呢？"企业家没有直接回答这个年轻人的问题，而是讲了这样一个故事。

多年前的一个傍晚，一位叫亨利的年轻人站在河边发呆。这天是他 30 岁生日，可他不知道自己是否还有活下去的必要。他没有父母，从小在福利院里长大，他身材矮小，长相也不漂亮，讲话还带着浓厚的法国乡下口音，所以他一直很瞧不起自己，认为自己是一个既丑又笨的乡巴佬，连最普通的工作都不敢去应聘，30 岁了还没有工作，没有家。

就在亨利徘徊于生死之间的时候，与他一起在福利院长大的好朋友约翰兴冲冲地跑过来对他说："亨利，告诉你一个好消息！"

"好消息从来就不属于我。"亨利一脸悲伤。

"我刚刚从收音机里听到一则消息，说拿破仑曾经丢失了一个孙子。播音员描述的相貌特征与你丝毫不差，没准你就是拿破仑的后代！"

"真的吗，我竟然是拿破仑的后代？"亨利一下子精神大振。联想到自己的祖先曾经以矮小的身材指挥着千军万马，用带着泥土芳香的法语发出威严的命令，他顿时感到自己矮小的身材同样充满了力量，连讲话时的法国口音也带着几分高贵和威严。

第二天一大早，亨利便满怀自信地来到了一家大公司应聘。20年后，他成了这家大公司的总裁。虽然已经查证自己并非拿破仑的后代，但这早已经不重要了。

"是的，大家也许已经猜到，这位亨利就是我。"企业家的表情由微笑变为了严肃："接纳自己，欣赏自己，将所有的自卑全都抛到九霄云外。我认为，这就是成功最重要的前提！"

是呀，有自信和没自信就是不一样。当一个人有自信时，他才能抬起头面对生活，敢于去挑战，也才能抓住成功的机会。可是许多家长告诉我，他的孩子常常不自信。上课不敢发言，不敢参加比赛，不愿展现自己，事情还没做就已经打起了退堂鼓……没自信的孩子还真不少。孩子们为什么会没有自信呢？

其实，一个人从出生开始便开始了自我怀疑：我是谁？会有人爱我吗？我能被别人接纳吗？诸如此类的问题伴随了我们的成长，我们也在成长过程中努力地去搜寻这些问题的答案。如果父母能够帮助孩子找到这些问题的正确答案，他将来就能带着自信的微笑面对生活，否则，他将一辈子生活在自卑和自我怀疑之中。孩子的自信首先来自父母的肯定。作为父母，我们没有办法左右他人的眼光，也没有力量改变世俗的偏见，但我们可以用自己爱的力量引导孩子，让他学会接纳自己，找到自己的价值，并获得所需的力量来面对前进道路上种种可能的障碍。

帮助孩子接纳自己

在一次讨论会上，一位著名的演说家没讲一句开场白，手里却高举着一张 20 美元的钞票。

面对会议室里的 200 个人，他问："谁要这 20 美元？"一只只手举了起来。他接着说："我打算把这 20 美元送给你们中的一位，但在这之前，请准许我做一件事。"他说着将钞票揉成一团，然后问："谁还要。"仍有人举起手来。

他又说："那么，假如我这样做又会怎么样呢？"他把钞票扔到地上，又踏上一只脚，并且用脚碾它。然后他拾起钞票，钞票已变得又脏又皱。

"现在谁还要？"还是有人举起手来。

"朋友们，你们已经上了一堂很有意义的课。无论我如何对待那张钞票，你们还是想要它，因为它并没贬值。它依旧值 20 美元。人生路上，我们会无数次被自己的决定或碰到的逆境击倒、欺凌甚至碾得粉身碎骨。我们觉得自己似乎一文不值。但无论发生什么，或将要发生什么，在上帝的眼中，你们永远不会丧失价值。在他看来，肮脏或洁净，衣着齐整或不齐整，你们依然是无价之宝。生命的价值不依赖我们的所作所为，也不仰仗我们结交的人物，而是取决于我们本身！你们是独特的——永远不要忘记这一点！"

是的，我们每个人生来都有自己的价值和尊严，我们每个人都是独特的。但遗憾的是，很多人常常会忘记这一点。这是因为我们这个社会在谈论一个人的价值时，人们更多地会说到这个人长得漂不漂亮，脑瓜子够不够聪明，学历够不够高，工作够不够好，家庭条件够不够好……这些条件影响着我们对自我价值的判断，如果再加上一次不小心犯下的错误，一次不经意的失败，一个开玩笑的绰号，一次意外的拒绝……都有可能让我们由此怀疑自己是一个不受欢迎的人，不被接纳、不被需要的人。这样的疑虑一天天在心中积淀，很容易导致这样一个结论：我是一个没有价值的人。因此，那些没有自信的人，常常就是不懂得接纳自己的人。而父母要想让孩子有自信，重要的是要不断提醒孩子让他永远记住——我很特别！孩子只有永远牢记"我很特别"，他才能懂得完全接纳自己。

对于孩子而言，美貌和聪明常被作为衡量自身价值最大的特质。因而这两个方面是影响孩子自我接纳的重要障碍。毫无疑问，在一个班里，长得漂亮、成绩优异的孩子更容易受到老师和同学的青睐。是否具有这两大特质也成了孩子是否认同自我的最主要因素。

> 我有个朋友的女儿叫唐妮，今年上初一。虽然在我的眼里，她是一个很可爱的姑娘，开朗、热心，歌也唱得很好，可她对自己却非常不满意，因为她比别人要胖。小时候胖乎乎的多可爱啊，大家都很喜欢她，可没想到"胖"现在竟成了她最大的心病。
>
> 印象里，唐妮是个远远看见你就会笑着跑到跟前和你打招呼的孩子，可那天去朋友家时，却看到了一个陌生的唐妮。她只是低声地说了声"阿姨好"，甚至连头都没有抬起来，就径自把自己锁进了房间里。"唐妮怎么了？"我简直不敢相信眼前的这个孩子就是记忆中那个活泼开朗的小家伙。
>
> "唉，"朋友一副无可奈何的神情，接着和我讲起了关于唐妮的事情，"自从上初一后，唐妮一下子就变得沉默了。刚开始朋友不知道原因，直到有一天孩子哭着回来对她说，班里的男生给她取了一个绰号叫'肥猪'。朋友听了很伤心，顿时明白了孩子心里有多么痛苦。前段时间学校有一个艺术节，朋友想到女儿的歌唱得很好，这正是一个展示自己的机会，可当她鼓励唐妮去参加时，她却说：'我那么胖，你让我丢什么人啊！'"

原来可怜的唐妮正在忍受着"胖"的折磨。在她的心里，她一定是不受人欢迎的，因为她认为自己很"丑"。在这个"以瘦为美"的年代，唐妮不得不忍受着那帮青睐瘦女孩的男生异样的眼光。

像唐妮一样，许多在外貌上有着某种缺陷的孩子都充满了困扰。这并不是他们庸人自扰，而是在这个世界上拥有美貌的人的确更容易受到大家的喜欢与接纳。生活中长得漂亮的人常常得天独厚，他们会有更多的朋友，会有更多成功的机遇。就像同样是应聘工作，长得漂亮的人常会获得更多面试的机会。而且这样的区别在很小的孩子心中就已经有了感觉。

我们对待漂亮孩子和丑孩子的反应往往截然不同。看到漂亮的孩子，我们会忍不住摸摸他的脸蛋，夸上一句"真可爱"；而丑孩子的待遇就差远了，他们通常只能站在一旁看着漂亮的孩子受到这样的宠爱。这样的差别待遇会对孩子的个性产生深远的影响，有研究发现，漂亮的孩子会觉得这个世界是温暖、包容的，因此会更加乐观、开朗；丑孩子则会觉得这个世界是冰冷的、排斥的，因此会变得孤僻、悲观。

除了美貌外，聪明常被孩子们作为衡量自己有无价值的另一大特质。因此，学习成绩的好坏，也将对孩子心中的自我价值产生重要的影响。

在我认识的孩子中，有一个叫俊俊的四年级小男孩，因为他怎么也不愿去学校被妈妈带到了我们这里。在与他的聊天中我才知道，原来在有的孩子心里，学校是那么痛苦的地方。

俊俊的学习真的很糟糕，虽然他刚上学那阵儿也曾经很努力地学，但却徒劳无功，现在他的学习越来越差。他常听老师对妈妈说他的学习速度缓慢，他也发现自己上课时根本没法专心听讲，甚至连坐都坐不住。不是用铅笔在纸上乱画，就是一面玩一面自言自语，而且常常连老师提出的最简单的问题都无法回答。他知道自己很蠢，知道同学们都不喜欢他。

这天数学老师宣布，他要在俊俊所在的小组进行一项比赛，他先挑选了小组里最受同学欢迎的萌萌和丽丽当队长，让他们轮流挑选自己的队员。萌萌获得了先选权，他立刻挑选了组里数学成绩最好的同学，丽丽也选了一个同学们眼中很聪明的同学。在整个挑选的过程中，俊俊一直垂头丧气地坐在座位上，他知道等待自己的将是什么。尽管他的心里一直盼望着"赶快选我吧"，但他很清楚这是不可能的，因为大家都知道他很笨，谁会愿意选一个笨蛋呢？挑选的过程持续进行着，最后只剩下他没被选上。萌萌对丽丽说："你选他。"丽丽说："我不要！"最后还是老师出面把他安排到了丽丽组，可是同学们都对他撇嘴，一点也不欢迎他。俊俊当时真希望能找个地洞钻进去。

因为学习差，俊俊被同学厌弃，也被自己厌弃。在他的心里，整个世界正在因为自己的愚蠢而逐渐破碎、崩溃。可怕的是，这样的感受绝不仅仅在俊俊心里才有，在每个班里我们都能找到俊俊的影子。那些像俊俊一样的孩子，在学习困扰中把自己看作什么愚蠢的人，也正是自己的"不聪明"让他们感到自卑与绝望。

要让在美貌与聪明面前丧失信心的孩子重新振作起来不是一件容易的事情，但努力就能有所改变。

我认识一位妈妈，她是这样帮助自己超没自信的女儿的。有一天，她把女儿叫到了跟前，对她说："我知道你对自己不是很满意，但我想这是因为你还没有清楚地认识自己。当你独处时，把你对自己最不满意的部分写在一张谁也不会看见的白纸上吧。写好之后，你可以好好想想，看看可以怎么改变自己不喜欢的这些部分。如果你愿意的话，可以给某个你信任的人看看，这个人或许可以帮助你拟定一个改进的计划。你努力做了改变，一定会觉得比现在好。"

是呀，没有什么比自我总结与评价更能认识自己的了，我想这个妈妈想到了一个非常不错的办法。当然我们都衷心希望孩子为了改进自己而付出的努力能有好的结果，但不是努力就一定能成功。当孩子努力了，却并没有多大的成效，那就需要帮助他接纳自己不能改变的部分。

一个个子矮小的男生，虽然别人也常拿他矮小的身材来说事儿，但他却很懂得为自己打气："浓缩的才是精华，拿破仑、邓小平这样的伟人不也是矮个子吗？"不仅嘴上这么说，在生活中我也很少见到他为自己的身高黯然神伤，相反，为了像自己的偶像那样成功，他非常努力。经过自己的一番努力，他写了一手好文章，还常常在一些报纸杂志上发表。每次我看到他时，他都是一副自信满满的样子，他那自信的神态让别人根本不能小看他。

或许像这位男生一样，鼓励孩子寻找一个和自己遭遇相似的榜样是一个不错的方法，至少让他知道和自己有着相同"缺陷"的人也能有所作为，这样他也会对未来充满希望。

引导孩子看到自己的优势

有个小男孩头戴球帽，手拿球棒与棒球，全副武装地走到自家后院。

"我是世上最伟大的打击手。"他满怀自信地说完后，便将球往空中一扔，然后用力挥棒，但却没打中。他毫不气馁，继续将球拾起，又往空中一扔，然后大喊一声："我是最厉害的打击手。"他再次挥棒，可惜仍是落空。

他愣了半晌，然后仔仔细细地将球棒与棒球检查了一番。之后他又试了三次，这次他仍告诉自己："我是最杰出的打击手。"然而他的尝试还是挥棒落空。

"哇！"他突然跳了起来，"我真是一流的投球手。"

多可爱的孩子啊，就算在失败中也能发现自己的价值。然而我们的孩子却往往没办法看到自己的优势。

有位母亲曾向我抱怨，说她的女儿对学习没有一点兴趣，也没有一点上进心，根本不愿好好努力。为了激励女儿更加努力，她为女儿树立了一个学习的榜样——在北京大学读书的表姐。她时常在女儿面前夸奖她的表姐，说她的表姐从小学习是多么努力，成绩有多么好，现在考上北大让全家人多么骄傲。可这位母亲发现，她激励女儿的目的根本没法达到。因为每当在女儿跟前说起这些时，她就一副无所谓的样子，低着头不吱声，或者干脆干自己的事。

如果你也常常用这样的方式激励孩子，或许你该听听孩子的心声了。

一位小男孩曾经非常不满地向我抱怨："我的妈妈太可恶了，她总拿我和班里的同学比。哪个同学这次考试又考了第一啦，哪个和我差不多的人这段时间努力学习成绩又有很大的进步啦，哪个同学在家长会上又被老师表扬啦。我真不明白，她老教育我不要和别人比这比那，她为什么却这么喜欢拿我和别人比？"

没有人愿意被人拿来和别人比来比去，特别是拿自己的弱项和别人的强项比，在这样的比较中孩子看不到一点优势。虽然你完全出于好心，想替孩子找到一个学习的榜样，但这个榜样没有起到激励的作用，反而带来了更多的压力，在还没有足够的信心和出色的榜样一决高下时，在这场竞争中，孩子更愿意选择退缩避让。

其实，随着教育观念的普及，很多家长都知道孩子最讨厌被比较，知道"比较"是对孩子自信杀伤力最强的武器。可是，家长常常不自觉地拿孩子和别人比来比去。这是因为家长自己都没有发现孩子的优势，或是对孩子的优势没有真正的欣赏。父母如果能发现孩子自身的优势，并发自内心地欣赏孩子的优势，你就会避免"比较"的怪圈，你的孩子也更容易找到自信。

一位妈妈深有感触地对我谈到她的感受："我的孩子上小学三年级，他的学习成绩不是拔尖的，在班里也就是中不溜的水平。但是他画画特别好。他的画构图充满奇思妙想，而且常常能把看过的电影或是故事书的情节通过自己的画笔再现出来，在生活中看到的一些场景他也能三笔两笔就画出来了，而且很传神。我小的时候也特别喜欢画画，可总画不好，就特羡慕会画画的人。因此，每次看到儿子的画，我真的是发自内心地佩服和赞叹。常常忍不住对他说：'你真是画画的天才，你的画画得太好了，真是让我佩服得五体投地！'没想到，正是我这发自内心的赞叹，让儿子越来越喜欢画画，画的也越来越棒，连锁反应，他的画每次都会被美术老师作为优秀作品在全年级展示。这个优势让儿子充满了自信。开始我也并不明白，家长能欣赏孩子的优势能让孩子自信，在孩子画画这件事情上，我无心插柳却塑造了孩子自信的品质，让我真正意识到，家长别老去看别的孩子这也好，那也好，那是人家的孩子，自家孩子的好你要真正看得上才行。"

说到欣赏孩子自身优势，我还想起了一位了不起的母亲，她就是被人们称为"全球第一CEO"的美国通用电气公司前首席执行官杰克·韦尔奇的母亲。

> 韦尔奇从小患有口吃，说话口齿不清，因此经常闹笑话。这明明是一个缺陷，但韦尔奇的母亲却想方设法将它转变为了一种激励。她对韦尔奇说："这是因为你太聪明了，没有任何一个人的舌头可以跟得上你这样聪明的脑袋。"于是从小到大，韦尔奇从未对自己的口吃有过丝毫的忧虑，因为他从心底相信母亲的话，认为这是自己的优势：他的大脑比别人的舌头转得快。在母亲的鼓励下，口吃的毛病并没有阻碍韦尔奇学业与事业的发展，而且还让人们对他产生了某种敬意，因为他竟能克服这个缺陷，在商界出类拔萃。美国全国广播公司新闻部总裁迈克尔就对韦尔奇十分敬佩，他甚至开玩笑说："杰克真有力量，真有效率，我恨不得自己也口吃。"

如果你也能成为这样一个可以帮助孩子将劣势看成优势的父母，我想你的孩子在任何情况下都能充满自信。

不做仅以学习能力判断孩子的父母

我曾听过这样一次采访。

美国著名的美式足球教练约翰·马凯接受电视访问，当记者提及他队中最出色的球员——他的儿子小约翰·马凯，并问这位教练父亲是否以儿子在球场上的表现自豪时，他是这样回答的：

"是的，我很高兴小约翰上一季成绩不错，他表现得很好，我以他为荣。但是，即使他不会打球，我同样也会以他为荣。"

这样的回答让我感动，因为让这位父亲自豪的并不是球星儿子杰出的天赋，精湛的球技，而仅仅是因为他是小约翰，是自己的儿子。我想就算小约翰下一赛季的表现令人失望，他在父亲心目中的地位也不会有任何变化。我想小约翰是自信的，他一定相信自己是有价值的，因为至少在父亲那里他永远有价值，但却很少有人像小约翰这样的幸运。

一次在公园里散步时，我听见身旁有个鲁莽的母亲跟旁边的朋友讲她六岁儿子的事情，而那个可怜的孩子就站在听得见她们对话的地方。

那位母亲像机关枪扫射般地说："唉，他出生时发烧到40度以上，医生束手无策，还开错了药。医生说他脑部受伤，不能恢复正常了，他在学校的学习情形很差。"

这样的话从母亲嘴里说出实在太可怕，她好像在告诉别人："这是我的儿子，他很笨，他的脑筋有问题。"尽管这个孩子并不感到惊讶，甚至连头都不会抬一下，但母亲的话就像一把把尖刀扎在他的心上，或许他将永远记住母亲在那刻所说的这些话。有时候我们这些做父母一句无心的话语，却会给孩子最致命的打击。

或许你会说，我才没有这么傻，我从来不会在孩子面前说出这样的话，可是一旦你的心里对孩子的能力有了怀疑，孩子一定感受得到。

在孩子的发展中我们更多地把目光投向孩子的学习，目前学校的教育仍偏重语言和数学能力，这或许是一个人在世上最需要的两种能力，但并不是每个孩子都擅长。哈佛大学心理学家加德纳教授提出了多元智能理论，他说人有八种智能类型，分别是：语言智能、数理逻辑能、视觉智能、空间智能、音乐智能、人际智能、自我认识智能和自然智能。他认为，一位杰出的数学家并不比一位杰出的电影明星更聪明，一个善解人意的孩子也并不比一个物理很好的孩子更愚笨，他们只是能力类型不同，但都同样有价值，同样应该受到尊重和鼓励。

也就是说，就算你的孩子学习缓慢，但或许他在其他方面有着更好的才能，或许他的空间感很强，或许他的音乐感很强，但由于学校课程设置的限制，阻碍了他这些能力的发展。如果你能帮助孩子找到他最大的专长，并加以肯定，他一定会对自己信心大增。一位心理学家曾说："智力研究多年来积累了无数证据，其中最重要的一点是，不管智商测验的结果如何，每一个孩子都是独一无二的，当时机到了，他的潜力就会大放光彩。"

问题解答

1. 我的孩子在为青春痘而烦恼

我的孩子今年读初二了，他平时挺开朗的，但这段时间突然变得沉默了。整天无精打采的，做什么事都心不在焉，还常常听见他唉声叹气，问他是不是有心事，他却什么都不说。有几次我发现他做作业时偷偷地照镜子，我猜想这是不是和他脸上的青春痘有关。可是他脸上的青春痘并不是很厉害啊，不知道他怎么会这么在意。

美貌常被人们看作衡量一个人价值的重要特质，青春期的孩子尤其爱美，在他的心里美貌将变得超级重要。这是因为青春期的孩子处于自我意识的第二次飞跃阶段，他强烈关注自己的外貌，关注别人对自己外貌的评价，因此一点点不甚令人满意的外貌特点都很容易让他产生焦虑。或许在你眼中几颗青春痘并不碍眼，但在孩子眼里，它们却成了眼中钉。

我想孩子现在最需要的就是能找到一种有效的方法对付脸上的那些青春美丽疙瘩，如果你知道不妨告诉他。只要这些碍眼的青春痘能渐渐好转，孩子的烦恼也会随之消失。如果你一时半会找不到好方法，那对孩子的安慰将是对他最大的帮助。你可以用自己的经验告诉他，不用担心也不用着急，这些证明自己青春的印迹总会随着时间的流逝渐渐淡去。

2. 一到关键时刻，她就表现失常

我的孩子练了好几年钢琴了，她的钢琴老师说她很有音乐天赋，但只要她去参加一项重要的比赛，结果往往惨不忍睹。她练得再熟的曲子，上台也会出错，她经常说自己一上台脑子里就一片空白，现在她都有点不敢去比赛了。除了钢琴比赛，她考试的时候也是这样，根本不指望她能超常发挥，能正常发挥就不错了，可往往越重要的考试她的发挥越是糟糕。我就不明白，为什么这么重要的

时刻，她会表现失常呢？

我想有许多家长都有和您一样的苦恼，为什么孩子越是到了比赛、考试这样的关键时刻就越不能发挥正常呢？

其实我们每个人都曾经有过脑筋一片空白的时候，突然想不起某个人名、某件重要的事情或精心准备了很多次的讲稿，仔细回想，你会发现这种情况通常发生在压力较大的时候。比赛也好、考试也好，对孩子而言这些关键时候都会给他造成很大的压力，因此脑子也就特别容易"死机"。

为什么在压力较大的时候脑子容易"死机"呢？心理学家发现，压力与自信心有很大的关联，一个缺乏自信的人更容易产生压力，从而对心智造成干扰。孩子一到关键时候就表现失常，这很有可能就是因为缺乏自信。

或许你该纳闷了：孩子平时表现那么好，应该自信才对啊，怎么会缺乏自信呢？生活中我们不也常常能看到这样的例子吗？有的运动员在人们的眼里很有天赋，在平时的训练中也表现突出，可一到比赛的时候就不能发挥出最好的水平，经常都是拿第二名、第三名，却总是与冠军无缘。有时眼看着就要登上冠军的宝座了，却在最后一刻出了差错。并不是他们想输，只是长久以来失败带来的负面经验让他们已经无法去想象自己是冠军，他们的表现透露了他们的想法。

当孩子在关键时刻一次次遭遇失败后，这些失败无一例外地消减着他心中自我形象的分数，每次发生这种令人失望的事，他就更加怀疑自己的价值。渐渐地，他或许已在潜意识中把自己视为了一个失败者。对自己失去了信心的人又怎么能憧憬胜利呢？因此要让孩子对自己充满信心，就要帮助他在竞争中找到赢的自信。虽然已经有了很多次失败的痛苦经验，但随着时间的推移，孩子如果能够累积一些成功的经验来建立自信，这些事情造成的影响将会渐渐被抹去。

3. 家庭条件不好会影响孩子的自信心吗

我小时候家庭条件不太好，我也因此比较自卑，总觉得自己什么都做不好。上学的时候学习就不怎么好，到工作的时候又找不到好工作。现在我在一个商场当营业员，工作很辛苦，收入却不高。我们家的经济状况现在也不是很好，我有些担心我的孩子会不会因此也像我一样变得自卑。

在这个世界上，金钱发挥着巨大的作用，家境不好的确很容易让人缺乏自信。但这并没有什么大不了，我们可以清楚地看到许多同样家境不好的人用自己的努力最终获得了成功。李嘉诚从没有鞋穿的穷孩子到华人的首富，马云白手起家、四处闯荡，最终建立了"阿里巴巴王国"。为了弥补经济上的缺陷，他们从内心迸发出一股坚毅、不认输的勇气，并将它凝聚成势在必得的自信。一个人面对自己缺陷的态度，将决定他的人生会受到怎样的影响。如果把自己看做逆境的受害者，只会自怜自艾，但却无济于事，只有勇敢面对，并想办法进行弥补才能最终获得成功。家庭的经济状况不能立刻就能得到改善，引导孩子怎样正确地看待，并鼓励孩子用自己的努力去弥补才会对他真的有所帮助。

不过要想让孩子成为一个自信的人，你一定要想办法让自己变得自信起来。虽然自卑不会遗传，但父母的自卑多多少少会对孩子产生影响。在成长的过程中，孩子敏锐地观察着父母的行为。就算你尽力在孩子面前将你因自卑而产生的沮丧掩藏起来，孩子仍能敏锐地察觉到，并很可能和你陷入同样的沮丧。更重要的是，孩子将从你应对生活的态度和方式中学会如何对待生活，因此无形中你正在教导孩子可以用怎样的方式来面对问题。

4. 要不要让孩子转去差一点的学校

我的孩子今年九岁了，智力不太好。我带他去医院查过，医生说他不属于智障，但智力较同龄人低下。他上学的时候我托了关系，让他进了最好的小学。他们班的孩子都挺聪明的，毫无疑问他是成绩最差、反应最慢的一个，为此他经常被其他的孩子嘲笑。最近我在考虑，要不要把他转去一个差一点的学校，但又怕在那里他接受不到这么好的教育。

成功对一个人而言是相对的而不是绝对的；学习的好坏对孩子而言也是相对的。虽然孩子不喜欢和别人比，但在班级的氛围中他正在不知不觉中和别人进行着比较，成绩好、成绩差都是依据比较的结果得出的结论。我想你的孩子一定很辛苦，在高手如林的班级里，他就算拼尽全力也没有任何的改变。

虽然我并不主张轻易为孩子换个学校，但我认为孩子应该上一所适合他的学校。他现在就读的学校的确是数一数二的好学校，但孩子在这里感受到的是什么呢？为了体会一下孩子的感受，我们设想一下，如果将你我这种资质平庸的人放到智商120以上的天才班中将是怎样的情形呢？在同是普通人的班级里，我们努力努力或许能成为优等生，可在天才堆中我们再怎么努力或许也只能在中等线以下。同学的白眼与厌弃，将像一只只的利剑伤透我们的心，而正是这样的利剑正在伤透你孩子的心。

找到一所合适的学校对孩子而言非常重要，因为读错了学校，可能让孩子一辈子都变得没有自信。作为父母，我们一定要在不牺牲孩子自尊的前提下，帮助他发挥最大的学习潜能。

5. 多赞美能让孩子更自信吗

我听说多赞美能让孩子变得更自信，是真的吗？如果孩子每做一点小事都要赞美，会不会把他宠坏了呀？如果他就此变得骄傲和自负该怎么办啊？

赞美当然可以让孩子变得自尊、自信，因为这是对他能力的肯定。但如果每做一丁点小事，或者时不时都要赞美一番，那孩子也会被宠坏，很有可能变得骄傲和自负。过度膨胀的赞美是没有必要的，赞美的话听得多了，孩子很快就会把你的话当作理所当然，赞美也就失去了它的意义。

我们常听见有的家长这样夸自己的孩子："你真是个聪明的孩子！""多可爱的小姑娘啊！""你真是妈妈的乖孩子！"有时孩子还没做任何事情，这样的赞美之辞就平白无故地从天而降了。我想严格说来，这算不上赞美，而是谄媚。赞美是对一件具体的事情有感而发，而谄媚是平白得来的。而孩子不会对这样的谄媚产生任何的感觉。

要想让赞美发挥更好的效果，就应该让赞美变得更具体、更有建设性。如果孩子在饭后主动把餐具洗得干干净净，这时你夸她"真是个好孩子"有点无关痛痒，她更需要听到的是对这次行为的肯定，而不是这种泛泛的、放诸四海皆准的表扬。如果你说"我很高兴你把餐具洗得这样干净"，这样的赞美就好多了。孩子既知道了你的感受，也听到了你对她所做事情的肯定。这样的赞美再多，我想也不会让孩子产生自负的情绪。

6. 孩子霸道和自信心有关系吗

我的儿子上小学四年级了，他的脾气特别坏。他总爱找机会发泄情绪，他会为一点芝麻绿豆大的小事大发脾气。他的成绩很不好，班里也没有同学喜欢他，因为他经常欺负同学，大家都怕他。我记得他小时候不是这样的，是一个很温顺、听话的孩子，可自从上了小学就变了。那天我看了一本书，说霸道的孩子有可能是缺乏自信，我想问问孩子霸道难道真会和自信心有关系吗？

说起自卑、缺乏自信，大家的脑海里更容易浮现的是孩子低头蜷缩在一边的形象，其实像你看的那本书中提到的那样，很多时候孩子太过于霸道也是自卑的表现。

不知道你的孩子是不是从小学一年级开始成绩就不太好，但我想他的变化和他所处环境的改变有很大的关系。由于成绩不好，得不到老师、同学的看重，如果再加上不知道怎样和同学们相处，和同学们的关系也不好，长期处于这样的环境中很容易让孩子产生愤怒、自卑的情绪。一个学习不好、被同学孤立的孩子长期处于自卑中，这种自卑很可能以愤怒的方式爆发。为了让自己看起来更有力量，为了不被同学看不起，你的孩子选择反击，用这样的方式来防御他人不友好的目光。

或许正是自卑让你的孩子变得霸道，要让他回复到以前温顺、乖巧的状态，首先要做的就是找到合适的方法帮助他拾回久违的自信。

7. 该不该让孩子留级

我的孩子小学四年级，从上小学开始，学习就很困难。他的学习速度比其他孩子慢，理解能力也要差很多。老师也向我反映，上课的时候就算孩子很认真地听，似乎也跟不上老师的步伐。上课听不懂，作业又不能按时完成，结果他的成绩越来越差。为了弄明白孩子究竟出了什么问题，我曾在孩子二年级时带他去测试智力，可医生说他并非有病或智障，只是身心发展比同龄的孩子缓慢。前几天老师又一次找我去学校，和我商量让孩子留级的事情。

这件事让我很矛盾，或许留级能对孩子弥补知识上的漏洞有所帮助，但我非常担心这样做会伤了孩子的自尊心。因为我已经感到自从二年级的那次智力测试后孩子变得越来越敏感，还常常会问我："妈妈，我是不是真的很笨？"到底该不该给孩子留级呢？

我真替您的孩子感到庆幸，因为他有您这样一位敏锐的母亲，能觉察到他的变化，没有盲目地替孩子做出留级的决定。对于学习有困难的孩子，老师常常会建议孩子留级，但我觉得这常常不是一个明智的选择。老师是从孩子知识掌握的情况提出了这样的建议，但让一个学习能力不足的孩子留级并不会让孩子在学业上有大的进步，还很容易伤害孩子对自我能力的看法。当他的同学们都升到一个更高的年级时，他却被迫与比他小的孩子们一同学习，这对他来说将是极大的耻辱，将无情地撕碎他的自尊。

我建议当务之急是您和老师好好沟通，帮助孩子一点点改善学习情况，只要孩子有一点点进步，就请老师给予及时的表扬，他可能很难成为最棒的，但却有可能成为进步最快的。这样，不但能让孩子继续和同学们一起学习，还能帮助他找回自信。

另外，我建议您在家庭中不要强调学习成绩有多重要，尽管我知道，这对于您来说很难。但是，如果孩子确实学习缓慢，您不断强调学习成绩只能让他的压力越来越大，相反，放下课业成绩，让孩子在家中能拥有平和的心态，对于保持他的自尊心和自信心更有好处。俗话说："鱼和熊掌不可得兼的时候，舍鱼而取熊掌。"同样的，对于孩子来说，自信心比学习成绩对他的一生而言要重要得多。

8. 怎样培养孩子"我能行"的感受

我想培养孩子自信的品质，可是，我的孩子在面临一件事情时，常常还没开始做，他就说："我不行！"开始打退堂鼓。怎么才能让他获得一种"我能行"的感受呢？

自信心不足的孩子常常会说"我不行"，遇见事情和挑战很容易退缩。自信的孩子常常对自己说"我能行"。这是两种不同的心理状态，它们会把一个人带向不同的生活道路。显而易见，在人生中，能够战胜困难、挫折，赢得成功和幸福的，常常是那些总是对自己说"我能行"的人。

如果你想让孩子能拥有"我能行"，很重要的一点是，你要给孩子"行"的机会，孩子没有"行"的机会，"我能"就好像空中楼阁，这也是为什么很多家长总鼓励和赞美孩子，可是孩子的自信心依然不足。自信是需要体验的。

我的感受是，家长常常不肯给孩子"行"的机会。当孩子小的时候，第一次要自己从碗橱里拿碗时，妈妈紧张地说："别动，你会把它摔碎的。"孩子第一次帮忙从冰箱里拿菜时，妈妈又赶紧说："不用你，你够不着。"孩子第一次想洗洗自己的小袜子时，妈妈夺下了孩子手中的袜子说："你哪会啊，你洗不干净。"不知道在您家里，有没有类似的事情发生，家长这样做时，传达给孩子的是什么呢？这些举动是在不断地告诉孩子："你不行，你做不好！"孩子的自我怀疑就开始出现，并对自己的能力越来越怀疑。

因此，我建议您，从今天开始，要给孩子"我能行"的体验，只要孩子有意愿要做的事情，您都鼓励他去尝试。孩子不是您说他"行"他就真的"行"的，没有体验，他的自信只能是一种虚假的感觉，很快就会丧失。

9. 女儿怎么一点自尊感都没有

我的女儿今年18岁，上高三了。让我非常难过的是，她没有一点自尊感。我和她爸都是大学的老师，可是，她和我们根本没有一句话，经常上网聊天、交网友，还跑到网友家去。高二的暑假，她认识了一个25岁的男人，一面都没见过，就到那个男人的出租房去跟人家同居。我和警察找到她时，看见他们住的那个地方是个不足七平米的破平房，屋里除了床之外，什么都没有，我看着都觉得寒碜。可是女儿却无所谓。我把她找回来后，没几天，她又交了一个网友，也是一个二十多岁的男人，她又住到了人家那去了。我真是伤透心了，她爸爸为她气得几次发病住院。我真不知道，这是怎么回事啊。都说女孩子最重要的是自尊自爱，她怎么没有一点女孩的自尊呢？

从您的讲述来看，我有一个基本的判断，您的女儿从来没有或很少觉得被人爱过，在她内心中，她认为没有人会在意她，没有人重视她，她是一个无足轻重的人。很多女孩子，为什么那么容易投入到男人的怀抱，并非她们的欲望有多强烈，而是她们强烈地渴望被爱。如果被爱的需要没有被满足，低自尊就是一个必然的反应。

孩子被爱的需要首先要来自父母，我想问您，您和先生是否给了女儿足够的爱的感觉。您只提到一句，女儿和你以及她爸爸没有一句话，也许你们和女儿的关系已经很糟糕，可能你们自己都没有意识到究竟是什么时候，女儿对你们彻底失望。我想只有对父母和家的彻底失望，才会让女儿出去寻找爱。

请从今天开始给女儿足够的爱和接纳。

有一个14岁的女孩，曾经问过她爸爸这个问题："如果我告诉您，我怀孕了，您会怎么办？"爸爸愣了一下，随即回答女儿说："我知道，发生这样的事，如果别人知道了，会看不起你，可能也看不起我，但我想让你知道的是，你是我的女儿，不管遇到了什么事情，我都爱你，都会帮助你！"这是一位明智的父亲，尽管有人怀疑地问他："你这样跟女儿说，会不会导致女儿更随意交男友，不慎重对待性行为呢？"这位爸爸自信地说："我认为不会，因为女儿在我这里得到的已经足够。"

我把这个例子讲给您听，是想问问您：您和先生是否有足够的勇气，像这位父亲一样完全地接纳你们的女儿呢？你们只有给孩子的爱和安全感足够，她才不会到家以外的地方去寻求爱。

最后想提醒您一点的是，女儿的自信尤其需要来自爸爸的爱和肯定。我曾经就这个问题采访过美国的心理学家莱特博士，莱特博士研究了几百个女性的心理咨询案例，他发现，那些自信心不足、自尊感较低的女性，问题的很大原因出在未成年时和父亲的关系上。莱特提到，父亲在以下两点对女儿的影响是妈妈不可替代的。

第一，父亲的肯定更能帮助女儿建立自信。

父亲给予女儿的认可和赞同不同于母亲所给予的。母亲与女儿待在一起的时间较多，正因为如此，父亲对事物评论和反应对女儿的影响更大。为什么呢？因为父亲的表达是通过一种完全不同的方式，并且次数很少。他的积极介入有助于抑制女儿对母亲的过度依赖。父亲对女儿及其能力的信任会逐渐给她自立的信心。特别是女儿处在青春期的时候更是如此。

为此，父亲应当时常陪伴在女儿身边。这对女儿的安全感非常重要。女儿如果从小缺乏这种安全感，在她将来的人际关系中就会不断地去寻找"父亲"。

第二，和妈妈的爱相比，爸爸的爱对女儿具有不同的价值。

一般来说，妈妈表达爱的机会更多，妈妈更多给予孩子的是一种无条件的爱。爸爸只有在孩子取得成绩的时候才把爱作为一种奖励给孩子。女儿的心灵是细腻敏锐的，爸爸的这种不善于表达会被女儿看作是爸爸不爱自己。因此，父亲要学会对女儿表达爱。爸爸可以寻找一些和女儿沟通的"情感词汇"。虽然这对粗枝大叶的父亲来说有点困难，可是女儿却无比需要。

您在问题中提到，您的先生因为女儿气得住院了。他生气的心情可以理解，但是，爸爸也应当反思，在以上两个方面自己所做的是否足够。您可以向先生建议，让他暂时收起怒气，给予女儿爱和接纳，帮助女儿尽快回归家庭才更加重要。

10. 为什么孩子常常自我贬低

> 我的女儿常常会自我贬低，比如，她会说："像我这么笨的人，我怎么可能会做这么难的题呢？""我就是很笨，有时一加二等于三我都会弄错。"其实，她学习虽然不是太好，但绝对不像她自己说的那么糟糕，她也并非笨孩子，可是为什么她总是会这样自我贬低呢？

常常自我贬低其实是自卑的一个重要表现。自卑的人没有安全感，他会不断揣测别人怎么看他，怎么想他，并不断去迎合别人。当他对迎合别人没有把握的时候，他就会通过自我贬低来让自己停留在安全的状态里。他的行为实际上是在告诉别人："因为我笨，我做出这样的蠢事是可以理解的。"您女儿的自我贬低就是这种心理在作怪。

解决的办法还是要建立她的自信，塑造她自信的品质。您可以认真看看我们前面谈到的这方面内容，选择合适您女儿的方法帮助她。

做智慧父母

帮孩子成为学习赢家

天赋亲职教育读本

张绍梅 ◎ 著

世界知识出版社

图书在版编目（CIP）数据

做智慧父母：帮孩子成为学习赢家 / 张绍梅著 . —— 北京：世界知识出版社，2018.2

（天赋亲职教育读本）

ISBN 978-7-5012-5673-0

Ⅰ.①做… Ⅱ.①张… Ⅲ.①学习方法 - 家庭教育

Ⅳ.① G791 ② G78

中国版本图书馆 CIP 数据核字（2018）第 006938 号

书　　名	**做智慧父母：帮孩子成为学习赢家**
作　　者	张绍梅 / 著
责任编辑	王瑞晴　蔡金娣
责任出版	王勇刚
策　　划	董保军　张天罡
出版发行	世界知识出版社
地址邮编	北京市东城区干面胡同 51 号（100010）
电　　话	010-85112689（编辑部）
	010-65265923（发行部）　010-85119023（邮购电话）
网　　址	www.ishizhi.cn
印　　刷	三河市祥达印刷包装有限公司
经　　销	新华书店
开本印张	787×1092 毫米　1/16　16 印张
字　　数	269 千字
版次印次	2018 年 3 月第一版　2019 年 3 月第二次印刷
标准书号	ISBN 978-7-5012-5673-0
定　　价	180.00 元（全四册）

让学习成为一种能力（序）

今天，父母最关心孩子的学习问题，可是父母也常常不知道孩子学习问题的真正原因在哪里。

"对孩子的学习，我感到非常头疼，什么时候做作业，什么时候玩，根本就没有概念。"

"我的孩子依赖思想特别强，学习用具每天都要爷爷奶奶准备，他自己的学习他一点都不上心。我真恨不得不上班，天天在他的耳边喊：做作业，读书。可也知道孩子不爱听，真没办法啊！"

"我儿子现在念初二，下学期升初三，学习成绩其他功课还可以，就是英语最差，原因是不肯读不肯背，虽然为他请了家教，结果还是学了后面，忘了前面，家长教育他、讲道理，他也不听，我既着急又无奈，不知如何是好。"

每天我都能接到类似的电话和信件，父母困惑孩子为何不爱学习、不主动学习、学习没干劲，父母无奈孩子似乎只在强迫、威逼甚至打骂下才不情不愿地读书，父母也期望能够寻找到破解孩子学习的密码，使孩子能够为自己的学习负责。

是的，孩子的学习问题不仅是父母的首要问题，也已经成了一个社会问题。据报道，目前每十个孩子中就有四个孩子厌学，越来越多的孩子感染了厌学情绪。这让我们有责任行动起来，寻求解决问题的方法。我也在和许多人一起思索：孩子学习的问题究竟在哪里？

看了朋友绍梅的新书——《做智慧父母——帮孩子成为学习赢家》，我心中的答案清晰了。

目前，由于对应试教育问题频频报道，不少人觉得一谈学习，就是在抹杀孩子的个性和创造力。其实，学习是人生的需要，每个人天然渴望学习，初生的孩子渴望学习走路、说话；上学的孩子渴望知道世界为何真奇妙；青春期的孩子渴望学习本领实现理想；成年人渴望不断充电提升人生质量，人无时无刻不在学习，人无时无刻不在学习的状态之中。学习已经成了健康人生的生活方式，学习能力更是一个孩子生存能力的重要基础。同时，学习也是一件充满个性的生活方式，每个人如何学习、学习的方向并不相同，也正是如此，孩子在学习中发展自己特有的才能和禀赋。

可是，不少父母却不了解学习是孩子的需要，孩子天生就有学习的愿望，总以为孩子的学习意愿是自己"教"出来的。父母也不愿接受每个孩子各自的特点和禀赋，总是在用"万般皆无用，唯有成绩高"的思想看待孩子学习。这样，孩子失去了良好的学习状态，爱孩子的父母在无意中将孩子困在了痛苦学习的第一种状态和麻木学习的第二种状态，结果是孩子只能围着书本转，在巨大的学习压力下苦苦支撑，孩子不但毫无学习兴趣、学习被动，而且个性、创造性、智慧和活力都被抑制，无法发挥。

绍梅用她几年来对家庭教育的思索和研究提出换一种状态，孩子就会主动愉快地学习！这种新的状态就是学习的第三种状态，它完全不同于痛苦和麻木的前两种状态，而是一种快乐自信的学习状态，一种让孩子自觉自愿、自动自发学习的境界。

为什么孩子进入第三种状态，就会快乐自信地学习呢？我认为就在于第三种状态是一种孩子感觉"我真棒"的状态，是一种孩子可以大声告诉自己"我能行"的状态，是每个人天生都渴望获得认可和肯定的状态。在《做智慧父母——帮孩子成为学习赢家》中，绍梅用活泼的话语，生动的案例，实用的方法告诉家长：父母最重要的工作，不在于盯着孩子写作业，不在于审阅成绩单，不在于花大钱请家教，而在于引领孩子进入学习的第三种状态！当孩子的状态改变了，他学习的兴趣、动力、习惯、方法、潜能也都能随之改变，他会自然进入一个自觉自愿、自动自发的学习状态。

我相信父母能从此书中受益，引领孩子进入学习的第三种状态。愿通过此书孩子都能成为学习赢家，按着他自己的特质和禀赋学习，让学习能力成为孩子受益一生的财富！

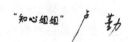

"知心姐姐" 卢勤

目 录 Contents

第四章　进入习惯的状态

孩子会说：再学一会吧，每天都学，习惯了！

第五章　进入梦想的状态

孩子会说：为了这个，我真得好好学！

第六章　进入潜能开发的状态

孩子会说：我的大脑有智慧！

第七章　进入方法的状态

孩子会说：这样学习真有效！

学习问题的实质是什么？很多家长以为是"怎么学"，其实学习问题的实质是"愿意学"。学习成败的关键是什么？很多家长以为是刻苦努力和学习方法，其实学习成败的关键还是在于孩子是否乐意学习，如果一个人根本没有学习的愿望，再好的老师、再好的方法都不可能起任何作用，他也不可能刻苦努力。因此，学习首先是一个状态问题，如果孩子进入一种状态，能够让他有好心情、好情绪，让他能够觉得舒服快乐，他自然就会努力学习。如果把痛苦看作学习的第一种状态，把麻木毫无感觉看成学习的第二种状态，那么，孩子自信、愉快就是第三种状态，在其中，孩子会自觉自愿、自动自发地学习。

第一章 进入学习的第三种状态

孩子会说：状态好，当然学得好！

◇◇◇◇◇◇◇◇◇◇◇◇◇◇◇◇◇◇◇◇◇◇◇◇◇◇◇◇◇◇◇◇◇◇◇◇

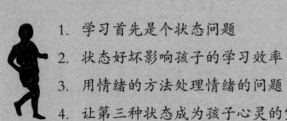

1. 学习首先是个状态问题

2. 状态好坏影响孩子的学习效率

3. 用情绪的方法处理情绪的问题

4. 让第三种状态成为孩子心灵的空气

◇◇◇◇◇◇◇◇◇◇◇◇◇◇◇◇◇◇◇◇◇◇◇◇◇◇◇◇◇◇◇◇◇◇◇◇

在痛苦、没感觉的状态中，孩子就会厌烦学习，不愿意学习，但孩子若能进入享受成就感、创造感和满足感的第三种状态，他就会觉得快乐、有干劲，自然就会自觉自愿、自动自发地学习。

1. 学习首先是个状态问题

学习的最佳状态是有成就感、满足感的第三种状态

学习成败的关键是什么！有人说是刻苦努力，有人说是老师的教学方法，有人说是学习方法，这些都非常重要，但最关键的还在于孩子是否愿意学。总结一下各类学习问题，你会发现其实可概括为两个方面，一是愿意学的问题，二是怎么学的问题。其中学习意愿是首要的，如果有了学习意愿，其他方面的学习问题都有找到解决的可能，如果孩子根本没有学习的意愿，他绝不可能刻苦努力，再好的教学方法和学习方法也将无法起作用！

那么，孩子如何才能自觉自愿、自动自发地学习呢？

家长可以想想自己的工作状态：同样是工作挣钱，但每个人工作的状态和心态却差别很大。有很多人是工作着痛苦着，工作纯粹是挣钱的工具，在这个过程中享受不到一点工作的乐趣，甚至充满了对工作厌烦的情绪。我们称之为工作的第一种状态。

第二种状态和第一种状态一脉相承，由于工作毫无乐趣，慢慢习惯了工作的麻木状态，对工作毫无感觉。很多人在没感觉的状态中工作一辈子，毫无工作的激情和创造力。

第三种状态是工作着快乐着，在工作中享受成就感、创造感和满足感。

大家评判一下，哪一种工作状态效率最高，哪一种工作状态是人们愿意追求的呢？答案是唯一的，即第三种工作状态的效率最高，人们都渴望进入第三种工作状态。

同样，在孩子的学习中也存在这样三种状态，孩子在不同的状态中，会有不同的学习结果。

家长都渴望孩子学习能够积极主动，其实，只要让孩子进入到满足、有成就感、自信的第三种状态，他自然就能做到自觉自愿、自动自发地学习。

为什么孩子一进入富有自我满足和自我成就感的第三种状态，他所有的激情和情绪都会被调动起来呢？关于这一点，家长需要首先对人、对孩子有一些基本的了解。也就是说家长要了解人的本质。可能家长会觉得，人的本质是哲学问题，这哪是孩子教育的问题呢？其实不然，如果你不了解人，你如何教育人？如果你不知道人应该成为什么样，你又如何去引导人？

如果仔细观察，你会发现，人最本质的特点是每个人都有天生的自我肯定、自我张扬和自我发展的倾向，也就是说一个人不管做什么事情，都希望从中获得成功，都希望自己的想法和愿望得到实现。如果把这种天然倾向比喻成一股水流的话，那么环境就必须给它提供一个适当的流向和出口，否则，那股水流会肆溢横流，毁坏环境。

如果我们用这样对人的理解来解释孩子的学习，就会发现孩子必须进入有成功感、自我价值感和自我满足的第三种状态中，如同水顺畅流淌一样，孩子自然会主动好好学习。如果学习让孩子痛苦、没感觉，就如同水被阻止流淌一样，孩子自然失去了学习的活力和动力，他将不会好好学习，因为这状态和他的本性是相违背的，孩子不会喜欢。

营造孩子学习的第三种状态家长更有优势

目前很多家长认为：孩子学习，自己无能为力！父母的看法是：在孩子性格品质的塑造上，家长也许能做不少，但学习是学校老师的事，家长又不懂教学，所能做的极其有限！还有家长觉得：自己文化程度有限，简单的内容也许还能辅导，随着孩子年级升高，如果他学习不好，自己就无能为力了，最多花钱给孩子请家教，督促他刻苦努力。正是基于这样的思想，很多家长早早退出了学习教育的主战场。这样做的结果是：家长一方面要求孩子学习优秀，另一方面又常常置孩子的学习问题和烦恼

于不顾！现在我们看到，孩子学习的关键问题是，他能否进入一种自信有成就感的状态，即孩子能否进入学习的第三种状态。而在这方面，家长绝对大有可为。

大家肯定都知道美国前总统小布什，他可以算是世界上最成功的人士之一，他的看法和意见对全世界都有深远的影响。他大学读的是美国一流的耶鲁大学，当然也是一个高才生。可是大家也许不知道，小布什从小是个厌学的孩子，他贪玩，惹是生非，根本不愿碰书本，简直是个纨绔子弟。他的厌学情绪在三年级的时候达到

了顶点。如果面对相同的情况，也许有的妈妈会生气训斥："你怎么这么不长进，你爸爸可是政界要人，你这么没出息，简直把咱们家的脸都丢尽了！"可是小布什的妈妈——芭芭拉·布什却没有这样做。她的做法是：每当听见小布什回来的脚步声，她就拿起一本书，坐在椅子上很认真很专注地读，第一天、第二天，小布什都没有太在意。一个星期过去了，小布什终于忍不住问妈妈："为什么以前我回来，你都在门口迎接我，现在一本书却这么吸引你，那里面到底有什么好东西？"芭芭拉·布什对儿子说："书里有非常有趣的内容，是它们深深地吸引了我！不信，你自己拿去看！"

小布什真的接过妈妈递来的书看起来，他真的被里面的内容吸引了，每天放学都会迫不及待地回家，就为接着看那本有趣的书。

也许有人以为，这只是一个偶然巧合。不，并非如此，这一切是小布什妈妈精心设计的教育方案，她根据孩子的个性和特点，专门挑选了一本肯定能吸引儿子的书，并每天以专注读书的神情迎接孩子回家，通过这样的行为激发孩子的好奇心，从能读自己感兴趣的书开始，妈妈引导小布什步入了学习的殿堂。通过近一年的时间，小布什终于养成了坐在书房里安静读书的习惯。

我们看到，小布什妈妈所做的并不需要多高深的学问，她也没有亲自操刀，给孩子补习语文数学。她只做了一件非常重要的工作，把孩子引进学习的门，让他在学习的殿堂里愉快学习。因此，我说在营造孩子学习的第三种状态上，父母比老师有更得天独厚的优势。

优势体现在哪里，让我们还以小布什为例：

第一，父母更了解自己的孩子，了解孩子的个性、优势和短处，知道他的兴趣点在哪儿。作为老师，全班那么多的孩子，他不可能为你的孩子挑选一本最能吸引他的书，而父母却可以轻松做到。

第二，你可以每天在家认真读书影响孩子，而老师却不可能单单为你的孩子做到天天如此。

第三，对孩子最好的教育方式是"因材施教"，学校作为集体教学的单位，只能满足学生学习的普遍性，很难满足孩子学习的特殊性，而父母只需面对一两个孩子，最可能设计出优良方案，带领孩子进入有成就感和满足感的第三种学习状态。

这样看来，在孩子的学习上，父母绝对不只是监督家庭作业是否写完的角色，也不只是成绩单的检阅者，父母应当进入孩子学习教育的主战场，和学校老师结为盟友。父母也完全可以进入孩子学习教育的主战场，承担学校无法做到的重要部分。

> 父母一定要引领孩子进入一个好的状态，状态好才能学习好，学习好才能成绩好。对于孩子的学习来说，最好的状态就是第三种状态。因为在第三种状态中，孩子能体验成功与满足。

2. 状态好坏影响孩子的学习效率

常常听见有家长说："今天干什么都没劲儿，因为状态不好！"确实，人绝对不是完全客观、永远都按章出牌的机器，而是一个有情感、有情绪、有血有肉的人。父母状态不好，会懒得工作，甚至会拿爱人、孩子出气。孩子状态不好，同样会有情绪，影响学习。其实，状态本身并没有好坏问题，但是一种能够顺应自我、肯定自我、张扬本性的状态确实远远胜过违背这种本性的状态，顺应本性的状态会激发人里面的动力，而违背人本性的状态却不能调动人的潜能。一个孩子的状态，可以直接造成学习效果的好坏和成绩的高低！

因此，若想孩子成绩好，父母一定要引领孩子进入一个好的状态，状态好才能学习好，学习好才能成绩好。对于孩子的学习来说，最好的状态就是第三种状态。因为在第三种状态中，孩子能体验成功与满足。

状态好坏从整体上说是一种身心平衡的状态，父母要让孩子有一个健康的身体，同时更重要的是，要给孩子一个良好的情绪。也就是说，父母要学会照顾孩子的心情。可是，父母常常很少考虑孩子的心情。仿佛人一小，就没有情绪似的，以至孩子情绪不好的原因常常是父母造成的。

如何避免孩子的坏心情，营造孩子的好心情呢？有这样一句话请家长牢记：坏心情是批评出来的，好心情是夸出来的！

可有些父母最善于"哪壶不开提哪壶！"家里来了客人，父母会如数家珍历数一遍孩子的缺点和不是，仿佛孩子小就绝对不会有面子问题。别人若是问孩子学习怎样，父母脱口而出："不行，不行！"还自以为这是谦虚。考试成绩不好，孩子本来已经很烦，父母仍然唠唠叨叨，没完没了，就连吃饭时也不放过训斥："如果你早听我的，哪至于考成这样！"父母总觉得，如果自己不说，孩子就会对缺点、坏成绩没任何感觉，因而也不会想着去改善。其实，实际情况完全不是这样！

有一个三年级的小男孩，一次期末领了成绩单回家，心情很沮衷，妈妈看见就安慰他："没有关系，只是这次考得不好，反正考试已经过去了，你难过一下也就过去吧！待会我们看看错的是哪些题，妈妈帮你一起弄懂，下次保准你能打败它们！"听了妈妈的话，这个三年级的小男孩说："妈妈，虽然我心里很难过，不过还是比我的好朋友强多了，我觉得他才可怜呢！每次考试不好他都要忍受双重折磨，而我只有一个，比他少一半呢！"

妈妈听了孩子的话，觉得很奇怪，问："什么双重折磨，你的一个又是什么呢？"

孩子回答说："每次我考试不好，心情难受，你都会说'没关系'。可我的朋友告诉我，他每次考不好回家，他的妈妈都会狠狠训他，而且训好长时间，弄得他心里难过极了。他的妈妈一点都不明白，一个孩子考试不好，他已经得到了很大的惩罚，就是他的心情会很糟糕，很不好受！"

这真是一个聪明的孩子！说得非常精辟，糟糕成绩会让孩子心里不好受，内心很受折磨，这确实已经是对孩子最大的惩罚！可很多父母却不明白这个道理。当然，我不是说，父母不需要管孩子的成绩，只是，如果你希望他有好成绩，功夫一定要放在平时，当考试结束，成绩已经不好的时候，孩子需要的不是批评，而是安慰。

批评指责会让孩子心情不好，情绪低落。那你知道如何让孩子情绪振奋、心情舒畅吗？你知道孩子最渴望得到什么吗？近来，不少教育调查机构对中小学生的调查都显示，孩子最渴望得到父母的肯定，期望得到父母的表扬。

提到"肯定"，可能家长会说："这个我懂，不就是'夸'吗！"对！家长说得很到位，童话大王郑渊洁就曾说：一切教育的秘诀只有五个字："往死里夸他！"好心情是夸出来的！为什么呢？

因为人都有一个天性：获得肯定、表扬和赞美，这甚至不是人自己能够控制的。当一个人得到表扬时，他想不高兴都不太可能！正是由于人的这种天性，"夸"才能不断制造好心情。

其实，家长自己也喜欢听到夸奖和赞美，如果工作中能得到领导和同事的称赞，工作积极性就会大大提高！如果在家得到爱人的夸奖和赞美，干家务也会更轻松、更起劲。这都是人之常情。可是为什么当家长面对孩子的时候，就把这一切都忘了呢？很多家长的心态是：优点不夸跑不了，缺点不批不得了。但我要说：优点不夸不得了，缺点少批就变少。请家长一定要明白：夸不是万能的，但没有夸是万万不能的！不要像守财奴吝啬金子一样吝惜给予孩子夸奖！

还有一些家长虽然愿意夸，可是却不知道怎么夸，结果孩子并不领情。也许有家长说，连夸人都不会，你说得有点邪乎了吧。大家千万不要以为这是我的主观论断，孩子的感受是最好的证明。

有个孩子说："我还不知道我爸我妈那套，不停地吹捧我，还不是想激我乖乖学习。我才不上他们的当呢！"另一个孩子说："我给爸爸看我做的飞机模型，他虽然嘴上说：'嗯，很好！真棒！'可眼睛却一直在看报纸，甚至头都没抬一下，一看就知道是在糊弄我。真没劲儿！"

看看，父母把夸变成了激将法！把夸变成了随口就出的口头禅，结果是：激一次两次后，孩子就拆穿了家长的西洋镜。口头禅被孩子看成敷衍。还有的家长，夸人的语言超级贫乏，永远就是一句干巴巴的"你真棒！"久而久之，让孩子听了没感觉。还有的家长在为了夸而夸！明明心里觉得孩子的做法并不怎么样，嘴上却违心地说"你真了不起，你真行！"这种心口不一是撒谎，是阿谀奉承，而不是夸奖。

看来，夸人也是有学问的，只有掌握了夸的秘诀，才能让孩子收获快乐心情和良好学习状态。

首先，要大胆地夸奖赞美孩子！并不是像很多家长想象的那样，夸多了，孩子会骄傲。只要你不是虚夸和浮夸。越夸孩子会越自信，越有自信孩子就会心情越好！

其次，夸一定要出自真心。也就是说，当你说'孩子，你真棒！'的时候，你是真的觉得他非常棒，你是发自内心地赞美和欣赏他。可是，目前很多家长常常为了夸而夸，并不是出自内心真正的欣赏。如果你真的不能欣赏到孩子的优点，那你现在需要学习的功课是如何欣赏孩子，赞美是欣赏的自然流露，千万不要为了夸而夸！

第三，夸一定要具体。要提出充足的证据让孩子相信，你对他的夸奖和赞美是真实的。

一位美术家父亲和孩子互相给对方画肖像，孩子自然没有美术家爸爸画得像，可是孩子的画却在夸张和不像中抓住了父亲的神韵。爸爸是这样夸孩子的："虽然我画得很像你，你画得不太像我，但我却觉得你的画非常棒，因为你的画中包含着很多创意和创造力，很具有神韵，这是画画中最重要的东西，而我却只能照着你现在的样子把你一点一点地画出来。所以我觉得你画得非常好！"

本来，孩子看到自己画得不如父亲时，已经有些气馁了，可是因为父亲的夸奖提出了充足理由，孩子就相信自己很棒，并从中获得成功和自信。

> 当人的情绪上来的时候，你说任何道理都没有用处，因为他的耳朵已经被糟糕的情绪塞住了。相反，如果你改用情绪的办法，效果却要好得多。

3. 用情绪的方法处理情绪的问题

当然，还有些时候，孩子的坏心情并非来自父母，有时，不知道什么原因，孩子就莫名其妙地发脾气、闹情绪。此时，父母最需要的是理解孩子的不良情绪，用情绪的方法来解决情绪问题。

如何理解情绪？不知道在孩子无缘无故发脾气、闹情绪的时候，你会怎么做。我经常听见家长这样说："你发什么脾气呀？想想你这样对吗？没有人惹你！无缘无故，你这样做像话吗？"家长有没有发现，你是在用讲道理的方法和孩子谈情绪的问题。这样做根本行不通。当人的情绪上来的时候，你说任何道理都没有用处，因为他的耳朵已经被糟糕的情绪塞住了。孩子难道不明白无缘无故发脾气不对吗？孩子难道不晓得确实没人招惹他吗？这一切他都明白，他只是被当时的情绪控制，不知道怎样摆脱！

相反，如果你改用情绪的办法，效果却要好得多。"我知道你的心情很糟糕，每个人都有这样的时候。而且我常常发现，自己心情糟糕，还说不出什么原因。以前，我在这个时候，常常骑上自行车找好朋友一起出去转一圈，边骑车边聊天，回来就好了。不知道你会不会有更好的办法？"这就是情绪的方法。你理解他的情绪，能切身感受他的情绪，在这样的前提下，你提出的建议，他极有可能会考虑。即使他仍然没有采取任何行动，他的情绪也会变平和，好心情也会慢慢得到恢复。

有一个男孩每天早上醒来时都会闹别扭，情绪不好，不想起来上学。每当这个时候，妈妈都会生气地说："快起来，你怎么回事？有人得罪你吗？我得罪你了吗？你爸得罪你了吗？"孩子听了妈妈的话没有说什么，但是他还是心情不好，闹别扭。这种状态一直持续了三个多月。后来，这位妈妈就换成情绪的方法对待孩子的情绪。早上，妈妈来到孩子的床边坐下，对已经醒来但是情绪不佳的孩子说："宝宝，你要不要睁开眼来看看，今天外面的天气特别好，有白云蓝天，小麻雀就在窗外树上唱歌呢。妈妈给你做好了你最爱吃的早餐，你要不要睁开眼睛看看是谁在跟你说话，是世界上最爱你、最以你为荣的妈妈啊！"妈妈说完这番话后，孩子就慢慢睁开眼睛，再也没有像以前那样哼哼唧唧："真讨厌，要上学，不想起床。"而是没有抱怨和别扭地就起床了。妈妈用这样的方法坚持了一个星期，孩子清早的情绪问题就完全治愈，再也没有复发。

我们可以从这位妈妈的做法中得到许多启示，很多时候，如果孩子处在一种情绪状态之中的时候，你跟他讲道理，他听不进去，而情绪的方法却能让孩子感受到被理解和尊重，他也就容易被"说服"。当然，针对不同年龄的孩子，处理情绪的具体做法应当有所不同，但是这样的思路和观念却是非常值得借鉴的。

其实，用情绪的方法处理情绪问题就是转变孩子的状态，这个状态就是能够体会到快乐愉悦成功的第三种状态，就好像电脑的内存，当内存改变了以后，电脑的整个工作状态就会完全不同。

孩子状态好，才能更好地投入学习。状态不好，即使玩他都会没劲，何谈学习呢。请大家一定要记住：没有好状态，难有好成绩！

4. 让第三种状态成为孩子心灵的空气

人的生命存活，所需要的最重要物质就是空气，虽然空气看不见摸不着，但我们却能深深感受到空气的存在，当你在污浊的空气中，就会呼吸不畅甚至窒息，当你在新鲜空气中，就会心旷神怡。而第三种状态就好比孩子心灵的空气，当孩子没有进入第三种状态，心灵就缺乏滋养，没有活力；当孩子进入第三种状态，就会拥有成功、自信、愉悦的学习与生活。

童话大王郑渊洁在儿子初中开学测试时，透过窗玻璃往里看，主考官们正在训斥孩子："你怎么这么笨？""你的智商是不是有问题？"郑渊洁拉着儿子郑亚旗就回家了。

郑渊洁这么做是因为他看到孩子学校老师的做法会让孩子的学习处在糟糕的状态之中，而郑渊洁希望能够给孩子尊重，让孩子进入快乐的状态之中。

退学后，郑渊洁在自己家腾出了一个房间，布置成了教室，郑渊洁自己编撰教材，郑渊洁的童话主人公皮皮鲁、鲁西西贯穿整个教材，包括创新和怀疑篇《脚踏实地目空一切的贝塔》、哲学篇《鲁西西和苏格拉底对话录》、性知识篇《你从哪里来，我的朋友》、道德篇《罗克为什么不是狼心狗肺》、安全自救篇《再送你100条命》，等等，涵盖范围远远超出学校教授内容，总字数400万字。

因为郑亚旗爱睡懒觉，所以郑渊洁授课都是从下午开始，一天三节，没有礼拜日。傍晚，郑渊洁会带着儿子到附近的河边去散步，那是另外的课堂，郑渊洁会找出电视上或书里的某几个话题，认真地和郑亚旗讨论。

三年后，郑亚旗学完了中学六年的课程，从这所特殊的学校毕业了。

郑亚旗16岁的时候，郑渊洁就给儿子打预防针，"18岁前你要什么我给你什么，18岁后，我就不管你了，而是我要什么你给我什么。"

1997年前后，网页设计和制作正火。郑亚旗在网站上看到别人的个人主页做得很漂亮，就迷上了主页设计，定期买《电脑报》，好多东西自己摸索着学。慢慢地就和网络上认识的那些朋友联合起来，给一些公司做主页。

1999年，有段时间郑亚旗认识了一群网友，都是股民，还都是大户。他和这群股民处得很熟，没事就打听炒股的事儿。等到16岁过完生日，他向郑渊洁借了10万元，到交易大厅开了个户开始炒股。

开始郑渊洁还不爱借给儿子钱，怕他受骗。郑亚旗给郑渊洁留了字据，约定半年后还。郑亚旗第一次买股票赚了1000元。不到两个月，就把钱还清了。

18岁的生日很快到了，郑亚旗想到了求职，他准备了一份简历，在网络上看到自己喜欢的职位，就发一份电邮过去。大部分公司都被他的小学学历"吓得"没有回音。

刚好有个朋友让帮着找一个人，在超市扛鸡蛋，一箱5毛钱。寻找工作四处碰壁的郑亚旗说："那我去吧，好歹能挣个汽油钱。"他每天开着父亲送他的18岁生日礼物奥迪A6去超市扛鸡蛋，这一扛就是三个月。对于扛鸡蛋这份工作，郑亚旗是这样分析的："让我扛一辈子鸡蛋是不能接受的。但是，扛鸡蛋也是一种经历，从小郑渊洁就经常对我说，任何经历都是财富。"

扛鸡蛋的事儿郑亚旗没和郑渊洁说，是郑渊洁发现了儿子衣服上鸡蛋的污垢追问出来的。郑渊洁说："我的第一反应是比得了奥运金牌还高兴，这孩子能有这样的心态，我满意极了。"

扛鸡蛋扛到第三个月，郑亚旗在报纸上看到一家报社招网络技术人员，觉得这个很适合。郑渊洁帮儿子出主意，认为儿子最好不要通过电子邮件投简历，而是亲自上门，只要能进去，做上这份自己喜欢的工作，哪怕一个月只给300元也没关系。然后又鼓励儿子："虽然你学历低，但你对企业的忠诚度高啊！"

郑亚旗第一次登门求职了，人家看到他的小学学历不免心里打鼓。郑亚旗说："我技术很高啊，很多大公司的网页都是我做的。"然后就在电脑前演练了一下自己的网络技术，并翻出制作过的网页给招聘人员看，并承诺马上就能帮报纸建一个网站，不收费。第二天，他就去上班了。不到一年，被提为网络技术部主任。

郑亚旗办了一本《皮皮鲁画册》，任主编，郑渊洁是唯一的文字作者。"现在他是我老板，我是他的打工仔。"

现在的郑亚旗已经脱离了郑渊洁的视线，自己贷款在城里买了一套房。

看了郑亚旗的成长经历真是让人感慨，为什么郑亚旗没上过大学，做事却充满自信？为什么哪怕他扛鸡蛋也能认定自己的价值？我认为，其中重要的原因就在于他的爸爸在他小时候，就引导他进入了一种自信的、充满成就感和价值感的第三种学习状态，正是这第三种状态成了滋养他成长的营养。

如果心灵像身体一样同样需要呼吸，那第三种状态就是满足孩子心灵呼吸的最清新的空气！

今天，如果你到家长中调查："你最头疼孩子什么问题？"我敢担保，你听到的大部分答案都是："不爱学习"。"我的孩子就是不学习。""我的孩子干别的还行，就是不能提学习！""如果你跟孩子谈学习，他就像跟你有仇似的！""让他玩时像条龙，让他学时他成虫。"总之，家长可以提出一大堆证据，来证明孩子不爱学习、不求上进，似乎只有靠着家长的棍棒威胁、打骂相加或是糖衣炮弹利诱才能将那个"蠢蠢欲动"的家伙锁定在书桌前。

真的是这样吗？不！如果你能让孩子通过好奇进入第三种状态，你会发现你的孩子天生就爱学习。

第二章　进入好奇的状态

孩子会说：这一切都是为什么？真的很想知道啊！

就像汽车奔跑有发动机一样，孩子的学习也有一个内在的发动机，只是家长不知道，总想替孩子另外嫁接一台。

1. 好奇心是孩子学习的神奇发动机

每个人都有天生的好奇心

"我的孩子一点都不爱学习！"今天无数的家长在为此烦恼却无计可施！孩子厌学也成了教育界令人担心的重要问题。许多家长总感觉，学习天生就与孩子格格不入，非得用点手段才能塞进孩子心中。

家长所理解的只是表面，事实上每个孩子都爱学习！因为他的心里有一台学习发动机，这台发动机随时都会工作，启动孩子的学习行动，一旦它启动，孩子想不学习都做不到。

看了这话，家长也许会说："不可能，绝对不可能！你不是在编故事讲神话，就是在骗人！"

其实，这并不是骗人，也不是在编故事、讲神话，或者拿好听话安慰伤心绝望的家长。我之所以这样说，是因为每个孩子都有一个具有无限能量的好奇心！这个孩子的好奇心，并非我说有就有，也不是哪个家长想装就能安进孩子心里的，谁都没有这样的本事！这乃是上天赐给人的最宝贵礼物，它就像钟表的发条、汽车的发动机、火箭的助推器，正是它保证了人对未知的浓厚兴趣，保证了人愿意不断学习。

也许有家长不相信，真的是这样吗？孩子真的有好奇心吗？

这是一位两岁孩子和她妈妈的对话。

"这是谁的裤子？"孩子问。

"妈妈和姥姥的裤子。"

"这两个裤子为什么不一样？"

"一个是蓝色的，一个是黑色的，所以不一样。"

"为什么一个是蓝色的，一个是黑色的？"

"妈妈喜欢蓝色的，姥姥喜欢黑色的。"

"妈妈和姥姥为什么爱好不一样？"

"因为妈妈和姥姥是两个人，不是一个人。"

"妈妈和姥姥为什么不是一个人？"

"不为什么。"

"为什么不为什么？"

"去，一边玩去！别烦我！"

对于上面的这种场景，你是否也无比熟悉呢？孩子小时候，每个父母都有曾被他的"为什么"搞得哑口无言，甚至不胜其烦的经验。孩子就像是一个天生的学习家，什么都想知道，什么都想学。如果爱学习也能像科学家、音乐家之类的被称为"家"的话，那年幼的孩子最应该被授予"学习家"的光荣称号了！孩子一出生，他就开始在问"为什么？"在他不会说话、不会走路的时候，他就已开始用眼光去询问、用小手去探寻，等到他学会说话的时候，他的各种不同的"为什么"就会接踵而来，让家长应接不暇。比如：

"那是什么？"
"那是树。"
"为什么是树？"
"这……"

当父母哑口无言的时候，你有没有发现，孩子常常像哲学家一样，他的问题简单却又深刻。

其实，我们每个人小时候也都是这样，不信回去问问你的父母，我相信你一定能得到肯定的答案。孩子总是有兴趣问这问那，就是他存在着好奇心的最好证明，这个好奇心使他情不自禁地去探索、去学习。

好奇心威力无比，甚至使猿变成了人

好奇心的威力究竟有多大，我想再举个例子。

让我们闭上眼睛想象一下：在人类尚未产生的最初时代，地球上生活着各种各样的动物。它们同台竞技，都努力寻找食物，都顽强抵御天敌，都会繁殖后代，各种动物之间的生活差别也不大。

但，在这一群动物中，不知什么时候产生了这么一小群，它们渐渐对生活的世界产生了好奇：水滴为什么会从天而降？并没有看见天上有水池呀；风看不见、摸不着，为什么会呼呼有声？奇怪！那又红又黄的一团东西将那么多物体化为灰烬，太可怕了，快跑。很久很久以后，他们才将之命名为"火"。他们对自己也十分好奇，我是谁？我从哪里来？我为什么在这儿？正是这许许多多的好奇，促使他们去思想、去尝试，他们的生活方式因此发生翻天覆地的变化，最终使得他们从动物界脱颖而出，并成为万物之灵长。他们是谁？他们就是咱们人类的老祖宗。

我们从小所学的历史、社会发展简史都有过这样的论述：从猿到人，起根本作用的是劳动。这是人人都非常清楚的科学结论。可是大家想想，如果没有好奇心，没有探索世界、改造世界的想法，类人猿可能变成人吗？有多少动物比类人猿更加勤劳呀。所以，从这个意义上说：从猿到人，起根本作用的不是劳动，而是好奇心。

如果没有好奇心，牛顿就不会从苹果落地发现万有引力；如果没有好奇心，瓦特就不会由热水顶壶盖发明蒸汽机；如果没有好奇心，人类就不知道电是何物并利用电。我们甚至可以这样说，如果没有好奇心，我们的老祖宗或许还和大猩猩一起在森林里争地盘，当然我们也就不会存在。可见好奇心对于人的意义是何等重大！

真可惜，很多家长不知道好奇心的威力

可惜的是，很多家长根本不知道好奇心的用处，总以为监督、棍棒、糖果、玩具、表扬、金钱等才是促使孩子学习的不二法宝。家长想着法儿地促进孩子学习并没有错，我相信，这些方法在孩子学习的过程中，都或多或少地起到作用，有些甚至能帮助孩子考入大学。可是，如果孩子的学习动力只能来自父母的外在嫁接，绝对没有孩子自身自带的天然"发动机"威力强劲，而且也不可能像好奇心那样能够成为孩子学习的永恒不变的持久动力。嫁接带来的更糟糕情况是：学习本来是孩子的第一需要，如今却变成了孩子必须完成的苦差事。久而久之，孩子很容易产生厌学情绪。琪琪的故事就是很好的一例。

琪琪的妈妈很重视孩子的教育，还在幼儿园期间琪琪就学了钢琴、画画和珠心算，上了小学之后琪琪又报了奥数班、剑桥英语班和舞蹈班。在妈妈给她安排的众多兴趣班中，只有小提琴是琪琪自己主动选择的。

痴迷上小提琴来源于她三岁的时候去二姨家，看见二姨家的小

表姐拉小提琴，她非常好奇，怎么用一根棍子就能拉出来声音呢？于是她围着表姐问这问那，知道那一根棍子叫弓子，做弓子的主要材料居然是一种马尾巴的毛，她觉得有趣极了。还有小提琴的形状，看起来是那么地优雅。从那以后，琪琪就爱上了小提琴，一直央求妈妈让她学小提琴，可是妈妈却说："小提琴声音多难听呀，哪有钢琴好

听，要学也要学钢琴！"但是在琪琪的再三要求下，妈妈终于同意琪琪学小提琴。现在琪琪已经上了初中，妈妈安排的那些兴趣没有一个学成正果，琪琪尤其讨厌奥数，她觉得奥数就像蟑螂一样讨厌。而琪琪自己喜欢的小提琴，却一直在坚持拉小提琴成了她紧张初中生活的最好放松方式。

这就是由好奇心引导和被外力所牵的不同。可能父母觉得，其实结果不都一样吗？妈妈让琪琪学的，虽然没学出什么，可琪琪自己要学的小提琴不是也没见到特别的成果吗？其实，表面看来相同，本质却完全不同。最重要的差别是，琪琪保留了对小提琴的热爱和兴趣，只要有机会，她就可能把这方面的潜力表现出来，而其

他那些学习却给她留下了厌烦和痛苦，即使她有那些天分，也很难发挥。

人们常说小学阶段是打基础的阶段，这个基础并不在于知识的基础，而是对学习的热情、兴趣。一个孩子学习的过程，首先需要好奇、热情、兴趣以及好的习惯将他引进门，这样等到初中的时候，他才能按照以往的惯性去学习，随着孩子有了自己的想法，学习的动力会再加上理想的成分，直到有一天他有了自己的工作和事业。倘若起初孩子内心的学习动力没有被调动出来，那等到他上了初中、高中之后，他的学习会越来越被动，学习会成为让他痛苦，让家长头疼的问题。

即使在外力的推动下孩子考上了大学，如果他内在的发动机不起作用的话，还是可能引发厌学情绪。现在，不少大学中"上学不读书现象"，"大学生厌学现象"就是证明。2006 年 7 月 18 日北京的《新京报》就刊登了这样一则消息：昔日高考状元，近日弃学出走！

这个学生是清华大学自动化系的学生谭金平，他出走两个多月，没和家人有任何联系。父母真是心急如焚，学校也刊登了多起寻人启事，希望他能返回大学完成学业。谭金平在留给家人的信中说，"我对读书真的没有兴趣"，感觉"空虚忧郁"，因此他决定放弃读书，并希望家人不要找他。

可是，你知道吗，谭金平考入清华的时候，曾经是高考状元，他的高中班主任说，他在校读书的时候，是全校的太阳。谁能料到"太阳"会完全地失去光芒呢？

谭金平在留给父母的信中还说："我会去一个没有人认识的地方。在十年之内我应该不会出现在任何有人认识我的地方，当然也

有可能永远不会出现。"我们可以想象谭金平的父母是何等的伤心绝望。

调动孩子自身好奇心这台"发动机"的力量吧,如果你放着他的"发动机"不用。有一天它可能再也不能使用了。相反,如果你能调动孩子的好奇心,你会发现,天下没有不爱学习的孩子!父母要知道,当强烈的好奇心起作用时,你想阻止他学习都不可能!帮助孩子进入好奇的状态,孩子自己就会说:"这一切都是为什么,我真的很想知道啊!"

好奇心对孩子学习的三大重要作用

那么,好奇心对孩子的学习到底有什么巨大作用呢?这些作用共有三个:

第一,有了好奇心,孩子就会主动学习。
刚才我们已经谈到,孩子的好奇心就是他内心的神奇"发动机"。具体说来,没有好奇心,孩子就不会主动学习,有了好奇心,孩子定会自动自发地学习。

有一个母亲讲述了她的孩子痴迷火山,并通过研究火山而喜欢学习的故事。

她的孩子是个可爱而又淘气的男孩,非常痴迷地喜欢火山。现在上小学的他对全世界的火山如数家珍,一些诸如"火山碎屑流、火山岩、火山气体"等火山术语常常从这个小家伙嘴里蹦出来,如果不是看到他的样子,你准以为这是一位专业火山科学家!小家伙是怎么喜爱上火山的呢?妈妈介绍说,孩子对火山的喜爱来自于他三岁去科技馆看到的模拟火山爆发。当三岁的他在科技馆看到模拟火山的时候,又惊奇又害怕。在火山模拟室,他看了一会,害怕得赶紧跑到门口,扑到妈妈怀里,妈妈刚要抱着他离开,他又挣着从妈妈怀里跳下,又跑进去看。结果他的好奇心,战胜了他的恐惧,他跑出跑进,一连看了三遍火山爆发。他非常想知道,一个平时他眼中的大山,为什么会突然吐烟雾、喷火苗、甩石块。于是这个小家伙用"火山的十万个为什么"狂轰滥炸妈妈,妈妈用她仅有的一点地理知识给他解释,可是没多久,这些解释就不能满足他的好奇心了。于是妈妈带他去书店,找关于火山的书,从来不会认字的他,最先认识的就是"火山"两个字,因为他要挑出哪本是关于火山的书。后来,妈妈又给他买了美国发现频道拍摄的火山纪录片光盘,那些光盘全部都是英文原声,没有中文翻译,根本听不懂英文的他居然能一口气津津有味地看50分钟。不久，火山、火山灰之类的英文单词他就能随口而出。由于要知道都是什么地方有火山，他还常常站在妈妈专门给他买的世界地图前察看，顺带地，他知道了很多国家、大洲、大洋，真是比上地理课学得还快，这一切都源于他的好奇心。虽然现在七八年过去了，他也成了小学生，可是他对火山的好奇丝毫未减，现在不用父母告诉他，他自己都知道，如果要想了解火山的更多秘密，还得不断地学习。对火山的好奇成了他学习的动力，而且他还有了人生的第一个理想：当火山科学家，专门研究火山。

从这个小学生的身上我们可以看到，好奇心一旦开始发动，就有无穷的动力。正是人的好奇心，激发了探索和学习的欲望。

其实，每个孩子都拥有好奇心，并可以在好奇心的驱动下去主动学习！想想当孩子第一天踏入小学的门槛时，他是多么好奇和兴奋呀！新书包、新文具、新同学、新老师，他对这一切都感到无比好奇。那时，他绝对是爱学习的，只不过后来他的好奇心就不发威了。但是那个好奇心绝对还在那儿。"老虎不发威，你当它是病猫呀！"千万不要小瞧了好奇心！

第二，好奇心是想象力的源泉。

中国孩子的"学习好"享有世界级的声誉，据说美国等西方国家都因为中国的基础教育扎实而反思自己国家的教育。美国在克林顿总统执政时期，还试图仿照中国要把中小学的语文、数学等科目搞一个全国统一版本，要知道，在美国，中小学课本根本没有全国统一一说。对此，中国还有媒体热烈报道，说这些证明咱们的教育是非常成功的。可是克林顿的做法最终在美国行不通，因为，美国的家长不希望自己的孩子和别人一样。在这一点上，中国家长恰恰相反，咱们常常生怕自己的孩子和别人不一样。正是因为中国家长这样的教育思路，虽然中国孩子的"学习好"是出了名，可是没有想象力也同样出名。其中最重要的原因就在于好奇心的丧失。

没有好奇心，就没有想象力。好奇心对想象力的促进作用到底有多大，我们不妨来看看著名生物学家达尔文的例子。

达尔文从小就对自然界充满着好奇，喜欢打猎、采集矿物和动植物标本。

有一次小达尔文和妈妈到花园里给小树培土。妈妈说："泥土是个宝，小树有了泥土才能成长。别小看这泥土，是它长出了青草，喂肥了牛羊，我们才有奶喝，才有肉吃；是它长出了小麦和棉花，我们才有饭吃，才有衣穿。泥土太宝贵了。"听到这些话，小达尔文疑惑地问："妈妈，那泥土能不能长出小狗来？""不能！"妈妈笑着说，"小狗是狗妈妈生的，不是泥土里长出来的。"达尔文又问："我是妈妈生的，妈妈是姥姥生的，对吗？""对呀！所有的人都是他妈妈生的。"妈妈和蔼地回答他。"那最早的妈妈又是谁生的？"达尔文接着问。"是上帝！"妈妈说。"那上帝是谁生的呢？"小达尔文打破砂锅问到底。妈妈答不上来了。她对达尔文说："孩子，世界上有好多事情对我们来说是个谜，你像小树一样快快长大吧，这些谜等待你去解呢！"

达尔文七八岁时，在同学中的人缘很不好，因为同学们认为他经常"说谎"。比如，他捡到了一块奇形怪状的石头，就会煞有介事地对同学们说："这是一枚宝石，可能价值连城。"同学们哄堂大笑，可是他却并不在意，继续对身边的东西发表类似的另类看法。还有一次，他向同学们保证说，他能够用一种"秘密液体"，制成各种颜色的西洋樱草和报春花。但是，他从来就没有做过这样的试验。久而久之，老师也觉得他很爱"说谎"，把他的问题反映到了达尔文的父亲那里。父亲听了，却不认为达尔文是在撒谎，而是在想象。

有一次，达尔文在泥地里捡到了一枚硬币，他神秘兮兮地拿给他的姐姐看，并一本正经地说："这是一枚古罗马硬币。"姐姐接过来一看，发现这分明是一枚十分普通的十八世纪的旧币，只是由于受潮生锈，显得有些古旧罢了。对达尔文"说谎"，姐姐很是恼火，便把这件事告诉了父亲，希望父亲好好教训他一下，让他改掉令人讨厌的"说谎"习惯。可是父亲听了以后，并没有在意，他把儿女叫过来说："这怎么能算是撒谎呢？这正说明了他有丰富的想象力。说不定有一天他会把这种想象力用到事业上去呢！"

达尔文的父亲还把花园里的一间小棚子交给达尔文和他的哥哥，让他们自由地做化学试验，以便使孩子们的智力得到更好的发展。达尔文十岁时，父亲还让他跟

着老师和同学到威尔士海岸去度假。达尔文在那里大开眼界，观察和采集了大量海生动物的标本，由此激发了他采集动植物标本的爱好和兴趣。

没有好奇心，没有想象力，就没有今天的"进化论"。而达尔文的父母最成功之处就在于特别注意爱护儿子的想象力和好奇心。

好奇是知识的萌芽，好奇是想象的土壤。孩子学习文化知识，同样非常需要想象力。很多家长非常苦恼孩子不会写作文，写出来的文字干巴巴，毫无生动性可言。其实，重要的原因是孩子缺乏文字的想象力。很多孩子平时做数学题都会，到了考试却不会举一反三，也是因为缺乏数学的想象力。当孩子到达初中阶段时，如果没有想象力，面对物理、化学等科目的学习时，就会非常吃力。因为很多物理定律，都不是在生活中能够直接看见的，都需要一定的想象力的支持才能获得对知识的把握。

第三，没有了好奇心，孩子学习就会不思考、不动脑筋。

很多家长常常痛苦地说："真不知道孩子是怎么了，一点都不知道自己动动脑筋，像算盘珠子一样，拨一下动一下。让他动脑筋怎么就那么难，牙膏挤一点还出一点呢！"

为什么孩子不愿思考？因为他对事物没有好奇！有这样一则笑话说出了中国孩子的这一通病。

在一所国际学校里，老师给各国学生出了一道题："有谁思考过世界上其他国家粮食紧缺的问题？"

学生们都说"不知道"。非洲学生不知道什么叫"粮食"，欧洲学生不知道什么叫"紧缺"，美国学生不知道什么叫"其他国家"，中国学生不知道什么叫"思考"。

难道中国孩子在思考方面就天生比别人笨吗？绝对不是！而是在孩子对事物有了疑问时，在孩子提出一些问题时，家长总是习惯赶紧给孩子答案，并让孩子认为自己所说的就是标准答案。这抹杀了好奇心自身引发独立思考的作用，这样好奇的种子就不可能长成枝繁叶茂的大树。

因此，当孩子对某个事情有强烈好奇心时，家长要给予孩子一个开放的空间，引导孩子在好奇中思考，让孩子自己别出心裁。这个世界本来就因为丰富多样而精彩，也正是独立思考，才能带来世界的丰富多样。

著名童话大王郑渊洁曾经提出"不理解万岁"。为什么呢？他认为好奇心的一个重要特点是不理解，而不理解引起了人们的思考，思考带来了世界的变化。就像牛顿，坐在树下被苹果砸中，如果他像所有的人一样对自己说："这很正常，苹果熟了，就是会掉下来。"也许根本就不会有伟大的万有引力定律的发现。牛顿没有这样，他恰恰对此产生了好奇心。正是对苹果落地现象的不理解，才有了影响世界的发现。

是的，家长不要以为一切都是司空见惯的，一切就应该如此，你一定要知道世界充满不同，把独立思考的权利还给孩子吧！

如何让孩子在好奇中思考呢？其实也很简单，就是当孩子对一件事情有了好奇心，不要急于给孩子提供标准答案，而是尽量启发孩子自己去寻求答案。哪怕他的答案是无厘头的，也不要轻易地否定他！

孩子只有有了独立思考的能力，他才会在学习中动脑筋，才能在解题的过程中想，为什么会是这个答案呢？有没有其他方法可以得到这个答案呢？

一个爱思考愿动脑筋的孩子也更容易战胜学习困难。因为困难恰恰给了他思考的机会，这样的挑战会让他觉得非常过瘾。那些在学习中动不动就打退堂鼓的孩子，常常也是缺乏好奇心、不爱思考也不会思考的孩子。

怎么样，如果你想让孩子能够主动思考问题，碰见问题爱动脑筋，那就一定要好好善待他的好奇心！

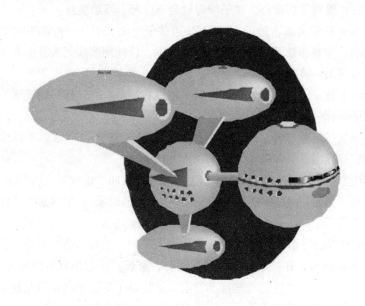

很多家长会说，现在我知道好奇心的重要性了，可是为什么在我的孩子身上看不出好奇心在发威工作呢？

2. 好奇心由于缺乏保护而冬眠

不许孩子玩泥的错误

好奇心就像孩子心中神奇的发动机，一旦开机，会让孩子非常想学习。可是，有很多家长可能会说，为什么这样的美好现象我看不见呢？

这是什么原因呢？请大家先看看一位母亲的描述，也许你能得到一些启示。

一天，我带着孩子在小区楼下玩，小区的园林工人刚刚给一些树浇过水，树坑里满是被充分浸泡的稀泥。儿子一看，立刻蹲下，开始用手抓泥玩，一会儿他觉得不过瘾，就把泥往石头上抹，后来干脆捡了几块稍微扁平的石头，把那些稀泥当成水泥，有模有样地盖起了房子。这时，旁边一个孩子看见了，那个孩子也就一岁多的样子，也对那一树坑的泥产生了好奇，蹲下来伸手就想抓。可是，就在他的手快伸到泥里的时候，一双大手横空而来，截住了这双小手："脏，不许碰！"那是孩子爸爸的大手，他用手有力地拉起孩子，把孩子拉到离树坑有五六米远的地方。可是趁爸爸不注意，那个孩子踮脚又跑到了树坑边，蹲下身子，又伸出了手。只见爸爸两步并作一步跨到孩子身边，又是一把拖起孩子："怎么回事，不许碰，脏！"并再次把孩子拉到了离树坑更远一些的地方。可是当爸爸一松手，孩子转过身，又跑向了树坑。这样来来回回了六次，最后爸爸生气地操起巴掌，打在了孩子的屁股上，孩子哇哇大哭起来，爸爸抱起儿子就走了，孩子在父亲身上，脸却看着树坑的方向，手也使劲地往树坑方向伸，似乎还想去抓那些稀泥。

听了这位母亲的描述，不知道各位有什么看法。这父子之间的"较量"告诉了我们什么？真佩服孩子的执着，来回六次，如果不是爸爸把他强行抱走，他还是会继续。他为什么会有这么执着的表现？这不是孩子的固执，而恰恰是他的好奇心发动机的开关已经打开，并呼呼运转了。正是好奇心的强大力量，才让这个孩子能如此执着。可是爸爸却不知道这一切，他所知道的就是泥很脏，不能让孩子碰。他不知道，他这样做的时候，就"啪哒"一声把孩子好奇心发动机的开关给关上了。等到孩子长大，父亲可能会训斥孩子"瞧你，什么学习态度，一点也没有学习积极性"，父亲不知道，正是他一次次关掉好奇发动机的开关，也关掉了孩子学习意愿的开关。因此，如果孩子长大被父亲训斥没有学习积极性，他还记得一岁多的这件事情，或是还记得两岁三岁以及七岁的时候父亲这样一贯的做法时，他肯定会指责父亲："为什么我一岁的时候，非常想研究那块泥时，你把我的学习开关关掉了？为什么我两岁的时候，我问你为什么树是绿色的，你把我的学习开关关掉了？为什么我七岁时，把你的手机拆开研究时，你把我学习的开关关掉了？现在反倒来怪我为什么不想学习，因为学习的开关关久了，我根本不知道怎么开，我也不想再开了！"虽然，孩子不会真的用这样的语言指责我们，但他们好奇心遭遇封冻的现实却正在指责着我们。

家长之所以看不到孩子好奇心发动所带来的美好景象，并不是孩子大了，好奇心就没有了，而是因为孩子的好奇心被父母给封冻了，由于缺乏温暖的保护而冬眠了。

家长对孩子好奇心缺乏保护的三大原因

我们相信，大多数的家长不会故意破坏孩子的好奇心，对孩子好奇心缺乏保护常常是由于家长的不了解和误解造成的。

造成家长对孩子好奇心缺乏保护的第一个原因是家长不知道好奇心的重要性！

家长对孩子好奇心缺乏保护的第二个原因是，家长不相信好奇心的重要性。

可能有的家长说："不对，我现在已经知道了好奇心的重要性了，可是，碰到孩子淘气、没完没了地询问、因为好奇而犯错的时候，我还是忍不住训斥他，我也知道这样不对，可就是控制不住。"其实，当你这么说时，就表明你并不真的相信好奇心对孩子学习至关重要，如果是真的相信，那么行为上就比较容易做得到，虽然不一定做的像想象得那么完美，但一定会对孩子好奇心的保护更强一些。所以，如果你也是有上面这样疑问的家长，你需要做的是好好跟自己的内心确认一下：我是不是真的打心眼里相信好奇心的重要。

家长对孩子好奇心缺乏保护的第三个原因是，家长不理解孩子好奇心的表现。

比如有的男孩撒尿和沙子玩，拆坏了家里的电器，没完没了地问问题等，如果是一个理解孩子好奇心表现方式的人，他肯定能敏锐地知道这是孩子好奇心在起作用，孩子正在进行一种学习和探索。可对于一个对好奇心毫无所知的人，他肯定会将这些行为看成是淘气、干坏事、破坏、话多、瞎问等。解决这个问题的方法是，当孩子的行为在家长的眼中看来具有破坏性时，家长不要太相信自己的直觉和判断，一定要缓一缓情绪，从好的、积极的方面重新审视一下孩子的行为，这样你就不会成为一个轻易打压孩子好奇心的家长。如果家长自己不能判断，可以通过和孩子交谈的方式去了解。比如，如果孩子把家里的电器拆开了，你可以问他："你为什么要把它拆开呢？你想看到什么呢？你想从里面发现什么？你想从中找到什么？"多问孩子几个这样的问题，你就能看到隐藏在不好行为中值得肯定的好奇心。

我们相信，如果家长真的知道好奇心的重要性，真的相信好奇心的重要性，真的理解了孩子好奇心的外在表现，那么，没有一个家长会不小心呵护孩子的好奇心。

好奇心就像一粒种子，一粒种子发芽、长大，需要阳光、雨露的浇灌和滋润。同样，好奇的种子变大树，同样需要丰富的营养！

3. 让好奇的种子变大树

好奇心的成长需要肯定

"大海的颜色为什么是蓝的？""地球是从哪里来的？""螃蟹为什么会横着爬？""太阳怎么不掉下来？""闪电和打雷是怎么回事？"……随着孩子年龄的增长，语言表达能力的增强，他和成人的对话中增加了许多的问号，"是什么"、"为什么"、"会怎样"等类似的问题五花八门，大有打破砂锅问到底的劲头，搞得大人很头疼。这种追根究底的精神，正是好奇心在发威的表现，对锻炼孩子的聪明大脑非常有好处，家长应当给予积极地回应和肯定。

家长如何肯定孩子的好奇心呢？

首先，对孩子好奇心的表现给予积极正面地肯定，并保证你做的和你说的保持一致。

比如，如果孩子问一个很有意思的问题，你可以对孩子竖起大拇指说："太厉害了，你能想到这么多问题？你知道吗？伟大的科学家都是最会提问题的人！"家长这样说的时候，一定要注意自己的身体语言和口头语言是一致的。也就是说你的表情、语调、声音都和你嘴里说的话是一致的，千万不要在你嘴里夸着："孩子，你真棒！"表情、语调和声音却是心不在焉的。如果是这样，不但起不到肯定孩子的作用，还很有可能适得其反。

有一次，一个朋友在家举行聚会，席间，朋友对上初中的儿子说："儿子，快把你的萨克斯拿出来，给叔叔阿姨献上一曲吧！"男孩高兴地同意了，跑到房间拿出萨克斯，我看男孩深吸了一口气，静了静心，开始认真地吹起来，一曲悠扬的萨克斯名曲《回家》在房间里飘扬起来，这是我曾经非常喜爱的一首曲子，我深深地被吸引了，放下了筷子，专注地听了起来。等到一曲结束，大家都纷纷拍起手来，并不约而同地对男孩说："真棒，真好听！"我也走到男孩身边对他说："真好听！谢谢你！这是我上大学时就特别爱听的一首曲子。"

等到我们临别告辞的时候，没想到男孩专门走到我的身边对我说："阿姨，谢谢你爱听我吹萨克斯！下次你来了，我再吹几首其他的曲子给你听！"

我说："好啊！可是为什么你只对我一个人这么说呢，大家都很欣赏你的演奏啊！"

没想到男孩却对我说："他们都不是真的喜欢，我觉得你才是真的喜欢！"

"为什么你会这么认为呢？大家都夸你很棒啊！"

"他们只是客套而已，只有你在我演奏的时候，一直看着我，一直在听，我能感觉到！你才是真的喜欢！"

听了男孩的话，我这才想起，在男孩演奏的时候，好像其他人都还在小声地聊天！

嗬，真是不要小瞧了孩子的感觉！

因此，如果你做的和说的不一样时，不但不能肯定孩子，反而会让孩子觉得被欺骗。在好奇心的唤醒上如此，在其他方面也会如此！

第二点，看到孩子的"破坏行为"中的积极方面。

以爱迪生为例，他小时候是个十分淘气的孩子。有一天，他对青草不会燃烧，而枯草却可以燃烧感到怀疑，于是跑到仓库里，用火点燃了干草堆，实地试验一下，不料却酿成了火灾，把父亲囤积的草料付之一炬。虽然爱迪生因此受到了严厉的批评，但是他也得到了父亲热情的表扬，批评是因为这样做非常危险，表扬是因为爱迪生的好奇心非常有价值。也就是说，父母完全可以将好奇心导致的"破坏行为"中的积极因素分离出来，将肯定从批评中分离出来，这样，孩子既能够明白道理，也能继续保留好奇心。如果爱迪生的父亲不是采取这样肯定的方式，那么，爱迪生的发明热情很可能就被一把火给烧光了。如果是这样，那可糟糕了，也许我们今天还只能在昏黄的油灯下生活。

好奇心确实会让孩子做出破坏行为，但是家长千万不要用破坏去制止破坏。孩子的头脑中充满了新奇的念头，一有了念头，他就会毫不犹豫地付诸行动。因此成人不能轻率地将孩子的某些违规行为定性为"破坏"，而应设法了解孩子行为背后的真正原因，看到他真实的需求和动机。在肯定和鼓励孩子探索行为的基础上讲清道理，给他提供问题的答案，满足他的好奇心。如果条件允许，也可以多买一些工具，在家里建一个小实验室，让孩子尽情地探究和摆弄。

第三，帮助孩子将好奇心变成成功的行动，让孩子从成功中获取自信。

有一个孩子特别喜欢收集各种各样的落叶、草棍子、小石子、掉落的果实等东西，他的父母没有指责他总是捡破烂，而是因势利导，帮孩子生产出了好奇心的产品，比如父母和他一起制作收集册。将捡来的树叶、花朵等固定在册子上，并帮助孩子写出名称或者捡拾的地点。同时，还引导他去了解树叶、花朵的名称，比较其异同点。日积月累，孩子在无形中丰富和扩展了自然知识。

大家想想，这位家长的做法会带来什么好处呢？很明显，孩子学到了知识，也从中获得了自信。同时，孩子也得到了学习知识的方法——收集资料（那些树叶），然后分类比较，这些都是数学、物理等理科科目的最基本的学习方法。

好奇心的成长需要自由

枝繁叶茂的大树一定是长在开阔的土地上，好奇心的种子，如果要发芽生长的话，也需要一个宽广的空间，好奇心的空间就是自由。

如果你给了孩子好奇心以生长发芽的自由，孩子们对知识的学习就有着像海绵吸水般的惊人力量。

让我们来看一看美国学校的人体骨骼课的学习吧：

老师首先问孩子们："人为什么会站？为什么会动？"孩子们叽叽喳喳开始讨论。老师又说，你们摸摸自己的骨头是什么样，把它们画出来，再给大家讲讲。

接下来的时间里，孩子们画出了各式各样的人骨头：有的画得像棍子，他们说这是胳膊；有的画得像一个圆球，孩子说那是脑袋。老师把他们的画挂在教室里，让每个人都说出自己的想法，大家一起讨论。最后，老师才带他们去看X光机映出的人体骨骼。"喔，原来骨头是这样啊！"

我们看到，整个学习就是一种自由地探索，老师通过一些启发，让孩子们的好奇心发挥到极致，好奇心又使孩子的探索精神发挥到极致，探索精神又使孩子对知识的掌握更加极致。

多美妙呀，当好奇心有自由空间的时候，竟然能带来这么好的结果。

自由到底能带来多大的奇思妙想，还有这样一个有趣的故事：

有一次，一个老师想活跃一下课堂气氛，就给学生出了这样的一道题："树上有10只鸟，开枪打死一只，还剩几只？"

这是一个传统脑筋急转弯题目，一下子没反应过来的人会老老实实地回答"还剩9只"，反应快的人会回答"一只不剩。"但是你能猜到有个学生是怎样回答的吗？当老师的题目出来后，这个孩子的反应是这样的。

他反问："是无声手枪吗？"

"不是。"

"枪声有多大？"

"80分贝至100分贝。"

"那就是说会震得耳朵疼？"

"是。"

"在这个城市里打鸟犯不犯法？"

"不犯。"

"您确定那只鸟真的被打死啦？"

"确定。"老师已经不耐烦了："拜托，你告诉我还剩几只就行了，好吧？"

"好！不过我还是想再问一下，树上的鸟里有没有聋子？"

"没有。"

"有没有关在笼子里的？"

"没有。"

"边上还有没有其他的树，树上还有没有其他的鸟？"

"没有。"

"有没有残疾的或饿得飞不动的鸟？"

"没有。"

"算不算怀孕肚子里的小鸟？"

"不算。"

"打鸟的人眼睛没有花？保证是10只？"

"没有花，就10只。"

老师已经满脑门是汗，且下课铃响，但他继续问："有没有傻得不怕死的？"

"都怕死。"

"会不会一枪打死两只？"

"不会。"

"所有的鸟都可以自由活动吗？"

"完全可以。"

"如果您的回答没有骗人，"学生满怀信心地说，"打死的鸟要是挂在树上没掉下来，那么就剩一只，如果掉下来，就一只不剩。"

这位学生的话还没说完，习惯于标准答案的老师已经晕倒了！

从这个让老师都晕倒的孩子的一堆问题中，你又有什么感受呢？自由让好奇心展翅高飞，让孩子的思想与众不同，充满创见，这样的孩子，你还会发愁他不动脑筋，学习不好吗？你还会发愁他将来没有成就，不能成功吗？

好奇心的成长需要疑问

在生活中，当孩子发出好奇的疑问时，你是不是常常这样说：

"没时间跟你聊这个，长大你就知道了！"

"怎么就你话多？"

"问这么多干吗？这跟考试有什么关系？"

这样一来二去，孩子没有了疑问的兴趣，好奇心也就逐渐萎缩了。

当面对一个孩子的时候，成年人往往习惯于强调"听话"，而不习惯让其"质疑"或"批判"。少年时代是胡思乱想的时代，自然也是胡言乱语的时代，这是上帝赋予孩子的权利。可是，有些父母常常呵斥孩子："闭嘴！你一张嘴我就知道你要说什么，不许乱说！"结果，童言无忌变成了集体失语，即小孩子不相信自己的眼睛和大脑，更不相信自己的语言，盲目地跟从大人，人云亦云。

有一天，北京光明小学四年级某班正在上语文课，学习课文《麻雀》。《麻雀》一文是俄罗斯著名作家屠格涅夫的作品，大意是：

> 一个猎人牵着猎狗走在森林里，突然，一只刚出生不久的小麻雀不小心从树上的窝里掉了下来。猎狗一见，立即想扑过去吃。在这危急关头，一只老麻雀"呼"地飞了下来，发出凄厉的叫声，并用身子挡住小麻雀，与猎狗周旋。那猎狗一见竟被吓住了。猎人见此情景，对老麻雀顿生敬意，把猎狗带走了。

小小一只麻雀，何以敢与猎狗较量？因此，读完课文，老师问同学们："请问，这只老麻雀的行为表现了什么精神？"

按照标准答案：老麻雀的行为表现了伟大的母爱。

可是，一个男孩子举手了，他说：

"我不同意这个答案。"

老师愣住了，问他为什么。他回答：

"您怎么知道这只老麻雀是母的呢？这篇课文从头至尾没一个地方说明它是母麻雀，怎么就表现了母爱呢？为什么不是父爱？"

全班一阵哄堂大笑。老师却表扬这位男生说：

"你善于独立思考，提出了一个很好的见解。我们应当把答案改为：这只老麻雀的行为表现了伟大的亲子之爱。"

这位教师的教学态度值得称道，因为这样鼓励学生，将有助于养成他们勇于质疑的良好习惯。当然，这个答案也未必正确，因为这只老麻雀也可能非父非母而是"见义勇为"呢。

据北京的小学教师们反映，今天的小学生提出了许多他们从未想过的问题。

譬如，学习《邱少云》一课，学生问："烈火在邱少云叔叔身上熊熊燃烧了半个多小时，而他身上背着枪带着手榴弹，为什么没有炸响呢？"再如，学习《聂耳》一课，学生又问："课文说聂耳在雨中拉着小提琴，发出悠扬的琴声。可是，雨水打湿了琴弦，琴声怎么还会悠扬呢？"

小学生能够发现教材的问题，并敢于当众提出来，是多么了不起的事情！这是真正的学习，真正成了学习的主人，真正养成了科学的态度。我们应当给予高度评价，并努力使这些偶尔出现的火花燃烧起来，化为一种稳定的质疑习惯。这就是抓住了学会求知的真谛。

鼓励孩子质疑，善待孩子的提问，是引导孩子爱学的捷径之一。

作为家长，怎样才能把质疑的精神落实到孩子的身上呢？有这样几个高招，家长不妨一试：

注意倾听，做忠实的听众，以营造孩子敢问的氛围。

倾听是对孩子好奇心的最好支持。孩子问问题的时候，成人采取不理睬、厌烦甚至嘲笑的态度是错误的。一些研究表明，正是由于大人的不良态度使孩子感到沮丧，从而放弃了提问，导致孩子的好奇心随着年龄的增长而渐渐泯灭了。因此，切忌"你怎么这么烦呢！""你没看我正忙着吗，一边玩去！""你真傻！"等伤害孩子自尊心的话语。孩子提问题的时候，你应该放下手头的事情，做出注意倾听孩子说话的姿态：弯下腰，目光注视孩子，用点头和微笑鼓励他，并且用语言表达对问题的兴趣，如："这个问题很有意思。""哦！""是吗？"等。

多和孩子讨论，在讨论中引发孩子的提问。

当孩子还未养成提问的习惯或者所学知识较难时，可以和孩子进行讨论，然后由孩子提问题。另外，父母也可以设计好问题，引导孩子模仿提问。提问内容由浅入深，由易到难。经过一段时间训练，孩子初步掌握了发现问题和解决问题的方法后，就可以在学习辅导中留有一定时间让孩子独立质疑，自我展示。

根据各种情况，巧妙地回答孩子的问题。

有人说孩子的问题是世界上最难解答的问题，因此如何解答孩子的提问也要讲究一些技巧。

1. 如果你知道问题的答案，当然可以直接告诉他。

2. 有时孩子的问题千奇百怪，成人也不是百科全书，当然不可能事事都知道。这个时候，你不妨如实地告诉孩子："这个问题，我也不太清楚，让我们一起查一查书，或者是上网查查吧。"当你这样做的时候，不仅能满足孩子的好奇心，而且你还告诉了他一种学习方法：根据问题的不同，搜集相关资料，并从中解决问题，很多科学家的工作思路其实就是这样的。资料搜集的过程，可使孩子了解到什么地方去找资料更容易，怎样搜集更有效，资料怎么能证明他提出的问题。如果孩子能明白这些，他等于获得了很好的学习工具。如果你说："我没什么文化，也不太懂电脑，不可能带着孩子去研究问题，找答案！"没关系，父母总有自己可做的，你可以问他："现在你遇见了这个问题，你觉得怎么办？你有什么方法可以解决它？"这样，可以让孩子自己去想办法，你也可以告诉他上面的那些方法，让他自己去做。但是，当孩子研究结束时，你一定要接着问他："你的问题解决了吗？虽然我不太懂，但我也想听听那个问题的结果是怎么回事，你给我讲讲吧！"这也是对孩子钻研精神的一个良好促进。

3. 启发孩子思考，鼓励他自己寻找问题的答案。当孩子渐渐长大有了一定的知识经验后，对于他的一些问题成人不必急着将答案告诉他，可以启发引导他自己去观察思考，找到问题的答案。即使给了孩子答案，也可以告诉孩子，这并不是标准答案，让他们自己深入思考，从自己的角度寻找答案。

鼓励孩子辩论和争论。

当孩子和同学因为某个问题争论得面红耳赤的时候，父母常常会出面加以制止，其实大可不必，因为他们的这种争论，非常有益于他们质疑精神的发挥。如果孩子敢于就某个问题跟父母、老师或其他权威提出反对意见，大人更要给予鼓励，这可是孩子好奇心得到提升的最佳时机。千万不要用一句"没大没小"就给打压了。

因此，当孩子提问的时候，如果父母不是打压，而是鼓励，把那些容易熄灭孩子好奇心的回应变成这样：

"咦，你怎么想到的，你这个问题提得真好！"

"这个问题我都没想到，你能想到，太厉害了！"

"哎呀，这个问题我也不知道，咱们到网上或书里查查吧，看能不能找到答案！"

如果你能这样跟孩子说，那孩子的好奇心该有多满足啊，他的好奇心就会像遇见阳光雨露的种子，拼命地往上生长。

所以，我们呼吁：把孩子发问的权利还给孩子！也许你不赞成孩子提问的内容，但请誓死捍卫孩子发问的权力！因为你捍卫了他发问的权力，你就捍卫了他的好奇心，而好奇心就是让孩子进入第三种学习状态的最基本最重要的动力！

真诚希望，父母像爱惜你的金钱、爱惜你的健康、爱惜你的地位、爱惜你的美貌，总之，像爱惜你眼中一切最宝贵的东西一样爱惜孩子的好奇心！

可是，有的家长可能面临着这样的问题，由于教育方式的失当，孩子的好奇心已经开始冬眠了，这下可怎么办？如何把冬眠的好奇心唤醒，让冬眠的好奇心早日进入春天呢？

4．唤醒冬眠的好奇心

如何唤醒冬眠的好奇心，方法如下：

方法一：真的相信好奇心很重要！

"相信也能成为解决问题的方法吗？"可能你在怀疑。但答案确实是肯定的！

让我们通过一位家长的困惑来分析这个问题吧。

我是一个11岁男孩的妈妈，孩子现在上小学五年级。就像绝大多数的父母一样，我对孩子的教育也是非常非常重视。为此，我从孩子一上小学就辞去了工作，在家里当了全职妈妈，全心全意地投入到孩子的教育中，辅导他学习，照料他的生活，陪他上兴趣班，周末陪他出去玩儿。

可就在我这么投入的情况下，我的孩子仍然是问题一大堆。我想孩子没有问题是不可能的，为了解决孩子教育的问题，我成了教育类图书的忠实读者。我生活在一个小县城，有些书不能很快到这里，我就托人从北京等大城市买回来。周弘的赏识教育，知心姐姐、哈佛女孩等的书籍我全都看过，这些书常常让我感动地流泪，也让我激动不已。我下定决心一定要按照专家的建议和方法去做，好好与孩子沟通，走出孩子教育的误区。我雄心勃勃地开始了我的改造计划，可是开始几天还好，没几天，一切又都恢复了原状。其实，书中的教育观念我都非常明白，那些教育方法看起来也很简单，可是道理很简单，为什么就是做不到呢？

我接触的不少家长常常会提出同样的问题：道理很简单，为何做不到？仔细分析会发现，主要原因在于，很多家长仅仅把教育观念当成自己手边的一种知识，一旦遇见孩子教育的问题，总是抱着"你就告诉我该怎么办"这个想法。其实，教育是一种用生命影响生命、用生命改变生命的事业。当你觉得一种教育观念，你很明白，可却做不到的时候，你要在心里认真地问问自己："这些教育的观念我真的理解了吗？我真的是坚信不疑了吗？"如果你所看到和听到的东西并没有真正进到你的心里，你还是把它当成一种工具在利用，你就很容易遭遇"道理很简单，就是做不到"的困境！因此，家长在学习任何一种教育观念的时候，不要仅仅把它看成一种可以消除孩子问题的工具，而是要把观念变成内心的一种信念——真的相信它！当你掌握了一种教育方法，又真的相信指导这一方法的观念时，你的家庭教育就会有本质的改变。

中国有句古话"信则有，不信则无！"心理学的研究已经证实，真的相信和不相信确实有很大的区别。一个人是否相信，会让事情有完全不同的结果。

有这样一个故事：

有一家铁路公司，这天是老板的生日，大家都提早去给老板过生日。不巧的是，一个调度员不小心被关在了一辆冰柜车里。

这个调度员在冰柜车里拼命地敲打、叫喊，但全公司的人都走了，根本没有人听得到。最后他的手掌敲得红肿，喉咙也叫得沙哑，只得绝望地坐在地上喘息。这时，他越想越可怕，他非常清楚冰柜里的温度在零下20℃以下，如果再不出去，一定会被冻死。他只好用发抖的手，找来纸笔，写下了一封遗书。

第二天早上，调度员的同事陆续来上班。他们打开冰柜，发现调度员倒在里面。大家赶紧将他送去急救，但医生却遗憾地说他已没有生还的可能。大家都非常惊讶，当天冰柜里的冷冻开关因为维修并没有打开，巨大的冰柜里也有足够的氧气，而调度员竟然给冻死了！

其实这个调度员并非死于冰柜的温度，而是死于他自己内心的信念。由于他确信冰柜正在制冷，这样的温度足以将他冻死，而他也就真的被冻死了。因此，著名的成功学家戴尔·卡耐基曾说："幸福并不在于你是谁或拥有什么，而在于你怎么想！"连幸福都是因为想而创造的，教育方法实施的成功也同样取决于相信！

那么，如何做到真的相信呢？也许家长们会说，你说相信重要，好，我也相信，可是我还是觉得相信太虚，很难相信。到底怎么样才能做到"相信"呢？

一个重要的方法是，不要仅仅掌握具体的教育方法，还要真正理解教育方法的实质，即指导这一方法的理论观念。

比如，我们每个家长都知道孩子应该多鼓励、肯定，教育专家们都提出应当对孩子竖起大拇指，可是你知道指导这一方法的理念是什么吗？这一理念是：每个人都是非常特别的，每个人都有他自己的价值，绝对不因为他的地位、财富、美貌等各种外在的不同而不同，也就是说，在人的价值方面人人平等。大家可以好好问问自己，我是不是真的这样相信呢？如果你不是，即使你给予孩子赞美，即使你天天都在夸他"你真棒！"也很难得到良好的持续效果。

方法二：从生活的点滴中发掘好奇心。

有句俗话说：生活处处皆学问。其实生活处处皆好奇。如果你能从生活中启发孩子，就可以获得唤醒冬眠好奇心的方法。

很多对人们生活方式带来巨大改变的发明，其实只源于生活中一些不起眼的小事。

大家所熟知的科学家阿基米德就是在洗澡时发现浮力的，当时事情的经过是这样的：

> 国王让金匠做了一顶新的纯金王冠。但他怀疑金匠在金冠中掺假了。可是，做好的王冠无论从重量上、外形上看不出问题。国王把这个难题交给了阿基米德。
>
> 阿基米德日思夜想。一天，他去澡堂洗澡，当他慢慢坐进浴池时，水从池边溢了出来，他望着溢出来的水，突然大叫一声："我知道了！"竟然一丝不挂地跑回家中。原来他想出办法了。
>
> 阿基米德把金王冠放进一个装满水的缸中，一些水溢出来了。他取了王冠，把水装满，再将一块同王冠一样重的金子放进水里，又有一些水溢出来。他把两次的水加以比较，发现第一次溢出的水多于第二次。于是他断定金冠中掺了银子。经过一番试验，他算出金子的重量。当他宣布他的发现时，金匠目瞪口呆。

当然，这次实验的意义并不只在于发现欺骗国王的骗子，而在于阿基米德发现了这样一条定理：即物体在液体中减轻的重量，等于它所排出液体的重量。这条原理被后人称之为"阿基米德定律"。直到现代，人们还在利用这个原理测定船舶载重量等。

类似的故事，在咱们古代的也有。大家在小学课本中都学过曹冲称象的故事吧，虽然曹冲用了和阿基米德同样的方法获得大象的重量，可是他却没能发现浮力。有人戏称是曹冲的好奇心不如阿基米德，肯定是曹冲的父母没有阿基米德的父母会保护孩子的好奇心。虽然这只是一个戏谑的说法，可是这种比较却说明了好奇心的重要性。

其实，从生活小事中发掘好奇心的例子还有很多。大家现在居家常用的防触电插座，其发明者只是一个 12 岁的小学生，

她就是徐琛。在她还是上海市和田路小学的学生时，有一天，放学后回家，正在做作业的她突然听见弟弟"哎哟"一声喊叫，并被狠狠地摔在地板上。她一看，原来顽皮的弟弟把一根铁钉伸到了带电的插座里。多危险啊！徐琛吓出了一身冷汗，把小弟安顿下来之后，她的思想便翻腾开了：有没有一种不会让人触电的插座呢？

有了这个想法之后，徐琛就开始行动了，最终发明了防触电插座，这项发明被选送到日本参加第三届世界青少年创造发明展览会，在31个国家送展的160件作品中，该作品以新颖的构思、独到的设计、完美的实用效果而荣登榜首，获得金牌。

看来，真是不要忽略一点点小事，小事中充满着生活的智慧，小事是启发孩子好奇心的最好源泉！

如果，父母发现孩子没有了好奇心，一个最有效的办法是：多问孩子为什么！父母不妨在随时碰见的各种生活问题中，多向孩子提出问题，比如：冰箱为什么老有异味？泡木耳用开水还是用凉水好呢？晾衣服真麻烦，总是够不着，有没有好办法？当孩子学了物理，你可以问为什么鸟站在高压线上不会被电死呢？总之，如果孩子不会提问，那你就问！像孩子小时候不停问"为什么"来获得好奇心的满足一样，父母也可以同样通过问"为什么"来激发孩子的好奇心。为什么"脑筋急转弯"游戏那么受孩子的喜爱，很多孩子乐此不疲呢？最重要的原因是能够让他们内心好奇心的树苗越长越大！

如果你希望自己的人生也能不断成长，那么就得有像孩童般的好奇心；如果你不希望人生过得那么乏味，那就在生活中多存些好奇心；如果你有好奇心，那么便会发现生活中处处都有奥妙之处，你就能更好地发挥你内在的潜能。

5. 与孩子同好奇

"奇妙奇妙真奇妙，一个毛虫变蝴蝶；奇妙奇妙真奇妙，一颗种子变大树！"曾听一个孩子唱这首《奇妙歌》，是的，我们生活的世界处处充满着奇妙，孩子正是在这种奇妙的感觉中，对这种奇妙的追寻中成长的。如果你希望自己的人生也能不断成长，那么就得有像孩童般的好奇心；如果你不希望人生过得那么乏味，那就在生活中多存些好奇心；如果你有好奇心，那么便会发现生活中处处都有奥妙之处，你就能更好地发挥潜能。如果你能好好发挥你的好奇心，那么你的人生便是永无止境的发现之旅，你将拥有无限发现"神奇"的喜悦。

父母若要培养孩子的好奇心，也一定要学会和孩子同好奇！

然而随着年龄的增长，人的好奇心在慢慢消退，人们开始对周围的事物漠不关心，没有了探索和求知的兴趣。我们大人习惯认为一切都很正常。其实，在我们认为就该如此就该这样的现象背后，都充满着奇妙和神奇。只有善于欣赏世界的神奇，才能拥有饱满而充沛的好奇心。

就拿人的形成来说，很多人曾戏谑地说："生孩子就像鸡下蛋一样容易！"其实，精子和卵子的结合是经历了很多的神奇才成为生命的，我曾看过一本书叫《一个生命的诞生》，其中这样描述：

> 虽然每次受精时只有一个精子和卵子结合，但要完成受精过程，却要上亿个精子来"助威"，最低限度也要有 6000 万个，如果少于这个数目，精子可能还没见到卵子的时候就都光荣牺牲了。

男性的精子到达女性的阴道后，在阴道的酸性环境里只能存活几个小时，在输卵管内也只能生存 1—2 天。卵子的受精能力大约持续 12 小时左右，如果精卵二者的步调不能合拍的话，也很难孕育出生命。想想，恰恰在合适的时间、合适的地点精卵相遇

这是多么奇妙的事情。

精卵相遇的奇妙过程是：卵子的外层被一层透明的薄膜保护着，这使它看起来像一个悬浮在天体中的漂亮星球。此时经过重重障碍的精子终于与卵子相遇，卵子外膜成为精子第一道需要攻破的关卡。精子们把头钻到卵子的外壁上，尾巴不断拍打着，卵子则随着精子尾部的运动缓慢地逆时针转动。当精子的头已经钻进去了，但中部和尾部还在卵子外面时，它就像一个不断旋转的钻头，在尾巴拍打的驱动下努力进入卵子。

在精卵结合之后，它们的基础工作还没有完成，它必须赶紧找一个温暖的适合生长的地方待下来。完成这个工作，差不多需要八天。从输卵管长途跋涉到子宫，并完成"着陆"，这个过程丝毫不亚于人们在月球上登录呢！如果子宫的温度、湿度，子宫壁的厚度稍有不合适，它们就会站不稳脚跟，还是会遭受流产的命运。只有当它们完成着陆，微微嵌入子宫内膜后，它们才能开始分裂发育为几百个细胞，一个生命才开始慢慢生长了。

说实在话，我是在生过孩子之后才看到这本书的，我一下子明白了为什么有人说"生命是一个奇迹"，真的是一个奇迹呀！由于缺乏好奇心，真不知道我们曾错过了多少生命的美丽和神奇。

如果你真的成了一个"思想僵化"的成年人，那就请和孩子一起学习好奇吧，通过孩子的眼睛发现神奇。

有一个老师就是在孩子的帮助下，发现了苹果中有一个美丽的五角星。

有一天，一个可爱的小女孩拿着两个苹果来到讲台前，她神秘而欣喜地告诉我："老师，我有一个发现，苹果里有一个漂亮的五角星！"

苹果，五角星，我有些不相信。

小女孩把苹果递给我，又递给我一把水果刀，意思是："不信，你切开看看！"

我半信半疑地接过刀子和苹果，将苹果拦腰切成两半。可是，我根本没有看到什么五角星，只看到了一半苹果核。

"不是这样的，老师，你看我的。"小女孩没有像我那样把苹果拦腰切开，而是将苹果竖着切成两半，奇迹出现了，那里面真的有一个美丽而安静的五角星，就像天边最明亮的北极星一样。

德国教育家福禄贝尔说："孩子就是我的老师，他们纯洁天真、无所做作，我就像一个诚惶诚恐的学生一样向他们学习。"好奇心是一种最宝贵的天赋，而孩子的好奇心和对事物的探索精神远胜于成人。如果成人要向孩子学习，重新拾回好奇心，和孩子一起用新奇的眼光来看待这个世界，和他一起用纯真的心灵来感应周围的事物，你的热切、你的渴望将会极大地感染和促进孩子更加富有好奇心和探索精神。

耶稣说："天堂就是小孩子的，如果你们不能像小孩子，就不能看见天堂的美好！"

与孩子同好奇吧！与孩子一起欣赏天堂的美好吧！

好奇心让孩子想知道和尝试一切，兴趣却能让孩子的关注力集中在某些点上。如果我们将好奇心看成汽车的发动机，那兴趣就是方向盘。在学习中，好奇心负责发动，而兴趣却掌握着前进的方向。也许家长们都发现过这样奇怪的现象：孩子记不住英语单词，却能记住数码宝贝中上百个精灵的名称；孩子不喜欢数学，却能熟练掌握计算机中的所有功能；孩子写作文找不到词，谈起郭敬明、韩寒却口若悬河。这一切不同的原因就是两个字：兴趣！孩子学习若没有兴趣，他就会被痛苦的学习状态纠缠，无法进入高效的第三种学习状态。被世人公认为天才的爱因斯坦，就曾明确地告诫人们：这个世界，没有天才，只有兴趣！

第三章　进入兴趣的状态

孩子会说：学习原来这么好玩！

1. 好玩就是硬道理
2. 给知识穿件奇妙外衣
3. 学习也好玩

孩子爱玩，大人也爱玩，玩是所有人的天性。不要总以为玩会影响孩子的学习，玩能让孩子的学习轻松投入。培养孩子"玩"的兴趣，往往也就是对孩子学习兴趣的培养。

1. 好玩就是硬道理

兴趣是个美妙的东西

都说"兴趣是最好的老师"，我想家长们对这句话一定也很认同。对充满好奇心的孩子来说，兴趣更是一个美妙的东西，它成为推动孩子学习知识、认识世界的动力。

很多人都知道法国昆虫学家法布尔，可是法布尔能成为世界闻名的昆虫学家，却仰赖于兴趣的魅力。

法布尔从小就对昆虫产生了浓厚的兴趣，为了观察昆虫的活动，他常常一连好几个小时动都不动。有一天夜里，他提着灯笼，蹲在田野里观看蜈蚣怎样产卵，看得入了迷。忽然他感到四周越来越亮，抬头一看，原来他竟看了整整一晚，太阳都已经升起来了。还有一次，法布尔为了观看螳螂的活动，便爬到一棵果树上。刚看没多久，他就听到大树下有人大喊："抓贼啊，抓小偷！"原来人们竟把他当成了偷果子的小偷！正是因为法布尔对昆虫研究的浓厚兴趣，才激发了他终生研究昆虫的志向，长大后写下了共十卷的巨著《昆虫记》，对昆虫学做出了巨大的贡献。

和法布尔一样，每个孩子都会对他感兴趣的事物表现出心驰神往，给予优先的注意和积极的探索。例如，对美术感兴趣的孩子，会对各种画、图片认真观察，并且由观赏发展到自己动手画；对音乐感兴趣的孩子，会认真听他所听到的每一首曲子，说不定还会主动要求学习一种喜欢的乐器；对体育运动感兴趣的孩子，则会珍惜他所拥有的每一个锻炼机会。可见，浓厚的兴趣能让孩子对他感兴趣的事情充满热情，不需要父母的督促就能主动去实践。

上海国际青少年科技博览会上一张不起眼的床模型吸引了所有参会者的目光。这张床远没有会回答问题的交互式机器人、能找到火源采取灭火措施的机器人、会踢足球的机器人那样令人眼花缭乱，但它的设计者却让所有人吃惊不小，他就是才上小学四年级的男孩李弘杰。李弘杰上幼儿园的时候就对机器人特别感兴趣，喜欢电子类拼拼插插的东西，现在读的小学又是一所科技特色学校。一次他去医院看到护工给长期卧床的病人翻身很辛苦，就萌生了用机器人完成这部分工作的想法。于是，他画出了自己对翻身床设计构思的草图，并在老师的帮助下学习传动、杠杆等物理学知识，终于把草图变成了实际的模型。

对科技电子方面源源不断的兴趣使小男孩李弘杰拥有了一双观察生活的眼睛、一颗主动探究的心。

兴趣为什么对孩子那么有吸引力呢？因为任何一种兴趣，都不只是对事物表面的关心，而是可以使孩子由于获得这方面的知识或参与这种活动而得到满足，感到快乐。兴趣会对孩子的个性养成和学习能力的获得起到积极的作用，主要表现在下面几个方面：

兴趣可能就是孩子将来事业发展的方向。

孩子的兴趣所在，也许就是他今后发展的方向。例如，一位对英语很感兴趣的孩子，就愿意刻苦学英语，积累各种英语知识，研究各种英语现象，并很有可能将自己的理想与英语相结合。这样，对英语的兴趣就为孩子将来研究和从事英语方面的工作打了基础，做了准备。

推动孩子学习和工作的成功。

兴趣是一种具有浓厚情感的活动，它可以使人集中精力去获取想知道的知识。物理学者丁肇中教授就曾经深有感触地说："任何科学研究，最重要的是要看对自己所从事的工作有没有兴趣，没有兴趣就是没有事业心，这无法靠任何强迫。比如搞物理实验，因为我有兴趣，我可以两天两夜，甚至三天三夜在实验室里，守在仪器旁，我急切地希望发现我所要探索的东西。"正是对物理的兴趣推动了丁肇中所从事的科研工作。对孩子而言，兴趣同样能对他所喜欢的活动起推动作用。可以想象，让一个正在津津有味看书的孩子停止下来是一件多么痛苦的事情。

促进孩子创造性思维。

兴趣会促使人深入钻研、创造性地工作和学习。如果孩子对某门课程或某件事情感兴趣，就会刻苦钻研，并且充分发挥自己的想象力进行创造性的思维，就像前面提到的设计翻身床的小男孩一样。这样，不仅会使他的学习成绩大大提高，而且会大大提高他的思维能力。

可见，孩子的兴趣可以使他智力得到开发，知识得以丰富，眼界得到开阔，并对生活充满热情。对于孩子而言，兴趣的确是一个不可或缺的好东西。

用"玩"趣促"学"趣

兴趣是孩子认识世界的动力，而玩就是孩子最大的兴趣。对孩子来说，"玩"往往也是学习的过程。作为孩子的启蒙老师，父母应该善于捕捉教育契机，珍惜和培养孩子对学习的兴趣。这些道理说起来容易，但许多家长在不经意间就抹杀了孩子的兴趣。

一天，我去书店买书，听见旁边一对父子的对话。爸爸正在寻找他想要的书籍，孩子突然问道："爸爸，你在找什么书啊？""哲学类的书。"儿子又问："爸爸，什么叫哲学啊？"父亲充耳不闻，一声不吭地继续寻找。儿子再次问道："爸爸，到底什么叫哲学啊？"这下父亲有点不耐烦了："别烦，跟你说了你也不明白。再吵，下次就不带你来了！"孩子只好嘟着小嘴站在一旁。

多好的教育契机啊，就这样被这位父亲给错过了。的确，孩子年龄小，就算给他解释什么是哲学他也不见得能明白，但或许正是这次让他似懂非懂的解释，会让他从此萌生对哲学的兴趣。生活就是教育的大课堂，充满着各种各样的教育契机，但有多少家长真正具有捕捉契机的意识，具有敏锐地发现孩子兴趣的目光呢？

一位母亲带孩子逛街，刚走不久，孩子的鞋带便散开了。我想大多数母亲都会弯下腰替孩子把鞋带系上，但这位母亲没有。她没有替孩子系上，也没有强迫孩子自己系，而是趁孩子不注意的时候，解开了自己的鞋带。然后她对孩子说："宝贝，妈妈的鞋带也散了，我们互相帮忙系吧，比一比，看谁系得又快又好？"孩子顿时来了兴致，跃跃欲试想在比赛中一试身手。在母亲的鼓励中，孩子竟第一个系好了鞋带，并且系得很好。自然，孩子又得到了母亲的赞美。

上面例子中的这位母亲可以称得上是教育孩子的高手，她准确地把握了孩子的心理特征，巧妙地创设了互系鞋带的情境，在不露声色中抓住了教育的契机。不管孩子是1岁、6岁、12岁甚至是18岁，家长都能找到这样教育契机，孩子在鼓励与赏识中体验到了成功的喜悦，成功的喜悦也激发、培养了孩子对事物的兴趣。相信这位系鞋带的孩子将会对生活中的许多事情都充满热情。

可有的家长并不能很好地发现孩子的兴趣，甚至不把它当回事。例如，许多家长不会将孩子对昆虫的爱好看成是正当的兴趣，也不会将孩子对泥塑、卡通的爱好看作是孩子的兴趣，更不会把孩子打电脑游戏看成正当的兴趣。许多家长总是将自己希望孩子有的兴趣强加在孩子身上，例如，孩子并不喜欢钢琴，家长却非要他学习钢琴；孩子对书法一点没有兴趣，家长却非逼着他天天练习。这样的"兴趣"，孩子又怎能坚持长久呢？作为家长，要发现和珍惜孩子自己的兴趣，这样才能因势利导，更好地对孩子进行教育。

孩子都喜欢玩，对很多有趣的东西容易产生兴趣，但一提起学习，许多孩子却皱起了眉头。多多就是这样一个孩子。

多多很聪明，接受能力、理解能力比较强，体育运动也样样在行，可一学习起来就像变了个人似的。贪玩、作业拖拖拉拉完不成，学习成绩差，上课经常打不起精神。说起玩来，他头头是道；说起学习，他却垂头丧气。

我想现实生活中像多多这样的孩子还有许多。如果你的孩子像多多一样无心学习，对学习缺乏兴趣，你该怎么办呢？就像其他兴趣一样，孩子对学习的兴趣也可以培养。那么如何培养或提高孩子的学习兴趣呢？

首先，精心呵护孩子的好奇心。

我们前面已经很详细地讨论过，好奇心是学习的起头和源泉。正是这份好奇，让渴望通过自己的探索来了解世界的孩子有了动力。小孩子常常会对外界新鲜的事物感到好奇，总爱问这问那，总想对什么都弄个明白。就像欧几里得从小对数学产生好奇，阿基米德从小对物理现象产生好奇一样，几乎所有的科学家从小都有超常的好奇心。对孩子来说，一切都是新鲜的，值得探索的。我们不要忽视和否定孩子的学习和探索，而应该精心呵护孩子的好奇心，努力用孩子的眼光去观察这个世界，跟孩子一起去提问、去讨论。

居里夫人说："好奇心是学者的第一美德，而好奇心又总是兴趣的导因。"呵护好孩子的好奇心，是培养孩子学习兴趣的前提。

其次，为孩子创造一个愉悦的学习环境。

愉悦的学习环境首先应该是一个安静、舒适的学习环境，可以使孩子在学习时不受干扰，可以安心地读书、做功课。愉悦的学习环境还应该是一个宽松的环境。怎样的学习环境才是宽松的呢？给大家举这样一个例子。

比如，在孩子刚上小学时很多家长都着急让孩子认字，刚教的字就要求孩子写，要求孩子记，这都是不恰当的。逼得太紧，孩子会变得不耐烦，使他感到学习是件"苦差事"，从而产生反抗的情绪。而宽松的环境则是：对于只教过一次的字，只要他能认识，能把一个小故事读下来就可以了。 我曾听一位孩子小学在澳洲读书的中国妈妈说，她的孩子刚上小学时，只要把一个单词写个大概齐就算对。比如:beautiful(美丽)，孩子只要能写出"b"、"t"、"f"三个字母就算对。学校的这种做法让这位中国妈妈大惊失色，若是在中国哪怕写错一个笔画就是错，老师怎么能这么宽松呢？当妈妈找到老师时，老师轻松地对她说："不着急，孩子刚开始学单词，只要部分正确就可以了，等她看得多了，读得多了，她自然会有提高的。"多么宽松的学习方式啊，而这种宽松正是基于对孩子的理解，尊重的观念基础之上的。确实，孩子听得多了，读得多了，自然也就对这些字熟悉了。给孩子一定的自由，给他一个宽松愉悦的学习环境，就可以让孩子逐步养成主动学习、主动探索知识的兴趣与习惯。

第三，注重孩子的知识积累。

苏霍姆林斯基说："在事物本质中，在它们的种种关系和相互关系中，在运动变化中，在人们的思维中，在人类创造的所有一切中，都含有兴趣的无穷尽的源泉。"可见知识中包含着广泛的兴趣。也就是说孩子知识积累得越多，他的兴趣也会不断地增加。问问你的孩子是否有这样的感受：听得懂的课就有兴趣，听不懂的课就没有兴趣；学得好的课兴趣就浓，学不好的课就无兴趣。我想许多孩子都会有这样的感受，如果没有积累，对相关知识一点都不明白，又何来兴趣呢？让你的孩子从听懂每一节课开始，逐步增加他的学习兴趣吧。

第四，鼓励孩子参加课外活动，到大自然、社会中去开阔眼界。

鼓励孩子参加各种课外活动，是培养他学习兴趣的重要途径。可以让孩子根据自己的兴趣、特长选择一些活动作为自己的中心兴趣加以发展。这样不仅丰富了孩子的生活，也为孩子兴趣的发展创造了一个良好的环境。

除了参加课外活动，家长还可以经常引导孩子到大自然中去锻炼，去放飞心情。比如春天可带孩子去观察万物复苏的生机勃勃的景象；夏天可以带

孩子去游泳、度假；秋天带孩子去爬爬山，观察树叶的变化；冬天可让他观察大地银装素裹、雪花纷飞的景象。孩子通过参加各种各样的活动开阔了眼界，丰富了知识，学习兴趣、学习能力也在不知不觉中得到了提高。

对孩子而言，"好玩就是硬道理"。有了像对"玩"一样的兴趣，还用发愁你的孩子学习不好吗？有的家长会说了，"玩是玩，学习是学习，二者根本就是两回事嘛！"我可不这样想。其实，只要家长懂得一定的方法，枯燥的知识也能变得好玩起来。

同样的商品，包装不同，价值就完全不同。在孩子眼中枯燥的知识也是这样，如果为它们穿件奇妙的外衣，精心包装包装，相信它们必将带给孩子不一样的感受。

2. 给知识穿件奇妙外衣

知识也可以包装

语文、数学、英语，天天都在学习、练习，时间一长，这种无变化的知识就会让孩子觉得枯燥无趣。但如果家长懂得给知识穿件奇妙的外衣，懂得将知识包装包装，就可以让知识变得好玩有趣，就一定能激起他们的兴趣。

我曾听过这样一个故事：

一个淘气的男孩，小学五年级，英语成绩特差，特别不愿背英语单词，考试总是因为单词没写对而扣分。父母因为他英语偏科而头痛发愁。但是这男孩特别爱踢足球。有一次，爸爸从自家阳台上看到儿子一个人对着围墙踢球过瘾，灵机一动，想到了一个让孩子背英语单词的妙招。爸爸走下楼去，对儿子说："爸爸今天陪你踢球怎么样？"儿子一听高兴极了，他平时虽然爱踢球，可是小区里几乎没有伙伴可以一起玩儿，今天爸爸愿意加入，他当然十分高兴。

于是爸爸在地上画了个球门的位置，对儿子说："咱们一个人攻，一个人防，怎么样？"

"那谁先攻球，谁守门呢？爸爸，干脆咱们'切丁壳'得了。"

"我陪你踢球，只有一个要求，谁先获得攻球资格的规则由我制定怎么样？"

"没问题！"儿子同意了。

"这样，我说一个中文单词，你说对应的英文单词，并能拼读出来，你说对了，你就有攻球资格，否则攻球资格就归我。咱们以半小时为一场，谁进球多谁赢。"

儿子虽然知道自己英语单词背得不怎么样，但是为了踢球，他就同意了。

于是，爸爸开始说了：

绿色！

儿子嘴巴张了又张，

却说不出来。

爸爸获得了攻球权，儿子奋勇防守。一连十几个单词，儿子没有一个能说上来的，虽然爸爸由于球技不怎么样，仅有两次冲破儿子防守进球得分，可由于儿子没捞着攻球资格，一直以守门员的身份保持着零分的纪录。

最后比赛结束，爸爸以"3：0"大获全胜。儿子垂头丧气地抱着球回家了。

爸爸得意地对儿子说："有机会再玩儿！"

"我才不玩了呢，我还不知道你，变着法地让我学习！真没劲！"儿子嘟囔着。

爸爸没说话，心想，我就不信你小子不和我玩儿。

又是一个周六的下午，儿子抱着足球正要出门，爸爸看见问道："儿子，不要老爸陪你玩吗？老规矩怎么样？"

儿子抱着足球倚在门边，似乎在考虑。也许终究抗不住有人一起踢球的乐趣吧，他同意了："不过，爸爸，请给我10分钟，我先准备一下。"说着，他一下子跑进了自己房间，关上了门。爸爸不看也知道：儿子一定在抢背单词呢！

15分钟后，儿子从屋里出来了，高兴地邀请爸爸一起玩儿，还暗暗地握握拳头，看来，他一定是做好了充足的准备。爸爸想。

来到楼下，爸爸又和儿子以单词翻译的方式开始决定攻球资格。果然，这次儿子获得的攻球机会就多了，最终，爸爸以6：4败下阵来。

父子俩的背单词踢球游戏几乎每个周末都要进行一次。一个学期后，每次都考不到50分的儿子考试及格了，还考了76分。他高兴地对爸爸说："原来背单词也没那么难！我觉得以后我能考得更好！"

由于爸爸变着法儿把英语知识装进好玩的足球比赛中，毫无趣味的英语单词在孩子眼中变得渐渐有趣起来。这位爸爸就是位包装知识的高手，他的做法是非常值得借鉴的。

给知识穿上奇妙外衣，关键要看各位家长的包装手段。大家知道，一盒内容完全相同的月饼，可以因为不同的包装盒而相差几十元乃至上百元。在荧幕上无比靓丽的明星，当她穿着平常衣服在菜市场买菜时，你发现不了她和普通人有何差别。这些都体现了包装的功能。知识经过包装也会带给人不同的感觉。有的家长会说，包装都是形式，真的有那么重要吗？我在此告诉各位：在内容一定的情况下，包装几乎决定一切！

一位妈妈就给我讲过她孩子的故事：孩子两三岁时，总不喜欢喝白开水，后来这位妈妈发现，只要给他变换一下喝水的方式，孩子就非常喜欢喝水。普通的杯子不喝，就加上一个吸管，普通的吸管不喜欢，就变个卡通造型吸管，不然就用一个米老鼠图形的杯子。总之，只要有好玩的形式，总能让孩子喜欢上喝白水。

喝水如此，学习也不例外。我有一个朋友，她6岁的孩子对数学简直不开窍，10以内的数字都不会写，一提起数字他就捂耳朵，他妈妈为孩子的数学急得不得了。就这样的一个孩子，隔20天不见他，他竟然能熟练计算一百以内的加减法。速度之快，令人吃惊。谁具有如此神奇的魔力呢？原来，我的朋友为孩子报了一个珠心算班。在班上，10以内的每一个数字都被老师形象化了，如"1"是金箍棒，"2"是鹅脖子，等等。十个数字还被老师编成了小故事。数字的加减运算题也编成了闯关的探险游戏，算对一道题可增强能量，闯关；算错一道题能量会被削弱，后退。在这样的游戏中，同学们学习数字的热情可高了，他们你争我抢，争着闯关，总想着比比谁厉害。我朋友的孩子不仅是积极参与者，还是能量相当强的高手呢。

孩子喜欢变化、好玩、新鲜，所以，形式的不同可以完全改变他的心境。不喜欢学校的孩子百分百都愿意当哈利·波特的同学，为什么？因为那是一个好玩的魔法学校。如果我们给孩子的知识，都是干巴巴、死沉沉、没情没趣、没滋没味的，学那样的知识简直就是受刑，孩子会喜欢吗？

奇妙外衣怎么穿

了解到包装知识有多么重要，可能有的家长要叫头疼了："哎呀，要想那么多的花招，我没有那么多创意怎么办？"

其实，创意并不太难，稍微观察一下就有了。有一位妈妈，看见女儿因为没有伙伴，把皮筋拴在树上玩，一个人玩得也没什么精神。妈妈就想起把历史、语文等知识编成一个个是非题。妈妈说题目，女儿通过跳皮筋来判对错，"对"就往左跳，"错"就往右跳，连续五个判断正确，就把皮筋升高一档，每次女儿玩得满头大汗还不愿意停，当然，那些以往记不住的历史人物、朝代、文学常识也都背得滚瓜烂熟了。

还有一位妈妈，苦于女儿写作文没素材，就设计了100道知识竞赛题，自己当裁判，让女儿和爸爸竞赛，不但丰富了女儿的课外知识，把整个过程记录下来，女儿还写了一篇内容有趣、充满家庭欢乐的文章。

当孩子上到初中、高中，可以用一种认真的游戏来包装知识，就是父母对孩子的学识充满敬仰，让孩子用他的知识来帮助你解

决一些实际问题，这也是另一种包装。

当然，就像为不同的孩子应该挑选不同的衣服一样，给知识穿的外衣也是因人而异的，包装的方法是不一样的。

怎样给知识穿上一件最适合自己孩子的外衣呢？你需要先知道自己的孩子属于哪种类型。

听觉型的孩子

听觉型的孩子喜欢通过听别人的解释或谈论获得知识，并能达到最佳的学习效果。如果你的孩子属于这一类型，那么他喜欢与人交流，有着较好的口头表达能力，并擅长讲故事；他听一遍口头指示后就可以照着做，不需别人多次重复；他在学习中常常喜欢大声朗读。但是，这一类型的孩子也有自己的弱点，他不善于观察，对于那些用语言很难解释的知识会比较难理解。由于喜欢与别人讲话，这一类的孩子比较容易违反课堂纪律，也很容易被各种无关的声音干扰。

如果你的孩子属于这一类型，在包装知识时，你就要注意提供一些独特的方式帮助他们更好地运用自己的听觉能力来学习。

*制作录音

在孩子学完一篇课文后，可以通过制作录音的办法帮助他复习。可以根据孩子学习的内容为他提出一系列问题，把问题一一写在一张纸后，让他读一遍，录下来，然后过 5 秒钟做出回答，把答案也录下来。孩子每学习一篇课文就录一段，最后总复习时，可以通过听这些录音来巩固。录音对孩子来说是件有趣的事情。这样的方法，充分运用了孩子的听觉能力，激发了他的学习兴趣和积极性。

*大声朗读

大声朗读有助于听觉型的孩子将所学的东西在头脑中形成一个比较清楚的形象，使他对所学的知识能够更好地理解和记忆。大声朗读的方法不仅发挥了他的长处，还可避免他被与学习无关的声音干扰。

运动型的孩子

运动型的孩子喜欢通过亲手实践而使学习具有效率。他们喜欢触摸并操纵各种设备或材料，对他们来说，用手学习要比纯粹的视觉或听觉学习效果更佳。这一类的孩子喜欢体育运动和动手，总是试图触摸或摆弄他所看到的东西。但由于精力过于充沛，很难静下心来学习。

如果你的孩子属于运动型的学习者，你可以采用下面的方式包装知识，使他达到最佳的学习效果。

*提供动手机会

在学习中为他提供实际动手学习的机会，让孩子通过触摸或摆弄物体来理解各种概念，并学会解决问题。例如，在孩子学习地理的时候，可以让孩子通过触摸，自己在地球仪上找出国家、海洋、大陆、高山、湖泊等。

＊随时记录

给孩子准备一块小黑板或一张纸，让孩子边学习边在上面将所学的知识写写画画，通过动手，增强对所学内容的记忆。

＊散发过剩的能量

这类运动型的孩子由于精力过于充沛，常常不容易安心学习。如果你的孩子属于这种类型，他到家后你不妨先别着急让他写作业，而是做一些有一定活动量的活动或运动，让他出出汗，消耗消耗体力，这样在学习的时候，他就会比较安静。

视觉型的孩子

视觉型的孩子是一个敏锐的"观察者"，他喜欢通过自己的眼睛获得外部世界的信息，常常能够通过看、观察等，获得最佳的学习效果。这一类的孩子对细节有相当的观察力；在记忆或回忆时常常闭上眼睛；阅读能使他获得比听更好的理解；他的想象力也比较丰富。但这一类的孩子喜欢看电视、电影、玩电子游戏，如果学习时没有呈现出视觉上的信息，他们就较难接受所学的东西。但上课的时候，老师讲的肯定比写的要多，所以他们很可能无法对老师发出的指令或讲解的内容很快接受。

如果你的孩子属于这一类型，你可以帮助他充分利用自己的长处来包装知识。

＊用提纲和图表表示想法

视觉型的孩子在学习上很容易疲乏，对信息的记忆效果也不好。为了提高他的学习效率，可以让他在学习的同时做一些提纲或图表笔记。例如，在学习数学公式时，可以将一些例题如何运用公式的步骤列在旁边帮助记忆。在平时的学习中，让孩子制作可塞进口袋的小索引卡片，把知识转化成可以看到的提纲或图表，使孩子可以随时看，随时学。

＊标示重点

在孩子学习的时候，可以让他用不同颜色的笔在课本上做标记。对于重要程度不同的内容可以用不同颜色来标示，例如，最重要的用红色，比较重要的用绿色，等等。在学习中看到不同的颜色，可以刺激孩子的视觉神经，增加他的兴趣和兴奋度。

＊画图辅助

在学习较难理解的内容时，可以通过画图帮助孩子理解。例如：孩子遇到了这样一道数学题：有 16 个人要坐船，但现在只有两条船，每条船上一次只能载 3 个人，问一共需要往返几次才能把这些人都运到对岸。在解决这样的问题时，就可以让孩子先在纸上画下大意。有了视觉形象的辅助，孩子一般都能更加准确地得到答案。

包装知识的方法还有很多，只要稍稍动动脑筋，我保证各位都会为知识穿上一件美妙的外衣。如果你实在觉得自己闭门造车太辛苦，可以认真观察你的孩子呀，他们可都是超级玩家！

知识都是触类旁通的，如果能把孩子的兴趣立体化，让孩子在学习中体验到快乐，那么，对孩子而言，"快乐学习"并不是件困难的事。

3. 学习也好玩

将兴趣立体化

给知识穿上奇妙的外衣，可以将"无趣"的东西变得有趣，从而吸引孩子的兴趣和注意力。可是很多家长面临这样一个问题：孩子只对某一科目感兴趣，学得很有劲，对其他不感兴趣的科目只是应付了事，所以有家长常感叹自己的孩子："哎，他若能用学习数学一半的劲头来学习英语就好了！"或："哎，他若能用学物理的一半劲头来学语文就好了！"如果你也遇到了这样的问题，不要着急，告诉你一个妙招，那就是将孩子的兴趣立体化。

什么是将兴趣立体化呢？立体化与平面化相对，就是指通过各个角度、不同方式使孩子的某个兴趣点越来越放大和丰富。举个例子来说，一个苹果的图片，无论它拍得多么逼真，你通过它所了解到的都只是苹果的颜色和形状，这就是平面化。而立体化则是你亲自拿着一个苹果，用鼻子闻香，用嘴巴尝味，用眼睛看色，用手摸大小。如果这个苹果是你亲自从树上摘下来的，那感觉又会更加不同，因为其中还加入了你的劳动感受。这时你对这个苹果的了解和感觉绝对超过看世界上最精美的苹果照片。

为什么将兴趣或说将孩子感兴趣的某个知识立体化，就能收到兴趣不断扩大，扩大，甚至扩大到他以前不太喜爱或不太感兴趣的科目呢？不知你是否听说过"蝴蝶效应"："南美洲巴西热带雨林的蝴蝶扇动一下翅膀，一个月后，美国的德克萨斯州就有可能刮一场龙卷风。"这个有趣的科学结论就是基于：世界都处在一个巧妙的系统联系之中。我们所有的知识也都一样，看起来，语文是语文，数学是数学，是没有联系的学科，其实他们之间有着巧妙的联系。北京师范大学心理学院的舒华老师在一项关于学习障碍的研究中发现，很多数学能力差的孩子，并不是他们的数学概念、抽象能力缺乏，而是由于阅读能力不够，不能正确理解题意造成的，而这阅读能力就是语文学科的重要内容。

有许多世界名人，他们在我们看来完全不相干的学科领域都取得了令人瞩目的成绩，例如，达·芬奇既是画家，同时也是物理学家、医学家；笛卡尔既是哲学家，又是数学家。有一个成语叫"触类旁通"，说的就是这个意思，因为知识往往都是相通的。

所以，倘若我们能够支持孩子的兴趣不断立体化，兴趣就会从一个点变成一个面，就像一滴水滴在报纸上，转眼变成一片。

兴趣立体化听起来不错，但怎样才能将兴趣"立体化"呢？有的家长可能又犯愁了。我给大家讲讲一个我很熟悉的孩子。

我有一个朋友的孩子叫刘瑞怡，特爱看历史剧，现在电视里的宫廷剧是一个紧跟一个，她也就一个接着一个地看。开始，我的朋友坚决禁止她看，想了很多方法，可是效果并不好，一到电视剧播出时间，她就想着法儿地开电视。朋友看来硬的不行，就和女儿一起看起来，并采用了"兴趣立体化"的方法来放大孩子的兴趣。例如引导孩子去质疑剧中历史的真实性，让孩子通过多种方法去学习真实的历史知识。现在，刘瑞怡说起历史典故来头头是道，而且绝对不是戏说！

看来呵护孩子的兴趣，善于将孩子的兴趣立体化，就是引导孩子学习的秘密武器，就能让孩子心甘情愿地快乐学习。

让孩子快乐地学习

常听人感叹，如今的孩子是住进了蜜罐里，要什么有什么，可真是幸福！事实上孩子远没有我们想象地那么幸福。很多孩子为学习苦恼，为考试的分数苦恼，为成绩不好被老师、父母批评而苦恼。

学习的各种压力使他们将学习当作了负担。学习真的那么痛苦吗？为什么不能像米卢所信奉的"快乐足球"一样，让孩子在快乐中学习呢？只要孩子在学习中能找到快乐的感觉，就会提高他学习的积极性，增强学习的欲望，家长还会担心孩子厌学，学不好吗？

让孩子快乐地学习，首先要从他的兴趣着手。

我曾经看见过这样一个材料，说的是一个九岁的中国小男孩在美国的学习情况。

九岁时小男孩随父母到了美国。一年后，小男孩英语长进了不少，放学后也不直接回家了，而是常去图书馆看书。一天，他背了一大书包的书回来。父亲问他一次借这么多书干什么，他一边看着那些借来的书一边在电脑上打着字，头也不抬地说："作业。"父亲一看儿子打在电脑屏幕上的标题，立刻有些哭笑不得，儿子要完成的作业是《中国的昨天和今天》，父亲想，这样大的题目，即使是博士都不敢去做，何况十岁不到的儿子。小男孩却说，老师告诉他们美国是移民国家，让每个同学写一篇介绍自己祖先生活的国度的文章。要求概括这个国家的历史、地理、文化，分析它与美国的不同，并说明自己的看法。父亲听了，除了叹息就是担心，真不知道一个十岁的孩子去做这样的事情，会是一种什么结果？只担心一个小孩子如果这样不知天高地厚，是否能学到真的本事。过了几天，小男孩完成了这篇作业，打印出了一本 20 多页的小册子，其中从九曲黄河到象形文字，从丝绸之路到五星红旗……虽然不够科学，不够学术水准，但对于一个十岁的孩子来说已经是很了不起了。

我想，像小男孩这样的学习方法对于大多数中国孩子来说，只有在读大学或研究生时才会用到吧。由于老师对学习兴趣的引发，使十岁的小男孩自愿翻阅大量的书籍，学习各种各样的知识。这个例子告诉我们，只要孩子感兴趣的东西，他就会自己保持快乐的心态去学习。作为家长，我们可以培养孩子快乐学习的本领。

让孩子享受"不受限制"的快乐。

为了让孩子能更好地学习，在将来应付各种各样的挑战，家长常常会控制他的时间表，扮演着高高在上的"指导者"角色，不断给孩子下达这样那样的指令，强迫孩子按照父母的标准行事，久而久之，孩子对父母产生畏惧的心理，虽然做着父母指派的事，心里却不痛快。其实，家长不应该是一个"指导者"，而应该成为一个"引导者"，引导孩子按照他自己的步伐去探索世界。

家长作为引导者，应该以开放的态度去聆听孩子的心声，体会他的需要，鼓励他表达自己内心的感受，并且以平等的态度站在孩子的角度想一想。当孩子对某件有意义的事情产生了强烈的兴趣，想要尽情"玩一玩"时，不要急着去约束、去制止，正确地引导他去"玩"吧，给他一个宽松的环境，让他在"不受限制"的快乐中学习，这样，孩子更容易听进你的话，学习起来也更有劲头。

让孩子关心身边的事。

学习很重要，但不能让孩子成为一个死读书的"书呆子"。家长应尽量给孩子提供接触社会、关心和帮助他人的机会，让他学会关心身边的人和事。

　　在我国，家庭教育实际上已成为学校教育的延伸，家长把大部分的心思、精力都用在了子女的学习辅导上，一心关注孩子的在校学习成绩，却忽略了孩子的品质及自理能力的培养。有一位孩子由于成绩不太好，常常羡慕那些能够得到学校嘉奖的同学。一次，他对妈妈说："我真希望我能拿到奖状，哪怕一次也好。"妈妈听了安慰他说："虽然你的学习没得奖，但妈妈觉得你对同学友好、宽厚、乐于助人这也很好啊！"小男孩撇撇嘴说："可是校长却不肯因为我对同学友好、宽厚、乐于助人给我高分，给我发奖状啊！"

　　是啊，这常常是我们社会的现状，但是父母却要能在学校考试成绩之外，愿意为孩子的好品德、好品质打高分，并用平衡的分数来看待孩子。

　　其实家庭教育不应仅仅是学校教学的延续和延伸，家庭教育的核心应该是教孩子如何做人，即从德、智、体、美、劳各方面加以引导、启迪、培养、教育，使孩子得到健康的成长。让孩子在学习的同时关注他人和社会，不仅增长了见识，还能在与他人和社会的接触中培养好的品德。

给孩子更多的表扬。

　　有的家长对孩子的要求很严格，对孩子常常批评而不喜欢表扬，孩子在家长的不满和批评中，伤了自尊，失去了自信。其实表扬更有利于孩子的健康成长，但是对于家长而言，表扬也是一门艺术。

　　*不要吝啬表扬。父母常用成人的眼光去看待孩子的行为，这样挑剔的眼光看孩子，当然没有几件事是值得表扬的。其实，孩子能做好一些"简单"的事就已经很不容易了。因为许多好习惯和杰出的成绩就是由一个个"简单"的行为累积成的。

　　*表扬要及时。对孩子应表扬的行为，父母要及时表扬。否则，孩子会弄不清楚受到了表扬的原因，因而对这个表扬不会留下深刻的印象。因为在孩子的心目中，事情的因果关系是紧密联系在一起的，只有及时让孩子明白自己的行为是正确的，才能对他的好行为有所鼓励。

　　*表扬要具体。当孩子做好一件事时，家长不要总是简单地夸奖"做得不错"，要指出他们具体细节的成功。比如"你今天的作文写得真不错""你今天的碗洗得真干净"。具体的表扬会让

孩子产生更大的满足，表扬得越具体，孩子越容易明白哪些行为是好的，越容易找准努力的方向。像"你真聪明"、"你真棒"这些表扬，虽然暂时能提高孩子的自信心，但孩子不明白自己好在哪里，为什么受表扬，容易养成盲目骄傲的坏习惯。

＊表扬也要注重过程。由于自身能力不强，孩子常会"好心"办"坏事"。例如，孩子想"自己的事自己干"，吃完饭后，自己去洗碗，不小心把碗打碎了。家长不能不分青红皂白地批评一气，而要冷静分析过程，不要让结果掩盖了全部，该表扬的还是要表扬。这时如果家长说："你想自己做事很好，但沾了水的碗很滑，要小心！"这样，孩子本来害怕的心情放松了，还对做事情有了更大的兴趣。

表扬能使孩子产生心理上的愉悦，能够让孩子增长自信，当然，家长也要注意不要表扬过度，真正的表扬应来自孩子战胜了挑战之后。

给孩子显示自己的机会。

每一个孩子都有自己独特的天才和技能，展示这些能给他带来极大的喜悦。但有的家长并不懂得这一点。

先看这样一个例子。

> 一个五岁的孩子很爱表现自己，一坐到饭桌前，就喜欢开始他的"演讲"，讲他和小朋友的故事，讲他每天看到的、听到的、想到的，甚至把大人给他讲的故事，再用自己的话讲给大人们听。常常讲得兴致勃勃、眉飞色舞，忘记了吃饭。有一次，妈妈实在受不了了，冷着面孔对孩子说："快吃饭，有话吃完饭再说！"从此，小男孩再也不在饭桌上讲故事了。

这样粗暴地制止使孩子没有了讲故事的兴趣，也没有了再去听故事、观察生活的兴趣。也许对这个孩子来说，没有了展示自己的机会，知道那么多故事还有什么意义呢？

如果你正在厨房做饭，你的孩子却饶有兴趣地要给你讲学校的事，你该怎么办呢？我想，虽然在做饭，你也要满足他这个愿望，并适时地给予回应。对于孩子来说，能和你分享他的事，是多么快乐的一件事啊。很多家长常常奇怪上了初中的孩子为什么和自己没一句话，原因就在于他小时你懒得听，疏于听，大了他也就不爱说了。

"知之不如好之，好之不如乐之。"学习也是如此，要想达到乐学的目的，只要家长正确地引导，帮助孩子找到了学习的感觉，体会到了学习的快乐，到了一定的时候，孩子的学习潜能就能最大地迸发出来。

当今，孩子厌学，不喜欢学习的现象似乎非常普遍。面对这种情况，我们家长不要急着抱怨孩子不用功，不听话，贪玩。细分析起来，其实我们错怪了孩子，孩子天生是喜欢学习的，是有学习本能和学习欲望的。但他的这种欲望却常常未被唤醒。如今我们家长面临的首要问题就是为孩子营造快乐，成功体验的第三种学习状态，只有让孩子觉得学习不是一件枯燥、辛苦的苦差事，而是一件轻松好玩的事情，孩子就能愉快地自觉投入到学习中去。

为什么每天早上起床孩子都会自觉去刷牙、洗脸呢？是因为孩子爱干净吗？我想，是因为孩子已经养成了习惯，刷牙、洗脸已经成为孩子生活中不可或缺的部分，不用思考，就会这样做。而习惯的状态可以保持第三种学习状态的活力，让自信、有成就感、满足感的第三种状态成为孩子学习的常态，当学习也成为孩子的一种习惯时，他们会怎样对待学习呢？我想他会说："再学一会吧，每天都学，习惯了！"

第四章　进入习惯的状态

孩子会说：再学一会吧，每天都学，习惯了！

1. 不催促，主动学习的习惯

2. 不磨蹭，有效学习的习惯

3. 不马虎，认真细致的习惯

4. 不嫌烦，寻求帮助的习惯

5. 不放弃，坚持到底的习惯

6. 不要期望孩子集所有好习惯于一身

7. 好习惯来自责任感

> 不要催促，不要着急，让孩子的好奇心引领他自己主动去感受这个世界，给他充分的时间去慢慢发现。

1. 不催促，主动学习的习惯

最让父母头疼的被动学习问题

我曾经接到一位母亲的咨询电话：

> 我的孩子真是让我愁死了，我跟你说说，你看看还有没有办法，反正我是一点办法都没有了。我儿子今年都四年级了，可每天写作业，还必须我在旁边盯着，我稍微不盯，他就跑去玩了。其实我盯着他，他作业写得也不好，磨磨蹭蹭，我只能不断提醒：专心写吧，一会写完就可以好好玩了！开始半个小时我还能有点耐心，可是看到他15分钟的作业一个小时还没做完，我就开始急了，心里的火气直往上冒，嗓门也大了，连恐吓带威胁，这样孩子做作业的速度能够稍微快一些，可是5分钟不到，他又开始走神，如果我去倒杯水或是接个电话，再一回来，他不是在那抠手指、玩文具，就是拿个纸片什么的在手上玩，我真不知道那些东西到底有什么好玩的！看到这一切，我压在心里的怒气再也忍不住了，操起巴掌就把他狠狠揍一顿，之后，常常是我气愤地坐在沙发上，他在桌前边哭边写，每次都要到十点多，他的作业才做完，而我不但筋疲力尽，心情也糟糕到了极点。每天晚上就这个写作业问题，必须这样经过一番战斗，才能结束。而且这种情况还不是偶尔出现，从一年级到现在，常常如此，我都要疯了，这样的日子什么时候是个头呀！

对于这位妈妈的经历，你是不是也无比熟悉呢？我猜，不知有多少个晚上，妈妈被弄得声嘶力竭、筋疲力尽，不管你的孩子是一年级、四年级，或是六年级，甚至到初中、高中，你都不得不常常扮演催促、监督、利诱、威逼，甚至训斥、打骂的角色，仿佛那作业本来是你该做的，那书本来是你该背的，那些题本来就是你该算的，而他不幸成了你的奴隶，不得不为你卖命。

"唉，孩子什么时候能有学习的主动性，能为学习的事情负起责任来呢？"不少家长无奈地自问。

其实，解决孩子被动学习问题的关键还在于家长，在于家长能否放手，能否把属于孩子的自由还给孩子。

给孩子发现的自由

就像在本书第一章中提到的那样，孩子的好奇心会引领他们主动去感受这个世界。或许这个感受的过程比较长，而家长需要做的是：不要催促，不要着急，不要急着将你已知道的那些东西告诉孩子，而是顺其自然，给孩子充分的时间自己学习。

有这样一个关于菠萝的故事：

> 一位母亲从市场上买回来一个菠萝，从未见过菠萝的孩子被这个奇怪的东西吸引，这位母亲会怎么做呢？她告诉孩子"这是一个菠萝"，然后就把菠萝放在孩子面前的地板上，自己就去厨房忙去了。孩子的好奇心使他忍不住伸出手摸了一下菠萝，立刻把手缩了回来："妈妈，这个菠萝长刺啊，我被它扎了一下。"
>
> 妈妈回应说："是的，孩子，菠萝长着很厉害的刺，是会扎手的。"
>
> 于是孩子又想把菠萝拎起来，他试着抓起菠萝的叶子，可是菠萝很重，孩子很快就把它放下了："妈妈，这个菠萝好沉啊，我拎不动它。"
>
> "是的，菠萝很沉。"
>
> 孩子又尝试着滚动菠萝，想看看长着刺的菠萝能不能滚动，结果真的把它滚动了。他高兴地说："妈妈，我把菠萝滚动了。"
>
> "妈妈，菠萝闻起来香香的，它是不是可以吃啊？"
>
> "是啊，孩子，菠萝是一种水果。"
>
> "它长着刺，怎么吃呀？"
>
> "把皮削掉，切成一片一片的，用盐水泡一泡，就可以吃了。"
>
> "妈妈，我们吃菠萝吧，我想知道它的味道。"

如果是你，你会像上面的那位母亲一样处理这件事情吗？我想大多数家长可能会这样做：告诉孩子"这是菠萝，是可以吃的水果。它长着很硬、很尖的刺，所以你不要去摸它！它很重，你可能提不动它。它是圆的，可以滚动。你闻一闻，它很香噢。它的味道很好，不过吃起来比较麻烦，要先把皮削掉，然后切成一片一片的，用盐水泡一泡才可以吃"。

虽然两种方式殊途同归，最后都达到了让孩子知道菠萝是什么的目的，但两种方法的效果是不同的。先说说第二种方式。这种方式很直接，孩子很快就知道了菠萝是多刺的、很沉的、可以滚动的、很香的，但要泡了盐水才可以吃。孩子在最短的时间内学到了知识，可是他是被动接受的，所有的知识都是妈妈直接告诉他的，而不是自己主动发现的。第一种方式孩子也学到了关于菠萝的知识，虽然速度比第二种慢了很多，但这些知识是孩子通过自己的尝试发现的，在懂得了菠萝特性的同时他还学到了认识事物的方法，更重要的是，他体会到了主动学习、主动探索的乐趣和成就感。

试想，当妈妈又带回来一件新奇的东西，上面两种不同的方式教育出的孩子会有什么不同呢？第二种方式教育的孩子可能会像上一次一样等着妈妈告诉他关于这个东西的知识，而第一种方式教育的孩子也许正在享受主动发现带来的乐趣。

对于孩子来说，世界上新奇的东西太多太多，你都能一一向他们讲解吗？作为家长，我们要像那位让孩子自己发现菠萝是什么的母亲一样，为他创造主动学习的机会，鼓励他主动探索，不要急于帮助他，留给他足够的时间，久而久之，就能使他形成主动学习的习惯。在我们每天的生活中，并不缺少可以让孩子主动学习的机会，关键在于我们是否能把握住它。

给孩子安排时间的自由

和成年人一样，孩子也拥有他自己的时间。如果他的时间完全由家长包办安排，他只是去执行，那么孩子的自主性永远也培养不出来。听说有这样一个聪明的家长，在他孩子小时候，他就每天给孩子一段时间让他自由支配。只要不出危险，孩子可以安排自己最愿意做的事。孩子有时是玩，有时是画画，有时是去读自己喜欢的一本书，刚开始安排得乱七八糟，但慢慢地孩子懂得了如何安排时间才是合理的，在这样的自主安排时间中，孩子觉得生活得很充实，很有意义。

因此，你若想让孩子成为时间的主人，你就让他自己安排时间，如果你想让孩子成为时间的奴隶，那你就一分一秒地替孩子安排时间。

给孩子做自己想做的事情的自由

父母都明白，孩子要长大，总要接受各种各样的锻炼、磨炼和挫折，如果把孩子当作温室里的花朵，总想陪着他或代替他去接受锻炼，孩子很难经受失败。家长明白这个道理，可是却真的很少给孩子机会。

给孩子锻炼机会的最好方法是：给孩子做自己想做的事情的自由。只要是他喜欢的，他愿意的，只要不损害自己和他人，都可以鼓励孩子尝试。可是家长常常没有给孩子这种自由：小一些的孩子想养条狗，家长嫌脏、嫌麻烦，大一些的孩子想搞些创造发明，家长以不务正业百般制止。孩子没有做事的自由，他也不可能在做事中经受锻炼和磨炼。家长不知道，你剥夺了他做事的自由，就剥夺了他自主的能力。

给孩子自己寻找答案的自由

许多家长都知道要培养孩子提问的习惯，孩子知道提问题，是孩子学习能力的重要表现。其实，孩子如何得到答案，也同样非常重要。

对于孩子提出的问题，我们通常的做法是立刻告诉他答案。这种做法简单又省事，但这样孩子会渐渐变得懒惰，一切问题的解决都有别人提供现成答案，长大之后就变得不会想问题了。有一个孩子，在看她喜欢的童话书时，遇到了不认识的字，便去问爸爸。爸爸当然认识，但他并没有急着告诉她，而是让她自己去查字典。以后再有不认识的字，孩子就不再问家长了，而是自己去查字典。慢慢地，孩子就养成了自己寻找答案的好习惯。

给孩子自己决定的自由

孩子也会面临大大小小的选择，许多家长由于担心孩子会选错，尤其是像填报志愿、文理分科这些重要的事情，总是不敢把选择的权力交给孩子。孩子的自主性往往就表现在他的选择上，如果从来不给孩子选择的权力，他也就很难学会选择，很难有学习的自主性。

有的家长担心，如果放手让孩子选择，孩子选错了怎么办呢？让孩子自己去选择，并不是对孩子的选择完全不管，作为家长，要在事前为他提供有关情况，帮他分析各种可能，并且还要教育他为自己的选择负责任。有一位家长带孩子去少年宫报名，就先让孩子看看各种小组活动。本来，家长是想让孩子学钢琴的，可发现孩子在美术组门前看得出神。于是，家长尊重孩子的选择，为孩子报了美术组，但她要求孩子对自己的选择负责，一定要坚持把美术学好。

在大原则没有错的情况下，将选择的权力给孩子吧，这种情况下，即使选择错了，也是一次获得经验的宝贵机会。

孩子总是不肯干干脆脆地做一件事，不管是上学还是写作业，总要东摸一下，西看两眼。做家长的看在眼里急在心里，恨不得提着他的耳朵让他把事情做完！

2. 不磨蹭，有效学习的习惯

为什么孩子爱磨蹭

早上的时间很紧张，看着孩子缓慢地起床、缓慢地穿衣，父母恨得牙痒痒，连着催孩子动作快点，可孩子依然我行我素。这样的情景相信不少父母都曾遇到过，都有着相同的烦恼：孩子动作太慢，做事磨磨蹭蹭，而且怎么说也不改。

曾听一位家长跟我谈起他儿子的情况。他儿子读小学一年级，做作业总是很磨蹭。他的作业其实不太多，但就是慢。结果想给他额外辅导，都抽不出时间。可儿子并不是慢性子的人啊，玩起游戏来，他可以比谁都快。

我们还常常会发现，有的孩子心里想要学习，好像也在一天到晚地学，但是效率很低。有的孩子也想着要考好高中、好大学，可就是怎么也行动不起来，回家还是不愿写作业。到底是怎么回事？为什么孩子心里着急而行动不急呢？

上面这些情况归结起来，就是一个问题——磨蹭。磨蹭是孩子在学习和生活中常见的现象。我听过很多家长抱怨孩子磨蹭，总结了一下，大概可以概括为以下几种：

第一种是学习兴趣不高，对学习是硬着头皮应付，能拖就拖，缺乏自信，不负责任；

第二种是"慢性子"，行动迟缓，慢条斯理，遇事怎么也紧张不起来；

第三种是没有时间观念，不讲效率；

第四种是注意力不集中，容易被其他的事物吸引；

第五种是没有掌握学习的方法和技巧。

看来，孩子磨蹭的原因是不同的，不能笼统地对待。

一般而言，动作缓慢的孩子往往属于相对安静而缓慢的类型，虽然这是孩子与生俱来的先天气质，但家长可以对它因势利导。动作缓慢的孩子中，还有那种天生做事情就比较成熟，总是习惯"三思而后行"的。这个类型的孩子会因慎重而动作缓慢。同样表现为动作缓慢，但原因却是不同的。对此，父母更应该谨慎对待。

没有时间紧迫感是孩子动作缓慢的另一个重要原因。在孩子的心里对快慢没有正确的观念，因为他并不知道他把一件事尽快做完和缓慢做完有什么不一样的结果，因此他也不认为自己慢有什么不好。对于这种情况，家长可以为孩子更快做完事情设一定的奖励，让孩子感受到高效率做事能得到好的回报。

家长常怪孩子磨蹭，但有些孩子的磨蹭是父母一手包办出来的。对于几岁的孩子，家长往往缺乏耐心，觉得与其让他自己做事，还不如帮他做更省时省力。这种包办代替恰恰剥夺了孩子锻炼的机会，时间一长，孩子养成了依赖的习惯，惰性也越来越强，遇事总想有人帮忙，不愿自己完成。

孩子爱磨蹭是不争的事实，但孩子动作缓慢只是相对的，要考虑他的实际情况和个性的不同。其实，有的孩子已经表现很不错了，但因为没有达到家长的期望也被看作"磨蹭"，这是不恰当的。

怎么让孩子利索起来

孩子的生活习惯不是一天两天养成的，磨磨蹭蹭地做事，也是长期形成的。这个习惯，首先会表现在他的生活方面。要让孩子利索起来，当然就要先从生活上着手，教导孩子改掉磨蹭的习惯。如果在生活习惯上放任孩子磨蹭，你又怎能希望孩子能够干脆利落地学习呢？

对付孩子的磨蹭，单纯着急并不能解决问题，还得想法子找点子。我们可以试试下面几种方法：

通过游戏或竞赛加以改变。

对于年龄比较小的孩子，想改变他的磨蹭，可以通过经常玩一些小的游戏或小的"比赛"来实现。例如，和孩子比一比看谁衣服穿得快，看谁先把桌面收拾干净等，在生活中寻找一些机会和孩子比一比、赛一赛。在这类游戏和比赛中，孩子不仅提高了动作的敏捷度，还激发了他们的进取心。与此同时，家长可以给予孩子适当的奖励品，鼓励孩子慢慢克服动作缓慢的坏毛病。

让孩子在规定时间内完成事情。

这种办法会让孩子产生一定的压力，但效果还是不错的。它需要先估计出孩子尽最大能力完成某项事情的时间，然后规定孩子在这个时间内完成这项事情，时间一到就立即停止，不能再继续下去。如果没在规定的时间内完成，孩子就要接受小小的惩罚，相反，如果孩子在规定时间里完成，就可以得到相应的奖励。小文的妈妈就是用这种方法来帮助小文改掉磨蹭的坏毛病的。

小文的妈妈把自己的这种方法称为"计数法"。"计数法"很简单，她事先向小文讲明数到第十声的时候必须开始做完某件事，然

后让小文准备好，说声"开始"后就开始计时了。"一、二、三、四、五、六、七、八……"她总是一边数，一边观察小文的行动，如果在计数开始的时候，孩子的动作依然很慢，她就会故意数快一点，让孩子感觉时间就快要到了，于是加快速度；当快要结束的时候，孩子还没行动，她就会放慢数数的速度，让孩子有行动的意识。这样，孩子就会为了赶规定的时间而行动迅速。

小文妈妈的"计数法"的确是一个不错的方法，数数能够让孩子的注意力迅速集中到要做的事情上，并让他及时行动。

不要随便给孩子增加学习任务。

家长也许不知道，不少孩子慢慢吞吞地做作业，目的就是为了逃避家长规定的额外学习任务。过大的作业量也是扼杀孩子学习兴趣的主要原因之一。如果在孩子本不情愿的情况下，延长他的学习时间，增加他的学习量，他就会产生抵触情绪。

一个小男孩在参加了课外辅导班后，学习进步很快，数学成绩由开始时的六七十分提高到了八九十分。小男孩特别高兴地告诉了老师他的变化。下课的时候，他的母亲却向老师说了这样一番让老师大为吃惊的话："我的孩子在学校里的成绩比以前好了很多，但我给他安排的作业他却总也做不好，我都担心他的成绩不是真的。"

老师觉得也很奇怪，怎么在辅导班和家里的表现这么不同呢？于是便问这个男孩子："你为什么不完成妈妈让你完成的作业呢？"孩子说："我妈好烦，老让我不停做题，我懒得给她做。"

为孩子排除分散注意力的因素。

不少孩子做作业磨蹭是因为注意力无法集中，一会儿翻翻书包，一会儿喝喝水，一会儿到外面顺便看看电视等，对此，家长最好在孩子在做作业之前，把准备工作做好，书桌上不摆与学习无关的东西，免得孩子分心。下面是一位女孩的母亲讲述的经验。

上学前，女儿做事总是磨磨蹭蹭的，我发现这主要是因为她容易被无关的事物所吸引，注意力总不能集中。比如，吃饭的时候，窗外突然飞过一只小鸟，她就会放下碗去仔细看个究竟；正在画画时，忽然听到熟悉的动画片的声音，就会丢下画了一半的画，跑去看电视。所以，女儿做事往往"战线"拉得很长，效果也不好。针对她的这种坏习惯，我就在她做事时，尽量为她创造一个安静单一的环境，排除与她所做的事情无关的因素，使她能专心于正在做的事情。慢慢地，她渐渐养成了利索的好习惯。

看来为孩子创造一个能全心投入其中的做事环境，帮助孩子尽量地排除可能会影响他的种种因素，是非常必要的。

以身作则，在生活细节上教育孩子。

作为家长，教育孩子之前要检查一下自己是否有磨蹭的现象，比如边看电视边慢慢吃饭等，如果有的话一定要注意，不能让它们潜移默化地影响孩子。

为了更好地帮助孩子改变坏习惯，要注意在平时、在生活细节上培养孩子良好的生活态度和生活习惯，让孩子集中精力专心致志地做好每一件事情。许多孩子都有边看电视边吃饭的坏习惯，为了能多看一会儿电视，一顿饭他往往能吃上一个小时。家长认为孩子学习辛苦了一天，就让他趁这个机会放松一下，一般也不会加以干涉。其实这样做不好，长此以往，孩子不仅会养成磨蹭的坏习惯，还会养成一心二用的坏毛病。

作业是孩子的作业，不是家长的作业

前面从总体上谈到怎样改变孩子磨蹭习惯的问题。孩子在学习上爱磨蹭，最明显的表现在做作业。下面我们就特别来看看怎么才能引导孩子专心做作业。

首先，帮助孩子明白做作业是他的责任，千万不要让孩子以为是在给父母做作业。

有的家长常会说出这样的话："还不给我好好做作业！"这样，孩子的潜意识总认为作业是为家长做的。家长要帮助孩子提高对作业的责任感，要让孩子明白，每天按时认真完成作业是他应该做的，没有任何可以讨价还价的余地。也有一些孩子虽然知道学习、作业是为自己做的，但是由于家长平时的放任，就让他产生一种错觉，认为只要把作业做完，做什么都可以。这些不良的态度都会影响孩子为作业负责。

其次，让孩子像对待考试一样对待作业。

考试时有什么样的要求，就用同样的要求对待作业。考试如无特殊情况是不允许离场的，那么做作业时也一样不能让孩子离开书桌，如果一次作业时间需要太长，可将作业分段进行；考试不能翻阅相关资料，写作业的时候应让孩子先复习，对所学的内容有充分的准备再动手，尽量不靠翻书来完成；考试都是有时间限制的，因此也可以让孩子在规定的时间里完成作业。

让孩子像对待考试一样对待作业，就是让孩子知道，做正事的时候都应该具备严谨的态度。改掉作业随意的毛病，是提高作业质量及学习效率的好办法。

为了保证学习的效果，在孩子完成老师布置的练习或习题时，你可以指导他完成下面三个步骤。

第一步：回忆

回忆通常是指对当日学习过的知识进行快速简单地回想。回忆是复习的一个重要环节，也是提高记忆率的有效手段。通过回忆，孩子对所学知识有了更深入地理解，可以达到温故而知新的学习效果。

第二步：做作业

做作业是孩子完成老师讲授课程后安排练习的过程。在做作业的时候要有时间观念，还要细心谨慎。当然，在完成老师布置的作业前提下，最好能让孩子根据自己的情况再做些适宜的训练。

第三步：检查

做完作业后，需要检查，但许多孩子都会忽视这一步。由于很多孩子对作业的不当认识，以为做完了作业就是完成了作业，其实缺少了这一步是不完整的作业，粗心的错误就常出现在这个环节里。

就像前面提到的那样，有的孩子写作业时没有专心投入，一会儿东张西望，一会儿摸摸这玩玩那，这样当然不能保证作业的质量和效率。因此，家长应当要求孩子在做作业时集中注意力，绝不做与作业无关的事情，作为家长在孩子做作业时也不要上前打扰。

让孩子一心一意做作业，并不是说让孩子连续做一个晚上的作业不休息，它需要劳逸结合。因为如果孩子连续长时间思考问题而得不到休息，大脑就会疲劳，运转缓慢，这时孩子的学习效率就会下降，错误率也会明显增高。让孩子适当的休息，是明智之举。

对于小学阶段的孩子，家长可以从以下几个方面帮助孩子的作业问题。

不知你有没有注意到，有的孩子在做作业时常常会抬头和低头，这样就降低了读写的速度和准确率。这些孩子做作业慢，是因为他们的协调能力不足造成的。既好又快地完成作业也需要一些最基本的能力，比如小手肌肉的灵活、手眼的协调等。对于协调能力不太好的孩子，家长应当加强协调能力的训练。比如，可以让孩子多做一些运动，像投篮、打乒乓球、剪纸、滑冰等，长期坚持将有助于孩子协调能力的提高。

家长应当经常检查孩子的作业情况。有的家长工作很忙，时间很紧张，不能将"没时间"作为对孩子的作业不理不睬的借口。再忙，每周也要至少检查孩子的作业一次。家长检查孩作业有两个好处：第一，可以随时了解孩子的学习情况。作业能够反映出孩子的学习情况，认真不认真，掌握知识牢不牢，有没有困难等在作业中一目了然；第二，可以有效督促孩子的学习。家长时不时地翻看一下孩子的作业，就会使孩子在无形中产生一定的压力，为了不受到家长的批评，更加努力地学习。

基础不好、欠账太多的孩子在做作业时会遇到很大的困难，家长不能一味责罚，在鼓励孩子克服学习困难时，应当耐心地帮助和辅导他们做好作业。孩子年龄还小，容易产生畏难情绪，在作业中稍微遇到点困难都会产生烦躁感，甚至害怕写作业。这时训斥和打骂是无济于事的，只能使孩子对学习的信心和兴趣丧失。家长应该及时帮孩子将没有弄懂的地方弄懂，并要注意帮助孩子掌握科学的学习方法。

第三，不要陪孩子写作业。

不少家长喜欢在孩子写作业时陪在一旁，这是一个非常不好的习惯。陪孩子写作业会养成孩子的依赖性，很多孩子就是这样，如果家长不在旁边陪着，他就开始玩，走神，或是看消遣的书，只有家长坐在身边，他才觉得要写作业了，这样孩子就总觉得是在为家长学习。因此，从孩子一上学开始，家长就应该让孩子独立写作业。

可能有的家长说，一年级的孩子什么都不太懂呢，怎么让他自己写作业，他连题意都弄不懂。其实，家长是低估了孩子的能力，目前很多小学低年级的作业题都会有一个示范题，孩子稍微观察一下示范题，就会明白他需要做什么。即使孩子真的弄不清楚，家长解释之后，也一定要离开孩子的书桌，一定要记住：作业是孩子的作业，并非家长的作业。

陪着孩子写作业，除了会造成孩子懒惰，还有可能造成亲子关系的紧张，因为有的孩子会觉得父母老在一旁陪着自己，是在监督自己。关于这个问题我将在掌握学科规律的密码那一章中提到。

第四，不要成为孩子的答题机器。

孩子写作业或学习的过程中总会碰到问题和困难，父母应当用什么方式去帮助孩子，也有很大的学问。不少家长的做法是，孩子一有不会的，立刻帮忙讲解，讲解的时候很少用启发的方式，而是直接告诉孩子应该怎样，讲完家长还要加上："你怎么这么笨！这么简单你都不会！"这样做的结果是，家长常常成了孩子的答题机器，孩子一碰见问题，就直接问家长，他根本不愿意动脑筋。

也许有的家长说，孩子小的时候跟他说说，等他上初中了，我也辅导不了了，他自然就会自己想办法解决。其实如果孩子小学的时候，有爸爸妈妈做答题机器，到他上初中的时候，他也是一个不爱思考、遇到问题不喜欢动脑筋的孩子。因此，这个问题父母真是要注意，越早纠正越好。

没有天生就笨的孩子，常有粗心大意的孩子。考试考得不好，很大原因在于他是考场上的小马虎。

3. 不马虎，认真细致的习惯

孩子粗心大意，竟然有这么多原因！

在看这一节的内容之前，我们先来分享这样一个故事：

一位母亲有个十岁的"马大哈"儿子。做作业时左看右看，不是看错了符号就是抄错了数字；练琴时总弹错音；下棋时也漫不经心……刚开始朋友觉得这是小孩子的本性，但渐渐发现不是那么回事。"马大哈"越来越马虎，做事情很浮躁，一点都不踏实不细心。于是，母亲想了个办法纠正儿子的这个坏毛病。

一天，儿子做完数学作业后，妈妈便和他商量玩"警察和逃犯"的游戏。所谓"警察和逃犯"的游戏就是儿子做完作业后自己先检查一遍，仔细核对题目的要求、数字、计算结果，将出了错的"逃犯"抓住。之后，妈妈再去抓。如果没有再抓住"逃犯"，说明儿子是一名合格的"警察"，颁发勋章一枚。一个星期如果累计获得三枚勋章，儿子就可得到一份神秘礼物。但是，一旦妈妈发现还有"逃犯"，儿子就要从头再检查，直到把"逃犯"抓住为止。一听做游戏，儿子立刻来了精神，痛快地答应了。

不一会儿，儿子便找到了错误，兴奋地大叫："妈妈，我抓到一个"，"妈妈，我又抓到一个"。儿子和母亲都严格按照规则坚持在每天作业后做游戏。

一段时间后妈妈欣喜地发现儿子不再像以前那样马虎了，因粗心而导致的差错明显减少了。为了得到更多的勋章，得到神秘礼物，儿子虽然仍不能完全杜绝马虎和差错，但在做事情的时候明显变得能静下心思考了。

很佩服故事中妈妈的聪明和用心良苦，采用深受孩子喜欢的游戏方式让孩子在不知不觉中改掉了粗心的坏毛病。我想孩子粗心是让许多家长头疼的事情，尤其是升学、毕业这类大型考试中，因为粗心导致失败，最终失去好的升学机会，这是父母最担心的。

你有过这样的感受吗？当孩子看电视正看得兴起，却被强行关进房间学习，这时，孩子根本无心学习，因此做作业心不在焉，错误百出。不是把"3"看成"8"，就是把"+"当成"÷"。有的孩子在老师和父母眼中学习应该不错，可不知道为什么，一到考试就发挥不好，而且总爱在简单的题目中出错，甚至因为粗心漏答了试卷。同样是粗心，但很显然，这两种粗心的原因是不同的。的确，粗心马虎不是孩子的本意，孩子之所以会粗心，原因有很多。

原因一，缺乏对细节的关注。

大家先来看看下面这个例子。

> 妈妈带着萌萌去菜市场买菜。第一天，萌萌见到了长着长长叶子的蔬菜，妈妈告诉她这是莴笋，萌萌点点头。第二天，萌萌指着同样长着长叶子的蔬菜对妈妈说："妈妈看，小莴笋。"妈妈一看，哪里是莴笋，明明是莜麦菜。妈妈感到很奇怪，莴笋和莜麦菜区别这么大，孩子怎么会认错呢？

是啊，在大人眼中有着很大区别的莴笋和莜麦菜，在孩子眼里怎么会这么相像呢？因为萌萌对莴笋有个大致的印象，那就是"长着长长的叶子"，因此看到莜麦菜时，她才会以为是小莴笋。萌萌没有作仔细地分辨，因此没能将莴笋和莜麦菜二者分开。看来为了防止粗心，有意识地引导孩子进行仔细比较和辨别是很重要的。在教小学生认字时，老师常会让孩子们区分形近字，例如在区分"衰"、"衷"、"哀"三个字时，老师会说"横为衰，竖为衷，中间有口诉悲哀"，这样孩子就能够记得更清楚了。看来，把相似的细节放大，让孩子更加注重细节上的区别，可以有效地避免马虎的发生。

原因二，没有弄清楚概念的含义。

计算半圆的周长是孩子在学习周长那部分的内容时常犯的错误。许多孩子只会算圆弧的长度，却没有计算上弦的长度。其实许多时候并不是因为一时疏忽，而是孩子没有真正理解周长的概念，不知道周长应该计算一条封闭的曲线。看来有的问题表面看是由于粗心，可背后却往往另有理由，千万别让粗心的幌子掩盖了问题的真相。

原因三，受个性和生活习惯的影响。

每个人的性格不同，经常犯粗心毛病的孩子大多有这样的性格：做事容易急躁，总想争先把事情做完。家长也常常会为这样的孩子发愁：房间一团糟，作业本上字迹潦草，做事常常丢三落四，全凭兴致所至，没有条理性。

这样的孩子常常就是粗心马虎的孩子。家长应在生活中从小事做起，培养孩子良好的习惯和个性，这样可以减少学习中的粗心。可以让孩子自己整理衣橱、抽屉和房间，这样可以变得仔细、有条理、更有耐心。通过对生活中小事的训练可以渐渐改变他的习惯以至于改变个性。

原因四，孩子与孩子不同。

心理学的研究表明，人与人之间的个性差异、生理发育各有各的特点，虽然年龄相仿，但受遗传、周围环境、家庭教育等各方面的影响，每个人的大脑发育又是不同的。比如在小学，男生普遍比女生粗心，就在于男孩和女孩的不同。

原因五，想象力丰富但不细心。

有些孩子的想象力丰富，但缺乏细心，结果往往出现凭经验想当然的情况，比如看题不仔细，还没看完就觉得似曾相识，"噢，这题我已做过"，其实根本不是这么回事。这样的想法一出现，麻烦也就来了，因粗心导致的错误也就来了。

原因六，缺少认真检查的好习惯。

有的孩子作业写完后从来不检查，要么过于自信，要么太懒，总之作业一写完，就不愿再看一眼。做完的作业没有自己检查，依赖家长代为检查或等老师批改后再改正，不但不能发现其中存在的问题，还会养成依赖和不认真、不仔细的习惯。

看似简单的粗心，却是由不同的原因造成的，看来帮助孩子避免粗心家长需要好好"对症下药"啦。

孩子粗心怎么办

家里有个粗心的孩子，最着急的肯定是家长。有的家长说，适当地打打孩子吧，看来家长把"打"当成严格管教了。

在心理学中有一门课程叫行为矫正。打，虽然是行为矫正中的一个方法，但也是一个有负面效应的做法。我们中国自古以来有"棍棒底下出孝子"的说法，许多家长也都打过孩子，可是效果到底怎么样呢？开始也许管点用，可没两天，又回到了原来的老样子。因为粗心打孩子，其实是在强化他的粗心，让他对自己的粗心印象深刻。

有的父母不打孩子，可常常对孩子冷嘲热讽，这样就给孩子贴上了负标签。孩子粗心，如果父母总说他粗心，等于向他暗示他就是这样一个人。这样一来，孩子的粗心会越来越严重。

让我们来分享下面这个故事：

发成绩那天，小迪一脸沮丧地回到家里，坐到沙发上生闷气。

母亲看他的样子，猜想可能考砸了，于是问他："考得怎样啊？"

果然不出所料，小迪一脸不乐意地回答："数学没考好，才考了八十多分。"

"数学不是你的强项吗？"

"是啊，我也不知道怎么回事，题目很简单，我都会做。"

"别生闷气了，考砸了就要弄清楚为什么会考砸，让我们一起去看看到底错在哪儿吧。"

于是，妈妈陪着小迪好好翻看卷了子。原来都是计算上的马虎，抄错了一个数字，抄错了运算符号，过程中的答案写错了位置。后面的难题倒是全做对了，一分也没丢。小迪很懊恼地说："都是粗心惹的祸，我明明可以得高分的。"

看着儿子失落的样子，母亲并没有暴风骤雨般训斥他，也没有用过激的语言伤害他，而是心平气和地让孩子自己说说这次考试后的感想。

"挺后悔的，这些题目都是我会做的。"看来小迪意识到了问题。

"粗心多可怕啊，由于粗心做错题与不会做题的结果都是一样的，这多划不来呀。真是要认真对待这个问题。"

这位聪明冷静的妈妈没有责骂或动手打这个粗心的儿子，而是和儿子沟通，让儿子在徐徐道来中认识到了粗心的害处。相信她的儿子在这位循循善诱的好妈妈的帮助下，一定能慢慢克服粗心大意的坏毛病。

孩子有马虎、粗心的毛病，多半是家长没能在小时候让孩子养成细心认真的好习惯所造成的。那么我做父母的，到底怎么做才比较科学、比较正确呢？可以尝试这几种方法：

用分内的家务养成责任心。

责任心是任何人要做好一件事情的前提，如果没有责任心，对事敷衍了事，草草做完，必然做不好。责任心对孩子来说非常重要，有了责任心，孩子做事才能更加仔细认真，不会马虎。

要培养孩子的责任心，光靠说教不行，要靠平日的慢慢培养。比如，在家里父母可以让孩子做一些力所能及的家务劳动，可以派他扫扫地或洗洗碗，把它作为他的责任。尽到了责任，干得好，家长要给一定的鼓励或奖励；干不好家长也不能客气，该罚就罚，该重做就重做，直至孩子尽到责任干好为止。总之，就是让他对自己的一摊子事负起责任来。当然，除了生活上的责任心，我们更要让孩子增强学习的责任感。孩子将学习看作责任，才能投入极大的热情努力做好它，也才会更积极关注并认真仔细地对待它。逐渐地培养起孩子的责任心，是克服孩子粗心大意的重要前提。

培养孩子整齐有序的生活。

许多生活习惯都是孩子在家庭环境中长期养成的。如果一个孩子生活在杂乱无章的家庭中，什么东西都可以乱放，时间安排得乱七八糟，就会使他养成粗心、马虎、无序的生活习惯。所以，家长们要在家庭中创造一种有序的生活，将生活环境打扫得整齐有序，做什么事情也都尽量有规律，并教育孩子也要像自己一样有序地生活。相信在生活上养成了有序的习惯，在学习上孩子也会渐渐细心起来。

培养孩子集中精力的好习惯。

有的家长，不管孩子是不是正在学习，都会自顾自地把电视机打开在一旁看电视，或者找一帮朋友在家里打牌搓麻将，这些做法会对孩子的正常学习造成干扰，使他不能集中精力去学习。久而久之，孩子很容易养成一心二用的坏习惯。有的孩子放学回家后，总是先打开电视，然后边写作业边看电视；或者戴着耳机，边做作业，边摇头晃脑地哼歌。这样做作业又怎么能聚精会神呢？

检查可以成为习惯

考试卷子发下来，发现许多简单的题目居然都错了，于是孩子说："唉！不小心，写错了！"

妈妈问："那你为什么不检查？"

孩子说："我检查了，可惜没有看出来。"

是啊，明明检查了，可什么都没有检查出来，实在太可惜了！缺乏检查的方法和目标就让孩子的检查形同虚设。

孩子做完作业后，让爸爸帮着看看她的作业做得怎样。一共六道题，孩子错了两道，于是爸爸很简单地说了句："你检查一下。"孩子很听话，很快检查完了："爸爸，错了一道。"爸爸又说："继续检查。"孩子问："还有问题吗？"她拿着本看了看，很肯定地回答："没错了！"爸爸说："再看看。"过了一会儿孩子又一次很肯定地说："不可能再有错了，我已经很认真地检查过了，你不要捉弄我。"于是爸爸只好指出在一道题的算式中，"23"这个数字被莫名其妙地写成了"28"。孩子吃惊地捂住了嘴巴。

像这样的情况，我想几乎每个孩子都会出现，而这种错误的原因往往就是这么简单。孩子检查的目光已到错误那里，可却没意识到错误已经发生。错误通常都具有"隐蔽性"，再加上孩子对错误出现缺乏预见，缺乏警惕，粗心的错误就在他的眼皮下溜走了。花了时间检查却没有效果，这样的"检查"自然也不能贯彻下来成为孩子个人的好习惯。

其实，"检查"是贯穿我们人类行为的各个环节的，在不知不觉中，我们时刻都在做着不同的检查。比如"骑自行车"就是一个不断检查是否保持平衡的过程，孩子在做作业的时候用橡皮擦掉错误，这也是检查的行为。这样的检查已经成为一种不自觉的行为和意识了。如果孩子在做完作业或练习后都能够进行检查，并将它渐渐变为一种习惯，那种刻意、被动的检查工作就将慢慢消失，成为一种自然而然的行为。

怎样帮孩子养成检查的好习惯

朋友曾这样向我抱怨他的孩子："我儿子简直就是个粗心大王，怎么要求和提醒都没有用，他爸爸做事严谨，他真是一点也不像他爸爸！"她告诉我，丈夫上小学的时候家里很穷，连作业本、橡皮擦等最基本的学习用具都买不起。考试的时候由于没有橡皮，他只能写对不能写错，因此做题时总是高度的认真，高度地小心谨慎。就是这样，这位穷孩子一直读到了博士。

生活中时常有这样的现象，家长把好方法告诉孩子，但孩子却表现不佳。是做父母的没有把自己的心得和体会教给孩子吗？很多家长说："我教了很多次，但孩子就是不做，就是做不好！"检查这件事情本来很简单，但如果孩子的认识不足，就算天天督促孩子检查，也起不到作用。那么我们应该如何帮助孩子养成检查的好习惯呢？

第一，让孩子意识到"检查"的重要性。

有个父亲向孩子举了这样一个听起来不太雅、但会使孩子印象深刻的例子。

> 父亲问了孩子这样一个问题："解完大便，你会做什么？"
>
> 孩子嘻哈哈地说："当然是擦屁股啦！"
>
> 父亲说："有没有人不擦屁股就穿上裤子走人呢？"
>
> 孩子笑得更厉害，说："哪有这样的人！"
>
> 父亲突然严肃起来："没有什么好笑的，做完题后不检查就好比不擦屁股走人。自以为重要的事情已经做完，更关键的事情却被忽略了。做完作业不检查同样让人觉着恶心。"

虽然父亲的比喻有些夸张，但相信这个孩子对检查的认识和感觉与以往相比会发生变化，对检查会有更深刻的认识。

其次，适当帮助孩子进行检查。

孩子在检查的时候，特别是培养检查习惯的初期，需要家长给予适当地帮助。帮助孩子检查，可以分为三个不同的阶段：

初级阶段：也就是最开始的时候，不仅要让孩子明确检查的意义，还应和孩子共同检查。当然不是说看到错误立即就向孩子指出，而应让孩子先查找，实在查不出来再给孩子指出错误的地方，并逐渐帮助孩子建立起检查的习惯和信心。

中级阶段：这个阶段孩子已经有了"检查"的经验，家长不必将错误全部为孩子指出。可以先指出一些错误的地方，但同时还留些错误尽量让孩子自己去发现。这样可以调动孩子检查的积极性，让其变得更加积极、主动。

高级阶段：有了前两个阶段的锻炼，在这个阶段只告诉孩子有错误即可，不必再帮助他查找出来。要到孩子自己发现全部错误，才能让他进行下一步的作业。

阶段不同，家长采取的态度和方法也是不同的。家长要首先摸清楚孩子"检查"的底，分清楚他所处的阶段，再对症下药。

只要家长能够采用正确的方法帮助孩子，粗心大意就一点儿也不可怕。

告诉孩子：没有人天生就什么都懂，学习是一个不断提问、寻找答案的求知过程。善于寻求帮助也是人生的艺术。

4. 不嫌烦，寻求帮助的习惯

让孩子养成提问的好习惯

很多孩子在学习上非常被动，就像巢里嗷嗷待哺的小鸟，总等着父母和老师"喂"，很少主动去问，去"求知"。问他们为什么，他们总说，反正大人会教嘛，问那么多干什么！碰到不明白的问题，自己不动脑筋，一定要等家长、老师讲给他听。殊不知这样错过了许多好的学习机会。家长们也常常忽略孩子的这个情况，总觉得只要孩子考试考得好就行了，管他是怎样得到知识的。孩子小的时候，学习的知识还不深，要求也不高，存在的问题也不明显，可是长期下去，到升上高年级以后，不爱主动学习的孩子和那些喜欢提问、善于"求知"的孩子比起来，差距就显出来了。这时候家长才会奇怪地问："我的孩子并不笨呀，到底比别人差在哪呢？"

很简单，就差在会不会"求知"这一点上。我们常用有"学问"来形容一个有丰富知识的人。"学"和"问"两者既有区别，又有联系，问是学的开始，学是问的继续，学中有问，问中有学。

知识的获得是一个求知的过程，学识再渊博的人，也是从不懂知识开始的。在这个过程中，"问"将会发挥重要的作用。提出问题是学习的起点，问题提出来了，就可以努力去解决；问题一个个解决了，知识自然又学到了许多。提不出问题的孩子，一般都缺乏求知的渴望。

任何思维都始于发现问题，终于问题的解决。问题往往能成为思维的向

导。因此，让孩子提出问题可以有效地培养他的思维能力。知识水平、智力水平不同的人，所提的问题是不同的。一般而言，一个学识比较丰富的人，提出的问题会相对比较深刻；而一个知识比较贫乏的人，提出的问题往往比较肤浅。孩子提出的问题在家长眼中也许是幼稚的，但家长千万不要嘲笑他，每个人的成长都会经历这样一个过程。

有的家长犯了愁："我的孩子在学校很少举手发言，更别提向老师提问题了。我和老师沟通了好几次，老师也经常鼓励他举手

提问，可是还没什么效果，怎么办呢？"其实，孩子不提问，有时候不单是因为他不爱、不敢提问，也因为他不会提问。常常有老师在课堂上专门留出给学生发言提问的时间，却每每冷场。为什么呢？因为孩子们没有问题。真的没有问题了吗？孩子们对所学的知识全都掌握得那么好了吗？只要你拿出一道题来考他们，马上就可以发现，其中有一部分孩子根本就不会做，或是不全会做。这可怎么办？看来家长要教教孩子如何提问题。如何培养孩子良好的提问习惯呢？我们可以从以下几方面着手：

让孩子克服提问前的畏难情绪。

养成提问的好习惯不是一朝一夕的事，它是一个由浅入深、逐渐提高的过程。孩子由于知识水平不高，提出的问题一开始都是天真幼稚的，有时候可能会因为提出的问题过于简单而受到同学的嘲讽。告诉孩子不要因此而感到难为情，更不能因此而退缩，因为真正有水平、有价值的问题常常出现在天真幼稚的问题之后。老师十分欢迎孩子经过自己的思考提出问题，即使有时候好像老师对孩子的问题没有充分注意。由于害怕老师不高兴而不敢提问是完全没有必要的。

一位朋友向我讲述了她对美国教育的一些感受。美国的小学教育非常重视学生提问习惯的培养。学生在课堂上可以随时打断老师的讲课而发问，老师不仅不会因此而不满，如果哪个学生提出了好问题或者发现了老师讲课的错误，老师会非常高兴。如果孩子提的问题老师答不上来，他会邀请学生下课后一起去讨论。这样的氛围对培养孩子发问的习惯是非常有益的。

让孩子克服对老师的过分依赖。

在孩子的心目中，老师有很大的权威，被许多孩子看作科学和真理的化身。因此学生对老师的话往往会不加怀疑地接受，越小的孩子，对老师的依赖就越强。但老师也是普通人，他们有时也会不可避免地出现差错，不可能天上地下什么都知道。有的老师就经常对孩子说，我们不懂的事情要比懂的事情多得多。因此，如果孩子一味地依赖教师，就会对自己的思考与创新能力造成妨碍，也不利于提问习惯的培养。

应让孩子及时提问，先思后问。

当孩子在学习中产生问题时，告诉他一定要及时询问老师、家长、同学，加以解决。积累的问题越多，解决的难度就越大，时间长了，还容易将问题忘掉。及早解决发现的问题，才能给以后的学习创造良好的条件。

另外，让孩子提问不是说让孩子想到什么就问什么，在将问题提出前还必须正

确处理好思考与提问的关系。提问应该是在思考之后的行为，不思就问或问后不思，都会滋长思维的惰性。有句古话叫"三思而后行"，在这里，家长应该在鼓励孩子提问的同时要求他"三思而后问"。

最后，建议家长为孩子准备一个小本子，分别记下各科不懂的问题，及时向他人请教，把自己不明白的地方彻底弄明白。

让工具书成为孩子学习的好工具

让我们先来分享一个例子：

嘉嘉是一位小学生，从小就爱问问题，他问的许多问题都很尖端，让父母都没法给出答案。于是爸爸就买来如：《中国少年儿童百科全书》《辞海》《华夏文化辞典》《数学词典》《历史辞典》《军事百科辞典》《艺术百科全书》等工具书让嘉嘉自己查阅，自己找答案。渐渐地，嘉嘉就喜欢上了这些工具书。他还渐渐发现，课本上有的知识，课本上没有的知识，老师在课堂上讲的知识，老师没有讲或者老师一时不明白的知识，工具书都有。这更增加了嘉嘉看工具书的兴趣和渴望。

就这样，嘉嘉成了班里知识面最广泛的孩子，有时老师一时不明白的问题还会向他请教，让他去查阅。

从嘉嘉小同学的经历里，我们可以看出，孩子要是养成勤查工具书的好习惯，就会拓宽他的知识面。

很多不喜欢主动学习的孩子根本不会用工具书，甚至查字典都有困难，这其实是自学能力缺乏的表现。这样一来，这个孩子学习知识的途径就只剩下了学校老师教，以及父母告诉这两条。

工具书其实是一种小型图书馆，如果我们能够培养孩子学会运用工具书的习惯，孩子一生一定会受益匪浅。现在我们提倡素质教育，就是要孩子的知识构成多元化、个性化，完全死记教材上的知识，恐怕连应付越来越灵活的中考高考都不够用了。越是知识面宽、懂得自学的孩子，在考试和未来的发展方面就越是有优势。因此，作为父母的我们，教会孩子使用工具书，了解浩如烟海的人类知识宝库，何乐而不为呢！

要让孩子勤查工具书，首先家中要常备一些工具书，然后就要设法调动孩子对工具书的兴趣，比如，讨论一些让孩子特别感兴趣的问题，得不出答案时，不必去请教专家，到相关的工具书里查找出来。孩子就会对工具书的巨大威力感兴趣。

不过工具书查阅方法有所不同，要教给孩子基本的查阅方法。遇到问题时，先不要去问老师或者专家，让孩子先到工具书里去查找。如果家中有电脑就更好了，尽量安装一些工具书软件，比如《金山词霸》《中国大百科全书》，前者可以帮助孩子查询英语单词，内容很详细、全备，后者可以帮助孩子随时获得对各类问题的答案。

相信我，假如你的孩子是一个喜欢看百科全书，懂得到前人为我们准备好的知识宝库中去淘金的人，那么他在未来的竞争中就会领先一步！

> 做事不能坚持到底并非只是孩子的问题，它其实是人的天性。坚持到底只有在明确自己对生活的追求之后，只有在对放弃有深刻地领悟之后才能真正实现。

5. 不放弃，坚持到底的习惯

半途而废是人的天性

经常会听到家长抱怨："我的孩子很聪明，就是没耐性、虎头蛇尾、半途而废，怎么办？"对孩子而言，世界上的许多东西都是新奇的，今天想打乒乓球，明天发现象棋更有意思，后天看了科幻小说又想当科学家。孩子做事就是有这样一个特点：刚开始时认认真真，但时间一长就会变得马马虎虎，甚至半途而废。比如刚吃饭时很香，可没吃两口就开始东张西望；积木刚玩时兴致勃勃，可搭了一半就丢在地上不管了；明明是自己要练钢琴，可报了班没多久就没有了兴趣，不想再学了。就像有人说的那样，缺乏坚持是很多孩子的通病。

别着急，这是孩子的本性，完全是正常的。

随着孩子认识能力的提高，自我控制能力的加强，孩子的坚持性也会得到发展，即坚持性会随着年龄的增长而自然发展。但我们也常看到：不少到了高中的孩子做事依然浮躁，缺乏持久性，往往半途而废。那么孩子做事情为什么常常不能坚持到底呢？一般来讲，做事不能有头有尾的孩子，往往是由于意志力较差，缺乏耐性造成的。大家先来看看下面这个例子：

> 同学前几天向王俊推荐了一本小说，王俊兴冲冲地买了来，准备将它好好看完。开始的一两天，王俊被小说中的故事深深吸引，于是津津有味地读起来。可才到第三天，小说还没有看到一半，他又听说了一个好玩的新游戏，于是小说被他扔到了一边，开始热衷游戏。妈妈很看不惯他的这种做法，对他说："做事情怎么能这样半途而废呢？"王俊却很不在乎地说："这有什么，不感兴趣就换呗。"

王俊的这种行为在许多孩子身上都不同程度地存在。目前的青少年，尤其是大城市中的青少年中出现了这样一种趋向，既没有耐性又不会克制自己。究其原因，与家长对孩子的溺爱有很大的关系。

现代家庭的孩子基本上都是独生子女，加上家庭生活条件的改善和提高，家长对孩子几乎都是有求必应。无论是吃的喝的，还是玩的学的，只要孩子一开口，家长都会予以最大限度的满足。长此以往，在孩子的意识中就形成了这样一种心理定式：我的需求就应该得到满足。由于缺乏努力奋斗的意识，想得到什么东西就想立即得到，而不愿花力气或再等待一段时间。人的欲望是无止境的，不停地变换需求也就成了孩子心中理所当然的事。

许多家长都很担心，如果做任何事情孩子都是三分钟热情，做什么都是"两天打鱼，三天晒网"的态度，这怎么行呢？不要太担心，就像其他的好习惯一样，坚持也是可以慢慢培养的。

成功体验是孩子坚持到底的最好理由

我想每个人都有过这样的感受：长跑是一件非常考验毅力的事情。跑步前有一口气跑完的决心，并且充满了信心和勇气，但这样的想法马上便被事实所否定。当跑出一段路程之后就发现，想在规定的时间内跑完规定的路程非得下决心坚持不可，当疲劳和乏力达到极限的时候，想要坚持就是跟自己作的一次艰巨的斗争。我们的心里似乎有一个声音在说："歇一歇吧，太累了，实在跑不动了。"怎么办？听它的？那样的话就不能在规定的时间里到达终点，这次长跑也就失去了意义。没有办法，虽然很痛苦，但仍然要坚持到迈出最后一步。许多时候，就是这最后一步决定了我们能否成为真正的胜利者，决定了我们是否可以持之以恒成功地做好某一件事。

做事情就像长跑一样，许多时候只有咬紧牙关坚持迈出了最后一步，才能到达成功的终点，才能享受成功的喜悦。孩子往往不明白这一点，于是当遇到看似无法战胜的困难时，面对无法远离的诱惑时，便会迷失方向、半途而废。其实许多时候，他也会为他的缺乏坚持而后悔自责，在想坚持却又无法克制自己之时，他需要家长的帮助。

怎样才能培养孩子的坚持性呢？虽然不是天天在孩子耳朵旁边念叨"你要坚持"这么简单，但只要做到下面几点，我想会对你的孩子有所帮助。

让孩子做一些适合他实际水平的事。

父母让孩子做事时，应注意选择那些适合孩子实际水平的事情。如果事情过难，孩子尽了最大的努力还是不能成功，他就会伤心失望。如果连续几件这样高难度的事情都做不成，孩子再做这些类似的事情时，就很有可能丧失自信心，即使开了头也不愿再去想，不愿再去做。晓宇就是个很好的例子。

> 晓宇是小学四年级的学生，对英语很有兴趣，英语成绩在班里也是数一数二。妈妈听人说，要想英语学得好，练习翻译很重要。于是，妈妈到书店买了一本翻译大全让晓宇练习。晓宇英语虽然好，但那也仅限于小学四年级的水平，书里的翻译都太难了，根本看不懂。但迫于妈妈的压力，晓宇每天必须要完成一篇。渐渐地，晓宇对英语的兴趣没有了，以前每天坚持读课文、背单词的习惯，也渐渐丢失了，英语成绩更是一落千丈。

晓宇妈妈"好心办坏事"，过高的要求使孩子丧失了兴趣、无法坚持下去。揠苗助长，只会违背禾苗生长的规律。因此，家长在培养孩子的坚持性时，一定要选择难易适度的事让孩子做。

用激励与指导推孩子一把。

在孩子做事情，尤其是在做一件不太感兴趣，需要坚持才能完成的事情时，家长要在适当的时机给予激励和指导。这些激励和指导对于遇到困难的孩子是非常重要的。我的一位朋友曾向我讲过她引导女儿佳佳学钢琴的过程：

> 佳佳刚开始接触钢琴时，对钢琴有着浓厚的兴趣。于是趁着孩子的兴趣，我给她讲了"万事开头难"、"好的开头是成功的一半"等道理，引导和鼓励她不断练习。随着时间地推移，佳佳开始出现了厌倦心理，每次练琴她能拖就拖，能不练就不练。我想，这是由孩子的年龄特点决定的，无法避免。因此我并没有生气，而是要求她每间隔一段时间练习一次，每次都会小小地表扬一下她，或者给予一点小小的奖励。佳佳的练习开始形成规律，养成习惯，并形成了对钢琴稳定的喜爱。我从来不会放过让佳佳露一手的机会，只要一有机会就会让她充分展示自己的学习成果。一次在朋友聚会中，佳佳弹的一支曲子得到了全场的掌声，朋友们都夸她弹得好。在成功的喜悦中，佳佳更是坚定了练琴的决心，不用我督促她，她也会自觉自愿地坚持练琴了。

朋友在女儿练琴的过程中给了一步步正确的引导，使女儿从开始到后来都对钢琴充满了兴趣和期待。每一次小小的鼓励、表扬、奖励，最终促成了女儿的持之以恒，让女儿享受到了练琴带来的最大满足和喜悦。

当然，对孩子的引导有许多不同的方法，有时"激将法"也不失为一种行之有效的方法。生活中，有的父母会让孩子做一些他力所能及的家务活。孩子刚开始有兴趣便答应了，可做了一会儿因为感到枯燥就不想做了。这时有的父母会故意激激他，说"我不相信你能把地扫干净！""我不信你能把碗都洗干净！"，等等。一般说来，多数孩子听后肯定会表示不服气，然后鼓起劲来做好原本该做好的事情。

激励和引导孩子朝着一个目标前进是一件很有讲究的事情，大家可以在实践中摸索出适合自己的好方法。

别当"半途而废"的家长。

榜样的力量是无穷的，尤其是天天朝夕相处的父母对孩子的影响。要让孩子懂得坚持，父母做事情就必须要有坚持性。我想，一个"三天打鱼、两天晒网"的家长很难培养出有恒心的孩子。

> 妈妈为了减肥买回一个跑步机，在全家人面前宣布，她每天要坚持跑步。开始时妈妈很认真，也像她说的那样天天坚持。没过多久，由于工作太忙、太累，妈妈的跑步从每天一跑变为了三天一跑，再变为每周一跑，最后索性什么时候想跑了再跑。女儿见妈妈这样，于是自己练习画画也和妈妈一样，想画的时候才画。妈妈见女儿这样很生气，女儿却说："你能这样，我为什么不能？"

家长的一言一行，孩子都看在了眼里，记在了心里，并把它作为自己的范本。看来，父母积极的榜样是多么重要。

虽然大家都知道"坚持到底就是胜利"，但坚持到底是一件很困难的事情，对我们如此，对孩子更是如此。记住，培养孩子不放弃、善始善终的好习惯同样需要家长的恒心和毅力。

有时，放弃也是一种选择

也许家长会很纳闷，刚刚说要不放弃、善始善终，怎么现在又说："放弃也是一种选择。"

我觉得这两方面丝毫不矛盾。重要的是家长要能帮助孩子发现该坚持什么，该放弃什么。

其实人生中处处有这样需要放弃的时候，孩子放弃了重点学校的牌子，却获得了普通学校的好心态，家长放弃了挣钱多却忙碌的工作，却获得和家人相处的时间。世上的东西就是这样，有舍才有得，不需要把一切尽收囊中。

可是我们传统教育中太多的是教孩子要坚持坚持，由于不会放弃，什么都要争，事事都坚持，反而让孩子根本不可能形成真正的坚持。

大家一定还记得印度洋那次海啸吧，在海啸突然来临时，一位母亲当时正带着两个孩子在近海地带游泳，这位母亲想救两个孩子，可是在当时的情况却根本不可能，两个孩子中只能选择一个，对于一位母亲来说，这无疑是一个痛心的选择，最终，母亲心痛地放弃了大一点的孩子，抱着小孩子躲过海啸。然后紧急通知救援人员去救她的大孩子。

　　幸运的是，大孩子也被救了出来，安然无恙！倘若那个母亲当时没有选择放弃，她可能谁都救不了，甚至包括她自己。

　　这个故事告诉我们放弃的价值，请家长一定要知道，我们强调孩子养成坚持到底的习惯绝对不是什么都坚持，而是根据自己的情况、自己的个性选择属于自己的方式、自己的生活，在选择之后才有坚持，而在选择的过程中，放弃其实多于坚持。我们家长也有这样的经验，一生中我们只有几件对我们而言最重要的事情需要坚持，当你的坚持集中在自己思考后的选择时，坚持也才有了价值和意义，坚持也才更容易成功。

　　还有这样一个故事：

　　有一个孩子，把一只小手伸进装满糖果的瓶子中，抓了满满一大把糖果，可是手却卡在不大的瓶口上，怎么也出不来，孩子哭了，这时一个智者告诉他，你必须放弃一些，才能吃到糖果，可是孩子就是不愿意松手，他死死地抓住那把糖哭泣。

　　如果你没有帮助孩子学会放弃，那你的孩子很可能就会成为那个抓着糖果哭泣的孩子，因为他不懂得：得到在放弃之后。

这世界绝不会有集所有好习惯于一身的人。对孩子习惯的培养一定要结合现实，而这个现实就是孩子的个性。

6. 不要期望孩子集所有好习惯于一身

很多家长希望孩子能够有一个好的学习习惯，这个愿望并没错，但是家长要求的这个好习惯的内容却要包括：不磨蹭、不拖拉、不马虎、认真、严谨、细致、专心、主动、到家就做作业、作业做完还接着温书。仔细想想，如果这一切孩子都能自觉主动做到，那孩子简直太完美了。如果要求孩子一定要成为这样完美的孩子，这不仅是苛刻的，也是不可能的。

这世界绝不会有集所有好习惯于一身的人。对孩子习惯的培养一定要结合现实，而这个现实就是孩子的个性。一个孩子性格开朗、宽容大度、不爱与人计较，你愿意你的孩子具有这样的性格吗？我猜绝大部分的父母都会说，这样的性格很好呀！一个孩子严谨细致、追求完美，你愿意你的孩子具有这样的性格吗？我想多数父母也会选择愿意。父母恨不得所有的优点都集中在自家孩子身上，可是你想想，你怎么可能要求一个宽容大度，不爱与人计较的人，同时又严谨细致呢！同样，你也不要要求一个严谨细致的人，在与人相处时大度随和。每个人都有他独特的性格、禀赋，这些性格、禀赋并没有好坏之分，只是在不同的场合会表现出优势和劣势。因此，当你接受孩子性格的好的那面的时候，也请你能接受不那么好的一面，因为这两面都是属于他的，是不容易分开的。

千万不要期待你的孩子是完美的，那样只能给孩子带来过大的压力。

> 虽然无法要求孩子集所有好习惯一身，但家长却可通过培养"自负其责"的精神来保证好习惯的养成和持久。

7. 好习惯来自责任感

为什么孩子那么难以为学习负责，为自己负责呢？仔细观察就能发现，人的天性就有逃避责任、推卸责任、不愿负责的倾向。在古老的《圣经》中就记载了人的这种倾向。当上帝责问亚当为什么要吃禁果时，亚当赶紧把手指着夏娃说："都是这个女人害我，是她要我吃，我才吃的。"上帝生气地把脸转向夏娃："你为什么要干这样的事呢？"夏娃赶忙指着蛇说："是这个讨厌的家伙教唆我，我才吃的。"幸好蛇不会说话，不然它又不知要把责任推给谁呢？这个古老经典中的故事，清楚地显明了人不愿为自己行为负责的本性。这样的事情你可能常常会碰见：领导要的报告没有做好，他会说，都是相关部门提供的资料不详细，而且时间也太紧。夫妻吵架，双方都会说，都是对方惹得我生气。所以，这让我们看到，让孩子能够为自己负责，既是一件非常重要的事情，也是一件多么不容易的事情，因为孩子从来不会自动负责！

如何让孩子能够学习自我负责？

首先，凡是孩子能做的事都让他自己做。

即凡是孩子能自己做的事情都要尽量让他自己去做。比如整理书包、带作业本、收拾房间、做作业、吃饭、穿衣、睡觉、洗内衣等，一个孩子能做的事情很多，如果在生活中孩子能够自己的事情自己做，他才能比较容易把这样的习惯带到学习中。如果家长都替他做了，他不可能再为自己负责。有一个孩子已经三年级，可是二年级的时候他还需要妈妈喂饭，现在还要每天晚上都赖在妈妈的床上睡觉，书包自己不收拾，喝水要妈妈倒，洗澡要妈妈洗，既然孩子几乎生活的所有方面都是妈妈负责，你怎么可能单单让他能在学习上负起责任来呢？除非孩子是分裂人格，否则他不可能做得到！

有人说，父母要懒惰一些，少替孩子做事，这样孩子才能勤快起来。但我要说，帮助孩子做事的父母恰恰是懒惰的父母。因为教孩子学会自己做事，要远比你帮他做付出更多的辛劳、时间、耐心和坚持。如果你帮助孩子收拾书包，我敢说，不要一分钟，你能将一切都收拾妥当，书包里井然有序。可是如果让孩子自己收拾，他可能五分钟都难搞定，而且不是落下钢笔，就是丢了课本，让站在一旁的你看得是着急又上火，哪有你自己收拾来得快又省事呢！只可惜家长没意识到，这种省事终究是暂时的，等到你落到上面那位的母亲的状况中时，你才知道是多么的不省事呢。因此，我建议家长，从今天开始，就立刻行动，让孩子凡是自己能做的事情都自己做吧！

其次，为自己的行为承担后果。

天下雨地就会湿，风吹树就会动，自然界的"行为"都会带来一定的结果。同样，人的行为也会带来各种不同的结果，孩子常常通过行为的结果来学习并了解其行为的意义：当孩子因为好成绩而得到奖励时，他极有可能会不断努力获得好成绩。当孩子一旦因为说谎而被剥夺一个星期看电视权利，下一次要不要再撒谎，他就会慎重考虑。

因为行为的结果不同，孩子学会在做事时有所考虑和选择，这本来是一个极好地建立孩子责任感的机会，但可惜的是，很多家长帮助孩子承担了他们行为的结果，使孩子失去了学习的机会。孩子在家东西乱丢乱放，自己的房间常常乱七八糟，妈妈一边说："你看你，自己的房间弄得像猪窝，还不收拾！"一边手脚麻利地把孩子房间收拾得井井有条。本来，孩子房间脏乱差，是他自己的事情，他如果不收拾，他就要忍受乱七八糟、找样东西需要花一个小时的代价。这让他能学习到，他要为自己房间的整齐负责。可是，当这些不好的结果因为妈妈的介入改变时，他才不会愿意当清洁工。

所以，我强烈建议父母，除了涉及安全和生命的事情，父母要舍得让孩子为自己的行为吃苦，等到他成为一个有责任心，能够对自己的事情负责的时候，父母就会明白，这苦没有白吃。

美国作家杰克·霍吉说："行为变成了习惯，习惯养成了性格，性格决定命运。"人们总说"性格决定命运"，却往往忽视前面两句话。我们的命运是由性格决定的，但"性格"又是如何形成的呢？是由变成习惯的行为。原来，命运的基石就是养成习惯的行为。

很喜欢曾经看到过的一句话："好孩子不是'管'出来的，是'惯'出来的。"当然这里的"惯"不是娇惯，而是"习惯"，好习惯的惯性会使孩子在人生的轨道上沿着正确的方向前行。想让你的孩子成为好习惯的受益者吗？和他一起握住习惯这个人生的方向盘吧。

提到梦想，很多家长觉得这是虚的，和孩子的学习完全不沾边。其实，孩子在第三种状态中，就是充满着各种梦想的，因为梦想是孩子内心最强大的动力，梦想能焕发一个人内在的潜力和激情。如果父母善于让孩子心中怀有一个梦想，便是为孩子的学习找到了一个永不止息的动力。

第五章　进入梦想的状态

孩子会说：为了这个，我真得好好学！

1. 梦想开始于微小而具体的目标

2. 别总说"将来……"那个目标太远了

3. 孩子不必"天天向上"

4. 激励不是唠叨，别让孩子"过唠死"

5. 让梦想成为最持久的学习动力

> 一些孩子最初的学习理由常常非常简单具体：得到钱、玩具，可以出去玩，超过同桌、表弟，有面子，得到表扬，等等。正是这些具体可见的目标，带来了立即的行动，激发他们学习的愿望和努力。这些微小而具体的目标，就是梦想的起头。

1. 梦想开始于微小而具体的目标

具体而微小的目标能够带来孩子立即的学习行动

"孩子在为什么而学习？""孩子学习的理由是什么？"对于这个问题，不知各位家长是否想过。如果你希望孩子能够进入学习的第三种状态，在学习动机方面，他内心必须有一个自己愿意学习的理由。

现在，孩子在为了什么理由而学习呢？如果你和他们聊聊天，你得到的答案会五花八门："我喜欢英语老师，她的声音很好听，所以我就喜欢英语！""我就是想超过同桌小毛，看他数学得第一的那个得意，连我们的班花都对他一脸敬佩，真让人生气！""考得好就会得到老师的表扬，父母也会表扬我！""我的语数外全得考过95分，爸妈才答应假期带我去香港迪士尼玩！""我妈老说我比表弟差，我就要让她看看，我不比他差！""我要考得好，我妈说请我吃麦当劳。""我要是考得好，小姨就会送我一个最新款游戏机。""我是班委，考差了，会很没面子。"这就是一些孩子的学习动机，而那些不愿意学习的孩子，他们则说："我不知道为什么学习，我也不想学习，学习很累！""学习好会怎么样？学习不好怎么样？没什么差别。"我们看到，愿意学习的孩子各有各的目标、理由和动机，而那些不愿意学习的孩子，则还没找到需要学习的理由。

学习的理由要从最近最具体的目标开始，因为这是梦想的起头。我们从那些愿意学习的孩子身上看到，他们愿意学习的理由都非常明确具体：得到钱、玩具，可以出去玩，超过同桌、表弟，有面子，得到表扬，等等。正是这些具体可见的目标，带来了立即的行动，激发他们学习的愿望和努力。

有这样一个故事：

一只新组装好的小钟放在了两只老钟当中。两只老钟"滴答"、"滴答"一分一秒地走着。

其中一只老钟对小钟说："来吧，你也该工作了。可是我有点担心，你走完三千二百万次以后，恐怕便吃不消了。"

"天哪！三千二百万次。"小钟吃惊不已。"要我做这么大的事？办不到，办不到。"

另一只老钟说："别听他胡说八道。不用害怕，你只要每秒滴答摆一下就行了。"

"天下哪有这样简单的事情。"小钟将信将疑。"如果这样，我就试试吧。"

小钟很轻松地每秒钟"滴答"摆一下，不知不觉中，一年过去了，它轻松地摆了三千二百万次。

孩子常常就像那只小钟，他不知道该从哪里开始起步，而家长千万别只做其中一只老钟，而要兼具两只老钟的角色，既能启发孩子的梦想，又能给孩子行动的起点，这样孩子的梦想能越走越远，孩子的干劲也会越来越足。

如何帮孩子设定一个能摸、能闻甚至能尝的"小目标"

赏识教育的创始人周弘有一条非常好的经验，周弘说："总让孩子努力，却总不让孩子尝到成功的甜头，他哪来动力呢？让孩子尝到成功的甜头有个诀窍，就是'够苹果原理'：跳一跳，够得着。"父母必须在接纳孩子目前成绩的前提下，承认孩子与孩子之间的差异，面对孩子每一次的成功与失败，要像最初教孩子说话和走路那样，对未来充满信心与希望。要针对孩子的实际情况，不要把尺度定得太高，要定在孩子够得着的范围之内，让孩子在成功的良好感觉下轻松愉快地飞翔，否则只能痛苦而缓慢地爬行。"

有这样一个故事：

某个炼钢厂生产效率低下。一天，公司总裁到工厂视察，他询问了当天日班工人的产量，把这个数字写在身边一块大大的黑板上，除此之外再没说一句话。当晚，夜班工人看到这个数字，当他们知道这个数字代表的意思后，决心一定要超过这个产量。果然，第二天清晨，原来的数字不见了，在黑板上的是一个新的、高得多的数字，那是夜班工人的产量。日班工人又不服气了，他们努力干了一天，终于又一次改写了产量。就这样，工厂的生产蒸蒸日上。

在这个故事中，正是一个"跳一跳，够得着"的目标激发了工人工作的热情和力量。

所以，设定一个合适的目标，是让孩子获得成功和自信的关键。而且针对孩子的实际情况，为孩子设定一个"够得着"的小目标还是一种有效的"赏识教育"，不要认为赏识就只是夸奖孩子。让孩子获得成功和自信比夸奖的效果更显著，而且这种赏识也不会产生家长们担心的"副作用"。

那么，这个小目标该如何设定呢？

第一，父母首先应该对孩子的能力有一个客观的、正确的认识，不要急于求成。

第二，如果父母对孩子的情况把握不准，最好先与孩子的老师仔细地探讨、商量一下再做计划。

第三，在目标设定时应该让孩子参与进来，和孩子一起决定，这样不仅能听取孩子的意见，也能让孩子更有积极性。

第四，不要给孩子设定"怎么跳也够不着"的目标。

第五，强化孩子的目标意识，让这个小目标在孩子心中扎根。

关于这一点，可以给孩子设计一本"目标日历"，可以做成大大的带有木制架子的。在目标应该完成的那一天用彩色纸做一个显著的标志贴在上面，然后把这个大日历摆在孩子房间的一个最显眼的位置。这样一来，家长根本不用每天提醒孩子完成目标的时间限度，孩子进进出出，每一次看到这个巨大的日历，自然会想一想：今天，我为我的目标做了些什么？家长可以鼓励孩子在大日历上画点什么或者记点什么，这比要求孩子天天记日记要强很多。如果发现，某一天，孩子在日历上记下了为实现目标做的努力，您可以悄悄在孩子的记录旁边画上笑脸或者写上几句鼓励的话。

第六，给孩子找个竞争者。有个竞争者能极大地鼓舞孩子，但是，如何选择竞争者也是个问题。找竞争者也是要找那种"跳一跳就能够得到"的竞争对象，不要每次都盯着第一名，第一名的目标又离孩子太远了。可以让孩子自己选择一个比较熟悉、成绩略好于自己的同学作为竞争对象。同时，要告诉孩子，竞争不要破坏友谊，与竞争对象产生敌意就不对了。

让孩子自己和自己竞争也是很好的办法。比如周弘训练女儿打算盘，每次都给她掐时间，让她和自己比，而且还故意告诉女儿，她的速度一次比一次快。这样，孩子的自信心就越来越强了。

第七，在小目标达成后给予适当奖励。比如，让孩子选择一件他自己喜欢做的事，看电影、打电脑游戏，等等，或者去吃顿大餐也行啊。

　　总之，父母在帮孩子设立小目标的过程中，要让孩子对目标有各种各样的感性认识，一旦目标达成，能够真正从中体会到成就感。这种感觉就会成为他下一次再努力的动力。倘若孩子已经读中学，那么家长一定要放手让孩子自己去设定他每步的小目标，如果孩子的目标太大，父母可以通过"化大为小法"帮助孩子去细化。

　　什么叫"化大为小法"呢？就是先说出自己最终的目标，然后用倒计时的办法一点点将最终的大目标变小。举个例子来说吧，孩子想在考高中的时候升入北大附中，那么，家长就可以问："如果你要进北大附中，需要什么条件。"如果是必须中考成绩考过600分，那么家长可接着问："你如何达到600分呢？"这时孩子会说："那我语文得考到多少分，数学得考到多少分，英语要考到多少分，等等。"家长可以接着问："那么，如果你要比较有把握考到各科需要达到的分数，你又需要怎么做呢？"总之，通过这种一步步倒推的方法，就可以清晰地知道第一步的小目标是什么，到底应该怎么做。

父母常常提供给孩子的学习理由都太遥远：好好学习，你才能考上好大学，找个好工作，将来挣大钱。还有的父母从反面刺激孩子："不好好学习，你将来就只有捡破烂、当乞丐的份！"不管是挣大钱还是当乞丐，由于目标都在遥远的将来，很少能引发孩子立即行动。

2. 别总说"将来……"那个目标太远了

不要一开始就给孩子又大又遥远的目标

前面我们提到，父母要帮助孩子拥有梦想，必须从最微小最具体的目标起头。可现实是，父母提供给孩子的学习理由和目标常常都太遥远：好好学习，你才能考上好大学，找个好工作，将来挣大钱。还有的父母从反面刺激孩子："不好好学习，将来你就只有捡破烂、当乞丐的份！"不管是挣大钱还是当乞丐，由于目标都在遥远的将来，很少能引发孩子立即行动。试想想，如果老板说，这个星期加班，月底给你加班费一千块，而另一个老板说，这个星期加班，十年后给你加班费五千块，你觉得哪个让你加班的动力更大，很显然是前者！我认为，孩子常常不能从父母的激励中获得鼓舞，就在于父母的目标常常在一开始就遥不可及，总是让孩子看不到希望！

父母要学会不断给孩子希望，希望能够激发一个人内心的动力。记得曾经看过这样一个故事：

一艘大船在大海上失事，有几个人侥幸搭上一个小救生艇，可是四周没有其他船只可以救他们，他们只能在大海上不断地飘荡。一天两天过去了，五天六天又过去了，还是没有碰见其他船只，而他们只剩下一小袋淡水，掌握在大副的手中。很多人渴得不行，要求喝水，可是这位大副每次都坚决拒绝，甚至当有人渴得昏厥过去，大副依然坚持说："他还能坚持，我们这一小袋水必须留到最需要的时候！"后来，有几个人只好喝自己的尿，大副依然死守着那袋水说："这袋水是我们的希望，是我们的救命水，无论如何不能动！大家一定要坚持！"救生艇上的几个人非常气愤，他们认为大副这样做是想独吞那袋水。一次，趁大副不注意，他们几个扑上去要抢那袋水，结果大副死死抱住水袋，同时从腰里掏出了一把手枪，大喝道："谁敢抢，我就杀了他！"就是在这种情况下，过了十几天，他们终于遇见了一艘船，他们全体都获救了，大家最后也没人喝到那袋水。等到大家在医院醒来的时候，纷纷问大副，为什么不给他们水喝？大副说："那个袋子里根本没有一滴水，我是为了给大家希望，才那样做的。如果你们知道我们连一滴淡水都没有，恐怕没有人能坚持十几天。"

这就是希望的力量，如果父母一开始就给孩子一个又大又遥远的目标，等于是在孩子刚刚踏上学习的征途上就没有给孩子点上希望之灯，他只能在一片黑暗之中上路，这样的情况下，孩子怎么可能走得好走得远呢！

父母要合理定位自己的期望

人们都知道学习不好的孩子最害怕公布考试成绩的日子，其实优秀的孩子有着同样的害怕。

我曾和一位优秀学生聊天，我问他："你学习那么好，为什么也害怕家长知道考试成绩呢？"

"我怎能不害怕！"这个优秀生情绪激动地说，"每次我告诉我妈考试成绩，她都会说："不错，下次争取考得更好！"开始我还没太在意，后来我发现我妈的胃口越来越高，她要求你必须天天向上，下次要比这次强，这可能吗？我做不到！所以，我要是考第一，绝对不会告诉我妈，否则下次考了第二，她会如临大敌，唠叨地没完没了！"

家长以为自己对孩子精益求精绝对没错，可是却没想到带给孩子的却是巨大的压力。所以曾有教育专家提出"过高的期望带来了孩子的无望"。用家长的标准去衡量，孩子永远都做不到，他永远都是一个失败者。

那么家长怎样做到对孩子的期望科学、合理，而且真正有利于孩子的成长，使孩子成才呢？有如下可供家长借鉴的方法。

心理学研究表明，期望是可变的心理状态。适当的期望对孩子的成长会产生积极的推动作用，但如果期望过高，孩子可望不可即，造成的结果必然是消极的。比如，孩子的实际学习成绩在班里处于中游，家长却一定要求孩子考出班上前三名的成绩，这对孩子来说，无疑非常困难，孩子再怎么努力也是劳而无功的。如果家长一味地要求孩子去完成这种不可能达到的目标，孩子必然表现出焦虑、自卑，甚至恐惧的情绪。同时，对家长也只能采取"阳奉阴违"的态度，与家长的交流越来越少，对父母失去热情，对学习失去兴趣，对自己也失去信心。所以说，家长对孩子要有合理的期望。合理的

期望是怎样的呢？就是孩子在凭借家长的帮助和自己努力的情况下可以达到的目标。我们这里讲的"合理"包括两个方面：一是要符合孩子的身心发展规律，二是要符合孩子的个性差异，并根据孩子的身心发展、兴趣变化及学习水平的实际状态进行调整。

家长还应该做到对自己孩子的估计恰如其分，你的期望最好能使孩子处于自信而不自满的心理状态。离开了孩子的实际，到头来无论是家长还是孩子都会感受失落的痛苦和更大的心理失衡。

如今，许多父母教育孩子的重要失误是：一厢情愿地给孩子提出不切实际的目标。父母总是这样要求孩子："再努力一点，将来一定要考上重点中学、重点大学！"这样提出要求，不容易转化为孩子自己的目标，因为它太笼统，不够明确具体，关键是父母的这个目标，孩子是不是认可？要知道，孩子只能够对自己认可的目标做出积极反应。如果孩子不认可，往往会造成孩子的行为和家长的既定目标很难对应。其实，家长对孩子有了合理的期望，就明确了使孩子成为怎样的"龙"和怎样让孩子"成龙"的方法和目标，"望子成龙"就不再是一个空想。

"一点点进步法"是激励孩子学习上路的好方法

首先，用"一点点进步欣赏法"为孩子增加学习动力。

这是一位妈妈的一封求助信。

她的女儿已经上初二了，但对学习没有更高的要求，也没有积极性。从考试的排名看，上学期全班 14 名，这学期期中考试已经下滑到 20 名，她一点儿也不着急。

妈妈在信中写道，就学习主动性的问题，平时她和孩子没少交流、沟通。沟通的时候没有任何问题，但是，过不了一周孩子就不能按照说好的去做了，需要家长不断地监督。

女儿没有其他让妈妈特别头疼的问题，就是对自己没有任何要求。孩子马上就要上初三了，就她现在的学习成绩和学习状况，根本没有可能考上理想的高中，可孩子好像根本就无所谓，一副事不关己的样子，真让人着急！

无论是大人还是孩子，心里都会有一个追求的目标，也正是这个目标会直接影响到我们行为的结果。学习动力不足的孩子，头脑中没有清晰的学习的目标，自然不会有足够的动力督促他们上进，而且也会导致他们行为上的随意。

让孩子有上进心的关键，是在孩子心目中树立一个经过他努力能达到的目标。然后再把这个大目标分割成一个一个的小目标来完成。

其次，帮助孩子制定一个合理的"目标管理"。

有目标才能前进，作为家长，应该给孩子制定一个合理的"目标管理"。

一是落实化。把完成每一个小目标的行动落实到每一天、每一周、每一个月、每一学期。比如，对于一个学习成绩比较差的孩子，可以这样具体实现他的小目标：一方面跟着老师上课学新知识，另一方面通过自学补课，计划好一天补多少。这样，通过一个学期的努力，孩子的学习成绩就会很轻松地赶上来了。任何一个小目标只有落到实处，才有设立的意义。否则，家长叮嘱得再多，目标制定得再完美，也容易流于形式。

二是限期化。没有时间的限制，就很难把目标落到实处。比如，如果孩子设定了一个一周英语复习计划：在一周内要把本周新学的英语单词熟练掌握，周末爸爸妈妈可抽出一个小时的时间进行一次小测验。这样一来，家长只需要考虑周末如何"验收"就可以了，孩子会安排好自己的复习节奏。

三是决心化。家长永远不要代替孩子做决定，而是和孩子达成共识以后，让孩子自己去做。家长要做的，只是帮助孩子学会制定科学有效的作息计划，让孩子明白应该用什么样的努力、决心和劲头去行动。

四是白纸黑字化。把孩子的计划、目标写出来，贴在显眼的地方，用这种方法提醒孩子比在他们耳边唠叨效果要好得多。

然后，在每次考试过后，让孩子把自己各门功课成绩记录下来，做一个成绩情况的对比分析，让孩子自己分析出自己下一步有可能的赶超目标和努力的方向。

3. 孩子不必"天天向上"

以退为进也是成长

孩子可以不必"天天向上"，这个说法可能不少家长觉得不能容忍，其实就像本章前面的那位优秀生所说，下次都要比这次好，不仅不可能，也不可能做到。中国有句古话叫"风水轮流转"，一个人不可能总在最好的状态之中。父母要允许孩子不必天天向上，甚至有那么一些时候是可以向下的。

不久前，我在一本杂志上看到了一位母亲开家长会的心路历程：她在文章中说，觉得自己做妈妈还未完全成熟，一抬头，发现女儿已跑步进入少女阶段。身体已初具成人的模样，可心智却还是个孩子：不爱学习、不肯用心、粗心大意、脾气古怪、顶嘴说谎，而她这个当妈妈的像一个消防员四处扑火，这个问题还没解决那个问题又来了，常常焦头烂额。感觉自己当妈妈太失败了，看人家的孩子都是优点多多，而自己的孩子怎么从头到脚的缺点？

带着这种失败的感觉，失败妈妈低着头去开家长会。

家长会上，老师请家长谈谈教育心得，各位家长踊跃发言，失败妈妈打起精神竖起耳朵认真听，一听怎么都是问题呢，抬起头放眼望去怎么都是满脸焦虑的人父人母？

一位妈妈不满地说："我儿子不爱学习，整天想着玩儿，做作业要催三催四，没有主动精神，非常不自觉。"

我心里暗想：大多数孩子不都是这样的吗？不想玩的孩子才是不正常的呢。

那个妈妈担忧地说："我女儿报喜不报忧，受了表扬回家马上就喊，得了批评从来不说。我都不知道她在学校到底表现如何。"

我暗想：太正常了，哪个人喜欢找骂呢？

这个爸爸疑惑地说："我的女儿审美

是不是出了问题，叫她看名著听名曲她不要，喜欢看一些恐怖恶心（鸡皮疙瘩之类）的小说，喜欢听乱七八糟不成调的流行歌曲（大概是 PG one）。"

我暗想：只能说明父母与孩子有代沟了，错不在孩子。

那个爸爸恨铁不成钢地说："我儿子太傻了，总是被同学欺负。有一次我看到有一个男生打他头踢他屁股，问他为什么不还手，他说同学之间开玩笑的踢就踢吧又不痛的。这孩子怎么没点男孩子的阳刚之气呢？"

我暗想：总要允许存在个性差异吧，这孩子不正是有着宽厚的仁者之风吗？干吗要教导孩子相互敌视呢？

连成绩最好表现最出色的那个女生的妈妈也有大大的问题，说她孩子前段时间跟少年宫艺术团去外地巡回演出，落下了功课，这次考试只得了二十几名（平时都是第一名的），孩子很伤心，一个人躲在房间里用小刀把自己的手指切得血淋淋的，以此惩罚自己。

真是太可怕了！我暗自庆幸，幸好这个孩子不是我的，这么一点小事就要用这么极端的方式对待，做她的母亲压力太大了。相比之下，我宁肯我的孩子平庸一点平和一点。

苦着脸去开家长会，笑眯眯地回来，原来我家女儿很正常，她的缺点和问题不正是大多数孩子都有的小缺点小问题吗？哪个孩子没有点问题呢？

我们这些父母都很重视教育，很多父母心里也预设了一个理想的孩子模式，所以一旦孩子偏离了那个模式，做家长的总是很紧张，积极管教尽量挽回，恐怕做得不够耽误了孩子。所以有那么多焦虑的父母和压抑的孩子。

是的，正如这位母亲的体验一样，现在的父母不缺爱心、不缺耐心、不缺方法，缺的大概就是一种宽容，少的是坦然看着孩子以各种姿态成长的心情。

退一步，原来我们都可以这么轻松自如。

成长是自我体验自我领悟的过程，还是给孩子一块肥沃而广阔的土地吧，然后宽容而坦然地看着他们蓬勃而自然地长大。虽然有时看来他们好像在退步，但是这种以退为进也是成长的一种方式。

不必将自己的目标变成孩子的目标

一次，我参加一个外地孩子组成的北京夏令营。当时我问这些孩

子："你将来想考哪所大学？"这些小学三四年级的学生都跟商量好了似的大声说："来北京，考北大！"还有的孩子这样说："爸爸妈妈告诉我读大学就要去北京读，到北京读大学就要考进像清华、北大这样的学校！"听了孩子这些壮志凌云的话，我的感觉是，虽然孩子有志向很好，可是这么小的孩子，对北大、清华了解多少呢？他们只是由于父母不断地强调，从而把家长的目标当成了自己的目标，其实这并非孩子内心产生的动力，很难带领孩子长时间奔跑在学习奋斗的路上。

下面，我再给大家举一个例子：

有一位曾经就读北京四中的女孩，在学校里的成绩排名不是很靠前。她父亲的心气很高，一定要让她考上北大或清华，这样才和四中学生的身份相称，才能"光宗耀祖"。

四中是北京市最好的学校，尽管上述这个女孩与本校同学相比成绩平平，但考取一般重点大学是不成问题的。可是她的父亲整天唠叨要上北大，给孩子造成了很大的心理压力。根据高三阶段她在学校的排名，考北大相当困难，甚至可以说没有任何希望。在这种情况下她爸爸还不放弃北大，结果她连一般重点大学都没考上，只考上了一个很一般的大学。

我还认识一个曾经在四中读过高中的女孩子，她是上高一的前夕，从一所普通学校转到四中读书的。她父母的初衷也是为了让她在这种强手如云的学校中历练一下自己，考上个好大学。我曾经问过她："到了四中这样的学校，满眼都是学习成绩好得不可思议的学生，你觉得压抑吗？"她很轻松地对我说："不压抑，我从进四中校门那天起就决心不和那些成绩最好的学生比！我也比不过人家。当然了，我也不能排到倒数，这也不太可能，因为成绩太烂说什么我也不敢到这里来读书啊！毕竟我在原来的学校成绩是相当不错的。在这种学校我保持中等水平就能考上一个比较理想的大学。所以，只要能保持中等水平，我就给自己打满分。"后来，这个女孩子以高出一类大学80分的成绩进了北京一所外国语学校。她没有选择北京大学，因为她说，自己喜欢外语，还是上专门的外语学校会学得更扎实。

有的家长对我说，如果孩子模拟考试成绩不佳，家长也就不指望他去考北大、清华，能上大学就可以了。问题是有些孩子的学习成绩不错，但离北大、清华还有一定距离，家长就特别希望孩子冲上去。可是，家长不明白，孩子已经尽了很大努力，学习不错，考个一般重点大学也没问题，如果非要孩子考清华北大，真的是勉为其难了。

每年的高考结束都有相当多有实力的考生得到这样的结果：他们在父母的压力下一心奔北大、清华，而心里明白自己的实力和北大、清华还有20分甚至30分的差距，在这种不良的心态下参加高考，他们发挥不出实际水平，结果不仅北大、清华没考上，连第二志愿也达不到。

我在这里只是拿高考为例，其实，学习的其他方面也是一样的道理。不管什么样的目标，父母一定要让孩子有自己的目标，而不是父母的目标，只有那个他自己的目标才能激发出他内在的动力。

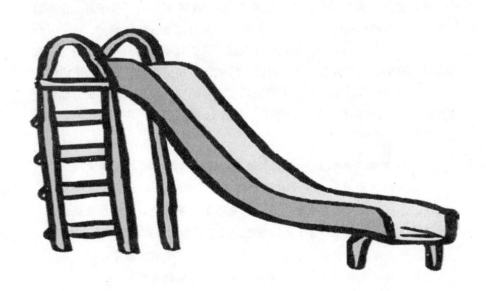

> 家长常常以为不断地督促提醒，就能够激励孩子好好学习，其实激励不是唠叨。如果父母能说到孩子心里，一句话就能让孩子充满动力，如果父母说不到孩子心里，一句话孩子已经嫌多。千万不要将激励变唠叨！

4. 激励不是唠叨，别让孩子"过唠死"

唠叨只会让孩子关上心灵的窗户

如果你问现在的孩子最烦父母什么，很多孩子都会说："最烦他们唠叨！"有个孩子说："我正在经受双重过劳死，一个是劳累的劳，一个是唠叨的唠。学习累得过劳死，听父母唠叨烦得过唠死！"

呵，这个孩子的话真是精辟，他说出了现在不少孩子的真实感受。

家长为何总喜欢唠叨，不少家长会说："我还不是为了孩子好，他不好好学习，你不唠叨行吗？他回家不做作业，光打游戏，你不唠叨，他能从游戏中出来吗？都快中考了，我看他一点都不急，我不唠叨行吗？"总之，父母觉得，孩子的问题太多，如果自己不唠叨还不知道要糟糕到什么地步呢！

可是，唠叨有效果吗？很多家长都发现，唠叨并没有效果，而且常常还会有反作用。《中国青年报》曾报道，一名16岁的孩子不堪妈妈叨唠，竟然用菜刀将母亲杀死。

> 16岁云云（化名）今年上初三，性格内向。他的父母亲均是部队干部，平时对云云管教很严。去年年初，在云云的反复要求下，家人为他买了台电脑。可自从电脑搬回家后，云云就对电脑着了迷，学习成绩也一落千丈。为此，父母不知对云云数落了多少遍。
>
> 一天凌晨，云云又偷着上网了。他妈妈下晚班回到家，听到屋里传出玩游戏的声音，立即冲进他的房间要他把电脑关掉。见儿子如此不听话，妈妈大声呵斥，让他"滚"出家门。
>
> 深夜两点，云云走出了家门，一直呆坐在学校的操场上，等天大亮后，他才拖着疲惫的脚步回到家里。"你还敢回来？你看看你都变成什么样子了……"刚进家门，云云就又听到了妈妈的责骂，还挨了几个耳光。失去理智的云云冲进厨房，操起菜刀冲向妈妈……
>
> 为防事情暴露，他还找来两个同学，帮忙将妈妈的尸体藏了起来，并把家里的血迹擦洗干净。案发后，云云很快被带进公安局，说出了杀人经过，但他父亲仍不相信儿子会残忍地杀害自己的亲生母亲。

谁会想到唠叨竟然带来这样大的恶果呢？

这使我想起了周星驰的电影《大话西游》中的唐僧，这部充满荒诞和无厘头的喜剧电影中的唐僧是一个满嘴说教，唠叨没完的人。一次，唐僧被妖精抓住，五花大绑，由两名小妖看守，唐僧又开始了他有名的唠叨，不停地说，不停地说，最后只听两个小妖大叫一声，举起刀，自刎而死，因为他们实在受不了唐僧的叨唠。现实生活中，有不少家长就像这部电影中的唐僧一样，变成了"唐妈妈"。唠叨不仅堵住了孩子的嘴，也封闭了孩子的心。

有的家长会说"堵住了孩子的嘴，也封闭了孩子的心"，这话可有点儿危言耸听，会有这么严重？的确有这么严重！尤其是 12 岁到 18 岁这个年龄段的孩子，正值生理上的青春期，心理上的断乳期，同时也是一个最有想法的时期，最爱发表看法的时期，最希望有人倾听、有人理解的时期。可是我们的家长们却在这个时期和孩子们去争夺"说"的权利，十分专横地把"说"的权利留给了自己。家长说自己的苦心，说自己的希望，说自己孩子的缺点，说别人孩子的优点，说孩子该想什么，不该想什么，该做什么，不该做什么……"说"得太多就成了"唠叨"，而孩子们只有当听众的资格，还自我解嘲为"没办法，青春期遇上了更年期"，这不但表达了孩子的一种无奈，也体现了孩子们对家长的一种宽容。

妈妈成了唠叨形象代言人

孩子们普遍反映，家里主要是妈妈最爱唠叨，妈妈不仅对孩子唠叨，还对先生唠叨，对家里所有的人都唠叨。

有这样一条类似笑话的新闻：

英国一名四十二岁的失业男子史蒂夫竟然在网上拍卖起了自己的岳母。他解释说，因为受不了岳母的日日唠叨，于是想起把她放在网上拍卖，起拍价仅一英镑。

史蒂夫写的拍卖标题是"岳母待售"。他在商品描述中写着："这是一名老岳母，二十多年都没做过事了。美国原装进口，需要上油保养。对宠物和食物都很友善。以她的年纪，看起来还不错。急征可以把她带回美国的善心男子。"由于不知道年过五旬的岳母属于哪一类商品，史蒂夫把他岳母放在"有收藏价值的怪东西"这一类出售。

这个看似笑话的新闻，让我们看到家庭中女性的唠叨多么让人不堪忍受，河南洛阳的一位丈夫，就是因为妻子整日唠叨，不能忍受，在一个大年初六将妻子杀害、肢解并抛尸。女人一旦进入家庭，常常就成了唠叨的形象代言人。结了婚，跟老公唠叨；生了孩子，对孩子唠叨；孩子又结了婚，对女婿或媳妇唠叨。总之，没完没了的唠叨似乎贯穿了女人的一生。

女性为什么这么爱唠叨。据一些心理学家推测，女性的体内似乎有一种总是让她们有说话冲动的荷尔蒙，如果不让她们说话，她们就会变得非常不舒服。不管这一推测是否真实，但有一点是真实的，即女性确实有爱说、需要说这一特点。而说的一多，就成了让人厌烦的唠叨。希望妈妈们能够了解这一点，这样，在跟孩子或其他家人交流互动的过程中，才能有意识地提醒自己，保持少说多听。

许多家长也知道自己唠叨得太多了，也知道孩子烦自己的唠叨，但是，家长不唠叨，孩子能自觉吗？对此，家长首先要转变观念。第一，唠叨是一种无效的教育方式，家长不应当抱着没用的东西当好东西。第二，矛盾已经出现，问题已经形成，不要期待能有立竿见影的效果，那是不符合教育规律的。第三，不要把放弃唠叨当作一种妥协，正相反，这说明您开始变聪明了，不再劳心费神地做无用功了。

当然，我并不是说，妈妈在家不可以说话，关键是看你话要怎么说，怎么说会带来完全不同的结果，说得好才能避免因唠叨而导致的亲子问题甚至夫妻问题。

那么，妈妈应该怎么说话呢？

说之前要想。

很多妈妈常常说，"我也只是气急了，才跟孩子说那些话"，或是"情绪一上来，就脱口而出"。也就是说，妈妈好多话都是一种习惯化的反应，在这种习惯化反应下，脱口而出一些并不明智的话，造成甚至自己都不知道的问题。比如：不少妈妈生气的时候说狠话："你给我滚，我就算没有你这个孩子！""真后悔把你生下来！"等等。其实，如果冷静下来，妈妈也能意识到，自己心里并不是所说的那个意思。可是这样的话对家人却非常有杀伤力。有一位妈妈的做法就非常好，每当她意识到自己特别冲动的时候，她就不说话，立刻从家里出去，在小区里转上几圈，这样再回去面对问题时，就比较容易冷静了。

要从对方的角度考虑。

妈妈们可能会说："这一点我绝对能做到，我说那么多，唠叨那么多，还不是为了孩子好。"其实，很多时候并非如此。我们没有意识到，我们常常只想自己说了痛快，而并非考虑孩子的角度和利益。

我曾接待过一位中学生家长的咨询，她说自己不管说什么，孩子总是一味地顶嘴、逆反、对着干，简直和孩子没法说话。可等我再和孩子谈时，孩子说："妈妈总是批评我，说我不好，若不然就是在单位生气了，回来对我发泄，我凭什么听她的？"真的，很多时候家长只是在为自己的需要说。

不要用下结论的方式和孩子说话。

妈妈常常爱说："我就知道你，你就是不能负责任，没有责任心！""你就是永远都改不了粗心大意的毛病。"当你用这样的下结论的方式跟孩子说话的时候，就像法官在给罪犯定罪一样，孩子当然很难接受，没有人会喜欢被审判的感觉。

下结论的方式一般总是在指出孩子的错误，这让孩子很容易产生防卫的心理，他也就很难听得进父母好的建议。一位著名的诗人曾写过这样的诗：

> 你在教人的时候，要好像若无其事一样。
>
> 事情要不知不觉地提出来，好像被人遗忘一样。

这位诗人写出了最巧妙的教育境界，你虽然在教育，却让他人感受不到在受教育。很多大人以为这样的方式只是商业交往的技巧，其实，对家庭教育而言，同样如此。

把唠叨变成有言在先

很多父母之所以不停地唠叨，都在于没有做到有言在先。

父母没有和孩子协商放学之后是先看电视还是先写作业的问题，父母也没有和孩子协商打游戏是一天一次还是周末的放松活动，也没有说清楚一天游戏多长时间，父母更没有探讨家中哪些行为是可以商量的，哪些是绝对被禁止的，所有这些，父母都没有做到有言在先。因此，孩子也不会对这些要求他做到的行为有心理预备，再加上人天生的惰性和逃避承担责任的倾向，孩子在被突然要求时，自然会有这样那样的状况，出现这样那样的问题。

因此，如果父母希望孩子成为一个什么样的人，在家该怎么行事，在外应该怎样，父母与其在事后不停地追着孩子唠叨，还不如把唠叨变成有言在先。

有言在先就是通过事先定好的规则让孩子行动，而不是靠父母的唠叨。举例来说，每个孩子都喜欢玩，喜欢游戏和娱乐，小学阶段的孩子会不断地和父母就看电视、动画片的时间讨价还价，中学阶段的孩子会不断同父母争

取打电脑游戏的时间。很多父母常常因为孩子管不住自己、看电视没完、打游戏没完而唠叨，唠叨多了，就成了生气、抱怨、发脾气，甚至打骂孩子。孩子也和父母冷战、闹别扭、不理家长。非得等到几天时间过去，家长和孩子之间的这种紧张才能得到缓解。可是下一次再碰到类似的事情，同样的场面又会发生，如此恶性循环。如果父母能有言在先，就会打破这种恶性循环的僵局。

我认识一位初中男孩的家长，她的孩子也非常喜欢打电脑游戏，但是她规定孩子每次只能玩半个小时，而且只能在周末玩。有一次，我到这个男孩家，他正在打游戏，我和他的妈妈聊了一会，他就下网不玩了，因为很少见过孩子会主动停下游戏，我很奇怪地问他的妈妈："你的儿子怎么这么自觉，自己就下网了，我看你一句话也没说。"妈妈说："打游戏的时间都是我们事先规定好的，几年来一直就是这样，所以孩子习惯了，到了时间他自己就会下网了。"我听了问她："我觉得人一般对玩的东西都会或多或少地上瘾，比如有些平时一般不玩游戏的成年人，在无聊时打开手机游戏玩一会，一玩就觉得停不住。你的孩子怎么会有这样的自制力呢？"

结果我听到了让我最惊异的看法。这位妈妈说：

> 我觉得小孩比大人有控制力，只要你对他有言在先。以前我也和很多家长一样认为孩子管不住自己，我是在孩子六岁的时候发现并不是这样。六岁前，孩子看动画片也是没什么节制，我常常给他规定看动画片的时间，可时间到了，他仍然照看不误，并没起到什么效果。到了六岁上学，我们觉得孩子不能因为看动画片而影响了做作业和学习，所以就要求他遵守规定。我唯一庆幸的是这件事情我是和他商量的。那天刚好我们全家一起到公园里玩，边玩边和他谈这事，可能是气氛环境都比较轻松，经过我们的建议和解释，最后孩子自己说："那我以后每天只看20分钟动画片。"开始我还怀疑他是否能做得到，可是后来我发现，果然他每天就看20分钟，时间一到，他自动站起来把电视关掉了。从那以后，我才明白，只要有言在先，孩子很容易遵守约定，根本不需要你多费口舌。一直到初中，我们一直是这样做的，我觉得我也省事，孩子也轻松。

这位妈妈的经历真是给了我们最好的启示，父母不要唠叨并非父母不可以说，而是说得合适，说得合宜，上面这位妈妈就做到了这两点：合适，她是在轻松的环境中说，并采用了商量的方法；合宜，她是一种有言在先，而不是事后补救。有句古老的箴言说：合宜的话，就像金苹果放在银网里，可以
让别人受益。希望父母尤其是妈妈们能够走出唠叨的迷局，让自己的话能够成为真正造就孩子的箴言。

梦想是人心中最执着的想法，当梦想在一个孩子的内心开始生根发芽的时候，就能成为孩子学习最持久的动力。

5. 让梦想成为最持久的学习动力

梦想可以给孩子学习带来加速度

前面我们谈到了很多具体目标的作用，以及如何设定具体目标，如果说具体目标是梦想的起头，可以让孩子迅速投入学习，但它却不能保证孩子有持久的学习加速度。然而，学习加速度对孩子却非常重要，当孩子从小学一年级慢慢升到高年级、升入中学，他会面临越来越多的课程，且课程的难度都会不断增大，如果孩子没有更高的动力获取学习加速度，肯定难以胜任持续不断地学习。就像汽车要高速行使，就必须换高档一样。

让孩子获取学习加速度的最好方法是让梦想成为学习的理由。

梦想是人心中最执着的想法，当梦想在一个孩子的内心开始生根发芽的时候，就能成为孩子学习最持久的动力。找一个梦想当理由，这听起来好像与具体的目标有些矛盾，其实它们之间并不冲突。梦想和父母提供给孩子的遥远目标也完全不同。心理学家的研究告诉我们，一个孩子愿意持续努力学习的动力可以分为四个方面：眼前目标和长远目标，外部目标和内部目标。其中眼前目标和外部目标可以促进一个人的短期行动，而只有长远目标和内部目标才能保证一个人持续不断地努力。如果说想得到玩具、表扬、争面子是眼前目标的话，那梦想就是长远目标；如果说父母提供的是外部目标的话，那梦想则是来自孩子心中的内部目标，梦想正是长远目标和内部目标的完美结合。也就是说，如果父母能帮助孩子找一个梦想当理由的话，就相当于给孩子的学习安装了一部自动的加速器。一个能够怀着梦想学习的孩子，他所得到的动力是无穷的。黎巴嫩著名诗人纪伯伦说："我宁可做人类中有梦想和有完成梦想的愿望的、最渺小的人，也不愿做一个最伟大的无梦想、无愿望的人。"因为学习的成功最容易因梦想的理由获得成功的。

你知道著名球星姚明是如何从一个普通的孩子成为 NBA 的明星的吗？其中就在于梦想带来的动力，梦想给了他努力打球的理由。姚明 10 岁的时候身高就长到了一米八，衣服还好办些，可以穿爸爸的旧衣服。最发愁的就是没鞋穿，作为运动员，穿鞋可能是最费的了。所以那时，他常常梦想要是能有一双合适的球鞋就好了。14 岁的时候，有人告诉他，如果你能打入国家青年队就有鞋穿，于是姚明就把目标定为国家青年队。后来别人告诉他进入国家队以后，你想穿几双鞋就有几双鞋，他的目标又锁定到了国家队。一双鞋的目标虽然非常简单，但是最初的这些动力让他能努力训练、努力打球，向这个目标一步一步跨进。当实力一天天积攒起来，姚明开始了进入 NBA 的梦想。那时从表面看来，他离 NBA 很遥远，可是正是由于梦想的激励，经过努力，他真的成为 NBA 的明星。

梦想带来的力量真是无穷，而且随着梦想实现的过程，梦想的力量会越来越大。梦想是心灵内部的动力，如果你帮孩子找到了梦想，就等于帮孩子找到了世界上最好的学习理由，这个理由带来的动力，发自孩子内心，且永不止息。

给孩子做梦的权利

既然梦想对孩子的成长、学习如此重要，家长可能会急于知道："我该怎样培养孩子的梦想呢？"

如果家长以为梦想是可以培养的那就错了。梦想也和孩子的好奇心一样，都是孩子内心本来就有的，不是靠外力种植进去的，梦想只需要父母的保护、尊重和看重，如果你看重孩子的梦想，哪怕是奇谈怪论，哪怕是毫无道理，哪怕是荒诞不经，你也会在其中发现宝贵的元素，并对这些元素加以保护和培植，这样你也更容易尊重孩子在梦想之下所做出的行为。就像我们在本书前面提到的要给孩子发问的权利一样，也同样要给孩子做梦的权利。

大家都知道美国有名的迪士尼公司吧，迪士尼乐园成了孩子们的梦想乐园，迪士尼的电影成了孩子们的梦想泉源。可是你知道吗，迪士尼的创建人沃特·迪士尼起初就是从一个梦想中得到启发的。那时，沃特·迪士尼还是一个穷困潦倒的人，他租住的房子很破败，很多老鼠跑来跑去，甚至和他争吃面包。他并没有像别人那样自认倒霉，而是饶有兴趣地看着老鼠吃面包，看着那些老鼠的吃相，他觉得非常好玩。当时他就想，如果创造一个可爱的老鼠形象，让别人和他一样在贫穷和困境中获得快乐，那该多好呀！庆幸的是，他并没像很多人那样脑海中有了一个念头然后摇摇头就把这个想法给甩走了，沃特·迪士尼真的开始为自己的这个梦想开始行动了，他首先创作了米老鼠的形象，并根据这个形象来编写米老鼠的故事，慢慢赢得了人们的喜爱，并最终使迪士尼成为影响世界的品牌。

让孩子做梦吧，并坚决维护孩子做梦的权利，你就会发现，梦想能给孩子带来无穷的动力，并激励他不断地努力。

"你的脑子怎么就这么笨？！怎么就是不开窍？！"不少家长生气的时候会这样责骂孩子。其实，孩子的脑子并不笨，只是你还不了解孩子大脑的工作方式。每个孩子带着成为天才人物的潜力来到人世，只是孩子的潜能没有得到开发，你还未引导他进入潜能开发的状态。如果你能了解到，其实每个人的大脑都蕴藏着丰富的潜能，你就能帮助孩子自信地说："嗯，我不笨！我的大脑真有智慧！"

第六章　进入潜能开发的状态

孩子会说：我的大脑有智慧！

大脑是我们思考、学习的重要工具。大脑也有它自己的脾气，即它工作的规律，作为家长应当有所了解，当你了解大脑怎样工作，如何工作更有效的时候，你在孩子学习时，就不会一味地说："学学学，赶紧学！"而是能和孩子一起顺应大脑的脾气来学习，从而获得更高的学习效率。否则，大脑也会罢工，孩子的学习效果也就无从谈起了。

1. 大脑有自己的"脾气"，也得了解它

每个家长都希望自己的孩子聪明、更聪明、越来越聪明，其实这些都是指孩子的大脑能够不断地提高工作效率。事实上，人的大脑确实具有非常巨大的潜能。甚至连人自己都不知道大脑的能量到底有多巨大。

看一下有关我们大脑的惊人资料吧：

· 在我们生活的每一秒钟，大脑处理数以亿计的不同数据。

· 大脑平均每24小时产生4000种思想，是世界上最精密、最灵敏的器官。

· 在我们清醒的时刻大脑能产生25瓦特的电力，足够开启一盏小灯。

· 每个人的大脑几乎都没有太大的差异。

· 50%的学习能力是在四岁前发展完成，另外30%的能力则是在八岁前完成。

大脑这么重要，那么我们每个人对自己的大脑又了解多少呢？回答下列问题，你就能知道自己了解大脑的程度。

1）无论头大头小，大脑里都有大量的神经元（神经细胞），那它的数量到底是多少呢？

A. 1亿

B. 100亿

C. 1000亿

2）大脑的重量，女性比男性平均少150克。由此，发现这一差别的法国解剖学家波尔·布罗卡得出结论：女性要比男性笨，当代人是如何认为的呢？

A. 布罗卡是对的，大自然对男性特别恩赐。

B. 胡说，如果一个人的智力跟大脑的重量有关，那么大象该比人类聪明得多。

C. 女性一点也不比男性笨，虽然女性的脑子轻一些，但其功能得到高效率的发挥。

3）人们记住的东西是如何被保存在大脑里的？又被保存在大脑的哪个部分？

A. 被保存在单个的神经元里。当人们思考时，神经元"开始燃烧"。

B. 相互联系的神经细胞网。例如，这些神经细胞在回忆时会活跃起来。

C. 保存在专门的脑区里，就如同一只只小盒子。不同方面的知识保存在不同的"小盒子"里。地理知识保存在一个地方，音乐在另一个地方，文学在第三个地方……

4）有一种感觉同记忆关系最为密切，是哪一种？

A. 视觉

B. 听觉

C. 嗅觉

5）现在你还记得12岁生日时收到的礼物吗？为什么儿童时代的其他一些事情没有记住呢？

A. 因为这个年龄段大脑个性化的发育尚未完成，记忆力尚不完善。

B. 因为记忆需要说话。

C. 因为早期的印象虽然被保存在大脑里，但后来的印象把大脑填得满满的，就很难从中取出来了。

6）经常想学些新东西，但总是"一个耳朵进，一个耳朵出"。如何才能牢牢掌握知识呢？

A. 加强视觉效果，例如，看录像。

B. 亲自动手参与学习。

C. 听口头说明。

7）哪个学生不希望在睡眠中就能记住各种知识，把书本放在枕头下，第二天早晨醒来，所有的内容都印在脑子里了。在睡眠中能学习吗？

A. 能，但要有声音，例如，边睡觉边听录音。

B. 能，睡眠中脑子在加工整理白天得到的知识。

C. 不能，在睡眠中不仅记不住，反而会遗忘。

8）鞭子和巧克力，哪个能让孩子更好地学习？

A. 靠自己的力量取得成功的经验。

B. 周围人们的称赞和好评。

C. 害怕惩罚。

参考答案：

1）C。大脑有1000亿个神经细胞。每一个都和成百上千个同样的细胞相联系。

2）B和C。确实，大象脑子比人脑重得多，但其智力远不能跟人类相比。关键在于脑子的重量跟人体的总重量的比例。在这方面，女性的比率要比男性高。这样，她们的智商指数平均起来一点也不比男性低。

3）B。现在，专家们有一种意见，神经细胞网在保证记忆的同时还积极促进神经细胞的活动。A和C都站不住脚。

4）C。对新生儿来说，嗅觉很重要，嗅觉中枢跟视觉与听觉不同，刚出生时就已基本发育，而且，同负责潜意识评价个人体验的中枢神经结构相联系。这样，气味促进记忆。在孩子们的记忆里经常出现这些或那些气味。

5）A。儿童的脑子处于发育期，渐渐完善各种功能。B也有些道理。三岁的宝宝也能记住一些在这之前的事情，但后来就忘记了。只有在掌握了叙述的本领后，宝宝渐渐懂得要记住事件的地点、时间、原因和结果等。

6）B。独立、积极的动手操作能保证最佳的学习效果。看也好，听也好，都不如亲自实践。

7）B。为了牢固记住知识或信息，需要沉睡。睡眠不足在任何情况下都不利于学习。所以，死记硬背之后赶紧上床睡觉。

8）A。这一点在动物实验得中已得到证实。在孩子们身上也如此。他们在独立克服困难后感到满足。实验还证实，孩子们离开教育工作者照样能学习。

怎么样？上面这样的自我测试题是不是让你对大脑有了更多的了解，只有了解了大脑的脾气和秉性，顺应它而工作，大脑才能帮助孩子提高学习效率，否则的话，大脑就可能消极怠工甚至罢工，孩子的学习效果当然也就无从谈起了。那么，对于学习至关重要的大脑的两个规律——注意和记忆的规律，就是家长最需要了解的了！

很多家长常常说孩子注意力不集中、学习不专心、总跑神，这说的都是大脑的"注意"方面的问题。家长希望孩子能一门心思都在学习上，大脑的法宝之一——"注意"做到这点没问题，可是它什么时候才能做到"一门心思"？家长只有了解"注意"，才能更好地帮助和理解孩子。

2．大脑帮助学习的法宝——注意

注意就像大脑的看门人

孩子来到这个世界，接触到的知识无穷无尽，究竟哪些能够进入他的大脑，成为孩子能够用心留意并学习的内容，却是由"注意"决定的，注意就像一个严格的看门人，只有那些引起它的兴趣，它愿意接受的内容，才能通过它的大门进入大脑，从而成为某种可以被孩子掌握的知识。

注意对那些它没兴趣的东西，最好的招数就是忽视，也就是大家俗话说的爱理不理，不待见。

家长有没有发现，我们总以为孩子注意力不集中是他不用脑筋，其实是那些内容不能引起孩子的兴趣，所以他才不注意。所以，英国一个研究注意的学者曾经称"注意"就像一个过滤器，只有非常重要或最有兴趣的东西才会被大脑留下来，其他的内容都被注意给滤掉了。

"有意后注意"让孩子既集中精力，又能轻松学习

家长都希望孩子能集中注意力，可是有时孩子的注意力就是怎么都集中不起来，家长在孩子旁边强制监督或是唠叨批评，又会导致孩子的逆反情绪。怎么办呢？对此，家长要了解最好的注意状态是："有意后注意"，如果家长能帮助孩子达到这样的境界，孩子就能既集中注意，又能轻松学习。

人的注意被心理学家分为三种，"有意后注意"就是其中的一种。我们先来说说前两种，这样你就能明白"有意后注意"是怎么回事了。

第一种注意叫"无意注意"。就是说你在注意一个东西或者一件事情时，心里并没有一个目的，而且也不需要自己付出意志努力就能达到的注意。比如，一个东西特别新奇，和周围的环境很不一样，有很强的色彩、夸张的声音等，这样的东西你不专门注意也能留意到。那些吸引人们眼球的广告，正是抓住了注意的这个特点来推销自己的。

孩子尤其会被新奇特的东西所吸引，因此，父母如果能够在孩子的学习

中多加些这样的元素，就可以达到吸引孩子注意的目的。这个时候，孩子就会说："嗯，这个东西真有趣，这个怎么这么好玩，这个怎么这么奇特，看看它，到底是怎么回事？"无意注意常常是一个人的好奇心和兴趣的起点。

第二种注意叫"有意注意"。这是说，一个人心里对自己说："嗯，这个东西很重要！我必须得好好了解他！"这个时候，是这个人的心里在命令自己注意，而且他自己也是甘心乐意地接受命令。如果父母想在孩子学习中调动起这种注意，当然就得让孩子自己觉得，那个需要学的东西真的很重要！

第三种注意就是"有意后注意"了，也就是注意的最高境界。它是一种兼具了兴趣和重要性的注意。比如，一个孩子开始学物理，最开始他并没有什么兴趣，但是由于他长大以后想当天文学家，老师都说，天文学家如果不懂物理的话那简直不可能，所以这个孩子觉得物理特别重要，每天认真地学，学得很努力，也很辛苦。有一次，爸妈带他去科技馆，他在科技馆自己动手做了一个关于引力的实验，还在科技馆看到了一种设备，通过它，能够把声音的波浪显示出来，让人能看到声音是怎么流动的。这个男孩一下子觉得物理怎么这么有趣呀，原来可以这样学。回到家，他对物理越来越有兴趣，而且经常做各种小实验。现在他再学物理的时候，根本不用自己对自己说："要专心，要认真呀！"只要他一捧起物理课本，做起物理题，就不自觉地"陷"入其中，这就是一种有意后注意了，它让人既能自觉学习，又能轻松学习。

注意是有限的

我们都知道，人的注意力是有限的。这个注意的有限不仅指一个人一次注意的东西是有限的，也指一个人注意力集中的时间是有限的。

关于注意内容的有限性，有一位脑科学家曾做过这样一个实验：

抓一把黑豆撒向一个白盘子中，白盘子放在一大块黑色的布中间，当豆子落在盘子中间不动之后，要参与试验的人说出盘子中有多少粒黑豆。1000次这样的实验结果表明：当盘子中的黑豆超过五个时，人们说出的豆子的数量和实际盘子中的数量就有了差误，当豆子多到八到九个的时候，正确说出豆子数量的还不到50%，当豆子多于八九个时，错误率会大大增加，而且人们都倾向于把黑豆的数量低估。所以科学家最后得出结论，我们的眼睛一次注意的东西也就在七个左右，如果是一些没有什么意义的外文字母，我们的眼睛只能注意到其中的 4-6 个字母，其他的字母"注意"就再也无力顾及了。

有时家长常常会碰见孩子没完成作业的情况，当老师"告状"之后，父母生气地责怪孩子，孩子却说："那些题老师写在黑板的边上，我没有看见。"每当这时，父母总以为孩子是在撒谎，其实是注意内容的有限造成的。

关于注意时间长短的有限性，则是由于孩子年龄的不同而有所不同的。

根据心理学的研究表明，5-7 岁儿童能够集中注意力的时间平均为 15 分钟，7-10 岁的儿童为 20 分钟，10-12 岁的为 25 分钟左右。所以，学习一段时间后，应该让孩子放松活动或休息一下。孩子疲劳了就让他们动一动，喝点水，吃点东西，切忌一天到晚强迫孩子坐着一动不动，越是这样，孩子就越不能专心。

走神也有好处

家长常常最生气孩子学习走神，并把走神视为孩子学习态度不端正的表现。

对于"走神"，孩子们并没有家长看得那么严重：走神不是很自然的事吗？如果一节课 45 分钟我一点都不走神，那我还不累死了。偶尔向窗外走神一两分钟也会有好处的。只要把老师讲的最重要的内容过滤出来，就可以了！

心理学的研究也告诉我们，走神是很自然的事情，有走才能有集中，心理学家说，幸好人们不是对所有的事情都集中注意力，否则人们可能什么都学不会。关键在于如何在一段时间里，将注意力集中在最重要的一两件事情上。

给学习一段神圣时间是提高专心程度的好方法

当有人问美国著名的文学家托马斯·曼，如何得以在战争与流亡这样艰难的外部局势下写出动人的作品。这位伟大的作家答道："要知道，早晨对我来说是神圣的。我早早地就坐到写字台前，任何电话、任何报纸、任何信件都不许来打扰我。我就是这样完全不受影响地写到中午。"

家长也可以帮助或提醒孩子，给学习一段"神圣时间"。在一天的时间

安排上，为自己预留出固定的学习时间，雷打不动。这段时间就是专门属于学习的，学习就是这段时间的绝对总裁。如果你在和孩子商量之后，将神圣时间定为晚上六点到七点，你还可以用你孩子的名字来命名这段时间，比如"乐乐的神圣时间"、"宁宁的神圣时间"，如果你的孩子已经读中学，那就让他自己给这段时间起名。有个读初中的孩子就把自己的神圣时间称为"所罗门神圣时间"，因为所罗门是历史上最聪明最有智慧的犹太人。家长可不要小看了这个命名，命名似乎能让这段时间获得生命，孩子更容易给这段时间以尊重。如果孩子养成了每天在专用时间学习的习惯，家长大可不必总是要求孩子分分秒秒都坐在那里进行脑力劳动。

不仅是孩子，孩子周围的环境也必须尊重这段"神圣时间"。给孩子一个相对独立的空间，电视机可以关闭或拔去插头，家里来了客人也尽量避免打扰孩子。"神圣时间"如果因为准备考试或者马上面临中考或者高考等这样的特殊情况而被延长了，那么，中间也可以看看短小的幽默笑话和漫画书，以放松和调节疲劳的大脑。注意：休息时间千万不要看电视或是开电脑上网，这两项内容最容易吸引人不知不觉耗费很多时间。

我认识一个小姑娘就曾陷入这样的麻烦之中。那是马上要升入初三的暑假，她很想用这段时间把自己的功课补一补，这样等开学后就会稍微轻松一些，学习也会更有效率。可问题是，这个女孩在每天吃完早饭之后，总会先看一会电视，她想："反正是暑假，时间有的是，先轻松一下，更有利于学习。"结果是这一个小时的电视时间让她情绪兴奋起来了，破坏接下来学习时的专注程度。

所以，家长可以和孩子一起找出容易破坏神圣时间的因素，然后列一个清单：如果干扰来自外部，就赶紧消除它。如果干扰是来自内部，那么究竟是什么东西在困扰着自己？一定要尽快把它揪出来。

首先，在情绪上要做好准备，把思想集中起来，考虑将要出现的问题。这样的心理准备应该作为仪式保留下来，而且需要花上几分钟的时间。比如，为什么不能在上课前花几分钟坐下，再好好看看要学什么或是复习上一课的学习内容呢？

其次，制定限时学习计划和学习目标。学习目标和限时学习计划是孩子集中注意力的一个有效手段。它要求学生在有限的时间内达到学习所设定的目标，一旦孩子有了这两个条件的约束，自然就会集中注意力学习了。

为孩子创造一个"学习饥饿"状态

大家都知道，肚子饿了，人自然就会想吃饭，如果孩子学习的肚子饿了的话，他也一样非常想学习。所以，父母要善于为孩子创造一个"学习饥饿"的状态，这种饥饿状态是培养专心的一个好方法。

有了这种"饥饿"的刺激，孩子学习的"食欲"也会大增的。这种"饥饿"状态的创造有两方面需要注意：一方面不可强迫孩子学习，另一方面不可让孩子学习时间太长，要分散学习。

父母帮助孩子训练注意力的方法

阅读培养注意力法。

我们都知道，注意力是集中还是涣散直接影响读书的效果。读书的目的就是理解其中的精神实质，记住书的主要内容。要做到这些，就必须集中注意力，特别是在深入思考书中所讲内容的刻含义时，必须聚精会神，高度集中注意力。所以，用阅读的方法培养孩子的注意力，是比较有效的一个方法。当然，这里指的阅读不是那种随意乱翻、心不在焉的休闲阅读，而是以理解和记忆为前提条件的阅读。

其实，许多著名的学者都很注意这方面的自我训练。我们经常听到有的人在读书时，在一些重要内容旁边写上"注意"等字样，也有的用各种符号如"？""！""★"等引起自己的注意。

梁启超曾经告诫他的一个学生，如果想要学会读书，就要读到能将书平面的字句浮出来为止。这个学生听了很纳闷，书平面的字句怎么会浮起来呢？许多年过去了，这位学生在读了许多书之后，终于明白了老师曾经说过的"使平面的字句浮出来"是什么意思。就是在读书过程中要对阅读材料选择性地给予不同程度的注意。对于那些不重要的字句游览一下就放过去了，而对那些重要的关键字句，则要给予充分的重视，甚至做到在读某一篇文章时，能一下子注意那些最重要、最关键的字句，好像这些字句是有别于其他字句浮凸在书面上似的。

梁启超的读书方法，就是我们现在所说的"提纲挈领"的阅读方法。确切地讲，"提纲挈领"应该是一种阅读技巧，就是训练对关键词句集中注意力的能力。但是，要熟练运用这个技巧可不是一朝一夕就可以做到的。刚开始的时候可以先确定一个重点阅读范围，阅读时，只要对事先圈定的这个重点阅读部分集中注意力就可以了。时间久了，每读一遍文章时，你就会发现书上总有某一个重要的注意点毫不吃力地浮凸出来了。

根特的集中注意力训练法。

根特先生是德国著名的哲学家，根特在读书时经常使用一种精神集中法。其做法是，当他读书前，或者在书房里深思冥想问题时，他必定是透过窗户凝视着远方屋顶上的一个随风摆动的风向标箭头，他一边盯着风向的转动，一边下意识地沉浸于深深的思考之中。这种方法大大帮助了他，哲学中的许多理论他就是这样思考出来的。这种方法好像没有什么奇特，其实我们也有过像根特一样的体验：当两眼凝视着某一点时，一边出神，一边思考着所要解决的问题，好像无形之中，注意力就集中在那里一样。

这种做法所以会产生如此好的效果，是因为当人的双眼长时间地凝视在一点时，视野就会变得狭窄，那些容易吸引你并导致注意力分散的事物也就不会进入眼帘，因此人的意识范围也随着变窄，从而使人达到注意力集中的心理境界。

据说以前练习射箭的人，将一个中间空的小铜钱挂在远处，经常远远注视它，分辨出铜币的空心，练到一定的时候，再练习注视高空中的飞鸟，极力分辨鸟的头和身子及其他部位，长期坚持训练，其结果不仅增强了视力，而且还增强了集中注意的能力。

父母可以建议孩子试一试根特的这种集中注意力的方法。当孩子坐在书桌前，建议他把面前某一件东西作为注意的靶子，例如书桌上的台灯开关、铅笔等或屋外的天线、树枝、电线杆，然后用双眼凝视着它，并经常做这种练习，对集中注意力很有好处。

一些克服注意力分散小毛病的方法。

许多学习成绩不理想的同学，都存在一个共同的缺点，就是注意力分散，上课时容易开小差，做习题时精力不集中，做什么都漫不经心，粗心大意。那么，怎样做才能克服注意力分散的毛病呢？

＊当你发现思想开小差时，立刻把它叫回来。

有位专家说："专心本身并没有什么神奇，只是控制注意力而已。"也可以让孩子给自己的注意力起个名字，然后对注意力说话："嗨，你又逃跑了，你这个逃兵，快回来！你若再不听，看我怎么把你抓回来！"多让孩子在心里这样跟自己说，多做一些这样地练习，孩子就会更容易养成有意识地控制注意力的习惯，反而感到集中精力干事或学习是件很自然的事了。当孩子有了这种体会时，就说明他的注意力水平提高了。

＊注意重点。

不管是听课，或者是做作业，都要动脑子分析，通过思考区别出所学内容哪些是重点。注意重点，不仅能把注意力吸引过来，而且在培养注意重点习惯的过程中还会产生愉快的体验，使注意力稳定得更持久。

孩子可以把各门课程都当作练习注意的场合，包括校外活动也可以当作练习注意力的好场合。

＊有时给孩子一些嘈杂的，或是孩子没兴趣的环境，让孩子有意识专心。

一些名人为了锻炼自己注意力集中的品质，专门带上一本书到闹市中去看，通过这样不断地练习，闹中取静，注意力也会得到很大的提升。家长不妨也这样尝试一下，在一些有干扰的环境中，让孩子学习一些内容，也可提高孩子的注意力。但是这样做时要注意，时间不能太长，让孩子学习的任务一定要单一具体并且基本是孩子能够完成的，这样才能让孩子从中受益。

有一位小学老师，就让那些注意力不集中的孩子回家看新闻联播，连续看五条新闻，只要孩子能够复述一条出来，就算完成了任务，并可以获得奖励。这样的办法，让不少不专心的孩子变得专心起来。

用游戏和运动来训练注意力

孩子的天性特别喜欢玩，因此用游戏和运动的方法来训练孩子的注意力，也会得到非常好的效果。下面有几个方法，家长不妨尝试一下：

玩扑克游戏锻炼注意力高度集中和快速反应能力。

取三张不同的牌（去掉花牌），随意排列于桌上，如从左到右依次是梅花2、黑桃3、方块5，选取一张要记住的牌，如梅花2，让孩子盯住这张牌，然后把三张牌倒扣在桌上，由家长随意更换三张牌的位置，然后，让孩子报出梅花2在哪儿。如果孩子猜对了，就胜，两人轮换做游戏。随着孩子注意能力的提高，家长可以增加难度，如增加牌的数量，变换牌的位置的次数和提高变换牌位置的速度。

这种方法能培养注意力的高度集中，由于是游戏，符合孩子的心理特点，非常受孩子欢迎，玩起来孩子的积极性很高。每天坚持玩一阵，注意力会有所提高。

买一些智力训练的书，每天坚持做练习。

一些锻炼观察力、注意力、记忆力的图文，如走迷宫，在一大堆图中找某样东西，找异同（同中找异、异中找同），比大小、长短，在规定的时间内把一页图中的物品记住，然后合上书让他报出来，等等。开始时时间不可过长，但往后可延长练习时间，一定要每天坚持练。做对给予奖励。

玩"开火车"游戏。

这种游戏一家三口一起玩最好，当然如果有爷爷奶奶或其他人参加，那就更好了。如果是一家三口，方法是：三人围坐一圈，每人报上一个站名，通过几句对话来开动"火车"。如，父亲当作北京站，母亲当作上海站，孩子当作广州站。父亲拍手喊："北京的火车就要开。"大家一齐拍手喊："往哪开？"父亲拍手喊："广州开。"于是，当广州站的儿子要马上接口："广州的火车就要开。"大家又齐拍手喊："往哪开？"儿子拍手喊："上海开。"这样火车开到谁那儿，谁就得马上接上口。"火车"开得越快越好，中间不要有间歇。

这种游戏由于要做到口、耳、心并用，因此能让注意力高度集中，同时也锻炼了思维快速反应能力，而且这种游戏气氛活跃，能调动人的积极性，孩子玩起来，乐此不疲。

玩乒乓球干扰注意游戏。

本来一个人要保持注意力高度集中就不容易，如果旁边再有人进行干扰，你会觉得更难以集中注意。比如孩子在做作业时，旁边正上演吸引人的电视节目，他就会分散注意力。然而正因为有干扰，有难度，才能在人为设置的更困难更复杂的情境中，训练注意力的高度集中。

一位父亲自创了一个名字叫"玩乒乓球干扰注意"的游戏。有一次，爸爸和孩子一起玩乒乓球，父亲让孩子把球放在球拍上，绕桌子行走一圈，要求乒乓球不能掉下来。爸爸在旁边捣乱，但不能碰到他的身体。一会儿拍手跺脚，一会大喊大叫，还一边说："掉了！掉了！"孩子就忍不住笑，但为了不输给爸爸，又不得不保持镇定和注意力集中，继续完成游戏，一圈走下来，父子俩笑得前仰后合。这种游戏，对提高注意力非常有效。

当然，培养儿童专注力的方法有很多，其具体实施方法也不尽相同。家长可根据孩子专注力发展的特点，采取适当的方法，有计划、有目的地训练和培养孩子的专注力。

知识要从书本中变成孩子自己的，还有一个很重要的环节，就是记忆。大脑是如何记忆的，如何记得牢，也是家长需要了解的重要内容。

3. 如何记得牢，八种记忆好方法

科学有效的记忆方法

大家知道记忆有一个最主要的规律，它是什么呢？是遗忘。任何一个人都会遗忘，遗忘也是有规律的，德国有一个心理学家叫艾宾浩斯，他发现了"遗忘的曲线"：以看文章为例，当一个看完了一篇文章，当时记住的

是100%，20分钟以后就会遗忘40%多，剩下的就只有50%多，两个小时以后大概他的记住率就只剩下40%多，遗忘率是在60%多，八个小时或一天两天以后，记住的大概只有30%多，到一个月以后他记住的只有20%到30%。

同时，这里面也反映出记忆的规律，在20分钟、2个小时、24小时之内，这些时间段遗忘的速度比较快，到了一个月以后基本上就不再遗忘了，剩下的20%、30%人们就会记得很牢。

了解这样一个规律，孩子就知道该怎么学习了。比如当他上完一堂课以后，及时、快速地回顾一下这堂课的要点，晚上把当天学的功课的主要内容全部复习一次，第二天把第一天的知识复习一次，第三天把前两天的再复习一次，这就是在根据遗忘的规律针对性地温故而知新，以加强知识的记忆和掌握。

人们根据心理学研究成果和经验总结，归纳出许多行之有效的记忆方法与技巧，家长可结合孩子的特点去尝试。

1）"我要记住它"——有意记忆法

有明确的目的或任务，凭借意志努力记忆某种材料的方法，叫作有意记忆法。相反，没有明确的目的或任务，也不需要意志努力的记忆方法，称为无意记忆法。

心理学家做过这样一个实验：

他们请老师给两个班的同学布置了默写课文的作业，都说第二

天测验，第二天果真测验了，结果两个班成绩差不多。但测验后，只告诉一班同学两星期后还要测验一次，二班同学不知道。两个星期后又进行测验，一班同学的成绩比二班同学要好得多（一班同学在测验前也没有复习）。这说明，并不是一班同学比二班同学更聪明，记忆更好，而是由于老师在第一次测验后，对一班提出更长久的记忆目标，结果一班同学就记得长久些。

这个实验告诉我们，在学习中让孩子给自己提出明确的记忆目标，他的记忆效果会更好。

那么，怎样进行有意记忆呢？

进行有意记忆，首先要有明确的任务。任务越明确、越具体，记忆效果就越好。例如，英语单词不好记，但又必须记住，因此，可以建议孩子把生词写在小卡片上，让他自己规定每天必须记住 20 个生词，并及时进行复习与检查。这样，日积月累，他的词汇量就会大增。

其次，有意记忆要有意志力的参与，也就是我们常说的"专心致志"。要下决心记住一段材料，就要进入专注的境界。如果面对着要记的东西漫不经心就不会取得好效果。

2）"48 个字比 41 个字记得快"——理解记忆法

理解记忆法就是在积极思考后达到对学习内容深刻理解的基础上记忆知识的方法。

这种记忆方法，一般都不采取逐字逐句强记硬背的方式，而是首先理解其基本含义，通过思维进行分析综合，把握材料各部分的特点和内在的逻辑联系，使之纳入已有的知识结构，以便保持在记忆中。

艾宾浩斯在做记忆的实验中还发现：为了记住 12 个无意义音节，平均需要重复 16.5 次；为了记住 36 个无意义音节，需重复 54 次；而记忆六首诗中的 480 个音节，平均只需要重复 8 次！这个实验告诉我们，凡是有意义，且意义被理解了的知识，就能记得迅速、全面而牢固。不然，愣是死记硬背，将是费力不讨好。

我们来做一个小测试，我们知道泰国的首都是曼谷，曼谷实际上是一个简称，泰国首都的全称是"共台甫马哈那坤奔地娃劳狄希阿由他亚马哈底陆浦改劝辣塔尼布黎隆乌冬帕拉查尼卫马哈洒坦"，共 41 个字。怎么样？要把这 41 个字都背下来，可不是件容易的事情。好，我们先把泰国首都的全称放一放，来看看我们中国的两首古诗：

一首是李白的《望庐山瀑布》：

日照香炉生紫烟，遥看瀑布挂前川。

飞流直下三千尺，疑是银河落九天。

第二首是王之涣的《登鹳雀楼》：

白日依山尽，黄河入海流。

欲穷千里目，更上一层楼。

这两首诗的总字数比泰国首都全名还要多七个，但是，大家只要读几遍就会背了。原因是什么呢？这两首诗形象易懂，我们可以边理解边记忆，而泰国首都全称，我们只能靠死记硬背。这正好印证了艾宾浩斯的说法：凡是理解了的知识，就能记得迅速、全面且牢固。

3）"配角就是吴孟达"——联想记忆法

联想记忆法就是利用联想来增强记忆效果的方法，其实它可以算是理解记忆的一种变种，就是对那些没有什么意义的内容，我们自己赋予它一些意义，以便帮助我们记忆。

联想记忆法是一个非常个性化的记忆方法，可以帮助孩子根据他自己的特点去联想，只要他能记住，不管他的联想多么荒诞可笑，都没有关系。比如有一个初中生在记"配角"这个英语单词的时候，就想起了香港的电影演员吴孟达，因为吴孟达很长一段时间都是以演配角出名的。所以这个学生就想象吴孟达的鼻子上写着这个英语单词，因为既好玩又有趣，所以这个单词就记得非常牢。

4）"眼耳手并用"——多通道记忆法

眼耳手并用的记忆法，常常也被人称为多通道记忆法。由于人接受信息的渠道不止一条，有视觉、听觉、动觉、触觉等。有多种感知觉参与的记忆，叫作多通道记忆。这种记忆方法效果比单通道记忆强得多。

现代科学研究表明，人从视觉获得的知识，能够记住 25%，从听觉获得的知识能够记住 15%，若把视觉与听觉结合起来，能够记住 65%。

有位老师曾经用三种方法让三组同学记住十张画的内容：对第一组同学，只是告诉他画上画了些什么，并不给他们看这些画。也就是说这组同学只是听，没有看。对第二组同学正好相反。老师给他们看这十张画，可是不再给他讲每张画画了些什么。也就是说这组同学只是看，没有听。对第三组同学是又让听又让看。老师不但告诉他们画的内容，而且在讲每张画的内容的同时，就给他们看那张画。过了一段时间，老师分别问这三组同学记住了多少画的内容。结果第一组记住的最少，只有 60%；第二组稍多，记住了70%；第三组记住最多，达到 86%！这说明只听不看的同学记得最少，还仅仅是两种感觉器官并用，记忆效果就比只用其中一种好得多。如果把所有的感觉器官一齐调动起来，记忆效果就更好了。

在学习语文、外语等课程时，最好采用多通道记忆法。因为不论哪一种语言，学习目的总是为了听、说、读、写，这四种能力恰恰涉及信息输入和输出的四种不同的通道，多通道记忆法动员脑的各部位协同合作，来接收和处理信息。当我们要记住一段比较长的话时，首先是要听懂，最好是边听边记，总结出所接收的语言信息的内容要点，并在其语言停顿的空隙，扼要地记上几个字或几句话。尤其在学英语的时候，在家不妨试一试这种方法。

5）"一股脑全记没必要"——精选记忆法

精选记忆法就是对记忆的内容加以选择和取舍，从而决定重点记哪些，略记哪些。

对记忆材料之所以加以选择，是因为每个人每天接触的信息太多了。这些信息并不都是需要记忆的。

据说，苏联莫斯科大学有一位大学生，他在图书馆的石阶上走路时不小心摔了一跤，大脑受到撞击。从此，不可思议的事情产生了，他的记忆好得不能再好，什么东西都过目不忘，像《真理报》这样的大报，从头版到第八版，只要他阅读后，每篇文章都能倒背如流。但令人遗憾的是，因为记得太多了，大脑得不到休息，他头痛如裂。因此，记忆应有选择，记忆那些最重要、最有意义、最有价值的材料。

据说古时候，有的人记忆力极好，甚至可以把文章倒背如流，过目成诵。可是郑板桥却看不起这种人，把他们叫作"没分晓的钝汉"。怎么个没分晓？就是不分主次，不管有用、没用，一股脑儿全都背下来。所以，难怪郑板桥奚落他为"钝汉"。

6）"山巅一寺一壶酒"——谐音记忆法

利用谐音来帮助记忆的一种方法。许多学习材料很难记忆，在它们之间不易找出有意义的联系，例如，历史年代、统计数字等。如果对这些学习材料利用谐音加某种外部联系，这样就便于贮存，易于回忆。

利用谐音法还可以帮助记忆某些历史年代，不少人觉得记忆历史年代是件很苦恼的事，不容易记，而且还容易混淆。但是，要学好历史，又必须记住历史年代。于是，许多聪明人利用谐音法来帮助记忆历史年代。有一个文科班的孩子告诉我，在背马克思生卒年时，他是这样记的："一爬一爬（就）爬（上）山了。"大家能猜到马克思的生卒年份分别是哪一年吗？呵，生于1818年，逝世于1883年。还有一个孩子将圆周率的值3.14159……变成"山巅一寺一壶酒……"这多好记呀！

当然，谐音记忆法只适于帮助我们记忆一些抽象、难记的材料，并不能推而广之记忆所有的材料。

7）"滚啊滚啊滚雪球"——循环记忆法

即是将要记忆的内容分成若干组，记后几组时，要有规律地复习记忆前面的几组。也可用此方法于自学书。当阅读一本数学书时，先读第一章并记忆其中的一些主要结果；在读第二章以后的书时，应分别简要地复读前一章书中的主要结果；读一节书也一样，应在读后节内容之前，复读一下以前各节的主要内容。这样的循环记忆就像滚雪球，既能不断记忆新内容，又能不断巩固老知识，雪球越滚越大，记得越来越多。

其实，好的记忆方法就是选择最适合自己记忆的方法。下面这几位优秀的大学生都就读于一些著名的大学，听听他们对记忆方法的"现身说法"，可能会对大家有所帮助。

4．名校学生的记忆经

一遍、两遍、三遍……记忆就是这样

陈向阳是北京大学国际关系学院的学生，他毕业于湖北长阳一中，以数学141分、文科综合244分、总分623分的优异成绩考入北大。

陈向阳认为记忆所处的环境非常重要。对于文科生来说，要记忆的东西非常多，陈向阳认为，通过诵读机械式地背诵效果往往不尽如人意。他的经验是多看书，一页一页仔细地看，理解编者所要表达的意思，对内容的理解越深入越好。

看书时要有个较长的安静时段，不要太吵，才能静下心来，心烦意乱的时候，记忆效果是最差的。

陈向阳认为"好记性不如烂笔头"这句话非常实用。在记忆内容的时候，边读、边写、边记。这种方法在背英语单词的时候尤其管用。对于政、史、地这些科目来说，烂笔头也是不可或缺的。

陈向阳在上高三的时候，通常把每一本书的主要内容用一张A₄大小的纸写下来，弄清教材的主线。他举了一个自己学习中国近代史的例子。他把中国近代史归纳为一部帝国主义对中国的侵略史、中国人民的抗争史和探索史。一句话，就囊括了中国近代史的所有内容，只要能想到的这一时期的历史事件都可以把它划归进去。在这个基础上，再把具体的历史事件分别划分到这三部分，一本有100多页的历史教科书就变得只剩一张纸了。

对于记忆过的知识要适时进行复习、巩固也很重要。考试时仓促填塞的知识，如果不通过进一步地学习进行充分巩固，并随后进行充分复习，是会很快遗忘的。

在中学阶段，每天都有新的学习任务，但是，每过一段时间，陈向阳都坚持及时回顾过去已经掌握的知识。陈向阳说，在高三全面复习铺开以后，对文科生来说，把政、史、地任何一门科目的书看一遍之后，你会发现记住了后面的部分而前面的部分却又给忘得一干二

净，加上高三紧张的气氛，很容易产生焦虑。其实需要的只是静下心来，继续看第二遍、第三遍，第二遍的效果就会比第一遍好，第三遍就能记住七八成，剩下的第四遍、第五遍以至于更多遍就是查缺补漏了。事实上，每多看一遍，知识就会记得越牢。

用信念培养速记

北京大学经济学院李锐的记忆高招是：用信念培养速记。

在俄语课上，老师经常让同学现场背课文，而李锐基本上总是最快的，经常让老师和同学们吃惊。当问到李锐为什么能背得那么快，他说，其实很简单，首先在心理上确认自己想背完它，这句好像是废话，但是很重要。据研究，两个篮球水平相同的人，给他们十天时间不准碰球，十天后比一比谁的命中率高。一个人十天一点也不想篮球，另一个人每天都在脑子里想着投篮的动作、技巧，结果十天后那个天天想的人命中率远远高于那个什么也不想的人。所以做什么事，信念是很重要的，而且要反复跟自己强调要点。背书时想着"我要尽快背完"，"我能背完"，然后注意背书的技巧。

至于技巧，李锐说自己很喜欢"上来就背"，十分有效。这也是他小学时的一段经历把自己逼出来的方法。因为当时时间紧，老师又要检查，所以他匆匆地看了一遍文章讲什么后就直接开始背，哪怕看一句背一句，但只要集中精力，背着上句努力地想着下句，这样看着、背着，两遍就可以把框架背下来了，然后针对不熟的地方重点背一下，五分钟，800字就OK了！他一直用这种方法来背书，效率高，而且理解得透。

有很多人喜欢一遍又一遍地读，读熟了才背，以为那样能背得清，但其实不然。当你看了一遍你要背的东西后，知道了它在讲什么，然后直接开始背，背的时候像自己写文章那样顺着思路走，看一眼背一下是让自己知道这时作者是这样写的，一遍下来你可以很快地理解作者的思路和语风。接下来再来一遍，以后的每一遍都尽量比前一遍看的次数少，严格要求自己，这遍一句一看，下遍就争取两句一看、三句一看。刚开始不要刻意要求自己一字不落，只要语序是对的就好。当你能把整篇文章的脉络完全背下来时，再去关注具体的用词，把细节再背背就可以了。这是一种极大发挥自己记忆力与注意力潜质的方法，李锐说自己屡试不爽。

对于很长的篇目，还要结合其他方法。如果一篇2000字的文章还上来就背，效率一定比其他方法还低。这时李锐会采用"竹节法记忆"——把文章按意思、篇幅分为若干段，按顺序依次用上面说的办法背，背完两段合起来背一下，三段完了三段连一下……最后整篇连在一起。如此方法，你的记忆速度会越来越快。

李锐说，通常中学学到的东西是要长期记忆的，学生没有时间去检验自己多长时间会忘记、忘记多少，但是却可以防止遗忘。他始终认为要想真正学到一样东西，使它成为自己的长期记忆，必须化知识为己有。平时，我们只是反复地背，但是，总是有一种感觉：我要记住他。

李锐也曾经早上5点起床背书，也曾经点灯苦读，但并不是每个时间都能有很好的效率。通过反复调整后，发现自己其实并没有很明显的记忆高峰低潮，李锐发现只要自己能集中精力就能很有效率。"没有高峰记忆我可以自己创造高峰！"于是，他把每天的安排固定，早上背历史、英语，中午背语文。这样一段时间后自然形成了各个科目的学习高峰，也就是学习生物钟，李锐说："最明显的就是每次一到下午4点左右我如果不做数学就难受。"呵，这就是李锐的状态。

用情感留住记忆

情感和记忆也有关系吗？北京大学哲学系游足华的经验告诉我们：情感可以留住记忆！

游足华说："曾有不少人问我，为什么我的记忆力这么好，似乎有着过目不忘的本领。其实，我只不过在别人看过一眼就算了的地方多花了心思而已。生活里有很多细小的地方值得我注意，可是却常常被人们忽视。当一个人将精力专注于一点时，大脑中就会为知识让出记忆的空间。"

中学的学习总有很多需要背诵的东西，许多同学对此都相当的头疼。我建议同学们，对知识产生感情吧，这是最好的办法。

可能有人会捂着嘴巴偷偷地笑，这是什么办法嘛。是啊，要对自己讨厌的东西产生感情，这不是强人所难吗？但游足华是认真的。以前看一些武侠小说，经常能看到顶尖高手对别人说："你要对你的剑有感情，你要爱它，要与它融而为一，要把它看成是你自己身体的一部分一样爱惜。"末了，还要加上一句："这种境界不是你这种毫无感情的人所能理解的。"细细地玩味这两句话吧，你会知道它不是在故弄玄虚的。如果你还是不相信，那么请你想想自己的爱好吧。很多被认为成绩上不可救药的学生却能对他喜欢的球星的一切事情了如指掌，跟别人谈起来如数家珍。因此，绝对不能说他的记忆力有问题。

用论语上的话来说，这是"术业有专攻"；用游足华的话来说，那就是他在这方面投入了足够的精力和情感，他用了心了。因此，要想将知识点留在记忆中，那么就请用心去感受吧。

给记忆保鲜

相信大部分孩子都有这样的经验，一些知识刚刚接触的时候觉得很好理解，也很容易就记住了，但是经过一段时间后，印象就变得非常模糊，唯一的感觉就是只记得学过这部分内容，但具体的细节就不知道从何想起了。在背英语单词这个方面，这一点就表现得尤为突出。

北京大学经济学院的赵雪晖回忆说，自己从高一开始积累的那本课外单词笔记，说实话，到高三也还有很多看上去完全陌生的单词，这就是记忆的遗忘，如果没有频繁地巩固和更新，很快就会忘记了。

为了保持记忆的长久牢固性，人们必须建立一个科学的记忆体系和方法。科学的记忆周期是七天，也就是说刚接受的知识在七天之内一定要复习一遍，在脑海中进行重现和重新记忆，才能防止被遗忘。人们通常都会对自己的记忆能力抱有过高的自信，认为今天记得如此清楚和牢固的知识将来根本不可能被忘掉，但其实睡了一觉之后，遗忘已经慢慢开始发挥作用，更不用说这期间还有各个科目的作业和任务，要想使高度工作中的大脑能够具有过目不忘的功能，还是比较困难的。

唯一的方法就是重复，不厌其烦地重复。可能这会是一个相当枯燥的过程，因为当第一次接触的新鲜感过去以后，人们都不愿意再面对同样的知识。

赵雪晖的建议就是，在重复记忆的同时，每一次都注意加入新的元素，比如说背一个单词，可以每次都选择一些不同的例句，甚至自己写一些句子。

赵雪晖上高中时的同桌在积累名人名言作为写作素材的时候就有一个很"绝"的办法，就是每次写作文之前先写下几条名言，然后想尽办法把它们用到文章中去。这个写作方法比较生硬，自然不值得提倡，只是这也说明了，记忆的途径是多样的，保持记忆不被遗忘的方法也非常多，只要我们平时多加注意，在复习的时候通过联想、想象、分析和深入，多角度地对需要记忆的材料进行加工，自然就能够大大加深印象。

最近，一个新名词——"全脑开发"渐渐地出现在人们的视线中，全脑包括了三个层次，即 IQ（智商）的脑、EQ（情商）的脑以及 MQ（道德智商）的脑。

5. 智商、情商和道德智商全面开发

全脑开发包括智商、情商和道德智商

最近，一个新名词——"全脑开发"渐渐地出现在人们的视线中，全脑包括了三个层次，即 IQ（智商）的脑、EQ（情商）的脑以及 MQ（道德智商）的脑。

IQ 的脑主要负责人的学习、记忆、理解、判断和创造等，是能力方面的层次。

EQ 的脑主要掌控人的情绪及个性，一个人是否乐观、开朗、主动，都与 EQ 息息相关。

MQ 的脑主导一个人的人格，人的一切思想、观念、态度都与 MQ 有关，有好的 MQ，其人格会趋向正面、光明，具备信心、勇气和智能，这些内在的表现，会影响到 EQ，而 EQ 亦会影响到 IQ，三者环环相扣，并影响人的整个大脑潜能地发挥。

人们对 MQ（道德智商）可能比较陌生，然而它在全脑开发方面最为重要，也是最基础的。一个人如果思想够正面，够光明，也能够自我肯定、有信心，比较不易受环境影响，自然，其 EQ 较稳定，IQ 当然比别人强，学习效果也好，研究表明，EQ 稳定者，其 IQ 也比他人强 25 倍。

智商提供了孩子学习的基本条件

心理学的研究发现，世界上的人智商都是差不多的，除了 5% 的天才和 5% 的智商低下者之外，人们智商的区别并不大。他们通过大量的实验也发现，当人们具有中等程度的智商时，他们最后的成功往往不在于智商，而在于情商和道德智商。

据说，美国总统小布什的智力商数就不高，可是他照样管理美国，并成为世界上说话最有影响力的少数几个人物之一。世界有名的成功培训机

构——卡内基训练对一些成功人士的调查也发现，那些成功人士的智力商数并不占优势，让他们成功的80%的因素属于情商的范畴。

所以，智力只是一个人成功的基本条件，而非决定性的条件。人们常说智力开发，其实最有开发潜力的不在于智力商数，而在于情商和道德智商。智力开发虽然可以让一个人的大脑越来越灵活，但是能否把这种灵活有效地运用到学习中却是情商和道德智商的力量。

情商决定了孩子的学习态度

孩子学习态度是否端正，他是带着什么样的情绪在学习，他是如何在与老师和同学的交往中学习的，这些都是由情商决定的，从总体上说，情商决定了孩子的学习态度。

在情商的培养上，父母应当帮助孩子获得如下的情商财富：

情商财富之一：确认自己的价值。

我相信，每个人都一定曾在心里这样问：我可爱吗？我重要吗？我行吗？为什么，因为我们需要通过问这些问题知道自己的价值。当你的孩子开始有"自我"的概念时，他也会在心里不断地问这样的问题：我可爱吗？我重要吗？我行吗？因为一个孩子只有找到了这些问题的答案，并且是肯定的答案时，他才能生活得幸福和快乐。

去年七八月间，北京天坛公园东天门中门、东城区新世界商场地下超市男卫生间、北京火车站站前广场西侧南花坛分别被发现四枚自制爆炸装置，一时引起人们极大的恐慌。也许你会以为这是某个穷凶极恶的歹徒，由于对社会和他人的仇恨而实施的报复行为。其实，这仅仅是一名20岁的脑瘫青年魏海波，为了能够确信自己的重要和有能力而向周围人提供的证据。魏海波是山东莒南县人，他出生后三个月发现患有脑瘫，四岁后发现四肢拘挛、畸形，四五岁时才会站立，八岁时走路还不稳，说话口齿不清，被诊断为先天脑发育不全。九岁入学，因残疾而不能写字，五年级时仍不识字不会算术，常常遭到同学嘲笑和欺负。为了证实自己很聪明，让同伴们看得起，他经常画许多几何图纸，说自己是在设计机器人，然而不但没有得到同学的认可，反而唤来了更大的讽刺和挖苦，后来魏海波只好退学了。

当魏海波在法庭上接受审判的时候，他对所有的指控都全部承认，对爆炸所产生的后果他也表示知道。但是在当听到检察机关说他为了报复社会而实施爆炸时，魏海波的情绪很激动，他大声辩解说，他实施爆炸不是为了报复社会，而是为了证明自己的能力，引起社会对自己的重视。

每个人都需要以某种方式来确定自己是可以被人爱的，值得被人爱的，自己是重要的，是有能力的，即使这个人的智力并不高，即使他是一个脑瘫青年。如果孩子不能确定这一点，他终生都会在寻找之中，并因为寻找不到而内心缺乏。如果不幸，孩子所问的那些问题他得到的是确定无疑的否定答案，那他一生都要生活在自卑、自我放弃、没有自信、没有希望之中。

孩子如何能够觉得自己可爱、重要、有能力呢？心理学的研究发现，我们对自己的看法和认识很大程度上来自我们的重要他人对我们的看法，谁是重要他人，就是和我们的生活息息相关的人。对一个孩子而言，父母、老师、好朋友都是他的重要他人，其中父母更是所有人物之中的重中之重。所以，当一个孩子还不知道自己的价值和能力时，他就会透过父母的眼睛来看他们自己。换句话说，若你觉得孩子是稀世珍宝，那他就会看自己为宝贵；若你信任孩子的能力，那孩子就会成为有能力的人；若你重视孩子的想法，他也同样会重视自己的思想；倘若你认为孩子真笨，他就会真的很笨；若你认为孩子没用，那他真有可能成为一无所用的人。总之，你怎么看待你的孩子，你怎么认识他，他就会怎样看待自己、认识自己。

因此，父母应当无条件地接纳孩子，不管他是否礼貌，不管他是否能得100分，不管他是否能够考上重点中学，不管他是否能考上大学。你都能坚信：他有自己的可爱之处、他自己的重要性、他自己的价值，这个世界上，你的孩子就是唯一，他很特别。

可是，目前，家长的两种错误做法在直接威胁孩子的自我价值感的建立。

第一个错误是家长根据孩子的表现来对待孩子，倘若今天孩子考了高分，他就有了价值，如果孩子明天考试不及格，他就变得一钱不值。孩子的价值就像股票的市值一样，随着成绩涨落。

第二个错误的做法是家长总是拿孩子与别人比较。有许多家长总是觉得好孩子就在隔壁，我就是如此倒霉，别人家的都是天使，我家的这个却是个魔鬼！这两种做法都会导致孩子缺乏自信，并给孩子造成过度的心理压力。

情商财富之二：拥有自我觉察力。

什么是自我觉察？我想先举两个例子。

有位女士抱怨说："我家的那个婆婆呀，唠叨死了，什么都要管，真是烦人，弄得我每周去一次都嫌多。"可是当你观察她和孩子相处，你发现她同样唠叨，对孩子什么事都要管。

有位男士和同事有了冲突，别人劝他不要生气，他说："我才不生气呢！我才不会和这样的人一般见识！"可是他的语气和声音里，正充满了生气和愤怒。

上面的女士和男士都是缺乏自我觉察的表现，女士说自己的婆婆唠叨、对孩子的事情大包大揽，可是她自己也同样如此。那位男士声称自己不会跟同事一般见识，可是他的生气和愤怒却显示他和同事是同样的见识。

我们每个人都会常常陷入这种不能自知、缺乏自我觉察的状况中，因此，很多思想家都说："人最难的是认识自己！"

作为妻子，也许你最讨厌丈夫对你说："你看谁谁谁的太太，脾气好、家务好、工作也能干。"因为你不愿意自己被与别的女人比较。作为丈夫，同样当你的太太说"你看谁谁谁的先生，挣钱多，又会干家务"时，你觉得很受伤害。可是，父母却常常会对孩子说："你看谁谁谁，学习好，又听话，又勤快。"父母没有觉察到，自己最厌恶的事情，自己不愿意的方式，却被自己加在孩子身上。当人失去了自我觉察的能力时，人就不能看清自己，就会走向错误的方向。

美国天才画家谢尔曾说："当我还是一个孩子，我更愿意成为一个优秀的棒球手或是成为女孩们的焦点，但是我不能打球，也不能跳舞。幸运地，女孩子们不喜欢我，我不能做那些事情，所以我开始绘画和写作。同样幸运的是我没有模仿任何人，我的脑中没有别人的印象。我只按照我自己的风格发展。"

当一个孩子拥有自我觉察能力，他能够知道自己是谁，自己现在需要什么，需要做什么。

情商财富之三：拥有自我控制力。

这是一个非常经典的心理学实验。

实验人员把一群三岁的孩子带进了一个实验室。让他们围着一排桌子坐下，每个人的面前都事先摆好了一盘非常吸引孩子的好吃糖果。这时，实验人员告诉这些孩子，这些糖你们都可以吃，但是现在不能吃。我有事情要出去五分钟，你们必须等到五分钟后我回来的时候才能吃。实验人员说完之后，轻轻地关上房门离开了。留下了满屋的孩子和他们喜爱的糖果。房间里的监控录像记录了孩子们的各种反应：有的看见老师出去了，立刻从盘子里抓起糖果，剥开放在了嘴里。还有的孩子先是观望，看见别的孩子在吃，自己也开始吃。还有一些孩子无所事事地敲着桌子在等待，看得出来，他们有些等不及，终于他们把小手伸向了糖果盘。但仍然还有一些孩子不为别人所动，他们坚持没有吃糖，直等到老师回来。

心理学家后来对这些孩子进行了几十年的跟踪研究，他们发现，那些能够一直坚持、有较好控制力的孩子，他们在小学、中学、大学的学业成绩，以及他们成年后的工作成就，都远远高于那些不能等待的孩子。

这个实验最初是美国的心理学家设计的，很多其他国家的心理学家对此进行了重复实验，都得到了相同的实验结果。目前，北京师范大学的心理学教授陈会昌也在中国进行着这样的重复实验，他已经跟踪了孩子约十年左右，他也发现，那些有较好控制力的孩子，他们的学习成绩远远好于其他孩子。

这个实验充分说明，自我约束、自我控制力对自我成长何等重要。

可是在家庭教育中，孩子却被给予了太多的满足，孩子在父母的无条件满足中丧失了自我控制的能力。当孩子还小的时候，父母总以为他长大就会好了，可等到孩子长大，父母才发现，没有自我控制和约束的孩子，如同脱缰的野马，你想将他拉住已经是不可能的事情。

情商财富之四：了解他人的感受。

心理学中有一个词叫"同感"，是说一个人站在别人的角度考虑问题的能力。一个具有"同感"能力的人，能够用对方的眼睛看，用对方的耳朵听，用对方的心灵感受，可以喜悦着别人的喜悦，愤怒着别人的愤怒，伤心着别人的伤心，害怕着别人的害怕。用通俗的话来概括就是：能感受着别人的感受。

可是，在人际交往中，人们却常常习惯感受自己的感受，忽略别人的感受，结果自己委屈，别人生气，两败俱伤。就拿给别人提意见来说吧。我们一定要了解人都有一个共同本性：当别人给自己提意见时，没有几个人会感激又欢喜地说："哎呀，你提得太对了，你真该早点告诉我，好让我早点把错误通通改正！"我相信，没有几个人会这样说，为什么呢？因为人人都希望自己是正确的、正义的、公平的。所以，从根本上说，人只能接受自己的意见。也许你会说："不对！我常常接受别人的意见。"确实，我们常常会这样做，但请大家想想，你在什么情况下能接受别人的意见呢？当别人给你提意见，你说"我觉得你说得对"时，你有没有发现，不是别人真的对，那"对"是因为有了"你觉得"才成了对的，不过是别人提的意见恰好吻合了你内心的想法。

如果有了对别人感受的这些了解，给别人提意见时，就会考虑到对方的心情，考虑"话该怎样说"，考虑"话该何时说"。如果能这样，别人就会感

受到足够地尊重，也就比较容易接受意见。

考虑别人的感受，体恤别人的心情，真是何等重要。美国著名的心理学家罗杰斯发现，在心理咨询中，当咨询师能够完全做到从来访者的感受出发，去感受来访者的私人世界，就好像那是咨询师自己的世界一样，很多心理疾病患者的问题竟然就奇妙地得到化解。很多妻子可能深有体会，不少妻子抱怨丈夫不体贴自己，自己整天工作，累得半死到家，又该忙活做饭，饭后又要投入收拾屋子的大战之中，天天如此，而先生就像个蜡像一样，无动于衷。难道妻子真的是需要先生做饭、扫地、洗衣、收拾吗？我想多数都并不一定很在意先生能做什么，她们只想丈夫能了解她们的辛苦，了解她们内心的感受，能说几句感激和甜蜜的话而已。

如何让孩子能了解他人的感受？设身处地才能感同身受。对于成长中的孩子来说，要多给他们体验的机会。

我的一个朋友的女儿八岁，一次爸爸妈妈带她去北戴河玩，住在海边的一个宾馆里，宾馆标准间的房费是80元，办完了入住手续，一家人走进了房间，房间虽然有些小，但窗明几净，床单洁白，女儿看到后就说了句："妈妈，这房间真便宜，才80块。"妈妈听了后说："80块虽然不算贵，但是你千万不要认为80块钱很容易挣。"可是妈妈说完，却觉得女儿对挣钱不容易好像没什么概念。回到北京后，妈妈决定给女儿一次体验的机会，她去批发了一些报纸，利用一个星期六的下午，和女儿一起在路边卖，那天，她们从三点左右一直卖到晚上八点，除去批发报纸的本钱，总共赚了11块8毛钱。算完账后，女儿很沮丧地说："费了那么多功夫，站了那么久，费了那么多口舌，才赚11块8毛钱。"妈妈说："可不是，谁想到累了那么半天，才挣到这点钱呢？"虽然妈妈没有再跟女儿说："女儿，你看赚钱多不容易啊！"可是女儿却从自己的经历中得到了最深刻的结论。

与其跟孩子说一百遍"你要多想想别人的感受"，都不如能够让孩子亲身体验一次。

情商财富之五：考虑别人的利益。

中国有句老话："与人方便，与己方便。"考虑别人的利益并非你在给别人施恩惠，而是在为自己存利益。

有这样一个故事：

那是学校最有名的一位教授开设的讲座。讲座准时开始，教授没有拿粉笔，而是径直走下讲台，来到大讲堂最后一排的座位上，向那位同学深深地鞠了一躬。大讲堂里一下子变得鸦雀无声，大家不知道发生了什么事情。

"我之所以向这位同学鞠躬，是因为他坐里面位置的行动，让我充满敬意。"

教授继续用不高的语调说道："我今天是第一个来大讲堂的，你们入场时我发现，许多先到的同学，一进来就抢占了靠近讲台和过道两边的座位，在他们看来那一定是最好的位置了，好进好出，而且离讲台也近，听得也最清楚。这位同学来的时候，靠前和两边的位置还有很多，可是他却径直走到大讲堂的最后面，而且是坐在最中间，进出都不方便的位置。"

教授接着说道："我继续观察后发现：先前那些抢占了他们认为是好位置的同学，其实倍受其苦，因为座位前排与后排之间的距离小，每一个后来者往里面进时，靠边的同学都不得不起立一次，这样才能让后来者进去。我统计了一下，在半个小时之内，那些抢占了好位置的同学，为他们只想着自己的行为，竟然付出了起立十多次的代价，而那位坐在后排中间的同学，却一直安详地看着自己的书，没人打扰。同学们，请记住吧：当你心中只有你自己的时候，你把麻烦其实也留给了自己；当你心中想着他人的时候，其实他人也不知不觉中方便了你……"

我们每个人都有过到会场开会或听讲座的经验，我们是不是也像教授指出的大多数人一样，习惯找一个看来对自己最方便的位置，却没有意识到，表面的最方便其实会让我们付出更多不方便的代价。

若要做到能够为别人着想，就要知道别人的需要，看到别人的需要，懂得别人的需要。雪中送炭、锦上添花，都是别人的需要，雪中送炭讲究的是及时，锦上添花讲究的是美意。只有考虑到别人的利益，才能给别人送上合宜的需要。

一个在美国留学的中国学生，一天打扫卫生，他不小心摔碎了房东太太的花瓶，那是她的结婚纪念品。留学生慌忙道歉，房东太太看见说："没关系，只是不小心而已。"

留学生赶忙把花瓶碎片清理干净，倒进垃圾袋里。继续打扫卫生，一直干到晚上。累了一天，晚上，留学生正在沙发上休息。房东太太来拜访，看见他把房间打扫得干干净净，说："不错。"突然她看见垃圾袋，问留学生："那些碎花瓶在哪儿？"

"在垃圾袋里，怎么了？"留学生疑惑地问。

"噢，你怎么可以放在垃圾袋里呢？那里全是垃圾呀，你必须把那些花瓶碎片重新找出来。"

考虑到寄人篱下，留学生虽然不愿，但只好照办。他把垃圾袋解开，把垃圾统统倒了出来，把那些碎片一点点挑出来，房东太太拿来了一个厚实的袋子，把碎片一点点装进去。那个留学生心想：老太太不会是要珍藏吧。

装好之后，房东太太把袋口封住，然后从怀里抽出一支笔，在袋口的空白处写了一行字：有锋利的碎片，请小心！别伤手！祝你好运！然后对留学生说："这下可以了，如果伤了别人的手可不好啊！"

原来老太太做这一切都是考虑到素未谋面的清洁工的需要。

你有没有像老太太为清洁工考虑那样考虑过人呢？你的孩子是不是知道如何考虑别人的需要呢？

我们经常接到一些孩子的来信，非常伤心好朋友背叛了自己，好多是自己把知心话告诉了好朋友，告诉好朋友千万不要说出去，不料好朋友还是告诉了别人。一时间，很多同学都知道了他的隐私，大家都因此讥讽他、嘲笑他。这让他很狼狈也很尴尬。

作为一个大人，也许你说，这种情况在孩子中间发生很正常，孩子懂什么秘密，孩子还小，哪能管得住自己的嘴。其实，这些都是借口，孩子同样有责任对自己的承诺负责，孩子同样有责任保守好朋友的秘密。如果他不能这样做，他其实是在葬送友谊和人际关系的影响力。

情商财富之六：分享自己的拥有。

目前，"团队精神"、"合作"、"双赢"、"多赢"等词都已成了商业社会的共同规则，很多国际大公司都将这些内容作为人才引进的重要考虑之一。其实这些词集中为两个字就是"分享"。

但是很多家长却总怕孩子吃亏，不愿意让孩子与人分享。

下面是一位妈妈告诉我的亲身经历：

一次，我在一个小区里带孩子玩，小区健身区域的秋千吸引了儿子的极大兴趣，有两个七八岁的孩子在两个秋千上高兴地荡来荡去。于是，儿子就站在一个秋千边等待着，眼睛追随着秋千上的小姐姐。

一分钟过去了，两分钟过去了，五分钟过去了，十分钟过去了，秋千上的小姑娘格格笑着、荡着，看着姐姐飞来飞去，儿子越来越着急，不停地叫我："妈妈，妈妈……"我知道，儿子是希望我帮助他解决这个问题。

我告诉孩子："自己的问题自己解决。"又过了大概两三分钟，儿子终于等不及了，鼓足勇气对那个小姑娘说："姐姐，让我玩一会吧！"

秋千上的小姐姐毫无反应，一下一下，比刚才荡得更起劲。

"姐姐，让我玩一会吧！"儿子又说了一遍。

那个姐姐依然不为所动。

"嗬，这个小姑娘真够气人的，自己独霸秋千，别人在旁边等了那么久，一点反应都没有，跟她商量，还不理不睬。未免有点太自私了吧！"看到儿子两次请求都落空，我觉得有点生气。于是走过去对那个小姑娘说："小朋友，你看弟弟等了这么长时间，能否让他玩五分钟呢，五分钟后再给你玩好吗？"

"我们也就刚开始玩。"我话音刚落，从我身后传来了声音，我回头一看，一个妈妈模样的人，显然那个小姑娘是她的孩子。我心想："刚玩，光我们在这里就等了差不多 15 分钟。"我一下子明白那个小姑娘为什么独霸秋千了。

"我们想玩五分钟，然后再让给你们！"我坚持对那位妈妈说。

妈妈满脸不情愿，也没有跟孩子说让她下来，我就又对着小姑娘说："小朋友，请下来让我们玩一会，这个秋千，大家可以轮流玩，五分钟后我们就让给你。"小姑娘听了我的话，看着我坚决地表情，就从秋千上下来了。儿子赶忙高兴地坐到了秋千上。

五分钟时间到了，我跟儿子说，五分钟时间到了，该让给姐姐玩了。儿子不情愿地嘟囔着："刚才姐姐都不给我玩……"我说："不行，赶紧下来，我们跟别人说好的，而且别人看你说话算话，一会就还能给你玩。"说完，我又招呼那个小姑娘，小姑娘正欲起身，结果妈妈一把拉住了她："玩什么玩，我们不玩了，人家不是爱玩吗？让人家玩好了！"话语里带着不屑和嘲讽。

听了那位妈妈的话，看了她的表现，我觉得那个小姑娘的妈妈真傻，她以为给孩子争，让孩子得的更多是聪明，她不知道自己的做法，将来要让她的孩子因此失去多少呢。其实，那天她若能仔细观察另一只秋千上发上的事，她就能明白。

在儿子争取荡秋千的权利时，旁边的秋千也有一个孩子在等，秋千上的孩子看见，接着荡了大概三四分钟，就稳住秋千，"哧溜"从秋千上滑下来，让给了旁边的小男孩。这个小男孩抓住秋千，高高兴兴地玩起来，过一会，又来了一个孩子在那边等，那个小男孩看见，荡了一会也下来了，第三个孩子就上去了。这样差不多换了五六个孩子。后来，那些先前让出秋千的孩子有又回来玩的，秋千上的孩子看见，都能很快下来了，因为他们也曾得到别人给他们的机会。

看到这一切，我想，如果那个不愿分享的小姑娘再回来，恐怕没有人会心甘情愿再把机会给她，力量的作用是相互的，人人之间的关系也是如此。

给我讲这个故事的妈妈说：这个亲身经历让她懂得，人的生存是一群人在一起生活，你只有在考虑别人的过程中才能得到利益。

这位妈妈说得没错。不少孩子苦恼在学校里没有朋友，正源于不懂分享，许多孩子在困难时得不到别人的同情，也源于不懂分享。孩子不知道，当别人有需要时，你不能分享，当别人有困难时，你没有同情，又怎会得到别人的体恤呢！

所以，请家长关注你的孩子：三岁时能否与人分享玩具汽车，六岁时能否和人分享最爱吃的巧克力，五年级时能否分享自己的学习方法，初二时能否分享一次获奖机会，否则，他可能是在让自己的人生道路越走越困难。

有这样一个故事：

一个精明的荷兰花草商人，千里迢迢从遥远的非洲引进了一种名贵的花卉，培育在自己的花圃里，准备到时候卖个好价钱。对这种名贵的花卉，商人爱护备至，许多亲朋好友向他索要，一向慷慨大方的他却连一粒种子都不给。他计划培育三年，等拥有上万株后再开始出售和馈赠。

第一年的春天，他的花开了，花圃里万紫千红，那种名贵的花开得尤其漂亮，就像一缕缕的阳光。第二年的春天，他的这种名贵的花已经繁育出了五六千株，但他却发现，今年的花没有去年开得好，花朵略小不说，还有一点点的杂色。到了第三年的春天，他的名贵的花已经繁育出了上万株，可令这位商人沮丧的是，那些花都变得更小了，花色也差远了，完全没有了它在非洲时的那种雍容和高贵。再这样下去，他的发财美梦全都要泡汤了。

情急中，商人找来了一位植物学家，请他诊断一下到底是怎么回事。

植物学家在附近观察一圈后问商人："隔壁的花圃种的也是这种花吗？"

商人摇摇头说："这种花在全荷兰，甚至整个欧洲也只有我一个人有，他们的花圃里都是些郁金香、玫瑰、金盏菊之类的普通花卉。"

"那我明白了，尽管你的花圃里种满了这种名贵之花，但和你的花圃毗邻的花圃却种植着其他花卉，你的这种名贵之花被风传授了花粉后，又染上了毗邻花圃里的其他品种的花粉，所以你的名贵之花一年不如一年。"

"那怎么办？"商人焦急地询问。

"你最好是让你的邻居也种上你的这种花。"

听了植物学家的建议后，商人把那些花种分了一些给邻居。次年春天花开的时候，商人和邻居的花圃几乎成了这种名贵之花的海洋——花朵又肥又大，花色典雅，朵朵流光溢彩，雍容华贵。这些花一上市，便被抢购一空，商人和他的邻居都发了大财。

如果商人不能把花种与人共用的话，他可能很难在这项投资上发财，当然他的邻居也不会发财。可是当商人学会分享的时候，他不但自己发了财，邻居也从中发财。分享并非是使自己亏损，而是使自己的利益获得增值。正像有位名人所说："凡真心分享的，最后没有不使自己获益的！"

上面，我谈到了情绪智商的一些重要内容，看起来情绪智商包括的内容很多，其实若简单说来，就是一个人怎么接受自己，怎么认识他人的过程，如果在孩子成长的过程中，他没有这方面的智商，或者他这方面的智商很低的话，他就会被种种问题困扰：没有自信，没有自我控制力，遇到学习困难没有毅力克服，不能正确看待自己的失败和别人的成功等，那他的脑力也会消耗在这些问题之中，他学习的心也就被这些问题给挤占了。

道德智商决定了孩子的灵性

道德智商简单说来就是一个人是非善恶的判断能力，它决定了一个人的灵性。也就是说一个人是怎么理解这个世界的，他对人生的体悟是什么，他会选择哪种方式生活在这个世界上，他愿意在这个世界上追求什么。

也许有家长说，这些听着很虚啊，这和孩子的学习有什么关系。我想问家长的是，一个孩子有灵性，你觉得他的学习能力会怎样？他肯定能从更高的角度来看他所学的知识，他也更容易将知识整合，并在实践中加以应用。他将具有更多地透过现象看本质的能力，他能够更自觉更积极地运用各种学习方法和策略。如果再说得通俗一些，他会在学习的状态之中游刃有余。我们都知道，家长帮助孩子学习的最高境界实际上是将孩子引进学习的第三种状态，而道德智商带给孩子思维方式、看待世界和事物方式的不同，将会促进他更快地跨越到第三种状态之中。如果我们将全脑的三个方面比喻成开车的话，智商好比马力的大小，情商决定了驾车的意愿，而道德智商却表明了行驶的方向。

那么，听起来这么重要的道德智商，家长应当怎样去培养呢？一个重要的方面是家长要给孩子能超越现实利益进行考虑和权衡的能力，让孩子具有一双智慧的眼睛，看见那看不见的真实。

世界闻名的物理学家牛顿，发现了万有引力定律，从而改变了人们对世界的看法，现代物理学、天文学、科学研究方法等都因此发生了翻天覆地的变化。很多人都以为，万有引力的发现来源于牛顿对苹果落地的思考，因为苹果往地上落，牛顿发现了重力。可是世界上还有很多东西，不是自然就往地上落的，比如鸟就往天上飞，氢气球也可以飞上天，轻的纸片也可以飞上天。如果，牛顿不能透过这些表面现象，看到万物都同样受到重力影响的话，恐怕万有引力定律就不可能发现了。

还有，如果一个皮球在地上不动，我们用脚踢了一下，结果球滚了起来，咕噜咕噜一直往前，直到停下来，如果我们再去踢一脚，球又再次会咕噜咕噜地动起来。从这个表面现象看来，我们可以得到这样的结论：是我们的脚给了球一个力量，使得球动了起来，如果我们没有给球力量，球就是静止不动的。这样我们就可以得出：力是让东西会动的原因。可是，牛顿却透过这个表面，提出：运动是绝对的，静止是相对的，力是改变物体运动状态的原因。这个牛顿的力学原理也改变了人们认识世界的方式，并运用在实际生活中的很多方面。

人们常常太相信眼睛可以看见的东西，太相信现实的利弊权衡，这样的结果会让自己的目光越来越短浅和狭窄，而牛顿发现的伟大之处在于，他没有从现实、可见角度来看世界，而是从灵性的眼光来看待世界，他就有了不同的结论。

其实，我们人常常以为最虚的东西其实正是我们生活中的最实在的东西，反而我们以为最实在的东西最后都会消失，比如金钱、房子、地位、美食等终究都会过去，可是公平、公正、爱等却历经时代变迁，总是人们认可的最重要的价值。就是人的生活，也并非只靠衣食住行，更重要的是建立在诸多的假设基础之上的，比如：我们假设别人都像我们一样，没有特殊的情况不会欺骗人，我们也假设，如果我和别人没有深仇大恨，他不会突然对我拔刀相向，我们也假设，我们说话的方式和语言是每个人都可以理解的等，如果不是有对这些假设的坚信，人真是一秒钟都活不下去，你会觉得孤单、没有安全感、没有信任，你也就不敢再生活下去。

我想，如果家长能把这样的观念传播给孩子，并在具体的生活中去实践，那么，孩子就能获得超越现实利害的永恒价值，他能够相信真理，并因为真理而觉得内心充实和丰盛。

"奇怪，那个家伙到底是怎么回事呢？他的学习还没有我用功，可成绩为什么总比我好呢？"

你曾听到过孩子这样的抱怨吗？你小时候曾有过同样的感受吗？有些人看起来并不怎么用功，成绩却很好；有些人看起来比别人用功得多，但成绩却并不怎么理想。这是因为智商的不同吗？可科学家的研究表明，人与人的智商并不存在很大的区别啊。其实，这样的差别主要是学习方法的不同造成的。在第三种状态中的方法，能够帮助孩子的学习取得事半功倍的效果。

第七章　进入方法的状态

孩子会说：这样学习真有效！

> 时间都是有限的，指导孩子合理安排时间，有效管理时间，才能让他们做到将有限的时间投入到无限的学习中去。

1. 以有限的时间投入到无限的学习中去

时间真是匆匆

鲁迅先生说："时间就是生命。"富兰克林说："时间是构成生命的材料。"德奥弗拉斯说："时间是一切财富中最宝贵的财富。"对于时间，每个人都会有自己的理解，虽然这些理解不尽相同，但有一点是相同的，即都看到了时间的宝贵性。

我们每天都会经历不同的事情：工作、吃饭、睡觉、娱乐休息。每一件事情，就算是刷牙、洗脸这样的小事也会分割我们仅有的 24 小时。孩子也和我们一样，虽然在学校里学习是他们生活中的头等大事，却绝不是他们一天生活的唯一。

有个上小学的孩子在作文里记录了她一天的生活：

"每天我 7 点左右起床，然后洗刷吃早点，7 点 40 分左右上学，中午 11 点 20 分放学。

午饭后，我先做一会儿老师布置的作业（中午的作业很少的），然后背一会儿古文班老师让我们背的古诗，再写两行书法班老师要求我们练习的铅笔字。这样就快 1 点钟了，收拾好书包，我会玩一会儿玩具，中午我不喜欢睡午觉。

1 点 40 分我去上学，下午 3 点 40 分放学（星期三下午有三节课要到 4 点半才放学），回来马上写老师布置的作业，然后再写一张书法班老师要我们练习的毛笔字。我们家 6 点吃晚饭，同时看

《大风车》。每天我都会一边看电视一边吃饭，爸爸妈妈总说这样做不好，但没办法，不然我连看电视的时间都没有了。吃完饭后我就开始练习钢琴，一直到 8 点。8 点我会去洗澡，然后上床看看书，听听故事。9 点是我最喜欢的时间，因为到了 9 点，我就能睡觉了。"

不看不知道，也许作为家长的我们谁也没曾想到一个小学生的生活居然会这样的匆匆忙忙。从早7点到晚9点，她的时间被一件件大大小小的事情瓜分殆尽。由于时间过于紧张，有些事情还不得不放在了一起，如边吃饭边看电视。在同情这位孩子辛苦的同时，我们不禁会感叹，对于孩子来说，时间也是那么的有限。

时间是有限的、宝贵的，孩子度过的每一秒都将是他生命中的唯一。正因为如此，合理指导孩子有效地利用时间才显得尤为重要。

朱自清先生曾这么形容时间：

> 洗手的时候，日子从水盆里过去；吃饭的时候，日子从饭碗里过去；默默时，便从凝然的双眼前过去。我觉察他去的匆匆了，伸出手遮挽时，他又从遮挽着的手边过去，天黑时，我躺在床上，他便伶伶俐俐地从我身上跨过，从我脚边飞去了。等我睁开眼和太阳再见，这算又溜走了一日。我掩着面叹息。但是新来的日子的影儿又开始在叹息里闪过了。

时间就是这样，来无影去无踪，稍不留意，就不知不觉地过去了。在同样有限的时间里，用心珍惜的人和不加留意的人，得到的结果肯定是截然不同的。不知你的孩子是否也像上面提到的那位小学生那样忙碌？在他一天有限的时间里，在做每一件事情有限的时间中，他收获了多少呢？他有没有将这些有限的时间充分利用呢？

如果不想孩子长大后为时间流逝而掩面叹息，就首先教会他有效地管理时间吧。

"每天六件事"，掌握有限的时间

也许你常听你的孩子在考试失利后叹息："唉，这次还没来得及好好准备，如果有足够的时间，我会好好准备的。"时间因人而异，多少时间才是"足够"的时间呢？有的人只需要一个星期或半个月，有的人却需要一个月甚至更长的时间。时间原本就有限，如何才能充分利用这些有限的时间呢？

下面是一位老师与一位经常迟到的孩子的对话。

> "高菲，你怎么经常迟到啊？你的爸爸妈妈不叫你起床吗？"

"妈妈会叫我起床的，她总说早上留给我的时间很充裕，可不知道为什么，我的时间总是很紧张，常常迟到。"

　　"早上起床后你都会做些什么事啊？"

　　"爸爸妈妈工作的地方都比较远，我早上只好自己煮早餐，加上听广播、背英语单词，起码要 60 分钟才能把所有的事情做完。"

　　"怎么要这么久啊？"

　　"是啊，我醒来会听 10 分钟的新闻广播，然后用 3 分钟穿衣服叠被子，3 分钟刷牙洗脸，接下来背 20 分钟的英语单词，再用 20 分钟煮早餐，再用 5 分钟吃早餐，这样加起来不就 60 分钟了吗？可这样，我还常常觉得时间不够用，每天早上拼命赶时间呢！"

　　这样利用时间不迟到才怪！原本可以同时进行的事情，却偏偏被独自安排，大大浪费了许多宝贵的时间。如果让你来完成上面的这些事情，你会怎么做呢？我想你会这样安排吧：在穿衣叠被、刷牙洗脸的时间听广播，在煮早餐的时间背英语单词。这样简单的调整，算一算，就节省了 30 分钟。

　　合理地安排时间是一门学问。许多孩子都和那位爱迟到的孩子一样，虽然知道时间的宝贵，却并不知道如何合理地支配时间，他们需要家长的帮助。

　　许多人都曾有过这样的经历。一睁眼，完蛋了，五分钟以内不出门铁定迟到，怎么办？立刻翻身下床，冲进浴室洗脸、刷牙、上厕所，飞快地梳头、穿衣，拿上早餐，准时冲出家门，还好，一切还来得及。但如果是平常日子，同样的事情你可能要磨上半个小时。其实不只是洗脸、刷牙等生活上的事如此，工作、学习也是如此，如果我们限时必须完成，就可以很快完成，但如果没有时间限制，我们便常常会无止境的拖延，白天推晚上，今天推明天。

　　一天，伯利恒钢铁公司总裁查理斯舒瓦普去会见效率专家艾维利，希望他能给自己一个建议，使公司的生产效率大幅度提高。艾维利想了想，答应在十分钟内给舒瓦普一样东西，这东西能使他公司的业绩提高至少 50%。

　　艾维利递给舒瓦普一张白纸，说："在这张纸上写下你明天要做的六件最重要的事。"舒瓦普想了想，写下了六件事。艾维利接着又说："现在将这六件事情按照对于你和你的公司的重要性排好顺序。"大约五分钟后，舒瓦普将排好序的纸交给了艾维利。

　　艾维利把纸还给了舒瓦普，接着说："现在把这张纸放进口袋。明天早上第一件事是把纸条拿出来，做第一项。不要看其他的，只看第一项。着手办第一件事，直至完成为止。然后用同样方法对待第二项、第三项……直到你下班为止。如果你只做完第五件事，那不要紧，因为你总是做着最重要的事情。"

"你要每天坚持这样做，而且，如果你认为这个方法有价值的话，让你的部下也试着去做。直到你满意为止，再付给我你认为与这个建议价值相等的报酬吧。"

三个月后，艾维利收到了舒瓦普寄来的一张2.5万元的支票。五年之后，艾维利的建议让这个当年不为人知的小钢铁厂一跃成为世界上最大的独立钢铁厂。

故事中"每天六件事"的原则如今已被许多知名企业的管理者所采用，例如被美国《财富》杂志和《福布斯》杂志评为200年来20位最具传奇色彩的商业人士中唯一女性的玫琳凯·艾施女士就在每天坚持着这一习惯，并渐渐将它发展成为玫琳凯公司的一种企业文化。我想，这个原则之所以能受到这么多大企业、大人物的青睐，必然有它的魅力所在吧。把它用在我们这些平常人的生活中，用它来指导孩子的学习，又会取得怎样的效果呢？

其实，"每天六件事"的故事告诉了我们事先拟定计划的重要。如果在头一天晚上让孩子写好第二天要做的事情，并衡量出事情的轻重缓急，这样才能使第二天的学习更有目标性，从而更快、更好地投入，有效防止"捡了芝麻，丢了西瓜"这类情况的发生。

任何事情的成功都来自于科学周密的计划和不懈的努力。学习也一样，聪明的学生都知道，在什么时候，该做什么事，该怎么做，这就是计划。问问学习成绩不太好的孩子，你会发现他们的学习都缺乏一定的计划。虽然下定了学习的决心，但总是想起学习的时候才学习，或者是偶尔产生兴趣时才学习，这样的学习效率自然不会很高。

我曾听说清华大学有位马约翰教授，他安排好了自己的每时每刻，有时全校开大会也不得不因为他而改动会期。我也看过一篇关于北京四中某国际奥林匹克物理竞赛金牌得主的报道，说这位学生也是每时每刻都计划好的人，甚至连课间如何休息，转几下头都计划过，有一次因不愿违反自己的计划而坚持不跟父母去看电影。

当然，我提上面这两个人并不是要求大家教育孩子们都这样做，大部分人也完全没有必要这样做，但我们应该明白的是：要让孩子学会计划自己的学习和生活，做到对自己心中有谱。学习计划就是对于学习的打算，是孩子实现学习目标的蓝图，是孩子取得好成绩的保障。别以为制定计划只是孩子一个人的事情，作为家长，能成功指导孩子制定科学有效的学习计划，就是为孩子的学习规划了一张美好的蓝图。

制定学习计划也是一门艺术，它的美在于和谐，在于一种内在的平衡。处理好学习内在的关系，处理好学习与休息、娱乐、体育锻炼的关系，孩子才能提高学习效率，做到事半功倍。

2．掌握计划和变化的平衡

长计划和短安排相结合

许多家长都知道学习计划对孩子学习很重要，但怎样的学习计划才能对孩子的学习起到积极的促进作用呢？关于这个问题还是不太清楚。为了让大家对计划有一个更全面的了解，我们从计划的长、短分类开始说起。

学习计划有许多不同的种类，从时间上看，可以分为"长期计划"和"短期计划"。所谓长期计划，就是对较长时间里学习的总体规划，如为一年的学习制定的总目标，以及每学期开始时为该学期制定的计划。所谓短期计划，就是对较短时间里学习的安排，如一周学习安排，一日学习时间表及考前复习阶段时间表等。

有的孩子会说："不就是学习计划吗？有一个大致的规划就行了，没有必要分得那么清楚吧？"家长应该让他知道，这种想法是不对的，因为"长期计划"和"短期计划"各有各的特点和优势。在一个比较长的时间内，究竟干些什么，应当有个大致计划，这个计划是对学习目标的设定。但是实际的学习生活变化很多，又往往无法预测，计划往往比不上变化快，故长计划不可太具体。但这一年或这个学期要解决哪几个问题，心中要做到有数。这些要解决的问题需要进一步的细化，一星期干什么要具体些，每天干什么应当更具体些。这样把一些较大的任务，分配到每周、每天去完成，长计划中的任务才能逐步得到实现。

定长计划，是为了要在具体完成学习任务时有明确的目的；定短安排，是为了明确具体的行动步骤。有长计划，没短安排，长计划要实现的目标不容易达到；有短安排，没有长计划，具体的行动又缺少目标。所以，长计划和短安排是互为补充的，有长计划，还要有短安排。

一位以优异成绩考入清华大学的女孩子回忆她的高中学习生涯，谈到她曾经制定的学习计划时这样说道：

我高中三年，学得扎实全面的一大因素是学习有明确的目标。

高中学习，就是要系统地掌握知识，以迎接高考的检测。

我的学习计划有两种——长期远景式计划和短期目的性计划。

长期远景式计划是指我为高中三年学习制定的总目标，以及每学年开始时为该学年订的计划。制长期远景式目标时要胸怀大志，统筹安排，目标要合理——也就是目标既不能过高，也不能过低，要量力而为。目标过高，经过努力仍难以达到，就会挫伤积极性；目标过低，极易达到，就起不到促进学习的作用。

高一、高二学年，我把重点放在课本上、课堂内。因为高考虽强调淡化课本的考查，其实处处有课本的影子……当然，重点放在课本上，并不是将视野局限在课本，我仍有大量课外阅读，在课外阅读中巩固，贯通课本知识，培养能力。

高三学年，既是中学时代的最后一年，同时也是复习迎考的关键一年。我在高三学年的计划是完善知识系统树，"牵一发而动全身"，做到由一个知识点可以拎起一串，提起一面。系统地掌握知识后，技巧也就"水到渠成"了。

最后她还特别强调：

我在高一、高二时注重一周、一月的计划。周计划、月计划都依托学校规定的时间表，并特别注意小结。我虽不是"每日三省吾身"，但周、月都有小结。有问题及时发现，以免积重难返。

我想，能像这个女孩一样做到长计划和短安排的有效结合，想成绩不好也难吧。这位聪明的孩子刚跨进高中大门，就已经为自己制定了一个为期三年的长期学习目标即系统掌握知识，以迎接高考。接下来的三年中，更是针对每一阶段学习的特点，找到了每一阶段的学习重点：高一、高二要学好课本上、课堂内的知识；高三在高一、高二的基础上完成自己的知识系统树。为了达到自己的长期目标，她还根据自己的学习情况制定了周计划、月计划，通过不断地自我小结一步步打下坚实的基础。最终这些大大小小的计划帮助她完成了心愿。

作为家长，你也许会感慨："我的孩子如果能像她这样有计划该多好啊！"不要光羡慕别人了，毕竟像上面那位女孩一样学习有计划性的孩子很少。没关系，从现在起指导你的孩子成为一个做事有计划的人，像上面的那位女孩一样将长计划和短安排有效结合，时间还来得及。

目标与细节的完美结合

下面是一位中学生为自己制定的暑期学习计划：

7：30	起床
7：30-7：40	刷牙、洗脸
7：40-7：50	整理房间
7：50-8：00	吃早餐
8：00-9：00	学习英语
9：00-11：00	学习数学
11：00-12：00	学习语文
12：00-12：30	午餐
12：30-14：00	午休
14：00-15：00	学习化学
15：00-16：00	学习物理
16：00-17：00	学习地理

…………

我想，这位中学生制定上面这个密密麻麻的计划一定花了不少心思，费了不少脑筋吧。这个计划多么具体啊，一天的时间都被他分配得一点不剩。也许有的家长会竖起大拇指夸奖："真是一个翔实的好计划啊！"可仔细想想，就会产生疑问："这样的计划能真正地执行吗？"计划中早上8：00-9：00是学习英语的时间，如果那天正好学到兴头上，或者这个时候想读读语文课文，还是一定要按照原计划学一个小时的英语吗？

家长们总是认为，计划嘛，当然是越详细越好。可很显然，上面这个具体到几点几分干这个，多少分钟后再干那个的计划虽然详细，可是真正能按计划实施的并不多。这样虽然详细却只是一纸空文的计划又有什么意义呢？学习本来就是灵活机动的，如果像上面的计划那样把孩子每一分该学什么都规定得很死，这样的学习就太累、太死板了，达不到预期的效果。

一位成绩优异的学生在谈到他的学习计划时，谈到了他独特的制定方法。

我曾经也定过一些详尽的书面计划。但后来，我改变了我的初衷，倾向于只设定一个目标，但不具体订出行动计划。所谓设定目标，就是规定自己在某一个时间段内所要完成的学习任务，达到某一个高度。但是，我从不订出具体到"几点几分干些什么"这样的计划，我只订一个基本的框架。例如：在某一星期我要将化学中"卤素"的基本概念和原理再理解一下，这就是我的目标；为达到它，首先，我会将教材重新看一遍，将一些基本的性质记住；而后，我会翻出过去曾做过的一些题，再认识一下；这些完了，可能觉得某些地方还需要巩固一下，有必要在原来的基础上再提高，加深一些，我会有目的地做一些题，好好体会一番，这样，对于自己的学习进度和掌握程度就有了一个清晰的了解，并且能够随时地调整，不断地提高。

对于这个学生来说，为学习设定一个目标比具体定出行动计划效果要好得多。其实，"设定目标"也是制定计划的一种方式，它最大的优势就在于灵活性强，不束手束脚。但这样的计划比较空洞，要求较高的自觉性。如果你的孩子学习自觉性不是很高，学习能力不是太强，仅仅采用这种"设定目标"的计划方式是不够的。

有的孩子会问："太详细了不行，光有目标也不行，那么怎样的学习计划才算是好的计划呢？"告诉他吧，好的计划需要目标与细节的完美结合。什么是"目标与细节的完美结合"呢？其实刚才那位学生在"设定目标"的同时，为了达到设定的目标已经在心中设定了一步一步的细节，不过没有将它们具体列出罢了。我再举例说明一下，你就明白了。

例如，设定的总目标是在一个星期的时间里完成考前的复习，这个总目标太大、太空了，必须将它进一步细化。于是，设定出每天需要复习的科目和所需的大致时间。但在一份计划上只出现时间和科目是不够的，最起码还要有具体章节的安排，今天应该完成对哪些章的复习，明天又应该完成哪些，还要考虑该做哪些习题，看哪些笔记等。这样有目标又有实施细节，才能真正地发挥计划的优势。

计划定得太细太死，缺乏灵活性，一切都被束缚在条条框框里，就不能随机应变，可能会因为感到厌烦而难以继续下去；计划定得太松，只有一个大而空的目标又根本起不到计划的作用。到底是定具体的计划好，还是只设定目标好，对于不同的人也许有不同的答案。但我想，二者都有利弊，因此，当你的孩子制定计划时，不妨让他先认真思考，设定一个目标，然后勾勒出一个具体的框架，再朝着这个目标不懈努力。

计划是快与慢的协奏曲

孩子的学习是一个艰苦的脑力劳动过程，合理、科学地制定学习计划，能有效地调节这个过程。因此，计划应当是快与慢的协奏曲。

那么，应怎样做到这点呢？首先要把握好节奏。

这一点很好理解，节奏太快，孩子经过不懈的努力仍难以达到，这就会极大地挫伤他学习的积极性；相反，节奏太慢目标过低，不费力气就能达到，起不到促进学习的作用。这就好比让小学生做微积分题、让大学生学习加减乘除，同样是不可理解的。

其次，合理、科学地制定学习计划需要尊重孩子的生物钟。

据科学家的研究，大多数人的生物钟都有着普遍的相似性，我把它列在下面，给大家作个参考。

"计划时间"——9点到11点：此时思考、组织、计划能力最强，反应最敏捷，最适合做用脑多的计划工作。

"决策时间"——11点到12点：短时记忆和推理能力在11点到达高峰，是做出复杂决定的最佳时机。

"创意时间"——12点到14点：14点左右，我们的想象力最丰富，可以选择在这段时间写作文或想些新点子。

"整理时间"——15点到17点：15点，身体各项功能都降低，最适合做些不太需要动脑筋的事情，例如整理笔记等。不过此时长时记忆还不错，可以复习外语，复习新学习的知识。

"运动时间"——17点到19点：我们的体能在17点到达最高峰，反射动作快，身体协调能力佳，最适宜体育锻炼和健身。

当然，由于生理条件和生活环境、习惯的不同，人们的生活节奏和最佳感觉也往往不尽相同。有的人的学习最佳时间在上午，有的人在下午，还有的人感觉晚上学习效率最高。在了解了孩子的最佳学习时段之后，最好按照他的生物钟来安排学习和休息，将最重要的事情放在最佳感觉时间去做，这样就会取得事半功倍的效果。

合理、科学地制定学习计划还要注意进度地安排，把握好"量"。

总之，学习计划在时间的安排上应该做到前紧后松，而不能前松后紧。因为随着日期的推移，人的疲劳度越来越深，效率就会有所下降。前面的时间比较紧，后面多留出的时间就可以随机应变。一位在高考中成绩优异的学生在谈到她的高三复习经验时说：

应该在高三第一学期内粗略地复习完第一遍，在一模之前，所有系统复习应该全部结束。一模之后所要做的，应该只是查补细小的漏洞，调整心情、体力，调整"状态"，坚定信心。如果一模之后还要慌慌张张地看这儿看那儿，那么我可以断言他是没有希望发挥出好水平的。

安排好进度很重要，把握好"量"同样也很重要。制定计划前，要好好考虑定的计划的可行性。让孩子把几本书全背上几十遍固然是好，可是从体力、时间上来说都是不可能的。要把有限的时间和力气花在"刀刃"上，弄清楚哪儿是重点、哪儿是孩子的弱点，花大力气在孩子的薄弱点上。不管什么时候、不管多么紧张，都一定要给孩子留休息、放松的时间。人不是机器、不能总紧绷着弦。适当的放松不仅不是浪费时间，反而是为了更好地利用时间，提高学习效率。有的孩子为了抓紧时间学习，会在课间十分钟内做题，对于他的这种做法我不敢恭维，我想即便是到了高三，到了考试前最紧张的时候，也不至于每一秒钟都不放过。越是紧张的时候，保持一份"放松"的心态越是重要，所谓"内紧外松"，告诉孩子不要给自己太多的压力。当然，"放松"并不是说不抓紧学习，而是在适合学习的时间内高效率地学习，在该休息的时间内不强迫自己去学，使自己不为学习所累。

下面是一位会学习、会"放松"的孩子在一次学习经验交流会上的发言：

> 我一天的安排一般是这样的：早上起床吃饭后就去学校（在教室里读外语的效果要比在家中好得多），在学校抓紧课堂上的时间，课间尽量走出教室活动活动，放松神经，中午睡一个小时左右（实践证明睡的过多或过少都不好），下午一般有自习课，课上尽量去完成一些作业、练习题之类的功课（在自习课上看书复习的效率并不高），晚上的时间很充裕，但也应尽可能早地进入学习状态，先将作业完成，然后我通常会用一至两个小时做一些与当天所学内容有关的练习，作为复习和巩固，如果还有时间，就开始查漏补缺的工作，针对自己的薄弱环节，进行强化训练，这样安排，每晚花在学习上的时间为三至四小时，可以保证在十点半之前睡觉。"

真希望你的孩子也能像他一样，高效合理地安排时间。

合理、科学地制定学习计划要脑体结合，文理交替。"心之官则思"，思维要靠大脑。要想使大脑神经细胞正常工作，必须保证脑细胞的新陈代谢。据科学家研究，脑细胞消耗着人体需氧量的四分之一，当血糖量为 120 毫克时（指 100 毫升血内）我们的记忆最佳；当血糖量为 60–70 毫克时，我们就会思维迟钝；当血糖量为 45 毫克时，我们将出现昏迷、惊厥的现象。可见思维活动正常进行时，脑细胞消耗着大量的物质和能量，并产生大量的废物和二氧化碳。因此，要想大脑保持最佳的状态，在

安排计划时，不要让孩子长时间地从事单一活动，可以遵循下面两个原则：

◎学习和体育活动交替安排。比如：学习了一上午，可以做做洗衣服、打扫房间等杂事；学习了一下午，就应当去锻炼一会儿，打打球，再回来学习。劳动和锻炼时，运动中枢兴奋，其他区域的脑细胞就得到了休息，能为接下来的紧张学习做好放松准备，锻炼出一个强健的身体也才能适应繁忙的学习重负。

◎安排科目时，文科、理科要交替安排，相近的学习内容不要集中在一起学习，这样可以避免学习内容的单调、枯燥。例如，英语背烦了就做几道数学题换换脑子，马克思就曾以演算数学题作为自己工作之中的小憩。

为了进一步证明劳逸结合的学习效果，我带领大家做下面这一道算术题：

据多方面的调查研究表明，上课的时间与课后课前的时间比为 1∶2，即上课一小时，课前预习和课后巩固要花两小时，孩子们平时的上课时间约为四个小时，那么平时的学习时间就为八个小时。但是八小时连续学习的效果是比较低的，完全可以拿出一个小时进行必要的体育运动和休息，其结果是：

$$8-1 > 7$$

在好好学习的同时使孩子的体育成绩也有所提高，两全其美，何乐而不为呢？

学习计划要比老师的教学计划快半步

定计划是孩子的事，又不是孩子一个人的事。为什么这样说呢？定计划要根据自己孩子的实际，同时还要考虑老师的进度，尤其是在重要考试前的复习中。试想一下，如果数学老师这段时间在带领大家复习立体几何，而你的孩子制定的复习计划却在大"啃"代数，课上一套、课下一套，课上的没巩固，课下的没弄懂，势必云里雾里，学习效果可想而知。

如何才算是跟上老师的脚步呢？是老师让干什么怎么做，就按部就班地照做吗？关于这个问题，下面一位高三学生的话很有代表性。

> 绝对不能与老师的复习计划相脱节，自行其是，自搞一套。一般负责高三教学的老师，都是有数年、数十年教学经验的，对如何指导学生进行高考备战非常有心得的教师。这样的老师提出的复习计划，是绝对不能忽视的。你要做的是，针对自己的特殊情况加以调整。假如这一段知识我掌握得不错，平时考试没什么问题，我就少花些时间，完成老师布置的复习作业再稍看一下即可；那一段知识是我学得不太好、问题比较多的内容，我就多花些时间，在完成了老师留的内容之后再多看、多想上几遍，另外自己再找一些有关的参考题目做上几遍，非把它弄扎实不可。我可以进行得比老师的

计划略快一步，但绝不能比老师的计划慢。这一章是难点、重点，我可以在老师系统复习前先自己复习上一遍，然后再带着问题听老师的复习课。这些才是正当的、必要的调整。这些调整都是以绝对保证完成老师布置的复习任务为前提的。如果有可能，应该和老师谈一谈，听取老师的意见，这样制定出的计划就更万无一失了。

看来，要使孩子的学习计划比老师的教学计划快半步，首先要告诉孩子从心底里相信老师。就如上面那位同学说的那样，老师有着丰富的教学经验，指导"备战"也非常有心得。因此，他们的作战计划，要给予高度的重视。当然，老师的计划再好，也不是放诸四海而皆准的真理，还要根据自身的实际情况进行必要地调整。掌握得较好的知识，可以少花些功夫，对那些老师一再强调，而自己却没怎么弄明白的问题就要多做、多问，把它们一次解决掉。

在孩子制定学习计划前，可以鼓励他去和老师谈一谈，了解老师的进度，这样就可以更妥善安排学习时间，也不至于使自己的计划受到"冲击"。

学习计划要"白纸黑字"或"心中有谱"

说到让孩子制定学习计划，许多家长就会让孩子绘制白纸黑字的表格、图形，要么抄在笔记本扉页，要么贴在床头，要么贴在课桌上，目的是时时提醒和约束孩子。我想说的是，学习计划不必过于重视形式。

在上学的十几年中，我从未在纸上写过计划，但并不意味着我是顺其自然地办事。在对时间的支配和课程的安排上，我在头脑中总是有一个大的框架，并不过分苛求细节，也不会规定从某时一定要做什么，这样学习起来可以保持一定自由度，富有弹性。要办到这一点，离不开"胸有成竹"。在具体实施中，记住要干什么、该干什么，合理地进行下去，我最后的时间总是有富余的。在高中学习中，我在学习上基本跟着老师的计划进行。老师的出发点是多数学生，因而我在这个过程中较轻松地应付下来，多余的精力就往深处钻一些。到高三时，完全进入了复习阶段，老师都拟出了详尽的复习计划贴在墙上，分几个阶段，每阶段干什么都一目了然。我的复习计划以及最终实行情况也和它差不多。

上面是一位学生的谈话，十几年来他的学习计划都没有形成过书面文字，却同样取得了骄人的成绩。其实，计划是应该写成书面形式还是腹稿形式，都是无所谓的。计划，就是要让孩子知道每天具体要干些什么，知道每周、每月的安排等，一句话，就是要让他做到心中有谱。我想，只要是能达到目的的计划就都是好计划。

有的家长可能会说："我的孩子学习自觉性可差啦，如果不让他将计划一条一条写下来，那他的学习将和没有定计划一样乱七八糟。"这的确是一个问题，对于年龄比较小和学习不太自觉的孩子，光有胸中的计划是不够的，不能很好起到监督、督促的作用。因此，我也认为，对这样的孩子，还是让他将计划老老实实写下来，一步一步去执行比较好。

学习计划对于学习是十分重要的，然而计划的制定绝非易事。它需要制定者对自己有极其深刻的了解和比较正确、客观的认识才行。否则，既无法制定出目标合理的计划，也不能保证计划的执行。因此，建议家长提醒孩子在制定计划之前，不妨先动动笔，通过书面分析，仔细了解一下自己各方面的优势和缺陷，这样才能在制定计划时更好地扬长避短，有的放矢。

对于计划，还有一点必须明确：计划的制定是为了帮助孩子更好地学习，而不是逼迫孩子学习。一位清华学子曾说："一个作息时刻表最大的功效不在于逼迫你将尽量多的时间花在学习上，而是帮助你保持自己的学习节奏，使你有规律地作息，这就足够了，太过严格，会增大心理压力，得不偿失。"我想，他的这番话可能会给家长和正刻苦学习的孩子们一些启发。

"PDCA"帮计划向惰性宣战

你恐怕有过这样的经历吧：清晨闹钟将你从睡梦中惊醒，你一边想着自己快起床，同时又舍不得离开舒适的被窝，虽然不断地对自己说：该起床了；一边又不断地给自己找借口——再睡一会儿没关系的。于是，在忐忑不安之中，你又躺了五分钟，甚至十分钟……

这就是"惰性"。我们有惰性，我们的孩子也有惰性，尤其在对学习上。每到假期来临，孩子们都会大松一口气，一学期的辛苦终于结束了，轻松的日子终于来到了。接下来的假期，孩子们对学习的态度可想而知。再加上一般家庭的父母都是白天上班，整整一个白天的时间只留孩子一人在家，对他们更有吸引力的休息玩乐自然占据了他们的大部分时间。打打游戏、上上网、看看电视，做什么都比学习来得轻松，更有意思，当孩子的惰性占据了上风之时，一切就处于了失控状态。

有的家长会说："学习也挺辛苦的，孩子忙了一个学期，假期就让他们放松放松吧。"说的是没错，趁着假期让孩子休息休息完全应该，但放假是不是就该让孩子彻彻底底地抛开学习，只顾休息玩乐呢？这种想法显然是不足取的，因为长期的玩乐容易增长孩子的惰性。

别小看了惰性，它可是一种极具破坏性的行为，它一旦滋生，就很容易变成一种根深蒂固的习惯。惰性有一个重要特征就是拖沓，总能找出成千上万个理由将今天该完成的事情拖到明天，更有甚者，直到被逼得没有退路时才匆匆忙忙赶工。有没有发现，你的孩子每到开学前都非常用功，总是伏案做功课到很晚呢？如果是这样，你的孩子或许正被惰性所困扰。

要想帮助孩子摆脱惰性的折磨，不让他们的时间被惰性浪费掉，作为家长，我们应该怎么做呢？听说营销人员为了保持工作的积极性，减少惰性，多数人都会使用"PDCA 循环法"来帮助自己。什么是"PDCA 循环法"呢？看看下面的解释，你就明白了。

"P"指 Plan——计划：事情开始前，明确目标，分清事情的轻重缓急，制定切实可行的计划。

"D"指 Do——执行：计划的执行往往是"开头容易坚持难"，在执行计划的过程中要时刻提醒自己养成"认真做好每件事"的好习惯。

"C"指 Check——检查：通过对自己的不断检查，看看计划执行的情况，及时发现问题、解决问题。

"A"指 Action——行动：总结经验教训，分析事情未完成的原因，并将它放到下一个 PDCA 循环中。

"PDCA 循环法"虽然是营销人员的方法，但我觉得它仍能给我们这些家长一些启发。要想战胜惰性，督促孩子执行计划，并常常进行自我检查非常重要，让惰性在孩子那里没有可乘之机。

计划的学习时间已经到了，可小女孩仍在津津有味地看她喜欢的动画片，她的妈妈会怎么做呢？

做法一：继续让女儿看，心想让她再看一会儿吧，迟些学习没关系。

做法二：什么也不说，立刻走上前关掉电视。

做法三：给女儿讲道理，说服她自己关掉电视去学习。

我想很多母亲都会选择第三种做法，但说实话，第三种做法会有比较大的难度，在自己喜欢的节目面前，有多少孩子能听得进道理的呢？第二种做法看起来很残酷，但却很果断地断绝了女儿产生惰性的可能，但很重要的一点是父母一定要有言在先。第一种做法实在不可取，这次可以多看一会儿，那下次也可以，要教育孩子在做一件事时，立即动手，不给自己留拖延余地。

虽然惰性很难对付，也是一时半会儿难以彻底根除的，但家长要有信心，试试上面的办法，至少可以在一定程度上控制惰性。

很多家长说："我的孩子别的科目学得都不错，就是作文写不好。作文这东西又没有正确答案，到底应该怎样才能写出高分呢？"

3．语文：作文不再头疼

作文怎么也写不好，真头疼

"我最害怕写作文，拿起笔我都不知道写什么。"

"写作文最累了，一趴就是两个多小时。"

"写作文真累，憋了半天，就是什么都写不出来。"

曾听高一的孩子们谈语文学习时说语文学习有两怕：一怕文言文，二怕写作文。恐怕很多家长也都听过孩子抱怨作文难学，作文难写。有的孩子数理化学得很好，什么难题偏题都能解出来，可是一碰到作文就抓瞎，看着作文题目干瞪眼，怎么也写不出来。就算勉强敷衍一篇，也只能在及格边缘徘徊，很难得高分。家长们看着这个情况，也只能干着急。

有的家长不解地问："我的孩子从小学就开始学写作文，一直到高中，都学了这么多年了，怎么还是写不出好作文？"

实际上，不同体裁的作文有不同的要求，想写好作文，就要讲究写作方法和技巧，这需要系统的训练。但是孩子们现在一般每个学期只有五次的作文训练，也就是每个单元安排一次作文训练。要想让孩子们把写作的方法变成自己的技能，单靠每学期六次左右的写作实践机会，怎么可能做到呢？有些老师为了弥补这一点，平时安排了很多日记、周记、随笔等作业，但这种目的性不够明确、缺乏针对性的写作训练起的作用也有限。何况由于平时其他科目的功课也很繁重，考试的时候这一类训练的效果又不是很明显，孩子们自然不会热衷于练笔，对日记、周记以及随笔随便应付、敷衍了事也是无可奈何的了。

很多父母都觉得，孩子们在学校肯定都学过怎么写作文了，再写不出来，那么不是老师教得不好，就是孩子自己没有认真学。其实并不是这样的，多年来，迫于应试的需要，孩子们的作文学习与课堂阅读学习是脱节的。作文课仿佛不是语文课的一个有机组成部分，而成为语文之外的单独的一门学科。平时的语文课上孩子们只是学会了课文当中的考点重点，记住了一些知识，但没有从那些名家名篇当中领悟到好的写作方法。只有到了作文课上，老师才把作文的题目和要求摆出来，孩子们面对陌生的写作对象，不知从何着手；脑中空空，只好搜肠刮肚生硬作文。

语文教师都是坚持全批全改作文，对孩子们作文中存在的各种问题一一指出，精批细改。但家长和孩子们面对批改后的作文，更多的是看重分数，很少有人能仔细分析老师的批改内容，并认识到作文中的问题，放弃了一个很好的提高机会，真是可惜。

其实，作文是一种创造性的精神劳动，写作是一种灵动飘逸的思维过程。孩子们必须有感而发，有事而写，有创作欲望和激情，才能写出真切优美的好文章。所以要想提高孩子的写作水平，激发写作兴趣、培养写作情感是极为重要的一步。希望家长能从培养孩子对生活的热爱和感动的能力入手，让孩子对自己的生活充满热情，这样，孩子的作文才能生动，并表达出动人的情感。

孩子没有生活积累，家长亲自操刀反而帮倒忙

对孩子们来说，写作文其实就是写他们自己的生活、自己的内心世界。写作文的时候觉得没啥可写，也从另一个方面说明孩子的生活是多么单调。

> 找点空闲，找点时间，独自在家，把电视看看；带上倦容，带上心烦，打开书柜，把小说翻翻。

这是发表在《少年儿童研究》校园刊物上的童谣，这些新校园童谣是在北京地区数所小学中搜集来的。杂志称，发表不是推荐，不是认可，不是欣赏。但是它让我们了解到在校孩子的学习状况。据一项调查表明，67% 的城市小学生每天在校学习时间超过了国家规定标准。

生活的单调，较大的学习压力，孩子们没有太多的宣泄、消遣方式，只能以调侃学习来排解不满情绪。无聊的体验、平淡的经历、繁重的学习压得他们喘不过气来，这种情况下怎能强求他们写出精彩的文章，歌颂灿烂的充满乐趣的童年生活呢？作文自然成了孩子们头疼的事情，在关于"你喜欢语文教材中单元设置的作文题吗？"这个问题的调查中，回答不喜欢的孩子竟占 83.7%。

孩子们的作文写不好，最着急的就是家长。有的家长看着孩子面对作文，头疼地坐在那里一两个小时还动不了手，着急却又不知如何指导，有的干脆亲自出马，按照要求为孩子写一篇，再让孩子抄写一遍。这样不但对提高孩子的写作能力没有丝毫帮助，反而让孩子有了依赖感。据说北京"春蕾杯"作文比赛中就曾有过父母参赛的文章，孩子要比赛但又不会写，那怎么办？还不得家长代劳。

一位当老师的朋友向我讲述了她班里一个女孩的情况：

> 赵婧的作文总是出现很奇怪的现象，平时的作文练习都还不错，可一到考试就不行了。考试中的作文没有平时优美不说，有时还会出现语句不通、错别字较多的现象。这是怎么回事呢？为了弄清其中的原委，我和她进行了一次谈话，她的话让我大吃一惊："作文练习时的作文几乎每次都是妈妈帮忙写。每次回家写作文，妈妈看我半天写不出一个字就很着急，干脆帮我写好，让我照着她的抄一抄、读一读。怕我在作文课上写不出作文，每次单元作文前，妈妈都会根据书上单元作文的要求给我写上一些范文，让我背一背，在课堂上选择一篇写出来。"

听朋友说赵婧妈妈的这些行为，我同样觉得非常吃惊。疼爱孩子的心情我能理解，但这种为孩子写好一切、代劳一切的行为实在让人担心。用这种方法培养出的孩子，只能造成像赵婧一样"虚假繁荣"的假象，孩子得不到真正的提高。

还有更多的家长，干脆买了作文范本，挑数篇范文让孩子背下来，考试时直接套用。这种套数学公式的写作，怎能充满文采呢？面对长期困扰在家长心头的孩子"写不好作文"这个问题，大家应该在不断地探索与反思中找到解决问题的答案。

家长立即可用的作文训练法

语文的学习靠基础，听、说、读、写缺一不可，因此，作文是语文学习的重要一关。学作文、写作文，有很多方法和技巧，孩子一旦熟练掌握了它们，作文就没有那么难了。

孩子处于不同的年龄阶段，对他的作文训练有不同的方法，让我们一起来看一看孩子不同阶段的作文训练法。

★小学阶段

仔细分析孩子作文分数不高的原因，尤其是小学阶段的孩子，可以归结为以下几个方面的问题：

1）偏题或离题。作文一旦离题，一半分数就不见了，除非文笔还好，否则连及格都困难。

2）选材不当。不能按照作文的要求选材，尤其是看图作文，没有照图片的内容写，而是任意想象。例如图片里明明是两个孩子在劳动，可有的孩子偏偏写两个孩子在玩耍，并发生了争执之类的内容。想法不太合理，分数自然不高。

3）词汇缺乏，观察力不够，描写不深入。例如形容"开心"，通篇都是

"开心"，没有别的形容词，不会描写，不会具体举例说明。

4）句子不通顺。尤其是语法错误，例如"把钢笔没有拿走"（正确的应该是"没有把钢笔拿走"），"大路两旁，到处都种植着果园"（正确的应该是"大路两旁，种植着果树"）等。

5）构思不完整，详略不当。开头写了一大半，说到重要的地方，该详细的却两句话带过，有时由于时间不够，结尾更是草草收场，犯了主题不突出、详略不当的毛病。

对于孩子作文中出现的以上这些问题，家长应该想办法多给予一些提醒、多一些帮助。其实，从应试的角度说，小学低年级作文当中的看图作文是最容易拿分的。它的窍门就是：先按照单个图片中所画的内容造句，然后将每个图片造出的句子串联起来，中间加上一些连贯的词语、加入一些描写和形容词等，这样就能达到基本的要求。

★中学阶段

记叙文和议论文是孩子在中学阶段最常遇到的两种作文类型，初中阶段更偏重于记叙文，高中阶段常偏重于议论文。下面我们分别看看这两类作文的情况。

△记叙文

中学作文当中，记叙文是最容易掌握的，它的窍门就是：

告诉孩子在写记叙文的时候先不要过于担忧能不能达到作文的字数，一口气把一个人（例如我敬爱的人）、一件事（例如我难忘的事）描述和交代清楚，然后再进行适当地修改和补充。这样的作文只要达到文字通顺就可以及格，如果文笔流畅，在技巧上下些功夫，还可以取得高分。

△议论文

一提起议论文，很多孩子都会觉得十分难写，特别是不知道怎么论证自己的论点，脑子里一片空白，缺乏有力的论据支持，感到面对话题，无话可说。其实，写作很重要的一点就是材料的积累。有了充足的材料，再加上一些连缀成文的功夫，何愁写不出一篇优秀的文章？可见材料的积累是作文的重要因素之一。

那么材料从何而来呢？家长可以帮助孩子通过以下几个途径来积累材料：

1）观察生活是积累写作素材的重要途径。

要在生活中做个有心人，善于思考，勤于积累，多看报纸杂志，关注时事热点、社会焦点话题，做到在生活中处处积累作文素材，何愁写作没有鲜活论据材料！

2）阅读课外书，借鉴别人文章中的资料也是积累材料的好方法。书籍是人类进步的阶梯，要学会善于利用前人智慧结晶的宝库。腹有诗书气自华，多看课外书，开阔自己的眼界，作文的时候自然有如神助，笔下生风。

3）熟读课文，把课文中的某些内容信手拈来有机地运用于作文当中，不失为写好作文的一种巧妙手段。不要忽略这一既方便又实惠的积累素材的途径，免得舍近求远，给自己构筑作文障碍。作文完全可以借鉴课内知识，尤其是写议论文，巧用课内论据，作文别有洞天。引用课文素材的时候，要注意多角度、有新意地引用，并且完全可以把自己学过的知识综合起来，融会贯通，针对一个话题，引用多篇课文里的材料来论证同一个道理。

总之，要写好一篇作文，不能凭一日一时的功夫，要在平时的学习中注重能力的培养，也要在平时的学习中注重材料的积累。不仅是在语文学习中积累材料，还应从各科的学习中积累收集材料，做一个有心人。

有了平时积累的材料，很多孩子还是写不好作文。我常常听见学生说："我觉得自己作文素材掌握得挺多，但为什么不能写出文笔优美的佳作呢？"

其实，如果只是掌握大量材料，在写作中不能把这些材料按文意进行巧妙地组合，没有运用材料的非凡能力，要想写出好文章也是不切实际的。掌握一些运用材料的技巧，对于写好议论文是很有帮助的。

家长虽然不能帮孩子写作文，但可以帮助孩子学会以下几种利用材料的方法：

1）将丰富的材料组合成排比的格式，使文章看起来文采斐然。将对一个事物的描写或评价的材料通过排比组合在一起，强化了内容，加重了感情，增强了语言的感染力。这个方法如果运用得当，很容易写出文采飞扬、气势磅礴的好文章。

2）将丰富的材料浓缩并营造出文学氛围，使文章具有文学色彩。可以让孩子在文章中恰到好处地引用杜甫、李白、陈子昂、李商隐等古代名家或莎士比亚、雨果、雪莱等国外名家的名句，于不露痕迹处体现作者较丰实的文学素养，营造出引人入胜的文学底蕴，使文章具有鲜明的文学色彩，从而感染读者，这就是营造文学底蕴亮人眼眸的魅力。

3）将丰富的材料聚焦并传达出历史积淀，使文章具有思想厚度。在文章中可以让孩子将历史的积淀和思想的厚度聚焦成段，二者相得益彰，让人领悟作者深邃的思想。这样的文章有较大的难度，但只要孩子多关心历史事件，多关心对它们的评论，就能为文章营造"精彩的亮点"。

4）掌握好运用材料的技巧。在积累了丰富、鲜活的材料的基础上，运用组合材料、浓缩材料、聚焦材料的方法，我们手中丰富的材料才能用得如鱼得水，我们手中的妙笔才能生花。

有了丰富的生活积累，又学会了如何运用这些材料，剩下的就是在语言和行文上下功夫了。议论文主要是用来讲道理的，因此很多孩子在写议论文的时候把注意力集中在如何讲道理上，尽管论点很正确，论据很充分，论证也很严密，然而语言却干巴巴的，没有一点飞扬的文采，让人读起来总是觉得不够精彩。那么怎样才能让议论文的语言有味道，余味无穷呢？家长们可以从以下几个方面帮着孩子入手试着练习，尝试让孩子的议论文语言丰富生动起来：

1）在修辞上下功夫，用修辞的魔法给语言添色。

有人曾说"修辞是作文的魔水"，的确如此。如果没有修辞，语言的形象就要减色，议论文也相应地失掉一定的色彩。结合具体情节运用修辞，既有助于阐明道理，又可增加文章的风趣和吸引力。假如长句、短句、对偶、排比、设问、反问这些修辞源源从笔下涌出，文章就会显得腾挪跌宕，波澜起伏。

2）注意形象的叙述和描写，使语言生动有趣。

议论文总是要通过议论来表达作者对社会、对人生的看法或意见，问题在于如何表达。孩子的议论文之所以空洞乏味，主要是由于抽象议论过多，不会巧妙地把议论包含在具体现象的叙述或描写之中。生活里的许多具体现象本身就很形象生动，假如在说理的同时借助文学手法，或描写，或叙述，化枯燥为生动，化抽象为形象，从而引起读者共鸣甚至叫绝，文章能不精彩吗？

3）注意积累新鲜的语言素材，使自己的语言富有时代和生活气息。

新鲜才有味道。如果语言人云亦云，老生常谈，人们自然会感到乏味。因此我们应该尝试让孩子们学会巧妙地引用或化用成语、俗语、古语、谚语、歇后语、流行的新语汇和流行歌曲的歌词于自己的写作中，并且不断丰富自己的词汇量。

总之，语言既可以耐人寻味，又可以使人味同嚼蜡。为了使孩子的议论文余味无穷，应该帮助孩子们用心去锤炼语言，掌握各种运用语言的技巧。

不管怎样，写好作文，都需要做好平时的积累。这里，给大家介绍一种好方法：可以让孩子每周抄写一篇佳作，细细揣摩其中的好处，消化吸收，并且模仿这篇佳作自己写一篇习作。对于这种方法，一位任教九年的中学老师十分赞同，他说：

> 要学好作文，除了多听、说、读、写外，家长还可协助孩子学习归类词组，例如将描写"快乐"的形容词和成语归在一起，让他们熟记和运用。此外，多收集模范文章和剪报，让孩子明白同样的题材可以有多种开头和写法，并鼓励孩子主动观察，养成写日记或者周记的习惯，如果无法写日记周记，也可以每周抄写一篇他人的好文章。

看来孩子提高作文水平虽然是件难事，但还是可以通过努力实现的。俗话说"世上无难事，只怕有心人"，只要我们家长能做个有心人，孩子作文难题的突破就大有希望。

书山有路勤为径，题海无涯巧作舟。做题很重要，巧妙地做题能提高孩子们的学习效率。

4. 数学：题海畅游有高招

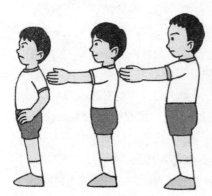

放学回家，扔下书包，吃完了饭，休息一小会儿，正想看看电视什么的，家长马上就会说："看什么电视，快点去写作业！"孩子只好回到自己的房间，拿起书本，开始埋头做作业。这恐怕是我们家长每天最熟悉的孩子们的生活状况了。

孩子们每天除了上课学习新的知识之外，更重要的学习任务就是完成作业，巩固已经学到的知识，并且举一反三，扩大自己的知识面。要做到这一点，一个很好的方法就是大量做题，特别是数学这个科目，更容易通过做题来巩固和提高，这就是俗称的"题海战术"。很多家长也特别喜欢看见自己的孩子拼命做题，觉得只要题目做得多，自然就学得更多，考试当然能拿高分。

可是，让孩子们一味埋头题海，没有明确目的、没有指导方法地做题，真的能有效果吗？其实这样只会增加孩子的学习负担，不但不能得到好的学习效果，反而会挫伤孩子们的学习积极性，造成厌学情绪。

在本节里，我主要和大家讨论关于孩子如何做好数学题的问题，帮助孩子学会畅游题海的高招，不是多做题，而是巧做题。

基础题、中等题、难题，分层次做题效果最好

孩子们遇到的数学题在难度上是有所区分的，一般而言可以分为三种类型：基础水平的题、有一定难度的题和较难的题。孩子每天都会做很多的题，怎样做题才是理想的结构呢？孩子理想的做题结构应该是基础题最多，有一定难度的题次之，较难的题又次之，形成"金字塔型"结构。如何帮助孩子根据自己的水平，选择适合的题目，可以说是一个根本的问题。

有的家长喜欢让孩子做一些比较难的题目，觉得难题会了，简单的也就会了，其实不然。指导孩子做题，在难度的选择上应该从低到高，选择符合孩子实际水平的题，不应该好高骛远。那么孩子的实际水平应该怎么确定呢？家长可以用孩子在班级内的大致名次作为主要的参考指标，并通过对孩

子平时的表现情况、作业情况，根据老师的评价，全方位权衡后来确定。通过这样给自己的孩子定位，就能比较准确地估算出他的实际水平，有效避免主观性。

一般来说，做数学题比较理想的层次结构是"金字塔型"，也就是说，要做最难的题，就应该有扎实的基本功作为基础，先让孩子多做基础题。平时把基础题做好了，降低了错误率，提高了做题水平，这时候才能向更高水平的题进军。如果对孩子估计太高，置基础于不顾而让他盲目做难题的话，往往得不偿失。

当然，每个孩子的情况不同，具体情况还要具体分析。比如那些基础已经比较好，对付一些较难的题目已经相当轻松的孩子，家长就要好好考虑一下是否再将孩子做题难题提升一个水平。当然，如果要提高到难题的水平，也不要铺开了做，而要有目的地选择一些题来做。因为，在考试中难题仅仅是少数，不要因为过度关注难题而忽视了对考试中基础题的重视。

一位以高分考入北京大学的孩子谈了他对做题的看法，他认为，做题一定要分层次。低层次的题要多做，高层次的题要少做。不能乱做一气。他说：

> 很多读理科的同学都觉得做足够多的题是学习好的保证，尤其是数学，但我做的题却并不是很多。我更看重题目的层次。做题的目的是为了提高解题能力，如果总是在同一水平的题海里来回游，能力肯定提不高。
>
> 我首先把题目分为四种类型：第一类是基础题、课内练习题；第二类是稍有提高的题目，有一定灵活性，需要发挥技巧；第三类是高考水平的题，不仅要有技巧，还要求知识系统连贯；第四类就是竞赛水平的题目了，需要更高的知识水平和思维能力才能解出来。一般说来，我做题是从低级向高级发展，从不跨越。当我觉得某一类型的题做熟了，才会做更高一级的题。因为这个时候，我相信我的水平已经达到做更高一级题目的要求了。

有的家长可能会产生疑问："不做前一个阶段的题，大量做后一个阶段的题，会不会将已经熟练的东西变生疏呢？"其实这种担心没必要，只要你的孩子不是经常出错并且仅仅是做错了而不是不会，就可以放弃这个水平的题了。举例来说，比如你的孩子做了大量的题，只有两道题做错了，你还会仅仅为了这两道题的小错误又让他去做同样水平的另外几十道题吗？与其让他不断重复，还不如利用这些时间做难一些的题目。

在当前题海环境下，家长指导孩子做题最好还是要有一定的计划，先选好题目，定下做题的顺序。至于如何选择习题这个问题，如果家长不太有把握，还可以请教请教孩子的老师，寻求老师的帮助。

如果以前你是让孩子拼命做题的家长，快停止吧，赶快帮助孩子学会循序渐进地做题。

破解解题思路，做一题懂十题

家长都知道，学数学就应该让孩子大量地做习题，但仅仅做题是不够的，做题是为了掌握解题的思路，从而节约时间，提高效率，通过做一题而掌握整个这一类型的题，通过大量做题从中总结出一个个解决问题的巧方法。

有这样一位成绩很好的孩子，她的学习方法，对待习题的态度与大家都不太一样，但却很有效。其他的同学都在埋头一道一道做题的时候，她却在看题解。为什么她会这样做呢？她是这样回答的：

> 我觉得做题、解题很费时间，一道一道做题很不连贯，而题解有一个好处，它把一种类型的题目都归列在了一起，然后给出不同的解答方案。你可以很清楚地知道，这一种类型的题目一共有几种解法，哪一种解法最省时间，在缺少什么解题条件的时候最适宜采用哪种解法，仔细分析这些，我觉得从中可以得到比盲目多做题更多的启发。

> 每当我看完题解中一章内容的时候，我都会归纳出那些值得注意的要点，然后把它们集中记在一个小本子上，有空的时候，拿出来翻翻、看看、想想，及时记忆。把题解中的东西弄懂弄透了，再去挑选一些精编上的题目做，这样，慢慢就觉得做题时的思路理顺了，解题速度快了，解题能力自然而然也就提高了。

家长也许会说，上面这位爱看题解的女生不怎么做题效果同样好，主要是人家基础好，我的孩子可不一定。我想不管怎样，这个例子告诉我们，做题最重要的是方法的积累。其实对于那些基础较扎实的孩子，我建议家长让他多去看一看题解，无须花费很多时间，只需了解一下它的解题思路和基本步骤，这样万一在考试中碰到了很难的题目，也不至于无所适从了。

另一位孩子虽然没有大张旗鼓地看题解，但他的经验同样是要关注解题思路，而不能没有目的地盲目做题。在他看来，一段时间总结一下解题思路和技巧会得到一种和做题不一样的乐趣，通过看题目可以归纳出解答一整类题目的方法，这样就能节省一大块做题的时间。他在做每一道题的时候，都会在旁边批注上他自己归纳的一些解题技巧。有时候，他故意不将解题的全过程详详细细地写出来，而只是写上解题的关键思路。因为他认为，许多问题只要抓住其特点和关键，解答起来就有规律可循。

看到了吧，只要掌握了方法，数学不是那么可怕。各位家长千万不要看到孩子埋头做题就高兴，看到孩子三两下做完了作业就生气。因为有些孩子虽然刻苦，但是用的是笨办法，未必能取得好效果。有的孩子找到了学习的窍门，用的是巧劲，便能学得又好又轻松。习题是永远做不完的，关键是要掌握方法，这样才能让孩子在考试中稳操胜券。

做题也有"详略得当"

花在每一道数学题上的时间不是平均分配的，做题有"详略"之分。作为家长应让孩子学会对不同的数学题采取不同的做法。一般来说，综合题应重点寻求解题的方法，分析题目所属的类型，烦琐的演算过程可以略去，这样有更多的时间去见识更多类型的题目。对那些基础题、典型题则应该全面、扎扎实实地练好解题的基本功。

以优异成绩考入北京外国语大学就读的一位孩子告诉了我他做综合类数学题的一些感受：

> 对于综合类的题目，我大多采取略做的办法，重点寻求解法，分析归纳题目的类型，具体计算过程一般都没有写在作业本上。这样可以寻找解题的规律，获得解题的经验。因为不同类型的题目是从各个不同的侧面来反映基本概念的，见得多了，对定理、概念的理解就会有所帮助。

> 我在解综合题时，一般不忙着下笔，而是先仔细理解题意，再考虑一下题目属于哪一种类型，一般应该采用什么方法来解。明确了思路，我就在草稿纸上计算，把关键性的几步写下来。

> 当然，综合题中难题比较多，有时反复思考还不一定做得出来。这时不要去死钻，可以先放一放，分析一下自己不会的原因，是概念不清楚还是方法不对。

综合题的"略做"是可行的，但综合题的略做是建立在基础题的全面掌握基础上的，只有牢固掌握基本概念、基础知识，才能更好地解综合题。家长不要误以为综合题与基础题是对立的，两者既相互促进又相互补充。虽然相对于综合题而言，套公式的基础题很容易，但不要小看它们，做好这类题对孩子熟悉定义、定理、公式都有很大的帮助，而熟悉定义、定理、公式又是做好综合题的基础，因此详做基础题是非常重要的。

总之，不论是详做还是略做，都是为了加深理解概念，获得解题经验，提高分析问题、解决问题的能力。对于家长来说，帮助孩子打好基础，学会分清主次，才是最重要的。

家长肯定也知道，在数学考试中基础题孩子们都能拿到分数，真正拉开孩子之间分数差距的还是最后的几道大题，也就是大家口中的"拉分题"。坚持做好"拉分题"，是基础比较好的孩子取得考试成功的一大"法宝"。

由于这类"拉分题"一般难度较大，做起来很费时间，所以每次让孩子练习的量都不宜太大，而且选择的类型要典型、全面。做了一段时间的"拉分题"后要提醒孩子进行小结，把解题的方法进行汇总，并选取能同时运用上两三种方法的试题进行综合能力的训练，进一步巩固、熟悉解题方法。

如果你能让你成绩优良的孩子坚持每天都做几道拉分难题，相信他一定能取得更大的成效！就像一位因此受益的孩子说的那样：

> 也许你觉得一个晚上做四五道题挺浪费时间的，但我觉得做四五道稍难的题比你飞快地做100道简单的题更有用，更有帮助。

为孩子选择一些具有代表性的各种典型题吧，这样不仅能让他将学到的基础知识融会贯通，而且有助于他提高解题能力，避免陷入"题海"。

提速就是提分

近年来的高考数学卷有一个特点，就是量大——不仅考会不会，还要考速度快不快。从这个角度来说，做题速度的提高也就等于分数的提高。因此，做数学题，"快"是取得好成绩的一个基本指标。

就像一位孩子说的那样，5分钟解一个选择题和30秒解一题，其效益差异是很大的。那些5分钟解一个选择题的孩子，考试时间的紧张可想而知，所以，应把"快"放在前面。但光"快"也不行，快是快，但错误百出，这样的"快"毫无意义。"准"是取得好成绩的另一个重要指标。对于这两个指标，就读于北京大学的一位孩子说了他的做题感受："我做题一般先求'快'，力求做完，再求'准'。很多人高考数学做不完，就是由于速度太慢。在考试中，时间就意味着胜利。"

做数学题的两个基本指标是快和准。在向这两个目标迈进时，不妨告诉孩子像上面的那位孩子一样先求快，再求准。但快和准又是一对矛盾，快了就易出错，讲稳又容易慢。正如另一位同样以优异成绩考入北京大学的孩子所言：

> 数学的关键是"速度"与"质量"之间的协调。高考是既考速度，又考质量的，要求你做得又快又好。有时，做题快了，会影响做题的质量，出错较多，而要想把题做好，又得多花费时间。这是互相矛盾的两件事物，要想处理好它，就需要在日常的学习中多下苦功夫，既要锻炼做题速度，又要锻炼做题的准确性。

不过，家长们肯定也发现，孩子平时在学校学习又稳又准地做题上办法很多，在提高考试做题速度上则似乎招数有限。

下面我给大家介绍几个方法，教一教孩子们用它们提高自己的做题速度，说不定比做100道题还有用：

△记时作业法。

每次做作业的时候都可以给孩子规定一定的时间，要求他在规定的时间里完成，并渐渐将规定的时间缩短，帮助他提高做题的速度。

△定时操练法。

去书店买来一些印成试卷式的大开本的卷子，定好时间，考一考孩子。如果考卷上注明考试时间是120分钟，可以为他定时110分钟，规定他提前10分钟完成。等孩子基本能在110分钟内完成全卷了，家长又可将时间缩短为100分钟。就这样，慢慢缩短孩子的做题时间。

△技巧试验法。

就是在平时做题时，也要让孩子大胆尝试各种技巧，比如，先做会做的，后做难题；又比如从后往前做，等等。反正是做练习，就算失败也没什么关系。在反复试验中帮助孩子逐渐找到一套适合自己的节省时间的方法，慢慢摸索出提高速度的一套方法来。

经过一段时间的强化训练，孩子做题的速度一定会有很大提高。速度提高了，考试时心里不慌了，面对考卷就多了几分信心和底气。做题做得又快又准，孩子的分数当然也就上去了。

清华学生的六条解题方略

一位清华大学的数学题解题高手对于如何解答常见的数学题，有自己的一套"解题方略"，她的解题方法归纳起来大致有六条：

1. 回忆以前是否碰到过类似或同类型的题目。
2. 想一想这道题考查的是哪个或哪些知识点。
3. 此类题通常采用哪种可行方法？基本思路是怎样的？
4. 自己解题的推导过程是否合理，逻辑是否严密，考虑是否全面。
5. 检查得到的结论是否合乎逻辑。
6. 总结此题对自己以后解题有什么价值。

应该说上面的解题方法考虑很周到，家长可以让自己的孩子试一试，相信也能取得不错的效果。

数学需要多做题是无可厚非的。但多做题并不意味着让孩子见什么就做什么。做题是学习中必不可少的环节，它能把知识在头脑中加以巩固，使其融汇贯通。但是做题也需要有原则，盲目地大量做题是一种资源的浪费。下面再给大家归纳一下孩子练习数学题时可以试一试的几种原则。

△**典型性。**

孩子在练习时应选取具有广泛性的能代表同一类型的题来做，这些有代表性的题目，才能帮助孩子比较扎实地掌握相关知识，并打开解答各类题目的思路。相同类型的题目不必做太多。

△**目的性。**

如果孩子对某一方面的知识感到学习比较困难，平常就应有意识地多找这方面的题目让他练习，而对那些学得较好的知识就可少花些精力。这样可以帮助孩子集中精力攻克难关。

△**适合性。**

如果孩子水平比较高，普通程度的题对他来说已没有多少难度，家长可找些难度大、层次高的题让他来做。但如果孩子的数学水平只是中等或者更低，就需要瞄准那些中低程度的题，把它们搞懂。如果放弃中低档次题，一味追求难题、怪题，结果很可能是一事无成。孩子做题需要量力而行，要循序渐进。

此外，让孩子做练习题应该做那种有答案的题，没有答案的题最好不要让孩子做。因为没有答案，不利于孩子自我检测，也不利于家长检查，难以真正提高做题效率。

看到这里，各位家长们可能恍然大悟了。啊，原来我家的孩子虽然很刻苦用功，做了一本又一本练习题，可数学仍是老大难，每次考试分数都不高，就是因为没有掌握好方法的缘故！是的，那些在高考中取得数学高分，甚至是满分的孩子并不是比别的孩子特别聪明，或者是每天用功到深夜，而是用了巧劲，四两拨千斤，掌握了正确的做题方法。拥有了畅游题海的高明招数，自然会学得又好又轻松。家长们可以教会孩子们根据自己的情况，选择适合自己的方法，高效快速地提高自己的数学水平。

从幼儿园开始就给孩子报名参加各种英语班，在学校也学了这么多年的英语，可孩子的英语水平就是上不去。现在这个社会，英语不行可是大问题，这可怎么办？

5．疯狂英语说说说

原来我们学英语的方法都错啦

可能对很多家长来说，孩子的学习问题当中最令人头疼的就是英语了。可以理解，学一门语言本来就很难，毕竟英语还不是我们的母语。除了在学校课堂上的学习，孩子平时也很少有练习英语的机会。可是孩子英语学得不好不行啊！现在这个社会，不管是考大学还是找工作，或是出国留学，英语水平都是那么的重要。英语学习可关系到孩子的前途啊！

说实话，孩子学英语也挺辛苦的，花的力气可不小，从小学到中学再到大学一直在学，毕业以后参加工作了还是不敢放松。虽然辛辛苦苦了五六年甚至十几年，可英语水平还是不见有多少长进，应付个考试还马马虎虎，可一到实际应用就捉襟见肘——英文报刊和书籍看不懂，英文电影听不懂，写篇百字的英语作文要费九牛二虎之力，与"老外"交流就更狼狈了，经常是老外说的话他听不懂，他说的话老外也听不懂。

为什么会出现这样的局面呢？问题主要出在方法上。按照日本语言专家七田真的说法，只有 5% 的人在学习英语时使用了正确的学习方法，而其余95% 的人使用的都是错误的方法。仔细想一想，说的还真有些道理。现在，几乎每个上过学的人都学习过英语，可是在我们周围英语水平高的人却凤毛麟角。为什么会这样呢？因为绝大多数人都成了错误的英语学习方法的牺牲品。然而，这些错误方法至今还在孩子间广泛流传，还在深深影响着大家。

其实，语言是一种习惯，更是一种技能！技能型内容和知识型内容的学习方法是不一样的。学习知识型的内容更多需要用"脑子"，比如学习数理化，孩子必须动脑筋去攻克一道一道的题，只有深刻地理解和掌握一些基本的原理和法则后才能搞清楚里面的问题，否则肯定学得似是而非、稀里糊涂；但对于像英语这样技能型的东西，更多的时候需要的不是孩子动脑筋去做题，而是需要他花体力去"熟练"，只有反复地训练才能提高自己的水平。就好比开车一样，有着上万公里甚至几十万公里驾驶经验的老司机肯定比牢记了各种驾驶要领却没开过几天车的新司机水平高。

为了让孩子更好地学习外语，有条件的父母会将孩子送到以这门语言为母语的国家去，要学英语就去英国或美国，要学法语就去法国，要学德语就去德国。这种方法的确很有效，因为孩子处在那样的语言环境中，有了得天独厚的练习环境。比方说孩子到了英国，在那里他时时刻刻接触的全都是英语，一个词或一个句子第一次接触时可能没有听明白，第二次接触时也可能留不下多少印象，但如果他能够听到或看到十几次，而且天天如此，掌握这个词或这个句子就不在话下了。所以很多去国外留学回来的孩子，外语都非常好。

可是并不是每个孩子都有这样的语言学习条件，不是每个家庭都能将孩子送到外国去留学。对于大多数的家长来说，我们没有办法让孩子出国去学英语，那我们该怎么办呢？

不用担心，指导孩子学英语是有办法的。作为家长，绝不能把英语当作一门科学来让孩子学，绝不能让孩子像解答数学题一样去处理英语的问题，不要让孩子在不经意间就步入那95%用错误的方法学习英语的人之列。记住这一点吧，学习英语需要的不是用脑筋"攻读"，需要的是"熟练"。其实英语并不像学习科学学科需要孩子动很多的脑筋，要让孩子把学英语当作一个体力活，尽可能多地去听、去读、去写、去说。相信你的孩子对英语接触得多了，实践得多了，英语水平自然也就会不断提高。

下面我们就一起来看看，我们可以怎样帮助孩子提高英语水平。

剑桥英语怎么学

为了让孩子从小学好英语，许多望子成龙、望女成凤的家长，早早地就给孩子报了剑桥少儿英语班。可家长们真的了解剑桥少儿英语班吗？

先来为大家简单介绍一下《剑桥少儿英语》。它是专门为6到12岁的少年儿童设计的英语教材，根据这个年龄段孩子的认知能力和心理特征，在内容和形式上突出了"活泼、有趣、轻松、连续"的特色。剑桥少儿英语根据孩子的不同学习水平，共分为预备级、一级、二级和三级等四个级别。据说，如果孩子考到剑桥少儿英语三级水平，他的英文水平就相当于初中毕业生的了。

了解了剑桥少儿英语的特点，家长就应该有的放矢地帮助孩子学好剑桥少儿英语。剑桥少儿英语很注重孩子的听、说、写能力，家长也需要帮助孩子攻破听力、口语、读写三大关。

帮助孩子突破听力关。

想要让孩子学好英语，听是一个主要的途径，练好听力是孩子学好英语的首要环节。大家都一定有经验，一开始学语言，第一感觉就是听。当孩子每听到一个新的词句，都会有意识去模仿，一遍又一遍，直到能将它准确说出来为止。《剑桥预备级》里有许多的节奏歌和歌曲，家长可以督促孩子反复认真地听配套磁带，边听边唱，在孩子边听边唱的时候最好将他所读所唱的内容全部同时录下来，这样通过对比，就能够及时纠正语音语调的错误，时间一长，孩子的听力及对单词和句子的应用都能够得到很大的提高。

帮助孩子攻破口语关。

练好口语是学好英语的重中之重。口语注重语言的运用，锻炼口语的目的就在于培养孩子们的语言交际能力。要鼓励孩子敢开口，不要怕说错。许多孩子刚开始学英语，怕自己说的不对，都不太爱说，家长应多给他们一些鼓励。例如在课堂上，告诉孩子一定要抓住老师给予的发言机会，表达出自己想说的内容，同时认真听其他同学的发言，既锻炼听力又锻炼口语。其实《剑桥少儿英语》中的多数对话都源于现实的生活，因此如果有条件的家长，完全可以和孩子在家中自然地练习其中的内容。通过这样的练习，孩子的口语表达能力就会不断提高。

督促孩子突破读写关。

突破读写关是吸收和运用语言的必要途径。都说记忆的最佳时间是早晨，可以在早晨给孩子安排 10-20 分钟的早晨读英语时间，并督促孩子把已经读熟了的文章背下来。这样日积月累，就会使孩子词汇、语感不断丰富。写作是英语学习中最难的部分，需要大量、长期的训练。一开始，孩子肯定写不出完整的文章，我们可以让孩子先从短句子写起，先练习写三句、五句，然后逐渐增加到十句、二十句，这样反复练习，孩子的英文写作水平就一定能慢慢提高。

听力、口语、读写三道关是紧密相连的，它们在剑桥少儿英语学习中也是缺一不可的。孩子学英语都会遇到听、说、写的关口，只要家长们帮助孩子下功夫，学好剑桥少儿英语就不成问题。

家有小学生，创造语境学英语

家长们应该在平时给孩子创造练习英语的环境和条件，让孩子们在生活中学英语。

让孩子的生活中充满英语有很多办法，首先我们可以让孩子收集日常生活中经常使用的英文，反复操练，直至脱口而出。有条件的父母一有机会，可以创造一定的语言环境，诱导孩子用英语对答。例如可以帮助孩子总结一些情境对话，并且想办法创造这样的情境让孩子练习。

在和孩子对话的过程中，父母的要求不宜过于苛刻，不要过多地纠缠于语法是否正确，只要孩子单词对即可。和孩子的英语对话关键是要反复操练、反复提醒，不断鼓励和表扬，让孩子充满成就感。

读小学的孩子有很多学习外语的优势，比如说，他们很少为语法去纠缠或者想不通，他们的记忆力和模仿力都很强，他们容易受到外界的鼓励，等等。如果引导正确，小孩的英语进步会非常快。

有一段时间我曾经每天都会从一家小商店门口路过，老板有个十岁的小孙子，他很喜欢学英文。但由于学得不多，他常常只会说一些简单的单词和固定的几句没有意义的话。于是，我每天上班的路上就在小商店买早餐，趁机教他一句简单的英文，下班的时候再到小商店检查他是否学会了上午教的内容。结果他学得非常快，而且主动联系生活。比如有一次，我教了他一句："You did a good job.（你做得很好）"他便笑着问我："如果我爷爷卖出了很多东西，我也可以这样对他说吗？"可见有了一定的语言环境，孩子自发的学习热情有多么强大。

运用情景对话的方式帮孩子学英语，只要每几天能够保证掌握一个句子就可以了。这种方法能大大扩展孩子的英文能力。如果孩子每到一个特定的场合都能脱口而出那个场合下最合适的句子，那是多么令人兴奋啊！

此外，让孩子积累一些英语的谚语，也是个非常好的办法。这样让孩子学英文的同时，还能懂得许多道理，学会做人。

坚持为孩子创造学英语的环境，大概只要两三年时间，孩子就能够脱口而出至少三百个左右的句子，这必将为孩子将来学好英文打下良好的语感基础。

家有中学生，听说兼顾学英语

英语对个人来说实际就是一种与人进行交流和沟通的技能。和其他许多的技能一样，要想熟练掌握和运用它，就必须进行大量的练习。比如，如果你想成为乒乓球高手，就必须天天去练习；如果你想成为游泳高手，就必须经常到游泳池或大江大河里去游泳；如果你想成为钢琴高手，就必须经常练习弹奏。同样，孩子要想成为英语高手，频繁地"练"是少不了的。

当孩子在小学阶段已经打好了一定的英语基础后，到了中学阶段，家长首先应当帮助孩子练好两块肌肉——发达的听英语肌肉和说英语的肌肉。

发达的听英语肌肉。

许多孩子在学习英语的时候都忽视了耳朵的重要性，正是由于听的太少，听的能力也就练得不够。听都听不懂，又怎能和别人交流？所以说，英语不应当仅仅是用眼睛来学，同样应当用耳朵来学。但我们的孩子大多还仅仅会用眼睛盯着教科书上的铅字来学英语。

科学研究表明，每个国家的语言都有各自不同的音域频率，英语和汉语的频率存在较大的差距，英语的频率比较高，而汉语的频率比较低。在日常生活中，孩子大量接触的是低频率的汉语，这对于他学习英语是很不利的，听英语时耳朵就会变得不太习惯也不太敏感。要想使孩子们的耳朵也能对高频率的英语习惯和敏感起来，就必须有针对性地让他们练好耳朵中听英语的肌肉，使它们能够发达起来。

想让孩子们练就发达的听英语的肌肉，没有什么特别的方法，只要督促他们坚持长期不懈地去听就可以了。但是对于每天听的时间有一定的要求，一般每天不应少于一个小时。

发达的说英语肌肉。

解决了听英语肌肉的问题，我们就要帮助孩子练就发达的说英语肌肉。许多孩子学习英语都是学的"哑巴英语"，习惯在那里默默地读、默默地看，这是一个很不好的习惯。疯狂英语需要说，说，说！

学过英语的人一般都会有这样的体会，说英语与说汉语所使用的舌头部位是不同的。的确，由于语言的不同，发音部位也存在着较大的差异。我们每天都在说汉语，因此说汉语的肌肉是很发达、灵活的。但由于很少说英语，所以一般说英语的肌肉都不发达和灵活，接触英语时间不长的孩子更是如此。

要让孩子练就发达的说英语肌肉也并不困难，但同样需要长期不懈的练习。许多孩子学英语不愿意读出声来，这是不对的，要教会孩子在学习英语时一定要大声读出声音来，不要像蚊子哼哼一样。你会发现孩子大声读和小声读的效果是有很大差别的，不然李阳的疯狂英语怎么会受到那么多英语学习者的欢迎呢。另外还要注意让孩子在读的时候掌握方法，不要在那里凭着自己的感觉乱读瞎读，这样的读不仅起不到任何作用，还有可能让孩子的发音越来越有问题。大声读英语一定要跟着录音或磁带去读，要让孩子尽最大可能去模仿英美人的发音，尽量做到不走调。

"重复"是学英语的利器

孩子的两块英语肌肉练好了，家长不要以为一切就完工了。想让孩子学好英语，除了要长期坚持不懈之外，还要鼓励孩子重复练习。

学习英语主要靠记忆，而记忆本身就是一个重复的过程，要想让大脑牢牢记住一个东西，就必须反复地给大脑以这样的刺激，因为想通过一次的接触就把看到的东西都记下来，这几乎是不可能的。所以，要告诉孩子，学习英语时必须遵守"重复"的原则。

举个例子来说，"very good"（非常好）这个句子，只要是学过英语的人，百分之百都能够张口就说出来。这是为什么？因为我们对这个句子太熟悉了，我们几乎每天都能遇到它，换句话说，也就是这个句子我们重复了太多次。看来，因为重复所以我们会感到熟悉，又因为太熟悉所以能够不加考虑地张口就来。

家长通常都会认为孩子学得越多，英语就会学得越好。于是，许多家长就逼着孩子去学习不同的英语材料，什么《逆向式英语》《剑桥英语》《疯狂英语》《新概念英语》，等等。许多年下来，孩子学的英语花样不少，时间没少花，家长学费没少交，可是效果却总是不太理想。实际上，要想学好英语，并不在于家长给孩子使用了怎样的教材，也不在于孩子学了多少的材料，关键是要让他通过学习将所学的东西变成自己的，最后都能像说 "very good" 一样，可以脱口而出，无须再用脑子去思考。

为了让孩子真正将学到的东西变为自己的，"重复"是最有效的方法。孩子在学习古文时，我们常会告诉他们"熟读唐诗三百首，不会作诗也会吟"，学英语也是同样的道理。我们可以引导孩子在学习一篇英语课文时，重复地听，重复地读，重复地练，50 遍、100 遍乃至 300 遍地进行重复，经过这种大量的重复，所学的东西自然就会进到孩子的脑子里，所学的句子也就自然成了他自己的句子，用的时候就能够信手拈来。

"重复"是学英语的利器，但在让孩子们使用重复法学习英语时，有一点需要注意，开始时选择的课文不能太多，课文也不宜太长，想让孩子"一口吃成个大胖子"肯定是不可能的。但所选择材料的重复次数一定要多，而且多多益善。只有对每篇课文、每个句子有了足够多的重复，这些课文和句子才能在孩子的大脑里留下深刻印象，才能使他难以忘记。给大家举一个我亲身经历的例子：

> 我曾经辅导过朋友的孩子学习英语。我接触他的时候，他是一个初中生，在他们的年级里英语水平算是中等偏上的。我根据他的实际情况，决定和他一起学习《新概念英语》第二册。我指导他用重复法学完了要求他学习的内容，他的英语有了突飞猛进的提高。他的英语达到了年级最好的水平，而且每次英语考试都能在半个小时以内结束战斗。他的进步让人不敢相信，相比之下，他们年级里那些学完了《新概念英语》四册书的孩子效果要差许多。我想了想，其中的差距往往就在于那些学完四册书的孩子把所学的东西基本上都忘光了，而朋友的孩子虽然只学了一册书，但通过足够多的重复，将他所学过的东西都变成了自己的东西，不会再忘记了。

如果你的孩子有了这样的英语底子，你还会发愁他的英语学不好吗？

很少有孩子会认真读教材、研究教材，教材的利用只限于上课老师讲课。其实，教材多是各方专家智慧的结晶，教材中充满真经，不好好利用真是太可惜了！

6. 熟读教材，教材里面有真经

有一项调查表明，现在孩子们的书包非常沉重，一个小学五年级的学生，他的书包居然重达 4.5 公斤！我们每天都能看到，孩子们清早起床，匆匆忙忙赶到学校上课；一天七节课满满当当地排下来，语文、数学、英语、物理、化学等科目一个都不落。到了傍晚，孩子疲惫地回到家中，匆匆忙忙吃完晚饭，又要花上三四个小时写作业。孩子们的负担真是太重了！

在这样的学习压力下，孩子们每天光是上课写作业都忙不过来了，想要读点课外书，扩大一些知识面，增广见闻，真的是要像挤海绵一样的挤时间。要是孩子没有掌握好的学习方法，在课堂时间不能很好地掌握应该学到的知识的话，就更要花费额外的时间和精力来学这些课内的知识，想要提高素质、多方面发展就更困难了。看到孩子这么累还学不好，恐怕最心疼最着急的就是家长们吧。

那么，如何才能让孩子利用有限的时间和精力，在课堂和作业的时间里就把课内的知识牢牢地巩固起来，用最大化的效率来学习呢？有一个很好的方法，那就是充分利用课本，熟读教材，因为教材里面有真经。

比如说，语文教材里边选用的课文，都是许多语文教育专家和文学家精心编排、万中选一的名家名篇，把这些美文好文读熟读透了，不但能掌握生字生词、优美的语句、作家作品的知识，还能够琢磨出蕴含在课文里的写作技巧。又比如说，物理教材里边选讲的例题虽然简单，但都是最基本的概念和公式的阐释，只要把这些例题摸透了，再根据老师课堂上的讲解，尝试去解答更高一个阶段的习题，自然就能牢牢地把课内知识掌握住了。

让我们接着上一段的内容，用英语教材中的阅读为例，结合高考来看看，怎样帮孩子学会有效利用教材中的阅读材料，从而培养和提高他们的阅读能力。

我们知道，教材中的阅读材料是用来培养孩子们阅读能力的语言载体。但在平时的英语教学中，有些老师也把它看成语言知识，当成了精读课来上，注重了语言知识的教学，而忽视了对孩子们阅读能力的培养，其实这背离了教材编写者的初衷。这样一来，为了培养和提高孩子们的阅读能力，老师还要花费大量的时间和精力，选择不同类型的材料对孩子们再进行各种阅读强化训练。其实，我们完全可以教会孩子利用教材中的阅读材料，在获得语言知识的同时，让他们也得到阅读能力的训练和培养。

1）利用教材中的阅读材料强化对词义的理解。

训练孩子们正确理解词义和句意是提高阅读理解的基础。因为文章是由具有意义的句子构成的，而句子又是由最小的语言单位单词构成的。因此，在阅读材料中让孩子进行词义和句意理解的训练是提高他们理解文章水平的基础。任何单词的理解都离不开所在句子的语言环境；同样，任何句子都不是孤立存在的，都是与文章的中心与主题相联系的。因此理解它们也不能脱离所在的语境。

我们可以这样让孩子来进行词义和句意的阅读训练：首先让他们快速浏览课文内容，然后将课文中的一些句子单独抄写出来，给他几分钟时间进行独立思考，并注意理解句子中画线部分在特定语言环境中的意义。通过讨论理解其所在语境中的意义，从而为孩子们更好地理解课文内容扫清障碍。经过一段时间这样的训练，在考试的时候碰到阅读理解题和完形填空题，孩子就能轻松地完成了。

2）利用教材中的阅读材料进行细节理解的训练。

细节阅读训练是指对所阅读的材料中的某句、某段或某一具体细节和事实进行提问，并要求作答的题目类型。这种题型在历年的高考试题中所占比例最大，分值也较高，是高考试题中基础性的题目类型。这类题目一般比较好得分，只要仔细阅读，都能在文中找到明确的答案。

针对这种情况，我们可以引导孩子们在平时的学习中根据所读课文的题材，从不同的角度去注意细节。故事、传记等题材的课文，应要求孩子紧跟贯穿全文的主线，注意时间关系和人物的年龄特征以及人物之间的关系；关于社会、文化、科技、经济等题材的课文，就要求孩子注意文章中出现的事物的名称、日期、数学、距离等。地理历史等题材的课文，要注意地理名称的分布、河流的走向、历史事件中的人物、发生的地点及年代等。在让孩子快速阅读之后，根据课文的内容及细节进行设题提问。

3）利用教材中的阅读材料训练推理判断能力和把握作者写作意图的能力。

推理判断题要求孩子们透过文章表面文字信息去推测文章隐含的意思，也就是言外音，话外意。这就要求孩子对文章的情节发展，以及作者的态度、意图等做出合乎逻辑的推理和判断。这类题目在近几年的高考试题中在逐年增加。

推理判断题是用来考查孩子概括全篇内在逻辑关系和进行推理判断能力的。孩子在学习的时候，我们应该引导他们注意根据已知的信息进行推理判断，要学会如何捕捉信息，抓住主题和寻觅细节，进行逻辑推理。对于暗含在文中事件的因果关系、人物的行为动机，以及作者未言明的倾向、态度、意图、观点等进行合乎逻辑地推理、分析和判断。要让孩子学会抓住文章的实质性的东西，不要被带有假象的表层信息或似是而非的东西所迷惑。要让孩子学会在推理作者的意图或观点时，不要固守自己的习惯看法，力求从作者的角度去思考。

这一点也可以通过熟读教材来达成。首先让孩子在对课文进行了细节训练之后，提出几个有关课文内容和作者写作意图的问题，先进行独立思考，然后逐一进行对照。对于这样具有一定难度的问题，孩子可能一时无法从课文中找到答案，在进行训练时要适时加以指导，或者在无法解决的时候，让孩子及时向老师请教。

4）利用课文中的阅读材料进行主旨大意归纳能力的训练。

此类阅读理解题目是考查孩子对文章主题或中心思想的领会和理解，即考查他们概括和归纳文章大意及中心思想的能力。主旨大意题目的命题方式一般有两种：一是主题问题，即段落大意；二是标题问题，通常会要求孩子们选出或写出最适合这篇文章的标题。

这两类题目难度较大，孩子在考试的时候出错率较高，也是能拉开考生档次的题目。近几年高考中此类题目所占比例越来越大。

当孩子做这类题目的时候，我们应该指导孩子摸索出做题的方法。一般说来，一篇文章中，主题句往往出现在段落之首，用来表达一段文章的主旨大意，起到开门见山、引人入胜的作用。但主题句受作者写作风格的影响，其位置也不固定。有时放在中间，成为段落语义的核心。有的甚至出现在文尾，将主题引向高潮，成为一个强有力的结论，起到画龙点睛、深化主题的作用。也有些文章或段落不容易找到明显的主题句，需要孩子们去归纳、总结和概括。

另一类主旨大意题要求孩子根据文章的内容选择一个合适的标题。这是对所读文章高度的概括和总结。做这类题目只要找到主题句就不难确定文章的最佳标题。

要进行这方面的训练，可以教会孩子这样利用教材：

△选择一篇课文，给出自然段的编号，并且归纳各自然段的大意；

△让孩子给课文分段，然后归纳各段的段落大意；

△归纳整篇文章的中心思想。

看到这里，大家应该明白了吧？教材不仅仅是课堂上使用的课本，还可以用来对孩子进行各方面能力的培养和训练。不单是英语，其他的科目也是一样，只要让孩子把教材读熟、读透，带着明确目标用各种不同的方法，从各种不同的角度来熟读教材，孩子们就没有必要去花费额外的精力和时间去巩固这些本应该在课内就掌握的知识，从而节省宝贵的时间，提高学习效率。我们要告诉孩子：学，不但要勤，还要巧，这样才能最大限度地提高自己的学习水平。

俗话说："磨刀不误砍柴工"，"趁热打铁效率高"。学习新知识之前做好预习，学完新知识之后做好复习，知识就会像扎根在孩子头脑中一样，想忘也忘不掉啦！

7. 复习、预习，怎样做最高效

预习、复习都需要认真听讲的支持

从孩子第一天上学起，听家长说得最多的两句话就是："路上注意安全！上课注意听讲！"确实，听讲非常重要，它是学习三部曲预习、课堂学习、复习中重要的一环。在课堂上听老师讲课是每个孩子都会做的事，但并非每个孩子都能做好。

听课是孩子们在老师授课时的接受过程，它是学习活动的一个重要环节，相信几乎所有的父母都知道听课质量的好与坏会对孩子学习成绩产生很大的影响。但我们的孩子都能听好课吗？实际上，许多孩子的听课效果不是很理想。上课开小差的、打瞌睡的、偷偷说话的大有人在，这些行为对孩子的学习产生了不良的影响。要想解决这些问题，提高孩子的听课质量，就需要从孩子自身的因素入手。下面我们就来看看，究竟有哪些因素在影响孩子的听课质量。

◎身体状况

家长都知道如果孩子的身体状况不好，有点病什么的，就一定会影响正常听课。但许多家长还不知道有的孩子尤其是小学生由于生理发育原因，有可能由于发育不良而无法集中精力听课。如果你的孩子明显发育不良，不要急着责怪他不好好听课，而要及时找医学专家来帮助解决他的问题吧。

◎个人原因

孩子个人对学科的喜好、对老师的喜爱程度、上课时的心情等都很有可能影响听课质量。由于心理上的厌恶、排斥，使孩子不想也不愿意听课的现象非常多。我想许多家长都会有这样的感受，孩子正是因为不喜欢某个老师而开始厌恶上某门功课。这样的问题，需要家长的引导，要想方法缓解孩子的情绪。随着孩子年纪的增长，心智的渐渐成熟，相信这种由于个性原因使听课质量受到负面影响的现象会慢慢得到改善。

◎**注意力水平**

影响孩子听课质量的因素里，最重要的就是孩子自身的注意力水平。一般说来，孩子维持注意力的时间都不长，初中阶段的孩子维持注意力的时间也难超过 40 分钟。其实就算我们这些成年人注意力也容易分散，举个最简单的例子，你在看书的时候，是不是也会经常走神呢？注意力不集中这是非常正常的现象，作为家长，关键是怎样让孩子尽快地回过神来。

一般说来，如果孩子在课堂上能得到主动参与的机会，注意力会更容易集中，听课质量也会更好。我们应该让孩子认真做好课堂笔记，学会做笔记是尽量避免孩子注意力分散的一个办法。因为记笔记实际上就是对老师讲解的重点进行整理和记录的过程，它将调动孩子的思维一直跟随着老师。俗话说得好"好脑瓜不如烂笔头"，上课记好了笔记，等到课后，再让孩子对笔记进行整理，不仅可以帮助孩子加深对课堂上老师所讲的知识的印象，还能帮助孩子更好地理解学习的内容。

不过，记笔记只能是一个辅助的方法，有的科目也许并不适合用做笔记的方法来学习。而且，记笔记并不是让孩子把老师课上讲的每一句话都记下来，这样只会让孩子记上句而听不到下句，手忙脚乱，却什么也没听好。记笔记，记的都应该是重要的东西。

哪些才是重要的东西呢？怎样才能真正帮助孩子集中注意力，调动所有的精神聚精会神地听讲呢？让孩子学会预习是行之有效的方法之一。

让孩子学会带着问题去听课

所谓预习，就是在上课之前提前学习。在没有老师的情况下，让孩子在上课之前学什么呢？当让孩子预习时，许多孩子都会对家长说："有什么好预习的啊，老师上课的时候反正都会讲，现在没有必要浪费时间啊。"也许有的家长也是这样认为的。

可预习真的是在浪费时间吗？其实孩子预习新课程的过程，就是他们根据自己的需要自主展开学习的过程，是孩子的一种自学过程。让孩子预习，就是要孩子在老师正式上课前对即将学习的新知识有一个初步地学习和理解，并了解自己在学习中有什么疑难和问题，在听课的时候就会更有针对性。如果时间和孩子的条件允许的话，家长还可以让孩子尝试提前把课后的练习题也做一做，这样预习的质量会更好。

实际上，许多家长也明白预习对孩子学习的重要，常常在孩子写作业的时候交代说："写完作业别尽想着玩，好好预习一下明天要上的课！"但他们不太清楚，预习对孩子而言，最重要的意义是什么。其实孩子预习，最重要的一点是发现问题，提高第二天的听课效率。孩子在预习中把自己对新课程中看不懂、有疑问的地方找出来，这样第二天就会带着这些问题去听老师讲课，有目的地通过听课来解决疑问，大大提高课堂上的注意力。孩子在听课的时候有所选择，大脑就不容易感到疲劳，听课会更轻松、更主动。由于有了听课的主动性，孩子就把单纯听老师讲课的被动接受知识的过程变成了主动的求知过程。你会发现，那些成绩好的孩子通常都是会预习、会听课的孩子，他在听课时都是有准备、有疑问、有目的的。

　　对于自己会去主动预习的孩子，家长有时候也头疼，预是预习了，时间也花了，可却没什么好效果。不要怀疑预习的必要性，之所以会出现这种令家长头疼的现象，主要是因为孩子没有掌握好的预习方法。

如何更好地预习呢？

预习不能过于简约。

　　孩子预习功课的方式通常可分为两种：浏览式预习和自学式预习。大多数孩子都会采用第一种方式，因为它所需的时间短，而且不用动什么脑筋。这种浏览式预习只是对将要学习的课堂内容做走马观花的大致了解，没有对即将学习的内容中可能出现的疑点和难点进行分析和估计。

　　第二种是自学式预习，花费的时间较长，它要求孩子不仅要细致地阅读和研究，还要能根据课后练习或找相关的练习题，来检查自己经过预习对新知识掌握的水平和程度。这是一种难度比较高的预习方式，实际上也就是自学。如果能培养孩子采用这种预习方式，相信你的孩子不但听课效率比别人高，而且自学能力也能得到极大的提高。

　　如果孩子作业太多，没有足够的时间进行自学式的预习，可对部分内容预习。不管怎样，预习是孩子学习中不能少的。

预习贵在坚持。

　　做任何事都需要坚持，预习更是如此。孩子学习的效果和效率怎样，取决于他听课的效果；而听课的效果怎样，又取决于他课前的准备——预习做得怎样。在孩子中的一项关于预习的统计中发现了一个很有意思的现象，认为预习是好习惯的孩子占了95%以上，但不能坚持预习的孩子也有95%。看来大部分孩子都感觉到预习好，但真正能坚持的孩子却不多。

　　许多孩子对坚持预习缺乏正确的认识。有的孩子说："作业那么多，哪还有时间预习啊？"有的孩子说："老师都还没讲，我自己看不懂。"还有怕麻烦、喜欢偷懒的孩子会说："自己都预习了，还上什么课啊？"由于孩子心中存在这些对预习的不当想法，因此也就直接影响了学习的效果。

　　其实，只要家长一开始能够督促孩子课前预习，并督促他坚持一段时间以后，孩子自然就会在学习过程中感受到预习的好处，尝到甜头，从而慢慢地养成预习的好习惯。

预习应该有所选择。

有的家长非常重视孩子的预习，督促孩子每天做完作业以后都要把第二天所有要上的课程全部仔仔细细地预习一遍，这样做需要花费大量的时间，非但不能起到非常好的效果，反而让孩子不堪重负，对学习厌倦。

　　妮妮原本是一个学习习惯较好的孩子，每天做完作业后，都会自觉对第二天将要学习的内容进行预习。可自从妈妈在家长会上知道了预习的重要性，天天督促她预习后，一切都变了。妈妈每天都会让妮妮将第二天的全部课程内容仔仔细细地看一遍，还要找出自己的问题详细记在一个小本上，能解决的自己先想办法解决。妮妮每天晚上都要熬到很晚，由于睡眠不足，她上课的时候总想睡觉，听课效率低了，成绩也下滑了。

妈妈本来一片好心，却适得其反。其实，预习是对新课程的一种准备，并不是要孩子把老师还没上的课全部都弄懂。如果孩子都能全弄懂了，还要老师做什么？预习时只要孩子能发现问题，第二天能带着问题去上课，目的就达到了。所以家长督促孩子预习，千万不要试图让孩子把所有的知识都弄懂。对于那些对孩子而言不太难的科目，只要稍微看一看，理清一下知识点就可以了。

成功的预习会使孩子提高听课质量和学习效率。但作为家长在督促孩子预习的时候，要避免那些不符合孩子实际情况的预习，比如说学过的知识还没明白，就让孩子去预习更高阶段的知识，这不仅浪费时间，而且容易让孩子对预习产生反感。

如果不复习，学到的知识只有 25%

预习是学习的一个重要环节，复习同样是。我常听有的家长说："我的孩子平时功课还不错，小测验也还好，可是一到大的考试就不行！真是奇怪。"还有的孩子说，在考试的时候有个概念、定理或公式什么的怎么也想不起来，一下了考场，就全都想起来了，真是令人懊恼。也许家长会将孩子出现这种情况的原因归结为心理素质较差或考试技巧不好，固然有这两个方面的原因，但我想更主要的原因还是孩子复习不到位。

除了那些考试过于紧张或过于粗心、丢三落四的孩子，一般来说，孩子在考试中有一样东西从来都不会出错，那就是他自己的名字。很简单，自己的名字天天听，天天看，天天写，早已是烂熟于心，闭着眼都不会写错。这说明什么呢？说明经常在脑海里出现的东西，人就不容易忘掉，会记得很牢。孩子学到的知识也是如此，只要常常复习，经常和知识打交道，知识也能在脑海里根深蒂固，考试时又怎么会想不起来呢？

那些一到考试就对本以为熟知的知识犯迷糊的孩子，通常是因为复习不够扎实。也许孩子在学习知识的时候似是而非地会了，但没过多久，他花费了许多时间得到的学习结果，竟然和完全没有学过是一样的。到了某个特殊的或者关键时刻，他怎么也想不起来。要想解决这个问题，帮助孩子常常复习显得尤为重要。只有让孩子把所有的概念和知识点都掌握得扎实和准确了，才能让孩子在考试中做到有备无患。而要真正掌握一个知识点，只靠一次性地学习是远远不够的，需要一个不断总结、练习和积累的过程。这个不断总结、练习和积累的过程，就叫作复习。通过复习不仅可以提高学习质量，更可以提高学习效率。

有句古话叫："温故而知新"，意思是说通过复习可以更准确地掌握已经学过的知识，也可以为新知识的学习和理解做更好的准备。"复习"从字面上可以理解为"再一次温习"的过程，也就是"温故"的过程，它可以加深认识和理解那些遗忘、生疏的概念或知识点。

恐怕大多数家长都知道孩子平时在家里写作业其实就是一个复习的过程，可除了这个过程，你的孩子还会主动复习吗？我曾经和一个孩子进行过下面的一段对话。

我问："你平时复习吗？"

孩子说："做作业算复习吗？"

我接着问："除了作业你还有其他的复习方式吗？"

孩子看我一眼，说："考试之前老师会为我们复习，我自己提前复习也没有什么用。"

我想对复习持有和上面这位孩子相同态度的孩子还有很多，你有没有注意到你的孩子什么时候在复习呢？很多孩子都是等到学校里开始上复习课时才被动地跟着老师的复习计划复习，老师让看什么就看什么，老师说做哪一道题就做哪一道题。这些不会主动复习的孩子，永远不会发现自己学习的薄弱环节在哪里，对很多重要的知识，脑子里没有关注那根弦，不会想到"这个知识老师讲过很重要，一定要记住"，那些重要的知识对他来说也就像是耳边风，吹吹就过去了。既然没有用心去记过，到了考试的时候，做不出来题、做错题就是理所当然的了。

有的孩子自认为自己的理解力、反应力、接受能力都很不错，平时作业比其他同学做得快、正确，小测验成绩也可以，因此往往在平时从来不做小复习，只是在考前才对所有的学习内容进行复习，有时大致一看内容，便觉得"都会"。由于没能仔细复习，到了考场就砸场。这类孩子虽然对知识点的认识和理解要好于其他同学，但由于课后一段时间内缺少对知识重复消化的过程，实际上在考试前已将有些概念和知识点遗忘和遗漏了。这种状况下，又怎么能考好试呢？

有句概括优秀生学习特点的话："不考不玩，小考小玩，大考大玩"，并不是真的让孩子在考前玩，其实说的就是要在平时下功夫。复习应该是在平时进行，而不是专为考试准备。因为复习最重要的作用是巩固学习，而不是考试。

我想，世界上能"过目不忘"的总是少数，如果不复习，孩子学到的知识只有25%。要想让你的孩子将学过的知识记牢，要想让你的孩子在考试中不因记不清已学过的知识而苦恼，就教会你的孩子复习吧，不能让他将学过的知识都还给了老师。

让复习高效的高招

一提起复习，许多孩子就开始发怵：学了那么多的东西，怎么复习啊？其实复习并不像孩子想象中的那么烦琐，只要有意识、有规律、及时地操作，复习也可以变得简单。有的家长存在一个误解，以为让孩子更有效地复习就一定要给孩子搞些补课活动。补课并不是一个特别好的方法，特别是如果补课只是简单地让孩子做许多题。这种缺乏针对性的盲目补课往往只会造成孩子大量重复的劳动。

教会孩子复习，我们首先要让孩子克服嫌麻烦的心理，给他多一些鼓励。不要让复习给孩子造成压力，要让他将复习看作很平常、很自然的事情。复习可以经常进行，每学过一课，可以做一次简单的复习；每个星期都应该对本周的学习内容做一次复习；每一个月也应该对该月的学习内容进行一次复习；每学完一个知识单元，更应该做一次全面的复习。只有这样，孩子才能在复习中明白自己到底哪里学的好，哪里学得不太好，然后及时做出相应的补救措施。这样一步一步复习下来，孩子考前的大复习就会轻松很多。

那么，我们怎样培养孩子养成正确复习的好习惯呢？

让孩子意识到，不复习就等于没学习。

孩子每天做的作业通常都由老师做出了相应的要求和安排，目的和内容比较明确，主动权在老师手里。但复习不同，所有的事情需要孩子自己设计安排，不像作业那样有硬性的任务，所以孩子在思想上容易麻痹和忽视。

因此，在孩子复习还不成熟、不熟练的时候，家长应该适时地给予孩子必要的提醒和安排。不要忽视这种提醒和安排。对于养成孩子良好的复习习惯和方法，这种指导和帮助是很有必要的。

让孩子明白，复习要讲究节奏和规律。

记忆，是复习中的一个重要内容。我们知道，孩子所学的东西不是固定的——"先快后慢"的原则，即在记忆的最初阶段遗忘的速度很快，后来就逐渐减慢，到了相当长的时候后，几乎就不会再遗忘了。

许多孩子并不明白其中的道理，在学习的过程中，只注重学习当时的记忆效果。却不知道要将学过的知识牢牢记住，是要下一番功夫的，忽视了后期的保持，就达不到良好的效果。只有在合适的时间进行重复记忆，学习效果才会变好。

孩子学习英语，背单词是最难的，也许你也曾听孩子抱怨，单词似乎总是记不完，背完了忘，忘了再背。单词量是衡量外语水平的一个标准，学习外语实际就是一个不断反复识记单词的过程。为了更好地记忆，有许多好的方法，虽然各有各的特点，但最根本的就是重复。这种重复就是复习的一种。

为了加强孩子的记忆能力，许多家长给孩子买增强记忆的补药，买记录着形形色色记忆大法的书籍。这些也许也能起到一定的作用，但最有用的记忆方法还是根据孩子的个人习惯和特点来确定属于自己的记忆法。

古语说："学而时习之"，这就是对复习和记忆规律的最好诠释。让孩子掌握好复习这个记忆体操，相信他也能成为记忆大师。

学会在复习中发现问题。

预习需要从即将学习的知识中发现问题，而复习则是从已学过的知识中发现问题。让孩子复习，主要就是要让孩子在复习过程中发现自己学习的薄弱环节。因此查漏补缺和总结归纳是复习的两种重要手段。

先说说查漏补缺。查漏补缺，是指孩子对自己所学内容的不足和缺陷进行整理和检查，它的重点是查找学习中存孩了对自己的情况有了充分地了解，他才能根据自己的具体情况进行月有针对性的补充和练习。

总结归纳则是指对自己所学过的内容进行阶段性地回顾。为了让孩子们明白总结归纳的意义，你可以给他举这样一个很生活化的例子。

> 我们每个人都有自己的房间，里面有书、鞋、衣服、玩具等很多东西，如果过一段时间不收拾一次房间，房屋里面就会满是灰尘、乱七八糟。学习就好比是这间房间，而总结归纳就好比是收拾

房间的过程，过一段时间就需要对所学的知识进行一次整理，看看哪些东西应摆放在同一个地方，哪些东西需要清理。如果不及时整理，时间一长，有些东西放在哪里自己就会不清楚，需要用时再找往往很浪费时间；如果时间再长，有的东西就会随着时间的延长被遗忘。

所以只有孩子在复习中及时做好查漏补缺和总结归纳两个环节，才能更好地解决学习中的问题。

学会在复习中解决问题。

既然发现了问题，就一定要解决。如果孩子仅仅是发现了问题，把它放在一边不管，那么复习就失去了意义。我们可以通过下面四个步骤来帮助孩子解决在复习过程中发现的问题。

第一步，提问。

如果孩子对某些概念或知识还存在疑问和不解，需要鼓励他向他人提问，向他人请教。如果孩子爱提问题了，你会发现他的进步非常快！在迷路的时候，有人帮忙指出方向，还怕不能很快摆脱困境吗？当然，提问题虽好，但也要提醒孩子注意问题的质量，提那些不是问题的简单问题，不仅自己得不到什么帮助，还会使被问的人感觉不耐烦。

第二步，讨论。

主要是让孩子通过与同学的交流和探讨来达到对某些自己不太明白的概念和问题的理解。孩子与同学之间的讨论和交流是非常必要的，它是孩子提高对概念等理解的好方法。有的孩子不愿意与同学讨论，担心同学把自己的东西学走了，或是怕同学知道自己不懂笑话自己。告诉他，这些都是没有必要的。同学并不仅仅是学习上的竞争对手，也是合作的伙伴。学会讨论，会让孩子在生活学习中体验到合作的快乐。

第三步，思考。

与讨论不同，这是一种自己与自己的对话和交流。通过自我的思考，可以达到对问题的更好认识和理解。思考是复习中很重要的一步，没有自我的思考，就无法使查漏补缺和总结归纳中发现的问题得以真正解决。

第四步，针对性练习。

通过查漏补缺和总结归纳可以发现哪些概念点和知识点掌握得不是很好，解决这些问题需要做一些针对性的练习和作业。有的练习是以背诵、记忆为主，有的则需要孩子自己通过参考书、习题册来安排、组织。这个针对性练习是孩子自学能力的高度表现。

现在，我们帮助孩子在复习中发现了问题，也解决了问题，还发愁什么？这样的复习，一定是最有效的复习。希望上面提到的方法和步骤能给广大的家长们一定的帮助，让你的孩子学得更轻松！

> 考试就是一场比赛，需要有充分准备和一定的策略、技巧。但家长往往只注重最终的成绩，却忽视这个成绩产生的过程。

8. 考出自己满意的好成绩

第一步，打造复习计划表

要想让孩子考出满意的成绩，就要让他做好充分地准备。俗话说："难者不会，会者不难。"得到理想考试成绩的根本前提就是把学习的功课准备好。

要好好准备考试，首先就要知道考试的准确时间。你的孩子知道考试的准确时间吗？也许你会说："那是当然了，哪有孩子不知道考试时间的！"真的是这样吗？看看下面这个例子吧。

> 黎黎做好了考历史的准备，等待着即将开始的考试。但试卷一发下来，她就傻眼了：啊，原来今天是考地理！这下完蛋了，地理还没怎么复习，本想着今天考完再好好准备的。没办法，只有凭着以前的记忆答题啦。这样毫无准备的考试，成绩能好吗？

小孩子有时候容易犯糊涂，由于没有太在意，许多事情他们都不会放在心上。像黎黎那样明天就要考试了，可连考试科目和考试范围都不知道的孩子还大有人在，特别是那些年龄比较小的孩子。

对此，父母要告诉孩子，如果老师说了"×月×日考试"，就一定要记在笔记本上，或把它贴在显眼的地方提醒自己，将考试时间记在心里。

知道了考试的日程安排后就让孩子马上开始准备吧。一般说来，考试的时间安排比较紧凑，几门学科都在短短两三天内结束。有的孩子将每科的复习时间仅仅安排为考试前的那个晚上，一个晚上复习长时间学习的内容显然是不够的。让孩子怎样复习，从哪一科开始复习呢？

考试前要先做一个计划表，把需要复习的内容做一个整体的规划。你的孩子喜欢从自己比较喜欢、比较简单的科目开始准备吗？如果是这样，你最好让他改变一下自己的复习方法。准备考试时，还是从既没意思又难的科目下手比较好。因为考试前复习的时间比较长，内容也是以前学过的，没有太多的新鲜感，因此学习的时候很容易感到厌烦。如果从最难或最不喜欢的学科开始，孩子就会对后面简单、感兴趣的科目产生一种期待。当然，这也不是绝对的，也可以把难的科目和容易的科目，感兴趣的科目和不感兴趣的科目搭配起来复习。

　　有的时候，由于各种各样的原因，临到考试头一天了，可孩子该复习的内容还没有复习完。马帅就遇到了这样的麻烦。

　　　　明天就要考地理了，可该看的还没看完。怎么办呢？没办法，从头到尾复习呗，能看多少算多少。结果，看到了很晚也没看完，第二天上考场的时候靠后的许多内容一次也没看过。然而，考试的重点却刚好放在了比较靠后的内容。马帅不由感叹："唉，如果从后面开始看就好了！"

　　在复习时间很紧张的情况下，马帅的复习策略看来不够好。如果孩子遇到马帅那种情况，该怎么办呢？家长应该先问问孩子，老师说的考试重点是什么。因为考试前，老师通常都会在上课的时候强调课本里哪些内容是重点，如果你的孩子认真听讲，并做好了笔记，这些内容他心里一定非常清楚。如果时间过于紧张，复习好这些内容尤为重要。如果时间过于紧张，看这些重点内容的时间都不是很充裕，那就告诉孩子从后往前复习吧。因为前面学习的内容，可能在之前的考试中已经复习过，或在学习中经常遇到过，但后面的内容也许还比较生疏，如果从前往后复习的话，后面的内容可能在考试前一次也没看过。这样，考出来的成绩可能就会不太理想。

　　对于孩子的考试，我想家长们都非常关心这样一个问题："怎样才能在短期的复习中帮助孩子提高考试成绩呢？"同样的课本，同样的复习资料，同样的复习时间，但复习的效果却往往不太一样。怎样让孩子取得好的复习效果呢？这里有一个方法大家可以尝试。

　　在孩子复习前，为他准备几种不同颜色的笔，让他用这些笔勾画不同的内容，用不同的颜色来区分内容的重要程度。举个例子，那些最重要的，必须记住的内容用红色的笔来勾画；那些比较重要的，在平时的学习中不太明白的内容用绿色的笔来勾画；而那些同样比较重要，但平时容易出错的地方用蓝色的笔来勾画。虽然只是简单地标记，但对复习却有很大的帮助哦。不同颜色的标记使孩子在复习的时候有了一定的区分，能够集中精力把标记出的重点一一记清楚，同时不同的颜色还能调节孩子在复习中厌烦的情绪和烦躁的心情。

　　如果你的孩子在平时有个专门的改错本，将每次作业和考试所犯的错误都一一记录下来，并写好错误的原因和正确的解题方法，考试前，认真查看这些错误将会大大提高复习的效率。

第二步，缓解过度紧张心理

考试不仅是对孩子所学知识的检验，同时也是对孩子心理素质、心态的一次检验。许多孩子平时学习还不错，但一到考试，尤其是那些重要的考试，成绩却怎么也不尽如人意。问问这些平时厉害、考试却总不能正常发挥的孩子原因，他们都会说"太紧张了"。可见，过度的紧张是导致考试失利的重要原因。

对于这些现象，家长是看在眼里，急在心里。许多家长想方设法地帮助孩子缓解过度紧张的心理，甚至动用了心理医生，殊不知这种紧张往往是由自己的行为造成的。

过分地保护徒增孩子的心理负担。

考试前，家长会比平时给孩子更多的关注和保护。这些过分的保护，会给孩子心理造成巨大的压力。

> 宋玲是一位高三的学生，平时学习很自觉，也很有计划性。快要高考了，妈妈为了让孩子有个好状态，格外加以关照。过去孩子学习时她几乎不怎么进孩子的房间，现在倒好，孩子复习到什么时间她就陪读到什么时间，坐在孩子旁边，给她端茶送水。本来宋玲是以一种"平常"的心态来对待高考的，一切都在有计划地进行，可是妈妈的行为让她觉得高考是件"大事情"，不仅关系到自身的命运，甚至关系到全家的命运，这就使她产生了很大的心理压力。考不好怎么办？考不好怎么对得起妈妈？随着压力逐渐增加，宋玲的情绪开始烦躁，爱发脾气，学习成绩也下降，还出现头疼、心慌等症状。

要想孩子以平常的心态对待考试，家长首先就要以平常的心态对待考试，像平时一样给予孩子适当地照顾就可以了。那种不同于平时的格外关照只能是增加孩子的心理压力，那种"严阵以待"的架势只会使孩子徒增负担。

过分地干涉造成负面的影响。

有些家长认为，快要考试了更要把孩子管紧、管好，要督促他、监督他。为此，家长采取各种"为了孩子好"的措施来督促孩子学习。可是这些主观的愿望往往不仅没帮助孩子更好地复习，反而使孩子与家长之间产生了隔阂、对立，造成了负面的影响。

> 王超的爸爸到新华书店一口气给他买了三套考前辅导材料和试卷。这些书都是爸爸精心挑选的，爸爸让王超每天都要做上面的习题，在考试前做完。王超心想：我哪有时间做那些东西呀？老师布置的作业都完不成。爸爸看王超没能按照自己的要求做，于是时常

跟孩子唠叨："有空做做我给你买的那些题啊。"王超心里很烦，但开始时没有吭声，直到一次爸爸又说起此事时他火了，冲爸爸嚷了起来："你什么也不懂怎么就知道它好？老师布置的作业都做不完，哪有时间做它？"爸爸却一心认为：老师留的作业要做，这类参考的东西也要做。王超和爸爸产生了对立的情绪。

王超爸爸的行为其实是给孩子增加了压力。家长不要对孩子的生活和学习横加干涉，更不要把自己的意志强加给孩子。许多时候，孩子对如何备考自己心里有数，所以我建议对那些有主见的孩子，家长不要多管，不要束缚了他学习的主动性和积极性。当然，也不能走向另外一个极端，对孩子放任自流。当看到孩子缺乏自觉性时，给予必要的提醒是应该的。

过分期待超越孩子能力。

许多家长"望子成龙"、"望女成凤"，家长们希望孩子上大学、上名校为将来打基础，这无可厚非。但是过分的、脱离实际的期待会给孩子造成误导。

符合孩子实际的期待会对孩子产生一种激励，使孩子形成一种心理的力量，激励他去实现力所能及的目标，但超越孩子能力的过分期待却往往事与愿违。

因此，考试前家长不必给孩子提出过高的期望，不必超出平常的照顾，平时怎么学就怎么考，如果尽了力，能考多少就算多少。这样以平常心来对待考试，使孩子的情绪稳定，说不定反而会发挥得好，甚至考出超过平时的成绩来。

孩子过度紧张，就因为对考试的心理负担过重，这又源于对考试的认识。考试最主要的功能是帮助学生检验有什么不足的地方，它是学习中的一个环节。就好比一场长跑比赛，过程中总有人跑在前，总有人跑在后。落在后面的人不要担心，只要调整好步伐，尽快弥补与前面的人的差距，到冲刺的时候全力以赴就可以了。中考和高考就是孩子最后冲刺的过程，而其他的考试不过是他调整自己步伐的过程。因此家长不要过度看重和紧张，把每一次的考试都当作对孩子学习的一次总结，从考试结果中找到下一步学习进步和提高的解决措施，教导孩子在平时扎实地学习，打下坚实的基础。

第三步，全备考场实战经

考试考不好通常可以分作两种情况：一是"考不好"，即孩子没有实力面对考试，这主要是因为平时就没有怎么学好，到了考试的时候自然也就无能为力；一是"没考好"，即孩子在考试的时候没有把本来的实际水平发挥出来。对付"考不好"，家长只能是在孩子平时的学习中加以帮助，这是一个长期的过程；对付"没考好"，却需要教给孩子一些应试的小技巧。接下来，我将带领大家去见识一些帮助孩子对付考试的绝招。

绝招一，告诉孩子：把重要的内容写到草稿纸上。

不知你的孩子有没有给你讲过他考试中这样的经历："发卷子的时候我还记得挺清楚的，但做完前面的题再做时就记不太清楚了！"其实，在孩子的考试中常常会出现这样的情况——原本记得清楚或原本就记得不是很好的内容，在考试中怎么也想不起来。怎么办呢？

告诉孩子一个好办法：当草稿纸发下来时，将它们写到草稿纸上，如果是公式就将它直接写上；如果内容比较多，就选择能起到提醒作用的几个字写下来。这样做，在答题答得昏天黑地的时候能给孩子很大的帮助。

绝招二，告诉孩子：把握全局，先把试卷大体上浏览一遍。

有的孩子试卷一发下来，就开始埋头做题，试卷上到底有多少题，难易程度怎样，心里一点也没底。结果做着做着就被难题或自己不熟悉的题难住了，在上面花了过多的时间，自己会做的题也来不及做了。

这样做是不对的，告诉孩子，拿到试卷不要急着答题，要把试卷大体上浏览一下，看到底有哪些问题，并趁记忆还没有模糊之前，把有些题的答案赶紧写出来。考试前先看题，就能对考试做到心中有数，所谓"磨刀不误砍柴工"嘛。

绝招三，告诉孩子：把考试时间分配一下，做题要先易后难。

将试卷浏览了一遍后，就要根据题量把考试的时间合理分配一下。一位考入北京大学的学生在接受采访时曾说："会安排考试时间的考生往往容易成功。建议考生预先做好时间分配的方案，打有准备之仗。"告诉孩子，可以以考题的分值考虑分配的时间，比如分值 4 分的题约 3 分钟，分值 5 分的题约 4 分钟，分值 12 分的题约 9 分钟，分值 14 分的题约 11 分钟。当然，这并不是说实际答题的时候就一定要严格按照分配的时间机械执行，可以根据难易程度调节，但也不应超出这个时间太多。如某道分值 5 分的题，本应用时约 4 分钟，结果却花了 10 分钟还没有完成，那就有些欠妥了。

在浏览试卷的时候，还要把不会的题标记出来，放到最后来解。如果在不会的题上浪费了太多时间，就很有可能由于时间不够，连最简单的问题都没有做出来。对于那些基础很好，但是心理容易紧张的孩子，以江西省理科状元身份考取北京大学计算机系的王龙同学提出了他自己的做法："索性从后面的难题做起！我并不是说这种方法很好，只不过它适用于我。每人都有不同方法与之相适应，前提却相同：审视自我，认清自我。我就是认识到自己的不冷静的毛病及基础较好的优点，才找到这个方法的。至于基础差些的同学，我的意见还是先做基础题，再做难题为好。"

看来做题的先后顺序根据不同的孩子有不同的讲究，但不管怎样，考试时间是一个死数，某道题占时过多，别的题的时间肯定就被挤占，考试时要好好分配时间。

绝招四，告诉孩子：看清楚题目要求，把题目要求读两遍。

考试时，孩子总会有些紧张。由于紧张或者马虎，许多孩子连题目的要求都没看清楚就开始答题，特别是那种关于"正确的是"和"不正确的是"的选择题。孩子没有看到那个关键的"不"字，答案就截然相反了。

因此，告诉孩子在读题时一定要多读两遍，题目要求一定要看清楚，才不会发生看错题目要求这样不必要的失误。

绝招五，告诉孩子：检查一下答案填写的位置是否正确。

一般来说，现在的考试试卷和答题卡都是分开的。许多孩子常常因为将答案填错了位置，而导致大量的失分。

> 陈瀚是一所重点中学的学生，他的成绩很优异，是老师和家长眼中清华北大的苗子。高考结束后，他对了对标准答案，感觉很好，心想考上理想的学校应该没有什么问题。成绩出来那天，他却傻眼了，比他预算的成绩少了好几十分。怎么回事呢？陈瀚查了分，没有任何问题，仔细回想才发觉应该是机读卡出了问题。因为考数学的时候没来得及检查，也许是在填机读卡时将答案填错了位。

遇到过与陈瀚类似情况的孩子并不在少数，特别是在重大考试中，这样的失误损失惨重。有的家长会问："答案为什么会错呢？"这主要是因为许多孩子喜欢在做完试卷后再将答案涂到答题卡上。由于答完题后所剩的时间不多，太仓促，答题卡上的题又挨得很近，稍不留神就容易出错。

告诫孩子，往答题卡上涂答案时，一定要仔细核对，千万不要串题和错位。如何才能做到又准又快呢，我想一位以状元身份考入清华大学电机系的孩子所说的话会对你的孩子有所帮助："我觉得，涂答案时答一道涂一道是不太好的，这样容易浪费时间，全部答完再涂答案也不太好，万一考试结束时涂不完就会损失惨重，而且这样也容易使答案错位。我认为应该答一部分题涂一部分答案，这样即使在某一部分出现问题也不会全盘皆负。"

此外，当遇到难题时，第28届国际物理奥林匹克竞赛金牌得主、清华大学计算机系连乔同学还告诉了我们一个得分的窍门："考试时做不出来的题，要想尽办法把懂的东西往上写，或是做些推导之类，能做多少算多少，都有可能碰上能得分的东西。"要知道有可能就是碰到的这几分，最终发挥了巨大的作用。

考试其实是很讲究技巧的事情，作为家长，我们不能去帮孩子上考场，但我们可以告诉他们如何用好的策略、技巧考出令自己满意的成绩。

错误是宝贝，因为错误我们才知道自己的不足。记住错误的原因所在，并避免同样的错误再次发生，孩子的成绩就会更加优异。

9. 在错误中前进

正确对待学习中的错误

许多孩子在拿到老师批改完的作业本后，通常只是看看老师有没有判"优"，甚至看都没看就收起来，对上面的红叉熟视无睹。许多家长在孩子考试后，经常会迫不及待地问孩子考了多少分，考了第几？可对于错了哪些题，为什么会出错这些重要的问题却不怎么特别关心。家长和孩子对错误似乎都并不太重视，大家都说："错了就错了呗，下次改正。"可连错在哪里都不知道，怎么改正呢？

一位老师曾在班里问学生们这样两个问题："你平常做完作业检查吗？"成绩好的那部分学生一般都会回答"检查"，而成绩不太好的多数学生则回答"基本不检查"。老师又问道："那你作业和考试中从来都不会出错吗？"成绩好的学生肯定地回答："当然会出错，不过每次我都会看看出了错的地方，把它弄明白改正过来，争取下次不再犯相同的错误。"成绩不太好的学生也很肯定地回答："当然会出错。错了照着正确答案改过来不就好了吗？"

同样的老师，同样的班级，为什么有的孩子成绩好，有的孩子成绩不太好，看了上面的对话，你的心里一定有答案了吧。对待错误的不同态度与孩子的学习成绩有着直接的关系。能够重视错误，主动发现错误并积极改正的孩子，他的学习效果相对于那些不关心错误，有了错误也不认真改正的孩子要好得多。

但对错题缺乏耐心是现在许多孩子都存在的问题。对作业练习中老师给的红叉，孩子觉得不顺眼，不想也不愿再多看一眼。当家长问道："怎么错了？"孩子通常也只是毫不在意地说"不小心"或者"太粗心"，就这样把一个错误轻松地放过了。这样对待错误其实就是放虎归山，必然会后患无穷啊。于是，平常作业中做错的题目，在考试中再次出现时还是做不出来，或者还是做不对。

不仅孩子如此，现在有些学校里也存在这样一个现象：考试卷子只给学生看一看，然后怕学生弄丢又很快收回来代为保管。这样的情况在客观上造成了孩子不能很好分析试卷中的错误，也就不能很好把握自己近段时期学习的薄弱点在哪里，这对于知识的掌握势必产生很大的不良影响。

许多家长都为孩子犯错误操心，但家长对究竟怎样帮助孩子重视错误、关注错误却不清楚，我认为，首先应告诉孩子这样一句话：你不把错误当回事，错误也不把你当回事！

题不二错，为孩子准备一个错题本

"怎么又错了，还和上次错得一模一样！"

也许你的孩子在拿到发下来的试卷时会发出这样无奈地感叹。其实孩子在考试中经常会遇到这样的问题：明明以前做错的、改正过的题，可到了考试的时候还是不会，还是犯错，而且往往还是犯相同的错误。是因为老师讲解错题时孩子没有专心听讲吗？可能是，但不全是。因为随着时间地推移，有的知识，尤其是那些不经常遇到的知识会被渐渐淡忘。考试前复习的时间有限，孩子不可能将以前做过的每一道题都仔仔细细地看一遍，难免有些错误来不及回顾。有的家长该着急了：这可怎么办，有没有好的方法来帮帮孩子呢？

告诉大家一个既简单又实用的方法——为孩子准备一个"错题本"。"错题本"？有的家长可能对这个名字还有些陌生，其实它在一些会学习的孩子中已经使用很久了。所谓"错题本"，就是将每次考试或作业中做错的题记录到一个专门准备的小本上，便于随时翻看，尤其是可以在考试复习时，更好地查漏补缺。

家长也许会想：这不就是让孩子把每道做错的题都抄一遍吗？多浪费孩子的时间啊！俗话说，"磨刀不误砍柴工"，你会发现让孩子花费的记录错误的时间是完全值得的。我们先来看看下面这个例子。

张欣是重点中学初三的学生，即将参加中考的她正处于复习量最大、学习最紧张的时候。同学们每天都埋在书堆里翻看一张张的试卷、一个个的作业本，张欣却很逍遥，每天只需看看自己那个独特的小本。这个本子上密密麻麻记录着她曾经做错过的题目，上面还有用红笔、红箭头、符号做标记的评注。看张欣这样复习，父母都很担心，认为同学们的复习都很全面，张欣只看这么一点东西能行吗？张欣却很自信："老师说会学习的人，书越学越薄，你们等着看吧。"果然，张欣以优异的成绩考入了

满意的重点高中。当别人问起张欣学习的秘诀时，她说："我的秘密武器是错题本。"

正是由于张欣在平时有在错题本上记录错误的好习惯，她的复习才比其他同学轻松了不少，效果好了不少。有的家长可能会认为，错题本也就能让成绩好的孩子锦上添花，对成绩不太好或成绩一般的孩子作用没那么大吧，因为这些孩子的错误太多。那我们再看看下面这个例子吧。

有一个高中生，学习成绩属于中下等。由于理解和接受能力比较强，平常总以为自己学得不错，可一考试就不行了。一次期中考试，他的数理化三门都不及格。于是老师针对他作业中常有许多错误这个问题，建议他建立一个错题本。他抱着试试看的心态先把化学的错题本建起，没想到期末化学就考了 86 分。他感到很满意，开始有些骄傲。可是新学期的期中考试他的化学又不及格。老师想到要看看他的错题本，探个究竟，结果那个学生支支吾吾地说，坚持了一段时间，就没有再坚持记录错题了。他的解释看起来很合理，做错的题目大多比较简单，加上功课太繁重，没有时间再做。老师很严厉地批评了他，并要求他把错题本继续写下去，每天加以检查。后来期末考试，他的三门功课都及格了，化学又回到了八十多分。

看来错题本不仅对学习好的孩子有效，对学习一般、学习较差的孩子同样有效。因为它是对已经发生过的错误采取的措施，它的存在会迫使孩子对自己的错误进行分析、总结，并有效地避免类似的错误再次发生。

老师常会教育孩子说："题不二错。"为了你的孩子不在同样的错误上摔跟斗，提醒他准备一个错题本吧。

错题本的使用宝典

孩子已经有一个错题本了，但有的家长却发现孩子不太会使用，把自己搞得很累，却还没有什么效果。董妮就是这样的一个典型。

自从有了错题本后，董妮就一天也没闲着。她原本就是个认真的孩子，对待错题更是一丝不苟。每天作业本发下来，不管是粗心错的也好，思路错的也好，她都会把所有做错的题目和解题的过程详详细细地记录下来。有时会因此忙到很晚，推迟了睡觉的时间。一段时间下来，董妮精神变得不太好了，上课注意力也不集中，老想睡觉。怎么会这样呢？错题本对董妮而言，非但帮助不大，还有不好的影响。

不要以为把错题本给了孩子就万事大吉，作为家长，还要教会孩子正确使用它。不然像董妮那样，多叫人担忧啊。那还能怎么办？错题本不就是让孩子把错题都记录下来吗？其实不然，用好错题本要讲究一定的方法。

记录错题，要有一定的选择。

错题本并不是错题大全，不需要孩子把做错的题一股脑儿全都记录备案。记录在错题本中的错题需要经过一定的筛选。

一般而言，错题的产生有下面三种情况：

概念不清。错误发生的最重要的原因之一就是对知识点不能够准确掌握。对一些概念理解似是而非，似懂非懂，那么在实际做题过程中，就一定会发生错误。

思路不对。由于审题不当，或者对题型不熟练，造成思路的南辕北辙。这样的错误通常表现为在考场上糊涂，一下考场就反应过来了。这种错误往往也是因为知识不扎实造成的。

粗心大意。粗心常常容易造成低级错误。这样的错误一般而言和知识的掌握没有必然的联系，只是由于马虎造成的。

错题本应该记录的错误是"概念不清"、"思路不对"造成的错误，"粗心大意"的错误不用一一记录。在记录的时候，如果题目很长，告诉孩子不要全部照抄，只需把大概意思写下来就可以了，这样可以节省一些不必要花的时间。

记录错题，要有一定的方法。

在错误本上记录错误，不是简单地将做错的题原原本本地抄一遍，它需要对错误的过程、错误的原因、错误的类型进行一定的分析。分析出现错误的原因，明确是思维方法错误、知识错误还是运算错误，是建立错题本最为关键的环节。

因此在记录的错题下面或旁边应该留有一块空白，用来做一定的批注。为了和原题相区别，可以用红色笔批注上错误的原因，并用其他颜色的笔在自己错误的解答旁边写上正确的解题步骤。可以让你的孩子试试下面的记录方法：

X 年 X 月 X 日

原题：……

错解：……

错误原因（种类）：

正解：……

有一位成绩优异的学生谈了他自己记录错题的方法：

　　我的错题本正面一页是错题的原题，背面是答案，这样做错题本就可以反复使用。我先做原题，做完以后发现自己还有哪些不明白、不准确的地方都要做一个记录，直到得到正确的解答为止。然后我会把这道题先暂时放一下，过两天拿出来再做一遍。这种排除错题的做法，可以很好减少自己的错误率。

　　记录错题的方法很多，但不管怎样，让孩子写明错误的原因和类型是必不可少的。

定期整理，经常翻阅。

　　错题本上的错误如果只是记录下来放在那里，不会起到任何的作用，它需要孩子定期进行的整理，需要孩子经常翻看。

　　对错题本上的错误进行整理、进行归类是非常必要的。可以以月为单位，督促孩子把这一个月解题过程中所犯的错误进行归类整理，可以把它们分成知识型错误、思维方法型错误、运算错误等几部分。这个过程是孩子再学习、再认识、再总结、再提高的过程，可以使孩子对知识的理解更深刻，对知识的掌握更牢固。

　　错题本还应该经常翻阅。提醒孩子在空闲时或考试前拿出错题本浏览一下，对错题可以再做一遍。这样就会加深对错误的印象，在今后遇到同类习题时，会立刻回想起曾经犯过的错误，从而避免再犯。我想，孩子如果能够经常通过错题本温故知错，提高成绩不成问题。

　　此外，还可以让孩子和同学相互交流错题本看看。因为每个孩子建立的错题本都是不同的，通过交流，就可以从别人的错误中吸取教训，得到启发。

　　俗话说："吃一堑，长一智。"帮助孩子从错误中得到启发，才能帮助他们更好地在错误中前进。

　　学习就是这样，虽然成绩的好坏在一定程度上取决于个人的努力，但如果你的孩子只知道努力却不一定能取得好成绩。如果你的孩子在学习上付出了很大努力，却仍然无法提高成绩，那就说明他还没有掌握有效的学习方法。和孩子一起研究学习的战略吧，这些战略将会对他摆脱现在的学习困境有很大帮助。

当孩子小的时候，你可能经常会听见孩子跟他的小伙伴说："你说的不对，因为我爸说……"或者："我可不敢这么干，我妈妈不让！"总之，孩子小的时候，他们是那么拿你的话当回事，可是，当他们渐渐长大之后，他开始有了自己的想法，他再也不会将老爸老妈隆重推出了，相反，他会反过头来，用同学、朋友、死党的话来呛你！你知道这一切的原因吗？很简单，就是两个字——关系！如果用"第三种状态理论"来解释，你和孩子的关系已经明显从甜蜜的第三种状态降到了第一二种状态，而他和同伴的关系却正处在第三种状态之中。

第八章　进入关系的状态

孩子会说：老爸老妈说的不错！

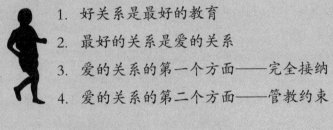

1. 好关系是最好的教育
2. 最好的关系是爱的关系
3. 爱的关系的第一个方面——完全接纳
4. 爱的关系的第二个方面——管教约束

> 如果没有良好的亲子关系，父母对孩子的所有教导在他耳中都将形同废话。好关系是父母实施一切教育方法的关键！

1．好关系是最好的教育

好关系能打开孩子封闭的耳朵和心灵

中国有句古话叫："亲其师，善其道！"简单说来就是，喜欢老师，就会认真学习他所教的内容。其实，这话对父母同样适合，如果没有良好的亲子关系，父母对孩子的所有教导在他耳中都将形同废话。因此，好关系是父母实施一切教育方法的关键！帮助孩子成为学习赢家，营造孩子学习的第三种状态同样需要良好的亲子关系。

常常有父母苦恼地说："我让孩子到家先写作业，再玩，可是他根本不听！"

"我让他别一天到晚看电视、打游戏，可他好像没听见！"

"我让他考试时仔细点，别马马虎虎尽出错，可他还是我行我素！"

孩子为什么听不见也听不进父母的话，虽然这跟孩子的个性、父母的教育方式都有很大关系，但其中还有一个很重要的原因，即不和谐的亲子关系封闭了孩子的耳朵和心灵，他的耳朵和心灵都不再向你敞开，甚至，他还有可能故意跟你对着干。

其实，父母在生活中也有这样的经验，如果是自己的好朋友，说几句呛你的话你可能不会在意，他们给你提供的生活意见和建议你也会慎重考虑；可是如果是一个和你关系不太好的人，哪怕他说的是百分之百的真理，你也很难接受。

好关系就像一把金钥匙，能够打开人们封闭的耳朵，使心灵的交流更加畅通。

好关系让父母对孩子能有积极的影响力

父母常常特别希望孩子听话，因为父母认为自己说的都是为了孩子好，抛开父母错误的教育不说，即使是那些对孩子真的有益和良好的教育方法，也需要有良好的关系为后盾，才可能真正进入孩子的心，只有这样，父母才能对孩子具有说服力和积极的影响力。

然而，糟糕的是，现今许多家庭亲子之间的冲突就像中东战火一样越演越烈。很多家庭中，亲子关系破裂甚至解体。尤其孩子到了青春期，不少父母发现，自己不但管不了孩子，甚至反而被孩子控制和威胁：

　　"我就是要上网打游戏，如果你不给我买电脑，我就到网吧去混！"

　　"我就是要谈恋爱，如果你敢反对，我就自杀！"

　　"我就是要高档手机，并且你就必须给我支付高额话费，否则我就离家出走。"

　　不少孩子对父母发出这样的威胁。有一些家庭虽然没有发展到这样的极端地步，但是在孩子眼中，已经没有了对父母的敬爱和对家庭亲情关系的认同，很多孩子眼中的父母和家，就是饭票、免费旅馆和为自己解除麻烦的专职机构，亲情关系只剩下了赤裸裸的物质和金钱关系。

　　亲子关系的破坏带来了很多家庭问题，父母和孩子之间不但无法享受到亲情温暖和支持，反而互相因对方而受伤害，无数父母寄予希望和疼爱的宝贝，如今却好像变成了自己生命中最大的诅咒。这种状况的最糟糕的一点是：不少父母失去了对孩子的影响力。根据一些权威机构对中小学生的调查显示，崇拜黑帮老大的孩子都远远超过了崇拜父母的孩子，父母在孩子心目中的地位常常被排到了第四第五甚至第十乃至十五的位置。大家想想，孩子连你这个父母都不能认同和尊敬的话，你提的建议孩子怎么可能听，你的教育方式孩子又怎么可能接受呢？

　　这种情况形成的原因，不少父母简单地认为是孩子不听话，有些专家将之归结为信息社会的发展——孩子所了解的知识远远超过父母，因此造成了父母影响力的减退和丧失。其实，这些都不是最主要的原因。父母对孩子影响力的关键，并不在于你的学历高低、知识水平和社会地位，而在于你与孩子是否有良好的亲子关系，即爱的关系。

　　我曾经听见有些妈妈这样说："我就是不明白，我每天操心孩子最多，给他做饭、洗衣、买他想要的东西，可是孩子还不跟我好，而他爸爸根本没有我这样对他尽心尽力，孩子却跟爸爸黏糊得很。奇怪！"其实，你若仔细了解这样的家庭，你就不会觉得奇怪。在这些家庭中，妈妈常常是唠唠叨叨，整天不是训先生，就是训孩子，弄得大家都不敢动。而爸爸却很少指责孩子，对孩子比较宽容，自然孩子就和爸爸关系很铁。

能够为孩子创造学习的第三种状态，并让孩子真正幸福的关系，就是最好的关系，这种关系就是爱的关系。真爱是完全接纳与管教约束之间的平衡！

2. 最好的关系是爱的关系

什么样的关系是好关系呢？能够为孩子创造学习的第三种状态，创造人生的第三种状态的关系，就是最好的关系，它能让孩子真正幸福。这种关系就是爱的关系。

有一次，我接到一位母亲的咨询电话，她说自己 17 岁的女儿谈了一个男朋友，完全没有了学习的心思，学习成绩急剧下降，妈妈开始是打骂相加，不管用。后来妈妈好言相劝，还是不管用，女儿眼中除了那个男孩，再也容不下任何人和任何事。妈妈实在没辙，决定给女儿转学，好把她和那个男孩拆开，可是女儿一听就急了，说如果你敢给我转学，我立马就不上学了，甚至要住到那个男孩家中去。妈妈求助男孩的父母，结果男孩的父母说："如果你能管得住我儿子，你管就好了，反正我们是早就管不了他了！"这位母亲在电话中对我边哭边说，她还说，现在女儿已经不回家住到男孩家去了，只有需要钱或拿自己的衣物才回趟家，而且回来也跟她没有两句话。

在电话中，我跟那位母亲分析说，现在女儿跟男朋友处在最好的关系状态，就像往银行存款一样，她的感情、心思都存给了那个男孩。相反，现在女儿不愿回家，跟妈妈根本没有什么可说的，足以看出女儿跟母亲的感情账户处在亏空状态。所以解决问题的关键是，和女儿恢复爱的关系，让自己和女儿的感情账户充实起来才行。母亲在电话中深有所悟，但是却又忧心：究竟要经过多么漫长的过程，才能赢得女儿的心！

确实，任何父母如果碰见了上面的问题都将是件非常棘手的事。因为爱的建立是一个长远而精细的过程。但是，如果你一旦和孩子建立了牢靠的爱的关系，你就能对孩子产生深远的影响，并很容易渡过亲子冲突的危机。就像一座华丽的房子，在经历地震、大风等灾难的考验时，才最能显示出她的根基是否稳固。

刚巧第二天，我遇见了一位 11 岁男孩的父亲，我问他："如果你的孩子长到十六七岁，恋爱了，你反对时，他却要以离家出走威胁，你会怎么办？"这位父亲充满爱意地看着自己家的小伙子，自信并微笑着对我说：

"不会的，我相信在爱中长大的孩子不会这样！"

这位父亲真是一语道破亲子关系的真谛——爱！

有位哲人曾说过这样一句话，战胜敌人的最好方法就是让敌人变成朋友。确实，爱是最大的影响力，即使你文凭不高，不懂教育，爱的关系也能让你影响家庭局势。

在《海外星云》杂志中，我曾看过这样一篇令人感动的故事：

妈妈在意大利北部渡过她的少女时代，据说，她那时就从我曾祖母手里学会了"万能汤"的做法。这是一种浓肉汁菜汤，没有固定的原材料，完全随厨房存货的变化而变化。这种变化使它成了我们家的"家庭经济晴雨表"，如果汤很稠，有西红柿、面团、蚕豆、胡萝卜、芹菜、洋葱、玉米和肉片等丰富的内容，那么就表示父母手头宽裕；反之，就是手头拮据。

妈妈的"万能汤"从来都被一扫而光，她教导我们，食物是上天的恩赐，不可以浪费。无论何时，只要我开始默诵祷告词，就会想起妈妈：夜色未尽，她已经起床了；她在为全家准备食物；她哺育孩子成长，她的孩子为她祈福……

可有一段时间，"万能汤"却成为我的心病，担心它会断送自己和新朋友苏的友谊。苏的爸爸是医生，他家住在富人区，我还从没有交过富人区的朋友，因此，我很珍惜这份友谊。

苏常常邀我去他家吃饭。他家里有专门的厨师，穿着洁白的制服，用闪光的镀金器皿盛上食物；他们每个人都有专用的餐具，就餐前，会有专门的仆人摆放好刀、叉等，显得庄重而气派。但我总觉得食物精美却缺乏滋味——缺乏一种亲情的滋味。苏的爸爸妈妈虽然彬彬有礼，但气氛却十分沉闷，他们在吃饭时，竟然没有拥抱彼此。可是在我家里，如果谁省略这一步，妈妈会关切地问："怎么了，不舒服？"走时，当苏跟着他爸爸进书房时，我发现他的手都在害怕得不停颤抖。

纵然如此，我还是担心自己的贫寒家境会葬送这段友谊。不久，苏准备到我家玩，为了配得上苏，我试探着问妈妈可不可以改变她的烹饪方式："妈妈，真正的美国家庭不是这样吃饭的。我们干吗不做一些汉堡包或炸鸡？"

"噢，我不是美国人，是意大利人。只有那些自以为是的小糊涂蛋，才不喜欢我的万能汤。"妈妈不容反对的坚决眼神，明白无误地表示，她不会改变。

我没法说服妈妈。苏要来那天，我沮丧地想：那罐"万能汤"，它将成为我和苏之间友谊的句点。

妈妈和其他九个家庭成员热烈地欢迎苏，他们逐个拥抱、问候，有的还亲热地拍拍他的背。当大家坐在饭桌前，我简直羞愧死了；笨重的大木桌四周，雕刻了许多爸爸喜欢的花纹，可是花纹的繁多华丽与桌子的斑斑污迹，形成更加鲜明的对比；而桌布则是色泽鲜艳的透明油布……和苏的家，真是天壤之别。

祷告后，妈妈给我们每人盛上一碗肉汁汤，她问："苏，知道这是什么吗？"

"汤？"苏为妈妈的问题感到不解。

"不是汤那么简单，"妈妈强调，"是'万能汤'！"接着，妈妈开始滔滔不绝地解释"万能汤"的来历和神奇功效：它可以治疗头疼、感冒、伤风、消化不良等许多疾病，甚至心脏病和肝病，还能让你更强壮，像传说中的美意混血英雄查里·安特拉斯。我的心一阵阵抽搐：古怪的人，古怪的论调，苏也许再也不会到我家来了。

然而苏的举动让我大吃一惊。他咕嘟咕嘟喝光了碗里的汤，抬起头对妈妈赞叹道："太好喝了，请你再给我盛一碗，行吗？"

道别时，苏羡慕地说："你的爸爸妈妈，你的兄弟姐妹……真好！我希望我妈妈也能做出这么一桌美妙的饭菜，尤其是'万能汤'。李奥，你太幸运了！"

幸运？我百思不得其解。

记得妈妈去世后第二天，家人关掉厨房里的煤气炉。再也没有蓝色的火焰，蓝白相间的上釉瓷罐，再也不见咕咕的气泡和氤氲的蒸气。可是，直到今天，我似乎仍然闻到空气中弥漫着"万能汤"的香气，还混合着香味薄荷配料的味道。那种香气始终温暖着我的心灵。

我和苏的友谊一直没有中断，在他的婚礼上，我做他的伴郎。婚后几年，他邀请我去他家里吃晚饭。那时我肝脏有些毛病。开饭前，苏和他的孩子们互相问候拥抱，也向我张开热情的双手，表达他们的关怀和欢迎。苏的妻子端上一锅热气腾腾的鸡汤，汤里混着新鲜的蔬菜和大块的肉片。

"嘿，李奥，知道这是什么吗？"苏的目光透出几分狡黠。

"汤，鸡汤？"我看着苏发懵。

"汤？这是'苏记万用鸡汤'！治疗感冒、头疼、消化不良等。特别对你的肝有独特疗效。李奥，我也很幸运！"苏眨眨眼，开心地笑起来。

霎时，我明白他当年的言外之意。苏在我家里吃的"万能汤"，的确赶不上专业厨师的手艺，可又远远胜过专业厨师的手艺。因为，它浓缩了妈妈的温暖、爱心、关怀，还有整个家庭的天伦之乐。

李奥的妈妈没什么金钱、学识和地位，但是即使是为家人做饭，当家庭主妇，她也在用自己的方式对家人表达了温暖、爱心、关怀，这种内在散发的力量，不但影响了自己的孩子，还影响了孩子的朋友。

爱也是最大的动力，即使孩子性格叛逆，他对真爱与善意的回应，也往往超过他对最有创意和最有吸引力的教育方法的回应。

有这样一个故事：

一个叫刘军的孩子，从小成绩不好。他的父亲对他不是打就是骂！小学六年级毕业的时候，刘军的成绩是全班最后一名，他的爸爸是个做大生意的。对教育孩子已经没有了信心，就花钱把他转到了一所私立中学。

刘军来到了中学还是老样子，在同学背后贴纸条，给老师起绰号，刘军的班主任是个英语老师，五十多岁，戴着一副厚厚的眼镜。刘军就给班主任也取了个绰号叫"深度老头"，进中学后的第一次英语考试，刘军只得了49分，下课的时候老师把考试卷发给了同学。刘军拿到考卷后就头也不回，一副无所谓的样子走了。老师本来准备下课后和刘军深谈一次，等老师回过神来，追出去的时候，刘军已经到了校门口，老师边喊着刘军，边快步地走着，等老师追到学校门口时，刘军已穿过了马路。老师一着急就提高声音喊道："孩子！其实学好英语是很重要的……"就在这时，刘军在听到"孩子"的同时听到有一辆货车急刹车的声音。回过头，刘军看见老师慢慢地从地上爬起，双手摸着掉在地上的近视眼镜。但此刻，老师还在一遍遍喊着："孩子，孩子……"

刘军看到老师没事，就又往前走去，但这时刘军的脚步明显慢了下来，萦绕他心中的是老师喊他时的一句"孩子"，有多少年没有人把他当成孩子了，父母老师都不叫他孩子。父母看到他像敌人，老师看到他讨厌他，同学看到他躲着他。只有这个英语老师把他当成了亲人，把他当成了他的孩子。想到这里，刘军流下了心酸的眼泪。

从此他发奋地背英语单词，第一学期结束时，刘军的英语考了91分，由于他改变了学习态度，老师多次和他谈心和指点，其他功课的成绩也上去了。初中毕业时，刘军以全校第二名的成绩考入了市重点中学。

三年后，刘军考入了重点大学，他父母特别高兴，在饭店大摆宴席，席间，刘军向英语老师深深地鞠了一躬，说："敬爱的老师，如果没有您，就没有我的今天！"

刘军曾是一个多么叛逆的孩子，很多人都对他不再抱希望，甚至包括他的父母。可是后来他为什么发生了巨大改变呢？正是老师一句"孩子"中爱的表达，彻底改变了刘军的学习态度，也改写了他的人生！

因此，我强烈建议所有父母，一定要和孩子建立深厚的爱的关系。因为好关系是最好的教育方法，好关系就是让你和孩子的关系走进第三种状态的有力保证。

真爱是完全接纳与管教约束之间的平衡

如何与孩子建立真正的爱的关系呢？一提到"爱"，不少家长立刻想到的是满足孩子的生活，给孩子足够的吃穿用度，学习上只要能提高孩子成绩，不管花费多少也都愿意。爱孩子当然要给予孩子这些物质的满足，但爱的关系中更加重要的是精神的满足。父母能否给予孩子一些东西，让孩子能够感觉到足够的安全、足够的被接纳、足够的被尊重，足够的自信、足够的克服压力和挫折的能力等，这些是一个人的精神生活中不可缺少的内容。

还有一些家长的做法让人们误以为爱就是顺从孩子的想法，他们无限度满足孩子的要求和想法。其实这并不是全备的爱，一个平衡的爱的关系包括至关重要的两个方面。第一个方面是完全接纳，第二个方面是管教和约束。如果我们将和谐的爱的关系想象成一个天平，当天平左边被放上完全接纳的砝码，在右边则要放上管教和约束的砝码，这才是一个和谐的爱的关系。如果爱的天平左边过重，一个孩子很可能会形成过度的自我中心、任性、不能接受别人的意见、无法体恤他人的感觉和需要。如果天平的右边过重，那么这个孩子很可能会没有自信、害怕挑战、生活在过度的压抑之中。因此，作为父母，每天我们都需要检查一下我们这个爱的天平是否平衡，今天，我给予孩子的肯定和接纳是否足够，或者，我给予孩子的管教和约束是否足够，这样的爱的关系才是对孩子一生最有帮助的关系。

可惜，现实生活中，很多父母的爱的天平却严重失衡。因此，父母应当学会如何调校自己的爱的天平。

> 完全接纳是爱的关系的重要基础，完全接纳的意思在于，不管孩子考 100 还是 40 分，你都一样接纳他是一个有潜力的人；不管孩子是不是听你的话，你都接纳他是你最宝贵的孩子；不管孩子是不是有成就，你都看他最为特别！

3．爱的关系的第一个方面——完全接纳

建立平衡的爱的关系的第一个方面就是给予孩子完全接纳。

有的家长可能会说，我爱我的孩子，我当然接纳他。不一定。很多家长虽然也爱孩子，可是他并没有让孩子感到完全的接纳。完全接纳是无条件的，而父母对于孩子的爱常常掺杂着很多条件。如果你能考试 100 分，我就爱你；如果你能听话不顶嘴，我就爱你；如果你不惹我生气，我就爱你。这都不是完全接纳。

完全接纳意思在于，不管孩子考 100 还是 40 分，你都一样接纳他是一个有潜力的人；不管孩子是不是听你的话，你都接纳他是你最宝贵的孩子；不管孩子是不是有成就，你都看他最为特别！就是你按照孩子本来的样子去接受他，不是因为他考试第一，不是因为他竞赛拿奖，即使这些都没有，你仍然能做到完全地爱他。同时也能够让你的孩子感受到你的爱。

这并不是说，父母不可以对孩子有要求和期待，可是如果你不能接纳他的现在，你不能接受完整的他，即使你想帮助他改变不好的成绩，即使你给他提出非常高妙的学习建议，他恐怕连一个字都不会听进去。

那么，如何让孩子感受到父母的无条件接纳呢？父母要给予孩子真正的爱，孩子所真正需要的爱。这一点对小学和中学的孩子有所不同。

父母让小学阶段的孩子感受被完全接纳的最好办法就是进入他们的世界。

当孩子拿了一份考了 100 分的试卷回家时，如果你对孩子说："不错！不过，千万不要骄傲啊！一次考 100 分算不了什么！"当你这样说的时候，你就没有进入孩子的世界，因为此时他的内心里希望得到你积极的鼓励和赞美，你一句"不过"就打消了他的热情。

当孩子想请你听他弹琴，你说好，可是却依然忙忙碌碌，只是在曲终的时候，送给他一句"真棒！"这时，你也没有进入他的世界，因为这时他的内心需要一个忠实的听众，而你的忙碌显示你的心和你的耳朵都并不忠实。

如何进入孩子的世界呢？第一步就是你能放下你自己的感觉、想法，像孩子那样去感觉、去想。

如果你的孩子是个 6 岁的男孩，你和他在一起的时候，就要想，对于这件事情，一个 6 岁的男孩会怎么想。如果你的孩子是个 10 岁的女孩，你就要想，一个 10 岁的女孩会怎样面对这件事情。如果你的孩子是一个 14 岁的青少年，那你更要知道一个 14 岁的青少年的视角是什么。

如果你说，我实在不知道该怎样揣测孩子的想法，那你就去倾听好了。戴尔·卡内基曾说过一句话："最有力量的说服就是倾听。"在犹太智慧里也有一句人际关系的箴言告诫人们应当："快快地听，慢慢地说。"这都告诉我们倾听有多么重要。

> 有一次，我接到一个河北女孩乖乖小猪打来的电话，乖乖小猪是她的网名。她在电话中说："我的父母在我很小的时候就离婚了，爸爸后来又结婚了。我真心希望爸爸和新妈妈能幸福，我们全家能和睦生活。所以我打心眼里接受了我的新妈妈，可是自从妈妈有了弟弟，好像便有些忽略我了。我特别害怕又失去一个完整的家。"在电话中，我听到乖乖小猪是一个非常乖巧而可爱的女孩子，声音很好听，也很善解人意。她在新家庭里享受到很多乐趣，甚至包括和弟弟打架，在她的描述下都充满着温馨。她实在太喜欢这个家，所以妈妈若有些脾气和情绪的时候，她就有些担心妈妈是针对她的，其实她也明白妈妈有时的脾气和情绪也是正常。

所以，在乖乖小猪整个讲述的过程，我一直在听，只是偶尔说一句："你的家庭真幸福！""瞧，弟弟可真淘气！""你真是个不错的姐姐呀！""连后妈的这种情绪你都能理解，你真是个善解人意的女孩！"除了说这些话之外，中间我并没有说些别的，也没有去分析她的害怕，我只是不停地鼓励她讲述她的家庭故事，回忆分享很多令她感动的细节。40 分钟之后，女孩高兴地对我说："谢谢您！我现在心里很放松，很舒服！"我问她："你现在还害怕吗？""害怕什么？我没有什么好害怕的呀！"乖乖小猪已经

忘了，她之所以打电话来是因为害怕。

为什么我几乎什么都没说，却能让乖乖小猪的心情有了180度的大转变，这就是倾听的力量。因为倾听能让对方感觉到你了解他的想法，你愿意放下自己的态度、倾向和观点进入对方的世界，这能给予对方内心巨大的满足。

可是，在实际生活中，父母为了说服孩子，为了让孩子听自己的，总是急于说很多，而很少听孩子说，有时孩子刚刚说了两句，父母就急于下结论，或是给孩子一个好坏的判断，孩子的心里话常常就这样给噎回去了。所以，若是你希望了解孩子的心，那就请你"快快地听，慢慢地说"。

进入孩子世界第二步骤是，把你感受到的孩子的感受告诉孩子，让他了解你是真了解他。

当你像孩子那样去感觉去想之后，你还需要把自己能够感觉到的表达给孩子，让孩子知道，你在进入他的世界，你在认同他。很多父母忽略了这一步，总觉得不需要对孩子表白自己对他的感觉和了解，觉得大人还要去向孩子表达理解似乎有点太别扭了。这是一个误解。

增进亲子情感联系和沟通的重要一个环节就是表白，就像人们恋爱的时候，对对方表达甜言蜜语、海誓山盟一样重要。

那么，该如何具体向孩子表达你对他的理解呢？下面的一些表达方式可以成为参考：

> 我了解你刚才特别生气，是因为妈妈不该没有征求你的意见，就把你的小猫送人，这让你觉得没有被尊重，对吗？
>
> 我知道你有些郁闷，因为好朋友居然背地里说你的坏话，你有一种被出卖的感觉，是不是？

我们看到，上面的表达方式，都是从"我"开始，因为家长在表达自己的感觉，后面陈述的是我之所以这样理解你的理由，这表明家长在听孩子刚才讲的关键信息。最后一定有一句"对吗？""是不是？"这样的问话，以向孩子求证自己是不是真的理解了她，而且给了他空间再次来表达自己。怎么样，这样的句式多简单呀，但是效果却很好，家长可以赶紧多多练习和尝试。

那么，进入孩子的世界，对孩子的学习有什么好处和促进呢？一个最重要的好处，就是孩子由于获得了安全感和自我价值感，他会比较容易获得自信。自信心是学习中一个必不可少的重要素质，如果没有自信心，你很难想象孩子有持续学习的能力和动力，因此，对于那些终日为孩子学习没有自信、胆小、自卑的家长来说，进入孩子的世界，和他同感觉尤为重要。

那么，当孩子进入中学之后，他感受父母完全接纳的最好方式就和小学阶段的孩子略有不同，那就是父母要尊重孩子的世界。

心理学家埃里克森的研究发现，当孩子进入青少年阶段，他需要完成三项最根本的人生任务。第一项任务是个体化，即孩子需要认识并肯定自己是一个独立的有价值的人，也就是说孩子需要独立。这也是为什么很多家长总感觉孩子在叛逆、逆反，越来越不服自己，不听自己话的原因。

有一位妈妈就曾谈到她在这方面的宝贵经历，以前她经常帮助儿子在家请同学聚会，她是一个很开通的妈妈，和儿子的关系很铁，妈妈也很乐意为孩子们服务。可是有一天，儿子突然跟她说："妈妈，下次同学聚会的时候，可不可以请您不要在场。我觉得当您、我和我的同学，我们三者同时在场的时候，我会很别扭。"

妈妈说，当时听到儿子的话，她简直伤心极了，不知所措，觉得自己好像要被儿子抛弃了，自己要失去儿子了。她说："那时我是强装镇静，平静心情。然后对儿子说：'好啊！我了解你的感受。你只是希望你可以有和同学单独相处的时间，对吗？'"儿子听了妈妈的话，也很高兴地对妈妈说："妈，谢谢您了解这一点！我们好多同学这样跟父母说的时候，他们的父母都把他们痛骂了一顿，甚至说他们忘恩负义。我还担心你也会这样骂我呢！"

这位妈妈接着告诉我，后来，并没有出现她所恐慌的现象，儿子并没有对她不好，反而一样跟她讲学校的事情和同学的事情。他们的关系变得更铁了！

确实，孩子真的不是在故意和家长作对，而是，当他们成长到这个阶段，完成个体化的成长要求他必须独立。就像蛹里的毛毛虫必须破茧而出，变成蝴蝶一样，你若非得不让它出来，那个毛虫会死掉。倘若我们不允许孩子有独立的空间，他的心也会死掉。他的心灵之树可能就会枯萎。因此在孩子争取独立的时候，父母要给予孩子足够的尊重。允许他有时候单独行动，不再需要你。允许他保留自己的心灵空间，不再把什么都告诉你。你越是能这样做，孩子的独立要求得到满足，他反而越会和父母有更多的沟通。相反，倘若孩子在这个阶段没有完成这个独立的任务，他长大之后很难自己拿主意，有事动不动就找父母，或是寻求某种依靠。这种长不大的孩子也很难在工作和家庭中承担责任，你说，这样的状态中一个人能幸福吗？这难道是父母所期盼的吗？

在青春期，孩子需要完成的第二个任务是把外在的别人的思想变成他自己的想法，也就是教育专家们经常说的，青少年是一个人价值观和人生观形成的时期。当孩子进入青春期之前，他会以父母、老师或是其他对他有影响力的人的想法为标准来看他自己、他周围的人和这个社会。而到了青少年时期，他不再跟从权威人物的想法，而开始将符合他心意的一些思想观念转化为自己的观念和想法。因此，他会愿意追求和别人都不一样，尤其不愿意和长辈、传统的价值观和主流保持一致，因为他要用这种方法来证明自己是有思想的。因此，父母对此不需要过度担心。这也是他在完成自己的人生任务。

很多家长可能会说，如果这时我不去管他，他被坏的、不好的思想俘获可怎么办？我认为在这个问题上父母要敢于信任自己的孩子。父母常常不敢信任孩子，总觉得单凭孩子自己的判断力，不可能做出正确的选择。其实，不是这样的，正像我们在第一章中所论述的，每个人的本质都是追求美好、纯善的，我们要信任孩子能够做出正确的选择。当然，我不是说这个时候，父母不需要对孩子设限制，而是父母应当在尽可能的情况下，给孩子最大的思想空间。如果父母能这样做，孩子就会形成自己的判断力和鉴别力。

当前两个任务基本完成之后，孩子会比较自然的在青少年的后期完成第三个任务，即融入社会。他会带着独立的责任感和独特的思想力回归社会，成为一个有独立人格并在社会上能独立生存、自负其责的成熟的人。

由于青少年阶段要完成人生任务，他们开始形成自己的世界，因此父母这时要比小学的时候给予孩子更多的自由和空间，尊重他们自己的世界。这一点对于孩子学习的重要意义在于，孩子通过独立和自我思想形成的过程，能够更大限度地发挥自己的潜能。很多教育家曾经论述，教育就是把一个人内心本来就有的东西显示出来，那么，潜能的开掘和发挥就是重要的一步，而这都来自独立、责任感、创造力、想象力，父母若能尊重他们的世界，就会让这些有益的东西越来越有力量，父母若不能对孩子表达真诚的尊重，孩子所有的潜力也就因找不到一个好的发挥环境而被扼杀了！

进入孩子的世界，尊重孩子的世界吧，给予孩子完全的接纳，请你大声地对你的孩子说："你是我的孩子，你很特别！"

> 合宜的管教就是给孩子人生的忠告，它好比脚前的灯、路上的光，可以照亮孩子一生的跋涉。而适当的约束则是孩子对安全感的一种需要。

4. 爱的关系的第二个方面——管教约束

我们先来谈管教，合宜的管教就是给孩子人生以及时的忠告，父母应当留给孩子的最宝贵的财富之一，就是人生的忠告。

曾经有一个学识品行都非常好的父亲，他是一个很有名望的教师，受到不少人的尊敬。很多人向他求教，他都热情地帮助别人，并把最有用的建议和忠告送给别人。

可是他的两个儿子却和他恰恰相反，他们上学的时候就不好好学习，整日和一群小混混待在一起，不求上进，而且常常拿着父亲的钱去挥霍，当他们闯了祸的时候，又拿父亲的名誉去寻求保护。别人都劝这个父亲，要好好管管自己的儿子，给他们人生合适的忠告，以免他们在歧途上越走越远。可是，父亲却迟迟没有行动，他总希望孩子再大一些就会好了，他总以为现在还不太明白事理的孩子，随着年龄的增长就会自动变得行事周正，为人有智慧。因此，尽管很多外人都从这位父亲那里得到有益的忠告，可是父亲的儿子却并没有受益。

有一天，当父亲正在书房的时候，有人跑来告诉他："不好了，你的两个儿子因为跟人打架，全都被打死了！"父亲听了这话，目瞪口呆地瘫坐在椅子上。

这是一个很令人回味的犹太家教故事，这个故事提醒所有的父母，在孩子年幼的时候，一定要给予他们及时而且合宜的教导和忠告，让他们有良好的品行和完善的人格。如果父母对此无所作为的话，那将毁坏孩子的一生。

但是，现今的父母在如何给予孩子忠告方面陷入了两种误区：一是将忠告变成了一种干巴巴的说教，道理虽然对，但让孩子一听就烦，一听就厌。还有一个误区就是像前面那位父亲一样，根本不在品行和性格塑造上给予孩子宝贵的忠告。

那么，父母如何给予孩子忠告，很重要的一点就是给孩子做榜样，你做的远比你说的更能影响孩子的品行和性格。

童话大王郑渊洁曾说："做父母的就是闭嘴，只要不断去做，就能教育孩子。"他曾举了一个自己的例子。

郑渊洁开车有时比较急，在高速公路上，他按照限速标准120公里行驶，可是有的车却要违章超速，在他的车后使劲按喇叭。郑渊洁就是不让，结果，别的车在超过他时就故意别他一下。这下子郑渊洁心里也特别不舒服，就追上去，也别别人一下，结果常常开斗气车。有一次，他突然发现，他的儿子开车也有这样不好的习惯。他就记在心里，并没有说，而是在下次开车的时候，当类似的情况再出现时，郑渊洁就说："瞧，这人多傻啊，高速公路上超速，别人不让还故意别人家一下，简直不拿自己的命当回事，真傻！"两三次之后，郑渊洁就发现，儿子的那个坏毛病也改过来了。

因此，父母榜样的力量非常重要。

下面我们再来谈约束，家长常常以为孩子根本不愿意接受约束。如果实施约束的话，就必须动用命令和武力。其实，这个想法是完全错误的。人非常需要有正当的约束，如果没有的话，人就会觉得不安全。在城市里，如果没有了红绿灯，没有车道的划分，那该多令人恐慌！如果是那样，恐怕没有人敢再上马路。没有约束的社会，是人人自危的社会，而恰当的约束是人对安全的需要。

可是，现在不少父母在不知不觉中放任孩子，还以为自己是在爱孩子，结果反而害了孩子。2006年7月14日的《新京报》就刊登了一则令人触目惊心的消息：

> 43岁的霍炜是北京一家公司的普通员工，在2005年7月30日的凌晨，用哑铃亲手打死了自己的孩子，并将尸体肢解后扔到了密云水库。一个父亲为何对自己的亲生儿子如此狠毒，是他丧失了天良吗？是他有精神病吗？都不是。霍炜在北京市二中院的法庭上含泪讲述了事情的原委。

> 霍炜的儿子小韬16岁，小时候非常听话，也因此深受夫妻俩的疼爱，提出的要求都会被全力满足。但儿子长大后却沉浸于血腥暴力游戏中。霍炜和妻子的长期劝说不仅无效，反而引起了儿子的逆反。渐渐地，小韬开始打骂父母，后来发展到用缝衣针扎，用砖头砸，用刀威胁。在儿子一次次威胁下，工资不高的霍炜一次次屈服于儿子，给他买了八台游戏机。

> 事发当日凌晨，小韬再次向霍炜提出买游戏机，霍炜对儿子说："今天太晚了，明天再说。"话音刚落，小韬就一把抓住他的头发吼道："明天不给钱，我就弄死你！"霍炜说，不敢想象天亮后，儿子会做什么。无法入睡的他悄悄走到儿子床边。伤心不已的霍炜说：他决心保护自己和妻子，于是，拿起地上的哑铃，瞄准儿子的头，狠狠地砸了下去。事后，霍炜将儿子的尸体肢解，并在妻子和弟弟的帮助下，将尸体抛到了京密引水渠和小汤山镇。一切妥当后，霍炜和妻子来到了河北秦皇岛一宾馆内准备服毒自杀，后被服务员救起。

> 在法庭上，霍炜表示不后悔杀死儿子，请求法官能判他多承担点责任，以减轻对妻子和弟弟的惩罚。

这是一场多么可悲可叹的悲剧。在孩子出生的时候，当霍炜夫妇充满怜爱地迎接可爱的宝贝降生的时候，他们做梦都不会想到会是今天的结局。我们从这则消息中可以看到，小韬也曾经听话，是爸妈的好孩子，可是由于父母的宠爱和无条件满足，使得孩子缺乏管教和约束，以至于长大后的小韬成了一个毫无限制和控制力的人，昔日父母眼中的乖乖宝变成了贪得无厌的恶魔。

现在，仍有不少父母陷在对孩子的溺爱之中，他们没有意识到为孩子立界限、实施管束的必要性，还以为自己是对孩子好，其实，溺爱就是最大的虐待！因为溺爱会给孩子带来终生的伤害！

如何给予孩子合宜的约束，一个重要的方法就是为孩子立界限，而且立界限的时间越早越好。当孩子到了青春期，你会发现你想实施管教已经来不及！我常常看见不少青春期孩子的家长陷入霍炜夫妇类似的经历中，虽然没有那么严重的结果，但相同的一点是，他们都和霍炜夫妇一样，对孩子的行为已经根本"管不住了"。我接触到不少伤心欲绝的家长，说他们对自己的孩子无能为力，如果稍微管教，孩子就以自杀、离家出走，甚至武力相威胁。所以我真诚地敬告各位家长，真正的爱的关系一定是包含着适当的约束。

立界限的具体方法是，首先是约法三章，就是你要告诉孩子家有家规，孩子有责任遵守家规。

如果孩子比较小，可以父母单独定家规，当孩子一旦对此提出一些想法，父母就可以和孩子协商制定一些家规：比如，不能说谎话，每个家庭成员都应当对这个家庭尽一些义务，完成属于自己的责任，打游戏的时间只可在周末，每次不得超过一个小时等。总之，凡是你觉得一段时间内，你特别希望孩子能做到的事情，你都可以设立为家规。

第二个方面，家规要简洁，可操作。

对于小学生，千万不要给他规定一大堆。你可以选最紧要的两三件就可以了。而对于中学生，内容则可以多一些，但是一定要跟他们商量，让他们感觉这些规定都是他们自己制定的，而人对于自己制定的规矩是最容易遵守的了。

第三个方面，就是执行要坚决。

这一点尤其要对父母强调，父母如果和孩子已经协商通过的规定，一定要坚决地执行。否则，家规起不到立界限的作用，反而会纵容孩子的行为。

> 有一个成年人谈到他在中学时候的一次经历，他当时是学校有名的爱闯祸、故意捣蛋的孩子，有一天因为破坏学校的公物而被校长发现，校长把他带到了自己的办公室，严厉地训斥了他，并对他说，如果你下次再被我逮住，我就让你在全校同学面前公开检查。不多久，他再次犯错被校长抓住，校长说："你简直太可气了，屡教不改，我最后再给你一次机会，如果你再敢犯的话。我一定会让你在全校同学面前公开检查。"这位男士说："那次，我并没有被校长的话吓倒。因为我发现他总会再给我最后一次机会！"

其实，我们父母也常常像校长一样："你实在是太可气，我再给你最后一次机会，如果你下次敢再怎样，我就一定会怎样！"可是，有令不行的父母，不但吓不倒孩子，反而让孩子失去了对界限的把握，他们根本不知道界限在哪里，反而很容易做出让自己后悔的事情。

最后，当孩子违反了规定，父母要执行惩罚的时候，一定要在人后执行，千万不要当着别人的面指责教训孩子，这样孩子不会感觉他得到的是应得的惩罚，并从中汲取教训，反而觉得自己是被羞辱，失去了尊严和自尊。

关于这方面，还有一点要提醒家长，不要当着别人的面让孩子接受惩罚包括父母，就是说当父母一方在对孩子实施惩罚的时候，另一方也要回避才是。而不是两个人联合起来，你一言我一语，甚至两个人都在争着处罚孩子，这同样会让孩子感觉很受羞辱。

那么，管教和约束对孩子的学习有什么重要的意义呢？其重要的意义就在于这些可以帮助孩子度过学习中坎坷的阶段，当孩子遇到学习困难的时候，父母的忠告能够成为他脚前的灯、路上的光，而约束则让他形成严谨认真的态度。这两个方面，对孩子的学习都非常重要。

谈到这里，一个平衡的爱的关系已经呈现在了父母面前。大家可以在脑海里想象这样一个画面，一个天平，在它的左边是完全接纳，在它的右边是管教约束，当你用这样的一幅图画来衡量你对孩子的爱时，你对孩子的爱就不仅仅是满足自己的需要，而是更多满足孩子的需要，并对孩子的一生有所帮助。如果说，孩子学习的第三种状态是具有成就感、自信、自我价值感的，那么，亲子关系的第三种状态就是这种平衡的真爱关系，唯有在这种亲子关系的第三种状态中，孩子学习的第三种状态才能更好地得以营造！

今常常听见家长焦虑地说："我这孩子没有希望了，学习成绩这么差，将来考不上大学，前途全完了！"还有很多家长，孩子一旦学习不好，不但觉得孩子没了前途，甚至觉得自己的人生也没有了希望。将自己和孩子的人生都悬在学习成绩这一根头发丝上，这样的想法实在是很多父母的不合理信念。

外一章　即使孩子成绩真不好

天还是没有塌下来！

1. 孩子的学习问题成了父母的心理问题
2. 父母也需要独立
3. 孩子学习的问题在哪里
4. 门关了，还有一扇窗
5. 天下没有完美的父母

1. 孩子的学习问题成了父母的心理问题

面对学习，父母比孩子还焦虑

今天，面对孩子的学习，很多家长比孩子还焦虑，内心比孩子还脆弱。北京的一位妈妈就曾因为望女成凤不成而自杀。

彬彬是北京丰台区的一位初中生，马上要面临中考，可是就在中考前夕，她家却乱作一团。因为最近几次模拟考试，彬彬的成绩下滑的幅度很大，一向很重视女儿学习成绩的彬彬妈妈心里越来越着急，只要见到女儿就唠叨女儿的学习问题。彬彬本来也正为模拟考试成绩不理想着急，听见妈妈没完没了的唠叨心烦不已，母女俩大吵起来。终于妈妈在十分冲动的情况下吃下了80多片安眠药！彬彬爸爸马上向丰台巡警求助，巡警火速赶到了现场，吃下安眠药的彬彬妈妈站在屋子中间，手里拿着水果刀绝望地冲着巡警喊："谁也不能过来！"

彬彬妈妈的做法虽然只是个案，但是像她一样重视孩子学习成绩的家长却比比皆是，家长的心情常常随着孩子的分数涨落，孩子的待遇也常常随着学习成绩而起伏。如果我们把成绩当作一个人的话，那在今天的中国，它就

是一个对家有学子的家庭最有操控力的人，因为它掌握着家庭快乐的命门。

是的，今天，家长对学习成绩的痴迷和关注已经到了走火入魔的地步，不久前的《民主与法制时报》报道：

有一对父母，为了让好动的女儿安心学习，给孩子服用了一种促进学习的兴奋剂，这一服就是八年。尽管在药物的作用下，女儿考上了重点高中，

然而却患上了严重的药物依赖症，像吸毒一样的"药瘾"随时折磨着这位花季少女。

现在社会上，大学生生存竞争激烈，大学生就职困难被社会和家长夸大，这其实是人们把对社会的盲目恐慌压到了孩子头上。以前，孩子的成绩没有考好，家长会有一种惭愧的感觉，而现在孩子如果成绩不好，家长就会有一种恐惧的感觉。因为在家长的心里，家长们夸大了就业压力，深深影响了孩子的心理，使得孩子们也陷入一种无知的恐慌当中，孩子也会觉得，自己如果学习不好，将来真的就没有了出路。

父母焦虑的根源在于不合理的想法

可能有家长说，孩子学习不好，我能不着急吗？孩子学习不好，考不上大学，他有什么出路啊？有没有发现，家长的思维模式是单线式的：自己的孩子要想在将来的社会有一席之地，就必须上名牌大学，只有上了名牌大学，才能进大公司，否则孩子就没有饭吃。

家长的这种思维方式让我想起了一个二年级的小学生，他的爸爸是一名语言学家，有一次我们在一起吃饭，这个孩子指着餐桌上的辣子鸡丁说："我不能吃辣子鸡丁，我要吃了辣子鸡丁，我的学习就不好！"我很奇怪地问他："为什么呢？"他对我说了这样一串因果推理："如果我吃辣子鸡丁，就得多喝水，一多喝水，晚上我就老得上厕所，一上厕所我就睡不好觉，睡不好觉第二天我就没精神，老师讲课我就听不清，听不好课当然就会学习不好！"

如果一个有理性的大人听了这个孩子的说法，最多把他当成一个笑话，因为他的因果推理过程的每一步都不是必然如此的，还有很多种其他的可能，可是为什么我们把这个小男孩的说法当成笑话，却把自己类似的推理当成绝对正确的呢？孩子学习不好，到考不上好中学之间，存在着多种可能性，比如：

学习不好，可能只是表面现象，孩子确实很聪明，只是没有好好表现出来。

学习不好，也可能是他根本没有兴趣，老师和家长没有把他的兴趣调动起来。

学习不好，也可能是存在着某种学习障碍，根据孩子的情况，确定学习障碍的种类，清除了障碍，孩子的学习问题也就会迎刃而解。

学习不好，还可能是由于和老师、同学关系不好，弄得他一到班里就没情绪。

学习不好，也可能是他还没找到适合的学习方法。等他找到好方法，问题也可能解决。

学习不好，也许是孩子必须要走的一段弯路，孩子还有很多后劲。

…………

类似上面的可能性，我们还能列出很多，如果在每个可能性的基础上去改进，孩子就有学习好的潜力。

即使孩子真的没有考上好中学，也不是一切都完了，在一般的中学读书，其中又存在着很多可能性，关键是很多家长总把事情往最坏的方向想，从来没有往好的方向去想。

在心理学中，有一个理论，叫"自我实现的预言"，就是说你心里怎么想，你的行动就会真的怎样做。家长越想"糟糕"，最后往往就真的很糟糕，如果你对孩子学习的焦虑和恐惧整天就像世界末日来临一样，那你就会总活在世界末日的恐慌里。而家长的恐惧和焦虑也会影响孩子，导致孩子的恐慌。

所以家长不妨把学习成绩不好——考不上好中学——上不了好大学——找不到好工作——没前途，这个链条的任何一环松动一下，你会获得不同的看法，你和孩子的心情也会随之改变。

还有家长说，我之所以这么紧张和焦虑，都是孩子闹的，其实家长又错了，这并不是孩子闹的，而是你自己闹的。大家不妨看看下面这个分析：

孩子的表现A	家长的想法B	导致的结果C
孩子数学才考70分	70分绝对不能接受	生气
孩子考了个一般中学	一般中学肯定没前途	焦虑
孩子根本不求上进	孩子必须时时刻刻都要求上进	绝望

我们从上面的分析图可以看到，很多家长以为是孩子的表现A让自己有了结果C，其实，家长在中间漏掉了自己的想法B，并不是孩子的表现让你生气、焦虑、绝望，而是你对孩子的表现的看法导致了你生气、焦虑和绝望。而家长的看法B多数都是不合理的，它们的特点多是：绝对化的，必须如此的，肯定会怎么样的，或者是糟糕至极的，正是这些绝对化带来了家长的心理问题。

我曾经接到一个母亲的咨询电话，她的孩子17岁，正在上职高，母亲非常着急地说："我的女儿早恋了，我们怎么劝她，她都不肯和那个男孩子散，她爸爸气得直骂她，越骂越不管用，现在我们家里都闹得一团糟了，怎么办呀？"

我对那位母亲说："17岁的女孩恋爱你觉得正常吗？你能接受吗？"

母亲说："不行，绝对不行，不能接受！"

我说："那我们假设，如果你现在改变了你的想法，17岁的女孩可以恋爱，你觉得你的问题还存在吗？"

"还有问题啊，就算恋爱，也不能影响学习呀！"

"也就是说，当你能够接受17岁的女儿可以恋爱这个观念后，你的问题就在于可以恋爱，但不要影响学习。那你女儿的学习和过去比是怎样呢？"

"她以前都考前5名，这次只考了第15名。"

"如果没有恋爱这件事，女儿一次考试退步，你能接受吗？能不能允许女儿的成绩有起有落，只要不是大起大落就行呢？"

"这我也能接受，以前她考过20多名我也没说她，谁都有闪失的时候。"

"也就是说孩子恋爱影响了学习，还是在你能接受的范围内，但是你还是想告诉女儿，希望恋爱不要影响学习。那你觉得你的问题是不是就简单了，只是给女儿适当的忠告，如何恋爱？怎样相处？怎样处理好恋爱和学习的关系。"

"也是，我不希望她影响学习，还想告诉她要慎重，别看错人，别吃亏！"

…………

大家可以看到，当这位母亲带着一种绝对化的想法看待女儿恋爱的问题时，双方就成了一种截然对立的关系，而当母亲不再坚持这种绝对化想法时，她就能比较客观地分析女儿恋爱这件事，并能知道自己最应该做的是什么，最应该在这个时候和女儿交流一些什么。

通过这个例子，我们再次看到，父母的焦虑、担忧、绝望来自自我的想法，而并非孩子的行为。

给自己更多的选择和可能

家长改变"孩子学习成绩不好，一切都完了！"这个不合理信念的最好方法就是给自己一个更理性的想法。

这种状况的最好方式就是分析不合理信念在哪里，到底是什么不合理的想法带来了问题，当你分析问题的根源时，问题也就会迎刃而解。

比如我们前面分析不合理想法的那个表格，如果我们的想法改变了，我们的心态也会改变，我们对待孩子的方式也会改变，我们和孩子的关系同样也会改变。

孩子的表现 A	家长的想法 B 改变为	导致的结果 C 变化为
孩子数学才考 70 分	70 分其实已经说明孩子掌握了一大半的知识了	不再非常生气
孩子考了个一般中学	一般中学没什么不好，压力小，孩子心态更好	不再绝对焦虑
孩子根本不求上进	孩子也有很求上进的时候	不再完全绝望

我们看到，当家长对孩子的表现 A 有了不同的想法后，改变也就随之发生了。

也许有的家长说，这好像有点自我安慰，太阿 Q 了吧，其实，我并非要求父母不对孩子心存希望，而是希望父母能给自己和孩子的人生都尽量多留一些可能性，除了某几个绝对的真理外，这个世界上存在着多种的可能性。

记得看过这样一个故事：

> 希腊的宙斯神给人间留下了一个绳子打成的死结，据说谁若能解开这个死结，就能统治全世界。一代又一代的勇士、智者、君王都跃跃欲试，可是没有一个人能解开这个死结。有一天，亚历山大大帝知道了这件事，他来到宙斯死结前，挥斧一砍，死结四分五裂地散开了，亚历山大说："我要创造自己的方法。"此后不多久，亚历山大大帝就征服了很多国家，他所建立的亚历山大帝国成为地跨亚、非、欧三洲的大帝国。

一个通常看来根本不可能解开的死结，当亚历山大大帝换了另一种思路之后，问题就迎刃而解。其实我们生活中的很多事情都是如此，对孩子的教育也同样没有一个唯一模式。

还曾有过这样一个禅宗似的问题："当你的面前有一堵墙，你会怎么办？"

答案可能会有很多种：

推倒它！

打个洞钻过去！

翻过去！

绕过它！

不管你选择哪一种，都是一种选择，包括还有人选择"退回去"，这同样是一种选择。人生很多时候是以退为进的，为什么我们非得要求孩子天天向上，为什么我们非得要求自己一定必须成为一个事事成功的父母呢？

给孩子更多的选择和可能，也给自己更多的选择和可能吧！

"孩子学习不好，一切都完了！"家长的这一想法其实还暗含了这样的思想，孩子和父母是互为附属品的，一荣俱荣，一损俱损，所以孩子若表现好，就光宗耀祖，孩子一完，父母也完！其实孩子真的是独立的孩子，父母也同样是独立的父母。

2. 父母也需要独立

家长不是孩子的附庸

以前教育专家常常批评父母把孩子看成是自己的附庸，处处限制孩子，没有给予孩子独立和自由。我要说，现在父母更为严重的问题是，自觉自愿地把自己变成了孩子的附庸。

孩子上学，父母成了学校教育的跟班，课后班、补习班、培优班，到处都是踊跃的家长，回到家里，父母俨然成了第二老师，家成了第二课堂，父母比老师对孩子的监督更加严格，更加尽心尽力。孩子考试，父母跟着紧张睡不着觉，孩子成绩下降，父母心情便急转直下。今天的孩子不独立是个问题，可是今天的父母更加不独立，而且父母这种不独立越发恶化了孩子的不独立。

我并不是说，父母不该对孩子尽心尽力，而是父母在过分地参与孩子的精神和物质生活导致了亲子关系纠缠不清。记得一位智者说，孩子其实就像家里的过客，我们有幸能够成为孩子的父母，是上帝的恩赐和美意。上帝用孩子作为礼物给予我们祝福，并让我们在其中享受亲情，享受孩子带来的快乐和美好。但等到他们长大，终将要独立，要出去，要离开父母！

但是很多父母常常借口孩子小，不能处理问题，或是孩子年轻，经验不足，甚至不少孩子已经成家立业，孩子也有了孩子，父母还是要干涉他们的生活和决定，父母死死抓住孩子不肯放手，他们说自己爱孩子，其实是因为这些父母自己无法独立。尤其是做母亲的，由于孩子从小到大母亲投入了更多地抚育和陪伴时间，更加不容易对孩子放手。

孩子天生就是独立的，虽然他们似乎很长一段时间在依靠父母生活。

我自己就曾经有过深刻的体会：

当我的孩子未出生的时候，他在我的腹中，我一直觉得他似乎就是我的，他是属于我的。可是，等到他出生之后，他哭，他笑，他动，他摇小手，他蹬脚，我发现，很多时候我不确定他在想什么，他在表达什么，我原来并不知道他的内心啊！我只能通过他的表现去猜测，是不是饿了，是不是尿布不舒服，是不是高兴了，是不是吃饱了舒服了，是不是生病了。总之，我发现，当孩子离开母腹的那一刻，他就完全拥有他自己的思想，他真的是完全独立了！你只有在和他相处中，通过说话、微笑、抚摸、拥抱等各种方式和他交流、沟通，去慢慢地了解他，也让他了解你，并亲近你！家长只有在更多给予孩子独立时，才能更多给予自己独立。

家庭中，夫妻关系高于亲子关系

中国的夫妻一旦有了孩子，孩子就成了家里的中心和重心，夫妻关系也就让位于亲子关系了。其实，正确的优先顺序应当是夫妻关系高于亲子关系。这条原则的意思在于，家庭的决定要优先考虑夫妻关系的利益，虽然孩子年幼的时候，父母都会全力投入孩子教育，孩子会是父母眼中或生活的中心，但是家中的重心依然是夫妻关系。

可是中国的夫妻一旦成为父母之后，由于大家的关注点都投向了孩子，就很少用心经营夫妻感情，岂不知，这样不但导致夫妻关系问题，也会引发孩子教育和亲子关系问题。

> 我曾接到过一位女士的咨询电话。她说自己的夫妻关系几乎是名存实亡，双方都是看着孩子的面子生活在一起。他们也不再对夫妻关系抱任何想法和希望。妈妈现在最着急的是孩子非常任性，没有一点责任感。爸爸非常娇惯孩子，妈妈对孩子则管教比较严厉。每当妈妈的管教来临时，爸爸一定是那个挡驾者，爸爸总说："孩子还小，你急什么？"由于妈妈脾气急，常常对孩子态度粗暴，和妈妈比起来，孩子当然愿意亲近爸爸。结果，家庭中分成了两派，父亲和儿子一派，妈妈成了个光杆司令，虽然妈妈管得很严，但对孩子的行为和表现没有一点效果。现在孩子已经快读初三了，妈妈焦急地问："怎么办呀？孩子这么大了，不好的习惯越来越难改，我该怎么办？"我给她的建议只能是："从改善夫妻关系开始，不然孩子的问题也没法解决。只有夫妻双方在一些原则和观念问题上达成一致意见，才可能对孩子有良好的教育。"

现实中这样的情况并非少数。不少关系不好的父母觉得，夫妻关系也就这样了，孩子就这一个，还是好好教育孩子吧！可是由于夫妻之间的冲突和矛盾对家庭关系的绝对性影响，夫妻问题不解决，孩子问题也很难解决，即使解决，也是一种治标不治本的结果。

和中国人常常把孩子称为骨肉不同，西方的文化将夫妻视为骨肉，在古老的《圣经》中，亚当对夏娃一见钟情时就曾说："你是我骨中的骨，肉中的肉！"正是由于西方国家在家庭中遵照夫妻关系优先的原则，他们即使有了孩子，也会有夫妻之间的单独时间，随着孩子的长大，对夫妻单独时间的

保证，不仅有利于促进夫妻关系，而且也有利于父母能够给予孩子更多的空间、自由和独立。

父母需要有自己的生活

我们常常看见，许多父母有了孩子之后，就放弃了自己的生活，完全开始为孩子而生活。许多母亲尤其如此！

我曾经接触过一位全职妈妈，她为了孩子学习，从孩子上小学一年级开始，就辞去工作，全心全力照顾孩子，帮助孩子学习。父母能够为孩子投入更多时间本来是好事，可是这位母亲并没有用更多的时间和孩子进行沟通，倾听孩子的想法，和孩子一起游戏，却是用了更多的时间来监督孩子，催逼孩子，不是学奥数，就是剑桥英语，还有钢琴、萨克斯等艺术班，把孩子挤压的一点空间都没有。终于，四年级的时候，孩子受不了了，有一天，孩子突然对妈妈说："你整天盯着我，跟着我，我真想跳楼死了算了，太累了！"妈妈听了孩子的话，心中极度的震惊，她根本没有想到，她全心全意，尽心尽力，竟是这样的结果。

这是一位典型的没有了自己生活的妈妈，在没有自己的生活之后，她把孩子当成了自己全部的生活，结果孩子在一种被过度关注中产生了心理压力。

我再次强调，父母并非不需要对孩子完全投入。孩子小的时候，父母需要投入大量的时间陪伴孩子，在陪伴孩子中进行各种教育。但是这绝对不等同于不少家长的那种极端：生活中只有孩子，完全没有自己，没有自己的社交、朋友、娱乐，以及精神的生活和追求，甚至完全没有自己心灵的独立空间。

其实，如果父母放弃了自己的生活，就等于放弃了对孩子的影响，孩子在看待你如何选择和对待生活中，学习自己怎样面对和选择。父母绝对不仅仅是孩子的保姆，孩子需要看见一个完整的父母。

如果孩子的学习成绩真的不好，父母首先需要做的不是着急，而是更多地和孩子沟通，了解孩子，找到孩子学习的问题在哪里，只有这样，才能找到更好的对策。急并不是办法！

3. 孩子学习的问题在哪里

有些孩子并非学习不好，而是父母要求太高

安徽的《颍州晚报》在 2006 年 7 月份刊登了这样一篇短文《考了 98 分，还挨"批"！》，文章中回放了记者看到的一个情景：

> 7 月 2 日，记者在阜城一所小学门口看到，学校正在发放成绩单和通知书，不断有家长带着孩子手拿通知书从学校里出来。这时，只见一名家长气呼呼地指着手中的试卷对孩子说："这么容易的题也做错，看回家怎么收拾你。"记者凑上去一看，发现这张试卷总计 100 分，那孩子考了 98 分，做错的那道题是道计算题，孩子错把其中的一个减数"23"看成了"25"，被扣了 2 分。当时，孩子一脸的委屈，眼泪都快掉下来了。

如果不是看见白纸黑字的报道，我简直难以相信这是真实的，现在父母的要求确实太高了。我曾经接到过不少家长的咨询电话，询问孩子学习成绩太差怎么办？可是当我问家长："孩子考了多少分？"家长竟然说："才 80 多分！"都 80 多分了，家长居然说："才 80 多分！"

我记得在自己从小到大学习的过程中，最得益于父母的就是他们非常容易满足。那时我领到成绩单回家，爸爸的第一句话总是问："及格了吗？"我说："及格了，都及格了！"爸爸就会说："好！好！真好！"就不再问什么了。直到后来，爸爸一看，不仅考及格了，还考了 90 多分，他的喜悦就更多了，仿佛被放大了一样。我觉得这都源于他期望的起点比较低。父母教育中的这一特点让我常常觉得很安心，我不担心会达不到他们的目标。而且事实是我的学习成绩大大超过他们的所求所想。也许有的家长说，如果标准一再降低，孩子会不会根本就不好好学习了。家长还是对孩子缺乏基本的了解和信任，要知道，任何一个孩子，都不会愿意学习不好，没有人不希望考到高分，如果他能学习好，他绝对不会故意学不好，如果他能考得高，他也绝对不会故意考低分。家长还是要敢于信任自己的孩子。

我也曾非常得益于父母对我的相信，不管我说什么，他们总觉得我说的都是对的，都是诚实的，从来不会怀疑我。我有时都奇怪，他们为什么那

么敢于相信我？后来我才明白，原来在于他们非常了解我，了解我的性格，我的本性。虽然他们不会对此讲多么高深的道理，但是凭着他们对孩子的朴素的的了解，他们选择完全地信任我。这对我的影响是，我在学习的过程中一直都非常自信。虽然初中的时候，我在班里排名只在 20 名前后，在全年级差不多

到了 100 名，虽然高中时，我第一年高考还落榜了，但我一直自信自己能学好，父母也信任着我的自信。说起来，我还算是家乡小镇比较早考上研究生的学生之一。我觉得这和父母的要求不高，比较宽松的教育方式有非常重要的关系。

看清孩子的特点

家长常常希望孩子能成为自己想要的样子，就拼命把孩子往那个心里的样子去塑造，而没有考虑孩子自身的特点和禀赋。

我有一位表弟在上高中，成绩平平，可我姑姑却并不像有些家长那样那么着急，我奇怪地问姑姑："表弟都上高中了，学习还是平平，您不着急吗？有没有想过请家教给他补补课？"

结果姑姑却说："我不会像别的家长那么着急，因为我了解我的孩子，他读书一直都是 10 分力用上 6 分就不错。刚上初中的时候，他第一次考试成绩特别差，老师请家长，回家以后我还真批评他来着，那也是唯一的一次因为学习成绩我批评他。后来我发现，期末的时候，他的成绩一下子就提高了，而且平时也没见他有多用功地去读书。我就知道，这孩子还是会听课、会学习的。学习的能力他掌握了，我心里就踏实了，成绩在我看来并不是很重要。至于说请家教补习，我会先征求孩子的意愿。因为到高三课业负担已经让孩子疲于面对了，也许一些特别好学的孩子可以接受家教补习，但是，这孩子不行，他不是那种刻苦努力型的孩子，根本起不到什么好的效果。"

"您真的不着急吗？有没有想过这样有可能考不上好的大学？"

"我只是希望他高考时正常发挥，考上一个与他的能力相当的大学。我不想把学习的事都往自己身上揽，他做他该做的，我做我该做的就够了！"

我的姑姑非常清楚自己孩子的情况，所以她能正确看待表弟学习平平的现实，并且能够确信他大致的发展方向。

其实，每个人都有不同的禀赋，每个人都是不同的，就像有的人高、有的人瘦、有的人胖、有的人黑，大家都能接受这些外表的不同，每个人并没有因为这外表的不同而有高下之别。其实人的大脑也有差异，每个人都有上天所赐的独特禀赋，发挥自己就好了，并没有什么大的分别。可是父母常常能接受人外表的不同，却不能接受孩子禀赋的不同。

一次，一位记者曾问一位名人的妈妈，她是否对儿子感到自豪，妈妈答道："我感到自豪，但我还有一个孩子正在地里挖土豆，我对挖土豆的儿子也感到自豪！"这真是一个蛮有智慧的妈妈，她看到两个孩子的不同，同时也欣赏两个孩子的不同。

可能有的家长要问，如何才能看出孩子的特点呢？为何我看不出他有什么禀赋呢？

其实，这里有一个重要的方法，就是父母不要强制按照自己的模式去塑造孩子，而是给予孩子完全的自由发展其兴趣爱好，只要孩子感兴趣的事情，只要是无害自己和他人，都可以让孩子去尝试，孩子自由发展自己的兴趣爱好的过程中，能够发现自己擅长什么，不擅长什么，并在这个过程中显露出自己的特点和优势。

前不久，北京电视台播出了一集国际巨星章子怡的专题节目，讲的是章子怡怎么从舞蹈学院转到中戏学习的过程。

曾经教过章子怡舞蹈的老师现在还是这样讲，章子怡虽然喜欢跳舞，但是，在舞蹈这条道路上她的确是不可能走得很远。从身体条件上讲，她脊椎不够挺直，造成她的两条腿在舞蹈老师看来不是一样长，而且腰腿也不够软，这些对学舞蹈的人来讲，都是很重要的"先天不足"。虽然她很能吃苦，但是，她的舞蹈演绎确实有些吃力。可是在演出中章子怡的老师同学都说她的表演很生动，她也很喜欢表演。后来，她瞒着学校，自己去报考了中戏。这个时候，舞蹈学校的教导主任给了她充分地支持，帮她写了一封推荐信，使她能够免文化课考试直接进中戏读书。后来，电视台采访当时推荐章子怡的那位主任，主任说："推荐章子怡是因为我觉得她适合学习表演，她学习表演会比学习舞蹈更有成效，所以我推荐她。"

章子怡在学习中发现自己的强项，教导主任也发现了章子怡的强项并给予帮助支持。章子怡的经历告诉我们，父母要了解孩子的强项是什么？弱项在哪里？孩子还有什么潜能可以挖掘？父母要帮助和引导孩子积极地找更多的出口，让孩子过上一种平衡的生活。一味地给孩子压力、制造心理上的恐慌，只能使孩子原本就不擅长的方面变得更糟糕，而且也许还会由此恶性循环下去，使孩子擅长的方面由于忽略也终荒废了。

有些孩子的学习问题是不乐学

在这本书中，曾经一再提到孩子学习的首要问题在于是否乐学，父母能否引领孩子进入学习的第三种状态，即有成就感、价值感、快乐的境界之中，是解决孩子学习问题的关键。如果父母没能首先解决这个问题，孩子不乐学，那也就谈不上好成绩，即使有好成绩，也很难保持。

中国青少年研究中心副主任、研究员孙云晓说，他曾收到湖南一位多才多艺的少女来信，信中夹了一张漫画：画中一个瘦弱的女孩正满头大汗地奔跑着，后面一只老虎张开大口瞪圆眼睛在追赶她，那老虎的身上写满了"作业"两个字。最可悲的是，少女已经跑进了死胡同，"作业"大山堵住了去路。少女在信中写道：

> 我是一个笨人，笨得连高中也没有考上，现在正在复读。你一定会感到可笑是吧？现在这个学校，不知老师把我们当作人还是别的什么东西，作业多得可怕！就拿今天来说，作文两篇，数学留了十几道复杂的计算题，还有英语、化学和物理作业。如此多的作业，要求明天早上早读课前交，不交后果自负！多么可悲！中学生，难道是一个做作业的机器吗？这里有一幅漫画寄给你，也许你能从中体会到我们的苦楚。我们每天（星期天也不休息，上半天课）加上早晚自习共12节课，可有的同学还点蜡烛学到深夜。我真为他们担心，如果继续这样下去，不知会成什么样子。这不，今天刚考完试，老师马上就发下了"死亡证明书"（同学的话）——家长会通知书。老师说这是为了教育好我们。

> 我喜欢以前的班级，同学之间团结、友好，难免会有些小矛盾，但过一会儿就没事了。可现在的班级，大家都冷漠得很。有趣的是，越到考试前夕，大家越装出轻松的样子，都说回家看电视、小说，都说没复习好。可每次成绩出来，这些人的成绩却出奇的好。你说怪吗？还是老师说得好："如果不努力，就会被淘汰，就过不了独木桥，当然也不会考上大学。"于是，大家就明争暗斗起来。

> 不知谁说的，"少年不识愁滋味"，我说不对。真的不识愁滋味吗？拿我来说，写完信，我还要开夜车赶作业，明早还要默写英语课文，难道不愁吗？我考不上高中，难道不愁吗？

我每天晚上 12 点多睡觉，早上 6 点半起床。白天精神不振，像个得了重病的人，哪里还有一点儿中学生的朝气？只有欲哭无泪的感觉。

信中这个女孩的学习很痛苦，原因是父母、学校、环境没有将她引领到学习的第三种状态，她无法体会学习的激情和愉快，她对学习充满厌倦。

因此父母引领孩子进入学习的第三种状态是多么重要！

5％－10％学习不好的孩子有学习障碍

孩子学习不好，家长常常归结为两个原因：孩子太笨，或是孩子学习不用功，没有上进心。但是，有权威机构对 130 余例 14 岁以下"差生"进行智商测定和跟踪调查显示，他们中的大多数智商并不低，甚至比一些学习好的孩子智商还高。同时，几乎每个孩子都希望自己能够学习好，如果他能够学习好的话，谁不希望能够考高分，得到老师家长的表扬以及同学的羡慕呢。也就是说，家长认为孩子没有上进心也不尽然，至少在他们学习的起初他们是很希望学习好的。这次调查发现，大多数"差生"并非笨，也不是没有上进心，而是由于存在各种学习障碍而导致学习问题。

研究表明，大约 5％－10％的在校生属于学习障碍儿童。学习障碍是个比较宽泛的概念，主要包括书写障碍、阅读障碍和数学障碍。学习障碍常常会带来各种学习问题。比如，有些孩子数学成绩不好，怎么补习似乎都得不到提高。其实，仔细测查会发现，数学成绩不好的孩子并不是因为数量概念、逻辑等方面的问题带来的，而是由于阅读能力的缺乏导致的。由于阅读障碍，孩子不能正确理解题意，当然学习效果就不好。

学习障碍并不代表孩子脑子笨，许多家长一听见"学习障碍"四个字，就以为是孩子脑子出了毛病，有问题，和正常孩子不一样。其实学习障碍的孩子脑子没有问题，他们只是某些方面的学习能力表现不足，需要适合他们的个性化的训练方式把他们的潜质表现出来。比如阅读障碍是学习障碍中人数最多的，男生多于女生。这类孩子往往记不住字词，听写与拼音困难，或朗读时增字减字，写作文语言干巴巴，阅读速度特别慢，逐字地阅读。但他们在下棋和玩电脑游戏方面头脑很灵，只是在温书和写作业及听讲方面成绩差。这种落后与左脑的训练太少有关。

当然，孩子是否有学习障碍，要多方面地测查，而不应该随随便便就下结论。通常有学习障碍的儿童需要进行的测试有如下几种：

智力测验。智力测验的目的是了解儿童的智力水平是否存在落后，如果是智力上的问题，则不可断定是学习障碍，因为智力落后会影响一个人的逻辑思维和对学习材料的理解。智力测验还有一个好处是为诊断一个人的智力能力特点提供证据，即便一个儿童总体上的智力分数处于正常范围，智力测验的分数仍然是有意义的。例如，当孩子在智力测验上语言量表的得分超过操作量表 15 分左右时，就可能怀疑他的学习落后是由于空间能力落后引起的，如果操作智力的分数超过语言量表 15 分，可断定学习障碍主要发生于语言理解和阅读方面。通过智力测验，能发现注意力方面的特点。

学习能力方面的测验，也是最为重要的评估。这方面可进行的测验有：

（1）视—动统合测验，考查儿童的视知觉能力和手眼的协调能力。书写障碍的儿童一般精细动作和手眼的配合不佳，通过这种测验可以有效地诊断出视知觉方面的能力特点。

（2）阅读理解测验。主要考查儿童阅读和识字水平是否达到了同龄人的水平，并可以知道儿童具体落后几个年龄水平。重点考查的是阅读速度和理解的正确性。

（3）听知觉和语音记忆的测验。主要考查儿童的听觉分辨能力和听觉记忆，并对他们语音记忆进行评估。通常阅读困难的儿童，可能存在语音记忆方面的落后。

（4）动作协调性测验。个别学习障碍儿童出现动作落后，进行动作测验可以了解儿童综合发展水平。运动能力对于低年龄的注意力和听课都有影响。

还有就是对学习中的自我管理能力和监控能力的测查，注意力水平和学习动机的评估与测验也是有必要的。但这方面的测验多是通过对家长的访谈和调查来进行，较为主观。父母千万不要将结果绝对化。

总之，了解了学习障碍之后，希望家长不要一听见这四个字就如临大敌，就像孩子偶尔会感冒，孩子有学习障碍也非常正常，关键是家长要能理解他们，并非故意学习不好，他们需要父母的帮助！

孩子学习成绩不好，只表明他对学校书本知识掌握得不好，并不表明他什么都学不好。其实，学习应当是一个更宽泛的概念。如果父母能看到这一点，你就会发现，大学的独扇门关上了，还有更多的窗在向孩子和父母敞开。

4. 门关了，还有一扇窗！

其实，家长也早都明白，并不是所有的孩子都要去挤大学的窄门，每个人都有不同的人生道路和发展历程，不上大学一样有出息。江苏阳江市就有一位这样的成功男士。

这位男士23岁，自己拥有一套楼房，刚买了一辆新的红色轿车，是众多美眉心目中的白马王子。他的事业为何如此成功呢？原来他有自己的绝活——修车。他是阳江市有名的修车能手。陆地上跑的车，除了火车，他都会修。摩托车、卡车、轿车、公共汽车，对他来说都是小菜一碟。更厉害的是，所有建筑用的工程车、吊车、轧路车、铲车、钩机、起重机……他统统会修！工地的机器坏了，一般的修理工修理不好，必定十万火急请他去。一看见他的身影在工地出现，过不了多久，工地就又机声隆隆了。

他还有很多传奇的故事呢：美国产的"卡达"、日本产的"日立"等钩机，他修理起来好似搭积木。不要说亲自出马，就是一些工人修不好，打电话向他请教，他通过电话听机器的声音，就可以辨别出机器哪里坏了，应该如何修理。他遥控指挥那些修理工修理，十之八九可以成功。

在这男士没出"江湖"前，工地的老板只好花高价到香港或者深圳请厂家的修理工，不但花钱多，还耽误时间，很容易影响工程进度。而现在，阳江境内的工程公司只要遇到工程车维修问题，首先想到的就是他。

除了靠修理车辆挣钱，他还到外地买别人修理不好的工程机车回来，自己修理好高价出卖，并承诺一年的保修期，挣钱不少。所以没上大学仅高中毕业的他"出道"五年，就拥有了他当普通干部的父母一辈子也无法拥有的东西：高级住宅和高级轿车。

这位男士的邻居是一位老师，她亲眼看见了这位男士的成长经历：

他上学时学习的天赋不差，但是他不愿意学习，就是痴爱修车，父母打骂，都不能改变他的爱好。有一次，他数学考试只有43分，他父母气不打一处来，要把他搜集的汽车模型砸烂。

张老师劝他的父母说："既然孩子对书本不感兴趣，倒不如由他去做自己感兴趣的事，将来一样能凭一技之长自食其力。如果父母强逼孩子读那些不感兴趣的书，走常规的路，不仅消磨了这个有特殊才能孩子的自信，还容

易与父母形成隔阂，如果再误交损友，到那时做父母的就后悔莫及了！"

父母仔细想想，觉得也有道理，就和儿子说，允许他钻研车，但必须保证上到高中毕业。

从那以后，男孩放开钻研各种车，也奇怪，看其他书本就想睡觉的他，一看见与修理机车有关的报刊，眼睛立刻发光。看见英语就头疼的他，却不知道怎么会看那些日本出产的机车的日文说明书。在兴趣的引导下，这个男孩高中毕业后开始从事修车行业，并成了修车能手，赚了大钱。

只要孩子有兴趣，通过职业高中、高职、中专、大专甚至网络教育一样可以学习各种技能，目前，很多高级技工在市场上都成了抢手人才。

我的家乡在一个小县城，我就亲眼看见很多年轻的同乡，高中毕业没考上大学，自己做生意，出门打工，在做生意和打工的过程中继续学习，边学边干，边干边学，很多人的事业都做得很红火。

天下真的不止大学这一条路。其实，家长也早都明白，并不是所有的孩子都要去挤大学的窄门，每个人都有不同的人生道路和发展历程。不上大学一样有出息！

5. 天下没有完美的父母

孩子学习不好，没有好成绩，家长觉得好像天都塌下来了，觉得自己的人生没有了盼头。家长的想法中包含了这样错误的观念，即我必须是个完美的父母，如果孩子有什么失败，那么，我就是一个失败的父母，这样的失败感常常折磨着家长，让家长在内疚中生活，并用内疚的心面对孩子。

其实，家长不必活在内疚中，因为天下没有完美的父母，正像天下没有完美的人一样。如果我们已经做错，我们需要做的是改正和弥补，而不是用自责和内疚来折磨自己。

我曾遇见这样一位母亲，她说由于自己不懂得孩子的心理，也没有学习过教育孩子的方法，所以对孩子的教育不是打骂，就是训斥，看孩子就只以分数为标准，加上孩子性格比较内向，结果孩子常常很压抑，有一次，孩子跟她说："我真不想活了，每天都觉得太累了！"当时，这位妈妈仍然没有在意，而是训斥孩子："你要吃有吃，要喝有喝，学习的东西要什么买什么，穿的也都是名牌，你还有什么不满意，瞎说什么。你累，我比你还累呢！我白天要上班，晚上回家给你们做饭，干家务，还要操心你的学习，我不比你累。"这次之后，孩子不再跟妈妈抱怨，可是孩子的心情越来越忧郁，有一天早上起来，孩子跟妈妈说："我不上学了。"然后就一句话也不说。从那以后，孩子就整天待在自己房间里，看看书，上网，只有吃饭的时候才出来，也很少出门。

看到孩子这样，这位妈妈觉得天都塌了，她实在想不明白为什么孩子会这样，万般无奈之下，她找到了心理咨询师咨询，心理诊断的结果是孩子得了抑郁症。本来，孩子得了抑郁症需要妈妈更多地帮助，以配合心理咨询师对孩子的咨询治疗，可是这位妈妈听了这个消息后，再也受不了了，以前她一直以为自己的教育特别成功，没想到突然发现自己竟然都做错了，一下子仿佛从天上掉到地下，觉得自己特别失败，同时也觉得是自己害了孩子。这种内疚和失败感使她不但帮不了孩子，自己也陷入很大的焦虑之中。

这位妈妈起初的反应是正常的，但是在内疚之后，妈妈应该做的是怎样和孩子建立亲密的朋友关系，怎样走入孩子的内心，从而帮助孩子，而不是任由自己陷在内疚之中。家长确实要明白，我们教育孩子不可能不犯错，甚至有时还会犯很大的错误。重要的是，在有了错误之后，一定要诚恳地向孩子道歉，同时要向孩子表明，你有信心和他一起做得更好。

有些时候，即使我们觉得自己已经尽到教育的责任，可孩子还是走入弯路和歧途。如果是这样，父母也要承认，孩子和我们完全不同，他们有我们不能预料的人生轨迹，不管他走的路有多么糟糕，那都是他的人生。父母所能做的，是在他愿意回头的时候，仍然愿意随时张开双手欢迎他。

有这样一个孩子，他是家里的幼子，从小就不愿意努力，他的父亲很有钱，他总觉得靠着父亲就可以了。父亲的教育也并没有改变孩子的态度。这个儿子刚刚成年，就闹着要分财产。父亲没有办法，就把几个儿子叫在一起，那个小儿子得到了他应得的一份。这个孩子得到了他的财产之后，就跑出去开始过着挥霍的生活，直等到有一天，他所有的钱都没有了，破产了，甚至到了乞讨才能生活的地步。这个孩子才明白，父亲的教导是多么有价值，可是他为这个明白已经付出了这么多的代价。这个孩子想了又想，决定回家去向父亲道歉，他愿意帮助父亲打工挣钱来生活。当儿子快到家的时候，父亲听说了，他吩咐大儿子赶紧置办好吃的，等待小儿子的回来。当小儿子回到家，跪在父亲的面前道歉的时候，父亲没有说："我早对你说什么来着？我早知道你会这样，你就是不听。"父亲没有这样说，而是对他说："你又回来了，没有比这更让我高兴的事了！"

这个父亲给了家长最好的榜样，也许孩子会犯错，甚至步入歧途，可是只要他愿意悔改回头，父母所要做的，不是奚落他，羞辱他，而是用爱的双臂欢迎他，父母那双爱的臂膀就是引领孩子进入自尊、自信、有价值的第三种状态的最好桥梁。

教育
就是培养好习惯

天赋亲职教育读本

张绍梅◎著

世界知识出版社

图书在版编目（CIP）数据

教育就是培养好习惯 / 张绍梅著 . —— 北京：世界知识
出版社，2018.2

（天赋亲职教育读本）

ISBN 978-7-5012-5673-0

Ⅰ . ①教… Ⅱ . ①张… Ⅲ . ①习惯性 – 能力培养 –
家庭教育 Ⅳ . ① G78

中国版本图书馆 CIP 数据核字（2018）第 006922 号

书　　名	**教育就是培养好习惯**
作　　者	张绍梅 / 著
责任编辑	王瑞晴　蔡金娣
责任出版	王勇刚
策　　划	董保军　张天罡
出版发行	世界知识出版社
地址邮编	北京市东城区干面胡同 51 号（100010）
电　　话	010-85112689（编辑部）
	010-65265923（发行部）　010-85119023（邮购电话）
网　　址	www.ishizhi.cn
印　　刷	三河市祥达印刷包装有限公司
经　　销	新华书店
开本印张	787×1092 毫米　1/16　16 印张
版次印次	2018 年 3 月第一版　2019 年 3 月第二次印刷
字　　数	160 千字
标准书号	ISBN 978-7-5012-5673-0
定　　价	180.00 元（全四册）

序

在今天做父母，真是越来越累了！社会竞争如此激烈，爸爸妈妈不仅要照顾好自己的身体、做好自己的工作，同时还要成为推娃全能手，及时给娃端上各种"鸡汤"、备好各种技能，以保证娃们将来的竞争力。于是乎，很多爸爸妈妈每天的时间表就成了这样：上班、课后班、再加上陪作业的夜班，真是全天候无缝衔接，分分秒秒的累啊。

而且，你以为，付出了时间精力就算完了吗？没有，除了身累之外，还有满满的心累！每天面对孩子的拖沓、磨蹭、消极应付等各种问题，爸爸妈妈的心灵更是备受煎熬。一位妈妈无奈地说："我家四代学霸的名声都毁在一个几岁的小娃手里！"一位爸爸失望地说："一说到学习，我和女儿的亲密关系就瞬间土崩瓦解了。"

真是好一个"累"字了得！怎么办？难道爸妈只等累垮才罢休，不能把自己从这种"累"中解放出来？答案是"No！"一个有效的解决方法就是——"习惯"。"习惯？"看到这里，父母们可能会睁大怀疑的眼睛，表示不信、不信、就是不信。可能会在心里说："习惯这个词听得我耳朵都起茧子了，它可能有些作用，可能对孩子有些好处，可是，它真的能成为解救我们于水火的法宝吗？它真的有这么神奇的力量吗？"是的！习惯就是如此神奇。如果你真正了解习惯，如果你的孩子真正拥有了良好的习惯，我相信，你一定会说："习惯，我真的是服了！有了你，我家终于告别了'一提学习，苦大仇深；一提作业，鸡飞狗跳'的生活！终于建立了'母慈子孝，和谐美满'的生活！"

怎么样？动心了吗？那么就赶紧开始行动！培养孩子的好习惯，就从读这本书开始吧！

目 录 Contents

第一部分 认识习惯

如果孩子有了好习惯，他的大脑神经回路就会自动建立联系。当"放学到家"这个情形出现时，他立刻就像被施了魔法一样，乖乖走到书桌边开始写作业；当"书本一被打开"这个情景出现时，他的大脑就自动开启"这个真有趣，我想知道，我想学"这个程序。这就是习惯的力量！

第一章　习惯和家庭教育

"人生就是无数习惯的总和。"培养一个具有良好习惯的优秀孩子，离不开家庭教育。

人生就是无数习惯的总和

我们常常以为自己每天之所以做许多事，是因为我们心里想我要做什么，所以才去做了。但是，最新的一些行为学的研究却发现，我们人生中 40% 的行为都是在习惯的作用下不知不觉做出的。更有一些专家总结说："人生就是无数习惯的总和。"

仔细反思一下自己的生活，你会发现真是这个道理。早上你起床，你不需要仔细思考我刷牙吗？我洗脸吗？我吃早饭吗？你只要睁开了眼，自然就遵循以上程序开始一天的生活。然后你赶往单位上班，开始了一天的工作，之后下班回家，休息睡觉，再到下一天的到来。每一天，我们有很多的活动，就是在这样的程序中进行着。

　　当然，在这个程序中，因为每个人的习惯不同，程序的运行效果也会大不相同。有的人高效地工作，有的人却是在打发时间；有的人从生活中获得快乐和价值，有的人却常常觉得生活没有意义……但是，不管怎样，我们都在按照一种既定的方式生活着，这种既定的生活方式，其实就是习惯。

　　对于孩子来说，也是如此，有的孩子放学之后写起作业，就像"心里长草，屁股长刺"，而有的孩子却能专心致志，一气呵成，然后就腾出许多时间做其他的事情。这些有时也是习惯使然。

优秀的人都有良好习惯

美国著名管理学专家史蒂芬·柯维对企业家和职场人士进行了多年研究，发现那些事业有成的人，都是具有良好习惯的人，他因此写成了自己著名的畅销书《高效能人士的七个习惯》。他在书中总结的七个习惯包括：

习惯一：积极主动——个人愿景的原则

习惯二：以终为始——自我领导的原则

习惯三：要事第一——自我管理的原则

习惯四：双赢思维——人际领导的原则

习惯五：知彼知己——同理心交流的原则

习惯六：统合综效——创造性合作的原则

习惯七：不断更新——平衡的自我更新的原则

这七个习惯，造就了优秀人的优秀，成功人的成功。史蒂芬·柯维自己就是很好的例子，他贯彻自己的总结，成为柯维领导中心的创始人，被人们称为"人类潜能的导师"，他的演讲和书籍影响了很多的人。

确实，很多优秀的人都是好习惯的受益者，著名的地产大亨、企业家王石说："弱者为了舒适找借口，强者为了明天养习惯。"他说，他每天都坚持五个习惯。他养成习惯的方法也是非常值得借鉴。

王石说他的第一个习惯是戒掉拖延。他给自己制订一个表格，叫作"战胜拖延"表。每次冒出想要拖延的想法时，他就立刻行动，去完成任务，然后就在表格上标注"+1"，当完成"+1000"时，他的拖延习惯就根除了。

王石的第二个习惯是健身的习惯。很多人总是说没有时间锻炼，但是王石这么忙的人，依然能找到时间去健身。

第三是阅读的习惯。通过这个习惯的建立，他每月能阅读五本书。为此也制订了一个表格，每次读完一个章节之后就在上面写上"+1"。逐渐养成习惯以后，改成阅读一本书写上"+1"，他这样的自我训练帮助自己养成了阅读的习惯。

他的第四个习惯是早起。他给自己设定一个早起的目的是玩半个小时游戏（很神奇吧），这对他来说很有吸引力。于是，如果他想要6点半起床，那么他会把闹钟定在6点，然后快速起床，开机时间他会搞定刷牙洗脸，然后热一杯牛奶，一边打游戏，一边听着英语广播。通过这个方法，他将早起的不适转换为舒适，让本来很难的事情变得容易而且备受期待。

王石还有一个好习惯是写作的习惯。他觉得读书再多如果不把自己的心得写出来，就不能成为自己的东西。如果不能向别人说出来，就不能得到修正与反馈，也无法知道自己的观点是处于什么样的水平。写作是一个整理自己想法的好工具，通过写作可以将平时阅读中的论点整理出来，加以思考，总结成自己的话语。这样，逻辑能力和思考能力就会逐渐加强。当然，写作是件比较痛苦的事情，你需要整理自己的思绪，并且组织语言将它们表达出来。而且，当你对着电脑的时候，还要排除各种杂事的干扰，这对专注力也是一种锻炼。

纵观古今中外，那些有影响力的人，他们大都有良好的习惯。刘备是三国时期的英雄人物，他一生崎岖坎坷、辗转千里，虽几起几落，但跟定他的人却从未主动背叛他。就连他还未发迹的时候，身边的人都唯他马首是瞻，这一切得益于他待人仁厚。

有一次，有一个刺客扮作侠士前去拜会刘备，想趁近身之际进行行刺。刘备出于对英雄豪士的敬重，习惯性地按照自己平时的待客之道，隆重地招待这位刺客，和他同席而坐、同桌而食，不分彼此。结果一番礼遇之下，这位刺客竟被刘备的真诚所感动，而放弃了自己的刺杀计划，并将此事全部告诉刘备，还提醒他要注意防范，然后径直离去。

一个图谋不轨的人，在第一次见面之后竟完全被刘备征服，正是受刘备仁厚有礼的待客习惯所感染。

对于父母来说，我们常说要培养优秀的孩子，那么衡量自己家庭教育的成功与否其实就是看孩子是否具备了好习惯。著名教育学家叶圣陶就曾这样说："教育就是培养习惯"。

家庭教育的症结在于"习惯"

在孩子的教育过程中，家长总会碰到各种各样的问题，如果仔细分析起来就会发现，家庭教育中出现各种问题的症结就在于"习惯"问题。

如果你是个小婴儿的家长，那么，你可能正在苦恼的问题是：孩子不好好吃饭，吃饭的时候总让人喂，不喂就不吃，或者一到吃饭就要看动画片，边看边吃，不看不吃。或者你正在发愁孩子不好好睡觉，晚上你从 9 点开始哄到 11 点，你越来越烦躁，情绪越来越糟糕，可是孩子却越来越精神，黑暗中一直瞪着炯炯有神的大眼睛……

如果你是小学生的家长，你可能在家里正面临这样的问题：孩子一开始写作业，不是想喝水上厕所，就是抠手指掰橡皮，反正就是五分钟写不了几个字，气得你都想给他一个"牛魔王"的光荣称号。或者一道数学题，你口干舌燥，讲解了数遍，孩子就是不停地走神溜号，死活不通，气得你缴械投降，恨恨地说"答案你爱写几就写几，反正我是不管了。"

如果你已经晋升为中学生家长，随着"孩子长大了"的恭维声，你会发现，你处理问题的能力总是赶不上孩子制造问题的速度。叛逆、早恋、撒谎、厌学、沉迷游戏……哪一件都是棘手的事儿，而且一旦言语不和，人家会干脆给你来个闭门羹——"请勿打扰！"

总之，打从你荣升为父母，你的生活似乎就陷在孩子数不清的问题中，真是"一入孩门深似海，从此成了解题人"。你不明白，为什么孩子的问题总是层出不穷，按下葫芦浮起瓢，什么时候才能消停，什么时候才能有盼头。

其实，家庭教育的种种问题，说起来复杂，分析起来也简单，"习惯"二字几乎可以涵盖九成的问题。而且，"习惯"也可以成为一个行之有效的解决方案。

记得几年前的感恩节，一个美国家庭邀请我们全家去参加他们的感恩节晚餐，他们住在京郊顺义的一个别墅区里，一家五个孩子，最大的14岁，最小的2岁。在去他们家之前，我就内心嘀咕着，好奇人家是怎么带五个孩子的，想象着五个孩子的家庭该是一种鸡飞狗跳的情形吧。

到了他家之后，果然是热闹非凡，大大小小的孩子加上满屋子的客人，房子里熙熙攘攘。可是，在这热闹和熙攘之间，这家人却都井然有序。妈妈指定老三负责照顾老五，老大老二带领老四负责照顾所有客人，包括来的孩子们，比如他们要喝水、上厕所、玩玩具等任何问题，都先由老四负责应付，老四不能解决的，再由老大老二提供必要的支持。同时老大老二要监控所有孩子的状况，确保大家安全。

这是饭前的情况。到开饭的时候，老大带领孩子们把饭菜从厨房端上餐桌，同时给大家发餐具，又组织大家排队领餐，那天的排队规则是，客人的孩子是第一梯队，主人的孩子是第二梯队，然后是做客的大人，最后是主人。他家最小的老五被安置在一个餐椅上，他的餐盘也盛好了食物，等我拿好食物，发现他自己在餐椅上已经吃得津津有味。吃饭的时候，大人们聚在一起聊天，孩子们也谈着他们的话题，真是很温馨的一幕。

接着就到了饭后收拾环节，由于他们家有家务排班，谁负责将餐具收到厨房，谁负责擦桌子，谁负责收拾垃圾、倒垃圾，谁负责清理地面，孩子们按照值日表中分配的任务各司其职，不一会就把餐厅餐桌收拾得干干净净。这时，主人又端来了茶点一一摆上。

不过，我很好奇，谁负责洗碗呢？今天人这么多，洗碗可是一件大工程。等我走进厨房一看，发现待洗的餐具都已经放进了洗碗机，看来，高科技在轻松做家务上也扮演了重要角色。

然后，大人们在一起喝茶聊天，孩子们三五一堆地开始玩起各种各样的玩具。时间过得很快，听见女主人说了声"九点了"，我以为是在提醒我们时间不早了，但是原来主人的主要目的是告诉孩子们该睡觉了，于是大孩子带着小孩子，五个孩子一起告别了客人上楼洗漱睡觉去了。我总以为会很快听到孩子们喊"妈妈"的声音，尤其是最小的两岁孩子。但是，出乎我意料的是楼上短暂的声音之后，很快一片静悄悄。妈妈只上楼巡视了一遍，和孩子们亲吻晚安，很快就下来了。直到我们快十点离开的时候，我没有听到任何孩子们吵闹的声音。不管孩子们是否真的睡着了，但大家都很安静！这真是太不可思议了！因为我通常的经验是，如果家里来了客人，孩子怎么也要趁机放肆一下，平时按时睡觉的肯定也不按点睡了。

聚餐之后，我专门请教了一下女主人，如何这么好的管理五个孩子？她给我的答案就是"习惯。"我总结一下有这样几点：

第一，自己吃饭的习惯。最小的孩子，从六个月能坐开始，一直就是自己坐在餐椅上吃饭。只要他下了餐椅，就再也没有吃的，所以，他习惯了在餐椅上吃。而且从一岁两个月开始，妈妈就再也没有喂过孩子吃饭。

第二，按时睡觉的习惯。这个是从每个孩子出生的时候就开始训练的，因此到了一岁左右基本上每个孩子都会按点上床，不管睡着睡不着，肯定要躺在床上。而且，这个时候，妈妈会只开夜灯，因此，孩子多半躺着躺着就睡着了。此外，女主人还告诉我一个经验，可能和大部分妈妈的做法不同，她从来不在床上拿着书讲睡前故事，如果讲睡前故事，都是在关灯之后，躺在被窝里，妈妈直接脱口秀。因为她发现睡前用书讲故事，孩子会越看越兴奋，而且常常要一本接一本停不下来。

第三，做家务的习惯。孩子们差不多从三四岁开始，每个人都被分派固定的家务活。而且每周都有家务活的执行表，谁该做什么，什么该做，一目了然。

第四，做事有条理的习惯。孩子们的各种玩具，都有各种收纳盒子或架子。玩过的玩具，必须当时就收拾妥当。

第五，敬重父母的习惯。女主人说，这一点很重要，如果孩子们从小不敬重父母，那么父母的指令他们也不会愿意执行。因此，他们在孩子很小的时候就告诉他们必须顺服和敬重父母。比如，父母招呼，立刻答应"我来了！"；父母指令，尽快执行，并说"好的，现在就做"。如果孩子对父母的指令有其他意见，可以提出，如果讨论之后，父母依然觉得应当采取原有方案，孩子如果不能同意，也要先执行再申诉。这些方案，把尊敬父母落实到平时的生活细节中，因此，孩子们很容易养成习惯。

通过上面的分析，我们就可以看到为什么很多中国家庭中一团带一人（通常六个大人带一个娃）还不如人家"一人带一团"省心。因为别人家孩子们的习惯都养成了，按部就班做就行了。女主人自己都坦言，如果没有这些好习惯的建立，单是老五一个人吃饭睡觉的问题都能把她折腾趴下，更别说干别的事了。所以总结一下，这个美国家庭的运行有序，关键就在于"习惯"，吃喝习惯搞得好，爸妈省了一半劲；积极做家务、做事有条理，敬重父母……这些习惯的建立，把家庭中的人际关系和事务都打理得井井有条。

为什么习惯能成为解决家庭教育问题的"高手"？这就在于习惯的稳定性和自发性。什么意思呢？就是你不需要任何思考，一个行为一旦形成"习惯"之后，再做这件事的时候，你就不用费脑费力，习惯就帮你自动地而且不断重复地搞定这件事。就像"1+1等于几"这个问题，你不用想就会脱口而出"等于2"。而"习惯"一旦形成，也就像"1+1=2"这个问题一样，固定在人的大脑中，只要同一情形一出现，就会触发相应的行动。比如"每天早上起床"这个情形一出现，我们就会自动开始刷牙。很多时候，你可能完全没有意识到你刷牙了，就已经刷好了牙。

家长们，体会到习惯的力量了吗？当孩子的好习惯一旦建立，他的大脑神经回路自动建立联系，当"放学到家"这个情形一出现，他立刻就像被施了魔法一样，乖乖走到书桌边开始写起作业；当"书本一被打开"这个情景一出现，孩子的大脑自动开始"这个真有趣，我想知道，我想学"这个程序。到那个时候，孩子学习、写作业的模式都是"主动做"，作为家长，你想想，你是不是很省心呢！

第二章　习惯是训练出来的

好习惯所建立起的大脑回路可以覆盖和代替坏习惯的大脑回路，这个慢慢建立起来的替代过程，就是训练。而孩子最好的教练就是家长。

通过训练，好习惯可以替代坏习惯

孩子的好习惯能否像每天刷牙洗脸一样自动习得呢？答案是当然不行。虽然有些习惯好像不用费劲就可以自动习得，但不幸的是，那些容易习得的习惯，多数都是一些坏习惯。为什么呢？因为我们的大脑通常都遵循一个省劲原则，哪种方式会让我们轻松，耗费更少的精力，我们的大脑回路就会自动记录那种方式，这也就是俗话说的"学好千日，学坏一时"。而且糟糕的是，坏习惯的大脑回路一旦建立，你就很难将它删掉。但事在人为，如果把好习惯培养起来，好习惯所建立起的大脑回路可以覆盖和代替坏习惯的大脑回路，这个慢慢建立起来的替代过程，就是训练。而孩子最好的教练就是家长。

很多家长在培养孩子好习惯时，都不愿意当教练，觉得太累太忙太烦，而总是把教育孩子的责任推给别人。他们总觉得，教育孩子是社会的事，学校的事，老师的事。训练孩子这件事，从最开始就不断推诿，以致孩子没有得到训练的机会，于是乎就落入"树大自然直"，或者"树大自然弯"的状态中，至于最终是弯是直，那就纯粹看运气了，孩子能培养出好习惯也就成了小概率事件。到了孩子出了问题，爸妈却互相推卸责任——"都是你惯的！""就是你没教好！"

不想当将军的士兵不是好士兵，不想当教练的家长也不是好家长！家长们想想，如果在工作中，领导给你安排一个岗位，你能因为嫌烦嫌累而推脱责任吗？如果你这么做，等待自己的可能就是降薪降职，甚至还可能被炒鱿鱼。做家长也是一样，既然已经身为父母，就要有决心把这个角色当好。即使不能够完美，也不能推卸教育孩子，培养他良好习惯的责任。

因此，爸爸妈妈，对于当好孩子的教练，首先需要的是改变自己的态度，愿意担当起这个重任。同时，也要认识到，自己是做这个教练的最好人选。别人或许也能在一定程度上起到这个作用，但父母才应该是主教练的角色。

做好教练有方法

如果我们留意观察，就会发现好教练通常有这样两个共同的特点：一是总会给学员详细准确的示范，二是总会给学员各种机会反复练习。

对比好教练的这两个特点，父母在做好孩子的教练时，就要警惕这样两个误区：

第一个误区，只说不示范。很多父母只是告诉孩子，你要认真，你要细心，你要善于整理等等，可是究竟怎样做到认真、细心、善于整理，他们总是吝于给出进一步的解释和指导，尤其是手把手耐心地指导。比如就拿"认真"这一要求来说，有的父母边玩手机，边对旁边写作业的孩子说，你"认真点"。试想父母这样的示范作用，孩子怎么可能认真呢？如果想训练孩子认真写作业的习惯，那么首先自己要做到安静和认真，或者在一旁读书，或者做自己的工作。如果不想陪在一边，可以去做自己的家务，然后根据孩子注意力集中的时间长度，设定一个时间，让孩子这段时间集中精力做作业。如果设定的时间是 15 分钟，孩子在过了 10 分钟就坐不住了，那么可以把这段时间调整为 10 分钟，等孩子适应了 10 分钟的专注时间，再一分钟一分钟地增加时间，这样孩子就更容易养成认真专注的习惯。

在认真写作业这个问题上，边吃零食边写也是很多孩子的坏习惯。其实爸爸妈妈只需要将吃零食的时间也固定下来，就可以解决这个问题。我家儿子是 15:15 放学，到家大概是 15:40，所以我把他的零食时间放在 15:40–16:00 之间。我会准备切好的水果、一些坚果、几片点心和一杯热饮或者冰巧克力，这段时间我会陪他一起边吃边聊。这段美好的亲子时间，不但可以让刚放学的孩子轻松一下，还能顺便了解他一天在学校的情况。儿子在补充过能量后，就安安心心写作业去了。放学后先吃零食，就可以避免等会写作业时想要吃零食的问题。

　　要成为孩子的好教练，家长还要避免第二个误区，不肯给孩子练习和试错的机会。家长总是恨不得一教就会，一学就能。殊不知，孩子任何一个好习惯的养成，都需要不断地练习和重复。以前有一个说法，一个好习惯要重复 21 天才能养成，但最新的研究发现，对于有些习惯或者不同个性的孩子，21 天可能远远不够，因此家长在培养孩子习惯时要有耐心，要给他们足够多的时间来练习。父母常常让孩子多做题，因为熟能生巧，为什么不舍得在习惯培养上也多花些时间呢？

　　我儿子之前参加了一个足球队，每周两次练习，开始的时候，每次练习一小时，后来教练发现，每次一小时时间不够，于是和家长们商量把训练时间延长到每次两小时，多加了一些训练时间后，孩子们在赛场的表现真的是有了很大起色。因为平时训练有素，到正式比赛时能够配合默契，团结发力，因此获得了赛季第一球队的好成绩。中国有句老话说："台上一分钟，台下十年功"。一分钟的成就甚至需要十年的练习，习惯培养上，家长也要不断训练自己对孩子的耐心和信心，多花时间方能见成效。

从行为学的角度来说，习惯形成包括三个阶段：第一阶段，行为，就是有一种行为产生，比如刷牙就是一种行为。第二个阶段，行为和结果的紧密联系，比如刷牙和牙齿干净之间就有紧密联系。第三，有奖赏的结果，比如刷牙后，满嘴充满清香。因此，父母也可以在培养孩子的好习惯时，充分考虑这三阶段，根据孩子的情况来制订习惯培养的规划。

改变孩子一生的不是道理而是习惯

在家庭教育中，还有一个很大的问题，家长总是想通过讲道理让孩子改变，但是我们常常看到，不少孩子道理是明白了，但却没能真正改变，最主要的原因是，孩子的明白只是停留在道理上，而没有落实到行动上，更没有养成习惯。作为家长，我们必须要知道这一点：改变孩子一生的不是道理而是习惯。

在孩子小学阶段，父母经常遇见的一个问题是：孩子粗心大意。最常见的现象是考试的时候，因为粗心看错了数字，看错了行或者不小心笔误等等而丢了分。每次看到孩子拿回这样的试卷，父母总是痛心疾首地说，瞧你这粗心的，又把 5 看成了 3，你为什么这么粗心呢，白白丢了分，下次你一定要细心点！于是到了下次考试前，家长会反复叮嘱，注意啊，考试的时候不要粗心，要细致，要小心，不要再因为粗心大意丢分。但结果是，等孩子考卷发下来一看，又是一堆因为粗心丢的分。家长的这种做法，就是典型的只讲道理，不管习惯的方法。家长没有想，孩子怎样才能真的形成细致细心的行为习惯，家长总是吝于谈及下一步。

其实，对于小孩子来说，父母讲道理只是第一步，他需要的下一步是将道理植入到习惯中，这样才能让孩子真正做到不粗心。记得儿子小的时候，为了对付做题看串行的毛病，我给他一把尺子，让他在试卷检查的时候，用尺子一行行往下过，这样就大大减少了看串行的问题。为了改进草稿纸上演算对了，抄到卷子上抄错的问题，我教他把草稿纸上解题步骤画上下划线再抄的办法，而且每行解题步骤使用不同下划线，有的是直线，有的是曲线，有的是单直线，有的是双直线，算出的答案用画圈的方式标记，这些小方法都大大减少了他抄错的问题。而且我还告诉他一个方法，让他在试卷一发到手后，就在一张草稿纸上写上大大的"细心"二字，并画上惊叹号，以达到他在考试的时候能够自我及时提醒的目的。这就有些像咱们在公路上开车看到的各种警告标志一样，当你看到一个大大的警示牌时，你的大脑就会自动开始警觉起来。上面种种方法，在平时做作业的时候，我就训练指导他这样做，每天的反复练习，差不多有一年的时间，他再到考试的时候，就开始自动运用这些策略，因为他已经形成了习惯。

习惯不是最好的仆人就是最坏的主人。成功与平庸之间的不同，并不在于懂得道理多少，而是能否拥有更好的习惯。因此，父母对孩子的最好教育方式，就是能把一个又一个的大道理，转化成孩子身上一个又一个良好的习惯。

我有一位学霸级的同学，上学进的是全国重点，工作进入的是世界500强。她曾告诉我说，对她一生改变最大的是她小学四年级的时候爸爸教给她的一个习惯。那个时候，她像其他的小学生一样特别爱磨蹭，真可谓是时间高级杀手。爸爸看到这种情况之后，有一天给她买了一个漂亮的小本子，让她把自己每天所做的事情都记录下来，重点是记录开始和结束的时间，包括上厕所、喝水的时间，几点几分到几点几分，要非常清楚。如果她能够这样记录30天，爸爸就会给她买一辆她梦寐以求的山地自行车。以前她曾经求过爸妈好多次，都被拒绝，而这次只要 30 天，她就能得到自己想要的东西。于是，她开始按照爸爸的要求做。记录了三天的时候，爸爸翻看她的记录，说："你看你写一个小时作业就离开了桌子七次，喝了三次水，吃了两次零食，上了一次厕所，加起来共有 34 分钟。"她一想，真是的，一个小时一半时间都走神溜号去了。后面几天就比较注意起来。这样记录了一个月，每两三天，爸爸就会给她提一些改进时间利用的建议。她发现，自己写作业的速度快多了。因此也空出了很多时间去做自己喜欢的事情。而且这个习惯真的影响了她的一生，直到现在她还有每天记录和总结的习惯，时间的利用上真的是非常高效。她说，自认自己不是一个很聪明的人，但这一个好习惯促成了她的成功。

是的，孩子只听道理是不能改变人生的，他的脑子懂了的同时，身体还要懂，父母要给予孩子习惯培养的身体训练，让孩子的身体动起来，将道理植入习惯中，只有这样才能将道理内化成行为，才能发挥改变人生的作用。

第三章　助力习惯养成的三个隐性因素

习惯主要是通过后天训练，而习惯的形成还有三个比较隐性的因素，常常被家长所忽视。如果家长们能留意到这三个隐性因素，并有意识地来利用好这三个因素，对孩子的习惯培养，尤其是早期的好习惯培养将会大有好处。

第一个因素，习惯本自然：天赋、个性如何影响习惯

虽然习惯是后天习得，但是一些养成好习惯的先天禀赋却是与生俱来的，就是说，在孩子的心里，住着一个小小的"习惯"的种子，只要给它合适的环境和条件，它就会茁壮成长，甚至长成参天大树。父母如果能知道并了解这些先天禀赋，在这些先天禀赋的基础上因势利导，就会更加容易培养起孩子的好习惯。

◇ 孩子天生的秩序感

那么究竟是什么样的习惯"种子"天生就在孩子的心里呢？"秩序感"就是第一颗习惯种子。

家长可以留意或者回想一下，在孩子两岁左右，是不是经常会有这样一些表现：洗手前，要撸袖子，不然坚决不肯洗；洗过手，也要把袖子放好，不然不算完；从外面回来，脱掉的外套一定要在挂钩上挂好；脱下的鞋子一定要摆在固定的位置上；吃任何东西，都坚决要求爬到餐椅上坐下，不然不吃；睡觉前，一定要遵循讲故事、听睡觉音乐、关灯这样的程序才会在床上躺下……

这个年龄段的小孩子，不但会像这样自己严格遵循着秩序感，还会严格要求家里的其他成员都要这样。比如我家女儿，谁到家脱鞋没有放到鞋柜上，她会提着鞋子在屁股后面追着，直到那人把鞋放好为止；看见哥哥放学把书包往地上一丢，她也会拖着书包"要求"哥哥放到自己的房间去；看见谁喝水后，杯子忘记盖上，她也会没完，直到把盖子盖好才肯罢休……正是因为妹妹的这种种表现，哥哥"气愤"地送她"管闲事大王"的称号，而我则很开心地多了一位家庭行为习惯的"督查员"。

这正是大部分婴幼儿天生的特点，他们喜欢秩序，秩序感就是孩子心里的天生习惯"种子"。我们不知道这种天生的秩序感源于什么，也许是因为宝宝在妈妈肚子里的时候，一直生活在听妈妈规律的心跳声的环境中，也许就是上帝赐给人的美好礼物。总之，凡是带过娃的爸爸妈妈都深有体会，小婴儿出生后，他们很快就像调好的钟点一样，建立起自己一天吃喝拉撒睡的规律，每天都会基本保持大体相同的时间和节律，到点睡，到点吃，到点玩，一旦哪天这种节律被打破，宝宝就很容易生病，或者闹情绪。

◇ **秩序感和规则的建立**

家长们都希望培养孩子从小建立起遵守规则的习惯。因为只有对规则的遵守，才能使得人与人之间能以一种合作共赢而不是互相伤害的方式相处。如果每个人都遵守交通规则，大家就能相安无事地在马路上行进。规则保护着每一个人，也使得每个人的权利获得尊重。可是，一旦有人打破了规则，就会导致有的人的权利被侵犯。因此，在家庭学校社会，处处都应该有规则和守规则。

因为幼儿天生而具有的秩序感，他们都是特别乐意遵守规则的人，家长培养孩子遵守规则的习惯，正好可以利用幼儿的天性，抓住这个好时机。我记得儿子三四岁的时候，非常喜欢看动画片，但是出于对用眼健康的考虑，我给他定下一个规则，"每天都可以看，但是每次都不能超过 20 分钟。"当儿子接受这样的规则之后，每天无论他看得多么兴高采烈，也无论看到多么精彩的地方，只要我设置时间的闹钟一响，他立刻会站起来关掉电视。有一次，有一位朋友到我家来，看见这种情况就问他："这会故事多好看啊，你为啥关掉不看了呢？""因为闹钟响了，时间到了啊！"小家伙很自然地说。"虽然时间到了，可是你不想把后面的故事看完吗？"朋友又接着问。"可是今天时间到了啊！"儿子还是这样一句话。朋友接着对我说："小孩子的自控力可真强啊，要是我看到这么精彩的地方，我可不愿意停下来。"

很多家长像我朋友一样，总以为小朋友很勉强才能做到自我控制，才能遵守规则。因为家长总觉得，规则是大人制订、颁布的，孩子只是被动去执行。但是家长没有想到的是，孩子之所以能遵守规则，其实是因为孩子心中对秩序和规则的喜爱，每个孩子因天生的秩序感而有遵守规则的潜质和能力，否则，你制订再多的规则都没有用。小孩子正是因为思想单纯，所以常常是坚持原则的典范。

孩子心里天生的"秩序感"，不仅引导着他们对规则的尊重，也同样引导着他们的成长和发展，父母要做的就是给孩子这种"秩序感"足够的自由和尊重，发挥他的感觉，顺从他内心的引导，在合适的时间，给孩子适当的指引，这样就会顺利帮助孩子建立起良好的习惯。

就拿训练孩子吃饭来说，不少父母常常因为孩子不肯吃饭、不好好吃饭而头疼，甚至不得不发展到父母要追着孩子喂食的地步。其实"吃"是人的一种基本生理需要，这么说孩子应当自主进食才是，为什么孩子没能发展到良好进餐的阶段，而需要外界强迫呢，其原因就在于家长不自觉地改变了孩子进食能力发展的"秩序感"。

在孩子六个月大的时候，他身体的发展出现三个特点：坐得稳、抓得牢、对固体食物感兴趣。因此，这个时候，爸爸妈妈需要给他准备一个专用的餐椅，给他准备一些固体食物，这样他就会抓起食物尝试往嘴里放。这就是他建立自己吃饭习惯的开始，可是不少家长却因为嫌孩子自己抓着吃，会弄得太脏、太乱而选择喂孩子。我曾亲眼见到不少家长从孩子手中抢过勺子说："你别吃了，你自己吃不行，我来喂你！"就是这样，父母打乱了孩子进食的先天秩序。以后，他的习惯再建立起来就非常困难了。

所以，对于某些习惯的建立，父母要做的就是管住自己，可以干预，但不要干涉。干预是必要的支持和引导，而干涉则是粗暴地打乱了孩子的发展。如果家长能做到这一点，孩子其实可以随着身体及人格的发展自然建立起好的习惯。

华德福教育是创立于 20 世纪 70 年代德国的一种教育模式，在华德福的学校和课堂，实施的主要教育理念就是抓住韵律、节律这个关键点，让孩子追随他内心的感受，不受打扰地自然而然地学习和创造。因此，华德福的老师看起来好像总是"袖手旁观"，但是正是这种教育上的"不为"使孩子大有作为。老师的"作为"主要放在配合孩子学习的需要上，因此，华德福课堂上以大量体现儿童主动性的游戏活动和艺术创造为教学媒介，从而培养了儿童的参与感和自我表达能力。华德福教育也因此在发展孩子的创造力方面做出了骄人的成绩，很多大导演、著名演员、建筑设计师都毕业于华德福学校，比如我们熟悉的著名导演斯皮尔伯格。

◇ 好奇心和求知的习惯

在孩子内心的第二个习惯种子是"好奇心"。好奇心真是上帝赐给人的一个非常美好的礼物，如果没有好奇心，人就很难学习什么，人类社会更没有发展的可能性。为什么这么说呢？因为正是在好奇心的驱动下，一个小宝宝才想试试爬是怎么回事，想知道站起来走会是什么感觉，爬到更高的地方又是一番什么风景……可以说，正是因为对一切事物保持着好奇心，一个婴儿不需要大人或外界的教育，也学会了很多东西。正是因着这种好奇，驱动着小宝宝逐步进行自我探索，身体得以成长，心智得以发展。

作为父母，肯定都有孩子学步走路时的经验。我记得在儿子满地乱爬的时候，总有妈妈们告诉我说，等到孩子要走路的时候，你就更累了，你不得不天天哈着腰牵着孩子走。可是我却完全没有这样的经历，因为我总相信，等到孩子身体发展到一定程度，当他准备好的时候，他自然就会抬头、蹬腿、翻身、坐稳和爬行，而实际上，笛宝也确实是这样一路过来的。我相信，当他身体的肌肉、骨骼等都预备好了，他自然就会走了。

事实确实如此，我还清楚记得儿子快一岁时学会走路的整个情景。有一天，他像往常一样在泡沫地垫上爬，当他爬着爬着，手触到床边的时候，就扶着床站了起来。于是他决定往床上爬，相对于他的身高，床略有些高，于是他把一只脚抬到床上，企图在另一只脚的蹬力下，再借助胳膊的支撑，可以把自己撑到床上去，但是没有成功。于是他又下了地，在床边站了站，又尝试往上爬，他前前后后这样尝试了五六次。有一次，突然他揪住了床单，发现床单可以给他力量，于是借助着揪住床单的力量他把自己给拉上去了。成功了之后，儿子开始在床上爬，没爬两下，他突然就自己站起来了，以前他站着时都是扶着东西。而这一次，他没有扶着任何东西，完全凭借自己的力量保持着站立，然后他开始迈步走起来了。从那一天的那一刻起，儿子就会走路了。

儿子学会走其实就是一刹那的工夫，而让他保持不断练习走的兴趣，就是在于好奇心的驱使。他对自己的新能力充满好奇，过去要"走"总得手脚并用，现在单单两只脚就可以了，这是多么不一样的体验啊。他觉得好奇好玩，于是不断地重复，试了又试。后来对女儿，我也从没有教过她走。因为我相信，小孩子的内心都充满好奇，这种好奇，让他总是不断地去尝试。他不满足仅仅总是在地上爬，如果能站起来，眼界是多么不同，如果能爬到高处，又是多么不一样的风景，虽然孩子不会把这样的想法清晰地表达出来。但是，他有好奇心，会带领他的行动，把他的这些想法明明白白地显现出来。

实际上，孩子的每一项新的学习，都是由这个好奇心"种子"所萌发。美国著名教育学家约翰·霍特在他的著作《孩子是如何学习》中，就一再强调了好奇心对于孩子学习的重要性，他根据自己的教育研究和实践发现，"孩子的绝大部分学习都是自发完成，自发进展。好奇心使人类成为天生的学习者，好奇心总是在引领着孩子，横跨一个又一个的未知，永不停歇。"

◇ 好奇心与勤奋的习惯

家长都希望孩子能够具有勤奋学习的习惯，我们无论是通过"头悬梁，锥刺股"的故事来设立榜样，通过"吃得苦中苦，方为人上人"的座右铭来激励，还是通过"不好好学习，你就别想怎样怎样"来威胁，都是希望孩子能够好好学习天天向上，可是真正让孩子能够培养起勤奋习惯的，其实只有他内在的好奇心。对于这一点，约翰·霍特在《孩子是如何学习》一书中也有很形象的论述。

好奇心永远不会闲着。我们想知道什么，那就有一个想知道的理由。理由就是在我们对事物的理解当中，在我们对世界认识的思维模式中，有一个洞、一个缺口、一个空白的地方。我们觉得那个缺口就像牙齿里的一个洞，希望能把这个洞补好。当有缺口存在的时候，我们会感到紧张，觉得不安。当这个缺口补好时，我们感到喜悦、满足、放松。一切又都有意义了或者反正它们比原先更有意义了。当我们出于这种理由，用这种方式学习时，我们学得很快，学得的知识也能长久记忆。

从约翰·霍特的这段论述中，我们了解到好奇心是如何驱动着孩子不断地去思考，去学习，去寻找答案的，好奇心就像是一个自动自发的永动机，有着无限的能量，为孩子的求知和探索提供源源不断的动力。因此，对我们家长来说，我们要善于利用并抓住孩子的好奇心，来培养孩子学习的好习惯。

◇ 好奇心带来的勤奋是真正的内驱力

我们都知道，人行为的动力有两种，一个是外部动力，一个是内部动力，而内部动力永远是真正的动力，没有它，外部动力根本不可能起作用。糟糕的是，很多家长虽然明白这个道理，但却做不到按照道理行事。家长常常最爱说："我啥招都试了，孩子就是辇素不进！"

可是，家长们，既然你的招都不管用，为什么不利用一下孩子的好奇心呢？不断地激发、保护孩子求知的欲望，对未知的探索，这才是培养孩子勤奋习惯的强大内部动力。关于这一点，也得到了心理学很多的实验证实。

1960年，英国心理学家伯莱因就曾进行了一项关于幼儿好奇心的测试。他向参加测试的儿童提出了一系列关于无脊椎动物的问题，同时记录他们对每一个问题的好奇和兴趣度。测试后，再把题目的答案提供给他们，但是答案是随机杂乱的，需要他们自己对号入座。之后，他们又做了一次相同的题目，结果显示，对那些使他们很好奇和很有兴趣的题目的回答明显好于其他的题目。这说明，在答题的过程中，好奇心激发了儿童内在的学习动机，所以他们会自发地去寻找他们感兴趣的题目的答案。

其后，又有一些心理学家继续了伯莱因的好奇心实验，他们将一些一二年级的学生按好奇心的程度不同分成三组，分别是：不好奇、一般好奇和很好奇。然后向很好奇和一般好奇组展示了一幅由点组成的图，只有将其中的第 9 个和第 30 个点连接起来才能看得懂这幅图的含义。相对应地，不好奇的那一组也看了相同的一幅画。不同的是，不好奇这组的孩子看到的是两个点已经被连接起来的画，所以他们一开始就知道这幅图的含义。之后，学生们要辨识形状或大小不同的几何物体。每次回答正确，可以得到一次机会，在图片上选择两点进行连接。非常好奇的那组学生在辨识几何物体方面比其他两组错误率小很多，而且也对此实验更感兴趣。结果表明：因为这幅图的不确定性，容易引发好奇心，很好奇组的学生表现更好，从而可以连更多的点。也就是说，正是好奇心让好奇组的孩子主动花更多的时间和精力去尝试。

还有研究者通过对一些五年级儿童的好奇心和认知能力进行比较发现，那些充满好奇的学生在词汇测试和心理测试中的成绩比那些不好奇的学生表现更好。也就是说，那些充满好奇的学生在阅读和研究的时候会积累更多的信息，从而提高他们的认知和理解能力。作为家长，如果你明白了勤奋和好奇的深刻联系，你就会知道，通过激发和保护孩子的好奇心来培养孩子勤奋的好习惯才是正途。

◇ 按照孩子的天性培养

一提到孩子的习惯培养，不少家长总有不切实际的想法，想立马就培养出一个十项全能的孩子：早上起床不用叫不用吼，闹钟一响，孩子立刻起床；穿好衣服，洗漱好，准点坐在餐桌前吃早饭；吃饭的时候专心致志，按时结束；出门的时候，书包早已收拾就绪，蹬鞋就走；在学校的时候，能够上课专心，不走神不溜号，该记笔记记笔记，该做练习做练习；放学到家之后，二话不说，开始写作业；写作业的时候，不想着吃零食、玩游戏，一鼓作气写完作业，而且写得又快又好；写完了作业也不玩，主动要求爸爸妈妈，我再复习一下今天的功课；电脑游戏偶尔玩玩，只要父母一说时间到，立刻停下从不磨叽……

这哪里是在培养孩子，简直是在创造奇迹。说实在的，家长的心情可以理解，但是我们也一定要知道，每个孩子都有自己的天性，他天生的性情当然也会影响习惯的建立。什么叫天性影响习惯呢？就是有些好习惯对有些人来说很容易建立，而对有些人来说就比较困难。比如，人生来有的就细心一些，有的就粗心一些，如果我们要求生来粗心的人像那个生来细心的人一样，就是违背了他的天性，如果我们在这个方面和他较劲的话，可能好习惯建立不起来，还搞得亲子关系一团糟。

我的侄子就是个活生生的例子。

我哥哥是个做事严谨的人，什么都按部就班，没有计划就不会行动，有了计划就严格执行。侄子上了学之后，爸爸就开始培养他做事严谨细致的习惯，要求孩子每天写日计划，每周有周计划，每月有月计划，然后按着计划去执行。开始的时候，在爸爸的督促下，孩子一直坚持了三个月，老爸以为他已经养成了习惯，就放手让孩子自己去执行。可是，很快孩子就放弃了这个习惯，我个人也感觉，这个大大咧咧的孩子是很难像他爸爸那么严谨的。最后，他自己也跟爸爸摊牌，我不可能像你一样，只要大事我有数就行。果然就是这样，孩子大学申请、勤工俭学、大学实习等这些大事都是他自己规划，虽然没有执行那么严谨的日常计划，但也并没有出差错。而我的侄女，就没想像她哥哥一样，她的性格比较像爸爸，她就一直坚持写学习日志，甚至到了工作也沿用了这个习惯，也成了时间管理的高手。

我家的例子就充分说明，父母在好习惯培养上，照顾孩子的天性很重要，依照天性，因势利导，就能收到良好效果。

第二个因素，模仿的力量：父母的榜样对习惯塑造的影响，把好习惯做给孩子看

我们常常看到，很多孩子在言行方面深深打上了父母行为方式的烙印。爸爸妈妈爱发脾气，孩子也会更容易发脾气；家长爱贪小便宜，孩子也容易有这种倾向。甚至很多成年的爸爸妈妈自己也承认，自己越是想避免自己父母辈错误的教育方式重现在自己的家庭中，但常常又突然意识到，自己对孩子的家庭教育正在重蹈父母辈的覆辙。这些现象之所以出现，原因在于父母在家庭中每天的榜样示范作用，导致孩子在不知不觉中就习得了父母的一些习惯。很多教育研究也发现，孩子在家庭中接受到的教育，80% 来自于父母的行为，而不是父母的说教。这也就是为什么我们一直强调，在家庭中，父母做的比说的重要，因为孩子总是在潜移默化地重复着父母的行为。

有这样一个美国普通家庭，每年的感恩节他们总会像其他家庭一样烤一只火鸡作为感恩节家庭大餐中必不可少的美食。九岁的女儿总会看到妈妈把火鸡腿砍掉，然后把火鸡腌制好待用。今年，妈妈又在进行这一动作时，小女孩突然问妈妈："妈妈，你为什么把火鸡腿砍掉呢？火鸡腿很好吃啊！"女儿的这一问题让妈妈愣了一下，她从来没有想到过这个问题，只是小时候看到自己的妈妈

一直这么做，所以她也就一直这么做。女儿很好奇，又跑去问外婆："外婆，你烤火鸡的时候为什么要砍掉鸡腿呢？鸡腿不是很好吃吗？"没想到，外婆也愣了，她也不知道答案。因为她也是看到自己的妈妈这样做，所以也就照样做了。小女孩当然还是很好奇，又给太婆婆打了电话，问了同样的问题，没想到太婆婆的答案是："因为我的烤箱太小了，必须得把火鸡腿砍掉才能放得下。"真相原来是这样，真是让人大跌眼镜。要知道，经过几十年的发展，烤箱早已经越来越大，越来越先进，妈妈根本没有必要把鸡腿砍掉了，但是，妈妈早已经习得了砍掉鸡腿的行为，而没有想到为什么这么做。幸好这次，小女孩的好奇心激发了她刨根问底的举动，也幸好太婆婆长寿，能够说出真相，否则大家永远不知道为什么，只知道这么一代代重复着这一行为。

这个听来有些好笑的故事，其实再次提醒家长们，孩子是多么容易有样学样。家长如果希望培养孩子的好习惯，那么，就在家中把好习惯做给孩子看。

美国著名的儿童阅读推广人吉姆·崔利斯在谈到他为什么会成为一个给孩子读书的职业人时，就提到，重要的原因是从小他的爸爸就给他读书，他已经养成了习惯。确实，爸爸妈妈的好习惯很容易就成为孩子的好习惯。

记得几年前曾在首都图书馆听过日本著名的儿童出版人松居直的讲座，当时老先生已接近 80 高龄，他在谈到自己如何走上儿童阅读推广道路时，也提到妈妈的重要影响。他说，小时候，妈妈给他讲故事的画面给他留下了极为深刻的印象。他大概两岁的时候，每天睡前，妈妈都会给他读故事书，但有些时候，妈妈因为白天工作太累了，读着读着就睡着了，年幼的松居直实在喊不醒妈妈，就拿着妈妈刚刚读到一半的书，学着妈妈的样子有模有样地给自己读起书来。因为松居直小时候，书很少，就那么几本，妈妈给他读的书，他差不多都能背下来了。他说，他现在还清楚记得当时书放在妈妈起伏的肚皮上，幼小的他就伏在妈妈身边读书的样子，很温暖很享受。这个画面一直就像一颗幸福的种子一样种在他的心中，成为他一生的温暖和感动，并激励他日后成为一位专业的儿童图书出版人和儿童阅读推广者。可以说，松居直一生的职业发展和成功，很大的原因在于小时候从妈妈那里得到的阅读享受。

◇ 用模仿的力量拆解孩子沉迷电子产品的难题

父母在家中做好习惯的示范，可以解决不少家庭教育的问题，甚至包括被父母们视为洪水猛兽的电子产品沉迷问题。

网络科技的发展，给人们的生活带来很多便利，使人们的沟通更加便捷，信息传播更加迅速，学习新知更加容易。可同时，我们也确实看到不少孩子沉迷网络游戏不能自拔。甚至有媒体报道，一位爸爸因为孩子太过于沉迷手机游戏而把手机从高楼窗户扔出去，孩子一激动跳楼身亡的事件。正是由于这种种"可怕"的事实，不少家长将网络视为敌人，总是在想着怎么一举消灭而后快。其实，网络已经成为现代生活的一部分，我们是不太可能做到让孩子与网络绝缘的。让孩子避免沉迷于电子产品，重要的是父母在家庭中看待网络的态度和自己的示范作用。也就是说，父母是否能够在离不开网络的生活中，不断地给孩子营造一种正确的网络生活习惯和态度：我的生活中，不是只有手机，只有电脑，只有上网，还有很多其他有益和有趣的内容。

在我家，对网络和电子产品我们首先是欢迎和接受的。我自己每天都用手机上的应用程序学习英文，教孩子写作，微信直播让我足不出户就能学到很多最新最好的教育课程。儿子每天也用电脑软件学习数学，修改文章，电子产品真正成了我们生活中的好帮手。我觉得，父母对待电子产品的态度非常重要，如果父母一味地看待电子产品为"不好"，想让孩子和电子产品绝缘，在好奇心的驱使下，孩子反而会更容易迷上电子产品。

日常生活中，电子产品只能是我们的帮手，而不能成为生活的全部，我们不能让电子产品成了我们的主人，在使用时间和频率上必须有所节制。这一点在我家是通过家规的方式体现的。其中家规的主要内容有：第一条，我们做父母的下班到家后不再看手机，尽量把这段时间留出来与家人交流互动。通常等到孩子们上床睡觉之后，我们才开始用手机或电脑上网，主要处理工作中的一些事情，以及浏览一些信息。当然，如果确实有一些特殊情况，时间刚好是在晚饭后，我会事先跟大家都解释。但是，这样的例外情况一定不能太多，否则，孩子也会学父母的样子，打破规则，不尊重规则。

在我家比较重要的第二条家规是，睡觉时间电子产品必须出卧室。目前很多人的生活方式是闭上眼睛睡觉前看的最后一眼是手机，早上醒来第一眼看的还是手机，有人甚至说，手机成了夫妻之间不折不扣的第三者。而很多孩子，也会在被窝里拿着手机刷屏，大大影响了睡眠。因此，在我家，制订了睡觉时间电子产品出卧室的规则。在睡觉前，大家都自觉把手机、电脑、平板等电子产品放到客厅里，不让这些产品影响大家的睡眠。第三条是针对孩子的电子游戏时间，给儿子有每周80分钟的电子游戏时间，在周六和周日各两次，每次40分钟，他可以在这个时间尽情地玩想玩的游戏。

丰富的生活，自然会使孩子不再把全部的娱乐都放在电子游戏上，所以还有最重要的一点，就是开发好玩的家庭游戏和活动。比如，每个周五的晚上我们会有全家的 movie night，找一部适合全家一起看的电影，围坐在电视前，一起看，看完了大家还可以一起交流讨论。这时候，我也会给全家准备一些好吃又健康的零食，炒栗子、绿豆糕、水果冰和热巧克力等，全家人就这样一起度过一个非常愉快的晚上。有时我们也会邀请上一些朋友一起来家里开电影party，有朋友加入，周末的晚上就更加热闹有趣。除了在家里看电影，我们全家也常常一起去电影院，优秀的电影融各种艺术于一体，对孩子来说，是一种特别好的活动。因为常常看电影，我儿子还因此喜欢上了各种电影音乐，成了电影音乐的发烧友，也算获得了一种有益的兴趣。

除了电影，我们还喜欢一起读书。在儿子小时候，我家一直有一个习惯，在每天晚饭后大家一起围坐在餐桌前听爸爸读各种人物传记，通过各种不同人物故事，我们学习了很多，在讨论这些人物时，我们也产生很多共同的话题，发展了共同的兴趣。现在孩子大了，不再需要爸爸读书听了，但是我们还是会常常同时读一本书，然后大家一起讨论。比如我们在一起读过科幻小说《三体》，大人孩子都非常喜欢，小说内容涉及很多科学内容，成为大家一起研究讨论的话题，让我这个文科生也了解了不少科学知识。

全家一起玩扑克牌以及各种各样的游戏棋也是一个非常不错的选择。我家的大富翁、角对角和战斗船游戏棋，都是儿子非常喜欢的。晚饭后，儿子常常会和爸爸来一局。还有那种一本本的小强填字游戏，既好玩，又锻炼了大家的脑力。

户外活动和体育锻炼也是电子游戏好的替代品。周末的时候，全家可以一起去郊游，或者一起进行骑车打球等运动。我们全家比较喜欢爬山，每两三个星期，我们会一起爬山，一路上有说有笑，谈天说地，同时又欣赏了风景，锻炼了身体，真是一举几得的好事。

总的来说，爸爸妈妈要能够愿意和孩子一起玩，当孩子的时间被更多丰富好玩有趣的活动填充时，他能够花在电子产品中的时间自然少了，"沉迷"的困境也就不攻自破了。

◇ 父亲的榜样作用尤其重要

由于孩子出生之后，妈妈承担了大部分的教育养育孩子的任务，再加上中国传统中"男主外，女主内"的家庭文化，使得爸爸在家庭教育中往往缺席。但是，现在越来越多的教育研究发现，爸爸在孩子教育中的重要作用是妈妈无法替代的，在孩子习惯养成中，父亲比妈妈更能培养孩子独立、果断的品质，培养勇敢、冒险精神。

具有硬汉之称的著名演员姜文，在培养孩子的生活习惯上，就是一位豁得出去的爸爸。他有一段时间在朋友视野中消失了，而且一消失就是一年。原来这一年，他把一个六岁、一个四岁的两个儿子，带到了新疆阿克苏进行吃苦训练，要彻底改变两个孩子在家如龙似虎，一旦出了门马上变成怯生生的小白兔，大气不敢喘的情况。为什么要把孩子带那么远，就是因为在家里，爷爷奶奶、姥姥姥爷，再加上妈妈伺候得两个孩子太舒服了，孩子越来越娇惯，越来越柔弱。

在新疆，姜文是这样训练孩子的：早上 6 点半，孩子就被姜文从热乎乎的被窝里拖了出来，三两下套上防寒运动衣，半梦半醒地被呵斥着开始了锻炼。虽然号称"塞上江南"，但阿克苏的昼夜温差很大，两个儿子出门就打哆嗦，本能地想往暖和的房间里钻。但姜文不给他们机会，一手拉一个，几步就拖出了庭院，告诉他们："跟着我跑，跑不动了走也行，转完这一圈才能回家。"这一圈大概一千米，两兄弟只跑了不到两百米，剩下的八百米都是喘着气走下来的。好不容易回了家，姜文端起在炉子上温着的羊奶给他们一人倒了一碗。到阿克苏的第一天，姜文就给他们喝过羊奶，两个儿子只喝了一口就吐了，说受不了那古怪的味道。这才隔了两天，羊奶一到手便仰着脖子喝了个底朝天。精心烹饪的儿童餐没了，取而代之的是当地民族餐食：菜品以手抓羊肉和大块牛肉为主，主食不是糙米饭就是馕，配餐的青菜既非白灼也非上汤，无公害的蔬菜洗干净后直接生吃，佐餐的饮料是新鲜牛奶。除了正餐外，不提供巧克力、饼干、果冻之类的零食，但新鲜水果 24 小时敞开供应。家里没请钟点工或保姆，两个儿子在姜文的指挥下担任起了保洁员，收拾床铺也包干到人。经过了这样的生活，一年以后，两个豆芽菜儿子都变成了"红豆杉"，姜文用一种"老爸陪你们一起撒野"的方式，帮助孩子建立起了完全不同的生活习惯。

除了姜文这种"野蛮"的"鹰爸"方式，还有很多父亲通过自己的方式给孩子一种潜移默化的影响，著名企业家俞敏洪的父亲也是一例。俞敏洪说，小时候他的父亲是个木工，常帮别人建房子，每次建完房子，他都会把别人废弃不要的碎砖烂瓦捡回来，或一块二块，或三块五块。有时候在路上走，看见路边有砖头或石块，他也会捡起来放在篮子里带回家。久而久之，俞敏洪家院子里多出了一个乱七八糟的砖头碎瓦堆。他搞不清这一堆东西的用处，只觉得本来就小的院子被父亲弄得没有了回旋的余地。直到有一天，俞敏洪的父亲在院子一角的小空地上开始左右测量，开沟挖槽，和泥砌墙，用那堆乱砖左拼右凑，一间四四方方的小房子居然拔地而起，干净漂亮地和院子形成了一个和谐的整体。父亲把本来养在露天到处乱跑的猪和羊赶进小房子，再把院子打扫干净，俞敏洪家就有了全村人都羡慕的院子和猪舍。

当时俞敏洪只是觉得父亲很了不起，一个人就盖了一间房子。等到长大以后，才逐渐发现父亲做的这件事给他带来的深刻影响。他觉得从一块砖头到一堆砖头，最后变成一间小房子，父亲向他阐释了做成一件事情的全部奥秘。一块砖没有什么用，一堆砖也没有什么用，如果你心中没有一个造房子的梦想，拥有天下所有的砖头也是一堆废物；但如果只有造房子的梦想，而没有砖头，梦想也没法实现。当时俞敏洪家穷得几乎连吃饭都成问题，自然没有钱去买砖，但他的父亲没有放弃，日复一日捡砖头碎瓦，终于有一天有了足够的砖头，而且建起了心中的房子。

后来的日子里，这件事情凝聚成的精神一直在激励着俞敏洪，也成了他做事的指导思想。他说，在他做事的时候，养成了一个习惯，总是会问自己两个问题：一是做这件事情的目标是什么，因为盲目做事情就像捡了一堆砖头而不知道干什么一样，会浪费自己的生命。第二个问题是需要多少努力才能够把这件事情做成，也就是需要捡多少砖头才能把房子造好。之后就要有足够的耐心，因为砖头不是一天就能捡够的。俞敏洪的事业做得这么大，而且做得越来越稳，越来越有影响力，他自己说这是得益于父亲的那种潜移默化的影响。

父亲的知行合一是培养孩子好习惯的重要力量。我的公公是大字不识一个的农民，在我的印象中他总是默默地干活。但是，先生说，公公有一句话却给了他一生很大的影响和启发。他上初中的时候，有一次，父亲要带他开垦一块荒地。他和父亲来到这片荒地跟前时，他感觉到简直是不可思议，因为这块地上，到处都是乱石块，石块的中间是过膝的荒草，这怎么可能开得出来？感觉完全不可能！

面对他的怀疑，父亲却很有信心地说："看起来难，做起来容易！"但我先生不以为意，看着都难，做起来岂不是更难？因此，当父亲开始在这块地上干起来时，他觉得简直有些可笑，于是就趁着父亲不注意，偷偷地溜掉了。可是等到中午去喊父亲吃饭时，令他惊讶的是地里的变化，之前乱石成堆，现在一角已经整理得初具规模，乱石被收拾起来堆在了一处，荒草已经砍去，新翻出来的泥土似乎都能闻到芬芳之气。

他一下子理解了之前父亲说的话："看起来难，做起来容易。"是啊，不管多难的事情，只要开始做了，就有完成的希望。后来，父亲用了三天的时间就把那块看着不太可能开垦出来的荒地翻了出来，令他非常震撼。从那以后，父亲的这句话，总是回响在他的脑海中，无论人生中遇到什么样难做的事，都会想起父亲带他做事的情景，就会想起"看着难，做起来容易"，这样不知不觉中竟然做了很多看起来很困难的事情，也养成了他不怕困难，敢于尝试的动力和勇气。

上面这些事例可以看出，爸爸们真的不要忽视自己教育孩子的重要作用，要真的重视自己的良好习惯对孩子的积极影响。要知道，我们良好的习惯也是可以被孩子继承的。

第三个因素：环境对习惯的塑造作用

◇ 糟糕的环境，糟糕的习惯

曾经读过一篇文章，是一位在美国的华人爸爸效法"孟母三迁"的故事。他家刚刚搬到美国时，租住在硅谷的一个公寓小区里，这个小区的房租比较便宜。可是住了一段时间后，这位爸爸就发现，这个小区租金虽然便宜，但小区里住的家长文化程度普遍不高，大家似乎也没什么教育孩子的心思，孩子大都处于"散养"状态。小区里整天就有一帮孩子追逐打闹，搞得他儿子每天放学回家第一件事就是把书包一扔，要出去玩。有时爸爸逼着儿子看书，小家伙甚至会冒出一句，为什么邻居的孩子能玩，我不能出去玩？他一时竟然无言以对。那段时间，虽然他着意培养孩子的学习习惯，但是，在那样的环境影响下，却很难培养起来。

更糟糕的是，有一次他带着儿子去玩滑梯，看到一个男孩上滑梯不排队，直接把前面一个女孩推倒在地上，然后自顾自地爬上去。那个男孩的家长在旁边冷眼旁观，却无动于衷，好像跟自己没关系一样……看到这里，这位爸爸当时心里就凉了半截，在这样的圈子里成长，孩子是会被带坏的！这使他深刻明白了

"孟母三迁"的道理，于是等一年租约一到，他就迫不及待地换了房子。

后来他们换的小区房租虽然贵了将近一倍，但是环境却有了大大改善。那个小区里，很多家长都是高素质群体，大家对孩子的教育也很上心。每天放学大家各回各家辅导孩子功课，然后到了下午5点多再到小区的游乐场玩上一个多小时。无论是生活还是学习都安排得井井有条。

他儿子的良好学习习惯从这个时候开始建立起来。而且，搬到这个小区之后，这位爸爸认识了一帮志同道合的家长，有清华的学霸、美国名校的博士、Google 的工程师、微软的高级经理……其实学历倒是其次，最关键的是家长们都很靠谱，对孩子有足够的爱心和耐心。后来，在这位爸爸的提议下，小区的家长积极参与，大家还给孩子们组建了一个机器人兴趣小组，担任教学任务的也是这些靠谱的家长们。这位爸爸深有感触地说：不同的朋友圈，真是不一样的生活，不一样的世界啊！

确实，环境对塑造一个人的习惯真是有很大的影响。比如大家都熟知的中国式过马路，还是同样的一批人，到了不同的环境，大家的习惯可能自动就改变，有不少人谈到自己的经历就提到一出国旅行的时候，会自觉用别人的习惯和规则来要求自己。我的爸爸说话总是大嗓门，可是到美国旅行的时候，进了超市，他居然也开始压低嗓门说话。他说，整个超市都没有大声说话的，一大声起来，自己都会觉得刺耳。所以，作为家长我们也要善于利用和创造好的环境去塑造孩子的好习惯。

◇ 好习惯塑造从家开始

对孩子而言，最重要的环境当然是家庭环境。孩子天天生活在家中，家庭环境对孩子习惯的塑造有着潜移默化、润物无声的效果。但是，很多父母可能对自己对孩子的榜样作用有一定认识，却常常忽略了家庭整体环境对孩子的影响。

比如，有的家庭不太重视家庭环境的整洁，父母不太喜欢收拾和整理，家里物品随处乱丢乱扔，那么孩子一直在这样的环境中生活，慢慢就会习惯这种环境的样子。我还记得几年前我找家政清洁服务的事情。我先找到一位保洁阿姨，她来到我家先把地打扫了一遍，然后用拖把把地面擦拭了一遍，然后告诉我做完了，前后也就不到一个小时。她觉得我家挺干净的，没有什么活可以干了。可是，门上孩子的手印，椅子上的污渍，桌面上的灰尘，电灯开关上的黑色……她却都没有发现。经过我提醒之后，她把我指出的地方擦拭干净。可是，我没有提到的冰箱、微波炉等电器她一个都没有擦。

第二次，我换了一位邻居推荐的阿姨。这位阿姨已经做家庭保洁两年了，她确实更专业一些，地面、家具、墙面、电器等都照顾到了，可是边边角角的地方，她还是忽略了。后来我又用了几个清洁阿姨，都有类似的问题。可是，当我遇到一位李阿姨后，情况却完全不同。她把所有的边边角角，连家具腿，橱柜的门边，墙壁踢脚线的上沿，都一一清理。我以为她是参加过专业保洁培训的。但是，和她聊天我了解到，她之所以打扫得如此干净，是受她妈妈的影响。她的妈妈是方圆几里有名的干净人，虽然住在农村，房子装修和家具并不豪华，但她家的水泥地面都被妈妈擦得油光发亮。正是因为不同家庭环境的影响，使得李阿姨的清洁标准很高。因此，在孩子很小的时候就留意家庭的清洁整齐，对培养孩子干净整洁的好习惯非常重要。

除了干净整洁，家庭环境的优美对孩子的影响也非常重要。我的一位好友比较喜欢家居装饰，她在购买床上用品、窗帘、摆饰、挂画等方面非常讲究，她装饰的家，不但照顾颜色的搭配和协调，在风格、材料上，也都和色彩和谐统一。正是因为她的这种讲究，从小她的女儿就生活在一种充满"审美"情趣的家庭环境中。现在她的女儿已经上了大学，所修的专业就是设计，女儿说，妈妈的家居布置给了她很大的影响，她至今还记得几年前，妈妈为了买到一个合适的餐桌照明灯，跑遍了几乎全北京的建材城，这种对美的追求，造就了她从小就有的一双审美的眼睛。

因此，建议家长们尽量把美放在家里，从小让孩子能生活在美丽和品位之中，他也就更容易养成整洁有序的好习惯。

◇ 家务习惯是块宝

对于孩子做家务这件事，我们常常听到家长对孩子说的是："你只管好好学习就行了，其他的事都不用你管。"岂不知，家长在不知不觉中，忽视了良好家务习惯带给孩子的巨大好处。哈佛大学学者曾经做过一项调查研究，研究得出这样一个惊人的结论：爱干家务的孩子和不爱干家务的孩子，成年之后的就业率为 15∶1，犯罪率是 1∶10。爱干家务的孩子，离婚率低，心理疾病患病率也低。另有专家指出，在孩子的成长过程中，家务劳动与孩子的动作技能、认知能力的发展以及责任感的培养有着密不可分的关系。由此可见，这个"干家务"的习惯带来的好处简直是一连串的包括智力、技能和个性等多方面的发展。而且不仅有眼前利益，更有长期的价值和影响。

我从儿子做家务的经历中也验证了哈佛学者的研究成果。打从我把家务承包给儿子之后，他对家务"察言观色"的责任心就大大增强了。以前自己不打扫的时候，吃饭常常不注意，总会洒一些饭粒菜汤之类的，现在他自己轻易不会掉一个饭粒，夹菜的时候，会用一个盘子接住菜汤，尽量保持餐桌和地面的干净。以前开冰箱，经常随便就印上个大手印在门上，而开始家务承包后，经过几次辛苦的冰箱清理，儿子再开冰箱，甚至会拿张餐巾纸包着手去开门，以免留下手指印，真是让人觉得又认真又好笑。还有拖地的技术，儿子也不断提高。他最开始是拿着拖把就开始拖，后来发现，地能否拖得干净，对拖把的湿度以及拖地时候的路径都有很高要求，他自己就总结出来，拖把不要太湿，要半干以及先清扫再拖地这些经验。虽然这些我都跟他说过，但在他开始干之前，完全没有概念，自然也记不住，经过自己的一番实践，现在就有深刻体会了。

当然，儿子对家务的承包，也让他开始有了赚钱的概念，每周拖地两次，擦拭所有家具两次，可以获得五元的劳动报酬。经常看见他在自己的小本子上规划，怎么攒钱，怎么花钱，小九九算得很精，把数学课上的知识都活学活用在了他的金钱管理上了。其实，要接着说，干家务给孩子带来的好处还有不少。简简单单的"家务"两个字，真是蕴藏着丰富的内容，想想也是，将来孩子工作上需要的不少技能，其实不就体现在现在的家务中吗。"橘生淮南则为橘，橘生淮北则为枳"。总之，爸爸妈妈千万不要忽视了环境塑造孩子良好习惯的作用。

第四章　别让习惯输在起跑线上

中国有句俗话叫"三岁看老"，说的是一个人三岁形成的习惯，就可以预测他在老年时候的行为方式。因此，好习惯培养不怕早，而是越早越好。因为习惯作用的方式，是通过大脑回路来起作用，大脑和思维的锻炼和身体的成长一样需要从小开始。习惯培养，千万不要让孩子输在起跑线上。

别让习惯零起点

现在，"不要让孩子输在起跑线上"是一个被很多教育专家批评的做法。但是，这个批评并不全对，在知识的学习上，这句话批评的没错，因为学习是终生的事情，家长如果在知识学习上，过早过度教育，会造成孩子的学习压力，导致厌学情绪。但是如果在学习习惯的培养上也不及早进行的话，那可就大错特错了。很多家长到了孩子该上学的年龄，在孩子学习习惯的养成上还是零起点。往往到了为孩子学习犯难的时候，才发现错过了养成好习惯最佳的起跑阶段。

中国有句俗话叫"三岁看老"，说的是一个人三岁形成的习惯，就可以预测他在老年时候的行为方式。因此，好习惯培养不怕早，并且越早越好。因为习惯作用的方式，是通过大脑回路来起作用的，大脑和思维的锻炼和身体的成长一样需要从小开始。习惯培养，千万不要让孩子输在起跑线上。

◇ 小学时的很多学习习惯是在学龄前就养成的

家长都希望孩子上了小学之后，能够养成良好的学习习惯，因为从小学开始，孩子的主要任务就有了很大改变。从幼儿园的时候以玩为主，到了小学的时候以学为主，如果没有良好的学习习惯，孩子对小学学习的适应就非常困难，而且还会造成孩子不少的学习问题。但是这个良好的学习习惯，真的不是到了小学开学那一天，自动就能获得的，所有的学习习惯，实际上来说，都是在学龄前已经养成了。下面我就来具体分析一下。

概括起来说，到孩子上小学的时候，为了保证很好地完成学习任务，孩子需要具有如下几个方面的习惯：第一，集中精力做事情的习惯。上课能够专心听讲，写作业的时候能够专心致志，不边写作业边玩。 第二，良好的阅读习惯。阅读能力是一个人学习能力的重要指标，不少家长可能以为阅读理解能力只会影响语文学习，其实很多专家的结论是，不少学生数学等理科的学习成绩差，也跟薄弱的阅读理解能力有关，做数学作业时如果连题意理解都有误的话，何谈能正确解题呢。 第三，认真书写的习惯。可能家长很难认识到书写的重要性，觉得字写得好固然不错，写不好对学习成绩也没有什么大的影响。这种认识是错误的，其实书写的好坏直接影响到人们对书写者学习态度、学习质量，甚至个人素质的评价。书写能力也是学习能力的指标，一个能够认真对待书写的孩子，往往也能认真对待学习及其他许多事情。如果你看见孩子写的字像猫抓的一样，那就证明他没有专心、静心在学习上。第四，有条理的习惯。如果孩子的学习用品和书本摆放无规律，要用时东寻西找，心烦意乱，特别容易影响学习情绪；做作业的时候如果不讲条理，东一榔头西一棒子，也会造成学习效率低下。第五，独立解决问题的习惯。虽然孩子需要父母的帮助和指导，但是如果事事处处依赖父母，有了问题总是指望父母给解决，那这样的孩子将来长大了，恐怕也很难学会独立做事的能力，可能变成一个处处依赖的"巨婴"。

如上这些都是小学一年级时孩子需要养成的好习惯，但是当我们认真分析就可以看到这几条习惯的基础建设是在幼儿期甚至是婴儿期就开始的。很多孩子注意力不集中的问题是怎么来的？我们经常可以看到这样的现象，大人为了方便自己喂饭，让孩子能够把一碗饭吃完，就会在喂饭时给孩子开着动画片，孩子集中精力在看动画片，就会任由大人一勺勺地把饭往孩子嘴里喂，最后孩子吃了一大碗饭，大人感觉很高兴。殊不知正是这样的一心二用造就了孩子将来注意力不集中的问题。

因此，在孩子小时候，爸妈一定要注意让孩子一次只做一件事情，比如吃饭就是吃饭，吃饭的时候孩子就没法听故事，如果家长在孩子吃饭时开着故事播放器，他要么没有听进去故事，要么就是在机械地吞咽，没有真的在吃。而且如果边吃饭边做其他事，比如讲故事、看电视、读书……牺牲的一定是孩子的食欲，因为通常来说，故事、电视以及书籍都比吃饭更吸引孩子。

再来看看有条理的习惯。如果孩子小时候，玩过的玩具能够自己收拾，那么他长大之后就很容易养成收拾整理文具书本的习惯。而阅读习惯，早有研究证明，那种从小就开始早期阅读的孩子，长大之后的阅读能力都远远高于那些没有经过早期阅读训练的孩子。而且有过早期阅读经验的孩子对书的热爱和兴趣也常常能够保持终生之久，和那些没有养成阅读习惯，看见书就觉得无聊的孩子比起来，真的是大相径庭。

而小学阶段的独立能力也是和学前的独立能力发展紧密相连的。独立能力不是一段时期就能培养起来的，它涉及一个人做事的态度和信心。如果小的时候，家长能够给孩子做事的自由，让他们凡是能自己做的事情就自己做，那么孩子就容易获得独立做事的能力。那种被父母过度呵护的"妈宝型"孩子，他们甚至到成人的时候还常常表现出对父母的过度依赖，不能自己做决定。

下面这个简单的对照表，可以帮助家长看到早期习惯养成的重要性。

幼儿园到中学主要学习习惯相关对照表

幼儿阶段	小学阶段	中学阶段
听故事聚精会神，每天定时	专心听讲、及时完成作业	专心学习和做事
用笔画画	书写工整	记笔记、写日记、积累摘抄
观察说话	思考和提问	质疑探究
正确握笔	建立作业规范	制订学习计划
喜爱图书	热爱阅读	自学能力
整理玩具和用品	整理学习用品和课本	讲效率和实践管理

上面这个表展示了从幼儿时期到小学到中学，习惯的建立和发展的过程。人的发展是一个连续的过程，早期的教育和发展对个人的发展有着至关重要的作用，习惯的培养更是如此！

◇ 不要逼孩子长大

虽然我们提到不要让习惯输在起跑线上，但是并不意味着，如果孩子开始得慢了，或者晚了，家长就要强推着孩子追赶。矫枉过正同样是不正确的，每个孩子都个性独特，发展也有快慢不同。同时，孩子都是人，而不是任人拿捏的木偶，家长不要逼着孩子长大。这一点不管是在习惯培养还是家庭教育的其他方面，都需要家长注意。

有这样一个故事：

小企鹅 Ben 生来就有些先天不足，身形比其他新生企鹅小了不少。柔弱的它，在企鹅迁徙的过程中常掉队，就连自己的妈妈也会不小心漏掉它。南极的天气严寒，小企鹅们还无法抵御寒冷，需要躲在妈妈的臂膀下取暖才能存活。

和妈妈走散的 Ben 被风雪吹得东倒西歪，走到其他企鹅妈妈处借暖，会被赶走，因为妈妈只能保护自己的孩子。Ben 为了生存，常趁人不备，在陌生的企鹅群中暂且取暖，直到被发觉而被驱赶，再去寻找下一个避难所。

如此不断尝试生存的可能，Ben 创造了奇迹，很多有父母庇护且身形比它健硕的小企鹅都在严寒中死去了，但它活了下来并且找到了妈妈。

开春了，冰河化冻，小企鹅们的"成人礼"就是奋力跳入冰河游泳，和自己的父母分别，开始自己的生活并组建家庭。

Ben依然比大多数同龄的企鹅矮了一头，但是比起它们推推搡搡不敢跳入冰河的窘态，Ben明显多了几分坚定和自信，它和妈妈道别，走到最前面，毅然跳入冰河，居然后来居上，成为第一个完成"成人礼"的企鹅。

很多孩子，就像那只叫Ben的企鹅，虽然一开始并不如人，但是在成长的路途中应付危机，承担挫折，在不断的跌倒爬起、自我纠错中认清了自己，建立了自信。而起初被保护的太好，处处顺境的孩子，可能因为太过依赖，而无法自己面对困难，解决问题。

苏联教育家苏霍姆林斯基认为，如果一个人在童年时期就体验过克服自己弱点的满足，那么他就会以批判的态度看待自己。正是从这一点上，开始一个人的自我认识。没有自我认识，就既不可能有自我教育，也不可能有自我纪律。不管是习惯的养成还是其他，教育都是希望孩子将来能够成为一个独立自主、自我教育的人，让孩子最终自主地成为他自己以及更好的他自己。

一切教育的关键：爱是最好的教育

对于培养孩子的好习惯，不少父母看到了训练以及早期训练的重要性，但是，我还想提醒父母的是，一切教育的关键是爱。如果在习惯培养上，孩子感受到家长只是想训练他这样做那样做，而不能感受到爸爸妈妈对他的耐心和爱心的话，那么孩子就会排斥父母的这种教育，他也就很难养成好习惯。

在社交网站知乎上，我看到这样一篇分享，这是一个好孩子的自白，他这样写道：

从小到大，我都是那个所谓的"别人家的孩子"。在他们嘴里，我学习好，又懂事又听话，讨人喜欢，斯斯文文，从来都不用家长费心。他们说"有的孩子生下来就让人省心。"

但是他们不知道，我五岁的时候偷过东西，偷了隔壁家小朋友一块磁铁，父亲发现之后严肃呵斥了我，让我当面把东西还回去，以后绝对不准再犯；但是他们不知道，我七岁的时候顶撞过老人，当面说姥姥的坏话，只因为她让我重写作业，母亲看到了当场就严厉批评了我要我必须给姥姥道歉；但是他们不知道，我抄过作业，我逃过课，我顶撞过老师。

我做过半大小子做过的一切坏事，我和他们嘴里那些所谓的坏孩子没有区别。

他们不知道，我的父母从小就一直陪着我，他们告诉我沟通是要用心的不是用吵的；他们不知道，我的父亲工作再忙周末也要和我一起出去玩，我不会写日记父亲就带着我去大山里采风，我跑步不合格父亲就陪我去操场上练习，我不知道什么叫"海上生明月"，我妈愣是带着我去船上住了一宿；他们不知道，为了我，我的父母都牺牲了什么。

在这篇分享中，这个好孩子坦诚，如果不是父母的爱、付出和牺牲，他和别的坏孩子没有区别。在孩子培养习惯的道路上，尤其需要父母这样的爱。

习惯的培养不是一朝一夕，需要的是父母长时间的付出和耐心。如果父母不关注对孩子爱的投入，不能让孩子真正地感受到父母对他的爱的话，那么，家长的习惯培养训练就会让孩子感觉是对他的控制。

因此，爸爸妈妈要做的是不断地让孩子感受到持续的关爱，这种爱才是父母教育孩子的最大资源。

第二部分 3～5岁的习惯培养

经常听到身边的妈妈们说："三五岁的孩子是'最好玩'的时候！"的确，孩子在过了三岁之后，常常更加"能说会道，能写会画，能唱会跳"，而且与爸爸妈妈和周围的人有了更多的互动，因此说这个年龄段"最好玩"其实是和三岁以前相比，他们有了更加成熟的语言表达能力、身体运动能力和人际交往能力等，常常会展现出令大人们惊奇、欣赏，甚至是佩服的举动。此时，他们虽然仍是个小不点儿，但因身心、语言和交往等各方面能力的发展，往往会表现得像个小大人一样。

正因为孩子在这一年龄段具有的"小大人"的特点和能力，这就为他们在这一阶段培养并形成一些好习惯做了充分的身、心、灵发展方面的预备。也就是说，他们的发展已经准备好了。同时，这时孩子还没有进入到正式的学校教育中，各种活动和游戏都与日常生活紧密相连，所以这个时期也就成为培养孩子生活习惯的关键期。

第五章 生活习惯

关于生活习惯的培养，简单说，也不过"吃、喝、拉、撒、睡"几个字。但就是这简简单单几个字，做起来却并不简单。

别再让吃饭成为孩子的负担

"快来，宝贝，再吃一口！"

"最后一口了哈，快点吃！"

"乖宝贝，好好吃饭，吃完饭就带你买玩具去！"

"赶快吃，再不吃我就把你送给大灰狼！"

……

这些话语是不是很耳熟？没错，这就是很多家庭中大人哄骗孩子吃饭的场景。而孩子呢？扭着小脸，噘着小嘴，不想吃、不愿吃，甚至干脆以哭闹抵抗。吃饭，似乎成了孩子的烦恼和负担。

这是为什么呢?

一个重要的原因就是大人们太把吃饭当回事了。的确,吃饭很重要,但同时,吃饭也是一件很自然的事。如果家长们只看到吃饭重要的一方面,忽略了它自然的一方面,麻烦就产生了。

一位幼儿专家曾指出:"有很多幼儿,甚至学龄期的孩子,吃饭都要父母来喂,不愿意自己动手,或者存在挑食、偏食、厌食的现象。很多父母对待孩子吃饭问题时,不是哄骗孩子,就是大声呵斥、埋怨孩子,实际上,除了少数是病理原因外,孩子的吃饭问题多数都与孩子早期饮食及教育不当有关,父母应该负很大责任。"

孩子饮食习惯的养成,需要家长的努力与科学引导。从婴幼儿时期开始,家长就应有意识地关注孩子的吃饭问题。如果这一时期教养不当,一旦孩子形成不好的习惯,如挑食偏食、边吃饭边玩、看着电视吃饭和需要喂才肯吃等,日后想改就会很困难。

◇ 给孩子机会自己吃

吃饭成了负担,原因其实可以追溯到当宝宝想自己吃饭时,爸妈常常没有给他机会。当孩子半岁以后,他逐渐可以独立坐,手指发育到可以抓起东西时,他其实就具备了最初步的独立吃饭的能力。因此,这个时候,爸妈可以给孩子提供一些"手指食物"。所谓"手指食物",就是宝宝比较容易用手指就抓起来的食物,略微硬一点的糊状就非常适合孩子抓取。比如煮烂的土豆、红薯、胡萝卜和切成碎块的香蕉等。

除了"手指食物",给宝宝一个专属于他自己的勺子和餐盘也是满足宝宝自己吃的合适方式。当爸妈在喂孩子吃饭的时候,可以同时准备一个碗和勺给孩子，并在他的碗里放上一点点食物。因为这个时候孩子已经有了"自己吃"的意识，给孩子餐具就是对他这一需求的极好满足。

当爸妈把孩子的餐具准备好，放在宝宝的餐桌上时，你就会看到这样的一幕：他会不厌其烦地一次又一次用勺子舀起食物，尽可能地把嘴凑上去，希望能够吃到这口美食。但是，每一次，食物都在快到嘴边的时候从勺子上滑出去了。孩子会不怕失败地继续，直到他把食物吃到为止。当然，有的时候他会失败，他可能会扔了勺子，干脆直接上手抓了一把面条或者米饭往嘴里塞。但是他从来不会放弃，下次吃饭的时候，他又会重新开始挑战自己。这就是孩子在成长的过程，如果他失去了这个机会，他就失去了成长的机会。在吃饭方面，他会成为一个被动者，等着被大人喂，他当然也很容易对这种极其没有成就感的事情失去兴趣了。

通常，宝宝在十个月左右，就会对餐具和食物表现出浓厚的兴趣。这也是训练宝宝自己吃饭的好时机。这时候，妈妈不妨准备两个勺子，一个让宝宝自己练习使用，另一个妈妈拿着喂给宝宝吃。到一岁多一点，如果还没有训练宝宝独立吃饭，以后就会很难训练。

◇ 不要怕"乱"

很多家长忍受不了孩子在学吃饭阶段所制造的混乱，就不知不觉剥夺了孩子"自己吃"的机会。同样作为妈妈，实在非常理解大家的心情，如果孩子没吃几口，反而搞得桌子上、地上、宝宝身上各种饭菜，后面的清洗工作真的想想就头疼，尤其是衣服上染上了一些难以洗去的食物污渍，就更费劲了。所以不少妈妈是带着耐心开始，却常常在失去耐心中结束。

对此，我建议妈妈要想想长远的福利。想想看你是愿意让孩子现在搞得乱七八糟，但是将来不需要大人追着吃、追着喂，能够独立吃饭；还是愿意一切整洁，但是却在你一勺勺地喂饭过程中，孩子丧失了吃的乐趣，使得吃饭这个基本需要成为问题呢？我想稍稍有些远见和爱孩子的妈妈，一定会选择前者的。

当然在孩子学吃的过程，妈妈们还是有办法防止那种一团糟的，或者让一团糟变得好清理。比如在餐椅下铺上些废报纸，用来接住孩子撒掉的食物，或者多准备几个塑料围嘴等，这些都会让妈妈们后期的清洗工作变得容易起来。

◇ 别嫌孩子吃得慢

还有一种情况是，不少妈妈觉得如果让孩子自己吃，他们总是吃得太慢，吃得太少，一顿饭也许会吃上一个小时。因此，不少孩子吃着吃着，妈妈就会一把抢过勺子说，"还是我喂你吧！""你这吃得太慢了，得到啥时候才能吃完啊。"

对于这种情况，首先妈妈要明白的是，"抢勺子"肯定是不合适的，因为吃饭本来就是孩子的事情。爸妈一定要记住，孩子自己的事情一定需要他自己做。我们不可能因为孩子做得不好，就抢走他们的机会，他们正需要这样的机会，才能逐渐熟练，而后吃得快起来。

另外，快慢都是相对而言，每个人对快慢的标准、感觉会是不一样的。父母不要总是以自己的节奏来判断孩子的快慢。我记得妹妹小时候吃饭比我慢，妈妈总说她"慢"，还被扣上了"磨蹭"的帽子。其实，客观来说，妹妹只是吃得比我慢而已，并不是特别慢，但是妈妈总是以我为标准，对妹妹的评价当然就只是一个"慢"字了。这对妹妹来说并不公平。

从健康的角度来说，通常医生都会提倡人们细嚼慢咽，对消化吸收有好处，只要孩子吃得不是特别慢，都不是太大的问题，爸爸妈妈不要把这种"慢"当成一个问题。

◇ 不吃就停，别怕孩子会饿着

还有一种情况是，不少妈妈总觉得孩子吃得太少，不断地让孩子再来一口，再来一口。孩子不想吃了，就会追着喂、哄着喂、用电视或玩具引诱着喂等等，其实这些都是不好的习惯。这种情况的实际是，孩子一直是边吃边玩，他的主要注意力并没有在吃饭上面，看起来家长成功地喂了一口又一口，但是并没有帮助孩子建立对食物应该有的兴趣。长此以往，孩子到了四五岁时家长就会发现，想让孩子自己吃饭时，如果没有电视、玩具等做引诱，孩子根本难以安静地坐下好好吃一顿饭。

因此，家长一定要坚持这个原则，不吃就停，别怕孩子会饿着。

◇ 让吃饭成为孩子的愉快时光

没有人在吃饭时喜欢被别人指责、呵斥，我们大人不喜欢，孩子更不喜欢！有些家长一见孩子不好好吃饭就怒火冲天了，"你怎么就不能好好吃饭呢？""瞧你，这点饭都吃一个钟头了！""你赶快把饭吃完，不吃完不许出去玩！"孩子在家长的这种指责、批评甚至强迫下也许勉强吃完了饭，可内心却是非常不愉快的。

"但是，要让孩子按照要求顺利地吃完三餐真的好难呀！"

　　这应该是很多家长的心声吧？许多宝宝到了三四岁后，吃饭往往挑三拣四，注意力不集中，或者干脆不吃正餐，让家长头疼不已。这个时候，家长一味地劝说孩子多吃、好好吃都是没什么作用的。

　　怎么办呢？

　　关键就是要了解孩子的特点，顺应孩子的喜好。小孩子对吃饭的想法与大人是完全不同的，相对于这顿饭的营养价值、味道好坏等，他们更在意食物的外观。如果食物的外观难以吸引他们，他们就会将吃饭当成一种负担。所以，要想让孩子爱上吃饭，首先你得尽量把食物做得漂亮、有趣、可爱些，这样，孩子就会感到吃饭这件事本身充满了乐趣，吃饭时自然也会集中精力。

　　笛宝大约在五岁左右时，有段时间不喜欢吃鸡蛋，不论我是把鸡蛋煮给他吃，还是蒸成鸡蛋羹拿到他面前，他都把脸扭得远远的，理都不理。哎呀，我当时非常着急，不吃怎么行呢？不吃鸡蛋，营养跟不上啊！

　　后来我就想了一个办法——做"太阳蛋"。把鸡蛋用模具煎成圆形后，摆在白盘子的中央，然后再切几片细细的番茄条，摆在煎蛋的周围，做成一个"太阳"。当我把这盘"太阳"端到他面前时，他的眼睛立即放出了惊讶的光彩："哇！妈妈，你做了一个大太阳耶！""那么你想不想尝尝'太阳'的滋味呢？""嗯！嗯！"他立刻跑到餐桌前坐好，拿起筷子，等着我把"太阳"端给他吃。我觉得，这要比我对他讲一番吃鸡蛋有好处的大道理，或干脆拿出权威强迫他吃下鸡蛋，更能让他体会吃饭的快乐。

　　吃饭应成为孩子的愉快时光，而不是一听说要吃饭了，孩子就感到厌恶甚至恐惧。每次在吃饭前，都尽量不要破坏孩子的心情。

有时候孩子可能正玩得开心，不想停下来吃饭，这时如果没什么要紧的事，尽量不要粗暴地打断他，一把拎过来让他马上吃饭，这样只会让孩子对吃饭产生抗拒心理，而不会想到"噢，到吃饭的时间了，我必须要去吃饭了"。你可以跟孩子商量，问他可不可以先吃完饭再玩？如果孩子不同意，那不妨各自退让一步，比如跟他说："那我们再玩十分钟就去吃饭可以吗？"孩子从你这里得到了尊重，也会很愿意尊重你的建议。这样一来，你也不会因为孩子光顾玩不吃饭而恼怒，孩子也不会因为家长的恼怒而被叱责，以至于心情不好，更加抗拒吃饭。

总之，吃饭是每个人自己的事，对孩子也一样。跟在孩子后面追着喂，或者强迫孩子吃饭等方式，都很难让孩子养成良好的饮食习惯，而且还会让孩子认为吃饭完全是大人的事情，是一件被强迫的事情。这样一来，孩子对吃饭就更难产生兴趣了。没有兴趣的事，谁会心甘情愿地去做呢？

实际上，孩子饮食习惯的养成，关键还在于家长的坚持。家长也应该明白，培养孩子独立吃饭的习惯不是一天就能搞定的事情，而是一个长期的过程。如果宝宝比较依赖家长，可以给宝宝准备好自己最喜欢的饭菜，家长离开一会儿，看宝宝自己吃不吃。如果他自己吃了几口，就给予表扬；如果没吃，就适当帮他一下，几天内多次重复，慢慢宝宝饿了、馋了，自然就会拿起勺子。

从小帮孩子养成独立吃饭的习惯，日后家长就会省心省力，这样当孩子四五岁时，家长基本就不用太操心孩子的饮食问题了。孩子养成了好的饮食习惯，对其一生的健康十分重要，甚至还会影响其他方面的技能。德国慕尼黑国家学前教育研究所所长冯纳思基斯就曾对1000名二岁左右的宝宝进行多年的跟踪调查，结果发现，这些孩子中学习成绩优秀、人际交往丰富、成年后成功较多的人，他们的共性指标竟然是能够独立吃饭！可见，吃饭从来都不是小事！

睡觉也能成为一件美好的事

有一次，家里来了两位亲戚，亲戚还带着一位四岁的小女孩。珠妮特别喜欢这位小姐姐，表现得非常兴奋。到了晚上该睡觉时，珠妮一改往日按时入睡的习惯，怎么都不肯去睡觉。我叫了几次，她都假装没听见，跟小姐姐在一起疯玩。

"要不，就让她再玩会儿吧。"亲戚说。

我虽然也不忍心硬拉她去睡觉，但考虑到按时睡觉很重要，于是就蹲下来跟她商量："妈妈知道珠妮非常喜欢姐姐，也想和姐姐玩，但现在该睡觉了。要不这样，妈妈允许你再跟姐姐玩十分钟，然后我们和姐姐都去睡觉。等到明天天一亮，妈妈立刻叫醒你，你再继续跟姐姐玩，好不好？"

珠妮犹豫了一下，还是点点头答应了。虽然比平时晚睡了一会儿，但孩子的睡眠习惯仍算是正常保持了。

让孩子从小养成良好的睡眠习惯，对孩子终生有益。一个人良好的睡眠习惯是生活习惯的基础，没有良好的睡眠习惯，其他生活习惯也难以真正养成。比如，现在人夜生活丰富，都习惯晚睡，如果孩子也跟着父母一起晚睡，那么第二天早晨就很难早起，早餐时间就会推后。到了该吃午餐时，孩子因为早餐吃得晚，午餐肯定就不会好好吃。而下午不到吃晚餐的时间孩子可能又饿了，那就会吃零食，结果到了晚餐时，又没食欲了。如此一来，孩子的饮食习惯就会受到影响。所以，良好的睡眠习惯不但能给孩子一个健康的身体，让孩子的生活有规律、有节奏，还与培养孩子其他的生活习惯息息相关。

对于 3～5 岁的孩子来说，除了要让他按时睡觉、保持足够的睡眠时间外，最主要的是培养孩子独立入睡的习惯。有些父母特别粘孩子，希望孩子一直和自己睡，而孩子本身又依赖父母，习惯了大人陪睡，晚上入睡都要爸爸妈妈哄半天。结果呢？很多孩子都上小学了还不能自己独立入睡，要跟父母一起才能睡着。

这样是不行的。孩子到了两三岁以后，自我意识逐渐形成，这个时候若能科学地培养他独立入睡的习惯，不过分地依赖爸爸妈妈，既有助于孩子良好睡眠习惯的养成，又有助于孩子的独立意识和自理能力的发展，防止孩子长大后过于依赖父母。否则，孩子越大，分离就越难完成。现在很多父母对孩子的生活都管理得非常细致，时刻关注着孩子的衣食住行，但在对孩子情感发展、独立性、自信心等方面却关注较少。说到根本上，是没有将孩子当成一个真正的"人"，没有学会将孩子当成一个独立的人去尊重。所以，在睡眠问题上，父母不应该以爱孩子为借口，剥夺他学习独立入睡的权利，否则很可能会因为睡眠问题而引发其他一些身心健康问题。比如，现在一些到了学龄期还难以独立入睡的孩子当中，女孩通常会有独立性较差、胆小、依赖性强等问题，而男孩的性格还可能变得敏感、脆弱。

可是，让孩子独立入睡并不是一件容易的事。关于孩子独立入睡的问题，我经常接到咨询，家长们称孩子太依赖父母，不肯独自睡觉。在这里我总结了几点经验，希望对家长们培养孩子独立入睡的习惯有所帮助。

◇ 给孩子布置他喜欢的卧室

笛宝在快三岁的时候，我就准备锻炼他独自睡觉了。为了达成这个目标，我和宝爸很认真地为他准备出一间房间，然后邀请他一起来布置他的房间。我们告诉他："以后这就是你的房间了，你就是这里的小主人了。现在，小主人，快说说你都打算把什么东西搬到这间房间来呢？"

笛宝很兴奋，把他喜欢的绘本、乐高玩具、机器人和托马斯小火车等，一股脑地搬了进来。他累得气喘吁吁，我和宝爸就负责帮他在房间里整理。收拾完东西，铺完他的小床，笛宝兴奋地在他的小床上又蹦又跳！

我告诉他："宝宝，从今天开始，你就要在自己的房间里睡觉了，你觉得怎么样？"

"那，那爸爸妈妈以后都不陪我睡觉了吗？"笛宝停下来，显然有点担忧。

"不会啊，爸爸妈妈依然会陪你。而且，今天午睡我们就在这个房间，好不好？"我准备从午睡开始慢慢锻炼他。

"好啊好啊！"笛宝的紧张感马上就缓解下来了。

在准备好孩子的卧室后，也不要马上就让孩子独自在他的卧室睡觉，而应先让他习惯一段时间，比如平时多引导孩子在这个房间玩耍。如果有午睡习惯，就陪伴他在这个房间午睡。等他逐渐熟悉了这个房间，也就愿意多在这里消磨时光，睡觉时也就不会感到陌生或害怕了。

◇ 引导孩子独立入睡时要循序渐进

当父母觉得可以尝试让孩子自己单独在这个房间睡一晚上时，也不要一下子就让他自己睡，而是陪伴他入睡。可以像往常一样，在睡觉前给他讲睡前故事，或唱唱轻柔的儿歌，等他入睡后再离开。

一开始，孩子可能夜里醒来仍然会找爸爸妈妈，或跑到父母的房间去睡。此时，不要在他心情特别沮丧时拒绝他，而是耐心地接受、安抚他，然后把他带到自己的房间，再次陪伴他入睡。这样慢慢地等待孩子可以自己单独睡一晚、两晚、三晚……直到完全能够独立入睡为止。

对于一时难以适应的孩子，家长也不可操之过急，可以告诉孩子，第一周在自己的房间睡两天，其他时间跟爸爸妈妈一起睡，让孩子觉得爸爸妈妈没离开自己；第二周可以鼓励孩子在自己的房间睡三天，这样慢慢让孩子接受。

一定要注意的是，让孩子独立入睡这件事要循序渐进，不能一下子就要求孩子能自己独自睡一整夜。即使到了孩子能够单独入睡的阶段，也要多给孩子鼓励和安抚。当某天夜里孩子忽然又来找爸爸妈妈时，切不可粗暴地指责批评孩子，或将孩子拉回他的房间，任凭孩子哭闹也不妥协，虽然最后可能家长胜利了，但却对孩子的内心造成了一定的伤害，也只会让孩子更加抗拒自己单独睡觉。还有些家长喜欢跟孩子谈条件，比如，"你如果自己睡觉，妈妈就给你买什么什么。"这也是不可取的，只会给孩子独立睡觉贴上负面标签。

父母需要明白，每个孩子的秉性不同，习惯独处所需的时间也不同，不要总要求自己家孩子也像"别人家孩子"那样。不论在培养孩子独立入睡这件事上花费多少时长，规律的作息时间和父母的耐心陪伴，都会让孩子在黑暗中感到更加安全。只有安全感充足的孩子，才会更容易走向独立。施以某些手段强迫孩子独立入睡的确有效，但却会破坏孩子内在的安全感，伤害孩子的自尊心。这样的锻炼方式，是得不偿失的。

◇ **帮孩子疏导和战胜他的恐惧**

很多孩子单独睡觉时遇到的主要问题就是害怕，比如可能会幻想一些恐怖的事情，或者害怕一些未知的事物。曾有位妈妈咨询我，说她的儿子马上五岁了，却怎么都不愿意自己睡觉，问他原因，他说自己睡觉害怕，因为感觉有人在黑暗中看着他。不管妈妈怎么告诉他说根本没有任何人看他，他就是不肯一个人入睡，一定要妈妈陪着才肯睡。

当孩子感到害怕不敢单独入睡时，爸爸妈妈千万不要责怪孩子，而是接纳孩子的恐惧，允许他将自己的情绪表露出来。也可以与孩子分享一下自己生活中害怕的事，比如，你可以仔细地说出自己害怕时的反应："啊，你知道吗儿子？爸爸当时害怕得手都发抖了！""爸爸当时心慌得都要跳出来了！"这样做是要孩子了解，其实每个人都会害怕，但害怕不代表就要退缩，而是明知害怕仍然要去战胜，这是勇敢。所以如果孩子害怕自己独睡还愿尝试独睡，就是勇敢。

不过，让容易感到害怕的孩子独自睡觉，父母需在满足孩子心理需要的基础上进行：提前告诉孩子，即使他睡着了，爸爸妈妈也就在隔壁，随时都可以来到他的房间，然后在孩子房间陪伴他入睡，等孩子睡着后再离开……这样循序渐进地让孩子自然过渡到独睡。

父母也可以给孩子一些"保护"，帮助他度过恐惧的黑夜，比如在孩子房间开一盏小夜灯，使房间不会太黑暗；或让他抱着自己最喜欢的玩具，作为他睡觉时的朋友，并告诉他，他的"朋友"会一晚上都守护他。有些孩子知道有可以依赖的保护时，也会表现得更勇敢一些。

让做家务成为孩子成长的一部分

"什么？让宝宝做家务，怎么可能？三四岁的孩子，能做什么啊？他不调皮捣蛋、不帮倒忙就谢天谢地了！"

在跟一些家长聊天，聊到让孩子做家务这件事上，这是我听到的最多的话语。尤其是老人帮忙带孩子时，就更是又宠爱又隔离的状态了，别磕碰、别添乱，万事大吉！

那么，3～5岁的孩子到底需不需要学做一点家务呢？

家务是什么？家务是家庭中的日常生活事务，是由家庭成员共同分担的。孩子也是家庭里的一员，所以让孩子学做家务是一件十分正常的事。

孩子在成长到三四岁时，语言表达能力、四肢协调能力以及大脑功能等都已基本完善，此时，他们完全可以胜任一些简单的家务活了，比如洗碗、擦桌子、收拾玩具和倒垃圾等。如果你属于溺爱型家长，舍不得孩子参与家务，事事包办；或属于怕麻烦型家长，担心孩子做不好添乱，故而不许孩子动手。等孩子长大，你认为他可以帮忙做家务了，结果发现孩子根本不想做，主动性差，而且还特别逆反。归根结底，就是因为你错过了培养孩子生活习惯以及生活自理能力的好时机。

学做家务其实也是孩子成长过程中的一部分，在学做家务过程中，孩子可以很好地锻炼动手能力。有一位老奶奶，做饭时就让她二岁的小孙女帮忙剥豆芽皮，孩子从小就把手的精细动作练得特别棒，哪还用专门去早教课上练习呢！

其次，可以培养整洁、条理的生活习惯，这一习惯对孩子日后的生活会有很大影响。我见过结了婚还让妈妈帮忙打扫房间的女儿，也见过三十多岁还随意扔脏衣服、让爸妈受累的儿子。对儿女已长大成人的老人来说，这一定不是一种甜蜜的负担。

另外，学做家务还能锻炼孩子的思维能力，培养孩子的爱心、独立性、责任感等。

总之，在孩子 3～5 岁的阶段，家长要学会逐渐放手，按照孩子的成长规律，教孩子掌握一些基本的生活技能。蒙特梭利在她的著作中就曾写道："儿童对劳动从不厌倦。劳动使他成长，劳动让他更具活力。儿童从不要求减轻他的劳动量，他喜欢独自完成某件事。因此，甚至可以这样说，不劳动，儿童的活力就会走向衰竭。"对于孩子来说，家务劳动并不是件痛苦的事，相反，他会认为这是另一种好玩的游戏。家长不理解这个秘密，以为自己是出于好心才不让孩子受累，结果却夺走孩子的一条成长途径，也等于夺去了孩子的生活乐趣。

◇ 只要安全，就多让孩子过过"干活瘾"

在教孩子做家务、满足孩子学习和锻炼的动机时，安全问题是第一位的。只要在保证安全的情况下，不妨放手让孩子过过"干活瘾"好了。

一般宝宝在三岁后就要进入幼儿园开始集体生活了，这期间就可以锻炼他自己穿衣服、袜子和鞋子等，并引导他将用过的毛巾、牙刷等摆放整齐，还可以收拾自己吃完饭后的桌面、玩过的颜料瓶等。

在笛宝三岁多点的时候，有时我自己带他做饭，他总喜欢跟着我在厨房转来转去，很无聊的样子。后来我就想，不如干脆给他"分派"点活儿干好了。于是，我在择菜时就鼓励他也一起来，比如在择豆角时，我就教他怎么把豆角的头和根择掉，然后再把豆角折断，放到菜盆里。因为手上力气小，他每择一根都比较吃力，但还是乐此不疲，每择完一根都要兴冲冲地伸过来给我看看："妈妈你看，我这样择对不对？""妈妈，你看我一下子就把根儿择掉了！"那快乐满足的样子，比吃到最喜欢的巧克力蛋糕都开心。

当然，你也要容忍孩子的"笨拙"，毕竟他还年幼，不要过高要求他做得多好多好。比如笛宝择的豆角，有一半都没择干净，但我仍然不断鼓励他，大不了回头再偷偷重新择干净好了，但孩子的快乐却是真实的。

另外，教孩子洗菜、淘米、扫地、浇花、擦桌子和叠衣服等，都能让孩子体会到动手的快乐。当他美滋滋地欣赏自己的劳动成果时，看看他的小表情，你就明白，劳动对于他的意义有多重要。

总之，只要孩子要做的，只要安全，我们都可以让他过过瘾。

◇ **通过孩子喜欢的游戏来愉快引导**

没有孩子是不喜欢游戏的，把家务当成游戏来做，孩子做起来肯定又开心又专注。

比如，在整理玩具时，就可以和孩子以玩装扮游戏的方式来进行。让孩子扮成一名清洁队员，开着一辆清洁车（可以用纸盒、袋子等代替），来清扫家里的各种玩具和其他东西，然后交给由爸爸或妈妈扮演的收购员来处理。以这种游戏的方式，孩子一定对收拾玩具充满兴趣。

◇ 父母的态度：多容忍，多鼓励；少唠叨，少指责

成就感是所有人都需要的，即使是三四岁的孩子也不例外。孩子希望自己动手探索世界，也希望父母能够认可自己，即使有时他们的表现不能令父母满意，但其实这并不是他们有意为之。

比如，你不允许孩子自己动手洗袜子，可孩子跃跃欲试，这时不妨给他机会，让他去尝试。这个时期的孩子，如果给他一点活干，他就会觉得是莫大的荣耀。你要做的就是保有充分的耐心，容忍他犯错、做不好，但面对他做得好的地方也要及时鼓励，切记少唠叨、少指责。要知道，孩子的劳动热情和智慧不是靠唠叨、斥责教育出来的，而是在父母的耐心引导下慢慢养成的，也就是在孩子不断尝试、不断犯错的过程中培养起来的。轻率地否认孩子想要试一试自己能力的举动，说些"你做还早""你还不行"的话，不但会损伤孩子的自信心，给他们的成长泼冷水，还会错失他们锻炼自己、养成良好生活习惯的好时机。

当然，不论这一时期的孩子能做什么家务，以及能将家务做到什么程度，你都不要强求和苛责。毕竟，他仍然是个孩子，做家务于他来说也不过是一种有趣的游戏。锻炼他做家务的目的，只是希望他能将做家务当作成长的一部分，养成他学做家务的生活习惯，而不是一定要学会多少种技能或会做多少种家务。简而言之，也就是孩子在这一阶段能做家务即可，做得是优是良、是好是差，都不是最重要的。

孩子的体育锻炼不可忽略

我先来说一件小事：

有一回，我在外面遇到我的邻居带着她五岁的女儿满满，刚从外面上完美术课回来。因为都认识，看到满满噘着小嘴不高兴，我就关切地问了一下："满满这是怎么了？看起来好像不太高兴哦！"

"咳，可别说了，正跟我闹情绪呢！"听我问起，邻居道出了原委。

原来，满满的幼儿园要举行一次体育竞赛，满满很想参加，可邻居觉得，满满平时要上钢琴、美术、书法和英语等好几个兴趣班，根本没时间参加比赛前的训练，所以不同意满满参加竞赛。为此，满满和妈妈闹起了情绪。

"您也知道，满满在幼儿园里一直表现不错，老师和同学们都称她'小博士'，会的知识挺全面的，这还不都是靠平时花时间一点点积累的？再加上还要上兴趣班，现在每天要抽出两小时的时间来锻炼，要参加什么体育比赛，多浪费时间啊！"

"其实，参加一下体育锻炼也不错，对孩子身体也有好处……"对于邻居的观点,我不太认同,所以想劝她一下。

"小孩子哪天不都是蹦蹦跳跳的,还需要参加什么体育比赛来锻炼?再者说,就算拿了名次又怎样?有这时间,我也想她多学点有用的东西呢!"

完了,根本不能再继续愉快地聊天了。

我想,邻居的观点大概也是时下很多家长的观点:

"小孩子而已,每天都蹦蹦跳跳的,根本不需要再进行专门的体育锻炼。"

"就算对体育感兴趣,能有什么用?考大学也不考体育!"

"喜欢啥体育项目,适当多玩几次就行了,哪还用当成个专门的爱好来进行,又浪费时间又浪费精力!"

……

听起来似乎都很有道理,但事实上,家长们可能只看到了体育锻炼表面的价值,而没有看到它更深一层的意义。

现在,我国青少年的速度、耐力、柔韧性、爆发力和力量等体能素质全面处于下降趋势,而同时伴随的情况却是:肥胖宝宝不断增加,孩子肺活量下降,近视发生率不断增多……也就是说,爸爸妈妈为孩子提供的各项条件越来越优越,可孩子的身体却在不断退化,孩子也渐渐从"小顽童"变成了"小宅童"。这样的结果,不但影响孩子的身体健康,更重要的是会影响孩子的智力发育、品格养成,以及意志力、抗挫折能力的培养等。以动不动就生病的身体,加上遇到点挫折就哭鼻子的个性,你还指望孩子未来拿什么在社会上打拼?

在 3 ~ 5 岁这一阶段,孩子的四肢协调能力已基本完善,通常已能够很好地进行一些如跑步、踢皮球、跳绳和骑自行车等运动项目了。正像智力开发有一个关键期一样，此时也正是孩子体质潜能开发的最佳时期。如果你能重视起孩子这一时期的体育启蒙，帮助孩子寻找到他感兴趣的体育项目，并帮他坚持下来，让其成为陪伴孩子一生的体育运动，不但对孩子现在和以后的身体健康很重要，对培养他的个性品格、意志力等也都非常有好处。所以，我希望家长们不要忽略了对孩子的体育启蒙，应帮助孩子养成爱好体育锻炼的好习惯。

◇ 游戏是最好的体育启蒙

没有孩子是不喜欢游戏的，而体育运动本身也更类似于游戏。爸爸妈妈可以根据孩子的年龄特点，选择一些适合他们年龄段的游戏。

比如，对于三岁左右的宝宝，由于他们的大脑皮层中兴奋过程还占据优势，并容易扩展和转移，因而情绪波动较大，注意力也难以长时间集中。此时，可以和孩子进行一些动作简单或者说、唱、动结合的体育项目，如奔跑、原地跳跃、踢球、拍球和跳自编的舞蹈等。

对于再大一点的宝宝，其身体协调能力和自控能力不仅有所增强，注意力也更集中，此时可与孩子玩跳绳、跳高、飞碟和骑自行车比赛等游戏。而且这一阶段，孩子会逐渐对同龄儿童表现出强烈的兴趣，也可以鼓励他多参加一些集体游戏，如传球游戏、接力游戏和追逐游戏等。

爸爸妈妈不要觉得这些游戏很无聊，其实对于孩子来说，世界上就没有不好玩的游戏，只不过不同年龄段的孩子喜欢不同的游戏而已。而且，你可不要小看这些简单的游戏哦，除了能锻炼孩子的体质外，它们对于孩子的生活态度、行为习惯、智力发育，以及处理危机的能力、抵抗挫折的能力等，都会有很好的锻炼。更重要的是，游戏能够让孩子们感到开心和快乐。内心丰盈快乐的孩子，身心发育又怎么会太差呢？

◇ 发现孩子对某些体育项目的爱好，并帮助他坚持下来

在陪伴孩子进行体育运动的过程中，爸爸妈妈们也会逐渐发现孩子比较感兴趣的运动项目，是喜欢长跑、踢球，还是喜欢游泳、攀岩？不论是哪项运动，如果孩子真正喜欢，爸爸妈妈都应尽量尊重孩子的选择，并帮他将这一爱好坚持下来，这对孩子的一生都很有意义。

如果条件允许的话，也可以带孩子到附近的体育馆进行一些室内运动，比如羽毛球、排球、游泳等，或是前往滑雪场、滑冰场学习一门技能。在学习过程中，孩子也会不可避免地遇到困难和挫折，爸爸妈妈一定要多鼓励、少指责，更不要说一些打击孩子的话："当初是你要学的，现在又不学了，真是浪费我的钱！""三天打鱼两天晒网的，一看你就学什么都不行！"这只会让孩子丧失信心，半途而废。

相反，多站在孩子的角度给予理解，毕竟他还是个只有几岁的孩子，对于困难和挫折还缺乏处理能力，此时最需要爸爸妈妈的帮助和支持。如果你能给予理解和共情，同时再多加鼓励，相信孩子对于自己真正喜爱的体育项目也仍然能坚持下来。

总之，极少有孩子会天生排斥运动，他们的天性中总是充满了

活泼好动的因子，这也恰恰是他们的可贵之处。如果你能意识到体育锻炼对孩子成长的重要性，并科学、耐心地给予孩子启蒙和帮助，那么孩子将来也定然会成长为一个具有良好习惯、规则意识、勇敢精神、抗挫能力的优秀人才。

第六章　学习习惯

教育家叶圣陶说过："教育就是培养习惯。"好的学习习惯，有利于激发学习的积极性和主动性，有利于形成学习策略，提高学习效率，有利于培养自主学习能力。孩子在没上学之前，会跟父母在日常生活中获得许多经验，学习各种生活常识，而学习习惯也会在这一过程中逐渐养成。

别浇灭孩子的好奇心

在一个真人秀节目中，拳王邹市明的家庭有个视频传出，大概内容是：儿子轩轩很顽皮，把蛋糕和水混在了一起，估计是想尝尝蛋糕掺水后是什么味道。结果妈妈发现后，立刻大声训斥儿子："水是拿来做什么的？蛋糕是拿来做什么的？要不要花钱买？钱是爸爸一拳一拳打回来的！"

轩轩哭着求妈妈原谅，妈妈却大声说："你不是我的孩子！"

对于轩轩妈妈的教育方式，网上赞声一片，认为妈妈很坚持原则，不让孩子浪费。然而我却总觉得，妈妈让孩子不要浪费是对的，可是妈妈却忽略了对孩子好奇心的满足。大人觉得，蛋糕掺水是一种破坏，是一种对食物的浪费。然而对孩子而言，这却是一种创新，他在创新出一种食品、一种味道。这些大人眼中看似不好的"尝试"，正是他的宝贵的可爱的好奇心在引导他探索和学习，这就是孩子的学习方式。

好奇心是拓展人生的原动力。对孩子来说，好奇心更是他们认识世界、探索世界的基础。孩子被广阔的未知领域所吸引，总想去触摸、去探索、去发现，即使只有三四岁也很机灵，什么都逃不过他们的眼睛。电脑、计算器、牙膏、牙刷、电灯开关、饮水机、马桶、剪刀……只要他们看到了，都想拿到手里亲自鼓捣鼓捣。

对于大人来说，面对孩子这种无休止的好奇心，很多时候是感到无聊和不耐烦的，有时甚至干脆粗暴制止："天啊，你真的好烦人啊！你难道没看到我现在很忙吗？""问这么多问题做什么？你能不能安静一会儿？"久而久之，孩子的确会安静下来了，但随之安静下来的，还有他们的好奇心。

不论在任何时候，要想让孩子生活得快乐而自在，他都必须要有快乐的外在动机与内在动机。外在动机是指周围的人，包括父母、老师和朋友等，对他的认可、赞赏、鼓励与帮助；而内在动机，则是指在做某些事情时，这些事情本身能够带给他的满足感。好奇心，就是让人内在恒常满足的永动机。现在，很多家长都怪自己的孩子没出息，其实孩子本来都很有出息。只要保持对事物的好奇心，保持不断发问的精神，无论是生活、学习，还是将来的工作，他都会变得非常有创造力。但遗憾的是，很多孩子的好奇心都被父母早早地浇灭了，这也等于浇灭了他们的未来。

所以，如果你希望孩子将来是个快乐的、具有创造性的人，那么最好耐心一点，从小就保护好他的好奇心，帮孩子养成对任何事物都充满好奇并喜欢探索的习惯。要知道，这个习惯十分可贵。

◇ 当孩子对身边事物产生兴趣时，家长该怎么做？

在笛宝三岁多时，有一次，他自己要去卫生间，结果去了好半天也没出来。

怎么回事？我赶紧跑到卫生间去看他，结果发现：他竟然在卫生间玩水！而且，玩的还是马桶里的水！

尽管当时我的心中有一万只乌鸦飞过，但我还是决定先看一看再说。只见他又按下马桶的冲水按钮，然后看到马桶里的水圈，小脑袋凑到了马桶上方，甚至还把一只手伸到马桶里……

当你看到这一幕，你会怎么做？会不会赶紧制止：那么脏的地方怎么能把手伸进去呢？赶快出来，不许再调皮了！

是的，我一看到那样的情景，第一反应也是：这样做很不卫生，不可以这样。

据说，这个世界上有两样东西是人类没办法制止的：一个是打喷嚏，另一个就是孩子的好奇心。如果你了解孩子的心理，你就明白：孩子这样做纯粹是出于他们的"好奇心"。

心理学研究表明，3～5岁的孩子正处于对世界万物的探索期，尤其会对身边的事物产生兴趣，并想要一探究竟。就像笛宝在厕所马桶边上观察、探索的行为，其实就是他对自动冲水这个过程产生了好奇，很想弄清这是怎么一回事。在他的意识里，并没有干净和脏的概念，只有各种各样的疑问：水是怎么流出来的？水是怎样把大便冲走的？为什么冲水后马桶里会变干净了？为什么不臭了呢……

这些其实都是孩子在思考的问题，对此，我们不能用成人的眼光去看待，而应尽可能地保护他们的这份可贵的好奇心。因此，虽然我当时很想马上把他拉起来，用肥皂使劲儿地给他搓手，但我还是先停下来，耐心地和笛宝站在马桶边谈论起来：

"笛宝，你发现了什么好玩的吗？"

"妈妈，为什么一按这个按钮，马桶里就会有水？"

"因为按下按钮后，出水口打开，水箱里的水就会流入马桶里了呀！"

"那我的粑粑被水冲到哪里去了？"

"它们先被冲入下水道，然后再被冲到一个叫作'化粪池'的地方……"

虽然这些问答都比较重口味，但笛宝问得很认真，我也很认真地给予他解答，后来还专门在一本书中找到相关的内容，让他理解得更清晰、透彻。从那以后，笛宝便再也没有去玩马桶里的水了，但喜欢观察、喜欢发问的习惯一直保持着。

事实上，如果在孩子积极提出问题时，我们总能给孩子一些回应，那他就会对身边的事物越来越有兴趣，观察力也会越来越强，得到了恰当引导的求知欲也会转化为自我学习的动力。

◇ 面对孩子无休止的发问，家长该怎么回答？

相信很多家长都曾被孩子的各种各样的问题"轰炸"过：

"妈妈，饮水机里为什么既能出来冷水又能出来热水？"

"水有什么用？它为什么没有颜色呢？"

"为什么电脑有键盘，而电视没有？"

"天空为什么白天是蓝色的，夜里就变成黑色的了呢？"

"要是世界上没有太阳了怎么办？"

"为什么毛毛虫不会飞，变成蝴蝶后就会飞了呢？"

……

面对这些无休止的发问，你有没有崩溃之感？反正我曾经有过。

在孩子成长的前四年，会问将近40万个问题，而父母对待孩子发问的态度，以及解答问题的方式，会对孩子今后的发展产生巨大影响。我很欣赏美国父母对待孩子的发问态度：不急于表态，而是以此为契机，激发孩子分析问题和解决问题的能力。

比如，在回答孩子问题之前，你可以先让他讲述一下自己的想法："这真是个不错的问题！那么你来猜猜，饮水机里的水是怎么变热的呢？""你的问题很有趣，妈妈都没有想到，那么你觉得天空为什么会是蓝色的呢？""是呀，你觉得蝴蝶为什么会飞呢？"……或者让孩子设想一个答案，比如："要是没有太阳了，你会怎么办？""如果水变成了红色的，你敢不敢喝？"

有些问题你可能也无法解答，没有关系，不懂就不要装懂，而是诚实地告诉孩子："对不起，这个问题我也不知道怎么解答，我们一起去查一查资料吧！"然后和孩子一起寻找答案，将提问的过程变成探索的过程。有时甚至还可以引领孩子亲手操作一下，在保证安全的前提下，尽可能地满足孩子的好奇心。

◇ **不要嘲笑孩子的奇思妙想**

好奇心从哪里来？就是那些能够捕获孩子注意力和想象力的事物。孩子都有丰富的想象力，而这些想象力与他们的好奇心又是相辅相成的。因为有了想象力，才会对万事万物充满兴趣，想弄清楚那些事物是不是自己想象的样子；也因为有了好奇心，想象力才更加丰富，总是随时随地想要去发现、去探索。

我曾在电视上看过一档少儿节目,主持人问在场的孩子们:"小猫为什么要洗脸呢?"有个孩子回答说:"因为它没捉到老鼠,害羞了。"当时听了这个答案,我不禁为这个孩子充满童趣的回答莞尔。然而这位主持人却干脆粗暴地表示否定:"不对。小猫洗脸,是因为它的皮毛里有一种特殊的物质,在经过太阳光照射后发生了变化,成为有营养的维生素,小猫舔毛就是在吃维生素……"

　　孩子那么美好的想象,却一下子被彻底否定了,这让我感到很失望。如果单从知识角度来看,这些所谓的"正确答案"无疑是"科学"的,而孩子的回答是可笑、不合"逻辑"的,但你不觉得这些回答很有想象力和创造力吗?相比于那些所谓的"正确答案",这些对美好事物充满想象、思考以及敏感的体会,不是更能够丰富孩子的精神世界吗?

　　遗憾的是,现在很多家长都像那位主持人一样,一听到孩子幼稚可笑、不切实际的想象时,就会阻止、否定、嘲笑甚至挖苦,然后向他们灌输所谓的"标准答案",结果,孩子的想象力就这样一点点地被扼杀了。

　　爱因斯坦说过:"想象力远比知识更重要,因为知识是有限的,而想象力概括着世界上的一切并推动着进步。想象才是知识进化的源泉。"由此可见,保护孩子的想象力,是培养孩子学习习惯非常重要的一环。孩童时期是培养孩子想象力的最佳时机,作为孩子的启蒙老师,当我们面对孩子神奇丰富的想象和充满灵气的趣答时,应放弃那些事先准备的"标准答案",然后像保护眼睛一样保护孩子可贵的想象力和富有创造力的心灵。千万不要用成人的定势思维来要求孩子,更不能嘲笑、讽刺孩子的想象,否则就是在扼杀他们的智慧和创造力。

找准孩子的兴趣点

孩子在 3 ~ 5 岁阶段，注意力通常都是不稳定的，对某一事物的兴趣往往与他们的好奇心、新鲜感分不开。但是，这一阶段的孩子又处在"好奇体质"时期，嘴里永远都是"十万个为什么"，对任何事情都感兴趣，都想一探究竟。

遗憾的是，面对孩子的兴趣，不少家长经常会觉得"你好烦"。当孩子问"你可以把月亮给我摘下来吗？""月亮上为什么有的地方是亮的，而有的地方又是暗的？"这些你一时无法回答上来的问题时，你可能随便几句话就把孩子打发了："等你长大就知道了！""哪来那么多无聊的问题，我不知道！"这样的回答，又怎么能要求孩子一直保持提问的热情？又如何能发现孩子真正的兴趣所在呢？

从教育心理学来讲，兴趣可以分为直接兴趣和间接兴趣。直接兴趣，顾名思义就是孩子对一件事直接产生的兴趣，比如电子游戏、动画片，这种兴趣来得十分直接，简直可以用"一见钟情"来形容。

间接兴趣，就是孩子对一件事产生的结果有兴趣。比如，一个新西兰朋友曾告诉我说，那里的孩子几乎每个人都要学习游泳，许多家长在孩子两三岁时，就把他们送到外面学游泳。学游泳与玩水的乐趣可不一样，从某种角度来看，学游泳是很枯燥乏味的，但为什么家长还要孩子学呢？

原因在于，新西兰四面环海，人们经常需要接触到各种水资源，这就会产生许多安全问题。因此，很多孩子对游泳并没太大兴趣，但出于安全考虑，游泳也成为他们不得不掌握的一项技能。然而当孩子们学会了这一技能后，就能享受到与水有关的其他活动的乐趣了。这就是间接兴趣。

对于孩子的直接兴趣，家长只需配合就可以了；而对于间接兴趣，家长的科学引导就变得很重要。就像新西兰的孩子学游泳一样，当他们明白学游泳的目的后，学习游泳过程中的枯燥和乏味就变得不重要了。

在孩子很小的时候，由于认知能力有限，很多兴趣还不能通过人生目标、未来规划等道理让孩子产生间接兴趣，所以这时家长一定要激发孩子的直接兴趣，让学习的过程、探索的过程好玩、有趣。同时，多为孩子创设一些机会，多让孩子参加一些活动，通过各种各样的丰富活动来激发孩子的兴趣，发现孩子的兴趣点。

◇ 多为孩子创造观察事物的机会

观察对每个人来说都很重要，是获取周围信息的来源。对于孩子来说，观察更是他们认识世界、探索世界的重要开端。

3 ~ 5 岁的孩子，注意力还比较难集中，只有面对他们感兴趣的事物时才会集中精力，也才会去观察。既然是从兴趣出发，爸爸妈妈就要先大概了解到孩子的兴趣方向，然后多为孩子创造一些观察的机会。

通常这个年龄段的孩子都比较喜欢小动物，那么家长就可以带着孩子到大自然中，寻找和观察一些小动物，比如蚂蚁、螳螂、毛毛虫等；也可以在家里养小狗、小猫、小兔子等小动物，引导孩子观察它们的外部特征、生活习性等。

由于年龄所限，孩子的观察条理会比较差，有时不能进行有效的观察，有时也只是东看看、西瞧瞧，容易把要观察事物的重要特征漏掉，难以养成良好的观察习惯。对此，家长应多加以引导，比如，对于三岁左右的孩子来说，可引导他们从远到近、从上到下、从左到右、从整体到局部、从明显特征到不明显特征……这样的顺序来对事物进行观察。之所以如此，是可以保证孩子最大可能地认识空间，也让他们尽可能地观察到更多。不过，如果孩子不配合，也不要强迫他，只需鼓励他仔细观察即可。

观察的同时，也别忘了引导孩子思考。由于知识和理解能力有限，孩子通常只会对事物的表象进行浮浅的观察，对此，家长可根据孩子的认知能力，一边引导孩子观察，一边向孩子提问，促使孩子边观察边思考，以提高孩子观察的兴趣和热情。

◇ 做个细心的父母，通过日常小细节抓住孩子的兴趣点

我有一位朋友，他的儿子卡卡刚刚四岁半的时候，已经能认识4000多个汉字了。之所以如此，与家长的细心发掘是分不开的。

在卡卡不到三岁时，家人从未主动教他认过字。然而有一天，我的朋友带着卡卡走在马路上，卡卡忽然指着路边停着的一辆车嘟囔着"厦门日报"。朋友很惊讶，抬头一看，果然前面路边停着一辆"厦门日报"的送报车。在爸爸的追问下，卡卡说自己是从电视

上学的。

从这个小细节上，朋友感觉自己的儿子可能对汉字很感兴趣，于是就带他到书店买了一套学汉字的 VCD 光盘。从这以后，卡卡的识字能力果然不断增强。

这也提醒我们的家长，在平时陪伴孩子时，不妨多留心孩子的言行举止，当然，也要尽可能地丰富孩子的日常生活。如果每天只把孩子关在家里看动画片，那么你是很难发现孩子真正的兴趣所在的。只有丰富他们的视野，鼓励他们不断去探索和尝试，才能逐渐发现孩子感兴趣的东西。因为绝大多数孩子的热情和兴趣都是需要时间去寻觅的，它可能隐藏在很多次玩乐之中，也可能隐藏在他的某个性格特征之下，但无论如何，我们都要相信，如果孩子对某些事物有真正的兴趣，它就一定会冒出来，只不过是时间问题而已。

◇ 孩子的兴趣常常会不断变化，这很正常

对于充满好奇心的孩子来说，他们的兴趣容易发展，但是也很容易变化。前一分钟爱得不得了的事情，后一分钟有可能就不喜欢了。

有一天，我接待了一位领着儿子来咨询的妈妈。她一见面就指着身边的儿子说，五岁的儿子几乎快令她崩溃了。究竟发生了什么事，这么严重？

原来，半年前的某段时间，孩子喜欢上了钢琴，不但喜欢听钢琴曲子，还说想要一架钢琴。妈妈激动得不得了，以为孩子的兴趣就是钢琴，于是立即下定决心要培养孩子在这方面的特长，不仅花巨资搬回家一架名贵钢琴，还立马给孩子报了个培训班。

可一个月还不到，孩子就说不喜欢钢琴了，不管妈妈怎么劝导、训斥甚至责骂，孩子都再也不愿意去学琴了。

听了妈妈的"控诉"，儿子整个人都没精打采的。我于是问他：

"你喜欢钢琴吗？"

"不喜欢，弹琴一点都不好玩，特别是妈妈天天逼着我练琴，还要让我去上课。我不喜欢上课。"

"哦，这样呀！那你现在喜欢什么呢？"

"我喜欢足球，不过妈妈说玩足球没出息……"

所以，当孩子说喜欢什么，对某个事物感兴趣的时候，爸妈先别急着下结论，别急着给孩子做兴趣定位，让孩子的兴趣再发展一段，让孩子在这种"狗熊掰棒子"一样的过程中，去尝试一个个新的事物，当他尝试得越多，他就越能够容易发现自己真正的兴趣在哪里。

同时，家长还要避免给孩子预设一个兴趣，把孩子硬往某个兴趣上引。就像上面这个例子，后来在和妈妈深入地交谈中发现，其实她自己很希望孩子学钢琴，觉得钢琴高大上、有品位，当孩子一提出喜欢钢琴时，就立刻把自己预设的这个兴趣放在孩子身上，而没有给孩子足够的时间去尝试和感受。因此，当孩子很快失去其实本没有的兴趣的时候，妈妈得到的就只能是失望了。

珍惜孩子的创造力

曾看过一篇文章，里面有这样一句话："未来的工作将更加依赖人们的软实力，如沟通、社交智慧和创造力，因为这些能力是很难通过机器或软件量化和复制的。"这其中特别提到了"创造力"，可见，创造力在未来将是一项非常重要的能力。

所谓创造力，通常是指具有新设想的创造性思维能力和能够创造新事物的创造技能。对于孩子来说，能在沙土中挖坑道、堆小山或用沙土搭成各种构造有趣的图案，都是一种创造力的表现，都在发挥自己的想象力和创造能力。如果家长善于保护和发展孩子的这种能力，那么对于孩子未来事业的发展将起到不可估量的作用。

遗憾的是，现在不论是家长还是老师，都在无意中阻碍甚至扼杀着孩子的创造力。他们希望孩子循规蹈矩，不调皮捣蛋；能乖乖地去上各种兴趣班；考试做题时能写出标准答案，而不是天马行空随心所欲地乱写……对于孩子表现出来的一些创造性行为，总认为孩子是在搞破坏，甚至对他们的创造说三道四、指指点点。结果，孩子的创造力就在家长和老师的所谓"正确教育"下，一点点丧失了。

研究发现，孩子的创造性想象在四岁半之前是比较高的，而重新定义和重新组合的能力是 3 ~ 4 岁最突出，类比能力是四岁时最高，五岁以后便进入低落期。因此，如果我们仔细观察的话，会发现孩子在五岁左右会表现出创造力的一个高峰期，而这与前面孩子各方面能力的累积又是息息相关的。前面累积的能力越多，到 5 岁时创造力就会表现得越强烈，这是一个喷薄的表现过程。

所以，在孩子 3～5 岁这个阶段，如果家长能摆正心态，为孩子创造更好的环境，给予孩子更多的支持和帮助，保护孩子最原始的创造意识和创新精神，孩子所展现出来的能力也会越多，他的自由度和好奇心也会更高，到五岁左右，他的创造力峰点也会更高。而富有创造性思维，将会让孩子一生受益。就如儿童教育家陈鹤琴先生所说："儿童本性中潜藏着强烈的创造欲望，只要我们在教育中注意诱导，并放手让儿童实践探索，就会培养出创造能力，使儿童最终成为出类拔萃的符合时代要求的人才。"

◇ 放手让孩子去"造"

有一天无意中在网上看到一个 MV，叫《我们想要的你不知道》，里面一群孩子欢快地唱着："爸爸妈妈，听我说，下雨天竹蜻蜓带我去为太阳画上眼泪，妈妈的爱马仕包和我的独家签名最配，每天晚上都想给爸爸装上做家务的发条，幼儿园就应该造得像西部世界一样，爬上画布就能像阿拉丁一样飞翔，把色彩上满枪膛就能绘出我的柏林墙……"

哇，乍看这段毫无逻辑、童言无忌的歌词，忽然好感慨，没错，这才是孩子最想要的生活！作为家长，我们是不是应该反思一下，当感觉孩子很"造"，甚至表现出来的一些"破坏性"行为时，我们是否能够耐心地接纳和引导？

面对孩子经常"造"得满屋狼藉，比如剪烂了沙发，拆坏了闹钟和打碎了碗碟等，很多家长可能都做不到淡定如水。但事实上，孩子是需要被允许搞些破坏的，这是他们发现事物运行规律的一种方式。所以我建议家长不妨创造一个环境，在保证孩子安全的前提下，放手让孩子去"造"，并给予他适当的引导。

之所以喜欢"造"，是因为孩子对一切都感到新鲜、感到好奇，而好奇心强的孩子通常创造性也比较强。历史上那些凡是有所成就的科学家、发明家和艺术家等，在孩童时代都有很强的好奇心。只有对事物感到好奇，才有可能积极地想象并进一步探究，才可能出现新的发明创造。

所以，家长有必要为孩子提供一个自由的学习环境，即让孩子拥有丰富的刺激，允许他自由游戏，不要因为害怕孩子把房间弄脏弄乱，怕孩子打烂东西，就限制孩子的活动。孩子只有做自己想做的事、喜欢做的事，他的大脑、眼睛、双手、嘴巴才能得到真正的释放，他的思维能力、创造能力才能得到保护和提升。

◇ 训练孩子的动手能力

孩子的智能和创造力可以体现在他们的指尖上，手和脑之间有着千丝万缕的联系。手部的动作越复杂，就越能促使大脑神经的发展，所以说，训练动手能力就是在训练大脑，也是在培养孩子的创造能力。

对于孩子来说，四岁是一个关键的时期，也被称为是"一切的出发点"。在这一时期，家长有必要认真观察孩子动手能力的发展，多培养孩子的动手能力。这一时期，孩子手脚灵活度进步明显，开始对各种事物发生兴趣，喜欢摆弄剪刀、螺丝刀、锤子、画笔等工具，并且对工作性、结构性的游戏乐此不疲。他们喜欢剪纸，或用糨糊贴纸，或用小刀削木棍，用锤子锤东西，还能自如地玩模型玩具、拼图游戏、投球等能显示手部能力的游戏，尤其对绘画开始产生浓厚的兴趣，这对刺激孩子的大脑，促进他们的各种操作性和创造性都非常重要。

为此，家长可以准备一些旧报纸、旧杂志等，让孩子随意撕、剪、画、折，也可以给孩子提供一些小动作玩具，如积木、积塑和翻绳等。还可以与孩子玩些趣味性较强的动作性游戏，如和孩子一起玩撕纸游戏，把纸撕成不同的形状，让孩子来猜像什么；或者让孩子根据自己的想象来撕成各种图案，可以是水果、动物和人物等。

这里我有个小建议，就是家中可以给孩子准备一个工具箱，里面放一些稀奇古怪的物品，如纸张、用过的瓶子和瓶盖、固体胶、剪刀、绳子以及各种能在家中找到的小玩意儿，在保证孩子安全的前提下，让孩子自由地去摸索这些东西，了解它们的用途，并发挥自己的想象力去创新。你会发现，有时他们的动手能力和创造力远远超出我们的想象！

◇ 尊重孩子的"发明"和"创造"

这一点很重要。比如，爱涂鸦是孩子的天性，孩子会根据自己的想象，创作出各种各样的"作品"。可当孩子把玫瑰画成绿色的，把天空涂成红色的，把太阳描成粉色的时候，很多家长就不淡定了，不停地在孩子旁边说三道四，指指点点："玫瑰应该是红色的呀！""你怎么能把天空涂成红色的呢？天空是蓝色的才对！""太阳不能涂成粉色的，要涂成橙色的！"

其实，只要孩子感到开心，就算他把地面都涂成布满紫色斑点的奇怪蓝色，把狗狗画成身上长满黄色星星的奇怪蓝色，那又有什么关系呢？

学会尊重孩子的"发明"和"创造"，尊重他们的异想天开，因为那是他们丰富想象力和出色创造力的体现，不要给他们设立太多的条条框框，更不要用大人的固有思维去限制和阻碍孩子创造力的发展。只有这样，孩子才能充满好奇地去寻找自己感兴趣的事物，才能勤于思考、敢于质疑、勇于创新。世界著名绘画大师毕加索曾说过："每个孩子都是天生的艺术家，问题是怎么在他们成长的时候，让他们仍然保持这种天赋。"

亲子阅读，让孩子爱上读书

在我小的时候，是没有亲子阅读的。我们学校大院当中有个会讲故事的老爷爷，每天放学，我们一群小孩子都会围着老爷爷，央求他讲个故事给我们听。老爷爷最喜欢讲《西游记》，而且讲得绘声绘色。通过听他的故事，我们仿佛看到了无所不能的齐天大圣、贪吃怕死的猪八戒、老实憨厚的沙僧以及那些妖媚可恶的妖怪……在这些鲜活人物的影响下，我们都非常喜欢《西游记》，以至于今天，我仍然对这部作品很有感情。这也算是我那个时代的一种"亲子阅读"吧。

幸运的是，近些年，无数优秀童书出现在我们生活当中，我们也可以为孩子选择各种各样的书籍来进行阅读，并帮助孩子养成爱读书的好习惯。千万别小看了亲子阅读这一行为，一位法国作家曾经说过："一个家庭中没有书籍，就等于一间房子没有窗户。"我对这句话深以为然。阅读，不仅能使人开阔视野、增长知识，还能使人明事理、懂规矩，为人生导航。引导孩子爱上读书，养成良好的阅读习惯，将会影响孩子的一生。

有些家长可能会说："我也想让孩子读书啊，可三四岁的小孩子，大字都不认识几个，怎么读？"

其实，如果你从孩子牙牙学语开始，就经常和孩子一起共读图画书和绘本等，你就会发现，三四岁的孩子对文字系统已经具备了相当多的知识。此时，孩子从简单的读图阶段渐渐进入读字阶段，除了能了解文字的象征功能外，还想要认识一些简单的常见字，如大、小、上、下、中、人、口、手和足等。在亲子共读时，你也会发现，孩子会开始尝试阅读文字，注意力的焦点也会集中在他认识的那几个字上。这恰恰是启发孩子阅读的最佳时机。

当然，阅读的目的并不在于多让孩子认识几个字、多增加一些知识量这么简单，更重要的是，它可以让孩子从小就爱上阅读，养成良好的学习习惯，并能从中体会到爸爸妈妈用心陪伴所传递出来的爱和关怀。

◇ 父母要认真、积极、愉快地参与其中

有些家长也会与孩子进行亲子阅读，花不少钱，给孩子买一堆书回来，但结果却是大人孩子都提不起兴趣，为什么呢？

原因就在于家长的方式方法不恰当。有些家长也会和孩子一起阅读，但要么是干巴巴地一口气把一本书读完拉倒，要么就一边刷手机一边看电视，一边心不在焉地有一句没一句地读。孩子都是很敏感的，你对书投入的情感和兴趣，他都是能感知到的。既然感觉不到爸爸妈妈对阅读的喜爱，他又怎么会乐于去阅读呢？

与孩子一起阅读，家长首先应该将阅读当成一种乐趣，而不是一种任务、一种负担，甚至是一种敷衍，要让孩子从阅读过程中体会到快乐，感到好玩。对于孩子来说，喜欢上一个东西，一定是因为可以从中获得某种满足，比如爱、快乐、安全感、舒适感……阅读这件事儿也是一样的道理，如果不能从中获得某种满足，又怎么

能喜欢，怎么能形成习惯呢？

所以，要成功进行亲子阅读，家长最重要的就是"取悦孩子"。在我的家中，笛宝现在长大了，有时可以自己阅读，但我仍然会抽出一些时间和他一起阅读。一般我们会选在晚上，洗漱完毕后，靠在床上，由笛宝选出几本感兴趣的书，或是我们新买的几本书，每次读时，我都力争做到绘声绘色、抑扬顿挫，期间也可能会加上一些模仿动物、车辆等的叫声，或用声音来区别不同的人物，投入情感来表达故事的喜恶。而笛宝或安静地靠在我身边聆听，或手舞足蹈、上蹿下跳，进行角色扮演游戏。有时在读完一本书后，我还会和笛宝进行一些热烈的讨论，比如："你觉得这个人物的行为恰当吗？能说说你的想法吗？""如果换作是你，你会怎么做？为什么会这么做？"和孩子积极地讨论一些问题，既能加深孩子对故事的理解，又能促进孩子的思考，孩子也会乐于参与其中，体会到阅读的乐趣。

◇ 尽量为孩子选择不同类别的书，让阅读"不偏食"

在如何给孩子选书这件事上，很多家长都比较纠结，不知该为孩子选择什么样的书。其实有一招非常简单，就是为孩子选择不同类型的书，文学的、科普的、认知的和益智类游戏的等等，都要引导孩子阅读。这样既能丰富孩子的阅读世界，让孩子的阅读"不偏食"，同时还能从中逐渐发现孩子的兴趣。

在这方面要提请家长注意的是，很多家长只注重给孩子读故事书，其实一些适合孩子的科学、历史等方面的书一样可以给孩子读。父母多多尝试给孩子读不同类别的书，可以让孩子的阅读视野更加广大。记得儿子大约两岁的样子，我买了三本百科全书类的书，《动物百科全书》《恐龙百科全书》《天文百科全书》，虽然内容对两岁的孩子有些深，但是通过我的讲解，小家伙不但听懂了，还对其中的动物、恐龙、星空产生了浓厚的兴趣，由于这几本书比较厚重，我总是把它们摆在地板上，儿子就很认真地趴在地上，把书摆在眼前，不停地让我给他讲解。后来，他还把这些书重新命名为好多页的动物书、好多页的恐龙书和好多页的星星书，真是充满了童趣。在历史书方面，历史专业毕业的爸爸给儿子挑了《林汉达中国历史故事》。每天饭后，爸爸像说评书一样的朗读，深得孩子的喜爱。至今他还记得那段快乐的阅读时光呢！

◇ 读，讲，还是演绎？

我相信，绝大多数家长都没有接受过表演或专业朗读的训练，再加上平时工作之余比较疲惫，故而在为孩子读书时，能直白地读完就不错了，再提更高的要求可能就有些勉为其难。

这样做并不是不好，毕竟任何形式的亲子阅读对孩子来说都是有益的，这种方式只是不够"疯"，不足以感染孩子，让孩子从心底迷上阅读。

三四岁的孩子，正是活泼好动的年纪，他们喜欢夸张的表情和动作，而阅读本身就是一种游戏，文字、图片与相关的声音、触觉，演化成有趣的故事和奇奇怪怪的知识，这简直就是一种奇迹！所以，在亲子阅读中，如果你能做到边读边演绎，把书的内容用夸张的语言、表情、动作等表演出来，一定可以将孩子吸引到阅读的殿堂。

最简单的方式，就是在阅读时适当调整节奏和语音、语调。为了增加效果，你可以事先预习一遍，至少在有对话的地方能分清都是谁说的。通常主人公形象鲜明、语言特征明显的故事，最适合大声为孩子演绎出来。

也可以和孩子分角色表演，让孩子扮演其中的一个角色。我记得曾在电视上看过一个节目，其中一位爸爸带着一个不到三岁的小朋友，表演《乌龟飞上天》的故事。大部分时间，小朋友都在地上学乌龟爬，台词只有两句："你是谁呀？""你带我到天上玩可以吗？"但整个故事却表演得惟妙惟肖，孩子也特别开心。有机会让孩子参与到故事当中，成为其中的角色，他们一定会乐此不疲的。

你完全不用担心自己的表演能力，孩子是世界上最宽容的观众，不论你的表演多糟糕、多拙劣，他都能对你的努力报以最真诚的喝彩。可以说，为孩子演绎着读书，其实是一种莫大的享受。

◇ **重视孩子的每一个"为什么"，与孩子平等交流**

孩子都对世界充满好奇，每天似乎都有成千上万个"为什么"。在亲子共读的过程中，孩子也会提出各种各样的问题，这是非常重要的交流机会，你千万不要忽视哦！

孩子在阅读中提问，通常有这样一些情形：对书中的语言不理解，对故事中的人物关系或事件的因果关系不明白，强烈地喜欢或厌恶故事中的某个人物，从故事中引发一些联想，故事与现实的关系，以及一些带有干扰性的问题，等等。

面对这些问题，有时家长会感到措手不及："这个小家伙，怎么会提出这样的问题呢？"但是，不论孩子提出何种问题，你都不要敷衍或干脆一口回绝，而应耐心一些，尽量理解孩子的想法，将孩子真正要问的问题引出来。而事实上，当你把那些背后的问题引出来后，你甚至不用解答，问题差不多就解决大半了。

有些家长在和孩子一起读完书后，喜欢向孩子提问题，或要求孩子复述一遍故事，目的是想看看孩子是否认真听了这个故事、理解了这个故事。这种方法不是不可以，但我不太赞同，因为这就像考试一样，会让孩子感到有压力甚至不耐烦。亲子阅读本来就应该是轻松愉快的，你非要让孩子带着负担进行，孩子能不反感吗？

获得国际安徒生奖的英国著名作家钱伯斯先生，在与他的教研小组进行30多年的研究后认为，帮助孩子对阅读素材理解的最佳方法，就是和他一起"聊书"。不过，钱伯斯认为，与孩子聊书时，大人应放下高高在上的姿态，最好以"说来听听"这样轻松的语气开始，而不要以"你来说说，这段话是什么意思？""这个故事说明了什么道理？"这样咄咄逼人的口吻开始。

回想一下，我们应该都有过这样的经历，就是在与他人共同经历一件事后，大家会就这件事彼此平等地沟通交流，这样也容易在交流中获得认同。在亲子共读中，我们和孩子的关系便是如此。亲子阅读的真正目的，是帮助孩子理解阅读的内容，并从中收获到快乐。所以，"聊书"的目的不是为了让孩子"答对"，而是通过交流让双方获得认同，这样，我们对虚构故事与现实生活的理解也更容易传递给孩子。而孩子也更容易从亲子阅读中获得尊重和成就感，并渐渐爱上阅读、爱上思考。

第七章　思维习惯

哈佛大学有一个理念，即：一个人的成功与失败不在于他的能力和经验，而在于他的思维方式。因为，思维指导行动，行动影响习惯，习惯形成性格，性格决定命运。一个乐于分享、性格积极乐观的人，通常也会具有良好的行为习惯及人际关系，在社会竞争中也更容易获得成功。3～5岁的孩子，虽然仍以自我为中心，但这一年龄段却也是培养他们社交能力、乐观个性等正向思维的关键时期。顺利地度过这一时期，可以为他们不久后进入集体环境，处理挫折及人际冲突等打下良好的基础。

循序渐进地学习分享

如果你正带着宝宝和其他小朋友一起玩，忽然有个小朋友想玩你宝宝手里的玩具，你会怎么做？

我相信大多数家长都会对自己的宝宝说："把你的玩具分给小朋友玩一会儿吧。"或"好玩的就要跟大家一起分享。"如果孩子拒绝，不愿意分享，那么你可能就会说他"自私""小气""霸道""不听话"，甚至用"再这样我就不喜欢你了"一类话语相威胁，似乎这样才不会让自己感到太尴尬，显得自己这个家长没教好孩子，或想以此来教育孩子学会谦让、分享的美德。

但是，你考虑过孩子的感受吗？

从心理学角度来说，分享行为是一种把自己的物品分给他人使用的互惠性亲社会行为。就像孩子的大运动发展过程一样，这需要经过一个"先爬后坐，先站后走"的过程。也就是说，分享并不是孩子与生俱来的行为。在不同的年龄阶段，孩子的分享意识及分享行为也会呈现出不同的状态。

在二岁前，孩子通常都会表现得很大方、很慷慨，你向他要什么，或者让他把手里的东西给谁，他基本都会同意，因为这时孩子还没有形成强烈的自我意识，不懂得"拥有"的概念。

到了二岁或三岁以后，随着自我意识的逐渐增强，孩子开始变得以自我为中心。在他看来，只要是他喜欢的东西，就是属于他的。同时，这一阶段也是孩子进入物权意识的敏感期。这时，他是不容许别人侵犯他的"权益"的，只要发现自己的"权益"受到一丁点儿威胁，他就会迅速行动起来，竭力维护自己的"权益"，甚至会以动手打人、哭闹尖叫的方式来表示反抗。对这个年龄段的孩子来说，这些行为都是很正常的。

也就是说，孩子年龄越小，分享意识越弱，分享行为也越少。如果家长忽视或不懂这一阶段孩子心理和思维发展特点，强迫他去分享，不仅不能引导孩子乐意分享，还可能让孩子将分享看作是一种对自我权益的侵犯，从而更加排斥它，甚至还会在一定程度上阻碍孩子分享意识的形成和分享行为的发生。

蒙特梭利的教育理论认为，孩子在六岁以前都是自私的，并不能真正理解"分享"的意义。瑞士有一项研究也认为，人在幼年时期通常表现为很自私，直到七八岁后才逐渐懂得与人分享。

不过，在孩子三岁以后，他渐渐开始通过一对一的物品交换感受到人际关系，有时也会乐于发展这种关系。比如，我把我的小汽车给你玩，你把你的玩具狗给我玩，我们俩就是好朋友。他们不会在乎也分不清这个物品的好坏与价值高低，但相比于二岁时的独占欲，这已经是一个很大的进步了。

到五岁左右，孩子才渐渐产生分享的意识，也开始尝试将自己喜欢的、认为"好的东西"分享给身边的小伙伴。

直到六七岁，孩子才开始真正体会到分享的快乐，这时分享才会真正内化成为孩子的一种美好的品质。

所以，在孩子 3 ~ 5 岁这个阶段，家长可以在适当的时候鼓励和引导孩子学习分享，但一定要顺其自然，给孩子自由，不要强迫孩子，也不要批评和指责孩子，甚至担心孩子将来会自私，要知道此时的"自私"表现其实都是孩子的本性而已。

那么，家长如何才能更好地引导 3 ~ 5 岁的孩子学习分享呢？

◇ 尊重孩子的物权意识，帮助孩子建立正确的物权观

有一位朋友，曾给我讲了她小时候经历的一件事。在她四岁那年，一个出国的亲戚，给她带回来一盒漂亮的水彩笔。对一个孩子来说，这简直就像是一件稀世珍宝。朋友对这件宝贝独特的颜色看了又看，有时拿出来轻轻地画几下，就马上收起来放好，用了大半年都没用完。

有一次，她爸爸的一个朋友带着他儿子到她家做客，这个小男

孩看上了她的水彩笔，哭着喊着要玩。拿到手后，还肆意地在纸上涂抹，还把她最舍不得用的紫色笔弄断了，她急得大哭，可爸爸却说："给哥哥玩玩，不就是一盒彩笔吗？小孩子不要自私，要懂得分享。"

后来，小男孩走时，还直接把那盒已糟蹋得惨不忍睹的彩笔全都带走了。朋友说，她最珍贵的宝贝未经自己允许就被人抢走了，而自己还被冠上"不爱分享、自私"的恶名，当时那种小女孩绝望、孤立无援的感受，至今仍让她记忆犹新。

如果有人对你说："你应该具有分享的美德，所以，请把你的存款分给我一半。"你一定认为这个人疯了。可是，很多家长却经常对孩子提出这样的要求，却不懂得，对于孩子来说，那些玩具、零食、图画书，就是他在这个世界上所拥有的全部财产啊！

有一首非常有趣的美国儿歌，叫《幼儿所有权法则》，里面是这样唱的：

如果是我喜欢的，就是我的；

如果东西在我手里，那就是我的；

如果能从你手中夺过来，那东西就是我的；

那东西我刚拿过来，就是我的；

……

这首歌反映的正是孩子们的物权意识。要想让孩子学会分享，家长首先就要尊重孩子的这种物权意识。"物权期"是所有孩子都必须经历的一个阶段，只不过有的孩子表现强烈些，有的孩子表现温和些。如果你非要求正处于"物权期"的孩子分享他们的物品，那就像要求刚会爬行的孩子站起来去跑步一样，不仅不利于孩子物权意识的建立，还可能伤害孩子的社交热情和兴趣，导致孩子产生恐惧和焦虑的情绪。

所以，对于这一阶段表现出物权意识的孩子，家长还要采取尊重并接纳的态度，而且这也是让孩子懂得自己与自己物品之间关系的最好时机。你可以在家里为孩子整理出一个专门的空间，让孩子在那里摆放自己的东西，并告诉他，这些衣服、书籍和玩具等都是属于他自己的，他要管理好它们，并决定是否愿意和别人分享。如果你想用孩子的东西，最好也先征求他的意见，"妈妈可以借用你的图画书吗？""爸爸可以玩一会儿你的小汽车吗？"用完后要向孩子表示感谢，"谢谢你的××，我用完了。"当然，如果孩子要动用家长的东西，家长也要趁机引导孩子学会区分"你的""我的"，旨在教会孩子界限区分。孩子只有拥有物权安全感，顺利地度过物权期，才能逐渐拥有正确的物权意识，并从中获得良好的自尊，日后也才更容易学会分享。

◇ 引导孩子用交换、借用、轮流玩等方式来学习分享

交换、借用和轮流玩是引导 3～5 岁的孩子学习分享非常好的方式。借助这几种分享方式，孩子也能结识更多的朋友。

要孩子与别人交换玩具玩，你首先就要让孩子明白，交换玩具并不会让自己失去玩具，反而还能玩到别人好玩的玩具。比如，当孩子看到别的小朋友拿着玩具，想要拿过来玩时，你就可以跟孩子说："妹妹的玩具咱们家没有，你想玩一会儿是吗？那我们就用自己的玩具跟妹妹交换一下来玩吧。等玩完了，你把妹妹的玩具再还

给她，她也会把你的玩具还给你。"

要教会孩子借用，家长平时在家里就要多用"把你的××借我用用，可以吗？"等礼貌用语，而且用完了要记得还给孩子，并对他说"谢谢你愿意把××借给我"，这是为了让孩子知道，把自己的东西借给别人后是可以再拿回来的。这样，在你希望孩子与别人分享某件东西时，就可以告诉他："哥哥只是借用一下你的玩具，玩一会儿就会还给你。"如果孩子未经允许拿走了别人的东西，你也必须要引导或带着孩子去交还物品，并教他跟对方说"对不起"。

轮流玩也是学习分享的一种方式，比如教孩子学会说："这个玩具，你先玩，我后玩。"这是一个很棒的交友技巧，关键就在于"我后玩"几个字。当引导孩子这样与其他小朋友说时，一般都能获得对方的同意。

当然，要尝试以上这些方法，前提是一定要尊重孩子的意愿，切忌强迫，否则只会适得其反。我们这样做的目的，其实是想让孩子明白，分享是安全的，自己的玩具不会因为分享而失去，这样他才不会抵触分享。

◇ 用分享本身引导孩子学习分享

笛宝在上幼儿园时，每天我去接他放学，都会提一个袋子，里面装上他平日爱玩的各种玩具。等回到小区的花园里，笛宝都会在这里玩一会儿。因为带有玩具，很快他身边就会围上来一些小朋友，他们一块玩游戏，一块探讨，笛宝也会把他的玩具拿给小朋友玩。

其实从笛宝会走路开始，我带他出门时都会多带一些玩具，里面装着球、小汽车、小手枪和小玩偶等，当他试图与其他孩子一起玩而不得法时，我就提醒他可以拿着自己的玩具，试试去与小朋友交换或分享。小孩子都会觉得别人的玩具更好玩嘛，当笛宝拿着自己的玩具递给其他小朋友，或表示想玩小朋友手里的玩具时，常常能如愿。渐渐地，他也通过这种方式懂得了什么是自己的，什么是别人的。也就是说，在笛宝还不理解什么是分享时，他就已经尝到了分享的甜头。

当然，笛宝也会有不愿意分享的时候，那么我就尊重他的决定。所以，当有其他孩子来翻玩具袋，想要某件玩具时，我就会说："对不起，这是笛宝的玩具，你得问问笛宝同意不同意。"如果他不同意，我就会对想玩笛宝玩具的孩子说："抱歉哦，笛宝不同意。要不，你再和笛宝商量一下？"

在引导孩子慢慢学习分享的过程中，家长切记：不要随便给孩子贴上"自私""小气""霸道""不懂事"等负面标签，否则，孩子可能真的"如你所愿"，将来成长为这样的人。我们希望孩子能从分享中体会到友谊和爱，继而养成良好的行为习惯，但是，分享必须是伴随着温暖和愉快，而不是失去和痛苦，毕竟，让孩子感受分享的美好，养成乐于分享的习惯，才是我们的初衷。所以我经常跟前来咨询的朋友们说：教育没有任何的"理所当然"，只有一次又一次的思考和打破常规，在日常言行中为孩子做好长期的引导和示范，然后，静待花开即可。

用对方法，帮孩子建立真正的自信

　　"孩子很自信"或"这个孩子缺乏自信心"，这应该是我们经常听到或挂在嘴边的一个评价。那么，到底什么是自信？我们要培养孩子的某一习惯、某一品质或某一思维，首先就要弄明白这一习惯、品质或思维的背后意味着什么，如此才能更有目标地培养。

　　我给孩子的"自信"下了一个定义，即：孩子相信自己有能力掌控自己的身体、行为以及思想，能够应付日常生活中遇到的挑战。通常来说，孩子在三岁左右时会逐渐出现自信的感觉和意识。当他学会用勺子把碗里的饭送到自己的嘴巴里时，他就会出现"我能够做到"的心理。如果家长能在此阶段给予孩子正确的培养和教育，帮助孩子建立信心，那么对于孩子日后在幼儿园、小学阶段处理各种挫折及人际冲突等，都将有极大的帮助。

　　有自信心的孩子往往比较乐观，自我感觉较好，也更愿意学习新的知识和技能，面对新的挑战。而且，因为自信的孩子看待他人都是有爱的、愿意合作的，所以在人际关系当中，他们对于分享、竞争、合作和交往等，也会表现得更好。即使遇到难题，也不会说"我不行"，而是说"我只是暂时还不理解"。这样的孩子，在日后处理挫折和人际关系时就会游刃有余，不会让自己陷入困境。反之，缺乏自信的孩子容易悲观失望，总感觉"我不行""我什么都做不好""我很没用"，继而表现出被动、抑郁或孤独等行为，既不利于自己的发展，也不利于人际关系的建立。

刚刚出生的宝宝，尚不知自己是个独立的个体，都是从与他们的监护人之间的沟通互动中渐渐形成"我是谁"这样的概念的。因此，从很大程度上来说，孩子的自信与其监护人的培养息息相关。

比如，几个月的宝宝还不会说话，但哭了后父母会去安抚他，就此他知道，自己是被爱、被保护的，是很重要的。当他学会把藏在手帕下面的小玩具找出来时，妈妈会说："哇，宝宝真棒，可以找到小玩具啦！"就此他知道，自己是个很棒的人。当三岁的孩子因为爸爸妈妈要出去上班而难过时，爸爸妈妈会安抚他说："爸爸妈妈下班就会回来陪你，和你一起做游戏。而且爸爸妈妈相信，你一定能和爷爷奶奶玩得非常开心。"就此他知道，自己的感受很重要，亲人会花时间倾听和理解他的感受。

这其实也是在提醒我们，培养孩子的自信并不是一蹴而就的，而应落实在日常生活的点点滴滴中。但只要我们有意识地、科学地培养孩子，就一定能够看到成效。

◇ 帮助孩子成为一个能够解决问题的人

你可能也注意过，当孩子能自己动手解决一个难题时，他的自豪感会溢于言表。如果家长能经常让孩子处于这样的状态中，那么孩子日后一定会是一个有自信心的人。

我给大家分享一下我的一位朋友和她女儿之间的一件小事：

有一个周末，我邀请几位朋友来家里做客，这位朋友带着她三岁半的小女儿一起来的。大家都坐在一旁聊天，朋友便和她的小女儿坐在笛宝的房间里搭积木。过了一会儿，我进去看看她们，发现小女孩有点不开心。原来，小女孩在垒积木的时候，先把小的积木放在了最下面，结果搭了几次，积木都站不稳，很快就倒了。看得出来，小女孩有点要发脾气了，噘着小嘴，嘴里还小声嘟囔着："笛哥哥的积木不好，不如我的好，我不喜欢在这玩了。"

一直坐在一旁看着女儿搭积木却没插手的朋友，这时小声地对女儿说："好沮丧是不是？积木总是倒。可是，它们为什么会倒呢？"

小女孩望了望眼前倒塌的积木，没吭声。

朋友继续说："是不是因为底部不太稳，才会容易倒呀？要不，你试试把这几块大的放在下面呢？"

小女孩听了妈妈的话，虽然仍有点不开心，但还是拿起几块大积木放在底下，然后把小块的一块块垒在上面，当然，这次积木搭了很高也没倒。

"妈妈，你看，我这次搭了这么高都没倒！"小女孩开心起来。

"是啊，这次你搭得真的很高！"朋友笑着说。

看到这整个过程，我向朋友伸出了一个大拇指，为她点赞。面对孩子的沮丧情绪，朋友没有直接伸手帮忙，而是先认可她的情绪，然后用两个小建议，引发孩子自己去思考、去动手。这样做的目的，就是给予孩子足够的支持和引导，但却不代劳，帮助孩子逐渐形成了解决问题的能力。而且，有时在孩子最沮丧的时候，给予孩子一定的引导，恰恰是培养他们自信的最好机会。因为这可以让孩子明白，爸爸妈妈永远都是可以依赖的，而同时，他自己也是有能力解决问题的。

◇ 不要经常否定孩子，给孩子形成负面暗示

经常陪伴孩子的家长都知道，有时我们在教孩子学习一些知识，或带孩子接触外面的新鲜事物时，有些孩子会感到害羞，或者说是"慢热"，这时，一些容易着急的家长可能就会责怪孩子："你看看你，都教你好几遍了，怎么还不会？""你看看别的小朋友都敢，怎么就你这么胆小！""没办法，我家孩子就是反应慢，我都跟着着急！"甚至有时还会将"蠢""笨"这样的词用在孩子身上……这些可能都是你一时的气话、一时的无奈，但你需要仔细回想一下，这样的否定言语在孩子面前说得是不是有点多了？

心理学上有研究发现，外界的语言和行为暗示，对孩子的心理和思维发展都会产生很大影响。如果让否定的言语成为你养育孩子过程中的"口头禅"，那么孩子就会经常接受到来自大人否定自己的信息，渐渐地，他也会自然而然地在心里种下自卑的种子，变得不再自信、不再乐观，不敢、不行的思维意识也会越来越严重。

所以，如果你的孩子真的是个胆小、害羞或"慢热"的孩子，切忌再在他面前不断强化，而应认真地接纳他，并经常用一些积极、乐观、赞赏的言语和行为来鼓励他，并善于发现孩子一点一滴的进步。

比如，当孩子见到生人表现出有些胆小、害羞时，你可以对孩子说："你有点紧张对吗？没关系的，有时妈妈也会感到紧张。不过，妈妈觉得你表现得已经很好了，因为你刚刚向叔叔挥手打招呼了，叔叔也非常喜欢你。"

当孩子从父母那里获得尊重、理解、认可和鼓励后，心里渐渐就会产生"我可以""我能行"的意识，认为自己真的很棒。相反，

总是被否定、被指责、被怀疑，被最亲密的人说成是"笨""不行""不会"等，孩子也会对自己的能力产生怀疑，从而变得越来越自卑。

◇ 夸奖和表扬也要做到具体、到位，且对事不对人

"宝贝，你真棒！""我家宝宝最厉害了！""我儿子最了不起了！"……你有没有经常这样夸奖和表扬过自己的孩子？

要从幼儿时期就培养孩子的自信心，的确需要家长经常对孩子进行夸奖、表扬、鼓励，但是，这样笼统的、不切实际的、过于浮夸的表扬，虽然也能在一定程度上增强孩子的自信心，但遗憾的是，年幼的孩子可能并不知道自己到底"棒"在哪里、"厉害"在哪里、"了不起"在哪里，以及自己为什么会获得这样的夸奖。也就是说，这是一种不恰当的夸奖和表扬。

长此以往，就会导致孩子过度自信，以至于听不进任何批评的话语，甚至会因此而养成骄横无礼、唯我独尊的不良言行意识。尤其是在思维意识发展关键的 3~5 岁期间，如果经常处于这种赞美之中，那么在上幼儿园之后，孩子很快就会发现自己在很多方面是落后于人的，在这种强烈的对比之下，他曾经建立起来的那种自信就可能不堪一击。同时，因为在家中获得的都是赞美和表扬，进入集体环境后，当老师和其他孩子不再不停地赞美表扬他时，他骄横的一面可能就会表现出来，以至于难以获得友谊，而影响人际关系的建立。

因此，如果你想通过夸奖表扬的方式建立孩子的自信，就一定要讲究方式方法，其原则就是：夸奖表扬要具体到位，且主要的表

扬对象是孩子的言行，而不是孩子本身。比如，孩子一向不好好吃饭，忽然有一天他吃饭特别好，那么你就要及时表扬他的行为："宝宝今天自己吃饭，而且很快就把饭全部吃完了，这样真的很棒，妈妈很开心！"这样，孩子就知道自己是因为"好好吃饭"而受到了表扬，下次也会做得更好。

总之，要帮孩子从小建立自信，家长平时就需要多些耐心、多些理解，即便孩子有时表现得不那么尽如人意，也不要苛责他甚至嘲笑他，记住：站在你面前的仅仅是个不到六岁的孩子而已。同时，家长也不要过度保护和溺爱孩子，多给孩子一些自行选择和决定的机会，多鼓励和引导他自己解决问题，尽管他做得没有你做得那么完美，但这却是他学习的开始，是为以后建立良好习惯的开端。这样的养育态度，才能让孩子的自信心一天比一天更强大。

第三部分 6～8岁的习惯培养

进入六岁以后，大部分孩子基本已经适应了幼儿园生活，有些孩子甚至已经步入小学，成为一名小学生了。这也意味着，孩子的生活环境改变了，任务改变了，行为准则也改变了。在六岁以前，如果孩子的生活习惯、学习习惯和思维习惯等都很好，那么进入小学后，也能较快地适应学校的常规生活，成为一名合格甚至是优秀的小学生。但也有一部分孩子，因为之前各种习惯培养不顺利，或受到一些不良习惯的影响，在很长一段时间内都难以完成从幼儿园小朋友到小学生这一角色的转变，不论是在生活习惯上，还是在学习习惯上，都较难适应学校的生活，常常令家长头疼不已。

　　不过，家长也不必因此而感到沮丧。在成长过程中，孩子出现一些不良的行为习惯也是一种正常现象，毕竟他们年纪还小，自控能力较差。但由于 6 ~ 8 岁是孩子开始学校生活和学习生涯的关键阶段，所以家长也必须重视起来。从现在开始，积极引导孩子向着良好行为习惯的方向发展，相信经过努力，你也同样可以培养出一个具有良好习惯的孩子。

第八章　生活习惯

家长应清楚地认识到，孩子从幼儿园升入一年级后，就相当于步入了一个崭新的环境，开始了一种崭新的生活。而生活习惯，在孩子的这一转变过程中将发挥着十分重要的作用。

对食物产生兴趣，孩子才会爱上美食

"这孩子就喜欢吃肉，不吃蔬菜，怎么办啊？"

"孩子就爱吃鱼和虾，其他肉怎么做都不肯吃，怎么办啊？"

"孩子只喜欢吃菜，不爱吃饭，怎么办啊？"

……

你是不是也经常这样焦虑地抱怨孩子，不知道该怎么办？

的确，面对孩子不良的饮食习惯，家长们往往最头痛。尤其是孩子进入小学后，学习负担日渐加重，如果再出现挑食、偏食和厌食等行为，家长更是焦虑不安，有时甚至火冒三丈、无所适从。

俗话说，民以食为天。不论是世界级的伟人，还是只有几岁的孩子，饮食对他们来说都是同样重要的头等大事，所以家长的情绪与无奈都是可以理解的。但是，抱怨、指责甚至强迫孩子吃饭，都不能从根本上解决孩子的饮食问题。要帮助孩子养成良好的饮食习惯，家长首先就要弄清孩子为什么会出现这些不好的饮食现象。

其实对于孩子来说，偏食和挑食都是一种非常正常的成长过程。因为小孩子的味蕾是大人的两倍，他们对于食物味觉的敏感性也要比大人强得多，所以，给孩子引入一种新的食物或改变原来的烹调方法，他们所感受的不同也比大人强得多。如果他们不适应，就会对新食物产生抗拒心理，只喜欢自己熟悉的某些食物，这就会表现为挑食或偏食。

而厌食多与心理因素有关。比如，孩子不喜欢吃肉，但家长出于均衡饮食考虑，强迫孩子吃肉，甚至为此事大动干戈，那么孩子就会把吃饭与不愉快的经历联系在一起，久之就可能导致厌食行为。

对于孩子的这些饮食问题，家长光着急抱怨是没用的，关键还是要找对方法。如果孩子不喜欢某种食物，记住，尊重孩子此时的感受，不要强迫他吃下去，更不要训斥、指责，小题大做，而是要循序渐进，有策略地引导，这也是家长要帮助孩子的成长过程。家长应懂得：没有压力的吃饭，是让孩子喜欢上食物的先决条件。

对于解决方法，我认为，要让孩子爱上吃饭，爱上均衡的饮食，关键还在于首先让孩子爱上食物，或说是食材。当孩子了解了某种食物的价值与健康的意义，并参与到食物的制作过程中后，他们就会对这些食物产生一种特殊的喜爱之情，这时再鼓励他们吃下这些食物，就不会那么难了。

结合我个人的经验，下面几点建议希望对家长们有所帮助：

◇ 经常跟孩子讨论食物与健康的关系

孩子偏好某些食物，讨厌某些食物，都是因为他们还不理解这些食物对自己身体健康的重要性，所以完全凭借自己的喜好来。感觉口味好的，就多吃；感觉不爽口的，就少吃或者干脆一口不吃。

这当然是个令大人烦恼的问题，因为孩子饮食不均衡，直接的影响就是营养摄入不全面，从而导致孩子营养不良，影响身体发育。为了让孩子把某些有营养的食物吃下去，家长有时也可谓是用尽了洪荒之力：软磨硬泡、哄骗、劝说、恐吓、训斥……都快称得上是十八般武艺齐上阵了！而孩子呢？该不吃还是不吃。

其实，家长不妨从孩子很小的时候就引导他明白一个道理：健康、均衡的饮食可以让我们长成为一个健康、聪明的人。相反，吃饭偏食、挑食，就很难长成身材优美、头脑聪明的人。

在笛宝两三岁懵懵懂懂的时候，我就会经常在陪他吃饭时和他聊天，告诉他说："笛宝今天要吃鸡肉和鸡蛋，因为鸡肉和鸡蛋可以让我们变得很有力气哦！你看，笛宝今天都能帮爸爸搬凳子了，那可是大力士才能搬动的呢！笛宝喜欢吃肉肉和鸡蛋，所以也是个大力士了！"或者在鼓励他吃青菜时，也会告诉他说："今天笛宝要吃西红柿和黄瓜，它们可以让我们变得又白又漂亮！"

也可以通过看书、读故事等方式，举一些合适的例子来证明不好好吃饭的害处，比如某个小动物因为偏食挑食，不爱吃蔬菜，结果生病了，等等。通过这样的方式，孩子也比较容易理解食物与健康的关系。

而当孩子大一些，到五六岁以后，家长可以和孩子一起阅读一些有关的书籍。通常来说，孩子对从书上看来的内容都会很认同，家长也可就孩子现在的饮食习惯与书中的内容进行对比，让孩子看到自己的不足。这对防止和纠正孩子挑食偏食、饮食习惯不好等，都会很有助益。

◇ 和孩子一起动手制订一份家庭食谱

美国有一项研究表明，让孩子参与到厨房活动当中，不管是让他们参与家庭食谱的制作，还是参与到一日三餐的烹饪过程中，都会促使他们更倾向于选择健康的食物。

大多数孩子都喜欢参与大人的活动，因为这会让他们感觉自己已经长大了，能和爸爸妈妈一起完成一些家庭活动，在家庭当中显得很重要。所以，如果你的孩子饮食习惯不太好，首先你不妨先和他一起动手制订一份一周家庭食谱。

在制订食谱前，你可以告诉孩子："这份食谱很重要哦，因为它不仅关系到你的健康，也关系到爸爸妈妈的健康，所以，如果你要和妈妈一起制订食谱的话，我们就要保证食谱的营养和科学。"这样做的目的，是提前给孩子打好预防针，防止孩子只在食谱中加入自己喜欢的，而排斥自己不喜欢的饭菜，导致食谱营养不够均衡。

不过，如果孩子非常不喜欢某种食物，而这种食物又是必须加入食谱中的，你可以适当允许孩子搞一点"特殊化"。比如，孩子不喜欢吃胡萝卜，那么在有胡萝卜的那顿饭中，你可以允许孩子除了胡萝卜外，全都添加自己喜欢的饭菜。但前提是，孩子必须也要吃那份添加了胡萝卜的菜。这样作为交换条件，孩子想到那些自己爱吃的饭菜，往往也能很痛快地答应适当吃些胡萝卜。

既然制订了食谱，就不能让食谱只流于形式，没有特殊情况，尽量严格遵守，这样不仅能保证孩子的均衡饮食，还能让孩子学会遵守规则。当然，家长也应尽量提高自己的烹饪技术，有些时候，即便是孩子不喜欢的饭菜，换个花样或口味，也许孩子就能慢慢接受了。

◇ 鼓励孩子参与到做饭活动当中

童话故事《小王子》大家应该都不陌生，在这个故事里，小王子对玫瑰和狐狸进行了"驯服"：他在玫瑰花身上花费了很多精力，让他的玫瑰变得非常重要；他驯养了狐狸，使得他们之间有了特殊的联系。对于他们来说，他们都是彼此世界里唯一的，相互依恋、相互影响。

在让孩子参与到做饭这件事上，这个道理同样适用。如果孩子在参与做饭的活动中付出了他们的时间和情感，那么他就会对自己的劳动成果格外珍惜。

笛宝有阵子特别讨厌白萝卜，说它太辣，但白萝卜营养又很丰富，于是有一天，我在准备做萝卜饼的时候，就请笛宝来给我帮忙。

我先把白萝卜刨成细丝，然后加入一点葱末，再加点盐搅拌一下，最后加入面粉混合，揉成面团。接着，该笛宝上场了。我让他把萝卜面团揪成一个个小面团，然后再把面团按压成饼状，递给我，而我则负责把笛宝做好的萝卜饼放入锅内煎熟。就这样，我们俩共同完成了油煎萝卜饼的工作。

晚上吃饭时，笛宝一直很高兴，还告诉爸爸说这是他和妈妈一起做的饼，爸爸也很配合，直夸笛宝能干，是妈妈的小帮手。而笛宝自己更觉得好吃，甚至都没意识到那里面加的是他平时讨厌的白萝卜。

澳大利亚儿童教育家克莱克·班纳也曾说过，鼓励孩子接受各色食物的最佳方法之一，就是让孩子参与到食物的制作过程当中。比如，在买菜时，就可以让孩子按照你们事先制订的食谱来挑选食材；在做饭时，也可以让孩子参与一些简单的工作，如择菜、洗菜、打蛋和做饼等。对于七八岁的孩子来说，有时煮面、煮粥、切菜和煎蛋等，都能做得很好了。

当然，前提是家长不要怕麻烦，或担心孩子烫到烧到等安全问题，其实只要耐心地给予孩子指导和演示，孩子学得往往比你想象的要快得多。而事实也证明，哪怕是最简单的一个做饭环节，也能让孩子增进与饭菜的感情，减少偏食挑食现象，从而逐渐养成良好的饮食习惯。

孩子的物品要让他学会自己负责

古希腊诡辩家欧布里德曾提出一个"秃头论证"理论，其中有这样一个问题："一个人少了一根头发，会不会导致秃头？"回答是"不能"。"再少一根呢？"回答还是"不能"。然而，这个问题如果一直重复下去，到最后回答却是"成了秃头"。可是，这一问题在开始时是遭到否定的啊！

这其实是在告诫我们：少一根头发对整头的头发来说，其作用是微不足道的，甚至可以忽略不计，因为它对事情当前的性质产生不了任何影响。但是，就是这种微不足道的变化，最终却引发了事物质的变化。

俗话说，"嫩枝易弯也易直"。6～8岁的孩子，年龄还比较小，善于观察和模仿，各种行为习惯正处于形成时期，具有很强的可塑性，在这个时期培养孩子的行为习惯也最容易见效。而这一阶段养成的行为习惯对于孩子今后的学习和人生也将非常重要，甚至可以说是他们将来生活事业成功的基石。

比如，有的孩子很善于整理自己的书桌，经常会把书桌收拾得干净整洁，那么这也意味着他可能会很好地安排自己的学习。因为整理的过程，其实也是将前面的学习和接下来的学习完全分开的过程，这样可以让自己更专注于接下来的学习。

还有些孩子喜欢整理衣物，衣服和鞋子每次穿完总会整整齐齐地放好，下次穿时也能马上找到。这也是一种非常棒的生活习惯，意味着这个孩子将来会是一个做事清晰、有条理的人。尤其对于男孩子来说，这一点将成为他将来走向社会的加分项。

但是，有些家长却对孩子的日常生活习惯不予重视，该培养时不培养，该纠正时也不及时纠正，结果呢？结果就像"秃头理论"的结局一样，孩子身上形成了一大堆不良习惯，想纠正都难了。

比如，我有一位朋友，他儿子七岁的时候，是个聪明伶俐的小家伙，学习成绩很好，平时的爱好也挺多，这让他和爱人很是自豪欣慰。可是，他们也有烦恼的地方，就是孩子做事常常丢三落四，在生活中简直就是个马虎虫。家里的钥匙、自己的学生证、文具、钱包、雨伞、水壶、眼镜……总之各种东西，只要经过他的手，都会轮番不知所踪！

日常做作业时，他一会儿喊道："妈妈，我橡皮不见了，快帮我找找！"一会儿又喊道："爸爸，您看到我的铅笔没有啊，我怎么找不到啦！"好容易找全了文具，开始写作业，可很快书桌上就变成了"一锅粥"：书本上叠着草稿纸，字典上堆着零食，零食上可能还扔着几块手纸……总之，你能想到有多乱，他的书桌上就有多乱！

朋友来跟我诉苦，眼中充满焦虑地盯着我问道："你说，到底该怎么办啊？"

我相信，一定不止我这位朋友家里的孩子有这样的问题，一定有很多很多孩子都有类似的问题：被子从来不会自己叠，书桌上乱七八糟地堆放着各种书本、文具、零食，衣服鞋子到处乱扔，等到想用时，再翻来覆去四处找……

这样的情形常常会令很多父母感到无奈甚至崩溃，为了纠正孩子的行为，说教、唠叨、抱怨、指责齐上阵，甚至还会采取一些严苛的措施，但结果呢？大多都不尽人意。

到底该怎样培养 6 ~ 8 岁时期孩子的日常生活习惯？倘若孩子身上已经出现了一些不好的习惯，又该如何纠正？结合我的经验，家长们可通过以下几种方法来进行：

◇ 和孩子一起动手做书架、收纳盒等

6 ~ 8 岁的孩子，都会很喜欢做手工，尤其是跟爸爸妈妈一起做，更会觉得有兴趣。既然这样，我们不妨就和孩子一起动手，做个书架、收纳盒等。

小书架可以用废旧纸盒来做，用剪刀将废旧的纸盒按一定尺寸剪裁后，再用胶水粘好。做好后，外面也可以贴上一些孩子喜欢的贴纸，或写上孩子的名字，然后放在书桌上，鼓励孩子每天把自己用完的书本、拼图等都放到里面，并摆放整齐。也可以将小书架的里面分成两格，一格用来放信息类的文件，如校报、通知和需要家长签字的文件等，另一格用来放孩子的书本、作业等。

收纳盒非常适合存放小朋友书桌上每天要用的工具，比如铅笔、橡皮、剪刀、尺子和双面胶等，所以制作时最好能做成有分格样式的，并由孩子来决定哪个格子里面要放哪些物品。这样既可以避免孩子将铅笔、橡皮等文具扔得到处都是，该用的时候却找不到，又能学习物品的整理和归纳。物品放入收纳盒里后，想用什么，马上就能到里面找到，所以这个收纳盒简直相当于一个"百宝箱"了。

有实验证明，一项行为习惯至少要经过 21 天不间断的训练才能形成，而孩子因为年龄较小，自控能力和整理能力较差，所以开始时家长一定要多给予耐心的帮助和热情的鼓励。家长首先能够坚持下来，多督促孩子，孩子才能最后坚持下来。只有经过这样长期坚持，反复训练，雷打不动，孩子才可能摆脱原来的坏习惯，形成好习惯。

◇ 帮孩子列一个清单，写清需要整理的事项

有些孩子做事总是磨磨蹭蹭、拖拖拉拉，即使家长跟在后面不停督促，仍然改不掉这样的坏习惯，让家长很是头疼。

对于这类孩子，我的建议是帮他列一个详细的清单，上面按顺序列出他每天需要整理的事项，然后把这个清单贴在孩子的房间内，让他随时都可以看到，每完成一件事，就在这个事项后面画一个勾。也可以用卡片，每张卡片上写一个小任务，每完成一步，就把这张卡片挑出来。

比如，可以就孩子乱放东西的行为列这样一份清单：

1. 做完作业后，将用完的书本放回书架。
2. 将铅笔、橡皮和尺子等文具，放回收纳盒的相应格子内。
3. 将草稿纸、零食袋等收拾干净，扔入垃圾桶。
4. 擦拭书桌，将书桌整理干净。

家长可以每周根据孩子的具体情况更新一次清单，然后鼓励孩

子每次收拾完后，都到清单上签字，表示自己完成了当天清单上的事项。你也可以将这些小任务与积分奖励制度结合起来，比如每天完成几项可以得到几颗小星星，得到多少个小星星后，可以获得一份奖励。

对于孩子来说，这是一个很有趣的过程，也能让孩子产生成就感。最重要的是，坚持下来，你一定能看到孩子在整理习惯上所产生的巨大变化。

◇ 在一段时间内，与孩子进行一场整理和收纳的比赛

孩子都有好胜心，也喜欢比赛、喜欢赢，针对这一特点，家长也可以和孩子进行一场整理和收纳的比赛。

怎么比可以又有趣又有效呢？

你们可以以一周为期限，然后和孩子一起分别列出两份清单，一份是孩子的，一份是爸爸妈妈的。清单规定：在这一周内，爸爸妈妈和孩子都要按照清单上的内容，自己整理自己的物品，看谁整理得又快、又干净、又整洁。一周"评比"结束后，获胜的那一方可以提出一个愿望和要求，另一方则要尽可能地给予满足。

对于孩子来说，这是一个非常好玩的游戏，而且为了获胜，为了能向爸爸妈妈提出愿望和要求，他们也一定会时刻提醒自己要学会整理，并会卖力地整理自己的物品，以便战胜爸爸妈妈，成为胜利的那一方。

当然，比赛与胜负都不是最终的目的，最终我们是为了帮孩子养成好习惯，所以，比赛结束并不意味着孩子可以再次回到原来那乱糟糟的习惯当中，家长应积极鼓励孩子继续保持当前的习惯，努

力把物品整理得更好。可以告诉孩子，只有继续每天认真整理，下次再比赛时，他才更容易获胜。

◇ 停止代劳，鼓励孩子自己管理自己的衣服、鞋子等物品

有一次，一位亲戚来我家，跟我说起了她七岁的女儿，每天早晨起床第一件事就是问："妈妈，我今天穿的衣服呢？"十来分钟后，妈妈和女儿才理清孩子今天究竟要穿什么。她说："我们家每天早晨的时间最紧张，要赶吃饭、赶校车、赶红绿灯，都不知道为什么这么紧张！我们好像起得也不晚，吃饭时间也不长，可不知怎么就觉得时间不够用。"

我笑着告诉她说："因为你们把时间都浪费在了孩子穿衣服、找东西上了。"

她想了想，使劲儿地点点头说："好像真的是这样呢！"

其实不止我这位亲戚，很多家庭都有这样的问题，家里所有的东西都是东拿西放的，整个房间就像个百货市场一样，要用什么东西也从来不是"拿"出来，而是"找"出来。如果大人有这样的习惯，那么孩子也会很自然地"继承"了你的"衣钵"，衣物、鞋子等肯定会随手拿、随手放，导致第二天起床后要现找衣服、找鞋子，结果耽误了很多时间。而且，这个不好的习惯对孩子的成长也是不利的，容易使孩子养成拖拉懒散的习惯，将来也会不懂得管理自己，自控能力较差。

6 ~ 8 岁正是培养孩子生活习惯的重要时期，家长一定要抓住这个关键阶段，学会放手，停止代劳，让孩子学着自己来整理他的衣服、鞋子等。尤其是男孩子，更应该具备这一技能。

首先，你可以告诉孩子怎么给自己的衣服分类，可按一年四季衣服的厚薄、衣服类型（内衣、外衣）准备几个收纳箱，并在收纳箱上写上标签，便于孩子整理，放、拿也方便。

　　其次，要教孩子折衣服。这一年龄段的孩子，动手能力已有很大进步，只要家长耐心教授，孩子很快也能学会。比如折外套时，要两袖对折重叠，两肩线缝对折重叠，再对折成方块，可减少空间的占用。如果是不容易折或不规则的衣服，可教孩子直接用衣架将衣服挂起来。

　　每次换下脏衣服后，要告诉孩子及时将衣服清洗干净，然后再放置起来，而不是随便将脏衣服和干净衣服堆在一起，这样容易滋生细菌，不利于健康和卫生。

　　还要告诉孩子，内衣和袜子等要分别放置；收纳鞋子时，可利用买鞋时的鞋盒，并要教孩子将不穿的鞋子清洗晾干后再放入鞋盒。

　　在我们想象当中，让孩子做这些工作似乎很复杂，但其实，整理虽然繁杂，却能锻炼孩子的耐心、细心和思维能力，最重要的，它可以让孩子逐渐学会管理自己的物品。通常女孩对这项工作会比较积极，而男孩可能会觉得无聊，有时还会表现得很粗心，所以，家长在培养孩子的这一习惯时，不需要每天都做，可以定期比如每周末进行一次即可，以免让孩子感到厌烦。

管好个人卫生，是孩子管理未来的前提

"为什么又要洗澡啊，我还不脏呀！"

"怎么又叫我换衣服，太麻烦了！"

"我今天很累了，不想刷牙洗脚了！"

……

相信家长对以上这些话语绝不陌生。个人卫生这件事，在我们大人看来再平常不过，可在很多孩子看来却是"灾难"一场！而不讲究个人卫生的孩子，也总有一千个一万个理由在排队等着说服爸爸妈妈，好使他们从这份苦差事中解脱出来。

孩子的天性就是玩、玩、玩，一玩起来就什么都顾不上了，脸上身上经常会弄得脏兮兮的，可一旦你要他们把自己清洗干净时，他们往往就是上面那套说辞，有时甚至撒泼耍赖，宁可带着满身泥巴睡觉，也不愿意去把自己洗干净。

"我已经跟你说过多少次了，睡觉前要刷牙啊！怎么还没记性？要是你今天不刷牙，那我们明天就不要去游乐场了！"

"我已经告诉你多少次了，头发要勤洗，你看看这身上，又脏又臭，都该扔到垃圾堆了！"

"我说过多少次了，怎么还没记性？要是……就不要……"

......

在孩子 6 ～ 8 岁这个阶段，关于他的个人卫生问题，这应该是家长最常说的话了。原因就是孩子不讲卫生，不爱刷牙、洗澡，睡觉前不爱洗脚洗脸，不爱换衣服，吃饭前不洗手，还经常用手挖鼻孔，或用硬物随便掏耳朵，等等。尽管爸爸妈妈在一旁不停地提醒甚至警告、训斥，孩子仍然我行我素，个人卫生也仍然是一塌糊涂。

为什么爸爸妈妈不停地劝说督促，孩子就是听不进去呢？难道他们真的听不懂或记不住爸爸妈妈的话吗？

这也是很多咨询者经常向我咨询的问题，是的，为什么爸爸妈妈不断地提醒，孩子就是不听呢？

其实，这反映出来的是这样一个问题：一个得逞的小孩，正在与生气发怒的爸爸妈妈玩"我需要引起你注意"的游戏。孩子并不是不明白爸爸妈妈在说什么，相反，对于 6 ～ 8 岁的孩子来说，他们对信息的接收和理解能力已经很强，一次的"告诉"就足以让他们明白应该注意自己的卫生。但是，他们却会产生一个错误的想法，就是：只有像我现在这样脏兮兮的，才能让爸爸妈妈注意到我。

当然，不排除有些小朋友是因为过于依赖父母，或懒惰成性，他们知道，爸爸妈妈不会接受自己脏兮兮的样子，必然会忍不住替自己洗脸、洗头、换衣服，这样他正好乐得坐享其成。而他们的父母则认为，现在孩子还小，等大了自然就会自己刷牙、洗脸了，现在不能勉强他们。

看起来很尊重孩子，是不是？可事实上，这不是尊重，而是无原则的溺爱。在这种溺爱之下，孩子始终都难以管理好自己的卫生问题，自然也难以养成良好的卫生习惯。

个人卫生看似小事，事实上它却直接影响着孩子的生活质量和精神面貌，以及以后的生活情趣。且不说不讲卫生容易生病，就人际关系来说，也会受到影响，因为没有人愿意和一个满身脏兮兮、臭烘烘的人交往。即使长大后，孩子的个人卫生习惯也会比较差，就算把自己的外表收拾干净了，家里恐怕也像"杂货铺"一样，乱糟糟、脏兮兮的一摊。这样的生活环境，又怎么能体会到生活的情趣呢？

所以，如果你不希望孩子现在整天邋里邋遢的，长大后仍然整天邋里邋遢的，那么现在就要及时纠正或培养他的个人卫生习惯，让他学会管理自己的个人卫生。

下面几种方法，家长们可适当借鉴：

◇ 家长做好表率，营造洁净的家庭环境

日本教育家福泽谕吉说："家庭是习惯的学校，家长是习惯的教师。"而孩子又总是喜欢以家长为榜样，在有意无意中就会学习家长的样子，所以我们也常说，家长是孩子的第一任老师。

不论任何一种生活习惯，要帮孩子养成都非一日之功，要想让孩子养成好的个人卫生习惯，家长首先要以身作则，给孩子做好表率，使良好的卫生习惯成为家庭活动的一部分。

比如，平时多注意家庭环境的清洁与美化，可以每周末进行一次家庭大扫除，彻底清洁家中的地板、厨具、餐具和卫浴用具等，并及时清洗家庭成员换下来的脏衣服，从而让孩子明白家庭清洁及个人卫生的重要性。同时，家长还要注意家庭环境的美化，比如在家中养一些漂亮的花草，并定期为花草浇水、修剪枝叶，保证花草

的漂亮与整洁。这些都可以潜移默化地影响孩子。

在整洁清新的家庭环境下成长起来的孩子，往往也能自然而然地"继承"家中的卫生习惯，并将这一习惯带到学校、工作单位以及日后自己的家庭生活当中。这也提醒家长，不注重个人卫生，不善于清洁和整理家务，就是为孩子做了一个坏的榜样，孩子也会遵照这个模板，学习这个"榜样"，最终成长为父母现在的样子。

而且，现在有研究表明，干净整洁的环境下成长起来的孩子，也更容易建立起条理性的思维模式，因为他们从小就被家长培养出了一种"物品归类与存取"的思维模式。当他们想要拿某件东西的时候，大脑中就会立刻闪现出该物品惯性的摆放位置；他们想要做好某件事的时候，大脑中也会立刻浮现出该事情的以往处理方式，从而最大限度地降低不必要的精力浪费。

◇ 和孩子一起制订家庭卫生规则，并要求每个人都遵守

孩子都喜欢参与到家庭活动中，既然如此，家长不妨和孩子一起制订一份家庭卫生规则，并要求家庭中的每一位成员都遵守。为了强化孩子对这些规则的认识，你甚至可以将这些规则用标语的形式张贴在墙上，让孩子随时都能看到。

比如，要让孩子养成饭前便后洗手的习惯，就写上"饭前便后要洗手"的标语；要让孩子养成睡前刷牙的习惯，就写上"睡前刷牙，牙齿棒棒"的标语。然后把这些标语贴在家中显眼的位置，以便随时提醒孩子遵守家中的卫生规则。

当然，孩子不可能每天都会自觉遵守这些规则，偷懒耍赖都是难免的。这时，你打算怎么处理？是允许他偷懒，没刷牙没洗澡就

上床睡觉，还是要求他必须遵守规则，坚决不让步？

我建议家长不要随便给孩子"开后门"。你可别小看了这些小朋友，他们都很聪明的，你第一次给他们开了"后门"，他们尝到了偷懒的"甜头"，就想尝第二次、第三次的甜头。这样即便你制订了规则，也形同虚设，对孩子的卫生习惯并没有多大帮助。

所以，既然制订了规则，就要严格遵守才行。比如，家里规定家庭成员每天睡前都要洗脚，而孩子偶尔会偷懒，不想洗，为此，他们可能会撒娇耍赖卖萌，只为换得爸爸妈妈的一句"好吧，可以不洗了"。面对这些"糖衣炮弹"，我劝你最好顶住，不管孩子怎么要求、怎么软磨硬泡，哪怕以吵闹相威胁，都不要让步。或者你可以与他先谈谈条件："好，我知道你现在不想洗脚，但你知道，我们家有卫生规则，这可是我们一起制订的哦！如果你自己都不遵守，还能要求谁来遵守呢？要不这样，我们可以先来讲个故事，等讲完故事你就去洗，怎么样？我想你知道自己该怎么做，对吧？"

这样是为了让孩子知道，自己的要求是没有商量余地的，如此，他也就乖乖遵守规则去洗脚了。

总之，良好的个人卫生习惯可以让孩子受益一生，而学会管理自己的个人卫生，对于孩子的个人健康、生活品质及人际交往等，也都有很大的帮助。所以，若发现孩子个人卫生习惯较差时，应认真分析孩子不讲卫生的原因，并及时从思想上、行动上来帮孩子慢慢改变，让孩子将个人卫生管理当成是一种自觉的要求和自主的行动。

家长重视体育，才能让孩子爱上运动

一位美国朋友，同时是一位二年级小朋友的家庭教师，曾在一次交流中告诉我说，美国的小学生每天下午两点左右放学，之后他们会有大量的体育活动。而且，学校规定，每个小学生都要参加一个团体项目和一个单人项目，而小朋友几乎每天都会参加学校的体育锻炼活动。她带的那个七岁的小女孩，就参加了学校的网球培训，每周末妈妈都会带她去参加训练。

相对来说，国内的很多家长，通常都会以"爱孩子"的名义，更多地满足孩子物质上的需求，对孩子的动手能力、参与体育锻炼的能力等，反而不那么重视，认为孩子只要学习好、读好书，将来考个好大学就是有出息了，结果呢？孩子的身体素质越来越差，肥胖、近视现象日趋严重。尤其是孩子进入小学之后，学习任务有所加重，家长更希望孩子能把精力多放在学习上，而不是体育锻炼这种"瞎玩"的活动上。于是，我们也很容易看到这样一种现象：孩子的课余时间都奔波在各种各样的课外班、补习班、兴趣班中，根本没时间进行体育锻炼，更别说培养和坚持自己的体育兴趣了。

只是，家长们可能都忽略了这样一个事实：对于一个人而言，身体健康是 1，其他一切都是 0。有了身体健康这个 1，后面的 0才有意义；如果没有了这个 1，那么后面再多 0 也毫无意义。所以，家长应该认识到体育锻炼对于成长时期孩子的重要性，让孩子养成积极运动的好习惯。6～8岁是一个人习惯形成的萌芽期，俗话说："少成若天性，习惯成自然。"这个年龄段的孩子可塑性很强，爱好也很广泛，帮他们养成积极运动的习惯，将非常有利于他们日后的成长与健康。

而且，相比于之前的年龄，6～8岁的孩子在身高、体重、肢体灵活性和动作的协调性等方面，也较以前有了很大的提高，因此，在这一阶段，家长应鼓励孩子每天至少花50%的时间在体育活动上，包括做游戏或上体育课，而不是用在看电视、玩电脑或玩手机等电子设备上。通过运动，既可以强健身体，又可以促进孩子情感的发展，培养孩子坚强的意志品质，促进孩子的个性发展，可谓是一举多得。

比如，在体育课上跑800米时，孩子们就要动员起身体的所有力量，克服身体的障碍，如果没有明确的目标和坚定的意志，想跑完全程是很难的。再比如做山羊分腿跳跃，需要孩子们精神高度集中，还要勇敢、果断，这样才可能越过山羊。这些活动都能很好地锻炼孩子的情感和意志力，培养孩子果敢、机智、认真、冷静等心理素质和个性品质。

当然，即使这一年龄段的孩子看起来已经像个大孩子了，但他们仍然还是个孩子，在运动中挂点彩、受点伤都是"家常便饭"。尤其是男孩子，喜欢各种有挑战性或嬉戏追逐的游戏，或各种团体运动，如足球、篮球等，更容易受伤。有时即使你千叮咛万嘱咐，让他小心、留意、注意安全，可当他沉浸在与伙伴的游戏快乐之中时，早已将你的叮嘱忘到脑门后了，这真应了那句话——"好了伤疤忘了疼"！

有些家长一看到孩子身上"挂了彩"就非常紧张，赶紧阻止孩子继续运动。其实没必要这么担心，因为这既是孩子的自我锻炼，又是孩子成长过程中不可或缺的过程，你要做的，不是阻止、指责和批评，而是准备好消毒药水、纱布等，帮孩子处理伤口，并对他在运动中的出色表现给予表扬，同时鼓励他学会坚强面对运动中的挫折。

当然，如果家长能积极地参与到孩子的运动当中，对孩子的运动锻炼给予恰当的指导和及时的鼓励，那么对孩子来说，更是一件快乐无比的事了。

◇ 家长以身作则，将体育锻炼当成一件愉快的事来做

大家对《大头儿子和小头爸爸》这部动画片应该不陌生，其中有一集叫作《换爸爸》，说的是孩子不但要爸爸给他们买玩具，还要爸爸和他们一起做游戏，快乐地玩耍，否则，孩子们就要把自己的爸爸换掉！从这个故事可以看出，孩子们最喜欢的活动就是有大人参与进来的运动和游戏。

孩子都喜欢模仿大人的行为，对体育锻炼也是如此。如果爸爸妈妈爱好运动，将运动当成生活的一部分，且很享受运动的过程，那么孩子也会受到积极的影响，容易对各项运动产生兴趣，从而也更容易养成爱好运动的好习惯。相反，如果家长不喜欢运动，却推着孩子去进行体育锻炼，或干脆像个"工头"一样，站在一旁监督孩子，那孩子也很难对运动产生兴趣，甚至会产生逆反心理，将体育锻炼当成是一种负担和惩罚。

说起英如镝这个名字，很多人可能都不太熟悉，但这个名字在

美国冰球界却很有名气。他是著名演员英达的儿子，在八岁时就已进入国内一家著名的少儿冰球俱乐部，并前往美国进行专业的训练。不过，英如镝最早接触冰球，还是受爸爸英达的影响，因为英达早年留学时就很喜欢冰球。英如镝正是受爸爸的影响，三岁时就开始系统学习，并很快迷上了这项运动。无疑，这对他的身体健康与意志力等培养，肯定是大有裨益的。

所以，家长应以身作则，带头进行体育锻炼，让孩子看在眼中，模仿学习；也可以通过与孩子进行比赛的方式，和孩子一起做运动、做游戏等。这些都有利于孩子养成体育锻炼的好习惯。

◇ 根据孩子的身体状况和年龄合理安排运动量

任何人进行体育锻炼，都要循序渐进，不能指望一口吃成大胖子，就算是成人也要遵循这一原则。有些家长一看到别人家孩子身体好、素质好，就想一下子也把自己的孩子锻炼成那样。如果不能合理安排运动量，结果往往事与愿违，孩子的身体不但没练好，还可能练出毛病来。

比如，让孩子练习爬山、长跑等体育项目，一上来就要求只有七八岁的孩子一口气爬上多高多高的山，或一次跑几千几千米，这都是不科学的，甚至会严重伤害孩子的身体，让孩子对体育锻炼产生反感。

所以，如果你的孩子刚刚参加体育锻炼，一定要根据孩子的身体状况和年龄合理安排运动量，切忌一开始就让他进行运动量太大的运动，应从较小的运动量开始，逐渐增强。也可以将跑、跳、投掷、体操和游戏结合在一起，与孩子一起进行运动。如果是进行技术性的运动，如羽毛球、乒乓球等，技术难度也要从易到难，这样才能既锻炼孩子的身体和意志力，又能让孩子对体育锻炼保持长久的热情和兴趣。

◇ 尊重孩子的兴趣选择，并鼓励他坚持自己的选择

其实现在已经有越来越多的家长认识到体育锻炼对孩子的重要性了，也会支持孩子进行一些体育活动，这本来是一种很好的事。可遗憾的是，在运动项目的选择上，有些家长却过于干涉孩子。比如，孩子喜欢足球，家长却说游泳好，硬拉着孩子去练游泳。

这样做肯定是不合适的，因为没有尊重孩子的兴趣和选择。虽然兴趣是可以培养的，但如果孩子真的对家长选择的体育项目不喜欢，就一定不要用大人的想法来强迫他。要知道，选择哪一种体育项目，于孩子来说都只是因为单纯地喜欢、热爱，不掺杂任何其他的因素。除了背负繁重的学业，如果连选择一项喜欢的体育项目都要深谋远虑一番，那孩子活得是不是也太累了？

6～8岁正处于小学阶段的孩子，最乐意干自己感兴趣的事儿，体育运动也是一样。只要是自己喜欢的，锻炼起来不但不会感觉辛苦，反而会乐在其中。同样，凡是他们不喜欢、不愿意做的事，大人勉强他们也很难做好。所以要培养孩子体育锻炼的习惯，首先就要尊重孩子自己的兴趣选择，他喜欢足球，那就创造条件，陪他一起进行；他喜欢跳远，那就鼓励他勇敢去跳；他喜欢游泳，那就鼓励他坚持自己的选择，并不断超越自己……

总之，好玩好动是这一年龄段孩子的特点，家长的任务就是保护和发展他们的体育兴趣。如果孩子还没有特别感兴趣的运动，不

妨经常给他讲一些体育名人的故事，或经常与他一起参加一些体育锻炼，如跑步、游泳、跳绳和踢球等，增强孩子对体育运动的兴趣，并逐渐发现自己最擅长的体育项目，努力坚持下去，将其作为陪伴自己一生的一项体育爱好。拥有这样一位特殊的"朋友"，于孩子来说绝对是一件幸事！

第九章　学习习惯

良好的学习习惯，将直接影响孩子以后的学习情况。所以，家长应帮助孩子养成好的学习习惯，并在孩子表现出色时给予及时的肯定和鼓励。

帮助孩子养成预习和复习的习惯

捷克教育家夸美纽斯曾说："一切后教的知识，都要根据先教的知识，即理解新知识需要旧的知识作为基础。"而课前的预习恰恰能够帮助孩子发现旧知识结构中的薄弱环节，并在上课前弥补上这部分知识，为听课扫除障碍。所以说，预习是课堂学习的"前奏曲"，直接影响着孩子在课堂上的听课质量。而且课前预习通常也是老师建议孩子应该运用的学习方法之一。如果孩子能提前做好预习，然后带着问题和想法进入课堂学习，变被动听课为主动听课，听课效果肯定不会太差。

可是，很多孩子却不喜欢预习。尤其是 6 ~ 8 岁时期的孩子，刚刚进入小学阶段，对系统的学习还不是很适应，没能养成很好的预习习惯。还有一个比较重要的原因，就是传统的预习方法难以激发孩子的学习兴趣。就拿预习语文来说，老师通常会要求孩子们在预习时通读课文、找出不认识的字词、分析课文和归纳中心思想等，看起来这个预习过程很完整，也能让孩子对课文有所了解，但这却容易让孩子感到枯燥无味，提不起兴趣。

我通常会将孩子在学习时的预习比喻成是孩子即将要与一个新朋友的会面。对于这个朋友眼睛长什么样、嘴巴长什么样或者高矮胖瘦等，他并不需要太了解，而你只要告诉他："你知道吗？他和你一样，是个乐高迷！"他立刻就能兴奋起来："啊，是真的吗？他也喜欢乐高？"孩子之所以这么兴奋，因为这个未曾谋面的朋友已经和他有了共同的爱好，他们彼此间已建立起了一种联系。

帮孩子养成预习习惯也是如此，如果孩子对所预习的知识也有对那个新朋友一样的期待，那么在预习过程中，他也定然会充满兴趣和好奇。这就需要在预习时，家长能帮孩子多方面地了解那些与所预习内容相关的知识，诱发孩子的预习热情。

除了课前的预习之外，课后的复习也很重要。虽然在 6 ~ 8 岁阶段，孩子每天所学习的内容都是最基础、最简单的，但要让孩子牢固地掌握好这些内容，并灵活应用，也不是一件简单的事儿。而且这一阶段也是孩子学习习惯养成的关键期，如果孩子形成了在课堂上听懂学会后就不复习的习惯，那么即使当时学会的东西，以后考试也不一定能取得理想的成绩。因为当时学会不代表记牢，尤其是孩子正处于爱玩的阶段，一玩起来也容易将当时学过的内容忘记。如果日后到了中学又没有很好的复习习惯，要取得好成绩就更难了。

不过，对于刚刚步入小学的孩子来说，要养成好的预习习惯和复习习惯，都需要在家长的指导和帮助下进行。这个过程也不是一蹴而就的，家长必须具备一定的耐心，还要多查阅各种资料，找到适合自己孩子的最佳方法，以帮助孩子养成好的学习习惯。习惯养成了，孩子的学习任务也就完成了一大半。

下面几个帮孩子养成预习和复习习惯的方法，是我个人的一点经验，希望能给家长们一些启示和帮助。

◇ 让预习充满乐趣

要让孩子养成爱学习的习惯，首先就要帮他发现学习的乐趣，预习也是一样。要想让孩子学会主动预习，养成课前预习的好习惯，家长也要让孩子的预习活动充满乐趣。尤其是对于 6 ~ 8 岁刚刚进入小学的孩子来说，有趣、好玩的学习才能更吸引他们，让他们乐在其中。

比如，我们要帮孩子预习一节英语课，那么在让孩子预习之前，家长应提前把课文读一遍，弄清楚课文的意思，然后再上网搜集一些与课文内容中将要学到的单词相关的英语儿歌等，儿歌最好朗朗上口，且简短一些，为下一步带领孩子预习做好准备。

准备工作做好了，就可以带领孩子一起来预习了。你可以先教孩子唱一遍刚刚搜集下来的英文儿歌："妈妈刚刚学了一首英文儿歌，觉得很好听，现在想唱给你听一下可以吗？"一听妈妈要给自己唱儿歌，孩子自然是满心欢喜的，这样你就可以把刚刚学的儿歌唱给孩子听，如果孩子感兴趣，也可以教孩子一起边唱边跳。

孩子的兴趣被调动起来后，问题该来了："妈妈，你是从哪里学的英文歌啊？""这首歌里好像有小狗，还有小蜜蜂，那这首歌到底是什么意思啊？"

"想知道这首歌的意思吗？好吧，我们来翻翻课本，看看课本里有没有我们要找的单词。"这样将孩子引到即将预习的课文上，就会让孩子对接下里的预习充满期待，然后带着孩子打开课文，一起来读一遍，孩子也会从中发现你们刚刚在英文歌中唱到的单词等。如果孩子发现不了也没关系，你可以直接告诉他："哇，你看看，这个单词是不是刚才在我们的英文歌里出现了？它是什么意思呢？"

用这样的方式来预习，既可以很好地激发孩子的学习兴趣和探索欲望，又能拓展孩子的知识面，让孩子在愉快的情绪下不但预习了课文，还一起学唱了儿歌，可谓一举两得。

◇ 教孩子用表格法进行预习

不论要对哪一科进行预习，读教材都是一个必经的步骤，但更重要的是找出预习内容当中的重点、难点和疑点等，对于即将学习的新知识进行一个归纳。因此，如果孩子较大一点的话，家长在指导孩子预习时，也和孩子一起设定一个简单明了、重点突出的预习表格，这样化繁为简、化难为易，既能体现出明确的预习目标，又可以提高孩子的预习效率。

以预习语文为例，我们可以列出如下表格：

课文的题目	
课文中的生字	
课文中的生词	
课文中优美的语句	
课文的中心思想	
读完课文后的感受	
没弄明白的疑难点	

当然，这只是一个简单的模板，你在和孩子预习时，也可以根据每个科目的不同特点，设计出一个更贴切的表格。如果孩子掌握了这种预习方法，以后在预习其他科目时，也可以将预习内容这样一点点地分解、吃透。等习惯养成后，即便不列出具体的表格来，大脑中也会自然而然地形成这样一个类似的表格，将即将预习的知识点分解出来。

◇ 在做作业前，帮孩子将当天所学的知识在大脑中过一遍

孩子要顺利地完成当天的家庭作业，掌握当天所学的知识，就必须要养成课后复习的习惯。但由于孩子年龄小，有时贪玩，或因为没有掌握有效的复习方法，即使课后复习了，效果也可能不好，影响接下来的作业完成情况。

大部分六岁的孩子，已经具备了归类和简单的概括能力。为此，在孩子做家庭作业前，家长不妨让孩子将当天在这门课上所学的知识在大脑中过一遍，就像放电影一样。家长可以拿着孩子的课本，向孩子提一些问题，引导孩子将课堂中老师所讲的知识复习一

遍。如果发现孩子有遗忘的知识点，不要忙着告诉孩子，而是先让孩子仔细想想，有时也可适当给点提示，孩子实在想不起来时再告诉他。一旦发现有没弄清楚的地方，也先让孩子自己思考一下或适当给点提示，孩子实在不明白了，再给他讲解。

这样的复习方法，就能让孩子将当天所学的知识全部在大脑中过一遍，没记住的、不会的、不懂的问题，也能一一解决。这些工作做完后再让孩子做作业，就会容易多了。

等孩子大一些后，家长可以适当放手，不再拿着课本提问孩子，而是引导孩子自己将当天在课上所学的知识"过电影"。养成这样的复习习惯，对孩子的学习会很有帮助。

◇ 考试前的复习，家长应这样引导孩子

考试前的复习也很重要，不仅关系到孩子之前的知识掌握情况，还关系到孩子在考试中的发挥情况。如果孩子复习得好，那么对以前所学知识掌握得也更牢固，考试自然也更容易取得好成绩。

如何来引导孩子进行考试前的复习呢？

不论孩子现在处于哪个年级段，各种考试的内容基本都是来源于课本的，所谓"万变不离其宗"，对于初入小学的孩子来说更是如此。所以，家长只需帮助孩子复习好课本就可以了，无须安排孩子做太多的课外题。可以从例题和课后题入手，和孩子一起，把这些题目彻底"吃透"，感觉不太熟悉的，就让孩子重新做一遍，直到完全掌握为止。

另外，引导孩子复习课本知识时，要先从最近学习的知识点开始复习，后复习以前学习的知识点。因为后学的知识通常都是对前面所学知识的综合，往往会牵涉到前面的知识，这样就能使前后的知识联系起来，加深印象。同时，在复习后学的知识时，如果发现以前学过的某些知识没掌握好，在向前复习遇到这部分知识时就可以重点复习，不但能节约时间，还能加深印象。

郭沫若曾说："教育的目的，是养成自己学习自己研究，用自己的头脑来想，用自己的眼睛来看，用自己的手来做的这种精神。"课前预习，可以让孩子在上课前对即将学习的知识初步了解，而课后复习则是对课堂知识的再巩固。这两个步骤，都是帮孩子经历自我探索、自我思考和自我质疑的有效学习过程，也是提高孩子学习效率的重要方法。所以，家长不妨多用心一些、耐心一些，培养孩子课前预习和课后复习的学习习惯，相信你也一定能从中看到孩子的不断进步。

对待作业，家长的正确陪伴很重要

在孩子刚刚进入小学时，有不少家长都跟我探讨过，说孩子在一二年级所学的知识都是最简单的，也是小学阶段分量最轻的，所以应该给予孩子充分的自由和空间，让他自由发挥，等到了关键时刻再抓紧也不迟。

但是，等孩子到了三年级之后，有这种想法的家长大多数就会产生一个共同的感受：孩子的很多学习习惯已经形成，而且也开始不听家长的话了，这时再想紧跟孩子，帮孩子养成好习惯，就需要付出更多的努力，并且还不见得有效果。

比如，这样的场景不少家长应该不陌生：

孩子回家不能好好写作业，总是写一会儿玩半天，一会儿站起来去拿零食吃，一会儿又跑去看电视……半个小时的作业，磨磨蹭蹭两个小时都不见得写完！

要是家长在跟前陪着孩子写，他能写得快点，可前脚刚离开，后脚孩子也站起来了……看到孩子写作业这么拖拉，家长忍不住就要发脾气，呵斥孩子一顿。结果呢？孩子也很沮丧，甚至因此变得越来越叛逆。

家长很无奈呀！总不能一直陪着孩子写作业吧？而且孩子连作业都无法独立完成，以后还怎么教育啊？

其实，这样的情景对于孩子来说也很痛苦：做作业时静不下心、坐不住，起来活动活动还要被爸爸妈妈训斥，久而久之，孩子大脑中就会形成一个概念：作业或学习＝痛苦。因为作业写不完，学习不认真，遭到爸爸妈妈训斥，所以心里感到很难受，结果就更厌恶作业，更讨厌学习，更会遭到爸爸妈妈的训斥……

事实上，在6～8岁这个阶段，正是孩子学习习惯养成的最关键时期。虽然这个年龄段的大部分孩子都是刚刚步入小学，但正因为他们刚刚接触正式的学校生活，所以才最有可塑性，培养各种学习习惯也最容易、最有效。否则，等到了九岁以后，一些习惯已定型，再想让他们改正，就没那么容易了。

而这一时期又是孩子极其依赖爸爸妈妈的时期，因为刚刚步入小学，对学校的各种环境还不是很熟悉，而且学习模式和所学的内容也与幼儿园完全不同，孩子通常会感到很陌生和茫然。面对家庭作业，有时也会不知从何下笔，不懂得怎样才能规范地写好。所以，从培养孩子形成良好的学习习惯上来讲，这一时期家长有必要陪伴孩子完成作业。等到孩子慢慢形成自觉完成作业的好习惯后，再慢慢放手。

那么问题来了：家长到底怎样陪伴孩子做作业，才能帮孩子尽可能地形成好习惯呢？许多家长都跟我反映过，说自己也经常陪孩子做作业，可不但没能让孩子养成好习惯，反而还让孩子产生了依赖、厌烦等情绪，学习习惯越来越差。面对孩子的种种不良学习行为，家长更变得无所适从了。

其实，不论如何陪伴孩子做作业，家长和孩子首先都应明确这样一件事，即学习是孩子自己的事，不是家长的事。只有这样，家长才能端正自己的陪伴态度，孩子也才能努力认真地对待自己的学习和作业，从"要我学"逐渐变成"我要学"，从而形成良好的学习习惯。

◇ 不追求完美，是对孩子的信任

我们先来想象一下这样一个场景：你是个新手，正在开车，而坐在旁边的人一直都在对你指指点点："快，快，快，并线！""打灯啊！哎呀，你怎么又忘了！""快超车，超过它，唉，你可真笨！"

时间一长，你会不会有一种冲动，想大声对他喊："你给我闭嘴"？

其实，正在写作业的孩子，就和正在开车的你一样。

如果在陪伴孩子写作业时，你时刻都盯着孩子不放松，一发现点儿问题，立刻就给孩子指出来，嘴里还要不停地"教训"他："你看看，这一横得写短点！""你把这个字又写错了，都说了你几遍了，就是没记性！""这个题这么简单，你看你又算错了！"

看起来你像是个很负责的家长，对孩子时刻都在谆谆教诲，而其实却是对孩子注意力的极大干扰。此时，孩子内心也是十分崩溃的，只不过他可能不敢吭声罢了。

显然，这种陪伴方式对你和孩子来说都不是一件愉快的事，而且也不是一种有效的陪伴方式，必须做出改变。

要知道，学习毕竟是孩子自己的事，你要做的是陪伴，而不是时刻紧盯孩子，苛求孩子如何把作业做得完美无瑕。

要帮孩子养成好习惯，家长首先要让孩子逐渐学会记作业，既记下明天的作业有多少，问问他估计能在多长时间内做完。比如，孩子回到家后，你可以先这样和孩子聊聊：

"你今天的作业有多少？你估计自己多久能写完呢？"

"你感觉今天的作业难不难？"

"你打算先做哪一科的作业？为什么呢？"

这样问的目的，是简单地帮助孩子梳理一下当天的作业量，做到心中有数。一开始孩子可能回答不准确，毕竟还小嘛，这也没关系，你可以根据孩子能说出的作业量大致梳理一下，然后给孩子规定一个大概的时间，如40分钟、一小时等。久而久之，孩子自己就能估计出自己完成作业的时间，并学会规划时间。

其次，孩子在写作时，家长也不要紧盯不放，随时都在旁边"指导"，但也并非完全放任不管。你可以坐在一旁安静地看书，或轻手轻脚地做些自己的事，一旦发现孩子走神、开小差，再提醒他一下，及时将孩子的注意力拉回到作业上；或者发现孩子的书写太过潦草时，及时纠正孩子即可。

总之，在此阶段，切记不要对孩子要求太过完美。这既是对孩子的一种信任，也可以尽快帮孩子养成自主学习的好习惯。随着各方面能力的逐渐提高，孩子也会慢慢纠正自己在作业中的一些小错误，无须家长随时随地都对孩子耳提面命。

◇ 尽量做到"专时专用"，培养孩子做作业的专注力

为了防止孩子在做作业时拖拉、磨蹭，专注力不够，家长可以事先和孩子沟通一下，做作业时尽量做到"专时专用"，即在某个时间段专门用来做语文作业，某个时间段专门用来做数学作业。比如，在晚上 18:30 到 19:00 这段时间内，专门用来写数学作业。写

完后，可以稍微放松一会儿，然后 19:20 到 20:00 这段时间内，专门用来写语文作业。

在写作业的时间段内，家长和孩子都要事先规定好：不能随便出房间，不能边写作业边玩。家长陪伴孩子时也一样，不能一会儿来一会儿走的，而应专心陪伴在孩子旁边，直到孩子写完作业为止。一开始孩子可能很难做到，那么家长就要多些耐心，多给孩子一些鼓励。比如，孩子一次坚持了十分钟，家长可以对孩子说："这次真不错，你坚持了十分钟。如果再坚持两个十分钟，我们今天的作业就能顺利完成啦！"期间如果孩子遇到不会的问题，可以让他先把问题留下，等这科的其他作业完成后，再和孩子一起解决难题。如果孩子提前完成了作业，也可给予孩子适当的小奖励，比如可让孩子多看十分钟的电视。

孩子能够在写作业时专注认真，对于孩子锻炼在学习中独立解决问题的能力，以及孩子的自主学习能力等，都将会有很大的帮助。因为只有专注，孩子才能学会独立思考；只有学会独立思考，才能解决学习中遇到的难题，而不是一遇到问题马上就去寻求爸爸妈妈的帮助。在 6 ~ 8 岁这个阶段，孩子一般都会听爸爸妈妈的话，如果家长能耐心引导，帮孩子养成习惯，那么孩子在做作业时也就不会再出现拖拉、磨蹭等情况了。

◇ 和孩子一起制订一个科学的作业时间表

这样做的目的，是为了让孩子逐渐养成按时完成作业的习惯。不过，在制订时间表时，我们要充分考虑到孩子的年龄、生理特点及某些特殊情况等，最好和孩子进行认真的沟通，让他也参与时间表的制订。而时间表一旦制订，就要严格遵守，不能讨价还价。必要的时候，我们可以鼓励孩子提前完成作业，但绝不能拖后，以规范孩子的作业习惯。

在时间表中，孩子开始写作业的时间应在放学回来休息15 ~ 30分钟后。在这期间，可让孩子吃点水果，因为水果中含有丰富的果糖，进入体内可快速转化成为葡萄糖，而葡萄糖又是我们的大脑工作时所需的主要能量。孩子上了一下午课回来，不但肚子饿了，大脑也已很疲倦，此时很需要能量的补充。当孩子吃完水果，再休息一会儿后，大脑获得了能量和放松，这时再做作业就会更有效率。

晚饭时间最好安排在孩子写完作业后，否则孩子刚刚吃完晚饭，身体血液主要集中到了消化器官中，大脑就会相对缺血，让人感到疲乏、困倦，昏昏欲睡。在这种情况下写作业，毫无疑问，效率是不会高的。如果一定要晚饭后写作业，最好也让孩子休息半小时左右再开始。

对于孩子喜欢的活动，如看电视、玩游戏和参加体育活动等，也要考虑在时间表中，但这些活动都不能影响作业的按时完成。家长可以和孩子约定好：完成作业后，再去进行这些活动。因为孩子在写作业时需要高度集中精力，并要抵抗外界的各种干扰，所以完成作业后会感到很疲劳，这时再去做他喜欢的事，参加他喜欢的活动，相当于获得了一个奖赏。这样，下次再写作业时，也会有一个很美好的期待：完成作业后我就可以去踢球了，或者就可以看动画片了。带着这样的期待去写作业，积极性也会有所提高。

但有一点要注意，有些孩子为了作业后的"美好期待"，写作业时往往马马虎虎，就想快点糊弄完出去玩。对此，家长一定要严格制止，必须要求孩子认真对待作业。如果孩子出现糊弄现象，就给予他一定的惩罚，比如重新认真地写一遍作业，或取消作业后的活动等，让孩子意识到作业的重要性。

总之，在6～8岁的阶段，由于孩子年龄较小，培养习惯有时也会遇到很多困难，对此，家长一定要耐心坚持，切不可动不动就叱责甚至打骂孩子。如果孩子在写作业过程中出现不良情绪，可以先让他暂时停下作业，及时帮他调整情绪，等孩子平静下来后再继续写作业，切记不要硬逼着孩子去完成。相信，随着孩子一天天地长大，相对学习时间的逐渐延长，独立学习的习惯也一定可以培养起来。

引导孩子学会时间管理

身边经常会有些妈妈说："等孩子再大一点，我就可以回去工作了。"但随着孩子一天天长大，妈妈们却发现，自己花在孩子身上的时间更多了，甚至每天根本就来不及做自己的事。

之所以这样，是因为妈妈们发现自己的孩子：

"缺乏时间观念，做事总是拖拖拉拉，晚上不想睡，早晨不想起。"

"经常丢三落四，要不就是出门前铅笔找不到了，要不就是从学校打来电话说课本落家里了。"

"做什么都要大人催，洗脸要催，吃饭要催，学习更要催！不催，就不动！"

"学习效率低，一点作业写俩小时才写完。"

……

所以，为了让孩子抓紧时间，家长们只好追在孩子后面，一件件地催，一件件地帮着完成，而孩子则继续拖拖拉拉、磨磨蹭蹭。这样的现象让家长们既抓狂又无奈：为什么孩子会如此拖拉？

理由很简单，因为孩子缺乏时间管理能力。

在孩子十岁以前，有两种能力是必须要培养的：一种是专注力，另一种就是时间管理能力。孩子在未来的学习、工作和生活当中，都会受到这两种能力的影响。我的一位美国朋友曾给我讲了这样一件事：

在美国工作期间，她曾面试过一个实习生。第一次电话面试时，她按约定时间给这位实习生打了电话，可没人接。十分钟后，她再次打电话，对方接了，并很抱歉地说手机临时没电了。面试过程中，这位实习生聊起专业知识头头是道，给她留下了很深的印象，于是决定给他第二次面试机会。

第二次面试是在公司进行现场面试，不但要单独面聊，还需要与其他前来面试的人进行讨论。但约好上午10点开始，到10:20了，这位实习生才大汗淋漓地跑到公司门口，而此时讨论已经开始了。虽然他又给自己找了迟到的理由，但这次我的朋友却没有再给这位实习生机会。

对此，朋友的解释是："一个人如果缺乏时间观念，往往意味着他不足以委以重任，这不仅是美国，而且是全世界人脉圈和职场的潜规则之一。"

由此可见，拥有良好的时间观念，懂得如何管理和安排自己的时间，对一个人日后的发展将起着非常重要的作用。所以，许多美国家长都非常注重孩子的时间管理能力，甚至从幼儿园开始就有意识地培养孩子的时间观念了。

然而，对于只有六七岁的孩子来说，想要他们合理地管理自己的时间非常不容易，需要家长对孩子一定要耐心地陪伴、引导，并有智慧地进行督促。

◇ 送给孩子一个闹钟，作为他做事的定时器

在 6 ~ 8 岁的时候，大多数孩子都能认识钟表了，并且对时间和与时间相关的一些事产生一定的概念和意识，比如，能看懂老师写的课程表，能说清交作业的时间等，这其实都是孩子时间管理能力发展的萌芽。

在孩子很小的时候，家长如果能引导他慢慢学习管理自己的时间，孩子的自主意识也会相应地获得发展和增强。遗憾的是，大多数家长都会因为担心孩子不好好写作业、上学会迟到、做事没有时间概念等，在孩子身边不厌其烦地唠叨孩子、催促孩子，希望孩子能按照自己的安排去做事，让孩子几乎失去了对自己所有时间的管理权和支配权。久而久之，孩子的时间观念就会越来越淡薄，等家长想纠正时，发现已经很难了。

要想不让自己成为一个时刻催促孩子做这做那的家长，也不让孩子成为一个做任何事都要家长在后面催促的孩子，你就要在平时生活中尽量避免唠叨、催着孩子去做事，不妨直接送给孩子一个小闹钟，教他调好时间，给自己要做的事定好时。比如，做数学作业需要半小时的时间，那就从孩子开始做作业算起，设好半小时的时间，时间一到，闹铃就会提醒孩子。因为有时间限制和闹铃的提醒，孩子在做事时就会很努力，想争取在规定的时间内完成，不再拖拖拉拉、磨磨蹭蹭，这不仅能培养孩子的时间观念，对于孩子自控力的培养也有很大帮助。当然，如果孩子在规定的时间内完成了作业，家长也别忘了给他一点小小的奖励。

用这种方法叫孩子起床也会屡试不爽。家长可以从孩子第一天上学开始，就要求孩子听见闹钟响便马上起床。习惯的力量是十

分强大的，只要家长坚持要求孩子，帮孩子养成了习惯，那么只要闹钟一响，孩子的大脑就会立刻活跃起来，不再想着睡懒觉了。

◇ 为孩子设定一些容易完成的小目标

为了让孩子学会管理自己的时间，家长不妨给孩子设定一些小目标，这些小目标不需要很难，易于完成就好，以便增强孩子的自信心。

有一段时间，笛宝对练琴产生了抵触心理，每次练琴都磨磨蹭蹭的，有时还没等练完琴，就到该写作业的时间了。结果经常琴练不好，作业也写不好，让我很头疼。

后来，我就尝试着和他一起制订了一份目标计划表，然后规定他每天按照计划表中的固定时间和顺序来练琴，以便练琴可以顺利完成，且不会耽误接下来要写的作业。

沟通一番后，我们一起制订了一份一小时练琴时间分配计划表，将用来练琴的一小时分解成几个时间段，每个时间段就用来完成一个小目标，具体如下：

每天一小时练琴时间分配计划表

时间分配	需完成内容
0 ～ 15 分钟	练习新内容
15 ～ 25 分钟	练习基础技能
25 ～ 30 分钟	休息
30 ～ 45 分钟	再次巩固新内容
45 ～ 60 分钟	练习保留曲目

通过实施这个计划，笛宝的练琴效果很快就提升了。因为有固定的练习时间，孩子也会逐渐形成习惯，知道哪个时间段自己需要完成哪个目标，这样就能减少因为拖拉、琐事、情绪变化等而浪费的时间。

当然，在孩子完成这些小目标后，家长也别忘了及时给予表扬和适当的奖励，以便孩子更有信心和积极性去遵守时间规定，完成下一个小目标。这样长期坚持，孩子也一定可以养成做事高效、不拖拉的好习惯。

◇ 教孩子学会给要做的事情分类

一说到让孩子学习管理时间，不少家长就会说："那我给孩子列个时间表吧。"想法是不错的，但过段时间可能会发现，时间表并没有在孩子身上发挥多少作用，孩子的时间观念仍然没有增强，管理时间的能力也没见任何提高，该拖拉还拖拉，该丢三落四还丢三落四。

到底怎么回事？

我们经常会让孩子列时间表，但其实在列时间表之前，我们应该先和孩子搞清楚自己究竟都需要做哪些事情，否则即使列出了时间表，也如流水账一般，最后很难有效率，可能坚持三两天就放弃了。

所以，在列时间表之前，家长不妨先问问孩子："你觉得自己每天都有哪些事情要做？来说说看。"引导孩子将自己一天中要做的事情都列出来，比如刷牙、洗脸、吃饭、上学、写作业、整理房间、看电视、玩游戏、跳舞、弹琴和画画等。列完后，再跟孩子进行一番评估："我们来仔细筛选一下，看看这件事是必须要做的吗？为什么？""这件能不能不做呢？""这件是你喜欢的对吗？那么这件呢，你不喜欢吗？""虽然这件事你不太情愿做，但它可是必须要做的哦，所以我们也要保留下来……"

这样评估筛选完后，再给孩子几支不同颜色的笔，让他自己来给这些事情分分类，同时该删除的删除，该保留的保留，该延迟的延迟，将必须要做的事和一些重要的事排在前面。对于自己喜欢和不喜欢的事，也可以让孩子用不同颜色的笔标注出来，引导孩子有意识地搭配着完成。

虽然这件事开始做起来可能会比较麻烦，需要家长和孩子花费很多时间来进行，但如果能同孩子坚持下来，你就会发现，孩子不但从中学会了如何管理时间，还能逐渐分清事情的轻重缓急，并能够逐渐做到统筹安排，对于那些自己不喜欢但又必须要做的事，比如写作业、收拾房间等，也能坦然接受并完成。这种合理分配时间的意识和能力，对于增强孩子的时间观念，学会自主管理时间，将非常有意义。

其实在我看来，让孩子学会时间管理，关键不在于如何让孩子提高自己的做事效率，而是让孩子对自己即将要做的事保持向往和期盼。在孩子每天要做的事情当中，肯定有些是他不喜欢而又必须做的，但也要有一些让他为之憧憬的事情，比如娱乐、游戏等。当孩子非常想做这些自己喜欢的事时，他就会为了这些能给他带来愉快的事而提高做所有事的效率。这样一来，孩子自然就会产生时间观念，做事效率又怎么会低呢？

激发孩子的自我管理能力

给大家讲一个我偶尔看到的一件事：

一个周末的早晨，我外出办事，碰巧在小区里看到一对母子，妈妈帮儿子背着一个书包，在前面一边走一边看表，显得很焦急："快点吧宝贝，我们上英语辅导课要迟到了！"孩子大概七八岁的样子，磨磨蹭蹭地跟在妈妈后面，没什么反应。妈妈见状，又催促了一遍，孩子仍然没啥反应，还是一副懒散的样子。于是，妈妈又回过头催了第三遍，结果儿子不耐烦了，抬起头大声对妈妈叫道："迟到了跟我有什么关系啊！"听了儿子的话，妈妈显得很委屈。

这个场景让我很有感触！当时我就想，这组镜头应该是倒过来才对：儿子一边走一边焦急地看表，还不断地催促跟着身后不慌不忙的妈妈："快点吧妈妈，我们要迟到了！"催了三遍，妈妈不耐烦地喊道："迟到了跟我有什么关系啊！"

可是，为什么经常出现在我们生活中的场景是第一组而不是第二组呢？关键就在于大人太爱管孩子，而孩子太缺乏管理自己的能力了，以至于凡事都是家长在帮孩子做、在替孩子着急。就像我看到的这个场景一样，本来上课是孩子自己的事，要迟到了，孩子应该着急才对，而现在却变成了大人着急，孩子拖拉，这难道不值得我们做家长的反思吗？难道，你打算一辈子都跟在孩子后面催着他做这做那吗？

　　培养和教育孩子成长，是家长天经地义的责任，可对孩子的任何事都插手，都想大包大揽，结果反而不利于孩子成长，尤其对于孩子的自我管理能力的发展，将是一种极大的破坏。著名心理学家埃里克森曾经提出："在幼儿阶段，如果孩子能得到自我管理的机会和支持，那么他们就会逐渐发展出自主性、独立行为的能力和意志力——自由选择和自我控制行为的能力。"教育家蒙特梭利认为，让孩子服从成人的意志，这是成人犯的最大最可耻的错误。这样会产生一种后果，即孩子的胆怯。

　　很多家长可能会有所担心：不时刻紧盯孩子，给孩子太多的自由，会不会让孩子变得不听话、不守规则啊？在我看来，这种担心是完全没必要的。事实上，只有家长平时不对孩子完全包办代替，不严苛地限制孩子的言行，孩子才能在自己练习做事的过程中不断学会控制自己，从而提高自我管理能力。

　　所以我认为，在孩子逐渐长大以后，家长要把很多管理的权力"下放"给孩子，你只需把道理摆在他面前就行了。当然，孩子因为年龄较小，有时难免犯错，甚至引发一些不太好的后果，对此家长也不要过早干预，不妨让孩子尝试着去承担一些后果，这不仅有助于孩子对自己所做的事进行思考，更能让他在一次次失败和挫折中逐渐增强自控能力及个人管理能力。

◇ 懂得适当放手，让孩子自己去完成他该做的事

　　孩子在升入小学后，家长就要适当地学会放手，让孩子自己去完成一些事情，比如穿衣服、打扫房间和收拾书包等。如果家长习

惯了大包大揽，孩子过于依赖家长，那么孩子进入小学后也会难以适应。

所以，家长最好从小就锻炼孩子自己的事情自己做，比如鼓励孩子自己吃饭，自己收拾玩具，自己洗脸、刷牙和穿衣服等。等孩子稍微大一些，也可以让他自己洗手绢、袜子等。总之，凡是孩子能自己做的事，家长都不要包办代替。即使一开始孩子做得不够好，也不要指责、批评、嘲笑，而是多鼓励、多引导，增强孩子的信心，从而让孩子逐渐学会将自己的事情完成得更好。

当孩子进入小学后，面对比幼儿园多出来的许多家庭作业，可能一时适应不了，不少孩子放学后可能都是在家长的询问下，才想起自己有家庭作业要做。而有些孩子甚至干脆将老师留家庭作业这件事忘得一干二净，根本就没记老师留的作业，于是家长又慌里慌张跑到学校，帮孩子去抄作业题。

回到家，家长又马上帮忙摊开书本，准备纸笔，然后催着孩子赶紧坐下写作业，而自己则像个"监工"一样，坐在孩子旁边，时刻监督着孩子的写作业情况。好不容易督促着孩子写完了作业，又赶紧帮孩子收拾书包，准备第二天上课要用的东西，真是一时都不敢放松……

如果你恰好就是这样的家长，我劝你最好马上停止这么做，除非你已经下定了长期"服务"的决心。因为这会让孩子慢慢觉得：学习、抄作业题、写作业，那都是爸爸妈妈的事，既然有爸爸妈妈帮自己着急上火，自己还着什么急呢？反正爸爸妈妈总会帮自己搞定的！

必须要让孩子认识到，有很多事情都是属于他自己的事情，他应该自己去完成，就比如写作业，那是他的作业，不是爸爸妈妈的作业。爸爸妈妈可以提供一些必要的帮助，比如遇到难题会帮你讲解，但不会代替你去完成。孩子不想自己做？那就让他放下，准备第二天接受老师的批评好了！

孩子的事情，家长做得越多，孩子就会做得越少；家长越主动，孩子就会越被动。在这种情况下，你又怎么能指望孩子养成良好的自我管理能力呢？相反，你只会看到他越来越依赖、越来越懒散、越来越远离你期望中的样子。

◇ 让孩子学会"用目标管理自己"，而不是"让父母管理自己"

这里，我们需要再一次提到计划，因为做任何事，提前列一份科学翔实的计划都是非常必要的。

关于这一点，我的一位朋友的经历让我很有感触：

朋友的儿子刚满八岁，正读二年级。曾经有一段时间他跟我诉苦，说孩子的学习成绩下滑得有点厉害，他试图和孩子沟通，想找出原因，但效果不好。他也曾让孩子列计划表，然后要求孩子按照计划表来安排学习，可儿子又常常做不到，还给自己找理由，说"计划没有变化快"。我当时给他的建议是：列计划表这一点很可行，只是你和孩子都应真正重视起来，把各种可能影响到计划的因素都考虑进去，不要让计划流于形式，三天打鱼两天晒网，这样的计划当然没效果；而且，列出计划表后，开始时可以适当监督孩子执行，一段时间后，就放手鼓励孩子自己去执行计划。

"让他自己执行？"他一脸的不相信，"那怎么可能？"

"你不尝试，怎么知道不可能呢？"我说。

大概三个月后，有一天忽然接到他的电话。刚一接起，我就能感觉到电话那头他的兴奋："你知道吗？我儿子现在进步可大了！"

原来在我们沟通后，他回到家便和孩子再次制订了一份计划。在计划中，他和孩子不但制订了需要完成的学习目标，还将执行过程中可能遇到的意外情况，以及目标没有完成的补救措施等，都一一考虑到，然后开始监督孩子按计划行事。

开始自然是不太顺利，有时孩子也不能按时完成作业，这时，他就拿出和孩子商量好的"补救措施"。比如，孩子当天的作业没完成，那么第二天他就提前半小时叫醒孩子，让孩子继续完成作业。

他告诉我，大概两个月后，孩子的学习就变得自觉多了。他说："当时我感觉这样做很麻烦，但其实执行起来发现，这让我在管理孩子时变得非常轻松。以前执行计划总是被一些意外情况打乱，现在不会了，因为有白纸黑字写得清清楚楚，这样孩子也就没了偷懒的余地。"

对于朋友的反馈我很认同，而事实上，这样做还有对孩子更有利的一面，就是逐渐帮助孩子学会了如何用目标计划来管理自己，提高了孩子的自信心。因为他发现，那些让他完不成计划的"干扰"，其实是能够通过努力去克服的。

◇ 教导孩子做事集中精力，全力以赴

对于笛宝的学习习惯，我严格要求他的一点就是：做事要集中精力，全力以赴。笛宝是那种玩起来使劲儿玩，学起来使劲儿学的孩子，但有时做事也难免三心二意。尤其是在练琴时，有时弹着弹着忽然想起点别的事，放下钢琴就跑去做了。轻描淡写地说过他几次，没啥效果，于是我就跟他很认真地讲这样一个道理：不管你是

练琴还是学习，都不在于时间的长短，关键在于你在学习的每一分钟里都能做到全力以赴，就像你在赛跑时的冲刺一样。用这样的态度对待学习，才能产生效果、带来进步，而且你还能节省下更多的时间，用来做其他想做的事。

当然，这也是一种需要慢慢培养的习惯。我经常听一些家长说，孩子喜欢做的事，自然就能集中精力去做了。的确有道理，但那是一个人的原生态状态，而我们要培养的，是在原生态状态的基础上，对一般喜欢且必须要做的事保持专注和投入。为此，我甚至和笛宝说过，你在练琴之前，不一定要做到斋戒三日、沐浴更衣这么夸张，但至少要先有一个认真的态度，比如坐下来，深呼吸几下，用几秒钟让自己真正静下心来，甚至可以想象老师就在身边，然后再开始挥动手指，按下琴键。这样做，是在表明我们对音乐、对师长、对谱曲的大师等所有这些事物与人的尊重。我们很幸运，可以弹奏这么优美的音乐，这全都拜他们所赐。如此心怀感恩、敬畏，才能全力以赴地完成自己该完成的任务。

当然，如果家长能用更加有趣、好玩的方式来引导孩子，通常会比这种讲大道理的方式更有效，毕竟，这一阶段的孩子喜欢游戏更甚于枯燥的大道理。比如，你可以在孩子学习之前，和他"创造"出一个想象中的小空间，这个小空间除了孩子之外，不会有任何人进来打扰他。你可以让孩子张开双臂，然后用双臂在身体周围"画"下一个大大的圆圈，想象这个圆圈里的范围就是神奇的、可以屏蔽一切外界干扰的小空间，然后让孩子进入这个"空间"去学习……

你也可以和孩子创作出其他有趣的方式，总之目的都是为了帮助孩子养成自控能力，逐渐学会管理自我，并完成从日常生活到高效学习状态的转换过程。

第十章　思维习惯

在学龄前，孩子尚未形成对他人心理过程的推测，也难以区分"自己"的和"别人"的观点，多数时候都是以自我为中心。而进入小学阶段，即6～8岁以后，孩子会逐渐产生对他人心理的理解和揣测能力，自我评价能力也逐渐提高。这是孩子社交思维与社会规范形成的前提和基础。为此，在这一阶段，孩子不仅应拥有更多的社会活动，还需要在遇到挫折、困难以及与他人的冲突时，家长多给予充分的理解以及科学的引导，以帮助其养成良好的思维习惯。

培养抗挫思维，家长的陪伴与引导最重要

有一次，我这里来了一个男孩，是由妈妈带着过来的。男孩八岁，上三年级，据说之前成绩一直不错。但到我这里时，我却发现这个男孩一直都垂头丧气，耷拉着脑袋，情绪十分低落。

经过和他妈妈的沟通，我才了解到，原来这个男孩在一二年级时一直担任班长，学习成绩不错，各方面表现都很出色。进入三年

级后，班级竞选班长，他认为自己肯定会再次当选，可没想到同学们却把选票投给了另一个成绩比他稍好的同学，导致他没能再次当上班长。这让他很是接受不了，回到家就开始大发脾气，不去上学，也不吃饭，说要绝食。他妈妈又是劝又是哄的，虽然肯吃饭了，但死活就是不去上学。没办法，他妈妈带他来我这里求助。后来这个孩子在我的开导下，休学了一年，之后转到另一所小学继续就读。

这个案例让我印象特别深刻。一次竞选班长失败，就让一个孩子闹着要绝食、拒绝上学，甚至最后不得不休学、转学，这样的抗挫折能力，以后走上社会，要如何应对来自社会的"刀光剑影"啊！

这样的案例其实并不在少数。翻开报纸，浏览网络，打开电视，我们总能看到一些类似的新闻：某某孩子因为一点儿小事跳楼自杀了，某某孩子因为跟父母闹矛盾离家出走了，某某孩子因为与同学吵架彼此相残了……而在这些事件当中，有不少孩子处在七八岁的年龄。在震惊之余，我们不禁要问：如今的孩子是怎么了？

社会因素固然是有影响的，但更多的原因家长还是应该在自身寻找。现在很多家长也懂得抗挫能力对孩子成长的重要性，认为现在的孩子不能吃苦，抵抗不了挫折，是因为孩子在家里被宠坏了，缺乏挫折锻炼，于是创造各种机会，让孩子自己独自面对困难，解决问题，甚至专门把孩子送到那种需要吃苦的夏令营中去，希望孩子能因此而变得坚强、勇敢。可效果却并不尽如人意，这是为什么呢？

想要回答这个问题，我们首先要明确一下：你想让孩子在挫折当中收获什么？你想通过挫折教育培养孩子的什么能力？

很显然，挫折教育也好，去夏令营吃苦也罢，其目的都是为了培养和提高孩子抵抗挫折的能力，希望孩子在面对困难和挫折时保持勇气，培养坚定、勇敢、百折不挠的思维习惯。但到底该怎样培养孩子的这一思维习惯？一定要让孩子自己独自去面对吗？

事实上，真正的挫折教育，是需要家长和孩子一起来面对挫折的。从孩子很小的时候开始，在遇到困难时，家长如果就能给予他们情感上、认知上、思维方式上的全方位引导和支持，不让孩子独自面对，那么在家长的帮助下，孩子就会逐渐形成抵抗挫折的思维能力。遗憾的是，现实中很多家长根本做不到这点，因为他们看不到孩子面临的挫折。比如，一个六岁的孩子和自己的好朋友吵架了，他一定很难过，这对他来说就是挫折。这本来是一个进行挫折教育的好机会，可在父母眼中，这根本就是一件不值一提的小事：小孩子吵架很正常嘛，今天吵明天好的，有什么可教育的？用这样的态度对待孩子的挫折，孩子又怎么能从父母这里获得支持与引导呢？

所以，如果你希望孩子在面对挫折时能坚强、勇敢，最好的锻炼方式就是陪他一起面对挫折，并最终引导孩子走出挫折。

◇ 给予孩子情感上的认同，帮助孩子疏导情绪

我们先来看看几位家长在处理孩子的挫折和情绪时的方式：

1. "你看看，你这次考试成绩差，都是因为自己粗心造成的！就不能改改粗心的毛病吗？"

很显然，这是因为孩子考试没考好，家长在指责孩子。然而，这种方式不但于孩子的学习无益，还可能让孩子陷入负面情绪之中

无法自拔，继而对自己丧失信心。

在遇到困难比如考试不理想时，孩子肯定会难过，此时，家长应首先在情感上理解孩子，而不是一味地指责批评。要让孩子知道，犯错不可怕，关键在于我们是如何看待错误的，这也将决定他日后在面对挫折时的情绪和行动。如果一个人认为犯错是不可饶恕的，那么他就会陷入负面情绪之中，很难积极行动起来去改正；相反，如果一个人认为错误是不可怕的，是能够改正并再次取得进步的，他才能排解掉自己的坏情绪，并愿意用积极的行动去证明自己，在下一次考试中更加认真。

2. "输了就输了，无所谓的，也不是什么重要的比赛。"

对于 6 ~ 8 岁的孩子来说，输赢对他们来说都是很重要的，无论那是一场什么类型的比赛。所以当你说出这样的话时，并不能真正排解他们的糟糕情绪，也无法帮他们学会正确面对自己的情绪，反而还可能让孩子产生"我有这样的感受是错误"的想法。

相反，如果父母能和孩子分享一下自己遭受类似挫折时的心情，并告诉他们自己是如何走出来的，反而更容易让孩子学会表达自己，并以合适的方式疏解自己的情绪。这样逐渐引导，孩子以后再面对困难时，才能逐渐学会如何对待挫败感。

3. "和同学吵架啦？没关系，走，妈妈给你买冰淇淋吃。"

这种方式也很常见，一看到孩子难过失望，就想马上取悦孩子，让孩子高兴起来。看上去这样似乎能转移孩子的注意力，但却也剥夺了孩子在遭遇困难时面对自己的真实感受，以及学习处理感受的机会。那么下次孩子再次遭遇困难时，他仍然不知该怎么处理，因为他根本没有机会学习。

由此可见，在培养孩子抵抗挫折的能力和思维习惯过程中，家长的态度很重要。如果在孩子遭受挫折时，家长能多给予理解和认同，帮助孩子疏解情绪，那么孩子也能逐渐学会如何面对挫折、解决问题，以及正确地排解自己的情绪，从而在父母的鼓励和支持下继续向目标发起挑战。

◇ 引导孩子改变思维，将坏事变成好事

"塞翁失马，焉知非福"，这是个很普遍的道理，人人都知道，但可能很少有人会将它变成自己的习惯性思维，家长不会，孩子就更不会了。这个道理虽然容易懂，但在遇到困难挫折时却很少有人主动去用。

如果家长能改变"挫折就是坏事"的固有思维，学着从乐观角度去看待挫折、失败等，并引导孩子也这样看待，那么经过努力，坏事也可以变成好事。比如，孩子的测试成绩不理想，孩子会很难过，家长也跟着上火，但如果我们能和孩子静下心来，一起分析分析考卷，慢慢找出孩子在学习习惯、技巧和方法等方面存在的问题，然后鼓励孩子改进，反而能促进孩子的学习。

其实不论在任何年龄段，孩子遇到的所有挫折、失败，都是锻炼孩子、让孩子认识自己的好机会。如果家长善于引导，那么他所体验的道理、所掌握的智慧，可能比你磨破嘴皮子说的一堆大道理都管用。

我有一个小侄女，刚刚读小学时，经常到我家玩。有一天她妈妈要外出办事，就把她送到我家来了，可我发现她明显有些不开心，就问她："你看起来好像有点不开心哦，能不能告诉姑姑，你怎么了？"

"我……我们班里的一个同学总是骗我，昨天还骗走了我最喜欢的一支铅笔……"她嘟着小嘴说道。

"哦，是这样啊，所以你不开心了对吗？那么，她是怎么欺骗你的呢？"

"她说我的铅笔很漂亮，想借去用一晚上，第二天就还给我，我就借给她了。可是昨天上学后我找她要铅笔，她却说根本没有借过我的铅笔……我特别喜欢那支铅笔，那是舅舅送给我的……她都骗我好几次了……"小姑娘嘟哝着，都快要流出眼泪了，看得出她真的很伤心。

我该怎么安慰她呢？

想了一下，我告诉她说："你的同学欺骗了你，你很伤心对不对？姑姑在你这么小的年纪时，也遇到过这样的事呢！不过，这也是件好事儿啊，因为这让你这么小就学会识别谎言了。还有，既然铅笔不在了，那可不可以再问问舅舅，让他再送给你一支新铅笔呢？"

听完我的话，小姑娘一下子笑了起来："嗯，舅舅一定会答应！"

孩子的思维有时也很简单，遇到挫折和困难时，他可能只看到事情坏的那一面，这时，就需要家长巧妙地开导一下，让孩子学着换个思维角度看问题，比如将坏事当成好事来看。慢慢地，孩子也会养成这样的习惯性思维，日后在面对更多的挫折和困难时，也不会深陷其中。因为他可以换个角度，让自己看到挫折背后积极的一面。

总而言之，要培养孩子抵抗挫折的能力，家长必须给孩子提供全方位的支持，包括情感支持、认知支持和思维方式的支持等。尤其对于 6 ~ 8 岁时的孩子来说，他们正处于一个认知初步发展的时期，其心理和情感较以前都有了很大的变化，对自己和社会之间的关联度也有了很大反应，开始产生了一些自己独特的想法。如果家长还按照对待三四岁小孩子的方式来对待他们，那么很快你就会发现，孩子要么变得越来越叛逆，要么变得越来越胆小。

所以，要想让孩子面对挫折时不那么脆弱，帮助孩子建立良好的思维习惯，家长就必须时刻关注孩子的情绪变化，多给予孩子陪伴、认同、理解和包容，这样才能逐渐从根本上引导孩子面对挫折和各种挑战。

巧妙地引导孩子掌握处理冲突的能力

进入小学后，孩子逐渐进入人际交往的敏感期。尤其在 6 ~ 8 岁这个阶段，孩子的交往形式不再像幼儿园时期的一对一，而是逐渐变成了三个一群、五个一伙的小团体，孩子们在这个团体中互相学习、互相合作，形成一种愉快、默契的关系。同时，他们逐渐学会关心同伴、重视友谊，朋友和同学在他们的生活中开始扮演越来越重要的角色。有时，他们还试图控制别人或反抗别人的控制，交际情感越来越丰富。

可以说，这一阶段孩子的归属感逐渐从家庭向社会、向学校、向伙伴转移，并从中获得了友谊、支持和尊重，这也是孩子成长过程中必需的精神寄托。如果孩子不能融入同龄的集体当中，而被同龄集体孤立起来，那将对他们的心理和精神造成极大的伤害。

不过，不是所有的孩子天生就善于交际的，或者应该说，大部分这一年龄段的孩子在与伙伴相处时会发生各种冲突。毕竟，在家里他们都是父母的掌上明珠，习惯了被全家人宠爱、呵护的感觉，一进入学校这个大集体当中，除了要应付比幼儿园时期繁重的学习任务外，还要学会与更多的伙伴相处，有时难免与同学发生矛盾。比如：被班里的同学欺负了，自己的好朋友忽然不理自己了，自己的文具被小朋友弄坏了……因为年龄小，他们有时又不知如何处理情绪，所以难免感到孤单、难过。

笛宝刚上小学时也有那么几天，每次我去学校接他，都看到他噘着小嘴，一脸的不高兴，而且嘴里还嚷嚷着不想上学了。后来我仔细了解后才知道，那几天他和同学闹矛盾了，同学还摔坏了他最心爱的乐高模型。虽然他把这件事告诉了老师，但老师每天需要照顾那么多孩子，有时也不可能像爸爸妈妈一样，时刻顾及他的感受。这就让他感觉自己变得不再重要，也不再是所有人的中心了，于是感觉最"有效"的办法就是不上学。不去上学了，这些问题自然也就不存在了。

其实这也是孩子的一个思维习惯问题。对于他们来说，化解冲突的能力还很弱，一旦遇到不开心的事，他们认为最好的办法就是离当时的环境远远的，躲开"是非之地"，这样就不会有"是非"发生了。回到家里这个最安全的地方，爸爸妈妈时刻宠爱着自己，也没人跟自己抢玩具，自己想怎样就怎样，多好啊！

但是，孩子总要离开家庭，走向集体，融入社会，而良好的人际关系可以使人心情愉悦，也能让人在轻松的状态中生活和学习。美国著名心理学家威廉·詹姆斯就曾说过："人类不但需要有同伴相伴左右，还有一种天然的倾向，那就是：希望被同伴所关注，渴望得到他人的认可和赞同。"这就需要家长在孩子很小的时候便开始引导他学会如何与同伴交往、如何避免冲突以及发生冲突时该如何恰当地处理，等等。家长不要怕孩子们之间发生冲突，事实上，孩子们之间的冲突与纷争，正是培养他们社交能力的必要锻炼。只有耐心地引导孩子，教会孩子正确地看待伙伴间的冲突，以及面临冲突时如何处理自己的情绪，才能让孩子逐渐掌握处理冲突的方式，学会解决矛盾的能力，以及理性沟通的技巧。

◇ 改变孩子"以自我为中心"的心理意识

从孩子很小的时候开始，家长就应有意识地培养孩子的同理心，让孩子懂得"己所不欲，勿施于人"的道理，学会站在别人的角度考虑问题，感觉对方的感受，懂得为对方着想，改变孩子"以自我为中心"的意识。

比如，一家人坐在一起吃饭的时候，桌子上有一盘菜是孩子最喜欢的，孩子就想独占这盘菜，不许其他人吃。这时，家长就要及时与孩子沟通，引导孩子懂得分享的重要性。

家长可以这样跟孩子说："你为什么要独占这盘菜呢，是因为你最喜欢吗？"

孩子肯定会回答"是"。

"好吧。那么你的意思是，每个人最喜欢的东西都可以独占，其他人不能分享。既然这样，那爸爸最喜欢看电视，电视就归爸爸了，以后别人谁都不许看了。"

估计孩子听到爸爸妈妈这样说后，心里该打起自己的小算盘了：到底这盘菜要不要让别人吃呢？如果不让，自己就不能看电视了；如果和他们一起吃，自己也可以再看电视……当然，孩子也可能会耍赖，不被说服，那就坚决地用实际行动来让他明白：该到孩子看动画片时，告诉他，既然他喜欢的饭菜别人不能吃，那么现在爸爸最喜欢的电视别人也不能看。这样一来，孩子就能体会到：不让爸爸妈妈吃那盘菜，他们一定也很不开心，就像自己不能看电视时的感受一样。

家长只有通过日常生活中的这些小事慢慢引导孩子，才能让孩子逐渐学会尊重和感知他人的一些心理状态，然后学着用彼此都可以接受的方式去做事。久而久之，孩子就会改变"以自我为中心"的心理状态，将自己置身于与他人平等的位置上，从而获得更多的认同和接纳。相反，如果一个孩子不能去感知别人的感受，不能顾及别人的需求，总是以自己的感受为第一，那么在与同伴相处的过程中，矛盾冲突就会经常发生，而且还不知如何处理。久而久之，孩子就容易被小伙伴孤立起来，影响人际交往思维的发展以及人际关系的建立。

◇ 与孩子进行角色扮演游戏

蒙特梭利曾说过："只有教育，才能够带来和平。"孩子之间的冲突其实和大人一样，都是因为认知或理解不同、立场不同而已。有些家长在教育孩子解决冲突时，动不动就说："他打你，你就打他！""他骂了你，你就动手揍他一顿，看他还敢不敢再骂你了！"……这些都是不恰当的。不管任何时候，用武力来解决问题都是下下策。尤其在孩子生活的环境中，我们更不应该鼓励孩子"动手"解决问题。相反，我们要让孩子懂得：遇到矛盾和冲突时，要学会用语言来描述所遇到的问题，而不是直接动手打人。这是一项重要的社交能力，它可以让孩子学会用脑子来解决问题。

要让孩子掌握这个技能，就需要家长多在家里与孩子进行一些角色扮演的游戏，通过游戏的方式来引导和鼓励孩子说出自己的感受。比如，家长来扮演孩子的同伴，在与孩子一起玩乐高时，假装和孩子发生了一点"冲突"，"惹"孩子生气了。这时，你要做的，不是粗暴地指责孩子"生气是不对的"，而是应该鼓励孩子用语言表达出自己的感受。

你可以这样问孩子："妈妈这样做，你会觉得开心吗？"

孩子生气了，当然不会开心。

"那么，能不能告诉妈妈你的感受呢？"

此时，孩子可能会说："妈妈这样让我觉得很生气，因为……"或"我觉得妈妈这样做不对，我感到很伤心……"

在家多练习，孩子在学校与同伴相处时，就能较好地描述出自己所遇到的问题，说出自己的感受。更重要的是，这样还能帮助孩子注意到别人在冲突中可能会有的感受和情绪，从而学会向对方问出类似的问题："你没事吧？"或者"你是不是生气了？"

同时，这样做还可以锻炼孩子学会用直接的语言来为自己伸张权利。比如，当有小朋友想要抢走他的玩具，或试图欺负他时，他就可以大声说："请你不要动我的玩具！"或"请你住手！否则我将会……"当孩子学会勇敢地对那些对他不友好的人说"不"，并能够寻求帮助的时候，就能避免许多可能发生在自己身上的霸凌事件。

◇ 教孩子学会处理自己的情绪

一旦发生不愉快的事，孩子的心里肯定会产生很多负面情绪，如愤怒、伤心和沮丧等。这些情绪对孩子的伤害是很严重的，不能掉以轻心，因此，家长应引导孩子学会释放掉这些负面情绪。

当孩子告诉你，他与某某发生冲突时，家长首先要做的，不是忙不迭地责问孩子："怎么就跟你打架，不跟别人打架呢？肯定是你惹是生非了！"或急匆匆地要拉着孩子去找对方出气："走，妈妈带你出气去！竟然敢欺负我儿子！"这些都是不科学也不理智的行为，不但不能帮助孩子真正解决矛盾，反而可能再次伤害孩子或加深矛盾。

你首先要做的，就是尽可能地安抚孩子的情绪，引导孩子把自己的情绪说出来或写出来，然后再和孩子一起找出解决矛盾的办法。比如，当孩子十分沮丧地告诉你，他的伙伴总是抢走他心爱的贴画时，你就应该这样来引导孩子：

"哦，他非要你的东西，所以你很不高兴对吗？"

"是的。"

"你很喜欢这个小伙伴，但又不喜欢他对待你的方式对吗？"

"对，因为我也喜欢这些贴画，我不想给他。"

"妈妈知道了，你还很想继续和他做朋友，但又不喜欢他总拿你的东西。那么，你想过没有，用什么方式可以让你的小伙伴知道，这样的行为是不好的呢？"

"我想直接跟他说，但又怕他不肯理我……"

"那么，我们可不可以用他比较能接受的方式来试试呢？"

"……"

面对孩子与小伙伴之间的矛盾，我们首先要学会接纳孩子的情绪。当孩子出现沮丧、愤怒或者害怕的情绪时，先放下自己的价值观，不去评价这件事的对与错，只关注孩子本身。通过与孩子的沟通，让孩子描述自己遇到的难题。其实，孩子很多时候只是希望找到一个耐心的倾听者，并不一定需要家长出面帮他们"摆平"问题，最终他可能自己也能找到解决矛盾和冲突的方法。但通过家长的接纳、沟通和引导，孩子不但能释放掉自己的负能量，还能渐渐理清思路，最后寻找到最佳的解决途径。而这个过程，对提高孩子解决问题、化解冲突的思维能力是非常有帮助的。

总之，随着孩子年龄的增长、人际交往能力的提高，以及解决问题技能的增强，孩子会越来越少地与他人发生一些大的冲突，也会越来越有能力应付一些被人欺负等恶意的行为。而且，孩子在这个成长的过程中，也可以成功地与同龄人建立友谊，成为朋友。一些解决冲突能力较强的孩子，还能从冲突的伤害中迅速恢复过来，满血复活，懂得自己该做什么、如何去做，这样的孩子将来的人生之路也会走得很从容，并从中获得更多的幸福和快乐。

第四部分 9～14岁的习惯培养

现如今，教育好孩子已是每个望子成龙、望女成凤的父母都非常关注的问题，为此，家长们对孩子的学习成绩十分重视，不惜花费重金请家教、上各种培训班，尤其是在小学的高年级阶段至初中阶段，即孩子9～14岁这一时期。小学高年级阶段抓紧孩子的学习，是为了让孩子能以较好的成绩升入初中，选择自己满意的学校。升入初中后，家长们不但不敢放松，反而比小学阶段对孩子的学习抓得更紧了，目的是希望孩子打好基础，顺利度过初中关键的三年。为此，我们也经常听到一些爸爸妈妈们聚在一起，互相交流："你家孩子又报了哪个课外班？""你家又新请了一个家教是吗？""我们最近想再报个英语班，有没有好一点的班推荐下……"

只是，过分地关注这一阶段孩子的学习，却忽略了对孩子一些生活行为习惯的培养，这是教育上的一个很大的误区。要知道，良好的行为习惯才是一个人打开成功大门的钥匙。9～14岁这一阶段，是培养孩子的社会及自我认知习惯、独立学习习惯、思维习惯等的关键时期，因此，家长应付出更多的耐心和努力，以帮助孩子在各项重要的行为习惯养成上获得一个更高的飞跃。

第十一章　生活习惯

在 9 ~ 14 岁这一阶段，孩子的一些生活习惯基本已经形成，此时，家长应将生活习惯培养的重心，放在帮助孩子养成如何与社会建立更好的联系的行为习惯上，比如服务他人、关爱社会等。同时，因为这一阶段的孩子即将步入青春期，家长还应陪伴孩子顺利地度过这一重要的成长期。

培养孩子服务他人的意识

先来跟大家分享一个我亲身经历的故事：

有一次，我到深圳出差，深圳的一位朋友建议我们一起聚聚。于是晚上 6 点多，朋友到我住的酒店楼下接上我，然后我们又一起去学校接她刚上初一的女儿。因为是先来接我的，所以到学校时孩子已经放学半天了。而朋友因为跟我聊天，开车不小心还开过了头，于是又打电话让女儿自己走过来。12岁的小女孩气喘吁吁地从学校门口跑过来，上车后很有礼貌地跟我打了招呼，然后便安静地坐在副驾驶上，没有因为妈妈来晚和开车过头而产生任何抱怨。

朋友边开车，边问女儿："你说，咱们带阿姨去哪里吃饭比较好呢？"

女孩想了想，然后轻声轻语地说了几个地方，最后朋友又征求了我的意见，我们一起商量了一个比较合适的地方，驱车前往。

到达餐馆停车场，下车后上电梯，电梯门刚一打开，女孩很自然地伸出手挡住了电梯门，请我和朋友先进去；出电梯时，又习惯性地伸出右手拦住电梯门，请我和朋友先出来。

在整个就餐过程中，点餐、倒茶、分餐具、买单、开发票等一系列事情，都是这个女孩完成的，我和朋友只管坐在桌前用餐聊天。

这顿饭也让我的内心产生了很多感慨，当时就忍不住对朋友夸赞说："你女儿真是个懂事的孩子！你是怎么培养的啊？"朋友不以为意地笑着说："是吗？谢谢你的夸奖，哈哈！其实也没有刻意培养啊，只是平时多教她一些，慢慢就学会啦！"

我们每个人都希望自己和孩子能遇到品格高尚、真诚善良的人，也都希望自己和孩子能被温柔以待，然而，在我们苛求别人完美时，自己又做得怎么样呢？我们的教育一直都在强调，要把孩子培养成真诚善良、品格高尚、独立自主的社会栋梁之材，但如果只是嘴上说说，行动中仍然只顾自身利益，以自我为中心，那么这样家庭中出来的孩子也很难成为一个懂得服务他人、为他人考虑的人，将来也难成什么大气候。就像吴军博士的《大学之路》一书中所写的那样："决定一个人一生能走多远有两个因素：一是服务社会的意愿；二是对所从事事业的喜爱程度。这两点其实有一个共同的东西：热忱！想要我们的孩子拥有志向、格局和情怀应该是父母做的第一个功课。"

对于这段话我很认同。著名教育家陶行知先生也曾说过："最重要的教育是'给予的教育'。"一个事事都以自我为中心，对他人却漠不关心，不懂得给予、不会关心和服务他人的孩子，很难想象他长大后能成为一个品格高尚的人。

所以，当我们希望自己的孩子能够得到爱时，我们首先就要教会孩子如何去付出爱，去帮助他人，去为他人服务。孩子在学习为他人服务的过程中，也可以发展自我意识、自我评价和自我控制能力，并能从心理上体会到自己是社会的一员，进而主动去适应社会、探索社会，并努力发展自己。

◇ 要服务他人，首先要学会自我服务

现在的许多孩子，在家中几乎都是"两耳不闻窗外事，一心只读圣贤书"，不知道衣服怎么洗、饭怎么做，家中乱成一团，也不会主动伸手帮忙收拾，就像俗语所说的那样"酱油瓶倒了都不扶"！这样的孩子，长大了又怎么指望他能成为一个懂得服务他人的人呢？

要让孩子学会服务他人，首先得让孩子学会自我服务。三岁以前，孩子处于行为的敏感期，4～5岁时基本已具备了完成指定任务的能力，如果家长能在孩子的这一阶段顺水推舟，配合孩子"爱帮忙"的天性，往往可以从小建立他服务他人、勤劳负责等良好的习惯和品行。等孩子年龄稍大一些后，家长再分派给孩子一些家务，比如让孩子自己洗衣服、洗袜子、收拾房间，帮家人洗碗、买东西，来客人时请孩子帮忙倒茶等，就能够逐渐培养孩子学会照顾自己、服务他人的能力。

那么，如果孩子已经到了九岁，且之前一直未曾养成良好的生活习惯，自理能力差，事事都依赖家人，更别说帮助和服务他人了。怎么办？

有一种爱叫"放手"，有一种策略叫"自己做"。鼓励孩子自己去尝试，即使他一开始不愿意，即使他一开始做得很糟糕，也要耐心地多给予孩子鼓励和信任，而不是打击和批评，更不要越俎代庖。要知道，孩子总要经历"第一次"，你不可能一辈子帮助他、照顾他。

同时，还要鼓励孩子做事有始有终，在孩子做不好或能力不及的情况下，可以适度地给予一些帮助，但一定要鼓励孩子把事情完成，即使做得可能不够完美，而不能因为做不好就半途而废。尤其是一些基本的生活技能，如洗衣服、刷鞋子、做饭、整理房间等。当孩子完成后，也别忘了及时给予鼓励，肯定他的努力和进步，以增强孩子继续做事的信心。

总之，这是个循序渐进的过程，家长切不可操之过急，否则可能适得其反，让孩子更加抗拒。

◇ 让孩子懂得：帮助他人，有时也是在帮助自己

有一次跟朋友一起吃饭，聊起了孩子的学习，朋友说的一件事给我留下了很深的印象。

朋友的女儿菁菁上小学五年级，是个文静随和的女孩，学习成绩也不错。朋友的邻居家也有个小女孩，叫琳琳，比菁菁小一岁，正上四年级。因为都在一所学校上学，所以平时上学放学两个女孩也会结伴。有段时间，琳琳的英语成绩有点跟不上，英语作业也经常不会做，可琳琳的爸爸妈妈都不会英语，不能辅导她。想给她报课外辅导班，可家里的经济条件又不太允许，为此，琳琳就想请菁菁帮忙，辅导她学习英语。这让菁菁有点为难，因为自己每天的家庭作业已经很多了，再抽出时间去帮助琳琳，学习就会变得更忙了。最重要的是，菁菁自己的英语成绩也不是太好，她担心自己不能胜任。但当朋友得知这件事后，就对女儿说："你去帮助琳琳吧，如果有什么解决不了的问题，就来找妈妈，妈妈帮助你们。"结果几个月下来，菁菁猛然发现在辅导琳琳的过程中，自己的英语水平有了很大进步，成绩也较之前有了飞跃性的提高。

之所以出现这样的结果，是因为菁菁一想到自己要帮助琳琳，学习起来就有了动力，生怕自己有弄不懂的地方帮不了琳琳，结果学习也比以前更主动、更认真了。

这件事也让我更加坚信：孩子在成长过程中，非常有必要养成

服务他人的生活习惯。因为当孩子在为他人付出、为他人服务的过程中，他的自信心、责任心、爱心、成就感等一些非常宝贵的品行习惯都能获得很好的培养，孩子也可以不断地提升自己、完善自己，让自己变得更好、更强大。服务他人，表面看起来，好像只有别人获得了好处，但事实上，孩子在这一过程中同样收获到了巨大的成就，同样享受到了成长的快乐。

因此，对于孩子一些热心帮助他人的行为，家长不但不应反对，还应给予适当的支持和鼓励，以及科学恰当的指导，这样才能让孩子从中收获到更大的快乐和成就。

◇ 节假日里和孩子一起去做义工

在笛宝年纪很小的时候，我就会和朋友们一起带着孩子去孤儿院。当笛宝把自己的玩具送给那里的小朋友时，他们的兴奋和欣喜让笛宝感到很惊讶。他问我："妈妈，他们真的有那么开心吗？我给他的不过是一辆普通的小火车而已。"我告诉他说："那是因为他们几乎没有玩具，所以对收到的每一个小玩具都非常喜爱，也会倍加珍惜。"

在那里，笛宝不但逐渐学会了分享的快乐，以前动不动就要买玩具的习惯也改变了不少。现在每次看到新玩具，又想买时，他就会嘟囔着说："我已经有那么多玩具了，可孤儿院那些小朋友的玩具那么少！我应该知足才行。"

他也很愿意定期去看望那些孤儿院的朋友们，和他们一起做游戏，把自己喜欢的零食分给他们吃。他还和几个同学把玩具和衣服攒在一起，每次节假日我们去孤儿院时，他就把这些东西拿给那些小伙伴。有一次，那里有几个孩子患上了近视眼，上课时看不清，笛宝知道后，就在班级里发起捐助活动，很快就筹够了款，帮助那几个小朋友配上了眼镜。看到笛宝的这些成长和改变，我真的感到很欣慰。

实际上，在去孤儿院做义工的过程中，我们和孩子所付出的可能只是一点时间、一点精力而已，但我们所收获的其实更多。尤其是孩子，不但从帮助他人、服务他人的过程中收获了很多快乐，还收获了很多深刻的体会，纠正了许多以前不好的行为习惯。

比如，当他看到那里的小朋友每天只能吃大锅饭，几乎没有零食，而自己却享受着各式各样的零食、品尝着各种口味的饮料时；当他看到那里的小朋友要自己洗衣服、洗袜子，而自己却什么衣服都不会洗时，他的思想和情感就会受到很大的震动和启发。此时，如果家长再给予孩子恰当的引导，那么孩子的思维意识和行为习惯等，一定会发生一些更显著的变化。

与孩子的青春期友好相处

一提到"青春期"三个字，很多孩子的家长估计都会用一声长叹来表达自己的感慨——"唉，孩子怎么变得那么难管！"然而，青春期又是孩子成长过程中必须经历的一个阶段。

青春期通常发生在孩子9～16岁这个阶段。在欧美国家，是没有"青春期"这个词的，他们将孩子这段比较叛逆的时期称为"困难期"。尽管表达方式不同，但孩子的表现基本都是一样的，就是和家长不再像以前相处得那么融洽，总想脱离家长的照顾和管束，还动不动就急眼，强烈地想要表达自己的意见，对于一些传统的、权威的结论也经常会提出一些批判的观点，等等。

我经常会接到一些家长有关孩子青春期方面问题的咨询，有的爸爸说："孩子翅膀硬了，想飞了，变得叛逆、不听话了。"有的妈妈说："这孩子叛逆起来良心就像被狗吃掉了！"总之，伴随孩子青春期到来的，还有让父母感觉少活十年的崩溃感。

青春期的孩子之所以会有这么大的转变，是因为他们的生理和心理都较以前发生了很大的变化。在生理上，他们已经有了成人的样子，个子像爸爸妈妈那么高了，身体也出现了两性特征的变化。这时，孩子就认为自己长大了，可以独立自主了，因此独立意识开始增强，想要脱离父母的约束，什么事都要自己做主，比如学着大人的样子抽烟、喝酒，穿奇奇怪怪的衣服，与社会上的人呼朋唤友……而对父母的关心、爱护等则极易厌烦，觉得父母总看低自己，把自己当成小孩子对待。

然而在心理上，青春期的孩子虽然具备了一定的独立意识，思维、见识、社会经验等却远远不够成熟，这也使他们所做的事看起来有点傻、有点幼稚，带有明显的孩子气。但是呢，他们往往又十分渴望获得理解，想要向人倾诉，特别是希望能与父母、异性等平等交流。如果不能找到合适的倾诉对象来释放自己的情感，他们就会感到压抑，想要反抗，想通过各种博眼球的方法来突出自己。

总之，当孩子进入青春期后，内心便会变得张力十足，总试图通过各种方式来标榜自己的与众不同，对于试图阻拦他们的人和事物，更是竭力想要反抗、突破。在这个阶段，如果家长想要通过压制等强硬的方式让他们"俯首帖耳"，恐怕他们会让你更失望。你会发现，你越想控制，他们就越要反抗，越要远离你。

所以，对于即将进入或已经进入青春期的孩子，家长不妨坦然接受他们的改变，因为这是孩子正在按照正常的规律在成长，你只需适当地调整自己的教育方式就行了。这就像在大树下面乘凉的道理一样，阴影是随着太阳移动的，那我们就得随时挪动脚步，换到有荫凉的地方去，对不对？

基于我个人的一点经验，在面对青春期的孩子时，希望父母能从以下几个方面多努力，从而与青春期的孩子友好相处，帮助孩子顺利地度过他这一人生中非常重要的成长阶段。

◇ 及时调整心态，比孩子先发火你就输了

听说过"荷尔蒙"这个词吧？它是一种对人体的代谢、成长、发育及繁殖等起着重要调节作用的物质。而进入青春期的孩子之所以变得叛逆，在很大程度上就是因为体内存在着过剩的荷尔蒙的缘故。

科学研究发现，荷尔蒙可以对人体产生重要的调节作用，比如让人快速长高、嗓音发生改变和两性特征凸显等，同时，它还能对大脑产生复杂的影响，使大脑中管理情绪的部分变得异常活跃。而大脑中掌控理智的部分——额叶，通常要到 20 岁以后才会逐渐成熟。因此，我们也会发现，进入青春期的孩子往往情绪波动很大，而额叶又不能控制他的情绪，结果导致前一秒钟一家人还母慈子孝呢，后一秒可能就会因为大人或孩子一句话、一件小事，一家人变得鸡飞狗跳了！

了解到荷尔蒙对孩子产生的影响，在面对孩子的叛逆等青春期"巨变"时，家长就要及时调整自己的心态，多给予孩子一些耐心和宽容。虽然青春期孩子的家长是最不好当的，但这也正是孩子身心顺应自然规律在蓬勃成长的表现，我们有必要给予孩子一些时间和空间，让他慢慢成熟起来。

比如，当孩子无缘无故发脾气的时候，我们就要懂得，这是孩子在宣泄自己的情绪，并不是故意要和父母对着干，也不是想要挑战父母的底线；当孩子为了一件小事哭泣不已的时候，我们要懂得，那只不过是他们的正常反应，没必要大惊小怪，更无须上纲上线，认为孩子是在没事找事；当孩子反驳你的观点和意见时，我们也要懂得，他们不过是为了表现自己的独立意识，并不是为了和父

母较真，更不是为了向父母"宣战"……

相反，如果家长不明白这些，一发现孩子不听话、叛逆，立刻就想用自己父母的权威压制住孩子，要孩子像小时候一样听话，结果只能适得其反。孩子就像一根弹簧一样，你越想压制，他越想反弹，最终只会两败俱伤——与孩子的关系恶化，孩子变得更加叛逆、不服管教，甚至做出一些极端的事情来。

所以，在与孩子的青春期"斗智斗勇"时，如果你比孩子先沉不住气、先发火，你就一定会输——输了教育方式，输了教育结果，更输了亲子关系。

◇ 学会"迂回作战"

孩子进入青春期后，不仅有了独立意识，好多孩子还有了自己的秘密，于是买来带锁的笔记本，开始偷偷写日记。与此同时，他们还会开始关注自己的衣着、发型、皮肤，等等。很多父母看不惯孩子的这些改变，觉得孩子一定做了什么见不得人的事，害怕告诉自己，才偷偷写到日记里；而开始关注外表就是不务正业，不好好学习，天天捯饬给谁看？于是，唠叨、指责、训斥，伴随着孩子的反驳、争吵、哭闹，一家人天天闹得鸡犬不宁！

事实上，父母的这些反应都是因为接受不了孩子独立意识的出现，希望孩子还能像小时候一样，对自己言听计从。然而青春期的到来，却让孩子有了自己的所思所想，虽然有时他们也很渴望与父母交流，把自己的心事说给父母听，可刚一张嘴，父母立刻就有一千句一万句等着他们呢："天天胡思乱想些什么？好好学习才是你的正经事！""整天不好好读书，打扮得奇形怪状的像个什么样子！"

如果你恰好就是这样和青春期孩子交流的，那么不出意外，孩子在你眼中也一定会变得愈发叛逆。等你想要了解他的想法时，他也一定会让你碰上一鼻子灰。

聪明的父母是不会直接与孩子硬碰硬的，相反，他们会尽量采取"迂回作战"的方式，先讨得孩子的"欢心"。比如，当孩子开始注重自己的外形仪表时，父母就投其所好，给他的发型、衣着提一点建议。孩子染了一头鲜艳的红头发回来了，你看到后，虽然气得想立刻把他的头发全部剃掉，但还是要先让自己冷静下来，轻松地对他说："哟，你的新发型不错啊！如果再搭配你那件格子 T 恤，一定很潮！"听你这么一说，孩子的戒备心立刻就会放松，慢慢地也就愿意与你交流了。

如果你打算了解他在班级里的表现，以及有没有早恋的苗头等，也可以通过平时闲聊的方式引导他吐露出来。比如，可以说说自己在初中时喜欢过的男生或女生，孩子一听到这个话题，肯定会大感兴趣，你再趁热打铁地问问他班级里的情况，孩子也会愿意跟你说一些班级谁喜欢谁的话题。随后，你再假装无意中问他："那么你有喜欢的女生吗？"此时孩子基本已经没有防备心了，有或者没有往往都会如实告诉你。当然了，即使有，他也不太可能直接告诉你是谁。尽管如此，你毕竟已经了解到很多有关孩子的信息，如果再加以恰当的引导，对于孩子那种朦胧的想法也不必太在意。

◇ 理解和包容是教育青春期孩子的法宝

曾有一位父亲给我打来电话，说他刚刚上初二的儿子非常叛逆，不管他跟儿子说什么，儿子都会有一万条理由在那等着反驳他。他儿子喜欢追星，尤其喜欢追一些时下的俊男靓女。有一天，他下班一回家，正看到儿子歪歪斜斜地躺在沙发上，翻看着满是俊男靓女的时尚杂志，屋子里还放着震耳欲聋的音乐……

"当时我就爆炸了！"他说，"我气得大声吼他，让他把音乐给我关掉，然后马上回到他的房间去写作业！"

"结果呢？他听你的话了吗？"我问。

"他是把音乐关掉了，但是却没有回房间去写作业，而是'砰'的一声摔门走了！"隔着电话，我都能感受到这位父亲当时的气恼和无奈。

"您说，这孩子怎么这么难管啊！我怎么才能管管他，不让他这么叛逆，好好学习呢？"

"他喜欢追星对吧？"我问。

"是的。"

"那您就跟他一起追好了。"

"什么？我阻止还阻止不过来呢，还跟着他一起追？我是疯了吧！"

我告诉这位父亲，孩子喜欢追星，是因为他只看到很多明星光鲜的外表，没有看到他们背后的努力。如果你和孩子一起追，引导他去看到那些明星也不容易，也需要克服很多困难，战胜很多挫折，那么再引导孩子慢慢回归到自己的生活和学习之中，不是比强硬地阻止他更有效吗？

过了一段时间，这位父亲又给我打来电话，告诉我说，他回去后认真地考虑了我的建议，觉得可以试试，然后便上网查阅了有关那些明星的资料，慢慢试着去和孩子聊，去融入孩子的生活，聊那些明星的经历啊、演出啊、克服了哪些困难啊之类的。后来有一次，他还和孩子一起去参加儿子喜欢的一个歌手的签唱会。在现场，他们看到很多精神萎靡的歌迷，爸爸就问儿子："你想跟他们一样吗？"儿子摇了摇头。

这位父亲告诉我，从那以后，儿子变得积极多了，追星也不那么盲目，而且也开始收心投入学习了。他说："我真庆幸听了您的建议，没有继续跟儿子硬碰硬，否则都不知道该怎么收场了！"

其实在很多时候，如果家长能及时改变自己试图控制孩子的想法，让自己站在孩子的立场上，理解和包容孩子暂时出现的青春期状况，改变自己与孩子的相处方式，用平等、和善、尊重的方式去与孩子相处，那么最终也能够赢得孩子的配合。而且，孩子在走过青春期，日渐成熟的过程中，也会愿意主动向父母的价值观靠拢，以真正成熟和独立的姿态回归。

家庭教育对孩子的影响是非常重要的。孩子处于不同的成长阶段，家长的教育方式也应随时调整。要知道，很多时候需要改变的并不是孩子，而是我们这些家长。当孩子正处于青春期阶段时，家长应多认可孩子、包容孩子，聆听孩子的心声，给予他们一些空间和自由，多站在孩子的角度去想问题，努力与孩子实现平等的沟通，从而陪伴孩子一起度过这个人生的关键时期。

第十二章　学习习惯

优异的学习成绩离不开良好的学习习惯。对于正处于自主性养成阶段的孩子来说，良好的学习习惯不但能提高孩子的学习成绩，还可以对孩子其他方面习惯的养成起着引导性的作用。

帮孩子养成独立、自觉学习的习惯

现在的孩子都特别有主见，也特别有想法。我的一位正在上小学三年级的小外甥就说过："你们要知道，是我在学习耶！也是我在上兴趣班，不是你们上。所以，不管你们给我报什么班，都必须经过我同意才行。要不然，我也可以去上，但至于学不学呢，就是我说了算了……"

当表妹把小外甥的这段"名言"绘声绘色地描述给我听时，我既想笑又感慨，是啊，现在的孩子真的太有个性了！不论年龄大小，遇事都能有一番自己的观点和想法。面对这样的孩子，如果我们做家长的仍然还用老观念去教育引导，那恐怕真的就是自讨苦吃了。这也让我想起了一句特别有趣的话，是著名教育家陶行知先生关于教育的一个著名论断——教育就像喂鸡。

据说有一次，陶行知先生在一所大学演讲。当他走上讲台后，没有马上滔滔不绝地开始自己的演讲，而是不慌不忙地从自己提来的一个箱子里拿出一只大公鸡。

我的天，这是要干什么？台下的几百号等着听演讲的人都惊呆了！只见陶行知先生又从自己的口袋里掏出一把米放在桌上，然后，使劲儿地按住公鸡的头，想让公鸡来吃米。很显然，公鸡是不肯吃的。于是，陶行知先生又强行掰开公鸡的嘴巴，把米硬塞到公鸡嘴里。大公鸡拼命地扑腾，怎么都不肯吃。

这时，陶行知先生才松开手，开始了自己的开场白："我认为，教育就像喂鸡一样。老师强迫学生学习，把知识强塞硬灌给学生，学生是不情愿学的。就算学到了，也是难以消化的，用不了多久他就会把知识还给老师。但是，如果能引导学生自由、主动地去学习，充分发挥学生的主观能动性，那效果一定就不一样了！"台下立刻传来一阵雷鸣般的掌声。

陶行知先生的观点，在今天看来仍然十分适用，即学生学习就像大公鸡吃米一样，只有在自由、宽松的环境当中，学习成为孩子的主动需要时，他们才乐意去学，而且学习效果也一定好得多。

这就给家长再次提出了新的要求。在前面我们曾讲过，在孩子年龄较小的时候，家长有必要陪伴孩子学习，以便培养孩子的专注力，帮助孩子养成良好的学习习惯。那么到了孩子 9 ~ 14 岁这个阶段，家长就要逐渐学会放手，让孩子慢慢学会独立、自觉地学习。

之所以要在这个时期让家长逐渐放手，是因为 9 ~ 14 岁正是孩子从低年级向高年级过渡的时期，此时，孩子的生理和心理特点等都有了明显的变化，开始产生了想要独立的意识，而这也正是培养孩子从被动学习向主动学习方向转变的最佳时期。如果家长能耐心地给予孩子引导和启发，不断鼓励和肯定孩子，让孩子明白学习是他自己的事，那么在家长的帮助下，即使孩子一开始做得不够好，内心也会产生一定的成就感。而获得自身的肯定，又能提高他们的自信心，使他们更愿意尝试主动学习，从而让孩子逐渐进入独立、自觉学习的良性循环之中。

那么，家长具体应该怎样引导和启发孩子呢？

◇ 让孩子明白，学习是他自己的事

家长都希望自己的孩子学习好，但学习好是有条件的，其中的一个条件就是孩子应学会独立、自觉地学习，具有学习的主动性，而不是过于依赖父母，甚至把学习当成是父母的事。有一次，我跟一位朋友约好晚上要见面谈点事情，结果快到时间了，她还没到。我就打电话给她，她说："麻烦你再多等我一会儿，我正在给孩子检查作业呢！这孩子的作业，如果我不检查好了，他就会弄得乱七八糟的，不会的问题也不知道提出来，就只想着糊弄！"

朋友的孩子上小学五年级，难道她每天都要这样帮着孩子检查吗？见面后证实了我的猜测：

"每天做完作业后第一件事，就是把作业本扔给我：'妈妈，帮我检查作业吧。有不对的就帮我辅导辅导，没有就签字。'"朋友皱着眉说。

"那你就一直帮他检查？"我问。

"不检查怎么办？总不能错着去交给老师吧？"

"为什么不能？那是他自己的作业，他自己不负责检查好了，那就让他错着交呗！"

"这……"朋友一时语塞，估计是有点无法接受我的观点，却又不知如何反驳。

的确，我就是这样的观点。作业是孩子的作业，学习也是孩子自己的学习，就要让孩子学会自己负责，而不是每天让家长来负责。即使需要家长帮忙检查，家长也应只起到协助的作用，而不是像做自己的作业一样，一道题一道题地检查，然后找出错误，再帮孩子去辅导。这样下去，孩子永远都不能独立地去完成他的作业，也养不成自觉、主动的学习习惯。

对于孩子来说，学习永远都是他自己的事，别人可以帮忙，但最终只能由自己负责。家长必须在孩子很小的时候就让他明白：学习必须依靠自己的努力。所以，家长在协助孩子学习时，一定要把握好"度"。有的家长对于孩子的学习特别负责，每一道题都要过目，发现一点点错误都要亲自纠正，这只会让孩子越来越依赖。遇到不会的问题，也不会主动去思考解决，就等着家长来帮忙辅导，甚至拿着作业乱写一通，等着家长纠正。这样表面看起来是对孩子负责，实际却剥夺了孩子独立思考、自觉学习的能力。

比较恰当的做法是：当孩子在学习中遇到困难时，家长可以引导他、鼓励他，但绝不能代替孩子来解决困难。比如，在给孩子检查作业时，如果发现错误，可以告诉孩子，他的作业中有几处错误。如果孩子问是哪几处错误，家长就鼓励孩子自己把错误找出来，然后自己动脑解决。在学习中寻找错误，也是一种很重要的能力。如果孩子能够掌握这种能力，不仅能锻炼他们的思考能力，更重要的是可以慢慢养成独自解决问题的能力。而最终，这些能力也会成为孩子独立学习能力形成的源泉。

◇ 改变没完没了督促孩子的做法

有些家长也懂得让孩子养成独立、主动学习习惯的重要性，但又怕孩子小，没耐性，做事拖拉磨蹭，于是孩子刚一放学回家，立刻就开始催促了：

"今天的作业很多吧？那赶快写吧！"

"写作业时就要认真写，别拖拖拉拉的！"

"做完作业就赶紧预习明天的功课啊！"

"这么点知识，到现在还没复习完呢，真不知道你都在干什么！"

……

相信很多孩子对这些话都不陌生。

可是，家长们却发现，尽管自己每天不停地在孩子后面催促他快点做这个、快点学那个，孩子的学习效率非但没有提高，反而变得更拖拉磨蹭了！这是怎么回事呢？

老是被人催促着学习，在孩子看来，学习就成了爸爸妈妈的事：既然爸爸妈妈比我还着急，那我就不用急了，反正到时候他们会提醒我的。结果，孩子在学习上就会变得愈发被动，久而久之，就失去了学习的独立性和主动性。爸爸妈妈催一下，就加快一下；爸爸妈妈不催，就继续拖拉着。

对于孩子的学习，适当地提醒、督促是有必要的，但也需要讲究方式、方法。要知道，培养孩子的学习习惯，不在于你每天不停地催促，而是要求孩子每天必须做到。比如，要让孩子完成当天的作业，不是在孩子后面不停地说"你赶快写！""你别磨蹭了，快点做完！"而是告诉孩子："今天的作业必须今天完成。"或"今天必须把明天上课要讲的内容预习完。"如果孩子拖拉或讨价还价，可以直接对他说："不能拖拉，也不许讨价还价。如果完不成任务，那周末的游戏时间就取消。"而且必须说到做到。如果孩子在学习过程中遇到困难，家长可以辅导，但重在引导，而非代替。这样才能促使孩子学会独立思考，并积极主动地完成自己的学习任务。

事实上，不少孩子学习效率低、学习习惯差，并不是因为家长督促得太少了，相反，是家长督促得太多了，结果导致孩子丧失了学习的独立性和主动性。

◇ 培养孩子独立学习的习惯时，家长要有耐心和恒心

所谓耐心，就是在孩子拖拉磨蹭时，家长一定不能着急，更不能冲着孩子大发雷霆。一旦你发火了，孩子虽然会感到害怕，但心里却马上有谱了：哦，爸爸妈妈着急了，那么他们就一定会想办法帮我完成作业。久而久之，孩子心里就会有自己的"小九九"：反正爸爸妈妈会帮我写作业，我也不用那么积极认真。结果，孩子就

变得越来越磨蹭、越来越拖拉。

因此，在面对孩子拖拖拉拉写不完作业时，即使你内心非常恼火，也不要发作出来，而是尽量保持淡定，并且平静地提醒他："已经快十点了哦，快到睡觉的时间了。"如果孩子继续磨蹭，想等你帮他完成作业，你也不妨耐心到底，仍然平静地告诉孩子："今天晚上你几点能完成就几点睡，我也不催你。"也就是说，不管孩子耗到几点，你都始终保持着这样平静淡定的态度，这样孩子就会感到发慌了，因为不论熬到多晚，他都必须自己完成作业，没人能替他完成，可太晚他会困啊！这样一来，他只好自己想办法了。坚持下来，他独立学习的能力也就提高了。

所谓恒心，就是说家长不论面对孩子怎样的拖拉、耍赖、讨价还价，都要把自己的态度坚持到底，即：你只能自己完成学习任务。可以说，这也是家长和孩子之间的一场较量，谁坚持到最后，谁就是赢家。

事实上，家长本身是很容易成为赢家的，经常失败的原因是因为心疼孩子，看到孩子困了、累了，立刻就心软了："好吧，我来帮你做吧。"或者"今天完不成，要不就明天再做吧。"殊不知，今天的轻易帮忙，只会让孩子明天更加依赖；今天的轻易放弃，只会导致孩子明天继续拖拉。

还有一点需要提醒家长，就是在孩子坚持自己完成学习任务后，一定别忘了给予孩子适当的肯定和鼓励。比如："看到你能够独立、自觉地完成作业，妈妈感到非常高兴。妈妈希望你再接再厉，把这么好的学习习惯继续保持下去！"有了家长的肯定和鼓励，孩子在以后的学习中也能够更加主动、自觉。

孩子学会管理时间，才能学会学习

在孩子小学到初中这个阶段，越来越多的家长发现：孩子变得越来越磨蹭、越来越拖拉，一再催促孩子做这做那，可孩子不磨蹭到最后一秒根本不去做！有时催促急了，孩子干脆就和父母顶起了嘴，嫌父母唠叨。而父母又认为：我是为你好，我不催你，你都不知道什么时候才肯做呢！结果最后双方都闹得很不愉快。

我的一些咨询者也就这个问题多次跟我沟通。有一次，一位初二女孩的妈妈跟我诉苦："我女儿从小做事就很慢，开始我们以为她是个慢性子。可碰上她喜欢做的事，做起来又非常积极迅速。最让我感到头疼的就是假期了，哎呀，除了出去跟同学玩，在家几乎每天都要看电视到很晚，然后第二天一觉睡到大中午，落下一堆作业，直到马上要上学了才慌慌张张地开始做。本来我和她爸爸考虑着，女儿已经上初二了，应该多尊重她的个人意愿，让她自己学着安排时间，可现在她这么缺乏自律，我们真的没信心了。而且我还发现，我越是在旁边催促她，她就越反感我。您说，我该怎么办？"

时间观念较差的孩子，不管是在学习还是在生活上，都会十分欠缺条理性，做事没有规划，容易拖延、磨蹭。在一些团体活动当中，做事效率也会明显比别人落后，所以也会被人认为是"反应迟钝"。尤其在 9 ~ 14 岁这个比较关键的学习阶段，如果孩子缺乏时间观念，学习效率肯定也难以提高，这对于日后进入初中后期以及高中阶段的学习将会产生很大的负面影响。

孩子管理时间的能力，就像成年人的自律意识一样，需要培养和引导。在孩子很小的时候，几乎都是家长来告诉他们该做什么、不该做什么，从而构成了孩子对这个世界的认知。随着年龄的增长，认识和了解到更多事物后，他们的自我意识就会增强。这时，他们就不再像小时候那样听从父母的安排了。一方面，他们想打破家长一直以来给他们设定的界限，拥有更多属于自己的自由；另一方面，由于仍然处于爱玩爱闹的年龄，故而经常表现为写作业拖拉、起床磨蹭，以及在团体活动中表现得总是慢半拍等。

可是，为什么有的孩子就能很好地管理自己的时间呢？原因还是出在家长身上。大多数家长在孩子年幼时，都没有注意培养他们管理时间的意识，有些家长甚至本身也缺乏时间管理能力，在这种环境下，你很难要求孩子长大后就能一下子自己学会管理时间。而有些家长则从小就注重培养孩子这方面的能力，那么孩子在形成一些好的习惯后，随着年龄的增长，也能逐渐根据自身的学习状况等调整管理和规划时间的方法。这样的孩子，是很让家长省心的。

我们前面已经详细地介绍了孩子在八岁以前该如何学习时间管理，到了九岁以后，由于学习任务的加重，家长更有必要引导孩子强化时间管理意识，帮助孩子掌握管理时间的方法，从而提高孩子的学习能力和学习效率。

◇ 学会利用时间，不要试图做好所有的事

家长可能都十分羡慕这样一些孩子：平时看起来很悠闲，玩的时间也很多，但学习成绩仍然很棒，甚至比那些不断挤时间学习的孩子成绩更好。这些孩子是不是真的比自己的孩子聪明、智商高？

我们承认，有少数孩子的确很聪明，智商很高，但大多数孩子的智商都是不相上下的，之所以在学习上有差距，通常是因为这些孩子懂得如何规划、利用自己的时间。

进入中学后，孩子的学习压力一下子就增大了，不少人甚至被紧张的学习弄得手忙脚乱，刚刚忙完了语文作业，赶紧去赶数学作业；赶完了数学作业，又赶紧去背英语单词……总之，觉得哪一科都很重要，哪一科都不能忽略。

这种学习不偏科的想法是对的，但学习规划上却可能需要进行适当的调整。我们先举个例子：你的面前放着五本书，你打算最先读哪一本？是随便拿出一本就读，读完一部分发现没兴趣、不喜欢，再随便换一本继续读，还是先分别浏览一下书的前言、目录，找出最想读、最重要的那一本先读，读完再读第二想读、第二重要的那一本？

我相信，一定有不少孩子会用第一种方法来读书：随便拿起一本，翻几下，有兴趣就继续读，没兴趣就丢一边，再随便拿起一本……但其实，这是最浪费时间的阅读方法。

学习也是如此。如果孩子今天打算做三张试卷，语文、数学、英语各一张，那孩子随便抓起一张就开始做，做着做着，遇到难题了，往一边一丢，又去做第二张；第二张也没做完，又去做第三张……结果可能忙活了半天，一张完整的试卷也没完成，最后可能

还要返回来重新再做。这样不但浪费时间，学习效果也很差。

很多不会管理自己时间的孩子平时都是这样学习的，东一榔头西一锤，看起来好像很忙，结果却都是在瞎忙。为此，家长需要引导孩子，学会科学地利用自己的时间，不要试图一下子把所有事都做完，而是先选最重要的、最需要提高的那部分来学习。就像读书一样，要先选最重要的那本来读。比如在三张试卷中，英语成绩最需要提升，那就先做英语试卷，而且要非常认真、用心地做。

◇ 根据自己的实际情况，确定在什么时间做什么事

古希腊哲学家德谟克利特曾说过："没有人可以两次踏入同一条河流。"这句话在时间管理上同样适用，我们也可以这样说："没有人可以两次度过同一个小时。"在任何一个小时或者任何一段时间内，我们所处的环境、身心状态等，都会发生一定的变化。用在课上听课的时间和用在家里完成家庭作业的时间，也自然是完全不一样的。所以，即使孩子要制订学习计划，把一天的 24 小时划分成一个个小格子，然后简单地往里面填内容，比如：8 点读书，9 点背单词，10 点练字……看起来时间利用得很充分，但实际学习效果却不一定理想。我们必须要教孩子学会在不同的时间里，根据自己的实际情况来安排不同的学习内容，让不同的学习内容与不同的时间相互契合才行。

比如，在进入初中后，孩子的学习中会面临大量的阅读、理解、分析以及需要背诵的内容，这时可让孩子安排时间较长、自己精力较好，而且不易被干扰的时间段进行，可以比较容易集中注意力，记忆也会更快。

那么，在精力不太充沛，且又比较容易被打扰的时间段里做哪些功课呢？我的建议是可以用来做题。因为做题时需要孩子动笔，这就强迫他们必须集中自己的注意力，即使这个时候精力不太好，周围环境比较嘈杂，往往也能达到学习效果。当然了，如果环境再安静一些，对孩子的学习就更有利了。

◇ 允许孩子每天有一定的"自主时间"

什么是"自主时间"，就是指自己能够做主，不受别人支配的时间。对于孩子来说，他们在自己的"自主时间"里，可以想做什么就做什么，只要没有打扰到别人，对他人和自己没有危害的行为都可以做，哪怕是玩一些幼稚的游戏，或者在家里无所事事地晃来晃去，或者看电影、听音乐、看课外书，或者出去跟同学一起运动，或者哪怕是一个人躺在床上发呆、发愣，都可以，家长无须干涉，只要不违反你们之间的约定就可以。

为什么要允许孩子有"自主时间"呢？我们可以试想一下，在一天的 24 小时内，如果一个人除了吃饭、睡觉之外，就是在一个个目标和任务中度过，那会是什么状态？而对于孩子来说，在学校有老师的监督，有课表的约束，回到家里有父母的监督，有作业的约束，他就会一直处于一种紧绷的状态之中，没有丝毫放松的机会，这样的结果，就会导致孩子不受控制地"放松"——在学习时不能集中精力，经常走神、发愣，或者做作业磨蹭、拖拉等，以此来缓解紧张的神经。

而自主时间就是帮助孩子主动放松的时间。在这段时间内，孩子可以暂时忘掉学习任务，忘掉老师安排的家庭作业，随心所欲地做自己喜欢的事。这种极大的放松对孩子来说非常重要，可以让孩子的身心获得很好的调节，帮助孩子减压，快速恢复精力。从大脑来看也是如此，紧张过后的大脑也需要放松，使大脑神经得以休息，在张弛有度间保持良好的状态，工作起来效率也会更高。

通常来说，小学阶段的孩子，周一到周五每天至少应拥有一小时的自主时间，周六日至少有一天的自主时间；进入初中后，最好也能让孩子拥有同样的自主时间，但如果学习比较紧张，没有那么充裕的自主时间，家长可以在与孩子沟通商量后，将时间适当减少。

总而言之，真正决定孩子学习成绩的，除了科学的学习方法外，还有孩子对时间的规划、管理能力，尤其到高年级更是如此。有些家长想方设法给孩子补课，让孩子熬夜做习题，最终成绩仍然赶不上一些看起来每天都有时间玩的孩子，原因就在于没有帮助孩子掌握好时间管理的诀窍。

会提问的孩子，才是更有前途的孩子

诺贝尔物理学奖 1970 年的得主拉比在获奖后，有人问他："您是如何获得诺贝尔物理学奖的呢？"

拉比回答说："这要感谢我的妈妈。"

"那么，您的妈妈是怎样培养您的呢？"

拉比回答："我妈妈没有怎么培养我，只是每天我回家以后，她都会问我一句话：'孩子，今天你在学校里提问了吗？你又问了什么好问题？'从那后，我就养成了主动提出问题的习惯，这也提高了我的思考能力，自然而然地就获了奖。"

当然，我们不必苛求孩子一定也要像拉比一样，捧个诺贝尔奖回来，但我们可以学学拉比妈妈的教育方法，多问问孩子："孩子，你今天提问题了吗？"

不过，我猜大部分父母是没能做到这一点的，或许你们更习惯于这样问："你今天在学校里乖不乖？""今天老师又留了什么作业？"看似简单的问话，却体现出了不同的教育观念。

人类都是热爱知识的，孩子更是如此，这几乎是人类的一种本能。孩子的大脑就像是一个吸收能力超强的小海绵，对于各种知识都充满了好奇。我们的教育十分注重孩子的知识储备，各种考试几乎都是针对这些知识储备能力的，但还有一种与之相关的能力，我们的教育却未能给予足够的重视，就是孩子的提问能力。

有段时间，我到美国出差，期间到一个美国朋友家中拜访。在那里，我认识了朋友的三个孩子，他们中最大的正好是 14 岁，最小的 8 岁。在一起用餐期间，朋友就鼓励他的三个孩子来向我提问题，以增进对我这个远方客人的了解。三个孩子都落落大方，也都能非常礼貌地向我提问，比如："你从哪里来？""你的工作是什么？""你的国家有哪些特别有趣的东西？"……在我回答时，他们也都能非常认真地倾听，期间对不明白或不理解的，也会继续问我。

从美国回来后，这段经历也引发了我的思考：对于孩子的学习，除了学校教育外，我们的家庭教育究竟该培养或者说保护孩子的哪些能力？孩子本来是好奇爱问的，为什么随着年龄的增长，反而不会提问了呢？

也许有家长会说了：孩子能好好学习就行，不提出问题也算毛病？能回答出问题就行呗！考大学又不考孩子的提问能力，而是考孩子的回答能力啊！

但其实对于孩子来说，养成提出问题的习惯，远比回答某个问题更重要。爱因斯坦就曾经说："提出一个问题往往比解决一个问题更重要。因为解决问题，也许仅仅是一种技能而已，但提出新的可能性，能从新的角度去看待旧的问题，却需要创造性的想象力。"所以，提出问题的习惯也是激发孩子主动学习的动力。喜欢提问的孩子，往往不会简单地接受现有的答案，而是更容易发现问题，遇到事情也总爱问个"为什么"，这说明他们对某些知识已经产生了浓厚的兴趣，在兴趣的指引下，孩子也会努力去探索，而不会满足于自己现有的知识。而且，在提出一个个"为什么"，以及解答一个个"为什么"的过程中，孩子的思维和视野也能得以扩展，孩子也会因此而积累越来越丰富的知识。

那么，家长该怎样引导孩子主动提出问题呢？

◇ 不要限制孩子的问题，而且还要鼓励孩子积极提问

著名主持人杨澜曾讲过她亲身经历的一件事：

有一次，杨澜在一所学校听课。课堂上，一位美国教授正在讲历史和宗教。讲完后，教授就问大家有什么问题，结果没人吱声。于是，教授就从口袋里掏出一张一美元的钞票，高高举起，大声说道："如果谁能提出一个问题，不论是什么问题，我都会奖励他一美元。"他以为这样鼓励大家提问，一定会有人站出来提问题的，这样他才能知道学生的掌握情况，可仍然没有人站出来。

教授简直愤怒了，他认为这是中国的学生不尊重自己。他气得用一个拳头敲打桌面，大声说道："没有哪一种知识是不能提出问题的，难道我讲的课真的无懈可击吗？还是你们根本没有听进去？"

从幼儿园开始，孩子们就被训练要双手规矩地放在背后，认真听老师讲课。上小学后，孩子们开始学习记课堂笔记，背诵课文，考试拿高分。而且在课堂上，提出问题的都是老师，孩子们只需要回答老师的问题就行了。这样的教育，让孩子学会了如何应付老师的问题，却不习惯自己提出问题，更别说反问老师了！但正如那位美国教授所说的那样："没有哪一种知识是提不出问题的"，每个人

的思维都是有限的，老师也不可能完全正确。所以，孩子在学习过程中，并不一定只是被动地接受知识，还应学会主动去质疑、去探索知识。缺乏对知识的质疑和探索能力，孩子也很难形成独立思考和独立判断的能力。

在孩子很小的时候，他们是很喜欢提问的，总爱追着家长和老师问各种各样的"为什么"，这是孩子好奇心和求知欲的表现。如果想让孩子一直保持旺盛的好奇心和探索欲望，家长不但不应该限制孩子的问题，还应该鼓励孩子积极提出问题。而且，无论孩子提出什么样的问题，家长都应耐心倾听，力求给出正确的回答，同时告诉孩子自己的解答思路。如果孩子提出的问题较难，家长一时答不出来，也不必感到难堪，更不要训斥、搪塞孩子，借以维护自己的权威，而应坦诚地告诉孩子，然后和孩子一起讨论，一起寻找答案。这样不但可以培养孩子爱问问题的好习惯，还能激发孩子的求知欲望，在孩子的心灵深处埋下求知探索的种子。

◇ 为孩子设置悬念，引导孩子提出问题

经过幼儿园和小学初级阶段的学习，有些孩子的学习习惯基本已经形成，想改变就要付出一定的努力。比如，有的孩子虽然小时候很爱问"为什么"，可现在却变得不爱问问题了，学习也只是在课堂上听老师讲课，课后认真完成作业就行了。

这对孩子的学习和发展来说是远远不够的，所以，家长就要帮助孩子做出一些改变，让孩子继续回到原来那个爱问"为什么"的阶段。

爱因斯坦曾说："兴趣是最好的老师。"一个人如果对什么都没

兴趣、漠不关心，就不能产生问题，也不会主动去思考问题。相反，当孩子对某件事感兴趣后，碰到自己不明白的地方，就会主动问出"为什么"。所以，家长在辅导孩子学习时，不妨试着去激发孩子的兴趣，比如，就某一问题设置一定的悬念，引发孩子的好奇和思考，从而引导孩子问出问题："这个是怎么回事？""这个我从未见过，为什么会这样？"……当孩子提出这些问题时，说明他已经在思考了。

比如，物理课往往会有很多实验题，家长可以为孩子准备一套实验工具，在家中做一些安全的小实验，帮助他们完成这些习题。当孩子看到一些不可思议的实验现象时，他就会感到很惊奇，继而大脑中也会产生很多个"为什么"。这时，家长就可以引导孩子就实验现象提出一些问题，激发孩子的学习兴趣。当然了，你可以直接解答孩子提出的问题，也可以鼓励孩子自己到课本中去寻找问题的答案，从而使他们对课本中的内容更加熟悉和理解。

◇ **适时地赏识孩子敢于质疑的言行**

当孩子向家长提出一些大人看起来很奇怪甚至是没什么价值的问题时，说明他们在学习的过程中已经开始思考了，而且也说明孩子很信任家长。对此，家长一定要保持冷静、客观的态度，认真地为孩子解答他的问题，并积极地肯定他们的想法，鼓励孩子更大胆地去提出问题。切不可因为孩子的问题幼稚、无厘头，就否定、嘲笑甚至讽刺孩子。

小学四年级语文课本中有一篇名为《麻雀》的课文，我的一位朋友有一次在和我聊天时，就说起她儿子在学习这篇课文时的想法。那天，朋友的儿子回家后就对妈妈说，今天他们学了一篇课文，叫《麻雀》，老师说这篇课文体现了伟大的母爱，可他却认为，文章中从头到尾都没有说那只老麻雀是母麻雀，所以老师说体现了"母爱"就是错误的，那只老麻雀也可能是"爸爸"呢！

问题听起来有些幼稚吧，但你能说孩子的问题没有道理吗？你在面对孩子这样的想法时，会怎么做呢？

这也是我当时问朋友的问题。她回答说："我觉得他理解得也很对啊，所以我就表扬了他，说他具有独立思考和敢于质疑的能力。他很开心。"

我很欣慰，朋友能够以这样开明的态度对待孩子。我相信，如果父母一直都能对孩子的问题保持充分的肯定和赏识，以及积极的引导，那么也一定能保护好孩子用心思考的精神。

让孩子学会提问题，其实就像教孩子学会用勺子吃饭一样。在孩子自己学会用勺子之前，需要大人不断地喂他们吃饭，这时他们都能吃得很好，但如果大人不喂了，他们就会挨饿。当孩子学会提出问题后，整个世界都可以成为他们的学习材料。一开始，他们的"勺子"用得并不熟练，颤颤巍巍的，所以也无法提出一些好的问题，获得更多的信息。但是随着不断练习，他们的"勺子"会用得越来越好，提出的问题也会越来越多、越来越精辟，此时，整个世界也就变成了他们学习的乐园。

让孩子在实践和创造中建立自己的学习成就感

孩子在小时候的动手兴趣和创新思维往往是最棒的，随着年龄的增长，这种习惯和能力也会逐渐下降。有些家长在孩子幼儿园或小学阶段，会允许他们有多一点的时间来玩自己喜欢的游戏，做自己喜欢的事，即使把家里弄得又脏又乱，或者孩子从外面回来浑身都脏兮兮的，也都能抱以宽容的态度。但当孩子升入初中，继而进入高中后，家长便开始渐渐将管束的"绳子"收紧了，几乎迫使孩子将全部的时间都投入到学习当中，只为能在各种考试中获得高分。至于动手能力、创造能力，已经成为孩子生活和学习中越来越遥远的事了。在这种境况下，孩子的动手实践能力、想象能力、创新能力等，也渐渐丧失殆尽。

事实上，一个孩子在 15 岁以前就已经具备了完整的创造能力，而且这种能力会跟随他一辈子。只可惜，很多家长更喜欢看到孩子每天埋头于题海之中，更愿意看到的是孩子拿回来的高分数，对于孩子的"胡搞瞎玩"，耐心一点的父母可能会不断地摆事实、讲道理，试图说服孩子将精力放回学习上，只有学习好才是硬道理；简单粗暴一点的父母，可能干脆打骂孩子一通，或者把孩子的"创造发明"扔掉、砸碎，断了孩子的"胡思乱想"。

这样的事例并不少见，我就曾接到过很多有关的咨询。

有一位爸爸，他的儿子正读初二，学习很紧张，可这个男孩动手能力很强，喜欢搞一些发明创造，甚至还代表学校参加过一个全国性的创新活动大赛，取得了不错的成绩。但他的学习成绩一般，为此，家长认为孩子将精力都浪费在那些乱七八糟的创造上，才导致学习成绩一直上不去。在多次劝说无果的情况下，这位爸爸一怒之下，把孩子放在家里的那些发明创造全部扔了出去，导致孩子一气之下离家出走。一家人发动亲朋好友找了好几天，才把孩子找回来。可孩子回来后，干脆就和爸爸杠上了——不去上学，天天在家打游戏。这位爸爸无奈之下，打来电话向我咨询。

对于这位爸爸的焦急心情，我是很理解的，但对于他的做法，我却给出了负分。为什么？因为他扼杀了孩子可贵的学习实践和创造的能力。要知道，这是一种多么值得珍惜的能力啊！多少孩子都求之不得呢，为什么要粗暴地阻止呢？

是的，学习很重要，分数也很重要，但动手创造并不一定会与学习发生冲突。学习成绩不够好，也不完全是因为孩子搞发明创造的原因，更多的可能是家长未能很好地引导、启发孩子，未能让孩子将学习和动手实践、发明创造结合起来，其实，善于动手并能够搞出各种发明创造的孩子，一定是一个想象能力、思考能力、创新能力都非常强的孩子。如果能让孩子将学习和实践结合起来，那结果一定会非常棒！

所以，我从不反对孩子进行各种动手活动和创造性活动，因为这都是最易于激发孩子思维和想象的活动。在这个过程中，孩子的求知欲和探索精神也会被激发出来，如果家长能够很好地利用孩子的这种状态，并加以正确的引导，不但能有效培养孩子的创新意识，还能让孩子在"玩"中学、在学中"玩"，"玩"与学相互结合，这样通过自己的感受和体验来学习，就会产生对各种现象进行探究的好奇心，进而逐渐形成一种严谨的求知态度。若能以这样的态度来对待学习，你还怕他的成绩不好吗？

◇ 不要因为看重分数就剥夺了孩子动手实践的机会

俗话说得好，心灵则手巧。一个人拥有一双灵巧的手，正是这个人大脑发育良好的标志之一。而反过来，手部动作又会促进大脑细胞的发育。因此，著名教育实践家和教育理论家苏霍姆林斯基曾说："手是意识的伟大培育者，也是智慧的创造者。"

遗憾的是，现在很多家长更看重孩子的考试分数，尤其在孩子9～14岁这个阶段，为了让孩子拿到高分，迎接即将到来的中学学习，不惜花重金为孩子报各种辅导班、兴趣班，为的是"不让孩子输在起跑线上"。即使在寒暑假里，孩子们的时间也被名目繁多的课外班塞得满满的。一些孩子为此苦不堪言，直言"放假比上学还累"。

在社会竞争日渐激烈的今天，家长的心情是可以理解的，但也要把握好度才行。在考虑让孩子报各种班的同时，是不是也重视一下孩子的实践锻炼呢？比如，让孩子学做一些家务，如洗衣、做饭和烧菜等，这个年龄段的孩子完全可以具备这种生活自理能力了；也可以让孩子参加一些农村夏令营活动，让孩子亲自去体验一下如何种植、收割农作物，饲喂家禽和家畜等，同时还能学到很多课本上学不到的动植物、天文地理知识等；还可以组织孩子参加一些野外探索活动等，鼓励孩子在野外多发现、多探索，等等。

这些活动看起来都是在让孩子玩，但事实上，它们不仅丰富了孩子的视野和见识，还丰富了孩子的感受和体验，大大地激发了孩子的探索热情。孩子从中学到的东西，也远比闷在家里背书做题学到的更多。最直接、最明显的一点影响就是：孩子写作文时的题材一定变得比以前丰富了。

◇ 多带领孩子接触一些新事物，并鼓励孩子大胆想象

要创造出一个新事物，首先必须要有想象力，这也是一个人创造性学习、创造性活动的基础和必不可少的条件。但是，人的想象不会凭空产生，一定要有丰富的生活实践才行。看到得多，听到得多，接触到的事物多，大脑中才会逐渐积累起丰富的表象，这时，即便你闭上眼睛，曾经所接触的一切也都会历历在目。大脑里积累的表象丰富了，再经过加工、改造、调整，就会产生出新的表象，这个过程就是创造。

可见，要培养孩子的创造能力，首先必须要激发孩子的想象能力，因为没有想象就没有创造的意象，就不可能进行创造。因此，家长平时应多引导孩子接触一些新鲜事物，通过各种活动丰富孩子的视野，让孩子的大脑中积累起丰富的表象资源。

比如，家长可以在家中多为孩子展示一些画面，也可以是一些文学作品、音乐等，引导孩子展开联想，或者鼓励孩子大胆想象，为一篇故事推理经过和结局，也可以和孩子一起改编故事、音乐等，以此来激发孩子的想象热情。

节假日也可以带孩子到大自然中，大自然中的奥秘可比家中的丰富得多。引导孩子观察大自然中的各种树木花草，区分它们的异同，了解植物与环境的关系；认识一些所能看到的动物，

区分它们的外形特征和生活习性等；或者捕捉昆虫，自己制作成标本……

总之，孩子接触到的新鲜事物越多，学习的热情就会越强烈，想象力的基础也会越宽广，产生的新想法、新问题也会越多。在这种境况下，孩子也会更乐于思考、乐于动手尝试。如果家长能再适时地鼓励孩子进行一些小实验、小发明，让孩子触类旁通，那么孩子也更容易从中获得创造成就的勇气和信心。这种勇气和信心，绝不是只把孩子关在家里写写字、背背书就能拥有的。

第十三章　思维习惯

孩子在 9 ~ 14 岁这个年龄段，是思维习惯和思维能力养成的黄金时期，因为这一时期的孩子独立意识增强，开始更加独立、深入地认识自我和社会，同时也逐渐学会从不同的角度思考和研究问题。当然，有时他们也会感到茫然和无助。对此，家长应在平时多引导和协助孩子，帮助孩子正确地认识自我、接纳自我，同时引导孩子开始比较深入地了解社会，鼓励孩子积极思考，加强对他的人生历练，从而帮助孩子形成独立的精神与个性特征。

教孩子学会接纳自己，与自己和谐相处

我们都希望自己的孩子生来就聪明乖巧，爱好广泛，学习成绩优异，不用家长操心。可对于大多数孩子来说，这几乎是不可能的，他们往往或顽皮淘气，或叛逆难管，或成绩不佳……总之，有让家长操不完的心！于是，家长也常常不断地数落唠叨孩子："你看看人家××，不但成绩好，还会做家务，哪像你，不但什么都不会做，还得我天天在后面催着才肯写作业！""你怎么这么没出

息，成绩越来越差，还怎么考重点中学？"……但是进入青春期后，孩子的自我意识增强，开始有了自己的心思，如果家长还用这种态度对待孩子，那么结果就是：孩子不但没能像家长期望的那样"有出息""成绩好"，反而可能越来越叛逆，甚至变得极度不自信，觉得自己一无是处，从而自暴自弃。

在咨询过程中，我经常会遇到一些让人感到十分痛心的案例。有个初一的小男孩，小学时成绩一直很优秀，初中考入一所当地不错的学校住校学习。可他的妈妈却告诉我说，在他入学不到一个月，回家后第二天死活都不肯再去学校住了。那就不住校了，在家住吧，可孩子又经常失眠，说自己不舒服，带到医院又检查不出问题。家长送他去学校，顺便了解他在校的情况，发现孩子在学校表现很好，跟老师、同学相处也很融洽。但只要一回到家，他就开始各种折腾，这到底是怎么回事？

在仔细了解情况后我发现，这个男孩的父母对他一直抱有很高的期望，希望他努力学习，各方面都争第一，等上高中后就送他出国。小男孩小学时的确表现也很优秀，自己也很自信，可上初中后，随着竞争压力的增大，他发现原来很多同学都很优秀，甚至比自己更优秀，而老师也不再像小学老师那样对他格外关照。这让他第一次感到了压力。而回到家后，父母并没有注意到他的状态和情绪，反而仍在不停地给他"加油鼓劲"："你要努力呀！""你要争取第一呀，这样以后才能出国。"……总之，只要看到孩子，关心的就是孩子的学习，而且抱着一种只要孩子学习好自己再苦再累都愿意牺牲的精神，可是，唯独没有关心孩子的压力和情绪。

这就不难理解了。尚且年幼的孩子，在这种状态下是很难调整好自己的，他既为自己努力仍不能争得第一而难过，又觉得很对不起父母，辜负了父母的期望，进而产生自我否定和焦虑情绪。有些懂事的孩子，甚至觉得每天在家吃父母做的饭都感觉很内疚，听起来真令人心疼！

而且，孩子的某些观念和思维也会在潜意识中制约着自己，比如我们上面说的这个男孩，成绩很好，这样的孩子自尊心也很强，习惯了自己一直表现优异，不能接受自己失败、不如别人，也习惯了做老师、家长眼中的好学生、好孩子，力求树立自己的完美形象，甚至会为了让大人高兴而委屈自己，迎合大人，因为他们太在乎别人对自己的评价。这些压力对孩子有一定的正面作用，但积累多了，也会让孩子感到力不从心。一旦自己表现不够好时，他们就会无法承受这一结果，甚至认为自己什么都不行，是个失败者。这对孩子的成长，特别是心理健康、思维习惯的养成等，显然都是不利的。

所以，家长在要求孩子优秀、出色的同时，也要教孩子学会接纳不够完美的自己，学会与自己和谐相处。

◇ 引导孩子正视自己的弱点

在 9 ~ 14 岁这个阶段，孩子的自我意识开始逐渐增强，看问题的角度也逐渐多样化。即使是在看自己时，看到的也不再全是自己的优点，而是开始看到自己更多的缺点和不足，比如身材不高、相貌不佳、成绩不好、家境普通、个性不足，等等。尤其在遭受一些具体事件的失意和失败后，更容易激起对自己的不满甚至嫌弃、厌恶等情绪。一旦陷入这种情绪中，孩子也会感到很沮丧、很痛苦。

其实，孩子之所以沮丧、痛苦、自卑，难以接受自己的现状，往往不是因为自己本身或某件事太无法忍受，而是他们对这些事的理解和所持的心态有偏差造成的。也就是说，他们对自己或对某件事的看法不够全面和得当。

比如，有的孩子对自己的身高不满意，认为太高或太矮了；有的孩子觉得自己不够漂亮，不如班里的××；有的孩子觉得自己的家境不如别人的好，父母不如别人的有本事；有的孩子羡慕别人有特长，而自己一无是处……

当然，孩子出现这些认识和理解上的偏差也不算什么大毛病，毕竟年龄较小，看问题还只流于表面。但如果任由其发展，可能就会对孩子的认知观念、思维意识等产生不良的影响，使孩子变得越来越自卑，甚至引发一些心理问题。

这就需要家长平时多留心观察孩子，尤其是孩子情绪的变化，一旦发现端倪，就要及时寻找原因，积极引导孩子正视自己、接纳自己，让孩子懂得：一个人的魅力并不在于他的身高、容貌，还有他的学识、智慧、个人素质；一个人的成功也不取决于他现在的成绩、他所拥有的家境，还有他的努力、他对未来的追求……就算我们不能像别人那样，拥有美好的容貌、体面的家境，甚至未来不能取得像别人那样的成功，但我们完全可以凭借自己的努力，取得自己无愧于心的成绩。

如果孩子能认可并接受这一点，那么他也就能学着逐渐接受自己，并努力做一个最好的自己。

◇ 陪孩子勇敢地面对自己的"低分"

能不能告诉我，在挫折面前，人类的第一反应是什么？是面对，还是战胜？都不是，是逃避。多数孩子在遭受挫折的初期会想一些解决办法，比如让自己再努力一些，可一旦发现努力也没有起色时，就会选择逃避。

孩子逃避的方式也多种多样，有的会干脆逃学，放弃自己，跑到网吧玩游戏；有的则完全将自己埋入课业之中，不停地学呀学，至于到底能学到什么，他可能并不在乎，似乎只有累死才能不辜负父母的期望。

这些现象都是因为孩子不敢面对自己的失败，哪怕仅仅是一次普通的考试，成绩不够理想，他们也无法接受。这时，孩子最需要的其实是父母的宽容、开导和陪伴。

首先，父母要让孩子明白这样一个道理：这只是一次普通的考试，即使成绩不够理想，也不代表自己就完全不行，所以也不能因此就全面否定自己，而且父母也不会怪他。要鼓励孩子敢于接纳自己的不足，因为任何人都不可能永远第一、永远不犯错。

其次，和孩子一起寻找成绩不理想的原因，只有找出原因，才能从根本上解决问题。在找原因的过程中，即使发现成绩差是因为孩子上课听讲不专心、作业不认真完成等问题造成的，也不要过于苛责孩子，只需提醒他以后注意改正即可。要知道，我们寻找问题产生的原因，是为了让孩子认识错误、改正错误，而不是增加孩子的内疚感和自我否定意识。如果父母能宽容地对待孩子的错误，孩子也会从内心感激父母的宽容，并会努力弥补自己的不足，这对孩子来说才是最大的收获。

◇ 肯定孩子的付出和努力

当然，在父母与孩子沟通，同时也找到成绩下滑的原因后，孩子的成绩也可能在一段时间内没什么提高。此时，父母不要责怪孩子，只要孩子付出了努力，就要积极地给予肯定，增强孩子的信心。

遗憾的是，有些家长虽然也想鼓励孩子，但面对孩子的糟糕成绩时，即使嘴上说"没关系，努力了就好，分数不是最重要的"，眼神中还是会流露出失望与不满。孩子是很敏感的，他们能够感觉得到父母的真正情绪。当他看到你的目光时，他可能会比你更难过。

所以，要想让孩子接纳自己，重拾信心，家长首先要懂得接纳孩子的不完美，认可孩子的努力，只有发自内心地向孩子表达积极的情感。家长要告诉孩子，父母不会因为他的某次成绩不理想就放弃他，因为每个人都不可能把所有事情做到完美，但只要做到自己的极致就够了。

这么说，是不是孩子的成绩就不重要，也不需要再管孩子的成绩了呢？当然不是。该监督还要监督，该引导还要引导，学习和成绩仍然重要，只是我们要帮助孩子逐渐学会接受自己，不再因为一两次的坏成绩就变得内疚、焦虑、否定自己。当孩子真正能够接受自己后，也就不再盲目地希望自己一蹴而就地得高分、一口吃个胖子了。

总之，在反反复复的失落、挫败及自省后，孩子也会学着认真审视自己，发现自己的问题，从而摆脱错误的思维桎梏，建立正确的思维模式，树立积极的人生态度。当孩子能用这样的姿态面对生活和学习时，家长还有什么可担心的呢？

引导孩子初步认识社会的复杂性

一直以来，我们都教育孩子要学会助人为乐、见义勇为，要养成勇敢、善良、热心等习惯和品质。因为我们相信，这些习惯和品质可以让孩子更好地融入社会，与他人建立和谐的人际关系，并能够给我们的世界带来更加美好的气息。

然而，随着时代的不断变化，我们逐渐发现，社会上的不确定因素开始变得越来越多，社会也变得越来越复杂。比如，我们经常会在电视或网上看到一些类似的新闻：××城市一位小学生，因为轻信他人被绑架撕票，令家长痛心不已；××城市几个孩子好心帮助老人，结果却被老人讹诈；××学校几个孩子因为一点琐事，将另一个孩子打成重伤……

我每每看到这样的新闻，内心都久久不能平静，既为这些被伤害的孩子感到痛心，又对愈来愈复杂的社会感到无奈。同时，我也开始思考：在教育孩子善良、热心或不伤害他人的同时，我们是不是也需要告诉孩子，让孩子了解到社会复杂或者说不够美好的一面，比如告诉孩子：社会上虽然有很多好人，但也有不少坏人、歹徒、骗子、小偷？否则，当孩子内心的善意与残酷的现实发生矛盾时，我们和孩子应该怎么应对呢？

有些家长觉得，孩子就应该是纯真、善良的，也应该生活在童话一般美好的世界中，不应被社会的污浊沾染，给孩子暴露太多的社会阴暗面，对孩子的健康成长不利。所以，我们不应该把社会上的阴暗一面揭开给孩子看，这会破坏孩子对社会、对世界的美好认识和向往。但也有一些家长认为，我们所生活的社会和世界本来就是复杂的、多面性的，甚至是残酷的，孩子总有一天要面对，而且要自己面对。如果孩子一直不了解社会上那些不够美好的东西，那么未来有一天当他真正走向复杂的社会时，又该如何面对呢？所以，家长不应粉饰太平，应尽早让孩子知道和看到那些丑陋。只有知道世间是有丑恶的，他们才能尽早学会保护自己，从而避免伤害。

很显然，家长的这些观点都是有道理的。一个孩子的成长，既离不开学校的教育，也离不开家长的教导，老师和家长对一些事情的判断和反馈，会直接影响孩子的思维能力以及人生观、世界观的养成。通常来说，学校教育会为孩子呈现出社会美好的一面，引导孩子看到社会中阳光、乐观、积极、安全的事情，而选择性地过滤掉那些黑暗、消极、悲伤、危险的事。尤其对于年纪较小的孩子，更是很少向他们传递一些消极、灰暗、负面的信息。

表面上看，这种教育方式是为了给孩子一个美好的童年，让孩子成长为一个积极善良、乐观向上的人。但我认为，这恰恰降低了孩子的"成长免疫力"，使孩子形成一种"社会只有美好"的固定思维模式，对社会上的坏人缺少防范之心。如果一生都不遇到坏人，那简直是再幸运不过了！倘若遇到了，孩子就会有一种曾被欺骗的感觉，这对他们伤害更大。更主要的是，他们该拿什么武器来保护自己呢？

所以，对于这个复杂的问题，我的观点是：家长在教育孩子过程中，既要向孩子传递社会的善良和美好，也要告诉孩子这个社会的不完美。但对于 9 ~ 14 岁这个阶段的孩子来说，因为年龄较小，家长无须给他们讲太深奥的大道理，好像要孩子一下子就洞悉人生一样，只需帮助孩子初步认识到社会的复杂就可以了。随着年龄的增长，家长再慢慢引导孩子更加深入地认识社会、了解社会。

◇ 既让孩子看到社会的"A面"，也允许他们看到"B面"

大科学家牛顿曾有一句至理名言："我能算得出天体运行的轨迹，但却算不出人类的疯狂。"这句名言也告诉我们：人性、人心都是复杂的。当我们在教育自己的孩子时，首先让孩子看到的肯定是社会中美好的一面，让孩子学会善良、正直、独立、乐观、勤奋等，只有这样，孩子才可能对我们的社会形成正向思维，未来成长为一个负责任、明事理、辨是非的人。

然而人生就像是一枚硬币，有"A面"，也有"B面"，家长不能总让孩子看到"A面"那些美好的事物，刻意掩盖"B面"那些不完美甚至丑恶的事物。适当的时候，家长有必要翻开"B面"给孩子看看，让孩子知道：这个世界上也有阳光照不到的地方，也有寒冷、有丑恶、有遗憾、有失望。对此，孩子开始时可能无法接受，比如：他们无法接受自己的同学好心帮扶一位老人，却被老人讹诈的事实；无法接受几乎与自己同龄的小朋友被坏人欺骗拐走；无法接受那些比自己还小的孩子，被人贩子致残后强迫到马路上去乞讨……但是，这就是事实，孩子必须对此慢慢建立起"免疫力"。

当然，家长也不是把这些事实展示给孩子就行了，毕竟他们还小，还不知道如何合理地"消化"这些负面能量。这时，家长就要积极引导孩子思考，甚至可以和孩子一起探讨：当遇到这些情况时，我们该如何面对？如何自我保护？这样才能帮助孩子慢慢建立起正确的思维习惯，以及社会所认可的核心价值观。

◇ 面对社会中的是非善恶，教会孩子了解并尊重自己的感受

2015 年，广州民校有一道小升初的面试真题：社会上为什么会有乞丐？孩子们的回答五花八门，有的孩子回答是因为乞丐先天或后天残疾，没有生存能力，不得不去乞讨；有的回答说他们因为懒惰、游手好闲，不愿意工作，只能伸手去乞讨；还有的孩子认为是一些犯罪分子拐卖了妇女儿童，逼迫他们去乞讨……

这些回答在现在看来，仍然很让人惊喜，因为这说明孩子们开始对一些社会现象有了更全面的理解，也有了更强的分辨是非的能力。

事实上，现在的网络媒体特别发达，电视、报纸和网站等，经常会报道一些社会上的热点事件，孩子们通过这些渠道，也能比较全面地了解到一些事件的全貌。所以，在面对一些社会上的是非善恶时，家长不一定非要在孩子面前掩盖那些恶的一面，而只展示给孩子真、善、美的一面。就拿乞丐事件来说，家长应该在孩子可以理解的范围内，向他们传递一些信息，从而帮助孩子认识世界，对如何面对乞丐做出正确的选择。

在给乞丐钱这件事上，很多时候家长为了培养孩子的善心，都会支持孩子给一些钱。但有一次，我的一个朋友告诉我说，他在和儿子一起外出的路上遇到了一个乞丐，孩子好心地从自己口袋里把要买零食的钱拿出两块来给了乞丐，可这个乞丐非但没有感激，反

而有些不屑地说："现在的孩子真是越来越没爱心了，给这么点儿钱，还不够吃午饭呢！"孩子当时听了乞丐的话，很伤心，说以后再也不会给乞丐钱了。

我想，孩子之所以感到伤心，不是因为觉得乞丐可恶，而是因为自己的好心不但没被感激、被重视，反而还被讥讽、奚落了一顿。但作为家长，这时我们该怎样引导孩子呢？

当时我也问了朋友这个问题，他说："我只能跟他说，这只是个别乞丐太贪心而已。只要我们自己认可自己的行为就行了，不用太在乎别人的看法。"

对朋友的这段话，我还是比较认可的。有些时候，当我们伸出手帮助别人时，到底是为了得到别人的感激，还是为了满足自己内心的需要？我想家长应帮助孩子认清这两种感受的不同，让孩子了解并且尊重自己的感受。如果孩子是因为觉得乞丐可怜，需要帮助，同时认为自己给钱只是做了一件自己应该做的事，不在乎也不需要乞丐的感激，那么这种思维意识真的很可贵。相反，如果孩子是为了获得别人的感激，展现自己的优越感，那家长就要思考一下，是不是我们平时对孩子的认可和赞扬太少，使得孩子缺乏自我认同而想通过其他途径获得认同呢？倘若真是如此，家长就有必要对自己的教育方式，以及孩子的思维习惯、价值观等进行纠正和引导了。

◇ 利用文学作品来引导和启示孩子，帮助孩子全面地认识社会

对于孩子来说，由于年龄所带来的认知局限，使得他们认识社会的过程也比较漫长。所以，家长在引导孩子认识社会时，也不能

过于急功近利，而应循序渐进。社会有美好的一面，也有黑暗的一面，这些是我们都应该让孩子认识到的，但有一个关键性的前提，就是一定要在孩子相应的年龄及相应的认知水平上，对相应的社会美丑产生认知。

简单地说，就是让多大的孩子干多大的事儿，不能在孩子还没有到一定年龄，认知水平还很有限的时候，过早地把一些过于黑暗的社会现实摆在他们面前。比如，让只有八九岁的孩子见识社会上的某些黑暗交易，或者和刚刚上初中的孩子探讨人性的美丑等，这些都是不恰当的。孩子可能会因为无法正确理解这些现实而产生错误的认知思维，甚至影响孩子身心的健康成长。

在这方面，家长可以利用一些文学作品来引导和启示孩子。当孩子正处于幼儿或小学低年级阶段时，家长可为孩子选择一些童话故事。在这些故事当中，作者通常会为孩子们勾勒出一个美好的世界，里面充满了热心、善良、互助、友爱等阳光的东西，但同时，作者也会在这个年龄段孩子能够理解的情况下，添加一些不那么美好的东西，如《白雪公主》中的"继母"、《丑小鸭》中排挤、欺负丑小鸭的"同类"，等等。显然，这样的"黑暗面"是孩子能够理解并能够判断的。

而当孩子到了小学高年级或初中低年级阶段，一些历险记就很适合孩子阅读。因为在这个年龄段，孩子的生活范围大大扩展，思维意识水平也较以前有所增强，对社会的好奇心、探索欲望等日渐剧烈，认识社会的程度也比以前更加深刻。而历险记类作品中的人物通常也不再那么简单，有些人甚至好坏难辨。比如《木偶奇遇记》中，匹诺曹就经常会遇到一些看上去很像好人的坏蛋。孩子通过阅读这些作品，也能渐渐明白：原来社会不像看起来那么平静，它是很复杂的，是需要我们动脑筋才能认清一些事实的。

　　总之，人生不如意之事本来就是十之八九，我们的家庭教育在为孩子传递阳光、美好、温暖和善良等正能量的同时，也不要忘记，那些黑暗、丑恶、寒冷、肮脏在社会上都是真真切切地存在的，而且这些也是孩子长大后回避不了的。所以，家长应在孩子相应的年龄段上，用正确的方法和途径来引导孩子初步认识社会的复杂多样，让他们知道世界的本然形态，这对他们思维习惯的养成、世界观和人生观的建立等，都将更有助益。

透过现象，让孩子初步领略思维世界的奥秘

1994 年，日本的一家公司举办了一次国际性的"未来家庭娱乐产品概念设计大赛"，其主题词为："发挥您的创意，画出您的设计，从最简单的设计到最不可思议的想法，您可以尽情地设计、发挥，把您的理想、梦想，甚至幻想拿出来与世人分享。"包括澳大利亚、新西兰、印度和中国在内的九个国家和地区的孩子参加了这次设计大赛。其中，中国共派出 20 所学校的 1300 多名选手参赛，可谓阵容强大。然而，比赛结果却令人大跌眼镜：两个组的冠、亚、季军均与中国孩子无缘，最后只拿了个带有鼓励性质的纪念奖。

这次比赛可以用"铩羽而归"四个字来形容，因为在其他国家选手闪耀着丰富想象、独特创意、构思巧妙的作品面前，我们这些孩子的作品却显得十分苍白，缺乏独创性。几乎全世界都认为，中国孩子的智商很高，在各种知识性考试中都能拿到很出色的成绩，那么为什么在想象力和创造力方面却如此欠缺呢？

我想问题的关键就在于，我们的孩子太缺乏创造性思维。虽然孩子们每天都在勤勤恳恳地学习，接受教育，但从学校老师那里学来的知识却不能代替思维，这就和思维同样不能代替知识是一样的道理。

什么是思维？思维就是我们的大脑能动性地反映客观事实的过程，是我们通过思考认识世界的过程中，对各种事物进行比较、分析及综合的能力。也就是说，思维是人类大脑的一种机能。它不是通过老师的讲解，或通过书本学习就能得来的，而是通过长期的探索、思考与训练逐渐形成的。

不过，思维与知识又是息息相关的。没有知识，思维能力就无法得到更好的发展和提升；缺乏思维能力，不会思考，学知识就是死学。有些孩子非常擅长思考，思维能力极强，很有创造力，但考试成绩却很一般；而有些孩子，学习成绩非常好，考试也经常拿优秀，但却不善于思考，缺乏想象力和创造力，所谓的"高分低能"说的就是这类孩子。

家长在培养孩子时，既要重视孩子的学习成绩，也应重视孩子思维习惯的养成。在孩子 9 ～ 14 岁这个阶段，正是创造性思维、逻辑思维等思维技能养成的关键阶段，因为这个年龄段的孩子，独立意识和思考能力增强，看待事物也逐渐变得更加深刻，对一些简单的事情可以透过现象观其本质。如果家长能给予引导和帮助，那么孩子的思维水平也将发生质的飞跃。

所以，家长平时应鼓励孩子多观察、多思考，能够逐渐透过现象，看到事物更加多元化的内在，从而让孩子初步领略到思维世界的奥妙。毕竟，在未来社会，想象力、创造力等思维技能将会发挥越来越重要的作用。如果孩子在这方面的能力较弱，那么未来在面对一些需要提出问题、解决问题、创造新事物等方面的工作时，就会既吃力又吃亏。

下面几点建议，希望能对家长有所帮助：

◇ 善于向孩子提问题

问题是思维的起点，善于向孩子提问题，对于培养孩子的思维技能是很有帮助的。所以，家长平时可以就一些问题和孩子进行探讨，在探讨过程中适当向孩子提出一些问题，引发孩子思考，激发孩子的想象力和探索欲望。当孩子的想象力和探索欲望一旦被激发起来，孩子的思维就产生创新的火花，孩子也会主动去进行求知和创新。

比如，在讨论物体对称性这个问题时，家长可以和孩子一起来想一想，我们身边都有哪些物体是对称的：飞机的左右翼？蝴蝶的翅膀？人的外形？等等。而这些对称又能起到什么作用呢？这一系列问题，就可以促使孩子产生对各种对称现象探究的好奇心，进而去查阅资料，探索未知。

在向孩子提问题时，家长也要注意，不要只问孩子一些对或错的封闭性问题，比如：这个问题这样解决对不对？这个答案是不是错的？等等。最好能根据孩子的具体水平，提出一些没有标准答案的开放性问题，如：你打算怎样将这杯水分成五等份？如果没有量杯，你会怎么分？

台湾著名学者陈龙安曾总结出了一个发问技术的"十字诀"，在这里推荐给家长们试一试。这个"十字诀"分别为：假、例、比、替、除、可、想、组、六、类。

"假"，就是用"假如……"的方式开头，和孩子进行问答。比如，在和孩子讨论水与冰的问题时，就可以向孩子提出这样的问题："假如这块冰变成了水，你怎么来给它称重呢？"

"例"，就是多举些例子来说明问题。比如：举例说一下能盛水的容器都有哪些？

"比"，就是比较物品与物品之间的差异。比如，在两幅画中有几处不同，让孩子通过仔细观察，找出这些不同的地方。

"替"，就是孩子多思考一下，有没有其他的东西可以替代的。比如，家里的秤坏了，那么有没有其他东西能代替秤，来称一称家里的米有多重呢？

"除"，是用"除了……还有……"这样的句式来启发孩子。比如，一个人要想生存下来，除了需要空气、食物和水，还有什么？

"可"，即引导孩子思考，这个问题最后可能会怎么样？

"想"，就是让孩子想象可能出现的各种情况。

"组"，就是将不同的东西组合起来，会是什么样的结果？

"六"，称为"六何"检讨策略，即"为何""何人""何时""何事""何处""如何"。比如，一家人要外出旅游，那就和孩子一起讨论一下，为什么要去旅游？什么时候去比较合适？都要到哪里去？去时需要带哪些东西？等等。总之，问题越多，孩子思考的就越多，思维就会越发散。

"类"，是指多与孩子进行一些类推可能的问答。比如，要外出旅游，如果买不上火车票该怎么办？如果坐飞机，飞机晚点了会怎样？

总之，向孩子提问的目的，就是引发孩子积极思考，并激发出孩子更多的问题。而恰恰那些允许孩子自由发挥的问题，是最能锻炼孩子思维能力的。

◇ 鼓励孩子多去发现问题

要培养孩子的思维习惯，提升思维能力，一定不能缺少两样东西——一双善于发现问题的眼睛和一颗积极思考的大脑。

然而在很多时候，我们在与孩子探讨问题时，总是习惯让孩子来"填空"，而不是给孩子完全"留白"。简单地说，就是我们总习惯给孩子灌输知识，而不是引导孩子主动就某个问题进行思考。

比如，在给孩子讲故事的时候，不论是讲《小红帽》，还是讲《狐假虎威》，我们都习惯把故事一股脑地给孩子讲完。也许你讲得绘声绘色，孩子也听得很入神，可这样的方式却是在潜意识地给孩子灌输故事，没有引导孩子去主动思考，主动发现问题。虽然孩子也听了故事，但也只限于听了一个故事而已，可能根本无法深入地理解故事的内涵，更不会通过自己的想象和发散思维，提出一些问题了。

为此，家长在与孩子进行一些互动时，不论是讲故事，还是讨论某个问题，都应尽量避免这种"灌输"式的教育方式，多用启发的方式来引导孩子提出问题，并能够在孩子提出问题的基础上，继续引发孩子思考。

有一次，笛宝在家里玩水，无意中把一个乒乓球和一个玻璃球放到了水里，结果发现，大一点的乒乓球可以浮在水面上，而小小的玻璃球却一下子沉到水底去了。于是，他就很好奇地问我："妈妈，为什么乒乓球比玻璃球大，却能浮起来，而玻璃球却沉下去了呢？"

这时候，可能很多家长就会直接告诉孩子答案了，不过我迟疑了一下，顺势问了他一句："那你觉得可能是什么原因呢？"他眨巴眨巴眼睛，回答说："我不知道，不过我可以想想。"然后停了一会儿，好像在思考，又伸手把水里的两个球拿出来，掂了掂，说："妈妈，我知道了，玻璃球比乒乓球重，所以它就沉下去了。"

"嗯，你说得对，那还有没有其他原因呢？"我问他。

他又想了一会儿，说："我想不出来了，不过，我可以上网去查一查。"说完，蹦蹦跳跳地去查资料了。

我相信，通过自己思考和查阅资料得出的结论，也一定会让孩子对这个问题的印象更加深刻。更重要的是，这个过程也促使他学会思考，锻炼了他的思维能力。

◇ 引入思维导图，增强孩子的独立思考能力

思维导图是现在运用很广泛也很受大家欢迎的一种思维训练方法。它就像是一个神经细胞一样，从一个点发散出多条线，然后将各级主题的关系用相互隶属与相关的层级图表现出来，把主题关键词与图像、颜色等建立起记忆链接。据称，这种方式可以充分调动人类大脑中左右脑的机能，开启人类大脑的无限潜能。

就我个人使用的经验来看，我认为思维导图的一个关键点就在于：我们可以在一个主题之下建立起无数分支，锻炼我们的发散思维，是发散性思维最形象的直接运用。

要让孩子学会使用思维导图，首先家长就要为孩子建立一个思维导图的雏形，让孩子通过雏形逐渐去了解、掌握和运用这种思维模式，并将其运用到自己的学习和生活之中。如果孩子掌握了这一技能，那么对于锻炼他的发散性思维以及独立思考能力，都将是很有帮助的。

我就曾用思维导图为笛宝列出了一个比较复杂的"理财"计划，而他最后居然听懂了，而且还要求我马上投入使用。

这个"理财"计划是这样的：为了控制笛宝乱花钱的毛病，我建议他把零花钱按周投入到我的日常定投基金当中，每半年给他"分红"一次。当然，这其中涉及一些理财知识，比如：他如何来分配自己的零花钱，他所持有基金比例的增减改变，以及要如何规避"投资"风险等。

其实当时我也不知道他能不能听懂我跟他讲的那些投资理论知识，只是用思维导图在他面前又是圈又是画的，可他最后居然听明白了！而且，他还指着我所画的导图中一块基金有涨有跌的地方说："妈妈，你的基金是不能控制风险的，但我的可以。因为你要我投入到你的基金中，那如果你赔了，我也要保证我投进去的钱不能少，而你赚钱的话，我们得按我投入的比例来分。要不然，我就不投入你了！"

当时听完他的话，我几乎被震撼了！我想，如果我单纯地用理财知识给他长篇大论地讲，他一定会懵的。但运用思维导图，他不但能听懂，还能提出自己的异议。只能说，思维导图在我和笛宝这件事上的确发挥了作用。

协助孩子形成独立的精神

在孩子 9 ~ 14 岁这个阶段，很多家长都开始发现：自己的孩子要么特别叛逆，凡事都想自己做主，根本听不进家长的任何建议，几乎就是油盐不进；要么就特别依赖，凡事都想找爸爸妈妈帮忙，根本没有自己的主见，完全像个"妈宝"。为什么孩子会出现这样两个极端的现象呢？

原因就在于这一阶段孩子的独立意识开始增强。如果在孩子较小的时候，家长对孩子过于纵容或压制，那么此时孩子就容易出现叛逆、不听话等言行；而如果家长以前对孩子持完全照顾、保护的态度，那么孩子的独立意识又会在家长的过度保护下渐渐丧失，以至过于懦弱、依赖，什么事都要依靠家长。

很显然，以上孩子的两种表现都不是家长们想要的，那么，我们到底想要一个什么样的孩子呢？

大约在 80 多年前，著名学者陈寅恪曾写下一句话："独立之精神，自由之思想。"这句话也为中国的教育指出了一条明路，即把孩子培养成为一个思想独立、心灵自由的人，学会独立思考和处理问题，并最终成为一个有担当、有责任的人。我想，这应该是每一位家长心目中最完美的孩子了吧？

遗憾的是，现实生活中的许多家长在教育中，却远远地偏离了这一路线，致使孩子要么独立过了头，成了散漫主义者；要么干脆不知"独立"为何物，胆小、懦弱、依赖，遇到问题不会思考和判断，只想求助于别人。

我的一位担任大学讲师的朋友，曾跟我讲过这样一件事：

有一次，她带领几个学生进行野外实习，途中不小心迷路了。当时她就想：没关系的，学生中有 3 个男孩子呢，他们可以和我一起照顾几名女生，一起找路。然而让她没想到的是，这几个已经快20岁的男孩子一听说迷路了，竟然满脸惊恐，完全不知道该怎么办。对一路所走过的路，也完全没了记忆。

朋友当时感慨地说："真没想到这些孩子竟然这么缺乏独立意识，我在国外也带过海外生，他们和这些孩子完全不一样。遇到问题，他们会很积极主动地想办法，而且男生也会主动照顾女生。带国内的这些孩子，我觉得自己不仅要承担老师的责任，还要承担妈妈的责任。"

其实，这不能说是孩子的错，而应说是父母的教育不当所致。在孩子的生活中，他是有需要承担的责任和义务的，比如长大后需要承担赡养父母的责任。因此，家长从小就培养孩子的责任感和独立意识很重要。

可是，有些家长偏偏就不尊重孩子的心理特点，总是以自己的思维方式来为孩子做决定。虽然在很多时候，家长的出发点是好的，但对于孩子来说，却不见得是最好的成长方式。从很小开始，孩子就有了自己的思想，并需要用行动来表达自己的思想，可家长总喜欢以自己的思维干预孩子，不愿让孩子体验失败和挫折、跌倒和爬起，结果孩子经不起风雨，学不会长大，不懂得坚强，吃不了一点苦，变得脆弱、依赖，更别说成什么大事了。这样的结果，肯定与家长的初衷是背道而驰的。更严重的是，一个缺乏独立思想和自主精神的孩子，长大后也根本无法很好地在竞争激烈的社会中立足。

真正爱孩子，不是给孩子多少金钱，也不是送孩子去什么名牌大学，而要培养他们独立的思维，锻炼他们的独立精神，鼓励他们敢于面对生活，学会认识自己。那么，家长怎样做，才能让孩子成为一个这样的人呢？

◇ 增强孩子独立做事的兴趣

在和一些家长聊天过程中，总会遇到一些家长，认为孩子只要学习成绩好就行了，至于生活技能，有也行，没有也无所谓，反正以后总能学会的。尤其是孩子进入初中后，学习任务加重，要是为了培养生活技能而耽误了学习，那岂不是得不偿失了？

这种观点看起来是为孩子的未来着想，但我要说的是：这种想法是错误的！其结果，只会培养出高分低能的孩子，以后即使走上社会，也很难适应。

孩子独立做事的过程，其实正是孩子独立精神形成的过程，同时也是孩子学习知识、认识社会的途径。只有通过自己亲自完成一些事情，孩子才能体会到某些劳动的艰难、某些工作的技巧，以及完成后所带来的成就感。这些体验对于孩子的身心成长，都是大有裨益的。

我邻居家有个12岁的女孩，以前每次遇到她妈妈，都抱怨孩子自己不会洗衣服，也不愿意自己洗，现在又开始爱漂亮了，基本每天都要换一身干净的新衣服才去上学，脏衣服就塞到洗衣机等妈妈洗。而爸爸妈妈工作又很忙，有时都要忙到很晚才到家，然后又是洗衣服又是辅导孩子功课的，觉得很累。

我觉得挺不可思议的，就问她："你为什么不让孩子自己洗呢？用洗衣机洗衣服也很方便啊！"

"啊？她还太小吧！"妈妈回答说。

"已经12岁了，完全可以自己完成这些简单的家务了。我建议你让她试试。"我对邻居说。

又过了大概半个月，我在楼下又遇到了这个邻居。她高兴地说："上次听了您的建议，回去我就告诉我女儿，说她已经长大了，应该学着自己洗衣服。她开始也不洗，还是把脏衣服都塞进洗衣机，我也不管她。过了三四天吧，她没有干净衣服换了，就问我要，我说你应该学着自己洗。她见我真的不帮她了，只好自己去洗，结果洗完后说，妈妈，原来洗衣服也不难啊，您看，我自己也能把衣服洗得干干净净的！您知道吗？那表情好像特别有成就感呢！"

后来又有几次遇到这位邻居，说她女儿现在学会了很多家务：打扫房间、煮粥、烧水、洗碗，简直就是一个"小管家"了。

事实上，孩子在学习自己独立做事的过程中，也能获得很多良好的体验，比如动手能力、探索欲望和成就感等，这些反过来又会增加他们独立做事的积极性。

◇ 经常鼓励孩子独立思考

我先给大家讲一个美国女孩的故事。

有一次，美国著名电视台主持人比尔，在其主持的一档节目中，向一位七八岁的女孩提问："能不能告诉我，你长大以后想做什么？"

"总统。"女孩不假思索地回答。全场哗然。

比尔也做了一个吃惊的表情，然后问："可是，美国到现在都还没有女总统哦，你说说看，这是为什么？"

"因为男人们都不肯投她的票。"女孩仍然想都不想地回答。

"噢，你肯定是这样的吗？"比尔笑着说，然后又对全场观众说："那么，请投她票的男人举起手。"

伴随着一阵笑声，观众中有不少男人举起了手。比尔又转过来，对女孩说："你看，现在有不少男人投你的票了。"

女孩淡淡地瞟了一眼，说道："还不到三分之一呢！"

比尔马上又转向观众席，大声说道："现在，请在场的所有男人们，举起你们的手！"

在一阵哄堂大笑后，观众中的男人都举起了手。

可是，女孩却并没有露出什么激动的表情，反而不屑地说："他们都不够诚实，他们的内心是根本不愿意投我的票的。"

这是一个非常典型的独立思考的事例。当时我看完这个故事后，非常惊叹：一个七八岁的女孩，在没有得到任何提示和帮助的情况下，竟然可以如此从容地回答主持人的问题，靠的是什么？正是自己的判断能力和独立思考能力。而这些能力，恰恰正是我们的孩子身上所欠缺的。

独立的行为和精神是靠独立的思想来支撑的。歌德就曾说过："谁不能主宰自己的命运，谁将永远是个奴隶。"所以，在孩子成长过程中，家长不但要让孩子认识到独立的重要性，还要在生活中有意识地培养孩子的独立性。当孩子想自己做某件事，或者对某件事有自己的想法和观点时，不要急于否定，而是鼓励孩子，让孩子充分表达出自己的见解，并让孩子说说他为什么会这么想。孩子在遇到困难时，家长也不要马上出手相助，而是鼓励和引导孩子自己思考，看看能不能找到可以解决困难的方法。如果孩子在思考后仍然没能解决难题，家长可以间接地教孩子一些方法，然后让孩子自己去体验，最终找出最佳的解决措施。

而当孩子通过自己的独立思考解决一些难题后，家长还要懂得适时地表扬孩子，增加孩子的自信心，让孩子在父母的赏识中获得良好的情感体验，这样，他才会更乐于独立地面对成长过程中的各种问题，从而逐渐培养起独立自主的思维意识。

◇ 家长应纵容孩子的不是他的行为习惯，而应是他的梦想

还有一个有关美国小女孩的故事，也很让人唏嘘。

这位美国女孩名叫凯瑟琳，在五岁那年，她看到一个非洲纪录片，上面说非洲平均每 30 秒就会有一个小孩因为疟疾而死亡。仅仅五岁的凯瑟琳看完这个纪录片后，决心为非洲的伙伴们做点什么。

在妈妈的启发下，凯瑟琳决定给非洲小孩捐蚊帐，可她自己没钱买。这时，如果换成我们的孩子，大概会直接伸手向爸爸妈妈要吧？但凯瑟琳没有，她首先自己摆摊，卖自己的旧书、旧玩具、旧衣服，但生意不好，怎么办呢？

想来想去，凯瑟琳又想到一个办法，她自己动手做了一张奖状，上面写着："以你的名义，我们买下一顶蚊帐，送到非洲。"然后出去"卖"奖状，这样一下子"卖"不少钱。她又买了一些蚊帐

寄到非洲。

后来，她又做了更加大胆的事——给富豪排行榜上的富豪们写信，并且给他们每人寄出一张奖状。其中在给比尔·盖茨的信中写道："亲爱的比尔·盖茨先生，没有蚊帐，非洲的小孩会因为疟疾而死亡。他们需要钱，可听说钱都在你那里……"收到信后，比尔·盖茨基金会很快便宣布捐出300万美金用来购买蚊帐。

后来，美国前总统克林顿得知这件事后，专门请来联合国基金会以及联合国难民事务专员等，当然还有小凯瑟琳，各方达成协议：向坦桑尼亚、乌干达和肯尼亚等非洲国家难民营的60多万难民，长期捐赠防疟疾的蚊帐。

这个小女孩的故事，在我们中国家庭看来几乎是不可能也无法想象的，而事实上，她也只是一个普通美国家庭的孩子。凯瑟琳的智商也许不是最高的，但她却能想出并敢于做出很多成年人都不想不敢做，或者没有能力去完成的事。很显然，在凯瑟琳的背后，也一定有她的家长对她的想法、她的做法的支持和鼓励，甚至是"纵容"。试想一下，如果是我们的孩子要完成这样的梦想，作为家长，我们能帮他坚持下来吗？

当然，凯瑟琳事件也有美国社会环境和教育环境等这样的大环境所给予的支持，但我就此想说的是：我们也许做不到像凯瑟琳父母那样，但至少我们应学习一下凯瑟琳父母的一些教育观念，比如在面对孩子的梦想，甚至是不太切实际的梦想时，我们是不是也能给予孩子一些支持和鼓励，然后恰当地引导他在面对自己的梦想时多一些思考和理性，而不是直接否定，一棍子打死，更不是认为孩子在异想天开，然后再用我们自己的思维去限制、要求孩子？

其实，当孩子学会深入地进行独立思考后，在面对自己的人生之路时，他们也会少一些茫然，多一些理性和从容。